Hans Corsten, Ralf Gössinger
Produktions- und Logistikmanagement

Hans Corsten, Ralf Gössinger

Produktions- und Logistikmanagement

Eine prozessorientierte Einführung

2., vollständig überarbeitete
und wesentlich erweiterte Auflage

DE GRUYTER
OLDENBOURG

ISBN 978-3-11-065880-4

Library of Congress Control Number: 2020940540

Bibliografische Information der Deutschen Nationalbibliothek
Die Deutsche Nationalbibliothek verzeichnet diese Publikation in der Deutschen Nationalbibliografie;
detaillierte bibliografische Daten sind im Internet über http://dnb.dnb.de abrufbar.

© 2022 Walter de Gruyter GmbH, Berlin/Boston
Cover: berya113 / iStock / Getty Images Plus
Druck und Bindung: CPI books GmbH, Leck

www.degruyter.com

Vorwort zur 2. Auflage

Mit der nunmehr 2. vollständig überarbeiteten und wesentlich erweiterten Auflage liegt ein Lehrbuch zum Produktions- und Logistikmanagement vor, das die Inhalte im Bachelorstudium der meisten Universitäten und Fachhochschulen für Studenten der Betriebswirtschaftslehre und des Wirtschaftsingenieurwesens abdeckt. Es weist vier Kapitel auf, in denen das Produktions- und Logistikmanagement jeweils aus unternehmungsbezogener und unternehmungsübergreifender Sichtweise analysiert wird, um der zunehmenden Einbindung von Unternehmungen in Wertschöpfungsnetzwerke und Supply Chains Rechnung zu tragen.

Im ersten Kapitel werden grundlegende Aspekte der Erstellung von Produktions- und Logistikleistungen in eingängiger Form dargestellt. Da diese Prozesse i. d. R. durch Arbeitsteilung gekennzeichnet sind, gehen die Autoren auf die Koordination der Leistungserstellung ein, die eine abgestimmte Durchführung der Teilprozesse herbeiführen soll. Hierbei stehen neben den Ursachen des Koordinationsbedarfs auch die direkten und indirekten Koordinationsformen im Zentrum der Überlegungen. Somit werden zusätzlich zu den klassischen Instrumenten, wie Hierarchie und Markt, auch Vertrauen und Unternehmungs- bzw. Netzwerkkultur in die Betrachtung aufgenommen.

Das zweite Kapitel fokussiert auf die Prozessgestaltung als verbindendes Element zwischen Produktion und Logistik. Neben Problemen der Standortwahl sowie Fragen der unternehmungsinternen und unternehmungsübergreifenden Layoutplanung werden im Rahmen der Ablaufgestaltung die Produktions- und Logistikprozesse einer differenzierten Betrachtung unterzogen. Die statistische Prozesskontrolle schließt dieses Kapitel ab.

Kapitel drei beschäftigt sich mit der Gestaltung der Güterverfügbarkeit, wobei zwischen Angebots- und Bedarfsperspektive unterschieden wird. Aus dem Blickwinkel des Angebots wird bei der Analyse des Leistungserstellungsprogramms auf die in der Literatur übliche Unterscheidung zwischen markt- und auftragsorientierter Produktion zurückgegriffen und darüber hinaus auf der darunterliegenden Ebene differenzierend zwischen unternehmungsbezogener und unternehmungsübergreifender Sicht unterschieden. Im Rahmen der Bedarfsanalyse werden zentrale Gestaltungsprobleme im Hinblick auf die Verfügbarkeit und Nutzung der Potentialfaktoren menschliche Arbeitsleistung und Betriebsmittel sowie der Repetierfaktoren (insbesondere Material) in differenzierter Form thematisiert.

Kapitel vier widmet sich der integrativen Sicht, d. h. Lösungsansätzen, denen eine ganzheitliche Betrachtung voneinander abhängiger Teilprobleme zugrunde liegt. Das Spektrum reicht von Produktionsplanungs- und -steuerungs-Konzepten über Enterprise Resource Planning und Advanced Planning bis hin zum Supply Chain Event Management. Neben der generellen integrativen Sicht werden im Kontext der Produktionsplanung und -steuerung etablierte bestandsorientierte, belastungsorientierte und engpassorientierte Konzepte vorgestellt.

Damit bietet das vorliegende Lehrbuch den Studenten im Bachelorstudium eine fundierte Einführung in das unternehmungsbezogene und -übergreifende Produktions- und Logistikmanagement. Danken möchten wir Frau Liana Hoffmann für die sorgfältige Erfassung unserer nicht immer leicht zu entziffernden Entwürfe und die redaktionelle Unterstützung im Rahmen der drucktechnischen Aufbereitung dieses Buches. Ebenfalls danken wir Herrn Dr. Stefan Giesen vom De Gruyter Verlag für die angenehme und stets wohlwollende Zusammenarbeit.

Hans Corsten   Ralf Gössinger

Inhaltsverzeichnis

Abbildungsverzeichnis

Tabellenverzeichnis

1 Wertschöpfungsprozesse

1.1 Leistungserstellung

1.1.1 Unternehmungsbezogene Betrachtung

In der Betriebswirtschaftslehre wird unter **Wertschöpfung** die betriebliche Gesamtleistung minus der von Dritten erworbenen Vorleistungen verstanden. Werden die mit der Wertschöpfung verbundenen Funktionen verknüpft, entsteht eine Wertschöpfungskette. Es geht damit um eine Zusammenarbeit aller Unternehmungen der **unternehmungsübergreifenden Wertschöpfungskette**. Wertschöpfungsketten sind jedoch keine linearen Ketten, sondern stellen i. d. R. ein Geflecht von Beziehungen zwischen Akteuren dar und sind folglich Netzwerke (vgl. Schubert 1994, S. 9). Dies gilt ebenfalls für eine Supply Chain, die ein Netzwerk sui generis darstellt. Im Folgenden werden die beiden Funktionen Produktion und Logistik, die nicht überschneidungsfrei sind, sondern sich gegenseitig überlagern, thematisiert. Ein erstes Anliegen ist es deshalb, die Produktion als einen werteschaffenden Prozess von der Logistik, die den Güter- und den dazugehörigen Informationsfluss von Liefer- zu Bedarfsstellen betrachtet, abzugrenzen und dabei die Überschneidungen herauszuarbeiten. Darüber hinaus werden die für die Produktion zentralen Produktionsfaktoren systematisierend dargestellt und es wird auf wesentliche Erscheinungsformen von Produktionssystemen eingegangen. Im Rahmen der Logistik werden die logistischen Elementarprozesse charakterisiert und Erscheinungsformen der Logistik beschrieben.

1.1.1.1 Produktion

1.1.1.1.1 Begriffliche Abgrenzungen

Produktion ist ein **werteschaffender Prozess**, d. h., Einsatzgüter (Produktionsfaktoren) werden im Rahmen des Transformationsprozesses so verändert, dass andere Güterarten (Outputgüter) entstehen, unter der Maßgabe der anzustrebenden Formalziele. Der **Transformationsprozess** spiegelt sich in **Eigenschaftsänderungen** der zum Einsatz gelangenden Güter wider. Die Eigenschaftsänderungen können sich in der Form von

- substanziellen Änderungen eines Gutes (stofflich oder energetisch) und/oder
- Änderungen der Anordnungsbeziehungen hinsichtlich
  -- der in den Prozess involvierten Objekte (Zusammenfügen, Zerlegen etc.),
  -- der Zeit (z. B. Lagerung),
  -- des Raumes (z. B. Transport)

niederschlagen.

In abstrakter Form lässt sich ein Produktionssystem durch die drei Elemente **Input** (Produktionsfaktoren), **Throughput** (Leistungserstellungsprozess) und **Output** charakterisieren. Abbildung 1.1 gibt die Grundstruktur eines mehrstufigen Produktionsprozesses in vereinfachter Form wieder.

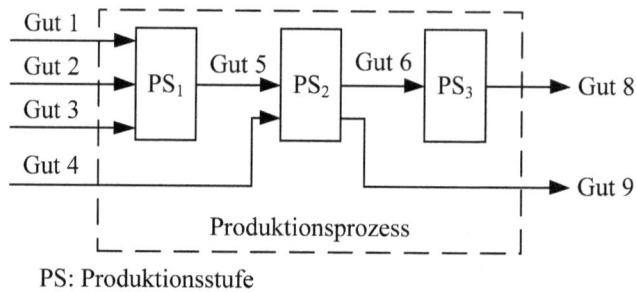

PS: Produktionsstufe

Abbildung 1.1: Mehrstufiger Produktionsprozess

Während die Güter 1, 2, 3 und 4 **originäre Einsatzgüter** (Produktionsfaktoren) sind, d. h., sie sind für keinen der Teilprozesse (Produktionsstufen) Output, sondern lediglich Input für mindestens einen Teilprozess, handelt es sich bei den Gütern 5 und 6 um **derivative Einsatzgüter**, weil sie für mindestens einen der Teilprozesse Output (Zwischenprodukt) und mindestens für einen Teilprozess Input sind. Die Güter 8 und 9 sind (End-)Produkte.

Mit der Unterscheidung zwischen originären und derivativen Produktionsfaktoren wurde bereits angedeutet, dass Produktionsfaktoren keine homogene Güterklasse bilden. Abstrakt sind Produktionsfaktoren Güter, die in einem Produktionsprozess kombiniert werden, um andere Güter hervorzubringen. Eine inhaltliche Unterscheidung der Produktionsfaktoren, die für die Betriebswirtschaftslehre von grundlegender Bedeutung ist, stellt die **Produktionsfaktorsystematik** nach Gutenberg (1983, S. 2 ff.) dar, die in Tabelle 1.1 dargestellt ist.

Produktionsfaktoren				
Elementarfaktoren			Dispositive Faktoren	
objektbezogene menschliche Arbeitsleistung	Werkstoffe (Roh-, Hilfs-, Betriebsstoffe etc.)	Betriebsmittel (Maschinen, maschinelle Anlagen etc.)	originärer dispositiver Faktor (Unternehmungsleitung)	derivativer dispositiver Faktor Planung | Organisation

Tabelle 1.1: Faktorsystematik nach Gutenberg

Unter **objektbezogener menschlicher Arbeitsleistung** versteht Gutenberg ausführende, körperliche oder geistige Tätigkeiten, die unmittelbar auf die Produktionsprozesse ausgerichtet sind oder mit diesen in enger Verbindung stehen. In der **Klasse** der **Werkstoffe** sind zunächst die **Rohstoffe** zu nennen, die zum wesentlichen Bestandteil eines Erzeugnisses werden, d. h., sie sind die Hauptbestandteile eines zu erstellenden Produktes (z. B. Holz zur Erstellung eines Esstisches). Demgegenüber sind **Hilfsstoffe** unwesentliche Bestandteile (Nebenbestandteile) eines Erzeugnisses (z. B. Leim, Schrauben, Nägel). **Betriebsstoffe** sind für die Durchführung des Produktionsprozesses erforderlich (z. B. Schmieröl, Energie) und werden nicht Bestandteil des zu erstellenden Produktes. Zu den **Betriebsmitteln** gehören Maschinen, Vorrichtungen, Werkzeuge, Mess- und Prüfeinrichtungen, Transportmittel, Lager- und Aufbewahrungseinrichtungen (z. B. Tanks) sowie Grundstücke und Gebäude. Dem **dispositiven Faktor** obliegen planende, steuernde und kontrollierende Aufgaben. Die Trennung zwischen objektbezogener und dispositiver Arbeit ist nicht immer eindeutig möglich. Dies zeigt sich bereits dann, wenn der Umfang der dispositiven Aufgaben entlang der Unternehmungshierarchie von der Unternehmungsleitung über die Bereichs- und Abteilungsleiter bis hin zu den Gruppenleitern und Vorarbeitern betrachtet wird. Gerade auf den unteren Hierarchieebenen nimmt der Dispositionsspielraum der Mitarbeiter deutlich ab, so dass ein „gleitender Übergang" zu objektbezogenen menschlichen Arbeitsleistungen gegeben ist. Dies wird etwa an Konzepten wie Job Enrichment und teilautonome Gruppen deutlich (vgl. Corsten/Gössinger 2016, S. 323 ff.).

Der **Throughput** (Produktionsprozess) ist als eine eindeutige Kombination von Produktionsfaktoren mit dem Ziel der Leistungserstellung zu verstehen. Im Rahmen der **industriellen Produktion** basieren die Prozesse insbesondere auf technischen Verfahren und dienen der Gewinnung, Verarbeitung und Bearbeitung von Gütern (vgl. Zäpfel 2001). Tabelle 1.2 gibt einen Einblick in das Spektrum industrieller Be- und Verarbeitungsprozesse.

Bearbeitung von Stückgütern durch			Verarbeitung durch Stoffumwandlung			
Formgebung	Zusammen-führen	Ändern von Bearbeitungs-eigenschaften	mecha-nisch	thermisch	chemisch	biologisch
Urformen (z. B. Gießen, Brennen) Umformen (z. B. Walzen, Ziehen) Trennen (z. B. Spanen, Abtragen)	Fügen (z. B. Ver-schrauben, Schweißen, Kleben) Beschichten (z. B. Lackie-ren)	z. B. Härten, Glühen	z. B. Zerklei-nern, Ag-glomerie-ren, Mi-schen, Trennen von Mi-schungen	z. B. Destillati-on, Extrak-tion, Ab-sorption	z. B. Synthese, Analyse, Umsetzung	z. B. Gärung, enzymati-sche Kata-lyse

Tabelle 1.2: Spektrum industrieller Be- und Verarbeitungsprozesse

In produktionswirtschaftlicher Sicht kann der **Output** (das zu erstellende Gut/Produkt) als die final angestrebte Ausbringung der Produktion definiert werden. Wird zusätzlich die absatzwirtschaftliche Sicht in die Definition aufgenommen, dann

kann das Produkt als das Ausbringungsgut charakterisiert werden, das zur Bedürfnisbefriedigung Dritter geeignet ist. Produkte können dabei grundsätzlich materieller
(z. B. Autoreifen) oder immaterieller (z. B. Dienstleistungen) Natur sein. Weist ein
Produkt sowohl materielle als auch immaterielle Elemente auf, dann wird auch von
einem **Leistungsbündel** gesprochen (vgl. Corsten/Gössinger 2015, S. 17 ff.). Während sich bei materiellen Gütern die **Outputmessung** durch Messen, Wiegen, Zählen
einfach gestaltet, stößt die Outputmessung von immateriellen Leistungen auf
Schwierigkeiten. Werden immaterielle Leistungen als Problemlösungen begriffen,
dann kann davon ausgegangen werden, dass die Wirtschaftssubjekte ihren Nutzen
nicht aus dem Produkt selbst, sondern aus den Eigenschaftsänderungen des Output-
gutes ziehen. Damit kann die Outputmessung an der Klassifikation des Ausmaßes
der Eigenschaftsänderungen ansetzen (vgl. Corsten/Gössinger 2015, S. 193 ff.).

Die **Produktqualität** stellt ein mehrdimensionales Konstrukt dar: Mit der **Funktionalqualität** wird der vom Anbieter intendierte Verwendungszweck eines Produktes
berücksichtigt. Beispiele hierfür sind etwa die Reinigungswirkung einer Wasch- oder
Geschirrspülmaschine oder der Vitamingehalt bei Lebensmitteln. Da diese Pro-
dukteigenschaften von unterschiedlichen Nachfragern auch unterschiedlich bewertet
werden können, bedarf es einer Zielgruppendefinition. Im Rahmen der Qualitätssi-
cherung ist darauf zu achten, dass ein Produkt die vom Nachfrager geforderten Eigenschaften aufweist. Die **Dauerqualität** umfasst die Verwendungs- oder Lebens-
dauer eines Produktes. In einer aggregierten Betrachtung ergeben sich zunächst keine
Probleme bei der Messung dieser Teilqualität: z. B. Fahrleistung eines Pkw. Bei
komplexen Produkten ergeben sich aber Probleme hinsichtlich der Festlegung, welche Produktelemente für die Messung der Dauerqualität relevant sind. Die Abstimmung der einzelnen Dauerqualitäten der jeweiligen Produktelemente wird dann zu
einem wesentlichen Problem im Rahmen der Produktentwicklung und -gestaltung.
Letztlich geht es darum, die qualitativen Überdimensionierungen zu reduzieren. Ein
Problem, das in diesem Zusammenhang diskutiert wird, ist eine bewusste Verkürzung der Nutzungsdauer von Produkten (sogenannte Obsoleszenz), um eine frühzei-
tigere Ersatzbeschaffung zu initiieren. Zur **Integrationsqualität** zählen alle Eigenschaften, die es ermöglichen, ein Produkt mit bereits existierenden Produkten im
Verbund zu nutzen. Chmielewicz (1968, S. 80) weist in diesem Zusammenhang darauf hin, dass die Integrationsqualität nicht als eigenständige Teilqualität aufzufassen, sondern auf die Teilqualitäten Funktional-, Dauer- und Stilqualität zu beziehen
sei. Wird diesem Gedanken gefolgt, dann ergeben sich eine integrale Funktional-, eine integrale Stil- und eine integrale Dauerqualität. Mit Hilfe der **Stilqualität** werden
die ästhetischen Merkmale eines Produktes erfasst, wie etwa Form und Farbe. Seit
geraumer Zeit wird die **Umweltqualität** als eigenständige Qualitätsausprägung betont. Teilweise wird sie aber auch der Funktionalqualität zugeordnet. Mit ihrer Hilfe
soll die Bedeutung der ökologischen Umwelt bei der Leistungserstellung und -ver-
wertung erfasst werden. Für eine **zusammenfassende Qualitätsbeurteilung** ist es
erforderlich, die einzelnen Teilqualitäten mit ihren konkreten Ausprägungen zu ei-

nem Gesamtqualitätsurteil zu aggregieren. Ansatzpunkte hierfür liefert das Multiattributmodell (vgl. z. B. Kroeber-Riel/Weinberg 2003, S. 310 ff.), das eine einstellungs- und/oder zufriedenheitsorientierte Qualitätsaggregation erlaubt (vgl. Hentschel 1992, S. 122).

Spätestens seit der Veröffentlichung der PIMS-Studie (Profit Impact of Market Strategies) durch Buzzel/Gale (1987) ist bekannt, dass die **relative Produktqualität**, d. h. die Qualität der Produkte, die eine Unternehmung anbietet, im Vergleich zur Qualität der wichtigsten Konkurrenten, Auswirkungen auf die Rentabilität hat (vgl. auch Corsten/Corsten 2012, S. 125). Dabei zeigen sich **gegenläufige Wirkungen**. Ein Qualitätsvorsprung geht mit Marktanteilsgewinnen zu Lasten der Konkurrenz einher, die sich über Economies of Scale in Kostenvorteilen niederschlagen und damit die Rentabilität günstig beeinflussen. Durch eine überlegene Qualität lassen sich höhere Preise erzielen. Diesen rentabilitätssteigernden Wirkungen stehen jedoch Qualitätskosten gegenüber.

Absetzbare Produkte oder Zwischenprodukte durch den Einsatz von Produktionsfaktoren hervorzubringen, stellt letztlich das **Sachziel** der Produktion dar. Demgegenüber liefern die **Formalziele** einen normativen Maßstab zur Beurteilung der Sachzielrealisation. Die Formalziele lassen sich hinsichtlich ihrer Inhalte und Zielvorschriften weiter differenzieren:

- Formalzielinhalte:
  -- **Ökonomische Ziele** basieren auf monetären Größen, wie z. B. **Gewinn, Rentabilität** und **Wirtschaftlichkeit** (Verhältnis von bewertetem Output zu bewertetem Input).
  -- **Technische Ziele** zielen auf Zeit- und Mengengrößen ab, wie etwa die **Produktivität** als Quotient aus dem Output und dem Input. In Abhängigkeit davon, ob der Gesamtoutput und der Gesamtinput oder nur eine Inputart (z. B. menschliche Arbeitsleistung) betrachtet wird, wird von Gesamt- oder Teilproduktivität gesprochen (Output bezogen auf die Anzahl der Arbeiter entspricht der Arbeitsproduktivität oder bezogen auf die Anzahl der eingesetzten Maschinen der Maschinenproduktivität). Weitere technische Ziele sind die **Kapazitätsauslastung** (Verhältnis zwischen genutzter und verfügbarer Kapazität einer Produktionseinheit), die **Durchlaufzeit** (Dauer der Ausführung eines Auftrages) oder die **Zykluszeit** (Dauer der Ausführung eines Auftragsbestandes).
  -- **Ökologische Ziele** wie Recyclingquote, Emissionen etc.
  -- **Soziale Ziele** wie Arbeitsbedingungen, Sicherung von Arbeitsplätzen, Alterssicherung etc.
- Formalzielvorschriften:
  -- **Extremierungsziele**, wie Minimierung oder Maximierung.
  -- **Satisfizierungsziele**, d. h. Vorgabe eines wünschenswerten Niveaus der Zielerreichung (z. B. mindestens 10 % Marktanteil).
  -- **Meliorisierungsziele** setzen einen realisierten Status quo voraus und begnügen sich damit, bezogen auf diesen Referenzpunkt die Richtung anzugeben, in die sich die Zielerfüllung entwickeln soll (Erhöhung/Senkung) (vgl. Zelewski 2008, S. 12 f.).

Um produktionswirtschaftliche Ziele zu erreichen, bedarf es bei den in der Realität anzutreffenden komplexen, arbeitsteilig zu erfüllenden Produktionsaufgaben eines Management, dem die Gestaltung der Aufgabenerfüllung obliegt. In einer inhaltlichen Konkretisierung gehören zu den Aufgaben des Produktionsmanagement die Programm-, Potential- und Prozessgestaltung. Die **Programmgestaltung** beantwortet die Frage, welche Produkte eine Unternehmung in einer bestimmten Periode herstellen möchte. Demgegenüber legt die **Potentialgestaltung** die zur Realisation des Produktionsprogrammes benötigten und einzusetzenden Produktionsfaktoren fest. Bei der **Prozessgestaltung** stehen die Produktionsabläufe im Zentrum des Interesses. Sie erfolgt mit dem Ziel, eine zweckmäßige Ordnung für den Vollzug der Aufgabenerfüllung zu entwerfen.

1.1.1.1.2 Erscheinungsformen

Um die Vielfalt der realen Erscheinungsformen von Produktionssystemen zu strukturieren und darauf aufbauend spezifische Managementaufgaben formulieren zu können, werden in der Literatur (vgl. z. B. Corsten/Gössinger 2016, S. 30 ff.) Typologien vorgeschlagen. Es lassen sich drei Klassen unterscheiden:

- erzeugnisorientierte,
- einsatzorientierte und
- erzeugungsorientierte Typologien.

Ohne auf die Vielzahl der möglichen Typologien einzugehen, werden im Folgenden Erscheinungsformen vorgestellt, die für die produktionswirtschaftliche Forschung und Praxis von besonderer Bedeutung sind. Hierzu werden die Merkmale

- Eigenschaften der Güter,
- Absatzstruktur,
- Organisation der Produktion und
- Struktur der Auflagengröße (Wiederholungsgrad)

herangezogen.

Bei den **Eigenschaften der Güter** ist neben der bereits angeführten Unterscheidung zwischen materiellen (Sachgüter wie Maschinen, Stoffe etc.) und immateriellen Gütern (Arbeitsleistungen, Rechte und Dienstleistungen), auch zwischen geformten und ungeformten Gütern zu unterscheiden. Bei **ungeformten Gütern** handelt es sich um **Fließgüter** (Schüttgüter, Flüssigkeiten, Gase etc.), die keine „natürlichen" Leistungseinheiten, sondern beliebig unterteil- und dosierbare „Massen" aufweisen (vgl. Riebel 1963, S. 49). Ihre Mengenbestimmung erfolgt durch Messen. Bei den **geformten** (gestalteten) **Gütern** ist zwischen 2-dimensional konstruktiv festgelegten, „endlosen" faden-, seil-, band-, stangen-, röhren-, flächenförmigen Gütern und 3-dimensional konstruktiv festgelegten Gütern zu unterscheiden. Letztere lassen sich weiter in einfache (einteilige), wie etwa ein Bohrer, und zusammengesetzte (mehrteilige) Produkte, wie Aggregate, aufteilen. Einfache und zusammengesetzte Güter bilden gemeinsam die Klasse der **Stückgüter** und weisen „natürliche" Leistungseinheiten (nicht zerteilbare Ganzheiten) auf, und die Mengenbestimmung erfolgt durch Zählen.

Auf der Grundlage des Merkmals „Absatzstruktur" wird zwischen auftrags- (make to order) und marktorientierter (für den anonymen Markt, d. h. make to stock) Produktion unterschieden. Bei einer **auftragsorientierten Produktion** löst der Eingang eines Kundenauftrages die Produktionsprozesse und zum Teil auch Beschaffungsprozesse aus. Die Produktion erfolgt gemäß der individuellen Vorgaben des Kunden, so dass die Nachfrage nicht aus dem Endproduktlager erfüllt werden kann. Es besteht Unsicherheit über den Zeitpunkt des Auftragseingangs, Art und Menge nachgefragter Produkte sowie den gewünschten Liefertermin. Die sich daraus ergebenden Nachfrageschwankungen werden in die Produktion hineingetragen und die Kapazitätsauslastung hängt unmittelbar von der Auftragslage ab. Demgegenüber bilden bei einer **marktorientierten Produktion** die Erwartungen hinsichtlich der Nachfrageentwicklung den Ausgangspunkt der Planungen. Da die Produkte für den anonymen Markt produziert werden (z. B. Bleistifte), ist diese Erscheinungsform mit einer Absatzmengenunsicherheit verbunden. Da die Produktion jedoch „auf Lager" erfolgt, ist eine bessere Planung der Kapazitäten möglich. Diese Unterschiede gehen mit der Konsequenz einher, dass unterschiedliche Lösungsansätze zum Einsatz gelangen müssen.

Im Rahmen der organisatorischen Gestaltung des Produktionssystems ist zwischen dem **Verrichtungsprinzip** (auch Funktionsprinzip genannt) und dem **Prozessfolgeprinzip** (Fließprinzip/Objektprinzip) zu unterscheiden. Beim Verrichtungsprinzip wird die Erfüllung gleicher oder ähnlicher Aufgaben räumlich zusammengefasst, wodurch sogenannte Werkstätten entstehen (Werkstattproduktion). Der Materialfluss passt sich dann der räumlichen Anordnung dieser Werkstätten an (vgl. Abbildung 1.2).

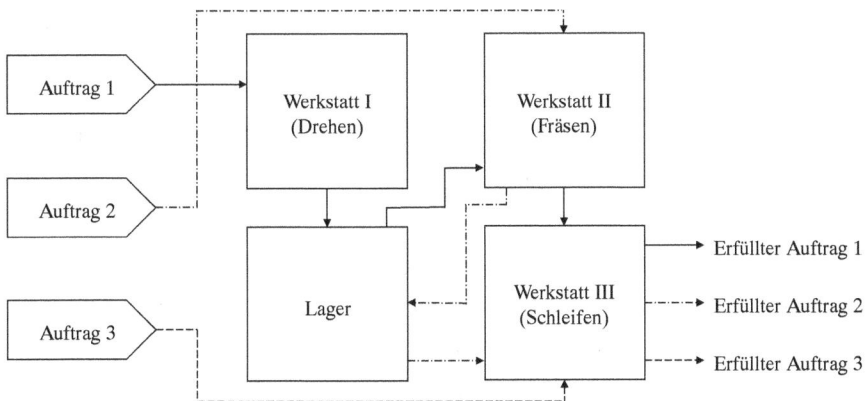

Abbildung 1.2: Werkstattproduktion

Die Abbildung verdeutlicht, dass die Werkstücke abhängig vom herzustellenden Produkt in unterschiedlichen Reihenfolgen den jeweiligen Werkstätten zugeführt werden. Hierdurch ist es möglich, ein breites Spektrum von Produkten mit demselben Produktionssystem zu erstellen, ohne hohe Produktionskosten zu induzieren. Gleichzeitig ergibt sich ein hoher Transportbedarf, der mit hohen Materialflusskosten einhergeht. Folglich eignet sich eine Werkstattproduktion dann, wenn eine ständig variierende Auftragsstruktur mit veränderlichen Bearbeitungsfolgen gegeben ist.

Bei einer **Fließproduktion** wird die Anordnung der Arbeitsplätze nach dem **Prozessfolgeprinzip** vorgenommen, d. h. in der Reihenfolge, in der an den Werkstücken die zu verrichtenden Arbeitsgänge durchzuführen sind. Eine solche Anordnung erscheint dann zweckmäßig, wenn gleiche Güter in großen Mengen produziert werden müssen (z. B. Motoren für Kfz). Abbildung 1.3 gibt die grundsätzliche Struktur einer Fließproduktion wieder.

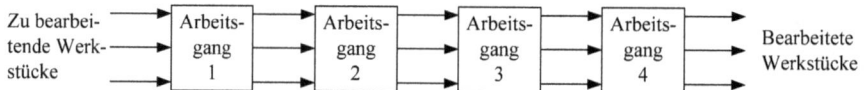

Abbildung 1.3: Fließproduktion

Eine Fließproduktion kann einerseits technisch bedingt sein (sogenannte Zwangslaufproduktion, z. B. Raffinerien, Stahlproduktion) und anderseits organisatorisch (z. B. Kraftfahrzeugindustrie). Die Fließproduktion lässt sich darüber hinaus auf unterschiedliche Weise ausgestalten:

- Nach dem Kriterium der zeitlichen Abstimmung wird zwischen **Fließproduktion mit** und **ohne Zeitzwang** unterschieden. Liegt ein Zeitzwang vor, dann sind die Bearbeitungs- und Transportvorgänge an einen festen zeitlichen Rhythmus (Taktzeit) gebunden. Ist kein Zeitzwang gegeben, dann können die Arbeitsgänge zeitlich unabhängig voneinander durchgeführt und einzelne Arbeitsgänge können wiederholt oder übersprungen werden.
- Nach dem Grad der Verkettung der Arbeitsgänge kann zwischen Transferstraße und Fließbandproduktion unterschieden werden. Bei der **Transferstraße** handelt es sich um ein System von starr verketteten Automaten, d. h., sämtliche Bearbeitungs- und Transportvorgänge laufen selbsttätig ab. Demgegenüber werden bei der **Fließbandproduktion** die Werkstücke kontinuierlich oder getaktet mit Hilfe eines Förderbandes von Bearbeitungsstation zu Bearbeitungsstation transportiert, wobei die einzelnen Bearbeitungsvorgänge nicht automatisiert sind.

Neben diesen reinen Formen sind in der unternehmerischen Praxis Mischformen anzutreffen. So wird etwa die Produktion von Einzelteilen nach dem Verrichtungsprinzip und die Produktion von Enderzeugnissen nach dem Prozessfolgeprinzip organisiert. Eine solche Mischform stellt die **Zentrenproduktion** dar, die in der Praxis eine hohe Bedeutung erlangt hat. Dabei werden die für die Komplettbearbeitung von ablaufverwandten Werkstücken oder Bauteilen erforderlichen Arbeitsplätze zu einer räumlichen Einheit zusammengefasst. Die sich dadurch ergebende komplexe Produktionsaufgabe wird dann einer Arbeitsgruppe übertragen, der i. d. R. auch planende

Aufgaben innerhalb des Produktionszentrums übertragen werden (sogenannte teilautonome Gruppe). Abbildung 1.4 gibt den grundsätzlichen Aufbau einer Zentrenproduktion wieder.

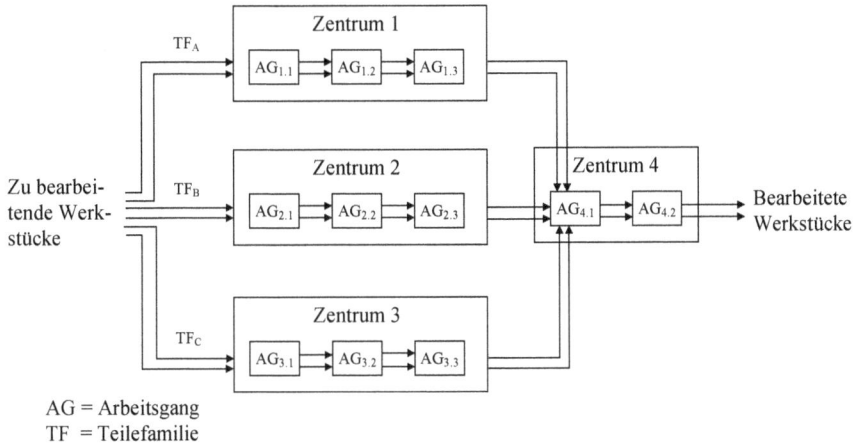

AG = Arbeitsgang
TF = Teilefamilie

Abbildung 1.4: Zentrenproduktion

Als wesentliche **Vorteile der Zentrenproduktion** sind dann zu nennen (vgl. Günther/Tempelmeier 2009, S. 17 ff.):

- im Vergleich zur Werkstattproduktion ergeben sich kürzere Transportwege und -zeiten, niedrigere Lagerbestände und eine einfachere Produktionssteuerung;
- im Vergleich zur Fließproduktion besteht eine höhere Anpassungsfähigkeit an wechselnde Produktionsaufgaben, können kleinere Losgrößen produziert werden und ist eine höhere Identifikation der Mitarbeiter mit dem Produkt feststellbar.

Eine konkrete Ausgestaltungsform der Zentrenproduktion sind die sogenannten **Produktionsinseln**, denen die folgenden Gestaltungsprinzipien zugrunde liegen:

- **Teilefamilien**: Es werden Teile mit ähnlichen Produktionsabläufen zu Gruppen zusammengefasst.
- **Organisation nach dem Objektprinzip**: Zusammenfassung von Anlagen und Arbeitsplätzen zu einer Organisationseinheit, in der dann eine Teilefamilie möglichst vollständig bearbeitet wird.
- **Weitgehend autonome Planung und Steuerung**: Der Arbeitsgruppe werden die dispositiven Aufgaben übertragen, die sich auf die Aufgaben beziehen, die in dieser Organisationseinheit erbracht werden. Die zentral vorgegebenen Rahmendaten bilden dabei die Eckpunkte (sogenannte Rumpfproduktionssteuerung).

Eine Erweiterung der Produktionsinseln stellt die Organisationsform der **Produktionssegmentierung** (Focused Factory) dar, die durch folgende Merkmale charakterisiert ist:

- **Bildung von Produkt-Markt-Produktionskombinationen**, um eine durch die Unternehmung verfolgte Wettbewerbsstrategie zu unterstützen (z. B. Kostenführerschaft oder Differenzierung; vgl. Corsten/Corsten 2012).

- Zusammenfassung mehrerer Stufen der **logistischen Kette** (z. B. Lieferant → Lager → Teileproduktion → Lager → Vormontage → Lager → Montage → Lager → Kunde).

- **Übertragung indirekter Aufgaben** auf die Mitarbeiter, d. h., es werden dem Mitarbeiter neben ausführenden auch planende Arbeiten zugeteilt, um so einen möglichst hohen Autonomiegrad der Segmente zu erreichen.

- **Kosten-/Ergebnisverantwortung**, d. h., die Segmente werden als „Cost Center" oder „Profit Center" geführt.

Damit lassen sich Produktionssegmente wie folgt definieren: „… produktorientierte Organisationseinheiten der Produktion …, die mehrere Stufen der logistischen Kette eines Produktes umfassen und mit denen eine spezifische Wettbewerbsstrategie verfolgt wird." (Wildemann 1998, S. 47). Die **konzeptionellen Ähnlichkeiten** von Produktionsinseln und Produktionssegmentierung zeigen sich insbesondere in

- der Objektorientierung,

- den Teilefamilien und

- im Personalbereich (teilautonome Gruppen).

Letztlich lassen sich die Produktionsinseln, die sich auf eine Stufe der Kette beziehen, als ein **Grenzfall** der Produktionssegmentierung interpretieren. Abbildung 1.5 gibt die Produktionssegmentierung in vereinfachter Form wieder.

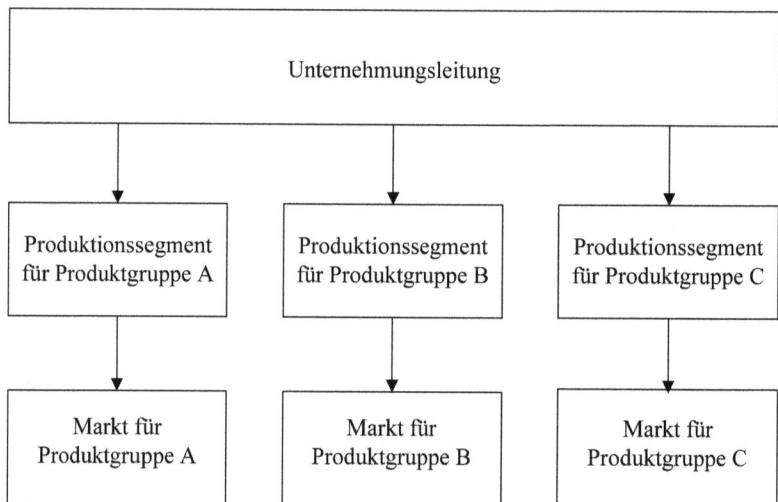

Abbildung 1.5: Produktionssegmentierung

Die Abbildung verdeutlicht, dass der Produktionsbereich in Abhängigkeit von den zu bedienenden Märkten segmentiert wird, um so eine gezielte Abstimmung zwischen Produktion und Wettbewerbsstrategien zu ermöglichen. Die Produktion dient damit der Realisation von Wettbewerbsvorteilen, d. h., sie schafft letztlich die Voraussetzungen zur Teilnahme am Wettbewerb, indem sie die am Markt nachgefragten Produkte unter Beachtung der wettbewerbsrelevanten Faktoren „Kosten", „Qualität" und „Zeit" liefert.

Auf der Grundlage des Merkmals „Struktur der Auflagengröße" kann zwischen Einzel-, Serien- und Massenproduktion unterschieden werden. Wird ein Produkt nur einmal produziert oder kommt es nur sporadisch und zeitversetzt zu einer Wiederholung der Produktion, dann wird von **Einzelproduktion** gesprochen. Das Gegenstück hierzu bildet die **Massenproduktion**, bei der gleichartige Produkte in großen Mengen produziert werden. Charakteristisch ist hierfür, dass die zu produzierende Menge ex ante nicht festliegt. Die Massenproduktion lässt sich in gleichbleibende und wechselnde Massenproduktion weiter untergliedern. Damit wird dem Sachverhalt Rechnung getragen, dass Produktunterschiede gewollt (Sortenproduktion) oder ungewollt (Partieproduktion bei Qualitätsschwankungen der Einsatzgüter, Chargenproduktion bei nicht vollständig steuerbaren Prozessen) auftreten. Bei der **Serienproduktion** werden mehrere unterschiedliche, aber verwandte Produkte hergestellt, wobei für jedes Produkt ex ante eine Auflagengröße festgelegt wird (es wird eine bestimmte Menge eines Produktes als zeitlich geschlossener Posten erstellt). Nach Fertigstellung einer Serie wird das Produktionssystem auf die Erfordernisse der nächsten Serie umgestellt. Differenzierend kann noch zwischen Klein- und Großserienproduktion unterschieden werden, eine Einteilung, die von Branche zu Branche sehr unterschiedlich sein kann.

Die Ausprägungen der skizzierten Merkmale sind nicht unabhängig voneinander, sondern es lassen sich die folgenden empirisch beobachteten Erscheinungsformen unterscheiden:

- eine auftragsorientierte Produktion geht i. d. R. mit einer Werkstattproduktion einher und weist als Auflagenstruktur eine Einzel- oder Kleinserienproduktion auf;
- eine marktorientierte Produktion geht i. d. R. mit einer Fließproduktion sowie einer Massen- oder Großserienproduktion einher.

1.1.1.2 Logistik

1.1.1.2.1 Begriffliche Abgrenzungen

Logistik ist eine **Querschnittsfunktion**, der die Aufgabe obliegt, den Objekt- und den dazugehörigen Informationsfluss innerhalb einer Unternehmung und unternehmungsübergreifend zu planen, zu steuern und zu kontrollieren. Als Objekte kommen dabei Sachobjekte, Menschen, Tiere, Geld, Informationen etc. in Frage. **Logistik** umfasst dann den Vollzug von Prozessen, die einen Güterfluss von liefernden Stellen hin zu Bedarfsstellen bewirken. Der Prozessvollzug kann aber erst dann erfolgen, wenn ein **logistisches Objekt** (z. B. Personen, Sachobjekte, Informationen) mit dem Ziel eingebracht wird, dieses einer nutzenstiftenden Transformation zu unterziehen. Die Nutzenstiftung basiert auf einer Veränderung der räumlichen (z. B. geographische Koordinaten) und zeitlichen Eigenschaften des Logistikobjektes bei Aufrechthaltung seiner substanziellen Beschaffenheit (z. B. Unversehrtheit). Häufig besteht die Notwendigkeit, für den Zeitraum der Leistungserstellung zusätzlich zu den räumlichen und zeitlichen Eigenschaften weitere Eigenschaften des Logistikobjektes, wie etwa die Zuordnung zu übergeordneten logistischen Einheiten, die physische Bedienbarkeit und die informatorische Handhabbarkeit zu ändern. Als **logistische Elementarprozesse**, mit deren Hilfe Eigenschaftsänderungen bewirkt werden können, sind zu nennen (vgl. Pfohl 2004, S. 8 f.):

- **Kernprozesse** wie Transportieren, Umschlagen und Lagern. Sie beziehen sich unmittelbar auf das Logistikobjekt;
- **Unterstützungsprozesse** wie Verpacken, Signieren und Informieren. Sie werden ausgeführt, um die Effizienz der Kernprozesse zu erhöhen.

Tabelle 1.3 gibt die Beziehung zwischen logistischen Elementarprozessen und die durch sie bewirkten Eigenschaftsänderungen wieder (in Modifikation von Pfohl 2004, S. 9).

Elementar- prozess Eigenschaft	Lagern	Transpor- tieren	Umschlagen	Verpacken	Signieren	Informieren
Zeit	x	x	x	x	x	—
Ort	—	x	x	—	—	—
Zuordnung	—	—	x	x	—	—
Physische Bedienbarkeit	—	—	x	x	x	—
Informatorische Handhabbarkeit	—	—	x	—	x	x
Legende:	x = wirkt ein			— = wirkt nicht ein		

Tabelle 1.3: Logistische Elementarprozesse und bewirkte Eigenschaftsänderungen

Unter **Transportieren** ist dabei eine bewusste Ortsveränderung durch Bewegen in horizontaler und vertikaler Richtung zu verstehen. Beim **Umschlagen** handelt es sich um den Wechsel der physischen Zuordnung eines logistischen Objekts zu einem Lager, Transportmittel oder logistischem Objekt höherer Ordnung. Hierzu zählen Handhaben (z. B. Einlagerung) und Bündeln (Zusammenfassung logistischer Einzelobjekte zu größeren Einheiten, z. B. Palettieren, Kommissionieren). Durch **Lagern** werden Logistikobjekte zum Zwecke einer zeitlich verzögerten Abgabe in eine Bevorratungsstelle aufgenommen. Das logistische Objekt wird beim **Verpacken** durch das Anbringen einer lösbaren Umhüllung für die Ausführung logistischer Elementarprozesse besser bedienbar gemacht. **Signieren** ist die Kennzeichnung des logistischen Objektes zu Zwecken der eindeutigen Identifikation und des Hinweises auf seine Besonderheiten, die für die Ausführung von Elementarprozessen relevant sind. Die Übermittlung von Daten über den Vollzug von Elementarprozessen am logistischen Objekt wird im vorliegenden Kontext als **Informieren** bezeichnet.

Aus der Sicht des Abnehmers resultiert die Wertsteigerung eines Gutes durch die Logistik daraus, dass sich das logistische Objekt zum Bedarfszeitpunkt in seinem lokalen Verfügungsbereich befindet. Dies knüpft unmittelbar an die Überlegung an, dass der Logistik die Aufgabe obliegt, die richtigen Güter zum richtigen Zeitpunkt am richtigen Ort in der richtigen Menge in der richtigen Qualität für den richtigen Nachfrager bereitzustellen (vgl. hierzu auch das materialwirtschaftliche Optimum bei Grochla 1978, S. 18). Diese Formulierung stellt letztlich das **Sachziel** der Logistik dar (vgl. Pfohl 2004, S. 19).

Da die logistischen Prozesse häufig in einem Umfeld mit hoher Unsicherheit vollzogen werden, liegt dieser Formulierung ein Idealziel zugrunde, dessen vollständige Erfüllung i. d. R. nicht mit den Formalzielen vereinbar ist. Vor diesem Hintergrund wird das Sachziel auf der Grundlage von Servicegraden formuliert, die angeben, welcher Anteil der in einem Zeitraum erbrachten Leistungen definierte Mindestanforderungen erfüllt.

Als ein Informationssystem ist insbesondere das Tracking & Tracing zu nennen. Während beim Tracking die Identifikationsaufgabe an definierten Identifikationspunkten oder fortlaufend per Satellitenortung im Fokus steht, handelt es sich beim Tracing um eine lückenlose Sendungsverfolgung zwischen Quelle und Senke (Ziel) sowie die Datenarchivierung (z. B. beim Paketversand).

Neben dem Sachziel ist das **Formalziel** der Logistik zu konkretisieren, wobei zwischen ökonomischen und technischen Formalzielen zu unterscheiden ist. Das ökonomische Formalziel bezieht sich auf die Kosten des Güterflusses, worunter die Kosten zu verstehen sind, die mit der Ausführung der logistischen Elementarprozesse verbunden sind (Lagerhaltungskosten, Transportkosten, Handlingkosten, Kosten des Logistiksystems). Als technische Formalziele sind die Produktivität, die Kapazitätsauslastung und die Durchlaufzeit zu nennen, deren Ermittlung durch die folgenden Aspekte mit erheblichen Problemen behaftet ist:

- Der Output lässt sich zwar teilweise durch Mengenangaben (z. B. Anzahl der transportierten Güter) mit hinreichender Genauigkeit erfassen, zumeist sind jedoch weitere quantitative Größen (z. B. Gewicht, Entfernung) und insbesondere qualitative Größen (z. B. realisierter Servicegrad) zu berücksichtigen. Die Einbeziehung dieser unterschiedlichen Größen erfordert eine mehrdimensionale Outputmessung.
- Die Qualität des Input (z. B. Transport- und Lagerfähigkeit der Logistikobjekte) hat einen nicht unerheblichen Einfluss auf den Output.
- Aufgrund des Dienstleistungscharakters der Logistik ist neben der Leistungserstellung auch die Leistungsbereitschaft in die Zielgrößen einzubeziehen (vgl. Corsten/Gössinger 2015, S. 51 ff. und S. 360 ff.)

1.1.1.2.2 Erscheinungsformen

Eine erste Systematisierung der Logistik zeigt Abbildung 1.6.

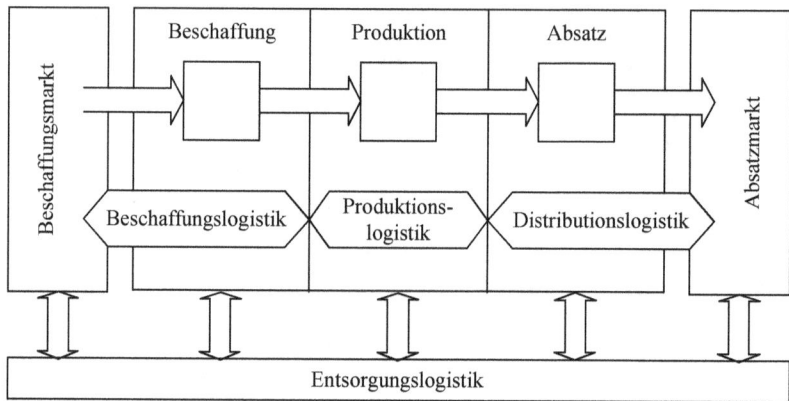

Abbildung 1.6: Logistik

Diese Abbildung verdeutlicht einerseits noch einmal den Querschnittscharakter der Logistik und anderseits den engen Zusammenhang mit den Kernfunktionen einer Unternehmung. Im vorliegenden Zusammenhang steht die Beziehung zwischen Produktion und Logistik im Zentrum des Interesses. Dabei reicht die häufig anzutreffende Formulierung, dass Produktion und Logistik eine Einheit bilden, nicht aus. Bedingt durch den Sachverhalt, dass sich sowohl die Produktion als auch die Logistik auf die Gütertransformation beziehen, wird die partielle Überschneidung dieser beiden Funktionen deutlich. Während sich die Produktion auf Veränderungen der zur Erzeugung von Produkten eingesetzten Güter bezieht, und zwar bezogen auf Substanz-, Objektzuordnungs-, zeitliche und/oder räumliche Eigenschaften, umfasst der Bereich Logistik Güter, die in den durch die Unternehmung verlaufenden Güterfluss involviert sind, und deren Transformation im Hinblick auf zeitliche und räumliche Eigenschaften. Die Schnittstelle beider Bereiche bildet dann die **Produktionslogistik**, der die Koordination der Güterflüsse innerhalb und zwischen den Produktionsstellen obliegt (Transport- und Lagervorgänge). Ebenfalls weist die Logistik Überschneidungen mit den Funktionen Beschaffung und Absatz auf. Abbildung 1.7 gibt diese Zusammenhänge anschaulich wieder.

Das Management der Produktionslogistik weist eine deutliche Schnittmenge mit der Produktionsplanung und -steuerung auf. Dies wird deutlich, wenn die im Rahmen der Produktionslogistik thematisierten Konzeptgruppen betrachtet werden:

- Konzept der Materialbestandsoptimierung und
- Konzept der Materialflussoptimierung.

	Art der Transformation				
	Substanz-eigenschaften	Beziehungseigenschaften in Bezug auf			
		Objekte	Zeit	Raum	Verfü-gungs-gewalt
Fremdzu-beziehende Güter		Logistik			
Zur Hervor-bringung von Gütern einge-setzte Güter	Produktion		Produktionslogistik		
An Externe überlassene Güter		Logistik			

(Links: Objekte der Transformation)

Abbildung 1.7: Produktion und Logistik

Zentrales Anliegen der **Materialbestandsoptimierung** ist die Festlegung optimaler Bestände in den einzelnen Lagern, unter der Bedingung, einen definierten Service-grad zu realisieren. Dem Konzept der **Materialflussoptimierung** liegt die Idee einer Produktion auf Abruf (Just in Time) zugrunde. Dabei sollen das Material oder die zu bearbeitenden Teile erst unmittelbar vor ihrem Einsatz bereitgestellt werden, um Be-stände zu senken, Durchlaufzeiten zu reduzieren und Störungen in den Prozessen zu beseitigen. Die mit diesen Konzepten adressierten Planungs- und Steuerungsaufga-ben werden auch von den Teilkomplexen eines PPS-Konzeptes abgedeckt (vgl. Kapi-tel 4).

Eine weitere Typisierung greift auf eine Vorgehensweise aus der Volkswirtschafts-lehre zurück. Auf der Grundlage des Merkmals „Aggregationsniveau" kann zwi-schen Mikro-, Meso- und Makrologistik unterschieden werden. Bei der **Mikrologis-tik** liegt der Fokus der Beachtung auf einzelwirtschaftlicher Ebene, d. h., es werden die Güterflüsse innerhalb einer Unternehmung (innerbetriebliche Logistik) analysiert und gestaltet. Die **Mesologistik** (vgl. zur Mesoökonomie Peters 1971, S. 217), die zwischen der einzel- und gesamtwirtschaftlichen Ebene liegt, bezieht sich auf Grup-pen, Branchen und Regionen. Damit wären insbesondere Kooperationen und Netz-werke zwischen Unternehmungen angesprochen. Demgegenüber liegt der **Makrolo-gistik** eine gesamtwirtschaftliche Perspektive zugrunde, d. h., der Fokus liegt auf ei-ner Volkswirtschaft oder der Weltwirtschaft. In Abhängigkeit von der Aggregations-ebene können nicht nur unterschiedliche Transport-, Lager- und Umschlageinrich-tungen und Transportmedien (z. B. Wasser, Schiene, Straße, Luft) Bedeutung erlan-gen, sondern es kann auch der Autonomiegrad der Gestaltung dieser Prozesse in starkem Maße schwanken. Während die Unternehmung auf der Ebene der Mikrologistik weitgehend autonom gestalten kann, nimmt der Autonomiegrad über die Meso- hin zur Makroebene deutlich ab und ist im zuletzt genannten Fall tendenziell null.

Die **Art der Logistikobjekte** beeinflusst unmittelbar die Ausgestaltung der logistischen Prozesse (vgl. Troßmann 2006, S. 120 und S. 144 f.). So schränken insbesondere die Transport- und Lagereigenschaften der Logistikobjekte die einsetzbaren Ressourcen (z. B. Betriebsmittel) und die Ausgestaltung der Logistikprozesse ein. Mit dem Merkmal „Art der Stoffgebundenheit" wird zwischen Logistikobjekten, die untrennbar mit einem Stoff verbunden sind (beständige Stoffgebundenheit), und Logistikobjekten, bei denen der Stoff als Trägermedium fungiert und ein Wechsel auf andere Trägermedien möglich ist (wandelbare Stoffgebundenheit), unterschieden. Beständig stoffgebundene Objekte lassen sich nach der Zugehörigkeit **zu einer natürlichen Sphäre** in belebte Objekte (Lebewesen) und unbelebte Objekte untergliedern, wobei letztere in Stück- und Fließgüter aufgeteilt werden können. Abbildung 1.8 ist eine systematisierende Übersicht über mögliche Logistikobjekte.

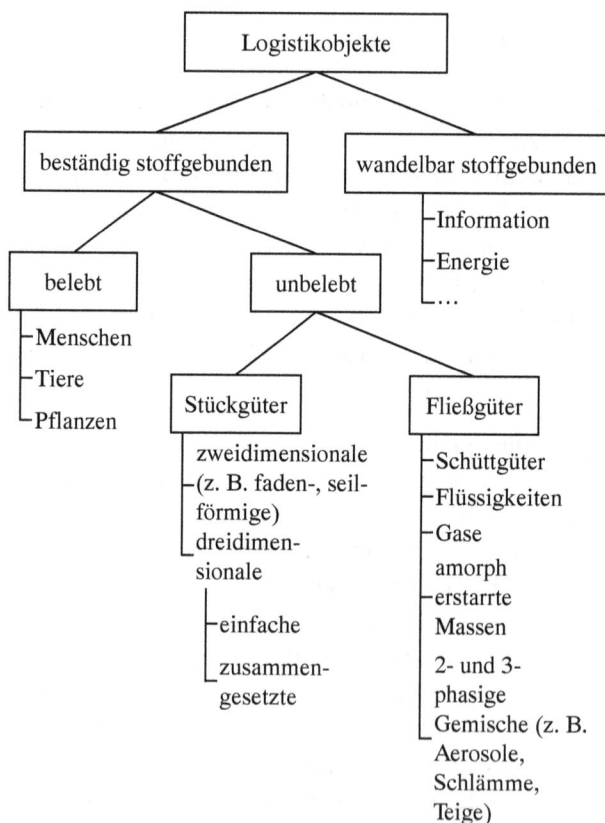

Abbildung 1.8: Systematik der Logistikobjekte

Die **Struktur des Güterflusses** lässt sich durch die Relation zwischen der Anzahl der Inputobjekte und der Anzahl der Outputobjekte an den einzelnen Stufen des logistischen Prozesses erfassen (vgl. Adam 1997, S. 14 f., sowie im Rahmen der Produktion grundlegend Riebel 1963):

- **Durchgängiger Güterfluss** (1:1-Beziehung): Die Stufe weist ein Input- und ein Outputobjekt auf.
- **Konvergierender Güterfluss** (m:1-Beziehung): Auf der Stufe werden mehrere Inputobjekte zu einem Outputobjekt zusammengefasst.
- **Divergierender Güterfluss** (1:n-Beziehung): Ein Inputobjekt wird auf der betrachteten Stufe in mehrere Outputobjekte zerlegt.
- **Umgruppierender Güterfluss** (m:n-Beziehung): Aus mehreren Inputobjekten werden auf einer Stufe mehrere Outputobjekte gebildet.

Die Koordination des Güterflusses ist dabei umso komplexer, je mehr Teilprozesse das Logistiksystem umfasst und je mehr die Struktur von der 1:1-Beziehung abweicht.

Darüber hinaus kann zwischen kontinuierlichem und diskontinuierlichem Güterfluss unterschieden werden. Während beim **kontinuierlichen Güterfluss** die Logistikobjekte ohne Unterbrechung von ihrem Versandort zu ihrem Bedarfsort transportiert werden, treten beim **diskontinuierlichen Güterfluss** Unterbrechungen auf, die auf die folgenden Ursachen zurückgeführt werden können:

- aus ökonomischen Überlegungen werden Logistikobjekte zu übergeordneten Objekten zusammengefasst (z. B. Bündeln zu größeren Einheiten),
- produktionsbedingt werden die Logistikobjekte von ihrem Versandort unregelmäßig abgegeben oder von ihrem Bedarfsort unregelmäßig angefordert und/oder
- die Logistikobjekte können transportbedingt (z. B. Fassungsvermögen und Funktionsweise der Transportmittel) nicht unmittelbar nach ihrer Verfügbarkeit von ihrer Quelle zum Bedarfsort transportiert werden.

1.1.2 Unternehmungsübergreifende Betrachtung

In einer unternehmungsübergreifenden Betrachtung arbeiten autonom agierende Unternehmungen über einen längeren Zeitraum so zusammen, dass eine gemeinsame Wertschöpfung realisiert wird (vgl. Reese 2016, S. 5), d. h., es liegt eine Kooperation (vgl. Peters 2008, S. 26 ff.) selbstständiger Unternehmungen vor. Von Wertschöpfungsketten wird dann gesprochen, wenn sich diese Unternehmungen darauf einigen, eine gemeinsame Wertschöpfung derart zu realisieren, dass eine Folge wertsteigernder Schritte vorliegt, um ein Endprodukt zu erstellen. Die wertsteigernden Schritte sind damit in eine entsprechende Reihe zu bringen und auf die Akteure aufzuteilen (vgl. Sydow/Möllering 2015, S. 193 ff.). Damit sind sie nicht mit Lieferketten gleichzusetzen, bei denen die autonomen Wirtschaftseinheiten beliebige Funktionen erbringen, ohne dass die Bedingung des Wertzuwachses bei aufeinanderfolgenden Einheiten erfüllt sein muss (vgl. Reese 2016, S. 5).

Wenn Unternehmungen in dieser Form interagieren, dann stellt sich unmittelbar die Frage nach der Koordination der ökonomischen Aktivitäten. Unter Rückgriff auf die Transaktionskostentheorie (vgl. Williamson 1990) lassen sich Märkte und Hierarchien (Unternehmungen) als grundsätzliche institutionelle Koordinationsformen unterscheiden (vgl. Hanke 1993, S. 25 f.). Eine Transaktion liegt dann vor, wenn ein Transaktionsobjekt (materielles und/oder immaterielles Gut) vom Wirkungskreis eines Akteurs in den eines anderen wechselt. Williamson (1990, S. 1) spricht von einer Übertragung über eine technisch trennbare Schnittstelle hinweg. Die Transaktionen gehen dabei mit Transaktionskosten einher, die in Anbahnungs-, Vereinbarungs-, Kontroll- und Anpassungskosten untergliedert werden können (vgl. z. B. Friese 1998, S. 70 f.).

Neben diesen „reinen" Formen sind **hybride Koordinationsformen** zu nennen. Abbildung 1.9 verdeutlicht, dass in Abhängigkeit vom jeweiligen Ausgangskoordinationsmuster, das einer Transaktion zugrunde liegt, zwischen

- **hybriden Marktformen** (Grundmuster der Koordination bildet der Markttausch, und es kommen hierarchische Überwachungsstrukturen hinzu) und
- **hybrider Unternehmungsführung** (Grundmuster der Koordination ist die Hierarchie, die durch marktliche Elemente ergänzt wird)

differenziert wird (vgl. Hanke 1993, S. 27), wobei zwischen diesen Formen fließende Übergänge existieren.

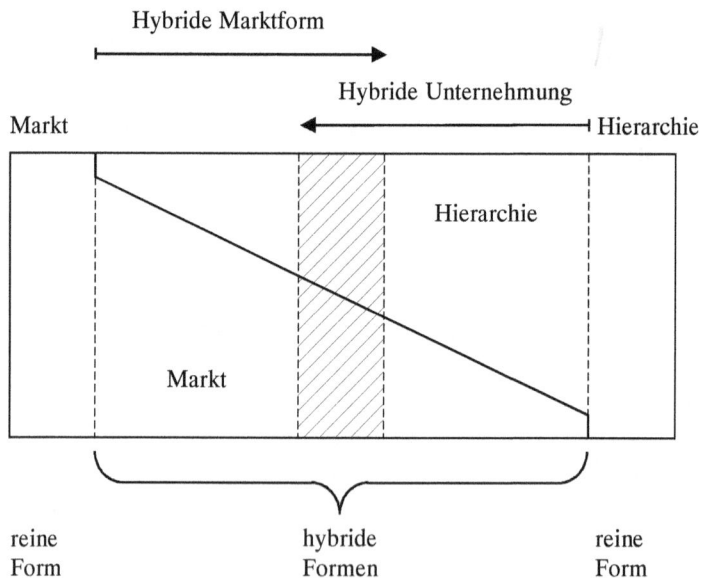

Abbildung 1.9: Hybride Koordination im Spektrum von Markt und Hierarchie

1.1.2.1 Supply Chain als spezifische Wertschöpfungskette

Die **Supply Chain** (Versorgungskette) weist eine enge Beziehung zur Logistikkette auf. Während sich die **Logistik**, wie betont, zunächst auf das Lager- und Transportwesen beschränkte, wird sie zum heutigen Zeitpunkt als eine **Querschnittsfunktion** gesehen, die die betrieblichen Kernfunktionen Beschaffung, Produktion und Absatz überlagert.

In einer **integrativen Sichtweise** wird die Logistik jedoch nicht nur auf eine einzelne Unternehmung bezogen, sondern unternehmungsübergreifend gesehen, wobei auch von zwischenbetrieblicher Logistik gesprochen wird (vgl. Bretzke 1996, Sp. 1110 ff.). In dieser unternehmungsübergreifenden (integrativen) Betrachtung werden dann die Lieferanten und die Abnehmer zu einer sogenannten logistischen Kette zusammengefasst. Vereinfacht ergibt sich dann das in Abbildung 1.10 dargestellte Modell.

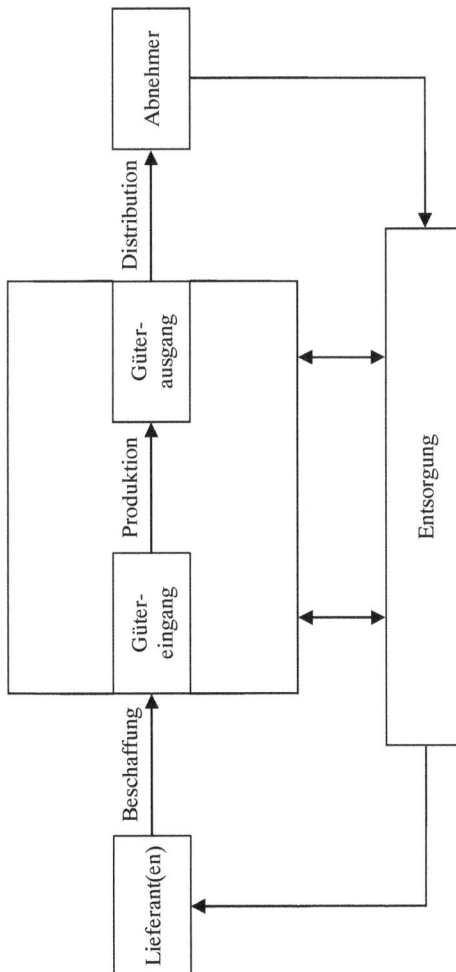

Abbildung 1.10: Integratives Logistikverständnis

Damit wird die Gestaltung der gesamten Prozesskette von den Lieferanten bis zu den Abnehmern zur zentralen Aufgabe der Logistik, deren **prozesskettenorientiertes Denken** zugleich deutlich wird. Der Logistik obliegt damit die Aufgabe, den Güterfluss und den zugehörigen Informationsfluss innerhalb einer Unternehmung und unternehmungsübergreifend zu planen, zu steuern und zu kontrollieren. Dabei beschränkt sie sich nicht nur auf operative Fragestellungen, sondern erlangt darüber hinaus auch strategische Bedeutung (vgl. z. B. Bowersox/Closs 1996, S. 37 und S. 101 f.). Infolge dessen erlangen Informationen eine zentrale Bedeutung, da sie die Zuverlässigkeit innerhalb der logistischen Kette in entscheidender Weise beeinflussen. Die Verbesserung der täglichen Kommunikation zwischen den Beteiligten stellt dann auch nach Poirier/Reiter (1997, S. 35) den ersten und entscheidenden Schritt zum Aufbau einer „optimierten" Versorgungskette dar.

Mehrstufige logistische Ketten zeichnen sich dadurch aus, dass sie aus rechtlich und organisatorisch selbständigen Unternehmungen bestehen. Dabei sind die gesamten Güter- und die dazugehörigen Informationsflüsse zwischen diesen Unternehmungen, etwa vom Rohstofflieferanten zum Produzenten über Groß- und/oder Einzelhändler abzustimmen (vgl. Zäpfel/Wasner 1999, S. 297). Durch diese vertikale Integration wird letztlich Ungewissheit absorbiert, ein Sachverhalt, der mit einer Stabilisierung des externen Entscheidungsfeldes einhergeht. Diesem Effekt stehen auch spezifische Unsicherheiten und Kosten gegenüber, die mit einer vertikalen Integration verbunden sind. Zu nennen sind beispielsweise Unsicherheiten, die sich aus den Abhängigkeiten von Kunden und/oder Produzenten ergeben. In dieser Sichtweise zeigt sich die enge Beziehung der logistischen Kette und der Supply Chain (Versorgungskette), wie sie beispielhaft in Abbildung 1.11 dargestellt wird (vgl. z. B. Poirier/Reiter 1997, S. 22).

Einen entscheidenden Unterschied zwischen der „klassischen" Logistikkette und der Supply Chain sehen Autoren dann darin (vgl. z. B. Cooper/Ellram 1993, S. 16; Cooper/Lambert/Pagh 1997, S. 1 f.), dass bei ersterer die einzelnen Teilnehmer nach einzelwirtschaftlichen Entscheidungskalkülen aus ihrer isolierten Sicht entscheiden, während der Supply Chain eine ganzheitliche Betrachtung der Logistikkette zugrunde liegt, d. h., die Wahrnehmung der einzelnen Teilnehmer zielt auf eine Abstimmung der Güter- und Informationsflüsse aller Beteiligten ab.

Insofern erscheint es konsequent, nicht mehr von Schnittstellen, die für Abstimmungsprobleme und Ineffizienzen stehen, sondern vielmehr von Grenzstellen zu sprechen (vgl. Endres/Wehner 1995, S. 18 ff.), d. h., die Supply Chain zielt primär auf Verknüpfungen zwischen den Partnern ab, ein Sachverhalt, der teilweise auch als Verknüpfungs-Management (vgl. Otto/Kotzab 2001, S. 171) bezeichnet wird. „Die konsequente Anwendung von Supply Chain Management bedeutet, daß die unternehmungsübergreifende Wertschöpfungskette keine Bruchkanten zwischen den Elementen aufweist, sondern wie aus ‚einem Guß' gestaltet ist. Alle Beteiligten denken und handeln wie ein Unternehmen, solange sie dem Netzwerk angehören." (Scheer/Borowsky 1999, S. 7). Dabei ist zu beobachten, dass „... die Summe lokaler

Optima häufig kein globales Optimum ergibt ..." (Knolmayer/Mertens/Zeier 2000, S. 15) und einzelne Unternehmungen eventuell schlechter gestellt werden als dies bei einer Realisierung ihrer individuellen Optimallösung der Fall wäre. In solchen Fällen schlagen Poirier/Reiter (1997, S. 29) vor, einen Teil der auftretenden Kostensenkungen entlang der gesamten Supply Chain so aufzuteilen, dass letztlich jedes Kettenglied davon profitiert. Allerdings ergibt sich ein Zurechnungsproblem, das formal nicht exakt gelöst werden kann, sondern durch Verhandlungen zwischen den Mitgliedern gelöst werden muss (vgl. Sydow/Windeler 1997, S. 6; Zelewski 2007, S. 555 ff.). Letztlich handelt es sich somit um eine systematische Verzahnung der Wertschöpfungsprozesse aller Beteiligten, mit der das Ziel verfolgt wird, dem Kunden eine optimale Bedarfsdeckung anzubieten.

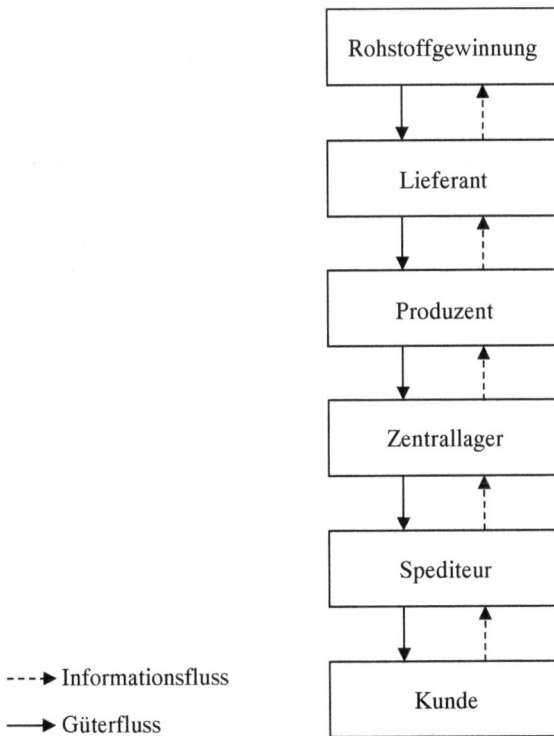

Abbildung 1.11: Beispiel einer Supply Chain

Eine konsequente Kundenorientierung bildet folglich den Ausgangspunkt der Supply Chain, d. h., sie umfasst alle Prozesse ausgehend vom Endkunden bis hin zu den Rohstofflieferanten, die zur Bewegung und Transformation von Gütern erforderlich sind. Den Ausgangspunkt der Steuerung einer Supply Chain bildet somit der Nachfrager und nicht die Lieferanten, so dass in der Literatur (vgl. z. B. Buscher 1999, S. 450; Vahrenkamp 1999, S. 309; Vollmann/Cordon 1998, S. 684) auch vorgeschlagen wird, von „**demand chain**" oder von „**chain of customers**" zu sprechen. Das

Konzept ist damit durch eine durchgängige Ausrichtung an den Bedürfnissen des Endverbrauchers charakterisiert. Damit wird gleichzeitig deutlich, dass Informationen über den Verbrauch ein wesentliches Steuerungselement in der Supply Chain darstellen. Einzelhändler bieten diese Informationen gegen eine Gebühr an, und zahlreiche Unternehmungen (z. B. Nielsen N.A., IRI Logistics) sammeln diese Informationen und verkaufen sie als Dienstleistung. Hinter diesem Phänomen steht eine alte auf Forrester (1958) zurückgehende Erkenntnis, die in der Literatur als **Peitschenschlageffekt** (bullwhip bzw. whiplash oder whipsaw effect) bezeichnet wird (vgl. z. B. Berry/Naim 1996, S. 182 f.; Handfield/Nichols 1999, S. 17 f.; Zäpfel/Wasner 1999, S. 298). Mit diesem Effekt wird der Sachverhalt erfasst, dass bei lokal begrenzten Informationen und lokalen Entscheidungen kleinere Schwankungen der Kundenbedarfe auf jeder weiteren Stufe der Supply Chain zu immer größeren Streuungen der Bedarfsmengen führen, d. h., kleine Veränderungen der Endnachfrage verstärken sich in rückwärtiger Richtung: „Eine kleine Steigerung der Kundennachfrage führt zu einem überproportionalen und verzögerten Anstieg der Bestellmenge des Einzelhändlers. Diese höhere Nachfrage schaukelt sich entlang der Logistikkette weiter fort." (Zäpfel/Wasner 1999, S. 301 f.). Eine wesentliche Ursache für diesen Effekt ist in der mangelnden Koordination der Teilnehmer zu sehen, wie dies auch durch Fallstudien gezeigt wird (vgl. Lee/Padmanabhan/Whang 1997a, S. 93 ff.). In diesem Zusammenhang findet sich in der Literatur häufig das Beispiel von Procter & Gamble. Die Logistikmanager dieser Unternehmung stellten fest, dass der Absatz des Produktes „Babywindeln" auf der Stufe des Einzelhandels im Zeitablauf zwar schwankte, diese Schwankungen aber relativ gering waren. Die Schwankungen bei den Bestellungen der Einzelhändler fielen ebenfalls noch relativ gering aus. Demgegenüber wiesen die Bestellungen des Großhändlers beim Produzenten Procter & Gamble bereits große Schwankungen in demselben Zeitraum auf, und die vom Produzenten bei seinen Zulieferern bestellten Materialien, die für das Produkt „Babywindeln" disponiert wurden, wiesen noch größere Schwankungen auf (vgl. Zäpfel/Wasner 1999, S. 298). Die Varianz der Nachfrage wird somit von Stufe zu Stufe größer: „Ist jedem Systemteilnehmer nur die Nachfrage seines unmittelbaren Nachfolgers bekannt, so liegt es auf der Hand, daß mit zunehmendem Abstand vom Endkunden die Gefahr besteht, daß die Kundennachfrage falsch eingeschätzt wird, und es zu Fehlentscheidungen in der Logistikkette kommt." (Zäpfel/Wasner 1999, S. 298).

Die spezifische Dynamik derartiger Ketten resultiert daraus, dass es sich bei den Stufen um rückgekoppelte Systeme mit zeitverzögerten Vorgängen handelt, die

- einerseits aus den Bedarfsmeldefristen und
- anderseits aus deren Umsetzung in Lieferungen sowie aus Transportzeiten

resultieren. Nachfrageänderungen treten in schnellerer Folge auf, als die Informationen darüber im System revidiert und die Lieferprozesse angepasst werden können. Somit ergeben sich systeminduzierte Schwankungen der Bestell- und Liefermengen, die aufgrund mangelnder Kommunikation als Nachfrageschwankungen fehlinterpretiert werden. Wird dann darauf mit erneuten Bestell- und Lieferprozessen reagiert, verstärkt dies die Schwankungen im System. Es zeigt sich damit die Notwendigkeit einer sorgfältigen Abstimmung innerhalb einer Supply Chain, beispielsweise mit Hilfe von Simulationen (vgl. Vahrenkamp 2005, S. 35 f.).

Um den Peitschenschlageffekt in differenzierter Form zu verdeutlichen, sei auf ein Beispiel von Forrester (1980, S. 21 ff.) zurückgegriffen, der eine dreistufige Supply Chain aus Produzent, Großhändler und Einzelhändler modelliert. Dabei wird unterstellt, dass innerhalb und zwischen den Stufen Verzögerungen sowohl des Informations- als auch des Güterflusses auftreten. Die einzelnen Verzögerungswerte sind in Abbildung 1.12 durch eingekreiste Zahlen in Wochen angegeben.

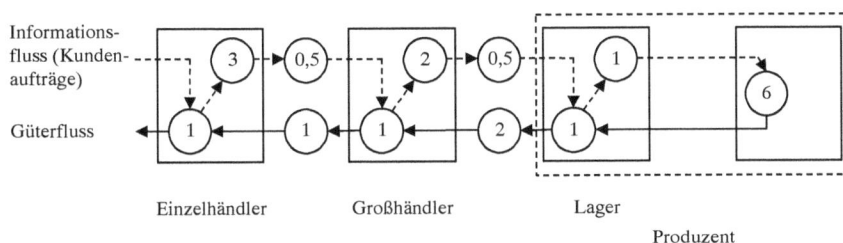

Abbildung 1.12: Beispielhafte Darstellung des Informations- und Güterflusses in einer dreistufigen Supply Chain (vgl. Forrester 1980, S. 20)

Der Informationsfluss umfasst alle Aufträge, die vom Kunden ausgelöst über Einzelhändler und Großhändler an den Produzenten übermittelt werden. Forrester unterscheidet dabei zwischen Aufträgen, die erteilt werden, um verkaufte Güter zu ersetzen, Lagerbestände anzupassen, wenn sich die Geschäftsintensität ändert, und die Lieferkanäle mit freigegebenen Aufträgen und Lieferungen aufzufüllen. Der Auftragserteilung liegen folgende Annahmen zugrunde (vgl. Forrester 1980, S. 23):

- Aufträge zum Ersatz verkaufter Güter werden mit einer Verzögerung, die durch die Verkaufsanalyse und die Beschaffung (3, 2 oder 1 Woche(n)) bedingt ist, von der vorgelagerten an die nachgelagerte Stufe erteilt. Die Beauftragungsrate orientiert sich dabei an der aktuellen Absatzmenge, d. h., es werden keine Prognosen vorgenommen.

- Eine Anpassung der Lagerbestände erfolgt, wenn innerhalb einer hinreichend langen Zeitdauer (8 Wochen) eine Veränderung der mittleren Absatzrate zu verzeichnen ist.

- Ein Teil der freizugebenden Aufträge verhält sich proportional zu der mittleren Geschäftsintensität und der erforderlichen Auftragsausführungsdauer. Sowohl ein gestiegenes Absatzvolumen als auch eine erhöhte Ausführungsdauer führen zu einem Anstieg des Auftragsbestandes im Lieferkanal.

Abbildung 1.13 gibt die Simulationsergebnisse für einen saisonal um 10% schwankenden Absatz wieder, wobei die Produktionskapazität auf 120% der durchschnittlichen Absatzmenge begrenzt ist.

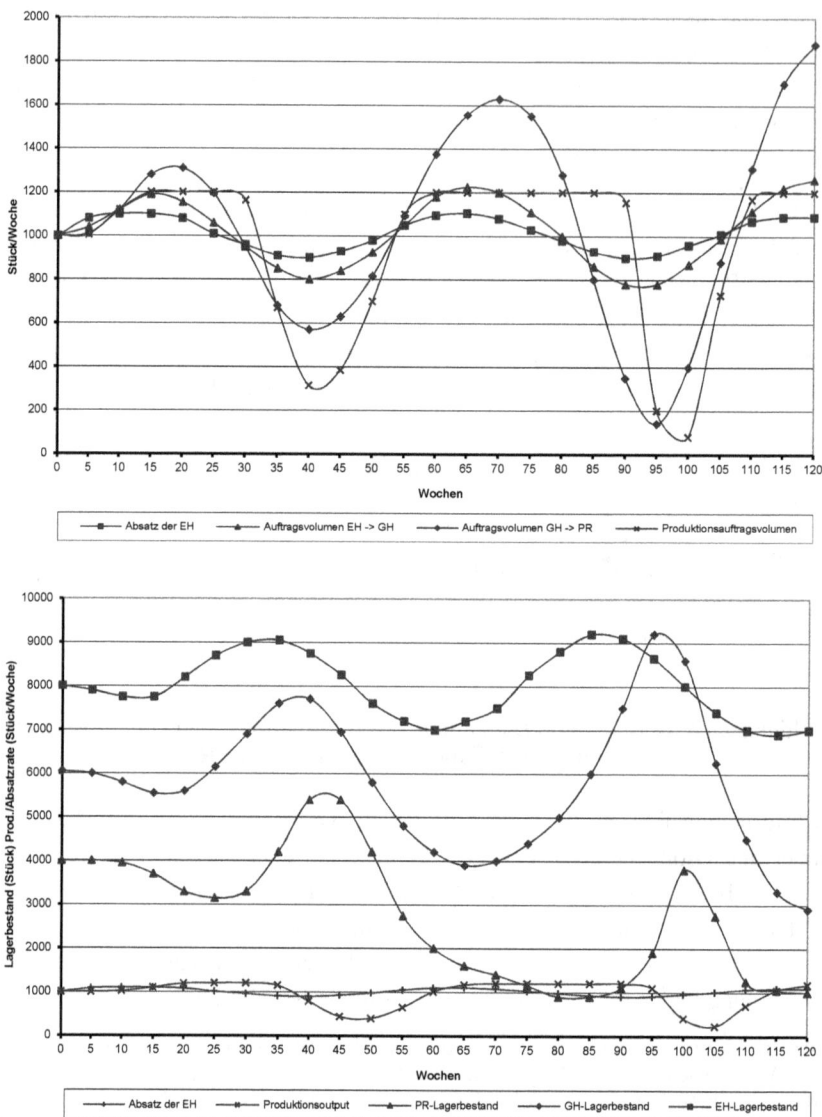

Abbildung 1.13: Auswirkung von Absatzschwankungen auf Auftragsvolumina, Produktionsrate und Lagerbestände in einer Supply Chain mit begrenzter Produktionskapazität (vgl. Forrester 1980, S. 30 f.)

Der Informationsverlust durch sukzessive Auftragserteilung entlang der Stufen der Supply Chain geht mit folgenden Wirkungen einher:

- Die zeitliche Verzögerung der Auftragserteilung über die einzelnen Stufen setzt sich in den Verläufen der Auftragsvolumina, der Produktionsrate und der Lagerbestände fort.

- Die Amplituden des Auftragsvolumens steigen mit abnehmender Stufe der Supply Chain und nehmen im Zeitablauf zu.

- Die ursprünglich symmetrische Schwingung der Absatzmenge wird mit abnehmender Stufe der Supply Chain zunehmend verzerrt.

Unsicherheiten in den Mengen führen dabei

- einerseits zu unsicherer Nachfrage nach Leistungen, die mit Lagerkosten und Überkapazitäten einhergehen kann, und
- andererseits zu unsicherer Versorgung mit Inputfaktoren, da die Lieferanten dieser Faktoren über ihre Produktionsmengen entscheiden, bevor sie die Nachfrage kennen, wodurch Lagerkosten für Sicherheitsbestände oder Fehlmengenkosten und Leerkapazitäten entstehen können.

Als **Ursachen für den Peitschenschlageffekt** sind dann zu nennen (vgl. z. B. Knolmayer/Mertens/Zeier 2000, S. 7; Lee/Padmanabhan/Whang 1997b, S. 80 ff.):

- Lokale Betrachtung:
    -- Die einzelnen Teilnehmer orientieren sich nur an der Nachfrageprognose des bisherigen Bestellverhaltens ihres unmittelbaren Kunden;
    -- die Bündelung von Bestellmengen der einzelnen Teilnehmer ist nicht für alle transparent;
- Überreaktionen bei den Bestellmengen bedingt durch
    -- Sonderangebote und die damit verbundenen Preisschwankungen (Preisfluktuationen) und
    -- erwartete Engpässe beim eigenen Lieferanten.

Durch die separierte Vorgehensweise und die von der jeweiligen Vorstufe gelieferten Informationen sinkt deren Qualität für die nachfolgenden Stufen und die dort aufzustellenden Prognosen. Ein gemeinsamer Datenbestand bildet damit eine wesentliche Voraussetzung für eine integrative Vorgehensweise (vgl. Krüger/Steven 2000, S. 502).

Als Maßnahme zur Vermeidung dieses Peitschenschlageffektes wird dann auch generell auf die Installation eines entsprechenden **IuK-Systems** verwiesen. Hierdurch wird es möglich, die aktuelle Nachfrage der Endkunden allen Teilnehmern der Supply Chain ohne zeitliche Verzögerung zur Verfügung zu stellen, wodurch eine schnelle Stabilisierung eintritt und die Oszillationsneigung entsprechend abnimmt: „Steht allen Mitgliedern der Logistikkette die jeweils aktuelle Kundennachfrage zur Verfügung ..., so läßt sich in diesem Fall das starke Oszillieren des Bestellverhaltens stark reduzieren, indem diese Informationen in das lokale Handeln der Mitglieder Eingang finden und chaotisches Verhalten kann verhindert werden." (Zäpfel/Wasner 1999, S. 308). Die Nachfrageinformationen, die auf einer nachgelagerten Stufe in der Supply Chain anfallen, müssen somit der vorgelagerten Stufe zugänglich gemacht werden. Hierdurch bedingt wird es möglich, dass die zu erstellenden Prognosen auf den Stufen der Supply Chain auf denselben Informationen aufbauen. Auf die Bedeutung der schnellen Weiterleitung von unmanipulierten Nachfragedaten (True Demand) innerhalb der Supply Chain wird dann auch in der Literatur hingewiesen (vgl. z. B. Austin/Lee/Kopczak 1998, S. 7 f.). Die durch Sonderangebote verursachten Preis-

schwankungen lassen sich etwa durch eine Strategie der Dauerniedrigpreise ein-
dämmen (vgl. Lee/Padmanabhan/Whang 1997b, S. 86). Eine weitere Verbesserung
lässt sich dadurch erreichen, dass die Bestellungen zentral erfolgen. Ein Grund hierfür ist darin zu sehen, dass bei den einzelnen Teilnehmern ein mangelndes Verständnis hinsichtlich der durch sie selbst verursachten Dynamik in der Wertschöpfungskette vorliegt (vgl. Sterman 1989, S. 326 ff.). Insgesamt wird damit die hohe Bedeutung der Informationen über das Verhalten der Endnachfrager in der Supply Chain
deutlich. Wesentlich für eine Supply Chain ist es dabei, dass die gesamte Kette
durchgängig abgebildet wird: „From a conceptual viewpoint the ideal supply chain
may be described as a pipeline with laminar flow." (Berry/Naim 1996, S. 181), und
Handfield/Nichols (1999, S. 2) stellen fest: „The supply chain encompasses all activities associated with the flow and transformation of goods from the raw materials
stage (extraction), through to the end user, as well as the associated information
flows. Material and information flow both up and down the supply chain."

In der Literatur wird dabei betont, dass es sich bei der Supply Chain nicht nur um eine lineare Kette handelt, sondern ein Geflecht aus Prozessen zwischen den beteiligten Unternehmungen und Konsumenten existiert (vgl. z. B. Ballou/Gilbert/Mukher-
jee 2000, S. 9; Ellram/Cooper 1990, S. 2; Prockl 1998, S. 441), d. h., eine Supply
Chain bildet i. d. R. ein Netzwerk. Dabei kann es unter Flexibilitätsgesichtspunkten
zweckmäßig sein, die Supply Chain mit redundanten Kompetenzbereichen auszustat-
ten (vgl. Hahn 2000, S. 15). Abbildung 1.14 gibt eine beispielhafte Supply Chain
wieder (vgl. Zäpfel 2000b, S. 3).

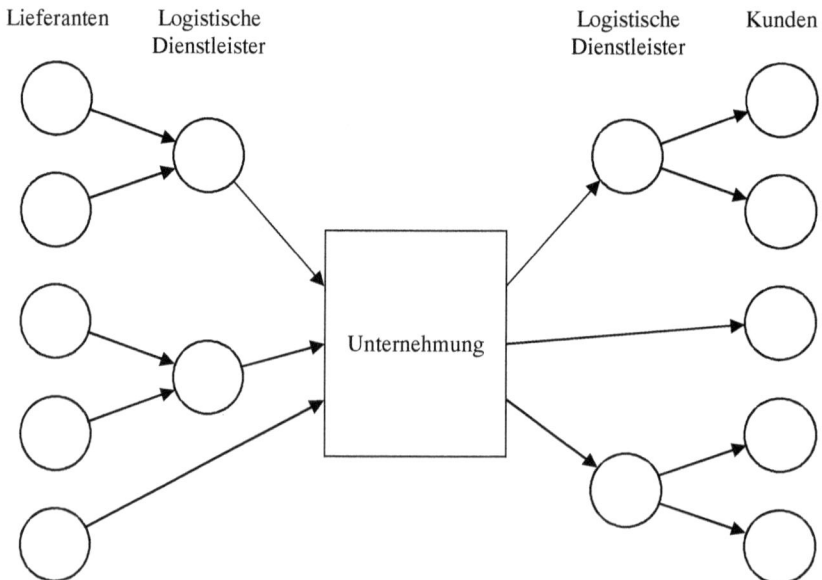

Abbildung 1.14: Aufbau einer Supply Chain

1.1.2.2 Das Konzept des Supply Chain Management

Teilweise werden in der Literatur (zu einem Überblick vgl. z. B. Göpfert 2013, S. 24 ff.; Tan/Kannan/Handfield 1998, S. 2 f.) die Bezeichnungen integratives Logistikmanagement und **Supply Chain Management** synonym verwendet. Diese Einschränkung deutet bereits darauf hin, dass ein Ursprung des Supply Chain Management im Logistikmanagement zu sehen ist, was sich nicht zuletzt auch in der Ausrichtung des Supply Chain Management an logistischen **Zielen** wie

- Reduzierung der Durchlaufzeiten,
- Verringerung der Bestände und
- Erhöhung der Liefertreue

dokumentiert (vgl. z. B. Bowersox/Closs 1996, S. 102; Schäfer 1987, S. 17). Damit geht es letztlich um die Erhöhung des Serviceniveaus für die Endverbraucher und die Kostensenkung über alle Wertschöpfungsstufen der Supply Chain (vgl. Stölzle 1999, S. 164).

Ein entscheidender Unterschied zwischen dem integrativen Logistikmanagement und dem Supply Chain Management kann, wie bei der Gegenüberstellung der logistischen Kette mit der Supply Chain betont, in der stärkeren Betonung des **Integrationsgedankens** durch das Supply Chain Management gesehen werden (vgl. Cooper/Lambert/Pagh 1997, S. 1 f.). Dabei ist zu betonen, dass diese Abgrenzung nicht unproblematisch ist, da auch das Logistikmanagement in Gestalt des Systemdenkens einen Integrationsanspruch innerhalb des betrachteten Logistiksystems proklamiert (vgl. Stölzle 1999, S. 162). Charakteristisch für das Supply Chain Management scheint allerdings die durchgängige Ausrichtung an den Bedürfnissen der Endkunden zu sein.

An einer allgemein anerkannten Definition des Supply Chain Management mangelt es in der Literatur (vgl. die Übersicht bei Kotzab 2000, S. 25). Wesentliche Gründe für die Uneinheitlichkeit der Auffassungen werden darin gesehen, dass

- dieses Konzept nicht in der betriebswirtschaftlichen Theorie entwickelt wurde, sondern in der unternehmerischen Praxis entstanden ist und
- die Autoren unterschiedliche Betrachtungsperspektiven einnehmen.

Die Uneinheitlichkeit auf der terminologischen Ebene verwundert insbesondere dann, wenn berücksichtigt wird, dass Supply Chain Management bereits seit vielen Jahren (vgl. z. B. Croom/Romano/Giannakis 2000, S. 68 f.; Houlihan 1985, S. 26 ff.) thematisiert wird und damit keine unmittelbare Weiterentwicklung des Logistikmanagement darstellt (vgl. Schönsleben/Hieber 2000, S. 19). Gedanken des Logistikmanagement fließen jedoch in das Supply Chain Management ein. Die enge Beziehung des Supply Chain Management zu anderen Konzeptionen findet ihren Niederschlag zudem in der von Seuring/Schneidewind (2000, S. 229 f.) vorgenommenen Zweiteilung:

- Definitionen, die auf eine Erweiterung der Logistikfunktion der Unternehmung hin zu einer **Integration der Material- und Informationsflüsse mit Lieferanten und Kunden** abzielen, mit der Zielsetzung, die Gesamtdurchlaufzeit (total cycle time) und die Bestände zu minimieren (vgl. z. B. Christopher 1992, S. 13; Houlihan 1985, S. 26; Kuglin 1998, S. 3);

- Definitionen, die sämtliche Beziehungen zu und insbesondere **Kooperationen mit Kunden und Lieferanten entlang der gesamten Wertschöpfungskette** betrachten, so dass die Kooperation zwischen den Teilnehmern Basis für eine langfristige Zusammenarbeit wird (vgl. z. B. Cooper/Ellram 1993, S. 16; Johnson u. a. 1999, S. 5; Ross 1997, S. 9).

In einer darüber hinausgehenden Betrachtung arbeiten Bechtel/Jayaram (1997, S. 17) sogenannte **Denkschulen** heraus, die zu unterschiedlichen Akzentuierungen des Supply Chain Management gelangen (vgl. Kotzab 2000, S. 25 ff.):

- **(Functional) Chain Awareness School**: Ausgangspunkt bildet die Existenz einer Kette einzelner Teilbereiche zwischen einem Liefer- und einem Empfangspunkt. Es wird die Bedeutung eines durchgängigen Materialflusses erkannt.

- **Linkage/Logistics School**: Grundlage bildet der durchgängige Materialfluss auf der Basis spezieller logistischer Lösungen. Es wird eine möglichst durchgängige Harmonisierung der Aktivitäten, die sequentiell erfolgen, mit dem Ziel einer Lagerbestandsreduzierung in der Kette, angestrebt.

- **Information School**: Im Zentrum steht hierbei der bidirektionale Informationsfluss, wobei nicht nur die Informationsweitergabe, sondern auch die Rückkopplung der wahrgenommenen Supply-Chain-Leistung durch die Abnehmer hervorgehoben wird.

- **Integration/Process School**: Ausgangspunkt bildet die Integration der Geschäftsprozesse, mit deren Hilfe die sequentielle Reihenfolge überwunden wird. Es erfolgt eine Orientierung am Nutzen des Endverbrauchers.

- **Future School**: Sie setzt den Fokus auf partnerschaftliches Beziehungsmanagement und auf strategische Allianzen. Es wird vorgeschlagen, den Begriff Supply Chain Management durch „seamless demand pipeline" zu ersetzen.

Trotz der in der Literatur zu beobachtenden Vielfalt der begrifflichen Ausgestaltungen des Supply Chain Management lassen sich durchaus sogenannte **Kernelemente** herausstellen. Hierunter seien diejenigen Elemente verstanden, die in vielen Definitionen, wenn auch in unterschiedlichen Kombinationen, immer wieder auftreten. Hierzu zählen (vgl. z. B. Cooper/Lambert/Pagh 1997, S. 4; Hoppe 2000, S. 37; Schönsleben 2007, S. 95 f.; Tiemeyer 1999, S. 100):

- Ausgangspunkt der Steuerung bildet der Bedarf der Endkunden, und zwar auf der Basis von Point-of-Sale-Daten (Daten der Verkaufsstellen).

- Supply Chain Management ist geschäftsprozessorientiert und zielt auf die optimale Gestaltung der Gesamtprozesse, und zwar unternehmungsübergreifend.

- Es liegt eine kooperative Zusammenarbeit der Teilnehmer vor.

Als Voraussetzung für die Realisation des Supply Chain Management wird dabei auf die informationstechnische Verknüpfung der Teilnehmer hingewiesen, um so einen durchgängigen Informationsfluss realisieren zu können. Dies kann auf der Grundlage eines Business Information Warehouse geschehen, das die relevanten Informationen sammelt und den Teilnehmern differenziert nach Zugriffsrechten zugänglich macht (vgl. Pokorný/Sokolowski 1999, S. 667 ff.).

Damit stellt sich unmittelbar die Frage, für welche situativen Bedingungen Supply Chain Management in besonderem Maße als geeignet erscheint. Nach Ellram (1991) sind die beiden folgenden Situationen geeignet:

- Häufig wiederkehrende Transaktionen, die keine hochspezialisierten Aggregate erfordern. Die Zusammenarbeit basiert auf Lieferverträgen, die für beide Seiten ökonomisch vorteilhaft sind. Es existieren damit längerfristige Verpflichtungen, so dass kein Anreiz für opportunistisches Verhalten besteht.
- Märkte mit hoher Unsicherheit (z. B. Computermarkt), die für vertikale Integration ungeeignet sind. Unter diesen Gegebenheiten kann Supply Chain Management durch Informationsaustausch zwischen den Beteiligten und durch Abstimmung der Logistikprozesse das Risiko reduzieren. Die Verträge (vgl. Sydow/Windeler 2000, S. 15; ferner Föhr/Lenz 1992, S. 127 f.) sind flexibel zu gestalten und können zu einem späteren Zeitpunkt konkretisiert werden.

Auch wenn derartige, eher pauschale Situationsbeschreibungen zu problematischen Empfehlungen führen können, so zeigen sie dennoch bestimmte Grundtendenzen:

- Supply Chain Management ist bei Standardprodukten, und darauf beziehen sich auch zahlreiche geschilderte Beispiele, grundsätzlich anwendbar.
- Bei Produkten mit innovativen Komponenten erscheint der Einsatz hingegen fraglich. So wird teilweise zwar betont, dass die Produktentwicklung zur Supply Chain dazugehöre (vgl. z. B. Hahn 2000, S. 12; Specht/Hellmich 2000, S. 94), jedoch wird der Novitätsgrad der Produktinnovationen nicht thematisiert.

Darüber hinaus lassen sich unterschiedliche Auffassungen darüber feststellen, welche Aktivitäten innerhalb einer Supply Chain ausgeführt werden sollen:

- Während einerseits alle Beschaffungs-, Produktions-, Lager- und Transportaktivitäten vom Rohstofflieferanten bis zum Endkunden in die Supply Chain integriert und die Aktivitäten der Produktentwicklung ausgeklammert werden (vgl. z. B. Stadtler 1999, S. 35),
- betonen andere Autoren, dass auch der Problembereich Ressourcengestaltung, d. h. die Potentialgestaltung, Bestandteil des Supply Chain Management sein müsse, da eine Abstimmung der Kapazitäten innerhalb der Supply Chain von elementarer Bedeutung sei (vgl. z. B. Hahn 2000, S. 13).

Dieses skizzierte Aufgabenspektrum offenbart, dass dem Supply Chain Management sehr unterschiedliche Aufgaben obliegen. So stellt sich zunächst die Aufgabe der **Gestaltung der Lieferkette** (Konfiguration der logistischen Infrastruktur: Lieferantenanzahl, einzubeziehende logistische Dienstleister, Standortwahl für Produktions- und Lagerorte, Distributionsstruktur etc.; vgl. Chandra/Grabis 2007, S. 1 ff.; Günther/Blömer/Grunow 1998, S. 330; Siemieniuch/Waddell/Sinclair 1999, S. 88). Dabei zeigt sich, dass diese Gestaltungsaufgabe in hohem Maße davon abhängig ist, ob es sich bei den nachgefragten Produkten um Standardprodukte (marktorientiertes Produktprogramm) oder um kundenspezifische Produkte (kundenorientiertes Produktprogramm) handelt. Liegen **Standardprodukte** vor, die für den sogenannten anonymen Markt erstellt werden, dann basiert die Lieferkette auf Prognosedaten, d. h., sie ist „prognosegetrieben". Handelt es sich hingegen um **kundenspezifische Produkte,** dann bilden konkrete Kundenaufträge den Ausgangspunkt, d. h., die Lieferkette ist „kundenauftragsgetrieben". In Abhängigkeit von den Anteilen der Lieferkette, die „kundenauftragsgetrieben" und „prognosegetrieben" sind, ergeben sich dann unterschiedliche **Lieferkettenstrukturen.** Der sogenannte „splitting point", der den Übergang zwischen diesen beiden Induktionsmechanismen bildet, wird als **Kundenauftragsentkopplungspunkt** bezeichnet. Abbildung 1.15 gibt unterschiedliche Möglichkeiten der Gestaltung von Lieferketten wieder (vgl. Boutellier/Kobler 1996, S. 8; Christopher 2000, S. 41; Hoek 1999, S. 7 ff.). Die dargestellten Fälle lassen sich dann wie folgt konkretisieren:

- **Fall 1**: Es liegt ein Standardprodukt vor, das beim Händler vorrätig (make to stock an end product) und dessen Nachfrage relativ gut prognostizierbar ist. Der Schwerpunkt des Supply Chain Management liegt damit auf einer effizienten Gestaltung der Abwicklung der physischen Logistikprozesse.

- **Fall 2**: Es werden Varianten eines Grundproduktes erstellt, wobei die Komplettierung des Endproduktes erst nach dem konkret vorliegenden Kundenwunsch vorgenommen wird, da eine hohe Unsicherheit der Nachfrage nach einzelnen Varianten besteht. Dabei wird die kundenindividuelle Ausprägung so spät wie möglich in der Lieferkette realisiert, ein Sachverhalt, der als Postponement-Strategie (vgl. Bucklin 1965, S. 26 f.; Pfohl/Pfohl 2000, S. 40 ff.) bezeichnet wird. Damit wird das Grundprodukt „prognosegetrieben" auf Lager (make to stock a generic product) und die kundenindividuellen Varianten „kundenauftragsgetrieben" produziert.

- **Fall 3**: Es handelt sich um kundenindividuelle Produkte auf der Basis standardisierter Komponenten (assemble to order), d. h., die Montage beim Produzenten wird „kundenauftragsgetrieben" ausgelöst, während die davorgelagerten Prozesse „prognosegetrieben" geregelt werden. Der Schwerpunkt des Supply Chain Management liegt im Aufbau von Flexibilitätspotentialen durch Baugruppenmodularisierung und Einsatz flexibler Fertigungstechnologie.

- **Fall 4**: Sämtliche Produktionsprozesse (z. B. Produktion von Teilen, Montage) und die Distribution durch den Handel werden durch den Kundenauftrag ausgelöst, so dass das Produkt nach Kundenwunsch produziert wird (make to order). Lediglich die Beschaffung bei den Lieferanten basiert auf Prognosen. Wie im dritten Fall bildet der Aufbau von Flexibilitätspotentialen den Schwerpunkt des Supply Chain Management.

- **Fall 5**: Diese Situation, die auch als „umfassender Kundenbezug" bezeichnet wird, ist dadurch charakterisiert, dass die gesamte Lieferkette durch Kundenaufträge gesteuert wird, mit der Konsequenz, dass das Produkt nicht nur individuell produziert, sondern darüber hinaus auch für den Kunden konstruiert wird (purchase and make to order, engineer to order). Wesentliche Aufgabe des Supply Chain Management ist die unternehmungsübergreifende Integration von Geschäftsprozessen entlang der Wertschöpfungskette, so dass eine gemeinsame Leistungserstellung erfolgt.

Fallnummer	Lieferanten → Produzent → Händler → Kunde	Spezifikation
1	prognosegetrieben → Produkt → kundenauftragsgetrieben	Make to stock (end product) Standardprodukt
2	prognosegetrieben → Produkt → kundenauftragsgetrieben	Make to stock (generic product) Varianten eines Grundproduktes
3	prognosegetrieben → Produkt → kundenauftragsgetrieben	Assemble to order Kundenindividuelle Produkte mit standardisierten Komponenten
4	prognosegetrieben → Produkt → kundenauftragsgetrieben	Make to order Produkt wird nach Kundenwunsch produziert
5	Produkt → kundenauftragsgetrieben	Purchase and make to order, engineer to order, Umfassender Kundenbezug

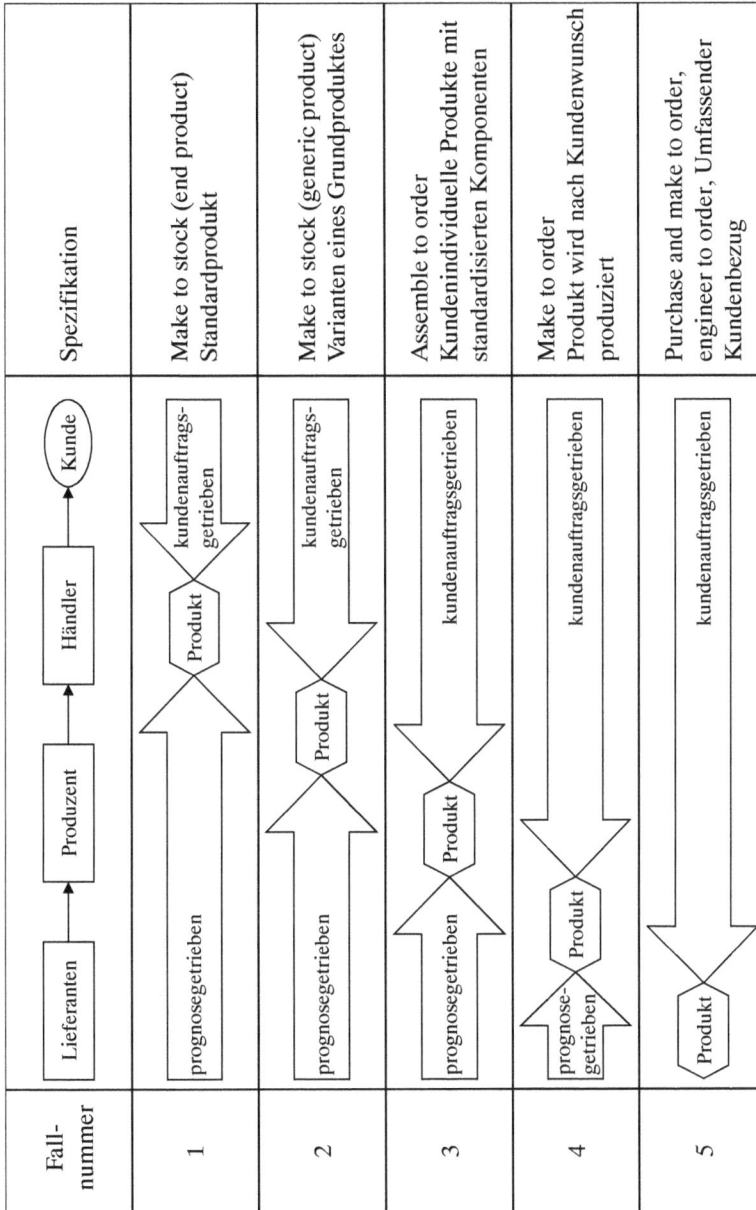

Abbildung 1.15: Alternative Lieferkettenstrukturen

Es zeigt sich, dass in Abhängigkeit von der Lage des Kundenauftragsentkopplungspunktes unterschiedliche Aspekte des Supply Chain Management betont werden und mit zunehmender Distanz dieses Punktes zum Kunden eine umfassendere Zusammenarbeit erforderlich ist (vgl. Schulteis 2000, S. 102 ff. und S. 194 ff.).

Eine weitere Aufgabe ist in der **Nachfrage- und Lieferkettenplanung** zu sehen. Diese erfolgt z. B. auf der Grundlage von Daten prognostizierter Produktgruppen mit dem Ziel, die Material- und Warenflüsse so zu gestalten, dass eine Abstimmung von Angebot und Nachfrage der an der Lieferkette beteiligten Akteure erfolgt und die zum Einsatz gelangenden Ressourcen wirtschaftlich genutzt werden. Die in diesem Kontext geplanten Mengen für eine Abnehmer-Lieferantenbeziehung in der Kette bildet darüber hinaus die Grundlage für die zu gestaltenden Rahmenverträge, auf deren Basis die Akteure ihre Kapazitätsgestaltung vornehmen können. Die Prognostizierbarkeit des Bedarfs muss dabei auf der Ebene der Produktgruppen oder Hauptkomponenten der Produkte (z. B. Plattformkonzept) gegeben sein. Damit zeigt sich, dass neben dem Einsatz von Prognoseverfahren das Produktkonzept von grundlegender Bedeutung ist (vgl. Zäpfel 2000b, S. 26).

Ferner ist die inhaltliche, mengenmäßige und zeitliche **Abstimmung der Beschaffungs-, Produktions- und Distributionsmengen** bezogen auf den einzelnen Akteur in der Wertschöpfungskette vorzunehmen, wobei die Ergebnisse der Lieferkettenplanung, die tatsächlichen Kundenaufträge und die real verfügbaren Ressourcen die Grundlage bilden.

Diese Überlegungen zeigen, dass

- der „prognosegetriebene" Teil der Supply Chain den Fokus auf die Abwicklung der Material- und Warenflüsse legt und
- der „kundenauftragsgetriebene" Teil auf Flexibilität ausgerichtet ist, die es ermöglicht, auf veränderte Kundenbedürfnisse möglichst zeitnah zu reagieren.

Damit stellen diese Situationen unterschiedliche Anforderungen an die Akteure der Lieferkette, und es ergibt sich das Problem, Wertschöpfungsketten zu gestalten und zu regeln, die sowohl „kundenauftragsgetriebene" als auch „prognosegetriebene" Prozesse der Akteure gleichzeitig umfassen. In Analogie zu PPS-Systemen (vgl. Zäpfel 1998, S. 39 ff.) wäre in diesem Zusammenhang dann von **hybriden Wertschöpfungsketten** zu sprechen, die sowohl Kundenaufträge als auch das marktorientierte Programm als Ausgangspunkt aufweisen können.

Damit stellt sich die Frage nach dem Novitätsgrad des Supply Chain Management. Die vorangegangenen Ausführungen haben bereits deutlich werden lassen, dass das Supply Chain Management auf bekannte Konzepte zurückgreift, wobei folgende zu nennen sind (vgl. Hoek 1999, S. 1 f.; Zäpfel 2000b, S. 6 ff.):

- integratives Logistikmanagement,
- gemeinsame Planung (z. B. unterstützt durch Advanced Planning Systems),
- Prozessmanagement,
- zwischenbetriebliche Kooperation,
- Sourcing-Konzepte (wie Single Sourcing, Global Sourcing, Reduktion der Fertigungstiefe sowie Modul- und Systembeschaffung) sowie
- Just in Time in der unternehmungsübergreifenden Wertschöpfungskette.

Damit zeigt sich deutlich, dass das Supply Chain Management zwar durch das moderne Beschaffungsmanagement beeinflusst wurde, dem dabei auch eine bedeutende Rolle zugesprochen werden kann, es jedoch nicht als eine „Spielart" desselben zu betrachten ist (vgl. Hahn 1999, S. 851), sondern darüber hinausgeht, so dass eine solche Charakterisierung zu kurz greift, da Supply Chain Management nicht nur die Beschaffungsseite betrachtet (vgl. Stölzle 1999, S. 146). Damit liegt der Novitätsgrad des Supply Chain Management eher in der kombinativen Verknüpfung bereits bekannter Konzeptionen.

1.2 Koordination arbeitsteiliger Leistungserstellung

1.2.1 Koordinationsbedarf

Leistungserstellungsprozesse sind i. d. R. durch Arbeitsteilung gekennzeichnet. Das bedeutet, die Gesamtaufgabe der Leistungserstellung wird sachlogisch in Teilaufgaben zerlegt, mit deren selbstständiger Erfüllung jeweils eine Organisationseinheit betraut wird. Dabei entstehen aufgrund technologischer Abhängigkeiten im Leistungserstellungsprozess und aufgrund von Wechselbeziehungen zwischen den Organisationseinheiten keine völlig voneinander unabhängigen Teilaufgaben. Einerseits können einseitige Abhängigkeiten derart bestehen, dass die Erfüllung einer Teilaufgabe die Voraussetzung für die Bearbeitung einer anderen Teilaufgabe bildet. Anderseits können wechselseitige Abhängigkeiten bestehen, d. h., die Erfüllung unterschiedlicher Teilaufgaben bedingt sich gegenseitig. Im zuletzt genannten Fall liegen zwischen den Teilaufgaben **Interdependenzen** vor, die sich weitergehend in Sach- und Verhaltensinterdependenzen untergliedern lassen (vgl. Ewert/Wagenhofer 2000, S. 446 ff.).

Ursächlich für **Sachinterdependenzen** sind dabei Überschneidungen von Entscheidungsfeldern, die sich aus Restriktions- und Zielverbunden ergeben. Ein **Restriktionsverbund** baut auf den restringierenden Abhängigkeiten zwischen Bereichen auf, die aus der begrenzten Verfügbarkeit von Ressourcen (Ressourcenverbund) und/oder der inner- und überbetrieblichen Leistungsverflechtung (Leistungsverbund) resultieren:

- Aufgrund der begrenzten Verfügbarkeit von Ressourcen entsteht ein **Ressourcenverbund** immer dann, wenn mehrere Bereiche auf dieselbe Ressource zugreifen und somit die Wahl einer Handlungsalternative eines Bereichs mit restringierenden Wirkungen für die wählbaren Handlungsalternativen der anderen Bereiche einhergeht.
- Realisationsprozesse, die durch Leistungsaustausch miteinander verknüpft sind, beeinflussen wechselseitig den jeweiligen Alternativenraum. So besteht z. B. zwischen Produktion und Logistik ein **innerbetrieblicher Leistungsverbund**: Entscheidungen im Logistikbereich determinieren das Entscheidungsfeld des Produktionsbereichs, indem sie z. B. den Grad der Deckung des Materialbedarfs bestimmen. Produktionsentscheidungen bestimmen hingegen den Materialbedarf und somit die Kosten des Güterflusses. In analoger Weise ist zwischen den Partnern einer Supply Chain ein **überbetrieblicher Leistungsverbund** zu konstatieren.

Wechselseitige Abhängigkeiten von Teilentscheidungen, die sich aus der Struktur der Ziel- oder Präferenzfunktion ergeben, werden als **Zielverbund** (vgl. Küpper 2005, S. 51 ff.) bezeichnet. Spezifische Ausprägungen des Zielverbundes sind der Erfolgs-, der Bewertungs- und der Risikoverbund (vgl. Laux/Liermann 1997, S. 196 f.):

- Ein **Erfolgsverbund** bezeichnet die Abhängigkeit des rein monetären Erfolgsbeitrags einer Teilentscheidung vom rein monetären Erfolg einer anderen Teilentscheidung. Diese Abhängigkeit liegt immer dann vor, wenn die Entscheidungsvariablen in der Zielfunktion nicht additiv verknüpft sind. Ein Beispiel hierfür sind Marktüberschneidungen zu vermarktender Leistungen, durch die Substitutions- oder Synergieeffekte entstehen.

- Ein **Bewertungsverbund** tritt bei dynamischen, stochastischen Entscheidungsproblemen auf, wenn eine nichtlineare Nutzenfunktion vorliegt. Die Wirkung der Wahl einer Handlungsalternative eines Bereiches auf den Gesamtnutzen hängt vom Nutzen aus der Wahl einer Handlungsalternative eines anderen Bereiches ab.

- Von einem **Risikoverbund** wird gesprochen, wenn in einer Risikosituation kein risikoneutrales Verhalten vorliegt und die Ergebnisse der Handlungsalternativen verschiedener Bereiche stochastisch voneinander abhängig sind. Der Risikozuwachs für das Gesamtergebnis aus der Wahl einer risikobehafteten Handlungsalternative eines Bereichs hängt vom Risiko der in einem anderen Bereich gewählten Handlungsalternative ab.

Bei **Verhaltensinterdependenzen** handelt es sich hingegen um den Sachverhalt, dass das Entscheidungsverhalten eines Entscheidungsträgers, das von den Erwartungen über das Entscheidungsverhalten eines anderen Entscheidungsträgers abhängt, Einfluss auf das Entscheidungsverhalten dieses Entscheidungsträgers hat (vgl. Ewert/Wagenhofer 2000, S. 449 ff.). Diese Interdependenzen sind auf Informationsasymmetrien und Zielkonflikte zurückzuführen. Abbildung 1.16 gibt diese Interdependenzen in systematisierender Form wieder.

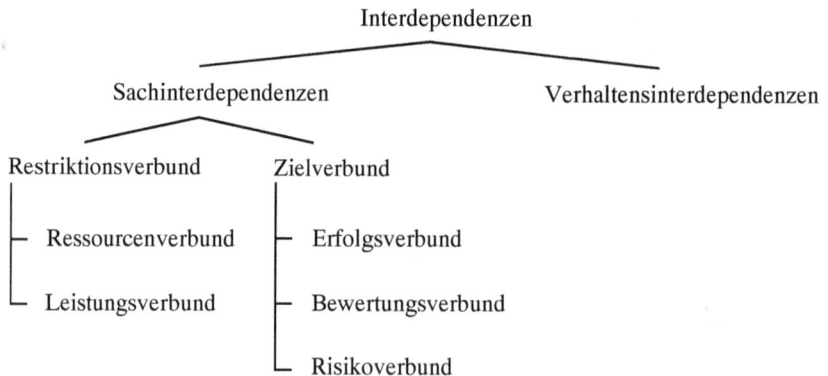

Abbildung 1.16: Interdependenzarten

Werden diese Interdependenzen während der arbeitsteiligen Aufgabenausführung nur unzureichend berücksichtigt, dann ist nicht sichergestellt, dass aus der Zusammenführung erfüllter Teilaufgaben eine zielgerechte Erfüllung der ursprünglichen Gesamtaufgabe resultiert. Um dieser Situation entgegenzuwirken, ist eine wechselseitige Abstimmung der einzelnen Aktivitäten in einem arbeitsteiligen System im Hinblick auf ein übergeordnetes Gesamtziel (vgl. Hoffmann 1980, S. 302) erforderlich, d. h., es besteht **Koordinationsbedarf**. Koordination ist somit eine in arbeitsteiligen Systemen zusätzlich zu erfüllende Aufgabe mit dem Inhalt, die durch Zerlegung einer Gesamtaufgabe entstandenen Teilaufgaben den unterschiedlichen Aufgabenträgern zuzuordnen und deren Zusammenwirken auf das übergeordnete Ziel auszurichten. Spezifizierend ist dann zwischen der Koordination

- unterschiedlicher hierarchischer Ebenen (vertikale Koordination) und
- auf derselben hierarchischen Ebene (horizontale Koordination)

zu unterscheiden. Die mit den einzelnen Formen erzielbare Koordinationswirkung ist wesentlich davon abhängig, ob sich der arbeitsteilige Leistungserstellungsprozess vollständig im Einflussbereich einer einzelnen Unternehmung befindet. In diesem Fall ist die vertikale Koordination dominant. Geht der Leistungserstellungsprozess jedoch über den Einflussbereich der einzelnen Unternehmung hinaus und wird, wie etwa in Supply Chains, eine Integration der einzelnen Leistungsprozesse angestrebt (vgl. Sabel/Kern/Herrigel 1991, S. 203 ff.), dann erlangt die horizontale Koordination zwischen autonomen Unternehmungen zusätzliche Bedeutung.

1.2.2 Koordinationsformen

Damit stellt sich die weitergehende Frage nach den Möglichkeiten zur Handhabung der Koordinationsprobleme in einer Wertschöpfungskette. Obwohl das Spektrum der Koordinationsformen in der Literatur in unterschiedlicher Weise systematisiert wird (vgl. z. B. Kieser/Kubicek 1992, S. 95 ff.), zeigt sich bei der Zuordnung einzelner Instrumente eine weitgehende Überschneidung. Den weiteren Überlegungen liegt eine Systematisierung zugrunde, die auf der ersten Ebene nach der Wirkungsweise der Instrumente zwischen direkter und indirekter Koordination unterscheidet. Auf der zweiten Ebene wird bei der direkten Koordination auf der Grundlage des Kriteriums „Koordinationsrichtung" zwischen heterarchischer und hierarchischer Koordination differenziert, während bei der indirekten Koordination das Vertrauen und die Unternehmungskultur die wesentlichen Elemente bilden (vgl. Abbildung 1.17).

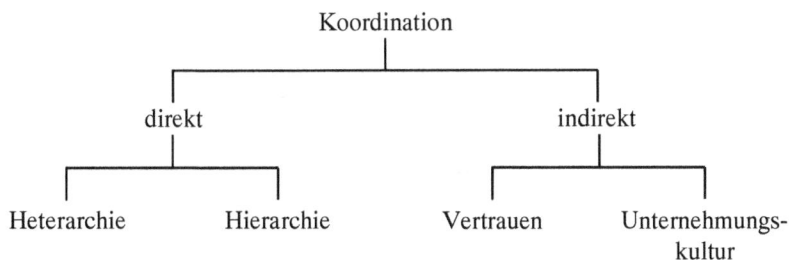

Abbildung 1.17: Spektrum der Koordination

1.2.2.1 Direkte Koordination

Im Rahmen der direkten Koordination wird zwischen heterarchischen und hierarchischen Formen unterschieden. Während bei den heterarchischen Koordinationsformen die Selbstabstimmung, Abstimmungsregeln und als marktliche Erscheinungsform die Auktionen im Zeitraum des Interesses stehen, konzentrieren sich die Ausführungen zur hierarchischen Koordination auf die persönlichen Weisungen, Programme und Pläne.

1.2.2.1.1 Heterarchische Koordination

Bei **heterarchischer Koordination** erfolgt eine dezentrale Abstimmung der interdependenten Entscheidungsträger, wobei davon ausgegangen wird, dass zwischen den Entscheidungsträgern grundsätzlich gleichwertige Beziehungen existieren. Im Rahmen einer **Selbstabstimmung** stimmen sich somit die interdependenten Entscheidungsträger durch unmittelbare Interaktionen ab. Dies kann etwa in Arbeitsgruppen, Beratungsausschüssen, Informationsausschüssen etc. erfolgen, d. h., es wird eine **zusätzliche Einheit zur Abstimmung** gebildet (vgl. Laßmann 1992, S. 290 f.), die sich auf derselben hierarchischen Ebene befindet wie die interdependenten Einheiten, oder durch **fallweise oder themenspezifische Eigeninitiative** der Entscheidungsträger, d. h. durch Abstimmung auf der Grundlage einer direkten Kontaktaufnahme (vgl. Kieser/Kubicek 1992, S. 108 ff.). Werden zusätzliche Einheiten zur Abstimmung gebildet, dann sind **Gruppenentscheidungen** von Bedeutung, wobei die beiden folgenden Alternativen zu unterscheiden sind (vgl. Eisenführ/Weber/Langer 2010, S. 303 ff.):

- Gemeinsames Entscheiden und
- Aggregation individueller Entscheidungen.

Die Alternative „**Gemeinsames Entscheiden**" ist durch einen vollständig kooperativen Entscheidungsprozess charakterisiert und baut auf einem interpersonellen Nutzenvergleich auf. Diese Vorgehensweise, die auch als prinzipiell unlösbar bezeichnet wird, scheidet für die weiteren Überlegungen aus Praktikabilitätsgründen aus.

Eine Gruppenentscheidung auf der Basis der **Aggregation individueller Entscheidungen** leitet sich aus den individuellen Präferenzen der Gruppenmitglieder ab, wobei die entscheidungsvorbereitenden Aktivitäten i. d. R. kooperativ erfolgen (vgl. Laux 1979, S. 62 ff.). Grundlage bilden die Entscheidungen der Gruppenmitglieder über eine als bekannt vorausgesetzte Alternativenmenge, wobei jedes Mitglied eine eigene Präferenzordnung der Alternativen bildet. Die gruppenbezogene beste Alternative wird mit Hilfe einer **Abstimmungsregel**, die letztlich einen Aggregationsmechanismus darstellt, ermittelt. Obwohl eine Vielzahl von Abstimmungsregeln existiert (vgl. z. B. Schauenberg 1992, Sp. 569 ff.), gibt es ab einer Anzahl von zwei Gruppenmitgliedern, die über mindestens drei Alternativen abstimmen, keine Regel ohne problematische Eigenschaften (vgl. Arrow 1972, S. 22 ff. und S. 96 ff.). Weiterhin konnte gezeigt werden, dass es keine Abstimmungsregel gibt, die in der Lage ist, strategisches Verhalten auszuschließen (Gibbard-Satterthwaite-Theorem; vgl. Gibbard 1973; Satterthwaite 1975). Die bewusste Auswahl einer Abstimmungsregel sollte deshalb unter Berücksichtigung der spezifischen Eigenschaften und der gegebenen Entscheidungssituation erfolgen.

Im vorliegenden Kontext sind Regeln relevant, mit denen simultan über m Alternativen abgestimmt werden kann, um die n ($0 < n < m$) meistpräferierten Alternativen zu ermitteln. Vor diesem Hintergrund werden in der Literatur häufig die **Borda-Regel** (vgl. Borda 1781, S. 657 ff.; ferner Black 1976, S. 1 ff.) und die **Zustimmungsregel** (Approval Voting; vgl. Brams/Fishburn 1978) genannt (vgl. z. B. Eisenführ/Weber/ Langer 2010, S. 367 f.; Schneider 1995, S. 160), wobei die Zustimmungsregel aufgrund ihrer Leistungsfähigkeit besondere Aufmerksamkeit erlangt hat. Beide Abstimmungsregeln folgen dem gleichen **Grundprinzip**:

- Den m Alternativen werden von jedem Gruppenmitglied Punkte zugeordnet.
- Es werden die n Alternativen mit den meisten Punkten gewählt.

Unterschiede bestehen hinsichtlich des **Punktevorrats** pro Teilnehmer und der **Punktezahl**, die von jedem Teilnehmer einer Alternative zugeordnet werden kann:

- Bei der **Zustimmungsregel** hat jeder Teilnehmer einen Vorrat von m Punkten, und er kann für jede Alternative maximal einen Punkt vergeben. Die Vergabe eines Punktes an eine Alternative bedeutet dabei, dass er diese als akzeptabel erachtet.
- Der Punktevorrat eines Teilnehmers beträgt bei der **Borda-Regel** $0,5 \cdot (m^2 - m)$. Jeder Teilnehmer vergibt dann an „seine" Alternative mit der höchsten Präferenz $m - 1$ Punkte, mit der zweithöchsten Präferenz $m - 2$ Punkte usw., so dass alle Punkte vergeben werden.

Da eine Arbeitsgruppe zur Auftragsdekomposition und -allokation Aufgaben der horizontalen Koordination erfüllt, wird eine **problemadäquate Gruppenzusammensetzung** dann erreicht, wenn die Akteure jeweils durch eine gleiche Anzahl von gleichrangigen Personen vertreten werden. Gelangen die Zustimmungsregel oder die Borda-Regel zum Einsatz, dann muss jedes Gruppenmitglied individuell entscheiden, für welche der möglichen Aufgaben(-gruppen)/Unternehmungs(-gruppen) -Kombinationen ein Punkt bzw. mehrere Punkte vergeben werden. Zum Zuge kommt dann die Kombination mit den meisten Punkten.

Die Anwendung der Abstimmungsregeln sei beispielhaft für eine Entscheidungssituation aufgezeigt, in der ein Auftrag genau einer von fünf geeigneten Unternehmungen zugeordnet werden soll. Die Entscheidungsgruppe bestehe dabei aus sechs Mitgliedern. Tabelle 1.4 gibt für die beiden Abstimmungsregeln die Punktezuordnungen der einzelnen Gruppenmitglieder zu den Alternativen wieder.

Es zeigt sich, dass die beiden Abstimmungsregeln trotz kompatibler Präferenzangaben zu unterschiedlichen Ergebnissen führen können: Bei Anwendung der Borda-

Regel würde der Auftrag an die Unternehmung A vergeben, weil diese die meisten Punkte (14) auf sich vereinigt. Demgegenüber käme bei Anwendung der Zustimmungsregel die Unternehmung D zum Zuge, da sie in der Summe die meiste Zustimmung (4) erhielte.

| | | Borda-Regel | | | | | | Zustimmungsregel | | | | | | |
| | | Gruppenmitglied | | | | | | Gruppenmitglied | | | | | | |
		1	2	3	4	5	6	Σ	1	2	3	4	5	6	Σ
	A	4	4	4	1	1	0	**14**	1	1	1	0	0	0	3
Alternative	B	0	0	0	4	4	2	10	0	0	0	1	1	0	2
	C	1	1	1	3	3	4	13	0	0	0	1	1	1	3
	D	3	3	3	0	0	3	12	1	1	1	0	0	1	**4**
	E	2	2	2	2	2	1	11	0	0	0	0	0	0	0

Tabelle 1.4: Beispiele für Abstimmungsergebnisse nach der Borda-Regel und der Zustimmungsregel

Ein weiteres Instrument der heterarchischen Koordination bildet die **marktliche Koordination** auf der Grundlage des Preismechanismus, d. h., es handelt sich um das Bestreben, Marktprinzipien nicht nur zur unternehmungsübergreifenden Abstimmung zu nutzen, sondern auch unternehmungsintern zu implementieren und so (nahezu) selbständige marktorientierte Akteure zu schaffen. Dieser Gedanke, der bereits von Schmalenbach (1908/09, S. 165 ff. und 1948, S. 8 ff.) unter der Bezeichnung „**Verrechnungspreise**" ausführlich diskutiert wurde, ist jedoch mit den beiden folgenden Problemen behaftet (vgl. Adam 1969a, S. 630 ff.; Kräkel 1999, S. 136):

- **Wer** legt einen solchen Preis in der Unternehmung fest?
- **Wie** sollen derartige Verrechnungspreise ermittelt werden?

So können Preise etwa in Anlehnung an existente Marktpreise oder durch Verhandlungen ermittelt, aber auch durch übergeordnete Instanzen vorgegeben werden, wobei die zuletzt genannte Vorgehensweise einen Sonderfall der hierarchischen Abstimmung bildet (vgl. Fieten 1977, S. 167 ff.). Eine Koordination über Preise erlangt insbesondere bei Vorliegen von **Ressourcenverbunden** Bedeutung, wobei Frese (1998, S. 89) zuzustimmen ist, dass interne Märkte keine autonomen Akteure aufweisen, die aufgrund ihrer individuellen Nutzenfunktionen handeln. Vielmehr wird die Struktur interner Märkte durch Managementhandeln geprägt. Für die zu betrachtenden Wertschöpfungsketten ist diese Aussage jedoch zu relativieren, da von wirtschaftlich und rechtlich autonomen Akteuren ausgegangen wird.

Eine Möglichkeit, Marktprinzipien zu installieren, bieten die sogenannten **Auktionen**. Auktionen sind allgemein akzeptierte, nach einem festen Schema ablaufende Bietverfahren zum Ankauf oder Verkauf eines Gutes, an denen ein Auktionator und mehrere Bieter beteiligt sind und mit denen die Ziele verfolgt werden, einerseits den Bieter, der das Gut am höchsten schätzt (oder eine Leistung am günstigsten erstellen kann) und anderseits den Preis, zu dem der Bieter das Gut erhält (bzw. die Leistung erbringt), zu ermitteln (vgl. Leitzinger 1988, S. 11 f. und S. 19 f.). Aspekte, die Auktionen als Koordinationsinstrument unternehmungsintern und -übergreifend prädestinieren, sind (vgl. Schmidt 1999, S. 17 ff.):

- Die Effizienz von Marktmechanismen, zu denen die Auktionen zählen, ist theoretisch nachgewiesen und empirisch belegt.
- Eine relativ starke Formalisierung und Standardisierung der Auktionen, die es erlaubt,
  -- einerseits die korrekte Durchführung formal zu überprüfen, d. h., sie sind leicht nachvollziehbar, so dass eine hohe Akzeptanz erwartet werden kann, und
  -- anderseits eine Automatisierung des Auktionsverlaufs vorzunehmen.

Ist eine Auktion anreizkompatibel ausgestaltet und mit einem geringen Kommunikationsbedarf verbunden, der eine geringstmögliche Informationspreisgabe erfordert (vgl. Gomber/Schmidt/Weinhardt 1996, S. 300 f.), dann ist sie imstande, eine geeignete Basis zur Bildung und Festigung des Vertrauens zu schaffen. Der Forderung nach einer geringen Informationspreisgabe wird insbesondere durch sogenannte **Sealed-bid-Auktionen** entsprochen, bei denen die Teilnehmer bedingt durch eine verdeckte Gebotsabgabe ihren Konkurrenten keine Informationen preisgeben müssen, ein Sachverhalt, der sich grundsätzlich positiv auf die Akzeptanz dieser Auktionen auswirkt. Differenzierend lassen sich bei den Sealed-bid-Auktionen in Abhängigkeit von der angewandten Entgeltregel die beiden folgenden Formen unterscheiden:

- **First-price-sealed-bid-Auktion**: Die Zuschlagsregel entspricht der Entgeltregel, d. h., es erhält der Bieter mit der höchsten Wertschätzung den Zuschlag, und zwar zu dem Preis, den er in seinem Gebot angegeben hat.
- **Second-price-sealed-bid-Auktion**: Zuschlags- und Entgeltregel weichen voneinander ab, d. h., es erhält der Bieter mit der höchsten Wertschätzung den Zuschlag, jedoch zu dem Preis, der der Wertschätzung des Bieters entspricht, der zum Zuge gekommen wäre, wenn der betrachtete Bieter nicht an der Auktion teilgenommen hätte.

Ein Vergleich der beiden Formen zeigt, dass sich die Second-price-sealed-bid-Auktion im Vergleich zur First-price-sealed-bid-Auktion durch eine **Anreizkompatibilität** auszeichnet (vgl. Güth 1994, S. 211 ff.; Vickrey 1961, S. 20 ff.; Zelewski 1988, S. 411 ff.), d. h., ein rational handelnder Bieter hat keinen Anlass, ein anderes als das ehrliche Gebot abzugeben.

In der Literatur wird insbesondere die **Vickrey-Auktion** (vgl. Vickrey 1961, S. 20 ff.) als ein geeigneter Marktmechanismus zur Lösung von Allokationsproblemen hervorgehoben (vgl. z. B. Corsten/Gössinger 1999a, S. 259 ff.; Zelewski 1997). Die Vickrey-Auktion ist eine **Sealed-bid-Auktion**, die durch Aufspaltung der vom Auktionator anzuwendenden Regel in eine Zuschlags- und eine Entgeltregel eine Anreizkompatibilität gewährt. Bei der Auftragsvergabe ergibt sich folgender Ablauf (vgl. Abbildung 1.18):

① Der Broker schreibt die auszuführende Aufgabe mit den Angaben zu Leistungsumfang und Liefertermin aus und fordert die Bieter dazu auf, bis zu einem bestimmten Zeitpunkt verdeckte Gebote abzugeben.

② Die Bieter prüfen, ob sie die ausgeschriebene Aufgabe in dem angegebenen Rahmen ausführen können und erstellen gegebenenfalls ein Angebot, in dem sie den Preis angeben, zu dem sie gerade noch bereit sind, die Aufgabe zu übernehmen. Aufgrund der verdeckten Gebotsabgabe liegt ihnen keine Information darüber vor, welche Bieter sich um die Aufgabenübernahme bewerben und welche Preise gefordert werden.

③ Nach Ablauf der Ausschreibungsfrist wertet der Broker die eingegangenen Gebote aus und erteilt dem Bieter mit der geringsten Preisforderung den Zuschlag. Als Entgelt für die Aufgabenausführung erhält dieser Bieter den Preis des zweitniedrigsten Gebotes.

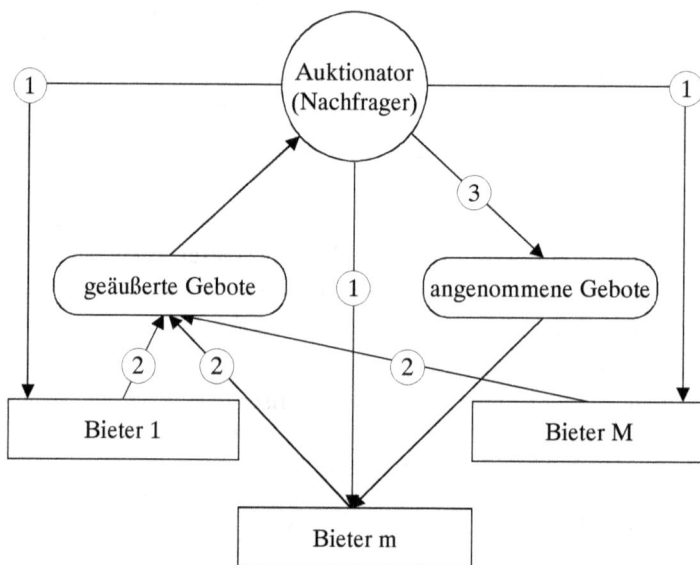

Abbildung 1.18: Ablauf einer Vickrey-Auktion

Die Anreizkompatibilität der Vickrey-Auktion lässt sich aufgrund der Überlegungen in Tabelle 1.5 auf induktive Weise zeigen (vgl. Güth 1994, S. 212 f.).

Die Bieter versuchen, die Übernahme einer Teilleistung zu ersteigern. Für die Abgabe eines strategischen Gebotes p^s besteht die folgende Entscheidungssituation:	
$p^s > p^w$	$p^s < p^w$
1. $p^w > p^*$: der Bieter erhält keinen Zuschlag ⇨ unverändertes Ergebnis	1. $p^s > p^*$: der Bieter erhält keinen Zuschlag ⇨ unverändertes Ergebnis
2. $p^{**} > p^s$: der Bieter erhält den Zuschlag und realisiert eine Rente von $p^{**} - p^w$ ⇨ unverändertes Ergebnis	2. $p^{**} > p^w$: der Bieter erhält den Zuschlag und realisiert eine Rente von $p^{**} - p^w$ ⇨ unverändertes Ergebnis
3. $p^s > p^{**} > p^w$: der Bieter erhält keinen Zuschlag und verspielt die Rente von $p^{**} - p^w$	3. $p^w > p^{**} > p^s$: der Bieter erhält zwar den Zuschlag, realisiert aber eine negative Rente von $p^{**} - p^w$
Legende: p^* Preis des niedrigsten Gebotes p^{**} Preis des zweitniedrigsten Gebotes p^w Wertschätzung des Bieters p^s Strategisches Gebot des Bieters	

Tabelle 1.5: Anreizkompatibilität der Vickrey-Auktion

1.2.2.1.2 Hierarchische Koordination

Kennzeichen einer **hierarchischen Koordination** ist es, dass ein Teil der Organisationsmitglieder mit Entscheidungs- und Weisungsrechten ausgestattet ist und folglich nachgeordnete Organisationsmitglieder verpflichtet sind, diesen Weisungen zu folgen, d. h., es besteht eine klare **Über-/Unterordnungsbeziehung**. Damit bildet eine hierarchisch übergeordnete Entscheidung letztlich den Rahmen für die hierarchisch nachgeordneten Entscheidungen. Den Organisationsmitgliedern werden **Entscheidungskompetenzen** zugesprochen, mit denen eine

- inhaltliche Spezifikation und eine
- Spezifikation des Entscheidungsspielraumes (Entscheidungsautonomie)

einhergeht, wobei die Entscheidungsautonomie umso geringer ist, je detaillierter die Entscheidungsaufgaben vorgegeben werden (vgl. Frese 1989, Sp. 915), d. h., sie ist vom sogenannten Delegationsgrad abhängig. Durch die Strukturierung werden damit die Handlungsspielräume der Entscheidungsträger festgelegt. Die Hierarchie vereinfacht somit den Prozess der Informationsbeschaffung, -verarbeitung und -verteilung und bewirkt eine Reduktion der Planungsaktivitäten und Verringerung der Informationskosten (vgl. Laux/Liermann 1987, S. 807 und S. 816).

Neben diesen allgemeinen Aspekten der hierarchischen Koordination sind in einem nächsten Schritt die Instrumente zu betrachten. Eine erste Möglichkeit der hierarchischen Koordination bilden die **persönlichen Weisungen**, bei denen es sich um explizite Verhaltensnormen für den Einzelfall handelt. Sie basieren auf persönlichkeitsgebundener und positionsbezogener Autorität. Demgegenüber sind **Programme** generelle Handlungsvorschriften, die angeben, wie in verschiedenen Situationen zu handeln ist. Sie determinieren damit abstimmungsbedürftige Sachverhalte in eindeutiger Weise, so dass beim Eintreten der definierten Situationen kein Entscheidungsspielraum existiert. Damit sind persönliche Weisungen und Programme nicht mit autonomen Entscheidungsträgern vereinbar. Bei der Zusammenarbeit autonomer Entscheidungsträger erscheint vielmehr eine Koordination ihrer Pläne als denkbar (vgl. Bössmann 1983, S. 108). Dies führt dazu, dass die übergeordnete Ebene im Sinne einer Grobplanung Aufgaben vorgibt und der nachgeordneten Ebene dann die Detailplanung obliegt. Ein weiteres Instrument stellt damit die **Planung** dar, worunter ein rein geistiger Prozess zu verstehen ist, der interdependente Entscheidungen in Bezug auf übergeordnete Ziele aufeinander abstimmt, d. h., die Koordination durch Planung findet ihre Konkretisierung in der Gesamtheit der Ziel- und Budgetsysteme (vgl. Wall 2000b, S. 464 ff.). Damit erfolgt einerseits eine Zielvorgabe und andererseits eine Mittelvorgabe in der Form von Budgets. Eine **Zielvorgabe**, die an die Bedingungen der Kompatibilität und Operationalität geknüpft ist, eröffnet dem Entscheidungsträger Handlungs- und Entscheidungsspielräume. Demgegenüber bezwecken **Budgets** die Steuerung nachgeordneter Instanzen im Hinblick auf ein vorgegebenes Ziel, indem einem Verantwortungsbereich für eine Planperiode wertmäßige Plangrößen vorgegeben werden, die dann für den Entscheidungsträger Restriktionen darstellen (vgl. Corsten/Friedl 1999, S. 15; Friedl 2003, S. 275 ff.). Dem Verantwortungsbereich werden folglich keine auszuführenden Maßnahmen, sondern ökonomische Zielkomponenten vorgegeben, die in ihrer Höhe zu erreichen sind. Die Planung erfolgt dabei sukzessive, indem mehr oder weniger isolierte Teilprobleme nacheinander bearbeitet werden, wodurch sich die Interdependenzstruktur vereinfacht (vgl. Frese 1998, S. 82). Wenn sie Koordinationsaufgaben wahrnimmt, bedingt die Planung jedoch

- einerseits eine Infrastruktur zur Koordination der Planerstellung und
- andererseits eine Überwachung der Planumsetzung und gegebenenfalls die Einleitung von Anpassungsmaßnahmen,

so dass die Gefahr der Entstehung einer sogenannten Planungsbürokratie gegeben ist. Ein zentraler Unterschied zwischen Plänen und Programmen ist darin zu sehen, dass Pläne „... im Verlauf des Problemlösungsprozesses weiterentwickelt, konkretisiert und an Veränderungen der Daten angepaßt werden." (Meyer 1995, S. 63).

Eine Ausgestaltungsform der Planung, mit der insbesondere den Gegebenheiten hierarchischer Strukturen Rechnung getragen werden kann, ist in der **hierarchischen Planung** zu sehen. Diese stellt die innerhalb einer Unternehmung übliche Form der

Planung dar. Übertragen auf eine Supply Chain ergeben sich dann die beiden in Abbildung 1.19 dargestellten Planungsebenen (vgl. Schneeweiß 1992, S. 83).

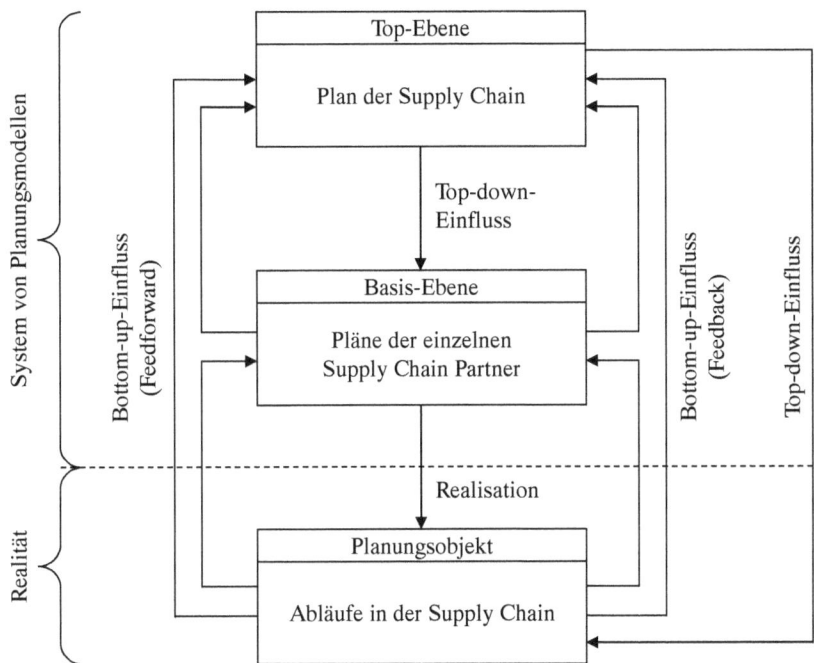

Abbildung 1.19: Zweistufige hierarchische Planung einer Supply Chain

Die Top-Ebene legt durch **Top-down-Vorgaben** den Planungsrahmen fest. Er bildet den Ausgangspunkt der Planung auf der Basis-Ebene, d. h., es erfolgt eine Konkretisierung des Planes der Top-Ebene. Neben dem Top-down-Informationsfluss wird ein **Botton-up-Informationsfluss** in der Form eines Feedforward und eines Feedback berücksichtigt. Während die Erfassung der Gegebenheiten des Planungsobjektes (z. B. gegebene Kapazität) und des Modells der untergeordneten Planungsebene zum Planungszeitpunkt auf der Grundlage eines **Feedforward** erfolgt, können durch ein **Feedback** Informationen über die Wirkung einer konkreten Maßnahme einer Planungsebene auf die untergeordnete Ebene und auf das Planungsobjekt bereitgestellt werden, um Anhaltspunkte für zukünftige Maßnahmen der betrachteten Planungsebene zu erhalten (vgl. Schneeweiß 1992, S. 82 ff.).

Zur Ausgestaltung einer hierarchischen Planung sind die folgenden grundsätzlichen Aufgaben zu erfüllen (vgl. Rieper 1981, S. 1186):

- Dekomposition des Planungsproblems,
- Wahl angemessener Aggregationsgrade der Teilpläne,
- Festlegung geeigneter Abstimmungsmechanismen.

Die **Dekomposition des Planungsproblems** erfolgt durch Strukturierung und Segmentierung. **Strukturierung** ist die vertikale Zerlegung des Problems in Teilpläne, zwischen denen Über-/Unterordnungsbeziehungen bestehen. Ein übergeordneter Teilplan steckt dabei den Rahmen für die untergeordneten Teilpläne ab, d. h., untergeordnete Teilpläne sind Konkretisierungen des übergeordneten Teilplanes. Durch eine hierarchische Planung erfolgt somit eine Synthese von Total- und Partialplanung (vgl. Kistner/Switalski 1989, S. 478). Bei einer **Segmentierung** werden aus dem Planungsproblem einer Ebene mehrere gleichgeordnete Teilprobleme gebildet (horizontale Problemzerlegung).

In welcher Weise aus einem Planungsproblem durch Strukturierung und Segmentierung Teilprobleme abgeleitet werden, „.... kann nicht formallogisch hergeleitet werden, sondern muß sich aus dem zugrundeliegenden Sachzusammenhang heraus argumentativ entwickeln." (Rieper 1981, S. 1186). Es lassen sich die folgenden allgemeinen Aussagen formulieren (vgl. Adam 1996, S. 375; Fleischmann 1988, S. 361; Frese 2005, S. 128 ff. und S. 417 ff.; Kistner 1992, S. 1128; Rieper 1981, S. 1186; Stadtler 1988, S. 143 f. und S. 150 f.):

- Zur Lösung komplexerer Planungsprobleme ist tendenziell eine größere Anzahl von Teilproblemen (d. h. größere Anzahl von Planungsebenen bzw. gleichgeordneten Teilplänen) abzuleiten. Der Umfang der Teilprobleme ist entsprechend der Informationsverarbeitungskapazität der Entscheidungseinheiten zu gestalten, die durch formale Problemlösungstechniken und Informationstechnik erweitert werden kann.

- Durch die Ableitung von Teilproblemen sollten möglichst wenige Interdependenzen zerschnitten werden. Einen Anhaltspunkt bietet dabei das Ausgleichsgesetz der Planung (vgl. Gutenberg 1983, S. 164 ff.; Sabel 1989, Sp. 63), das bei einer Anwendung auf die hierarchische Planung zu einer besonderen Berücksichtigung des Teilplanes des Minimumsektors in den übergeordneten Teilplänen führt.

- Ist die Einbeziehung mehrerer Entscheidungsträger einer Organisation in den Planungsprozess vorgesehen, ergeben sich durch eine Anlehnung an die Struktur des Entscheidungssystems der zugrundeliegenden Organisation Vorteile bei der Informationsbeschaffung und Plandurchsetzung. Dabei ist jedoch auch die Zweckmäßigkeit des bestehenden Entscheidungssystems zu hinterfragen.

Um eine Arbeitsteilung zwischen den Planungsebenen zu gewährleisten, werden unterschiedliche **Aggregationsgrade der Teilpläne** gewählt. Problemumfang und Detailliertheit der verwendeten Informationen auf den einzelnen Ebenen unterscheiden sich so, dass die Probleme einer untergeordneten im Vergleich zur übergeordneten Planungsebene enger begrenzt sind, d. h. eine Teilmenge des übergeordneten Problems umfassen, und auf der Grundlage detaillierterer Informationen gelöst werden (vgl. Koch 1972, S. 226 f.; Leisten 1995, S. 26 ff.). Die mit steigender Planungsebene zunehmende **Aggregation** der Informationen über inhaltliche und zeitliche Problemelemente geht mit

- einer Unsicherheitsreduktion auf den höheren Planungsebenen,
- einer Verminderung des Umfangs der auf den höheren Planungsebenen benötigten Informationen,

- einem reduzierten Bedarf an Informationsverarbeitungskapazität, aber auch mit
- einer Reduktion der Planungsgenauigkeit durch Informationsverlust

einher (vgl. Dempster u. a. 1981, S. 708). Während **inhaltliche Aggregationen** an den gegebenen Parametern (z. B. Produkte, Produktfamilien, Produkttypen; vgl. z. B. Hax/Meal 1975, S. 55 f.) und Restriktionen (z. B. Maschinen-, Werks-, Unternehmungskapazität) eines Entscheidungsproblems ansetzen, baut die **zeitliche Aggregation** (z. B. kurz-, mittel- und langfristige Planung) auf einer i. d. R. künstlichen Bildung von unterschiedlich großen Zeiträumen (Perioden) auf, in denen problemrelevante Zustandsveränderungen herbeigeführt oder beobachtet werden sollen (vgl. z. B. Stadtler 1988, S. 56 ff.). Für reale Planungsprobleme bietet es sich an, die einzelnen Aggregationen nicht isoliert voneinander vorzunehmen, da mit zunehmendem zeitlichen Abstand von der Gegenwart ein tendenzieller Anstieg der Unsicherheit von Informationen zu verzeichnen ist und bei Unsicherheit mit zunehmendem Detaillierungsgrad des Planungsmodells die Wahrscheinlichkeit einer Fehleinschätzung steigt. Eine inhaltliche Aggregation sollte deshalb mit einer zeitlichen Aggregation einhergehen (vgl. Koch 1972, S. 227; Liesegang 1989, S. 206 ff.).

Um die Konsistenz zwischen den Planungsergebnissen unterschiedlicher Ebenen zu wahren, sind bei einer Aggregation die aggregierten Problemkomponenten so zu bestimmen, dass eine möglichst hohe Ähnlichkeit zwischen aggregierter und detaillierter Problemstruktur besteht (vgl. Kistner/Switalski 1989, S. 481; Liesegang 1989, S. 208). Eine **perfekte Aggregation**, die nur in wenigen Fällen möglich ist, liegt dann vor, wenn die Aggregation des Ergebnisses der untergeordneten Planungsebene identisch mit dem Ergebnis der übergeordneten Planungsebene ist (vgl. Axsäter 1981, S. 746 ff.; Meyer 1997, S. 26). Bei den meisten realen Problemstellungen ist festzustellen, dass die Differenz zwischen beiden Ergebnissen (**Aggregationsfehler**) mit zunehmender Aggregation, d. h. mit abnehmender Modellkomplexität, steigt und damit zu suboptimalen und unzulässigen Lösungen des Planungsproblems führen kann (vgl. Liesegang 1989, S. 205 und S. 208; Stadtler 2000, S. 4). Theoretisch liegt eine optimale Aggregation dann vor, wenn der Grenznutzen aus der aggregationsbedingten Reduktion der Modellkomplexität den Grenzkosten aufgrund von Fehlplanungen durch den Aggregationsfehler entspricht (vgl. ähnlich Bitz 1977, S. 333 ff.; Töpfer 1976, S. 106). Diese Vorgehensweise geht jedoch bei praktischen Problemstellungen mit Messproblemen einher, so dass auf heuristische Annahmen zurückgegriffen wird. Liesegang (1989, S. 208) betont, dass es an einer schlüssigen Aggregationstheorie mangelt. Aus diesem Grunde wird im Rahmen der hierarchischen Planung eine **konsistente Aggregation** gefordert, bei der die Lösung des aggregierten Problems zulässig ist und nahe am absoluten Optimum liegt.

Die Aufgabe der **Festlegung geeigneter Abstimmungsmechanismen** ergibt sich aus den mit der Strukturierung und Segmentierung einhergehenden Interdependenzen zwischen den Teilplänen (horizontale und vertikale sachliche Interdependenzen) und zwischen den Teilplanungen (vertikale zeitliche Interdependenzen). Während sich horizontale sachliche Interdependenzen aus der Aufteilung des Gesamtplanungsproblems in gleichgeordnete Teilprobleme ergeben, zeigt sich eine vertikale sachliche Interdependenz darin, dass die von der übergeordneten Ebene (Top-Ebene) vorgegebenen Rahmenbedingungen die Güte der Detailplanungen auf der untergeordneten Ebene (Basis-Ebene) determinieren und die Güte der Grobplanung von den Detailplänen abhängig ist (vgl. Wild 1974, S. 189). Eine vertikale zeitliche Interdependenz entsteht durch die notwenige zeitliche Aufeinanderfolge der Erstellung von Teilplänen unterschiedlicher Planungsebenen (vgl. Stadtler 1988, S. 157 ff.; Switalski 1989, S. 72 ff.).

Die **horizontale Abstimmung** zwischen Teilproblemen erfolgt im Konzept der hierarchischen Produktionsplanung durch die Integration der Teilprobleme in das Planungsproblem einer höheren Planungsebene, so dass die Interdependenzen zunächst im Planungsprozess auf einem höheren Aggregationsniveau und dann durch entsprechende Vorgaben auch auf der Planungsebene der betrachteten interdependenten Teilprobleme berücksichtigt werden. Damit bleiben jedoch die Möglichkeiten der horizontalen Koordination durch wechselseitige Abstimmung zwischen gleichgeordneten Teilplänen unberücksichtigt.

Bei der **vertikalen Abstimmung** zwischen Teilproblemen ist hinsichtlich der **Beteiligung der Planungsebenen** am Abstimmungsprozess zwischen einseitiger und wechselseitiger Abstimmung zu unterscheiden:

- Bei **einseitiger Abstimmung** (Top-down-Prinzip) erfolgt eine Vorgabe von der übergeordneten Ebene, die auf der untergeordneten Planungsebene strikt in Teilplanungen umgesetzt wird. Der Abstimmungsgrad ist insbesondere davon abhängig, inwieweit auf der übergeordneten Planungsebene der aggregationsbedingte Planungsfehler und das Planungsverhalten der untergeordneten Ebene berücksichtigt werden (vgl. Rieper 1985, S. 779). Aufgrund dieser Vorgehensweise werden die Möglichkeiten, auf kurzfristige Datenänderungen oder Unzulässigkeiten zu reagieren und Informationen über die Umsetzbarkeit der Vorgaben zu erhalten, stark eingeschränkt und es können Akzeptanzprobleme auf den untergeordneten Planungsebenen auftreten (vgl. Adam 1996, S. 378 f.).

- Die **wechselseitige Abstimmung** (Gegenstromprinzip; vgl. Wild 1974, S. 196 ff.) ist durch Vorgabe/Rückmeldungs-Zyklen gekennzeichnet, wobei die einzelnen Teilplanungen iterativ solange durchlaufen werden, bis die Ergebnisse der Teilplanungen hinreichend konsistent sind (vgl. Koch 1972, S. 235). Mit einer wechselseitigen Abstimmung geht ein höherer Abstimmungsgrad zwischen den Teilplänen einher, dem jedoch höhere Abstimmungskosten gegenüberstehen (vgl. Töpfer 1976, S. 115 f.). Folglich ist ein angemessener Abstimmungsgrad anzustreben (vgl. Wall 2000a, S. 124). Zusätzlich zu dem mit Rückmeldungen erreichbaren höheren Abstimmungsgrad gehen diese mit einer Verringerung der Anforderungen an die Planungsqualität der übergeordneten Planungsebene sowie mit positiven Wirkungen auf die Akzeptanz untergeordneter Planungsebenen einher und eröffnen der übergeordneten Ebene die Möglichkeit, aus vergangenen Planungszyklen zu lernen (vgl. Adam 1996, S. 380).

Die **Inhalte der Vorgaben** und ggf. **Rückmeldungen** können sowohl das Entscheidungsfeld als auch das Entscheidungsziel der adressierten Planungsebene beeinflussen, wobei auch kombinative Einflussmöglichkeiten bestehen (vgl. Frese 1968, S. 95

ff.). Je nach Einfluss werden sie dann in isolierter Form als **primale** bzw. **duale Vorgaben** (Rückmeldungen) und in kombinierter Form als **gemischte Vorgaben** (Rückmeldungen) bezeichnet (vgl. Mesarovic/Macko/Takahara 1970, S. 61 und S. 115).

Zur vertikalen Abstimmung zwischen den Teilplanungen sind **Situationen**, in denen Vorgaben (Rückmeldungen) ausgetauscht werden, auf der Grundlage von Zeitpunkten oder abstimmungsrelevanten Zuständen festzulegen (vgl. Töpfer 1976, S. 119). Während sich die **Zeitpunkte** i. d. R. an den Teilperioden der Planungsebenen orientieren, wobei Vorgaben zu Beginn und Rückmeldungen am Ende einer Teilperiode (Ex-post-Feedback) erfolgen, sind **abstimmungsrelevante Zustände** i. d. R. bei nicht-tolerierbaren Planabweichungen gegeben, die sowohl zu Beginn als auch während einer Planperiode auftreten können (z. B. Ex-ante-Feedback). Tabelle 1.6 gibt typische Situationsdefinitionen im Rahmen der hierarchischen Planung wieder, wobei die angegebene Kombination von planmäßigem Vorgabe- und Rückmeldungszeitpunkt einen Aspekt der rollierenden Planung und der angegebene abstimmungsrelevante Zustand die wechselseitige Abstimmung abbilden.

Ebene ＼ Situation	Planmäßiger Zeitpunkt der ...		Definierter abstimmungsrelevanter Zustand
	Vorgabe	Rückmeldung	
Top	Beginn einer Planungsperiode der Top-Ebene.	Ende der aktuellen Planungsperiode der Top-Ebene.	Nicht-tolerierbare Planabweichung vor der Realisation des Top-Teilplanes zu Beginn der Planungsperiode durch Rückmeldung der Basis-Ebene.
Basis	Beginn eines Planungszeitraums der Basis-Ebene.	Ende eines Planungszeitraums der Basis-Ebene.	Nicht-tolerierbare Planabweichung vor der Realisation des Basis-Planes zu Beginn des Planungszeitraums durch Vorgabe der Top-Ebene.

Tabelle 1.6: Typische Situationen für Vorgaben und Rückmeldungen im Rahmen der hierarchischen Planung

Mit dem Konzept der **rollierenden Planung** (vgl. Schneider 1994, S. 123 und S. 200, der auf Ritter von Escherich 1851, S. 81 ff., verweist) wird durch periodische Anpassung der Pläne an den aktuellen Informationsstand der Unsicherheit über zukünftige Umweltzustände Rechnung getragen. Dieser Form der Abstimmung vertikaler zeitlicher Interdependenzen zwischen den Teilplanungen liegt die folgende Vorgehensweise zugrunde:

- Innerhalb einer Planungsebene wird der Zeitraum zwischen Planungszeitpunkt und Planungshorizont in mehrere Planungsperioden unterteilt.
- Während der Plan für die erste Periode verbindlich ist, haben Pläne für nachfolgende Perioden vorläufigen Charakter.

- Am Ende einer Planungsperiode werden aktuelle Informationen in den nächsten Planungslauf einbezogen, dessen Planungshorizont um eine Periode in die Zukunft verschoben ist.

- Der Planungshorizont der Basis-Ebene entspricht i. d. R. der Planungsperiode der Top-Ebene (vgl. Stadtler 1988, S. 59).

- Der Plan für die erste Periode auf der Top-Ebene wird der Basis-Ebene als Planungsrahmen vorgegeben.

Eine Implementierung des Gegenstromprinzips in das Konzept der rollierenden Planung wird dann durch eine wechselseitige Abstimmung zwischen dem ersten Periodenplan der Top-Ebene und dem sich bis zum Planungshorizont der Basis-Ebene erstreckenden Detailplan vollzogen (Abbildung 1.20).

Bei einer Übertragung dieses Planungsansatzes auf Supply Chains ist den **Besonderheiten einer unternehmungsübergreifenden Planung** Rechnung zu tragen:

- Aufgabe der Planung ist die Koordination der Aktivitäten der Supply Chain Partner im Hinblick auf das Supply Chain Ziel. Ein Supply-Chain-bezogener Plan muss dabei die Effizienz- und die Effektivitätsbedingung für Kooperationen erfüllen (vgl. Siebert 1991, S. 307 f.). Während Effektivität dann gewährleistet ist, wenn mit der Ausführung des Planes die durch Zusammenarbeit möglichen Synergiepotentiale realisiert werden, liegt Effizienz vor, wenn für alle Supply Chain Partner der Nutzen aus der Beteiligung an der Supply Chain die damit einhergehenden Kosten übersteigt (vgl. Jarillo 1988, S. 35 ff.; Wall 2000a, S. 121 f.).

- Im Planungsprozess sind entsprechend der Autonomie der Supply Chain Partner partizipative Elemente zu verankern (vgl. Hess 2000, S. 166; Siebert 1991, S. 307), die weiterhin eine Basis für die Akzeptanz des Planes und für den Aufbau und Erhalt des Vertrauens in der Supply Chain darstellen.

- Die Planung bezieht sich insbesondere auf Mengen- und Zeitgrößen, da eine unternehmungsübergreifende Finanz- und Ergebnisplanung einerseits eine hohe Informationspreisgabe erforderte und anderseits nur geringe Koordinationswirkungen entfalten würde (vgl. Wall 2000a, S. 131 f.).

- Eine Planung über die Grenzen autonomer Unternehmungen hinweg kann aufgrund ihrer Komplexität und der ungünstigen informatorischen Voraussetzungen nur den Charakter einer Grobplanung besitzen (vgl. Behrens 2000, S. 172; Delfmann 1989, S. 106; Wall 2000a, S. 130). Es ist folglich ein mehrstufiger Planungsansatz erforderlich.

- Eine wesentliche Einflussgröße auf den Ausgestaltungsumfang eines Planungssystems ist seine Nutzungshäufigkeit (vgl. Hess 2000, S. 166). Eine hohe Nutzungshäufigkeit, die eine differenziertere Ausgestaltung rechtfertigt, liegt vor allem dann vor, wenn in der Supply Chain eine weitgehend feststehende Arbeitsteilung zwischen einer überschaubaren Anzahl von Supply Chain Partnern erfolgt, ein enges Spektrum an Produkten angeboten wird und eine hohe Nachfrage mit mäßigen Schwankungen vorliegt.

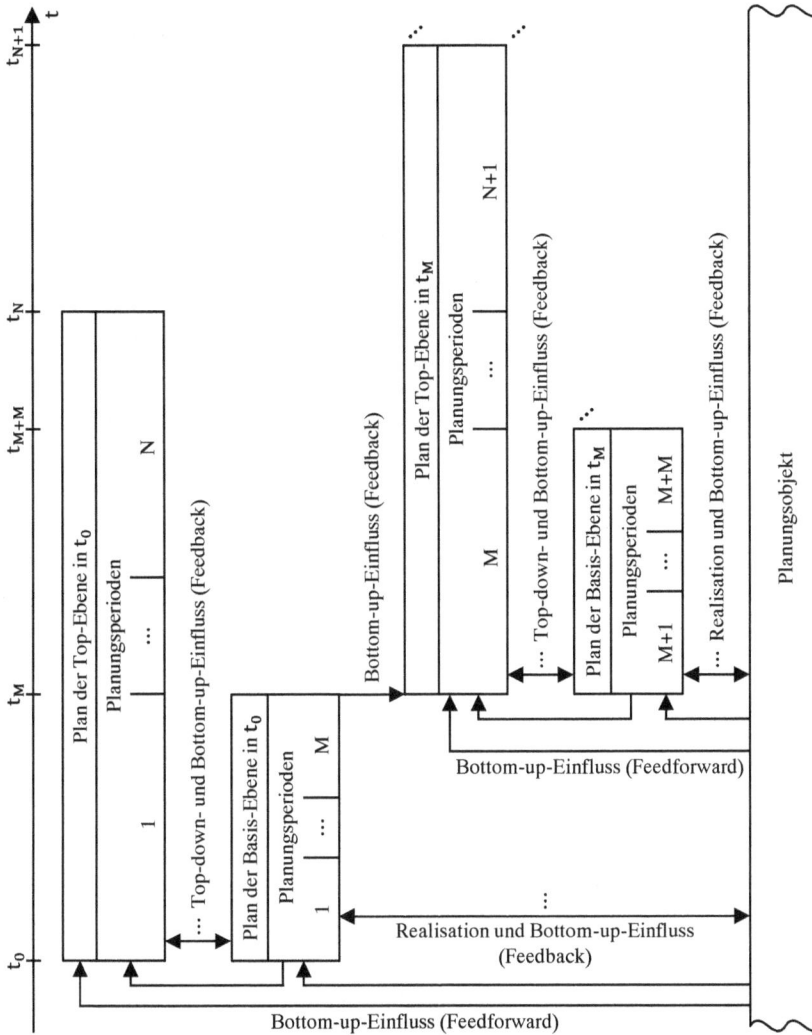

Abbildung 1.20: Rollierende Planung und Gegenstromprinzip im Konzept der hierarchischen Planung

1.2.2.2 Indirekte Koordination

Im Rahmen der indirekten Koordination wird zwischen Vertrauen und Unternehmungskultur unterschieden. **Vertrauen** (vgl. grundlegend Luhmann 1989) kann sich letztlich nur auf der Grundlage positiver Erfahrungen im Rahmen wiederholter Austauschprozesse mit anderen Partnern ergeben: „Basis dieses Vertrauens ist das mehrmals wechselseitig verifizierte Schema von Erwartungen an die Partner und Erwartungserfüllung durch die Partner." (Mildenberger 1998, S. 169). Vertrauen bedeutet damit das Erbringen einer Vorleistung aufgrund der erwarteten Vertrauenswürdigkeit eines anderen Akteurs (vgl. Osterloh/Weibel 2000, S. 96). Damit ist Vertrauen sowohl die Voraussetzung als auch das Ergebnis einer erfolgreichen Zusammenarbeit: „Die Paradoxie des Vertrauens ist das Ergebnis jenes seltsamen Umstandes, daß Vertrauen nur aus Vertrauen entstehen kann, daß also vorausgesetzt werden muß, was erst erworben werden soll, während es zugleich keine andere Möglichkeit gibt, dieses Vertrauen sowohl zu testen wie zu bewähren als durch Maßnahmen, die Mißtrauen verdienen." (Baecker 1993, S. 187).

Vertrauen ist letztlich ein Instrument der Unsicherheitsreduktion (vgl. Bachmann 2000, S. 111), d. h., es soll die „Berechenbarkeit" des Verhaltens der Akteure erhöhen, und ist damit als ein „erwartungsstabilisierender Mechanismus" (Ripperger 1998, S. 14). zu charakterisieren. Auch hieraus resultiert unmittelbar das Erfordernis der Reziprozität. In einer differenzierenden Betrachtung wird darüber hinaus der Grund analysiert, weshalb die Partner Verabredungen einhalten, wobei zwischen instrumentellem und maximenbasiertem Vertrauen zu unterscheiden ist (vgl. Osterloh/Weibel 2000, S. 96 ff.). Während bei **instrumentellem Vertrauen** das Vertrauen als „Mittel zum Zweck" gesehen wird, z. B. um eine als vorteilhaft beurteilte Zusammenarbeit auch zukünftig aufrechtzuerhalten, erfolgt beim **maximenbasierten Vertrauen** die Einhaltung von Absprachen und Normen aus der inneren Überzeugung heraus, d. h., um ihrer selbst willen (intrinsisch motiviert). Dabei ist zu beachten, dass maximenbasiertes Vertrauen durch extrinsische Anreize unterhöhlt werden kann (sogenannter Verdrängungseffekt). Vertrauen stellt damit zwar ein wichtiges Strukturmerkmal von Kooperationen dar, ist aber äußerst schwierig „herzustellen".

Generell können zwei Aspekte den **Vertrauensaufbau** positiv beeinflussen (vgl. Sydow/Winand 1998, S. 20):

- Rückgriff auf bewährte Beziehungen und
- Perspektive über das konkrete Projekt hinaus.

Vertrauen setzt damit die Existenz einer relativ stabilen Struktur voraus. So können auch nach der Auflösung einer Supply Chain weiterhin persönliche Beziehungen zwischen den Mitarbeitern der beteiligten Unternehmungen bestehen (vgl. Nishiguchi 1994, S. 209, im Kontext von Unternehmungsnetzwerken), die als Basis für eine spätere Zusammenarbeit dienen, insbesondere dann, wenn die realisierte Zusammenarbeit als erfolgreich eingestuft wird. Auf dieser Grundlage kann sich mit der Zeit ein Netzwerk potentieller Partner herausbilden. Darüber hinaus sind aber auch andere übergreifende personale Netzwerke von Bedeutung, die mit dem fokussierten keinen direkten Zusammenhang aufweisen (vgl. Sieber 1998, S. 43). Vertrauen zwischen Unternehmungen kann jedoch nicht gezielt, schnell und stabil aufgebaut werden (vgl. Scherm/Süß 2000, S. 95 ff.). Gerade bei einer wechselnden Zusammenstellung der Supply Chain Partner, für die ex ante ein Ende der Kooperation definiert ist, werden Anreize zu opportunistischem Verhalten gegeben: „Opportunismus kann von den anderen Netzwerkmitgliedern nicht unmittelbar sanktioniert werden, wenn keine wiederholten Transaktionen auftreten." (Büschken 1999, S. 785).

Eine Möglichkeit zum Aufbau und zur Pflege von Vertrauen ist in einem gegenseitigen **Rating** der Supply Chain Partner zu sehen (vgl. Reiß/Koser 2000, S. 126), dessen Ergebnisse offengelegt werden, so dass eine Transparenz hinsichtlich der **Reputation** anderer Supply Chain Partner ermöglicht wird. Die Reputation kann damit ein Indikator für die Vertrauenswürdigkeit der Supply Chain Partner sein, wobei Reputation nicht nur ein Attribut von Personen, sondern auch von Institutionen sein kann: „Reputation übernimmt im Vergleich zu Vertrauen eine Instrumentalrolle. Um Vertrauen aufbauen zu können, ist ein gewisser Grad an Reputation notwendig." (Föhr/Lenz 1992, S. 144). Der Aufbau der Reputation ist folglich daran gebunden, dass die Supply Chain Partner zumindest ex post überprüfen können, ob das in den jeweiligen Partner investierte Vertrauen erwidert wurde oder nicht.

In den bisherigen Überlegungen wurde allgemein von Vertrauen gesprochen, wobei implizit **persönliches Vertrauen** zugrunde lag. Neben diesem persönlichen Vertrauen ist ferner das **Systemvertrauen** (vgl. Luhmann 1989, S. 50 ff.) zu nennen, das auf der Funktionsfähigkeit des Systems beruht (z. B. Ruf einer Institution, Zertifizierung) und dem keine unmittelbaren sozialen Beziehungen zugrunde liegen: „Vertrauen als Systemvertrauen abstrahiert von .. personengebundenen Merkmalen und stützt sich auf institutionell abgesicherte Berufsrollen, Karrieremuster, hierarchische Entscheidungs- und Verantwortungsstrukturen, Zertifikate, Sicherheitsvorschriften etc." (Bachmann 2000, S. 115). Dabei zeichnet sich das Systemvertrauen dadurch aus, dass etwa bei einem personalen Vertrauensbruch oder bei einer personellen Umbesetzung einer Schnittstellenposition das Vertrauen in die Supply Chain selbst grundsätzlich nicht negativ berührt werden muss (vgl. Zundel 1999, S. 174). Um Verhaltensunsicherheiten zu reduzieren, bieten sich ergänzend etwa Selbstverpflichtungen durch Garantiegewährung, explizite Ergebnis- und Prozesskontrollen oder transaktionsspezifische Investitionen der beteiligten Unternehmungen an, d. h., dass hierunter eine „... stabile Selbstfestlegung auf die Nichtausnutzung nicht begrenzter kurzfristiger Opportunismusmöglichkeiten ..." (Rößl 1996, S. 322) zu verstehen ist. Es geht nicht darum, die Handlungsspielräume zu reduzieren, sondern nur darum, die Opportunismusneigung zu verringern. Selbstverpflichtungen weisen dabei eine enge Beziehung zum Vertrauen auf, und zwar in zweifacher Hinsicht (vgl. Sydow/Windeler 2000, S. 13): Selbstverpflichtung kommt ohne Vertrauen nicht aus und in die Selbstverpflichtung muss letztlich vertraut werden.

Als **strukturelle Bedingungen**, die die Entstehung von Vertrauen in Supply Chains begünstigen, lassen sich nennen (vgl. Sydow 1995, S. 182 ff.):

- Häufigkeit und Offenheit der interorganisationalen Kommunikation,
- Gleichartigkeit der in der Supply Chain agierenden Unternehmungen,
- Multiplexität der Supply Chain Beziehungen und
- ausbalanciertes Verhältnis von Autonomie und Abhängigkeit.

Durch die Existenz von Vertrauen kann letztlich

- die Koordination der in der Supply Chain agierenden Unternehmungen erleichtert,
- ein offener Informationsaustausch zwischen den Partnern praktiziert,
- die interorganisationale Konflikthandhabung erleichtert und
- der Handlungsspielraum der Unternehmungen vergrößert

werden, wodurch eine Senkung der Transaktionskosten möglich wird. Dabei darf nicht unberücksichtigt bleiben, dass auch der Aufbau von Vertrauen letztlich Kosten verursacht. Buse (1997, S. 101) hebt in diesem Zusammenhang ergänzend hervor: „Wenn auch das Vorhandensein von Vertrauensbeziehungen vorteilhaft ist, so wird man sich dennoch nicht ausschließlich darauf verlassen, sondern zusätzliche Sicherungsmechanismen einführen. Eine empirische Studie belegt dies und zeigt, daß Vertrauen in der Regel nicht als Ersatz für eine Kontrolle dient, sondern eher als Ergänzung anderer Maßnahmen der Gestaltung der Netzwerkbeziehungen zu sehen ist." (vgl. auch Osterloh/Weibel 2000, S. 103). Vertrauen ist damit für die Zusammenarbeit zwar förderlich, aber letztlich bewirken der Wettbewerb im Markt und die latente Drohung, den Partner zu wechseln, eine Anpassung der Leistung. Persönliches Vertrauen und Systemvertrauen sind jedoch nicht unabhängig voneinander, da Systemvertrauen durch das Verhalten der Akteure entsteht.

An der Überlegung, dass Vertrauen und Kontrolle sich nicht gegenseitig ausschließen, sondern eher eine komplementäre Beziehung aufweisen, knüpft auch der Gedanke an, dass die Entscheidung für Vertrauen auf einer Mischung aus Wissen und Nichtwissen besteht, woraus eine Unsicherheit resultiert, die es durch Kontrolle, in der Form einer Vertrauenskontrolle, zu kompensieren gilt. Erst hierdurch lässt sich die Rationalität einer Vertrauensentscheidung begründen: „Vertrauenskontrolle ist also die Bedingung der Möglichkeit einer rationalen Vertrauensentscheidung ..." (Sjurts 2000, S. 256). Das Konzept der Vertrauenskontrolle baut dabei hinsichtlich der Struktur auf dem Konzept der strategischen Kontrolle (vgl. Schreyögg/Steinmann 1985, S. 391 ff.) auf und wird in Abbildung 1.21 dargestellt (vgl. Sjurts 2000, S. 258).

Der **Prämissenkontrolle** obliegt die Aufgabe, die über den Partner getroffenen Annahmen (z. B. Aufrichtigkeit, Verschwiegenheit, Integrität) und sein Handeln zu überprüfen, d. h., es erfolgt eine laufende Überprüfung, um nicht mehr haltbare Prämissen zu identifizieren und entsprechende Konsequenzen einzuleiten. Im Rahmen der **aufgabenorientierten Verhaltenskontrolle** geht es hingegen um die Überprüfung konkreter durchzuführender Aufgaben innerhalb der Vertrauensbeziehung. Die **Ergebniskontrolle** wird ex post durchgeführt und dient einerseits der Überprüfung einer abgeschlossenen Zusammenarbeit und anderseits als Beurteilungsgrundlage zur Begründung zukünftiger Entscheidungen. Die **allgemeine Verhaltenskontrolle** bezieht sich nicht auf ein konkretes Kontrollobjekt und weist nur ein geringes Ausmaß an Gerichtetheit auf. Als grundsätzlich ungerichtete Aktivität zielt sie auf die Gewinnung von Informationen über typische Handlungsmuster, d. h. unabhängig von der konkreten Zusammenarbeit des Partners, ab, um so frühzeitig einen möglichen Handlungsbedarf zu identifizieren.

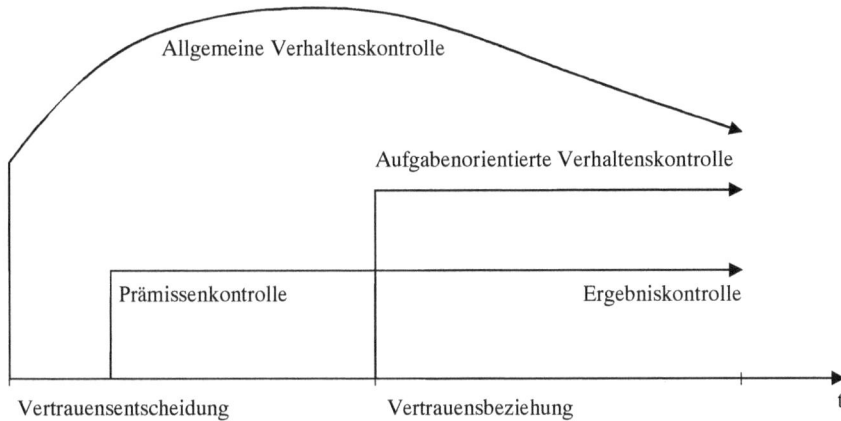

Allgemeine Verhaltenskontrolle

Aufgabenorientierte Verhaltenskontrolle

Prämissenkontrolle   Ergebniskontrolle

Vertrauensentscheidung   Vertrauensbeziehung   t

Abbildung 1.21: Konzept der Vertrauenskontrolle

Eng verbunden mit dem Vertrauen ist die **Macht**, die ein relativ universelles Medium darstellt. So wird dann auch in der Literatur darauf hingewiesen, „... daß Macht und Vertrauen sich in ihrer Funktion als Handlungskoordinationsmechanismus wechselseitig substituieren können." (Bachmann 2000, S. 118). Sowohl bei Macht als auch bei Vertrauen existieren letztlich latente **Sanktionsdrohungen** (vgl. French/Raven 1960, S. 612 ff.) für den Fall, dass sich ein Akteur nicht konform verhält. Ein Unterschied ist jedoch darin zu sehen, dass ein Akteur, der im Rahmen einer Interaktion auf Vertrauen aufbaut, auf Sanktionsdrohungen verzichtet. Ebenso wie beim Vertrauen kann auch im Rahmen der Macht zwischen individueller und systemischer (institutioneller) Macht unterschieden werden: „Während Systemvertrauen die Existenz institutioneller Macht voraussetzt, sind interpersonales Vertrauen und individuelle Macht so etwas wie kombinierbare Alternativen, wobei entweder Vertrauen oder Macht als dominantes Koordinationsmedium im Vordergrund steht." (Bachmann 2000, S. 120). Neben einer Sanktionsmacht ist dann die Expertenmacht zu nennen, die auf individuellem Wissen basiert (vgl. Corsten 1989, S. 19 f.), wobei hierbei die formalen Machtquellen, im Sinne einer Legitimationsmacht, zu Gunsten informeller Machtquellen an Bedeutung verlieren (vgl. Jörges/Süss 2000, S. 81 f.).

Unter **Unternehmungskultur** ist die Gesamtheit unternehmungsbezogener Werte und Normen zu verstehen (z. B. Einstellung zum Kunden, zur Gesellschaft, zur Umwelt, zum Gewinn), die das Verhalten aller Mitglieder prägen (vgl. z. B. Gussmann 1988, S. 259; Heinen 1997, S. 15; Schreyögg 1996, S. 426 ff.). Basis der Unternehmungskultur ist damit ein Wertesystem, das möglichst von allen Mitarbeitern der Unternehmung getragen werden soll. Diese von den Mitarbeitern akzeptierten Werte und Normen stellen folglich ein Fundament für die Entscheidungsprozesse in der Unternehmung dar, d. h., der Konsens der Organisationsmitglieder hinsichtlich Zielen, Zielerreichung, Strategien etc. ist eine wesentliche Grundlage für die Entwicklung einer Unternehmungskultur (vgl. Schein 1985, S. 52 ff.). Durch organisationsspezifische Sozialisationsprozesse werden diese Werte und Normen an neue Mitglieder weitergegeben und durch entsprechend konformes Handeln immer wieder neu legitimiert. Die Unternehmungskultur als Koordinationsinstrument

- schafft somit ein gemeinsames Bezugssystem,
- ermöglicht gemeinsame Interpretation und Verständigung und
- legitimiert und lenkt Handlungen der Organisationsmitglieder.

Da die Supply Chain eine spezifische Form des Unternehmungsnetzwerks darstellt, kann zur Analyse der Koordinationswirkungen einer Supply Chain Kultur auf die Argumentation zur Kultur in Unternehmungsnetzwerken zurückgegriffen werden. Reiß (1998, S. 172 ff.) weist darauf hin, dass auf der Netzwerkebene Probleme der Kulturbildung existieren, da es sich hierbei immer nur um eine **Kulturmischung** („Schmelztiegel verschiedener Subkulturen") handele, der es i. d. R. an klaren Konturen mangele. Die Netzwerkkultur ist damit von ihrer Wirkung tendenziell schwächer und unspezifischer als die Kultur einer einzelnen Unternehmung, zumal eine Unternehmung Mitglied mehrerer Netze und damit zu einer Art **Minimalkonsens** in den einzelnen Netzen gezwungen sein kann. Das klassische Bezugsobjekt der Kulturarbeit „verschwimmt" damit im Rahmen der Vernetzung, wodurch die Möglichkeiten eines Kulturmanagement äußerst begrenzt sind. Differenzierend zeigen Schmitz/Siegle (2000, S. 104), dass die Grundlagen für die Unternehmungskultur und die Netzwerkkultur grundlegend unterschiedlich sind, da etwa **Symbole** für eine Netzwerkkultur nur von untergeordneter Bedeutung sind, während **Basiswerte und -wissen** (z. B. Ideale, Menschenbild) als sogenannte intransparente Tiefenkomponente für den Aufbau einer Netzwerkkultur von entscheidender Bedeutung sind, diese in ihrer Wirkung aber schwächer sind als Symbole (z. B. Sprache, Geschichte). Demgegenüber kommt den **Verhaltensstandards** (z. B. Normen, Grundsätze) bei der Unternehmungs- und Netzwerkkultur die gleiche Bedeutung zu, wobei im Rahmen von Unternehmungsnetzwerken auch die bereits erwähnten Rahmenbedingungen hierunter zu subsumieren sind (vgl. hierzu Abbildung 1.22).

Gemeinsam ist den Instrumenten der indirekten Koordination, dass sie primär **informale Ergänzungen** der vorhandenen direkten Koordinationsinstrumente darstellen. Ferner ist zu betonen, dass sowohl das Vertrauen als auch die Unternehmungskultur nur zum Teil das Ergebnis einer bewussten Gestaltung sind. Gerade beim Aufbau von Vertrauen treten neben rationaler Kalkulation Aspekte wie persönliche Sympathien sowie Erfahrungen und Fähigkeiten der Partner hinzu (vgl. Gilbert 1999, S. 33). Hierdurch bedingt sind dem bewussten und gestaltenden Einsatz dieser Koordinationsinstrumente engere Grenzen gesetzt als dies bei der direkten Koordination der Fall ist. Darüber hinaus existiert zwischen der Unternehmungskultur und dem Vertrauen eine Wechselbeziehung: „Unternehmungskultur schwächt Mißtrauen ab, weil die Entscheidungsträger über das Werte- und Normensystem der Unternehmung gebunden sind und zumindest ex post überprüfbar werden." (Föhr/Lenz 1992, S. 140). Anderseits begünstigt die angesprochene Reziprozität des Vertrauens kooperative Verhaltensweisen und trägt zu einer interorganisatorischen Kultur bei, der eine unterstützende Rolle zukommt.

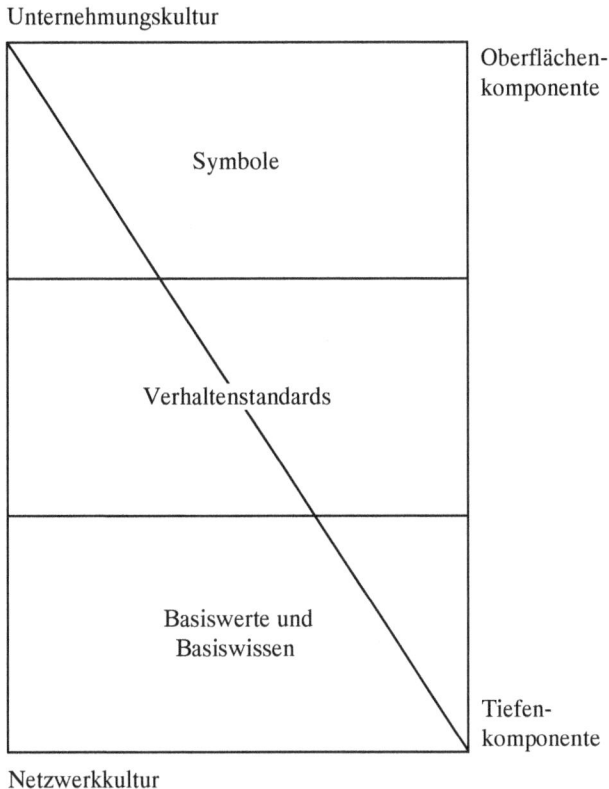

Unternehmungskultur

Oberflächenkomponente

Symbole

Verhaltenstandards

Basiswerte und
Basiswissen

Tiefenkomponente

Netzwerkkultur

Abbildung 1.22: Unternehmungs- und Netzwerkkultur

Die dargestellten „reinen" Koordinationsformen gelangen i. d. R. nicht isoliert zur Anwendung, sondern in einer **kombinativen Verknüpfung**. Bei diesen Mischformen, teilweise auch als hybride Formen bezeichnet (vgl. z. B. Ferstl/Mannmeusel 1995, S. 27), gelangen Kombinationen der direkten und indirekten Koordination zur Anwendung, wobei häufig auf die Verknüpfung von heterarchischen und hierarchischen Instrumenten verwiesen wird, die auch als Eckpunkte eines breiten Kontinuums von Instrumenten zur Koordination charakterisiert werden. Im Rahmen von Supply Chains erscheint eine Kombination von Plänen mit marktlicher Koordination von Interesse zu sein, wobei Plänen eine komplementäre Funktion zuerkannt wird. Frese (1998, S. 91) spricht in diesem Zusammenhang von einer plangestützten Marktorientierung, womit er zum Ausdruck bringen möchte, dass das System der Unternehmungsplanung das zentrale Bezugssystem für die in einer Unternehmung gegebenen Anreiz- und Motivationskonzepte bildet. Durch Rücknahme der detaillierten Planung bietet sich dann die Möglichkeit, marktliche Koordination zu implementieren. Damit wird der Markt nicht als ein alleiniges Instrument betrachtet, sondern erst durch den kombinierten Einsatz mit der Planung soll kontraproduktiven Wirkungen auf die Motivation der Mitarbeiter begegnet werden. In der Realität existieren somit vielfältige Mischformen, während „reine" Formen wie etwa die wechselseitige Abstimmung und die zentrale Koordination kaum zu finden sind, wofür die folgenden Aspekte verantwortlich sind (vgl. Kirsch 1971, S. 73 f.):

- In Systemen mit wechselseitiger Abstimmung ist damit zu rechnen, dass einzelne Entscheidungsträger versuchen werden, spezifische Entscheidungen zu treffen.
- Ein System zentraler Koordination wird i. d. R. durch ein Netz wechselseitiger Abstimmung überlagert, um so z. B. Unzulänglichkeiten der zentralen Koordination auszugleichen und zu ergänzen.

2 Prozessgestaltung als verbindendes Element zwischen Produktion und Logistik

Für eine inhaltliche Präzisierung der Produktionsmanagementaufgaben sei auf das sogenannte „3-P-Konzept" von Kern (1992) zurückgegriffen, der zwischen Produktionsprogramm-, Potential- und Prozessgestaltung unterscheidet. Im Rahmen der **Produktionsprogrammgestaltung** geht es um die Formulierung des Sachzieles der Unternehmung. Es wird festgelegt, welche Produkte in welchen Qualitäten und Mengen in einem betrachteten Planungszeitraum erstellt werden sollen. Bei der **Potentialgestaltung** geht es um die Fragestellung, welche Produktionsfaktoren erforderlich sind, um das geplante Produktionsprogramm zu realisieren. Im Rahmen der **Prozessgestaltung** steht der wirtschaftliche Vollzug der Aufgabenerfüllung im Fokus, d. h., es geht um die Strukturierung und Abstimmung der Abläufe im Produktions- und Logistiksystem.

2.1 Standort

2.1.1 Grundlegungen

Aufgabe der Standortplanung ist die Festlegung der Lage einer Unternehmung im geographischen Raum. Durch die langfristigen Wirkungen von Standortentscheidungen auf den Unternehmungserfolg und das hohe Investitionsvolumen bei Realisation einer Alternative wird der Standortplanung eine relativ große Bedeutung beigemessen. Dieser Bedeutung entsprechend kann dann auch die Standorttheorie auf eine lange wissenschaftliche Tradition (vgl. Weber 1909) zurückblicken, auf die in diesem Zusammenhang nicht weiter eingegangen werden soll (vgl. hierzu z. B. Domschke 1996, Sp. 1912 ff.).

Die Frage der **Standortwahl** stellt sich nicht nur im Rahmen der Gründung einer Unternehmung, sondern darüber hinaus immer wieder im Laufe der Unternehmungsentwicklung. Unterhält eine Unternehmung gleichzeitig mehrere Standorte, dann wird von einer **Standortspaltung** gesprochen. Bei der Standortplanung im Rahmen des Supply Chain Management ist zu berücksichtigen, dass das zu analysierende System i. d. R. mehrere geographisch verteilte Absatzgebiete bedient und mehrere Supply-Chain-Einheiten mit unterschiedlichen Funktionen (z. B. Produktionsstätte, Distributionszentrum) umfasst, die an unterschiedlichen Standorten bereits bestehen oder errichtet werden können. Aufgrund der Zulieferer-Abnehmer-Beziehung zwischen den Supply-Chain-Einheiten und deren geographischer Verteilung ergeben sich umfangreiche Transportströme, deren Ausmaß wesentlich durch die Standortentscheidung beeinflusst wird (vgl. Günther/Tempelmeier 2005, S. 63 ff.).

Für die Ermittlung des **optimalen Standortes** ist es erforderlich, dass der oder die Entscheidungsträger

- Kenntnisse über die relevanten Standortfaktoren haben und
- über Verfahren verfügen, mit deren Hilfe die Wirkungen der als relevant erachteten Standortfaktoren erfassbar sind (vgl. Hansmann 2006, S. 107 f.).

Unter einem **Standortfaktor** ist eine situationsspezifische Einflussgröße zu verstehen, die auf das Zielsystem einer Organisation (z. B. Unternehmung, Supply Chain) wirkt. Aufgabe der **Standortanalyse** ist es folglich, relevante Standortfaktoren zu identifizieren und deren Einfluss auf das Zielsystem der Organisation zu ermitteln. Auf dieser Grundlage wird es dann möglich, die günstigsten Standorte zu wählen. Schwierigkeiten resultieren in diesem Zusammenhang insbesondere daraus, dass sich einzelne Standortfaktoren, wie etwa gesetzliche Vorschriften, demographische Struktur und Infrastruktur, einer hinreichenden Quantifizierung entziehen. Aus diesem Grunde wird zwischen Standortfaktoren quantitativer und qualitativer Art unterschieden. Während bei quantitativen Standortfaktoren der Beitrag zur Zielerfüllung direkt gemessen werden kann, ist diese Möglichkeit bei qualitativen Standortfaktoren nicht gegeben (vgl. Hansmann 2006, S. 108 f.).

Um sowohl quantitative als auch qualitative Standortfaktoren in das Kalkül einer Standortentscheidung einbeziehen zu können, ist es erforderlich, die einzelnen Ausprägungen einer Standortalternative in intersubjektiv nachvollziehbarer Form zu einer Beurteilungsgröße zu aggregieren. Entsprechende Ansätze werden im Rahmen der multiattributiven Entscheidungstheorie diskutiert (vgl. Eisenführ/Weber/Langer 2010, S. 115 ff. und S. 257 ff.). Ein Charakteristikum dieser Aufsätze ist es, dass oftmals die Menge optimaler Lösungen mehrere gleichgute Standorte enthält. Auf dieser Basis kann nur eine Standortvorauswahl getroffen werden.

Wurde eine Vorauswahl potentieller Standorte getroffen, dann kann auf der Grundlage eines **quantitativen Standortplanungsmodells** eine abschließende Auswahl der zu nutzenden Standorte so erfolgen, dass die relevanten Kosten minimiert werden. Als relevant sind dabei alle Kosten anzusehen, deren Höhe von der Wahl einer Standortalternative abhängig ist (vgl. Tabelle 2.1).

		Entfernungsbezug	
		abhängig	unabhängig
Mengenbezug	abhängig	Kosten der Entfernungsüberbrückung	Kosten des Einsatzes lokal verfügbarer Ressourcen
	unabhängig	Kosten der Infrastrukturverfügbarkeit	Kosten der Standortverfügbarkeit

Tabelle 2.1: Entscheidungsrelevante Kosten der Standortwahl

Bei allen Problemen der Standortwahl sind die **Kosten der Entfernungsüberbrückung** relevant und werden dort i. d. R. mit Transportkostensätzen erfasst, die mit der Transportleistung (Menge mal Entfernung) zu multiplizieren sind. Unterschiede in den Transportkostensätzen ergeben sich aus zusätzlichen Einflussgrößen, wie etwa die einsetzbaren Transportmittel, der zu überwindende Höhenunterschied oder Einfuhrsteuern und Zölle. **Kosten des Einsatzes lokal verfügbarer Ressourcen** werden relevant, wenn die Preise der für die Produktion und das Handling einzusetzenden Ressourcen an den Standorten unterschiedlich sind (z. B. aufgrund demographischer Unterschiede). Die an den Standorten bestehende Infrastruktur (Energie- und Wasserversorgung, Entsorgung, Verkehrswegenetz, Kommunikationsnetz) kann unterschiedlich leistungsfähig sein. Die bei unzureichender Eignung erforderliche Erweiterung (z. B. Anbindung an das öffentliche Verkehrsnetz, Aufbau oder Ausbau des Kommunikationsnetzes) gehen mit **Kosten der Infrastrukturverfügbarkeit** einher. Diese werden relevant, sobald sich die infrastrukturellen Gegebenheiten der potentiellen Standorte unterscheiden. **Kosten der Standortverfügbarkeit** werden durch die allgemeine Standorterschließung (z. B. Erwerb des Grundstücks) und die Standorterrichtung (z. B. Aufbau und Instandhaltung des Werkes oder Distributionszentrums) induziert. Während sich Grundstückspreise i. d. R. unterscheiden, wird die Höhe der Kosten der Standorterrichtung auch durch allgemeine Umweltbedingungen (z. B. rechtlich: Bau- und Sicherheitsvorschriften, ökologisch: Klimazone, sozio-kulturell: soziales Klima) beeinflusst.

2.1.2 Vorauswahl

Um auf der Grundlage qualitativer Kriterien eine Vorauswahl von Standorten zu treffen, sind die Ausprägungen der Standortfaktoren auf geeigneten Skalen zu messen und darauf aufbauend die Standorte zu beurteilen. Die Analyse kann auf zwei Wegen erfolgen:

- **Vergleich faktorbezogener Ausprägungen**: Mit Hilfe von Checklisten oder Soll-Profilen wird geprüft, ob der Standort im Hinblick auf die einzelnen Faktoren Mindestanforderungen erfüllt. Die Beurteilung basiert damit auf der binären Größe „Standorteignung", die dann gegeben ist, wenn der Standort allen Mindestanforderungen genügt.
- **Vergleich der aggregierten Bewertung von Faktorausprägungen**: Die einzelnen Faktorausprägungen werden jeweils nach einem einheitlichen Schema bewertet, und die einzelnen Bewertungen werden zu einem Gesamtort zusammengefasst. Auf dieser Grundlage können die Standorte in eine Rangfolge der Vorziehenswürdigkeit gebracht werden.

Ein einfaches Verfahren zum Vergleich der aggregierten Bewertung von Faktorausprägungen, das in der betrieblichen Praxis weite Verbreitung gefunden hat, ist die **Nutzwertanalyse** (vgl. Zangemeister 1970). Ihr liegen die folgenden Schritte zugrunde:

Schritt 1:   Für jeden potentiellen Standort n werden die Ausprägungen $u_{f,n}$ der einzelnen Standortfaktoren f ermittelt und subjektiv auf einer normierten Ordinalskala bewertet:

$$w_{f,n} = w(u_{f,n}) \qquad\qquad \forall f,n$$

Bei kardinal messbaren Ausprägungen werden definierten Wertebereichen h $(h = 1, \ldots, H)$ der Ausprägungen Bewertungen zugeordnet:

$$w_{f.n} = \{h \mid h = 1, \ldots, H \wedge \breve{u}_{f.h} \leq u_{f.n} < \hat{u}_{f.h}\}$$
mit: $\breve{u}_{f.h} < \breve{u}_{f.h+1}$ und $\hat{u}_{f.h} = \hat{u}_{f.h+1}$

Bei ordinal oder nominal messbaren Ausprägungen werden definierten Wertemengen M_h $(h = 1, \ldots, H)$ der Ausprägungen Bewertungen zugeordnet:

$$w_{f.n} = \{h \mid h = 1, \ldots, H \wedge u_{f.n} \in M_{f.h}\}$$
$$\text{mit: } M_{f.h} \cap M_{f.h'} = \varnothing \text{ und } \bigcup_{h=1}^{H} M_{f.h} = M_f$$

Schritt 2:   Die relative Bedeutung der Standortfaktoren f im zugrundeliegenden Zielsystem wird mit Hilfe von Gewichten g_f subjektiv spezifiziert. Dabei gilt:

$$\sum_{f=1}^{F} g_f = 1 \text{ und } g_f > 0 \qquad \forall f$$

Schritt 3:   Die Nutzwerte W_n der einzelnen Standorte n ergeben sich dann aus:

$$W_n = \sum_{f=1}^{F} g_f \cdot w_{f.n} \qquad \forall n$$

In Abhängigkeit von der Zielfunktion sind dann **entweder** die Standorte mit dem höchsten Nutzwert zu wählen

$$n^* = \{n \mid W_n = \max_{n'}(W_{n'}) \wedge n' = 1, \ldots, N\}$$

oder es ist eine Vorauswahl von Standorten zu treffen, deren Nutzwert ein Mindestniveau erfüllt

$$N^V = \{n \mid W_n \geq W_n^{NIV} \wedge n = 1, \ldots, N\},$$

um diese dann einer detaillierten quantitativen Analyse zu unterziehen.

Ein Beispiel mit drei Standorten ($n = 1, \ldots, 3$) und vier Standortfaktoren ($f = 1, \ldots, 4$) soll diese Vorgehensweise verdeutlichen. Die relevanten Daten der Standorte sind in Tabelle 2.2 zusammengefasst, und die ordinalen Faktorausprägungen werden durch Normierung der Daten mit Hilfe der in Tabelle 2.3 angegebenen Zuordnungen ermittelt.

Faktoren / Standort	zu überbrückende Entfernung (f = 1)	Erschließungs- und Errichtungskosten (f = 2)	nutzbare Verkehrs- anbindungen (f = 3)	räumliche Expansions- möglichkeiten (f = 4)
1	1010	7	Straße, Schiene, Wasser, Luft	großflächig, überwiegend bebaubar
2	820	4	Schiene, Wasser	kleinflächig, vollständig bebaubar
3	590	6	Straße, Luft	großflächig, stellenweise bebaubar

Tabelle 2.2: Standortdaten

Nutzen	zu überbrückende Entfernung (f = 1) von	bis	Erschließungs- und Errichtungskosten (f = 2) von	bis	nutzbare Verkehrs- anbindungen (f = 3) von	bis	räumliche Expansions- möglichkeiten (f = 4)
6	0	< 100	0	< 1,5	10	10	großflächig, vollständig bebaubar
5	100	< 300	1,5	< 3	8	< 10	großflächig, überwiegend bebaubar
4	300	< 600	3	< 4,5	6	< 8	großflächig, stellenweise bebaubar
3	600	< 1000	4,5	< 6	4	< 6	kleinflächig, vollständig bebaubar
2	1000	< 1500	6	< 7,5	2	< 4	kleinflächig, überwiegend bebaubar
1	1500	< 3000	7,5	< 9	1	< 2	kleinflächig, stellenweise bebaubar
Punkte: 4 · Wasser + 3 · Schiene + 2 · Straße + 1 · Luft							

Tabelle 2.3: Ordinale Normierung der Faktorausprägungen

Die relative Bedeutung der Standortfaktoren wird durch die Gewichtungen $g_1 = 0,4$, $g_2 = 0,3$, $g_3 = 0,2$ und $g_4 = 0,1$ repräsentiert. Damit ergibt sich die in Tabelle 2.4 dargestellte Nutzwertberechnung.

Faktor / Standort	1	2	3	4	Nutzwert
1	2	2	6	5	3,1
2	3	4	4	3	3,5
3	4	2	2	4	3,0
Gewicht	0,4	0,3	0,2	0,1	

Tabelle 2.4: Nutzwertberechnung

Im Fall, dass nur Standorte ab einem Nutzwert von 3,1 in die Vorauswahl aufgenommen werden, ist der Standort 3 von den sich anschließenden Analysen zur abschließenden Auswahl auszuschließen.

Die wesentlichen **Vorteile der Nutzwertanalyse** sind in der Einfachheit des Verfahrens, der Motivation zur Quantifizierung entscheidungsrelevanter Größen, der strukturierten Darstellung der Problemstruktur und der Schaffung von Transparenz über den Prozess der Entscheidungsfindung zu sehen. Es bestehen jedoch mehrere methodische Schwachstellen:

- Bei der Faktorauswahl und -gewichtung sowie bei der Normierung der Faktorausprägungen bestehen Ermessensspielräume.
- Der Berechnung der Nutzwerte liegt die Annahme der Nutzenadditivität zugrunde. Dass diese empirisch nicht generell zutreffend ist, wird etwa an den Phänomenen des abnehmenden Grenznutzens (erstes Gossensches Gesetz) und der Verlustaversion (als zentrales Konzept der Erwartungsnutzentheorie, vgl. Kahnemann/ Tversky 1979, S. 263 ff.) deutlich.
- Bei der Addition der gewichteten Teilnutzen wird ein Skalenbruch vollzogen, d. h. ordinalskalierte Werte werden unzulässigerweise als kardinalskalierte Werte behandelt (vgl. Zelewski 2008, S. 87).

Um Fehlentscheidungen aufgrund der Anwendung der Nutzwertanalyse zu vermeiden, ist deshalb jeweils für das konkret vorliegende Entscheidungsproblem nachzuweisen, dass deren Schwachstellen keinen maßgeblichen Einfluss auf die Lösung ausüben.

2.1.3   Abschließende Auswahl

Zur abschließenden Auswahl von Standorten gelangen i. d. R. Optimierungsmodelle zur Anwendung, die ausschließlich monetär quantifizierbare Faktoren einbeziehen. Dabei ist zwischen zwei Modelltypen zu unterscheiden:

- In **kontinuierlichen Modellen** wird über die x,y-Koordinaten der in der Ebene festzulegenden Standorte entschieden. Dabei ist jeder Punkt der Ebene mit zulässigen x,y-Koordinaten ein potentieller Standort. Da x und y kontinuierliche Variablen sind, liegt eine unendliche Anzahl potentieller Standorte vor. Die Entfernung zu den bestehenden Standorten, deren Koordinaten in beiden Dimensionen bekannt sind, wird mit Hilfe eines geeigneten Abstandsmaßes (z. B. euklidische Distanz) ermittelt.
- In **diskreten Modellen** wird über die Eröffnung von Standorten an einer endlichen Anzahl diskret vorgegebener potentieller Standorte entschieden. Die Modellierung erfolgt auf der Grundlage von Graphen, die aus Knoten und Kanten bestehen. Potentielle und bereits existierende Standorte bilden Knoten, die relevante Standorteigenschaften (z. B. Errichtungskosten, Kapazität, Bedarf) repräsentieren. Demgegenüber bilden die Kanten Beziehungen zwischen Standorten in den relevanten Dimensionen (z. B. Transportkosten und -beschränkungen) ab.

Ein diskretes **Grundmodell** der Standortplanung ist durch das **einstufige kapazitierte Warehouse-location-Problem** gegeben. Es erfasst die Situation, in der n Bedarfsorte mit dem bekannten Bedarf b_j $(j = 1, ..., n)$ $[ME]$ von m potentiellen Versandorten beliefert werden können. Für jeden potentiellen Versandort i $(i = 1, ..., m)$

sind die Kapazität a_i [ME] und die Errichtungskosten K_i [GE] bekannt. Darüber hinaus liegen Informationen über die Kostensätze k_{ij} [GE/ME] des Transportes vom Versandort i zum Bedarfsort j vor. Die Lösung dieses Problems beantwortet die übergeordnete **Entscheidungsfrage**, welche potentiellen Standorte als Versandorte zu errichten sind (u_i), und die untergeordnete Entscheidungsfrage, welche Gütermengen von den Versandorten zu den Bedarfsorten zu transportieren sind (x_{ij}). Die Entscheidungen müssen den folgenden **Schranken** Rechnung tragen:

- Alle Bedarfe werden erfüllt (Empfangsbedingung).
- Die Kapazität jedes Versandortes wird nicht überausgelastet (Versandbedingung).
- Die Errichtung eines Versandortes erfolgt entweder vollständig oder sie unterbleibt.
- Es werden keine negativen Mengen transportiert.

Das **Entscheidungsziel** besteht in der Minimierung der Summe aus Errichtungs- und Transportkosten. Damit ergibt sich formal ein gemischt-ganzzahliges lineares Programm:

$$\min K = \sum_i K_i \cdot u_i + \sum_i \sum_j k_{ij} \cdot x_{ij}$$

$$\sum_i x_{ij} \geq b_j \qquad\qquad \forall j$$
$$\sum_j x_{ij} \leq u_i \cdot a_i \qquad\quad \forall i$$
$$x_{ij} \geq 0 \qquad\qquad\quad\; \forall i,j$$
$$u_i \in \{0,1\} \qquad\qquad \forall i,j$$

Die **exakte Lösung** dieses Warehouse-location-Problems ist mit einem Rechenaufwand verbunden, der mit der Anzahl potentieller Standorte exponentiell steigt. Mit Hilfe des exakten Verfahrens Branch-and-Bound sind Probleme mit 30 potentiellen Standorten in akzeptabler Zeit lösbar. Um den Rechenaufwand zu reduzieren, können **heuristische Lösungsverfahren** angewendet werden. Diese garantieren zwar nicht, dass eine optimale Lösung gefunden wird, ermitteln aber oft fast-optimale Lösungen.

Ein derartiges Lösungsverfahren kombiniert eine **Greedy-Heuristik** (vgl. Vahrenkamp/Mattfeld 2007, S. 188 f.) mit dem **Stepping-Stone-Verfahren**. Aufgabe der Greedy-Heuristik ist es, die Werte der Entscheidungsvariablen für die Standorterrichtung u_i möglichst gut festzulegen und zulässige Werte der Entscheidungsvariablen für die Transportmengen x_{ij} auf der Grundlage der zuvor getroffenen Standortwahl zu ermitteln. Während der Ausführung des Verfahrens wird mit vier Listen gearbeitet:

- Liste auswählbarer Standorte A, die zu Beginn des Verfahrens alle potentiellen Standorte enthält.
- Liste zu errichtender Standorte Z, die zu Beginn des Verfahrens leer ist und nach Verfahrensabschluss die gewählten potentiellen Standorte enthält.

- Liste versorgbarer Bedarfsorte V, die zu Beginn des Verfahrens alle Bedarfsorte enthält und nach Verfahrensabschluss leer ist.

- Liste der Bedarfsorte mit erfülltem Bedarf E, die zu Beginn des Verfahrens leer ist und nach Verfahrensabschluss alle Bedarfsorte enthält.

Der Ablauf der Greedy-Heuristik wird in Abbildung 2.1 wiedergegeben.

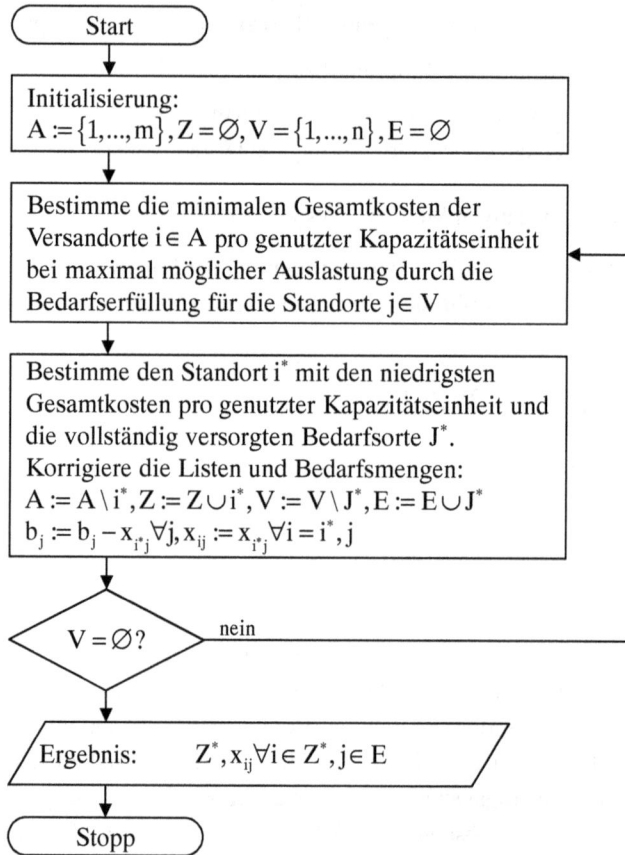

```
         ( Start )
             │
  ┌──────────────────────────────────┐
  │ Initialisierung:                 │
  │ A := {1,...,m}, Z = ∅, V = {1,...,n}, E = ∅ │
  └──────────────────────────────────┘
             │
  ┌──────────────────────────────────┐
  │ Bestimme die minimalen Gesamtkosten der  │
  │ Versandorte i ∈ A pro genutzter Kapazitätseinheit │
  │ bei maximal möglicher Auslastung durch die │
  │ Bedarfserfüllung für die Standorte j ∈ V │
  └──────────────────────────────────┘
```

Initialisierung:
$$A := \{1,...,m\}, Z = \varnothing, V = \{1,...,n\}, E = \varnothing$$

Bestimme die minimalen Gesamtkosten der Versandorte $i \in A$ pro genutzter Kapazitätseinheit bei maximal möglicher Auslastung durch die Bedarfserfüllung für die Standorte $j \in V$

Bestimme den Standort i^* mit den niedrigsten Gesamtkosten pro genutzter Kapazitätseinheit und die vollständig versorgten Bedarfsorte J^*.
Korrigiere die Listen und Bedarfsmengen:
$$A := A \setminus i^*, Z := Z \cup i^*, V := V \setminus J^*, E := E \cup J^*$$
$$b_j := b_j - x_{i^*j} \forall j, x_{ij} := x_{i^*j} \forall i = i^*, j$$

$V = \varnothing$?   nein

Ergebnis: $Z^*, x_{ij} \forall i \in Z^*, j \in E$

Stopp

Abbildung 2.1: Ablauf der Greedy-Heuristik zum kapazitierten Warehouse-location-Problem

Die mit diesem Verfahren ermittelte zulässige Lösung bildet die Startlösung für das Stepping-Stone-Verfahren, das in der üblichen Schrittfolge die kostenminimalen Transportmengen bestimmt. Zur Verdeutlichung der Vorgehensweise wird von den in Tabelle 2.5 zusammengefassten Daten ausgegangen.

i	a_i	K_i	j b_j	B 3.400	HH 1.800	M 1.300	K 1.000
DO	3.000	75.000	k_{DOj}	5,3	3,7	6,1	0,9
L	6.000	80.000	k_{Lj}	1,7	4,4	4,4	5,9
S	4.000	70.000	k_{Sj}	7,0	7,2	2,5	4,2

Tabelle 2.5: Beispieldaten zum kapazitierten Warehouse-location-Problem

Vor der Ausführung der Greedy-Heuristik lauten die Einträge in den Listen: $A = \{DO, L, S\}$, $Z = \varnothing$, $V = \{B, HH, M, K\}$ und $E = \varnothing$. Die erste Iteration startet mit der Bestimmung minimaler Gesamtkosten pro genutzter Kapazitätseinheit $\underline{k}_i^{(1)}$. Hierbei wird isoliert für jeden Standort dessen Kapazität für die Erfüllung der an den Bedarfsorten nachgefragten Mengen eingeplant. Die Einplanung erfolgt sukzessive in aufsteigender Reihenfolge der Transportkostensätze so lange, bis die maximal mögliche Kapazitätsauslastung erreicht ist. Diese ist entweder durch die verfügbare Kapazität oder den noch bestehenden Bedarf begrenzt.

In der ersten Iteration werden die folgenden Werte berechnet:

$$\underline{k}_{DO}^{(1)} = \frac{0,9 \cdot 1.000 + 3,7 \cdot 1.800 + 5,3 \cdot 200 + 75.000}{3.000} = 27,9$$

$$\underline{k}_{L}^{(1)} = \frac{1,7 \cdot 3.400 + 4,4 \cdot 1.800 + 4,4 \cdot 800 + 80.000}{6.000} = 16,2$$

$$\underline{k}_{S}^{(1)} = \frac{2,5 \cdot 1.300 + 4,2 \cdot 1.000 + 7,0 \cdot 1700 + 70.000}{4.000} = 22,3$$

Im Beispiel werden in der ersten Iteration die niedrigsten Gesamtkosten pro genutzter Kapazitätseinheit erreicht, wenn die Bedarfsorte B und HH vollständig ($x_{LB} = 3.400$, $x_{LHH} = 1.800$) und der Bedarfsort M teilweise ($x_{LM} = 800$) vom Versandort L versorgt werden. Die korrigierten Listen und Bedarfsmengen lauten $A = \{DO, S\}$, $Z = \{L\}$, $V = \{M, K\}$, $E = \{B, HH\}$, $b_B = 0$, $b_{HH} = 0$, $b_M = 500$, $b_K = 1.000$. Darauf aufbauend werden in der zweiten Iteration die folgenden Werte berechnet:

$$\underline{k}_{DO}^{(2)} = \frac{0,9 \cdot 1.000 + 6,1 \cdot 500 + 75.000}{1.500} = 52,63$$

$$\underline{k}_{S}^{(2)} = \frac{2,5 \cdot 500 + 4,2 \cdot 1.000 + 70.000}{1.500} = 50,30$$

Damit werden in der zweiten Iteration die niedrigsten Gesamtkosten pro genutzter Kapazitätseinheit erreicht, wenn der Bedarfsort K vollständig ($x_{SK} = 1.000$) und der Bedarfsort M teilweise ($x_{SM} = 500$) vom Versandort S versorgt werden. Die korrigierten Listen und Bedarfsmengen lauten $A = \{DO\}$, $Z = \{L, S\}$, $V = \varnothing$, $E = \{B, HH, M, K\}$, $b_B = 0$, $b_{HH} = 0$, $b_M = 0$, $b_K = 0$. Das Abbruchkriterium der Greedy-Heuristik ist erfüllt. Die zulässige Lösung

$$u^* = (0 \quad 1 \quad 1) \qquad x = \begin{pmatrix} 0 & 0 & 0 & 0 \\ 3.400 & 1.800 & 800 & 0 \\ 0 & 0 & 500 & 1.000 \end{pmatrix}$$

kann durch die Anwendung des Stepping-Stone-Verfahrens im Hinblick auf die Transportkosten verbessert werden. Das Ausgangstableau ist in Tabelle 2.6 darge-stellt.

Z* \ E	B 3.400		HH 1.800		M 1.300		K 1.000		Σ
L 6.000	1,7	3.400	4,4	1.800	4,4	800	5,9	0	6.000
S 4.000	7,0	0	7,2	0	2,5	500	4,2	1.000	1.500
Σ		3.400		1.800		1.300		1.000	

Tabelle 2.6: Ausgangstableau des Stepping-Stone-Verfahrens

Es zeigt sich, dass die Transportmengen zu den Bedarfsorten B, HH und K jeweils der kostengünstigsten Alternative zugeordnet sind. Im Hinblick auf die Transport-mengen zum Bedarfsort M ist eine Kostenverbesserung möglich, weil die Beliefe-rung durch den Versandort S günstiger als durch den Versandort L ist und die Ka-pazität des Versandortes S noch nicht vollständig ausgelastet ist. Eine Minimierung der Transportkosten kann folglich dadurch erreicht werden, dass x_{LM} (x_{SM}) um den Betrag Δx_{LS} reduziert (erhöht) wird. Um die Zulässigkeit der Lösung aufrechtzuer-halten, muss

$$0 \leq \Delta x_{LS} \leq \min(x_{LM}, a_S - x_{SM} - x_{SK})$$

gelten. Da sich die Transportkosten mit jeder Mengeneinheit, die Δx_{LS} zugeordnet wird, um $4,4 - 2,5 = 1,9$ GE reduzieren, wird das Minimum mit $\Delta x_{LS} = x_{LM}$ erreicht. Tabelle 2.7 gibt das Endtableau des Stepping-Stone-Verfahrens wieder.

Z* \ E	B 3.400		HH 1.800		M 1.300		K 1.000		Σ
L 6.000	1,7	3.400	4,4	1.800	4,4	0	5,9	0	5.200
S 4.000	7,0	0	7,2	0	2,5	1.300	4,2	1.000	2.300
Σ		3.400		1.800		1.300		1.000	

Tabelle 2.7: Endtableau des Stepping-Stone-Verfahrens

Die heuristische Lösung des Beispiels lautet:

$$u^* = \begin{pmatrix} 0 & 1 & 1 \end{pmatrix} \qquad x^* = \begin{pmatrix} 0 & 0 & 0 & 0 \\ 3.400 & 1.800 & 0 & 0 \\ 0 & 0 & 1.300 & 1.000 \end{pmatrix}$$

Das Grundmodell des kapazitierten Warehouse-location-Problems bezieht sich auf eine Stufe der Wertschöpfungskette. Sind, wie etwa in Supply Chains, **mehrere Stufen** der Wertschöpfungskette relevant, dann sind **Erweiterungen des Grundmodells** erforderlich. Neben den zusätzlichen Stufen ist dabei i. d. R. auch zu berücksichtigen, dass die potentiellen Standorte unterschiedliche Funktionen (z. B. Produktion, Distribution) erfüllen und sich gegenseitig beliefern können. Dies hat in der Mengendimension zusätzlich relevante Güterarten und Lieferbeziehungen sowie in der Kostendimension zusätzlich relevante Kostenarten und -abhängigkeiten zur Folge.

Soll z. B. eine Supply Chain mit mehreren potentiellen, kapazitätsbeschränkten Standorten zur Produktion und/oder Distribution konfiguriert werden, sind folgende **Modellerweiterungen** erforderlich:

- Zusätzliche Entscheidungsfragen:
  -- Welche Funktion sollen die erschlossenen Standorte erfüllen?
  -- Welcher Distributionsstandort bedient welche Bedarfsorte?
  -- Welche Produktions-, Distributions- und Transportmengen sind zu bewältigen?
- Zusätzliche Entscheidungsschranken:
  -- An jedem zu errichtenden Standort sind die Mengen des eingehenden und ausgehenden Güterstromes ausgeglichen (Kontinuitätsbedingung).
  -- Jeder Bedarfsort wird genau einem Distributionszentrum zugeordnet (Zuordnungsbedingung).
  -- Die Funktionszuordnung zu einem Standort erfordert seine Erschließung (Erschließungsbedingung).

Das erweiterte Entscheidungsziel besteht in der Minimierung der Summe aus Transport-, Handling-, Produktions-, Erschließungs- und Errichtungskosten. Die Datengrundlage ist entsprechend umfangreicher. Der Bedarf b_{jl} bezieht sich auf Standort j und Produkt l $(l = 1, ..., o)$. Potentielle Standorte i $(i = 1, ..., m)$ können Produktionskapazität a_i^P und/oder Distributionskapazität a_i^D aufweisen. Die Kapazität wird von den Produktarten pro Mengeneinheit gemäß den Bedarfskoeffizienten κ_{il}^P, κ_{ijl}^D beansprucht. Die Kosten der allgemeinen Standorterschließung K_i (z. B. Grundstückspreis) und der funktionsspezifischen Errichtung des Standortes als Werk K_i^P und/oder Distributionszentrum K_i^D sind unabhängig von Mengen und Entfernungen. Die Kosten der Produktion bzw. des Handling von Gütermengen sind mengenabhängig und werden mit den Kostensätzen k_{il}^P bzw. k_{il}^D erfasst. Transportkosten sind mengen- und entfernungsabhängig. In den Transportkostensätzen $k_{ii'l}^T$, k_{ijl}^T sind die unterschiedlichen Entfernungen berücksichtigt, so dass sie nur noch mit den entsprechenden Mengen zu multiplizieren sind.

Als Entscheidungsvariablen fungieren:

- $u_i \in \{0,1\}$ Erschließung des Standortes i
- $u_i^P \in \{0,1\}$ Errichtung eines Werkes am Standort i
- $u_i^D \in \{0,1\}$ Errichtung eines Distributionszentrums am Standort i
- $u_{ij}^T \in \{0,1\}$ Zuordnung des Standortes i zum Bedarfsort j
- $x_{il}^P \in \mathbb{R}_0^+$ Produktionsmenge der Produktart 1 am Standort i
- $x_{ijl}^T \in \mathbb{R}_0^+$ Transportmenge der Produktart 1 vom Standort i zum Bedarfsort j
- $x_{ii'l}^T \in \mathbb{R}_0^+$ Transportmenge der Produktart 1 zwischen den Standorten i,i'

In Anlehnung an Geoffrion und Graves (1974, S. 822 ff.) lässt sich für das Standortplanungsproblem ein gemischt-ganzzahliges lineares Programm formulieren:

- Zielfunktion:

$$\min K = \sum_i (K_i \cdot u_i + K^P \cdot u_i^P + K^D \cdot u_i^D)$$
$$+ \sum_i \sum_l (k_{il}^P \cdot x_{il}^P + k_{il}^D \cdot \sum_j x_{ijl}^T)$$
$$+ \sum_i \sum_l \sum_{i'} (k_{ii'l}^T \cdot x_{ii'l}^T + \sum_j k_{ijl}^T \cdot x_{ijl}^T)$$

- Empfangsbedingungen:

$$\sum_i x_{ijl}^T \geq b_{jl} \qquad\qquad \forall j,l$$

- Versandbedingungen:

$$\sum_l x_{il}^P \cdot \kappa_{il}^P \leq u_i^P \cdot a_i^P \qquad\qquad \forall i$$
$$\sum_l \sum_j x_{ijl}^T \cdot \kappa_{ijl}^D \leq u_i^D \cdot a_i^D \qquad\qquad \forall i$$

- Kontinuitätsbedingungen:

$$x_{il}^P + \sum_{i'} x_{i'il}^T = \sum_{i'} x_{ii'l}^T + \sum_j x_{ijl}^T \qquad\qquad \forall i,l$$

- Zuordnungsbedingungen:

$$u_{ij}^T \leq u_i^D \qquad\qquad \forall i,j$$
$$\sum_i u_{ij}^T = 1 \qquad\qquad \forall j$$
$$\sum_l x_{ijl}^T \leq u_{ij}^T \cdot M \text{ (mit } M > \sum_j \sum_l b_{jl}) \qquad\qquad \forall i,j$$

- Erschließungsbedingungen:

$$u_i^P \leq u_i \qquad\qquad \forall i$$
$$u_i^D \leq u_i \qquad\qquad \forall i$$

Aufgrund des binären Charakters der Entscheidungen über die Nutzung der potentiellen Standorte kann die exakte Lösung (z. B. mit Hilfe eines Branch-and-Bound-Ansatzes) nur bei Problemstellungen mit einer überschaubaren Anzahl potentieller Standorte mit akzeptablem Rechenaufwand ermittelt werden. Als heuristische Lösungsansätze werden in diesem Zusammenhang unterschiedliche Dekompositionsverfahren (z. B. Lagrange Dekomposition, Benders Dekomposition, Cross Dekomposition), das Greedy-, das Stingy- und das Interchange-Verfahren genannt (vgl. z. B. Aikens 1985, S. 270 ff.; Chandra/Grabis 2007, S. 191 ff.; Geoffrion/Powers 1995, S. 111 ff.; Labbé 1998, S. 268 ff. und S. 274 ff.; Verter/Dincer 1992, S. 2 ff.; Vahrenkamp 2003, S. 158 ff.; Vidal/Goetschalckx 1997, S. 5 ff.).

Ein weiteres Problem der Standortwahl in Supply Chains, das sich auf das kapazitierte Warehouse-location-Problem zurückführen lässt, ergibt sich bei der **Konfiguration von Hub-and-Spoke-Systemen**. Dabei wird berücksichtigt, dass zwischen den Standorten nicht nur direkte, sondern auch indirekte Lieferbeziehungen bestehen können. In Hub-and-Spoke-Systemen werden die von mehreren lokal konzentrierten Versandorten ausgehenden Güterströme an einem Hub (Umschlagplatz) gebündelt, in gebündelter Form auf der sogenannten Hauptachse zu einem anderen Hub weitergeleitet, dort wieder entbündelt und mehreren lokal konzentrierten Bedarfsorten zugeführt (vgl. Zäpfel/Wasner 2018, S. 369 ff.). Die Verbindungen zwischen Hubs und lokal konzentrierten Standorten werden als Spokes bezeichnet. Abbildung 2.2 gibt die Struktur eines einfachen Hub-and-Spoke-Systems wieder.

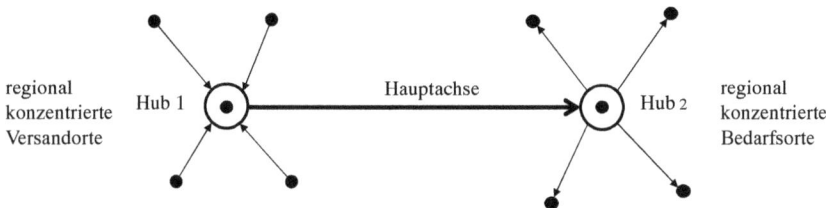

Abbildung 2.2: Struktur eines einfachen Hub-and-Spoke-Systems

Die skizzierte einfache Struktur stellt einen Spezialfall möglicher Hub-and-Spoke-Systeme dar, die sich auf der Grundlage der Kriterien

- Zuordnung von Versand-/Empfangsorten zu Hub-Standorten (eindeutig, mehrdeutig)
- Möglichkeit direkter Lieferbeziehungen zwischen Versand- und Empfangsorten (nicht gegeben, gegeben) und
- Möglichkeit indirekter Lieferbeziehungen zwischen Hub-Standorten (nicht gegeben, gegeben)

systematisieren lassen (vgl. O'Kelly/Miller 1994, S. 36 ff.). Ein allgemeines Hub-and-Spoke-System liegt demzufolge bei mehrdeutiger Hub-Zuordnung, nicht ausschließlich indirekten Lieferbeziehungen zwischen Versand- und Empfangsorten und nicht ausschließlich direkten Lieferbeziehungen zwischen Hub-Standorten vor (vgl. Abbildung 2.3).

Im Vergleich zur Situation mit ausschließlich direkten Lieferbeziehungen ergeben sich in einem Hub-and-Spoke-System für den einzelnen Güterstrom längere Transportwege und eine höhere Anzahl an Umschlagaktivitäten. Des Weiteren besteht die Notwendigkeit, Hub-Standorte zu errichten. Diesen negativen Effekten stehen jedoch die positiven Effekte gegenüber, dass sich aufgrund der Bündelung die Summe der Transportwegelängen reduzieren und für gebündelte Güterströme kostengünstigere Transportmittel genutzt werden können (Economies of scale). Somit ist keine generelle Vorteilhaftigkeit von Hub-and-Spoke-Systemen gegenüber Direktbelieferungssystemen gegeben. Diese liegt nur dann vor, wenn die negativen Effekte durch die positiven Effekte überkompensiert werden.

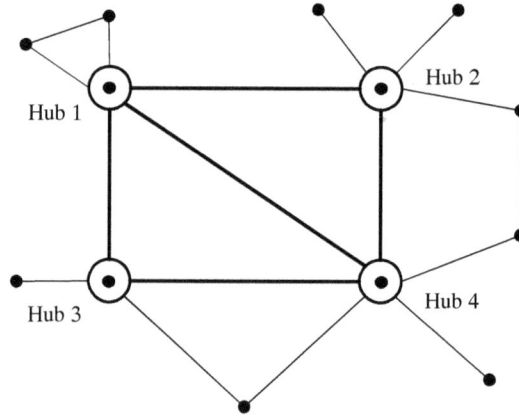

Abbildung 2.3: Beispiel für ein allgemeines Hub-and-Spoke-System

Ein **Entscheidungsmodell**, durch das eine Abwägung dieser Effekte erfolgt, wird von Klincewicz (1996, S. 175 f.) vorgeschlagen. Relevante **Entscheidungsfragen** sind:

- An welchen der potentiellen Standorte i (i = 1,...m) sind Hubs zu errichten, $u_i \in \{0,1\}$?
- Welche Mengenanteile des Güterstroms zwischen Versandort j (j = 1...,n) und Bedarfsort j' (j' = 1,...,n) werden über die Hub-Standorte i und i' transportiert, $\alpha_{\eta\lambda} \in \mathbb{R}_0^+$ (mit $(i, i') \in H_\eta, (j, j') \in L_\lambda$)?

Bei der Suche nach optimalen Werten für die Entscheidungsvariablen u_i und $\alpha_{\eta\lambda}$ ist den folgenden **Beschränkungen** Rechnung zu tragen:

- Die Güterströme werden vollständig bedient (Vollständigkeitsbedingung).
- Der Güterstrom über einen Hub-Standort setzt dessen Errichtung voraus (Errichtungsbedingung).
- Die Errichtung eines Hub-Standortes erfolgt entweder vollständig oder sie unterbleibt.
- Es werden keine negativen Mengen transportiert.

Das **Entscheidungsziel** besteht in der Minimierung der Summe aus Errichtungs- und Transportkosten. Die Transportkosten setzen sich aus den Kosten des Transports der Mengen $x_{jj'}$ zwischen dem Versandort j und Hub-Standort i, Hub-Standort i und Hub-Standort i', sowie Hub-Standort i' und Bedarfsort j' zusammen. Der positive

Effekt, dass die Transportkosten auf der Hauptachse reduziert werden, wird dabei durch den Faktor r $(0 < r \leq 1)$ erfasst, so dass gilt:

$$k_{\eta\lambda} = x_{jj'} \cdot (k_{ji} + r \cdot k_{ii'} + k_{i'j'}) \qquad \forall \eta, \lambda, (i, i') \in H_\eta, (j, j') \in L_\lambda$$

Damit ergibt sich formal ein gemischt-ganzzahliges lineares Programm:

$$\min K = \sum_i K_i \cdot u_i + \sum_\eta \sum_\lambda k_{\eta\lambda} \cdot \alpha_{\eta\lambda}$$

$$\sum_\eta \alpha_{\eta\lambda} = 1 \qquad \forall \lambda$$

$$\alpha_{\eta\lambda} \leq y_i \qquad \forall \eta, \lambda, (i, i') \in H_\eta$$

$$\alpha_{\eta\lambda} \in [0,1] \qquad \forall \eta, \lambda$$

$$u_i \in \{0,1\} \qquad \forall i$$

Diese Problemformulierung weist die gleiche Struktur wie das kapazitierte Warehouse-location-Problem auf:

- Die Zielfunktion besitzt eine mengenabhängige und eine errichtungsabhängige Komponente.
- Die Vollständigkeitsbedingung ist analog zur Bedarfsbedingung und die Errichtungsbedingung ist analog zur Versandbedingung zu interpretieren.
- Dass $\alpha_{\eta\lambda}$ ein Anteil anstelle einer absoluten Menge ist, wirkt sich nur auf den Wertebereich dieser Entscheidungsvariablen aus.

Aufgrund der Strukturgleichheit der Problemformulierung können Hub-and-Spoke-Systeme mit den im Kontext des kapazitierten Warehouse-location-Problems genannten exakten/heuristischen Verfahren konfiguriert werden.

Vor dem Hintergrund des längerfristigen Planungshorizontes von Standortentscheidungen birgt die Anwendung der vorgestellten deterministischen Modelle auf reale Probleme die Gefahr, dass die Annahme konstanter Modellparameter (z. B. Nachfrage) unzutreffend und damit die zum Modell ermittelte Lösung nicht optimal ist. Da gemischt-ganzzahlige Modelle sehr sensibel auf Parameteränderungen reagieren können, kann der Fall eintreten, dass die ermittelte Lösung nur für ein sehr eingeschränktes Spektrum von Parameterkonstellationen Gültigkeit besitzt. Zur Ermittlung einer stabilen Lösung sind deshalb in einem ersten Schritt für die einzelnen Parameter Variationsbereiche abzuschätzen. Danach sind durch systematische Parametervariation und -kombination Parameterkonstellationen zu bilden, zu denen die optimalen Modelllösungen ermittelt werden. Abschließend ist aus den Lösungen diejenige auszuwählen, die in der Summe die geringsten Kostenabweichungen zu den anderen Lösungen aufweist.

Neben diesem Grundmodell werden in der Literatur unterschiedliche Möglichkeiten der **Modellerweiterung** aufgezeigt:

- In Modellen, denen ein **mehrstufiger Produktionsprozess** zugrunde liegt (vgl. z. B. Arntzen u. a. 1995, S. 77 ff.; Cohen/Lee 1989, S. 89 ff.; Cohen/Moon 1990, S.

273 ff.; Dogan/Goetschalckx 1999, S. 1028 ff.; Sabri/Beamon 2000, S. 584 ff.; Vidal 1998, S. 81 ff.), werden die in die Endprodukte eingehenden Rohstoffe und Zwischenprodukte mit Hilfe einer aggregierten Stückliste erfasst. Darauf aufbauend ist festzulegen, an welchen Standorten sich welche Produktionsstufen befinden.

- Zur Berücksichtigung von Schwankungen einzelner Modellparameter im Zeitablauf (z. B. Nachfrage, Preise) werden **mehrperiodische Modelle** formuliert, indem der Planungszeitraum in mehrere Teilperioden unterteilt wird (vgl. z. B. Arntzen u. a. 1995, S. 77 ff.; Dogan/Goetschalckx 1999, S. 1028 ff.; Pomper 1976, S. 133 ff.).

- Die **entscheidungsrelevanten Kosten** können in **differenzierterer Form** berücksichtigt werden, so dass z. B. eine explizite Abbildung der in den aggregierten Produktions- und Handlingkosten enthaltenen Anteile an Lagerhaltungskosten (vgl. z. B. Arntzen u. a. 1995, S. 77 ff.; Dogan/Goetschalckx 1999, S. 1028 ff.; Vidal 1998, S. 81 ff.), Steuern und Zöllen (vgl. z. B. Arntzen u. a. 1995, S. 77 ff.; Cohen/Lee 1989, S. 89 ff.; Hodder/Dincer 1986, S. 603 ff.) oder der in den Fixkosten enthaltenen Finanzierungskosten (vgl. z. B. Hodder/Dincer 1986, S. 603 ff.) und Kosten des Aufbaus unterschiedlicher Kapazität (vgl. z. B. Cohen/Moon 1990, S. 273 ff.; Lee 1991, S. 169 ff.; Lee 1993, S. 529 ff.) erfolgt.

- Im Rahmen der Standortplanung sind in Abhängigkeit von der zugrundeliegenden Problemstellung **unterschiedliche Zielfunktionen** relevant:

-- Geht die Auswahl von Standortalternativen mit Wirkungen auf den Umsatz einher, dann stellt die **Gewinnmaximierung** eine relevante Optimierungsvorschrift dar (vgl. z. B. Cohen/Lee 1989, S. 89 ff.; Hodder/Dincer 1986, S. 603 ff.; Hodder/Jucker 1985, S. 40 ff.; Vidal 1998, S. 81 ff.).

-- Um dem Investitionscharakter einer Standortentscheidung Rechnung zu tragen und zeitlich auseinanderfallende relevante Zahlungsströme adäquat beurteilen zu können, ist es erforderlich, auf Kalküle der Investitionsrechnung, wie die **Kapitalwertmethode** (vgl. z. B. Pomper 1976, S. 133 ff.), zurückzugreifen.

-- Sind neben den im beschriebenen Modell erfassten Kosten weitere Aspekte relevant, deren monetäre Erfassung mit Schwierigkeiten verbunden ist und die in Konkurrenz zum Ziel der Kostenminimierung stehen, können **mehrere Ziele** in die Modellformulierung einbezogen werden (vgl. z. B. Arntzen u. a. 1995, S. 77 ff.).

- Insbesondere bei längerfristigen Planungen können stochastische Schwankungen der Werte einzelner Modellparameter (z. B. Beschaffungs- und Absatzpreise oder -mengen, Wechselkurse, Produktionsdauer) ein entscheidungsrelevantes Ausmaß annehmen. Zur Berücksichtigung derartiger Phänomene wird im Rahmen von **stochastischen Modellen** z. B. die Verwendung von Erwartungswerten (vgl. z. B. Pomper 1976, S. 133 ff.) oder die Anwendung der μ-σ-Regel vorgeschlagen (vgl. z.B. Hodder/Dincer 1986, S. 603 ff.; Hodder/Jucker 1985, S. 40 ff.).

- Teilweise wird die Formulierung von Standortplanungsmodellen so detailliert vorgenommen, dass simultan mit der Standortplanung **zusätzliche Planungsprobleme**, wie etwa Lieferantenauswahl (vgl. z. B. Cohen/Lee 1989, S. 89 ff.; Vidal 1998, S. 81 ff.), Finanzplanung (vgl. z. B. Hodder/Dincer 1986, S. 603 ff.), Kapazitätsplanung (vgl. z. B. Cohen/Moon 1990, S. 273 ff.; Dogan/Goetschalckx 1999, S. 1028 ff.; Lee 1991, S. 169 ff.; Lee 1993, S. 529 ff.) und operative Hauptproduktionsprogrammplanung (vgl. z. B. Brown/Graves/Honczarenko 1987, S. 1470 ff.; Cohen/Lee 1989, S. 89 ff.; Pomper 1976, S. 133 ff.; Roy 1989, S. 1446 ff.), auf aggregiertem Niveau gelöst werden können. Des Weiteren kann das Standortplanungsmodell die Top-Ebene eines hierarchischen Planungsmodells darstellen, auf dessen Basis-Ebene Detailplanungen, wie z. B. Beschaffungs-, Produktions- und Distributionsplanung (vgl. z. B. Sabri/Beamon 2000, S. 584 ff.), durchgeführt werden.

2.2 Layout

2.2.1 Unternehmungsintern

Aufgabe der **Layoutplanung** (synonym: innerbetriebliche Standortplanung) ist es, die räumliche Anordnung von Organisationseinheiten (z. B. Produktionsanlagen, Abteilungen, Arbeitsplätze,) innerhalb des begrenzten geographischen Raumes (Standortträger, z. B. Werkhalle, Bürogebäude, Großraumbüro) einer Unternehmung so vorzunehmen, dass die vorgegebenen Formalziele erfüllt werden (vgl. Anjos/Vieira 2017, S. 1; Domschke/Drexl 1996, S. 2 f.). Die Positionen von Organisationseinheiten (OE) können nicht beliebig gewählt werden, sondern es sind deren Standortanforderungen und die Gegebenheiten des Standortträgers zu berücksichtigen. **Standortanforderungen** werden aus den Perspektiven der Mitarbeiter (z. B. Arbeitsschutz, Ergonomie, Hygiene), der im Rahmen von Produktions- und Logistikprozessen eingesetzten Betriebsmittel (z. B. Flächenbedarf, Form, Gewicht, Empfindlichkeit gegenüber externen Energieeinflüssen) und der Werkstücke (z. B. Transportwege-, Transportmittel-, Lagerflächenbedarf) relevant. **Gegebenheiten des Standortträgers** sind insbesondere baulicher (z. B. verfügbare Fläche, Bodentragfähigkeit, Form, Eingangs- und Ausgangspunkte) und juristischer Art (z. B. Gewerbeordnung, Arbeitsschutzgesetz, Arbeitssicherheitsgesetz, Arbeitsstättenverordnung).

Analog zur Wahl des betrieblichen Standortes ist ein Layout im Hinblick auf eine Vielzahl von Kriterien zu beurteilen, wobei sich eine Teilmenge dieser Kriterien einer monetären Quantifizierbarkeit entzieht. Beispiele für wichtige nicht-monetäre Kriterien sind Durchlaufzeit, Störungsanfälligkeit, Übersichtlichkeit und Raumausnutzung. Aus diesem Grunde ist die Layoutplanung grundsätzlich ein multikriterielles Problem, zu dessen Lösung die zweistufige Vorgehensweise der Vorauswahl guter Alternativen auf der Grundlage aller relevanten Kriterien und der abschließenden Auswahl der kostengünstigsten Alternative angewendet werden kann.

Als entscheidungsrelevant werden dabei die Transport-, Layoutumsetzungs-, Zwischenlagerungs- und Standortwechselkosten angesehen (vgl. Tompkins u. a. 2010, S. 5; Wäscher 1982, S. 57 ff.). Aufgrund ihrer Mengen- und Entfernungsabhängigkeit sind **Transportkosten** für die Layoutplanung stets relevant. Demgegenüber sind Layoutumsetzungskosten dann zu berücksichtigen, wenn die Positionierung mindestens einer OE in Abhängigkeit vom Standort unterschiedlich hohe Kosten bewirkt. **Zwischenlagerungskosten** werden nur in den Fällen induziert, in denen das Layout eine diskontinuierliche Bedienung der Güterströme erfordert. **Standortwechselkosten** sind relevant, sobald ein bestehendes Layout zu verändern ist, so dass z. B. bauliche Änderungen, Ab- und Aufbauaktivitäten sowie Transporte der Betriebsmittel oder Produktionsunterbrechungen erforderlich werden. Die beiden zuletzt genannten Kostenarten können zur Vereinfachung der Berechnung im Entscheidungskalkül unberücksichtigt bleiben, wenn deren Ausmaß im Vergleich zu den Transportkosten zu klein ist, um auf das Layout Einfluss zu nehmen.

Das **Grundmodell** der Layoutplanung baut auf folgenden Annahmen auf:

- Planungsrelevante Objekte sind ein Standortträger mit n potentiellen Standorten $(k, l = 1, ..., n)$ und $m = n$ darauf zu positionierende OE $(i, j = 1, ..., m)$.

- Jeder Standort erfüllt die Anforderungen jeder OE. Zwischen den OE und den potentiellen Standorten bestehen absolute Anordnungsbeziehungen derart, dass jeder Standort genau eine OE aufzunehmen vermag.

- Zwischen den OE bestehen relative Anordnungsbeziehungen, die mit der positionsabhängigen Konsequenz der zu erfüllenden Transportleistung (Produkt aus Transportmenge und -entfernung) einhergehen. Die zwischen zwei OE zu transportierende Menge x_{ij} ist durch das im Planungshorizont zu erfüllende Produktionsprogramm, die zu dessen Realisation erforderlichen Abfolgen von Bearbeitungsvorgängen und die durch die einzelnen OE ausführbaren Bearbeitungsvorgänge bestimmt.

- Zur Messung der Transportentfernung zwischen zwei Standorten werden die Standortmittelpunkte als Bezugspunkt in Abhängigkeit vom verfügbaren Transportsystem der euklidische (z. B. bei Hängeförderern) oder der rechtwinklige Abstand (z. B. bei Flurförderern) zur Entfernungsmessung gewählt. Die Transportentfernung wird mit transportmittelabhängigen Kostensätzen bewertet, so dass d_{kl} die pro Mengeneinheit zwischen den Standorten k und l induzierten Transportkosten erfasst. Dieser Wert ist unabhängig von der Zuordnung der OE zu den Standorten.

- Es ist über die Zuordnungen $u_{ik}, u_{jl} \in \{0, 1\}$ zu entscheiden, wobei die Positionierung der OE i auf den Standort k (OE_j auf dem Standort l) mit Kosten der Layoutumsetzung in Höhe von a_{ik} (a_{jl}) einhergeht.

- Ziel ist es, die Summe aus Layoutumsetzungs- und Transportkosten zu minimieren.

Die folgende Formulierung des Layoutplanungsproblems als **quadratisches Zuordnungsproblem** ist auf Koopmans und Beckmann (1957, S. 64 ff.) zurückzuführen:

$$\min K = \sum_i \sum_k a_{ik} \cdot u_{ik} + \sum_i \sum_k \sum_j \sum_l x_{ij} \cdot d_{kl} \cdot u_{ik} \cdot u_{jl}$$

$$\sum_i u_{ik} = 1 \qquad \forall k$$

$$\sum_k u_{ik} = 1 \qquad \forall i$$

$$u_{ik} \in \{0, 1\} \qquad \forall i, k$$

Trotz der geringen Anzahl der Elemente dieses Grundmodells weist es aufgrund der Multiplikation von Entscheidungsvariablen in der Zielfunktion und der binären Entscheidungsvariablen eine so hohe Lösungskomplexität auf, dass Probleme mit mehr als 20 OE nicht in akzeptabler Zeit exakt gelöst werden können (vgl. Burkard 2013, S. 2782). Für allgemeinere Layout-Planungsprobleme ist die Anzahl der OE, bei der eine exakte Lösung in akzeptabler Zeit gefunden werden kann, oftmals geringer (vgl. Anjos/Vieira 2017, S. 6). Ist im realen Fall eine größere Anzahl an OE zu positionieren, dann bietet sich die Anwendung heuristischer Lösungsverfahren an, durch die tendenziell gute zulässige Lösungen in kurzer Zeit gefunden werden können. Die Vielzahl der bislang im vorliegenden Kontext angewendeten Heuristiken lässt sich in die Klassen der rein algorithmischen und der expertengeführt algorithmischen Heuristiken unterteilen. Bei den **rein algorithmischen Verfahren** fokussieren wir im Folgenden auf **problemspezifische Heuristiken**, die eine Dekomposition nach dem Anspruchsniveau der Zielerreichung vornehmen (zu einem Überblick über weitere rein algorithmische Verfahren vgl. Gössinger/Hillebrand 2018, S. 570 ff.). Dies lässt sich damit begründen, dass vor allem diese Verfahren Eingang in die praktische Anwendung gefunden haben und dass die dabei angewendeten spezifischen Regeln und Prinzipien eine wesentliche Grundlage für andere Lösungsverfahren zum Layoutplanungsproblem bilden.

Kennzeichen der **Dekomposition nach dem Anspruchsniveau der Zielerreichung** ist die Erzeugung einer ersten zulässigen Lösung mit Hilfe eines Konstruktionsverfahrens und der anschließenden Lösungsmodifikation (bei Aufrechterhaltung der Zulässigkeit) durch ein Verbesserungsverfahren, so dass ein günstigerer Zielfunktionswert erreicht wird (vgl. Nahmias 2013, S. 569 ff.; Tompkins u. a. 2010, S. 307 ff.). Die **Konstruktionsverfahren** sind überwiegend Iterationsverfahren, die mit einem „leeren" Standortträger und einer Liste der anzuordnenden OE beginnen und pro Iteration mindestens eine OE in das Layout einfügen. Die Auswahl der nächsten anzuordnenden OE und die Auswahl der ihnen zuzuordnenden Standorte erfolgt mit Hilfe von **Prioritätsregeln**, die auf unterschiedlichen Kriterien aufbauen (vgl. Domschke/Drexl 1996, S. 208):

- Auswahl der nächsten bzw. ersten anzuordnenden OE
  -- Summe der Transportmengen zu allen OE,
  -- Transportmenge zur zuletzt eingesetzten OE,
  -- höchste einzelne Transportmenge zu den bereits angeordneten bzw. gerade anzuordnenden OE,
  -- Summe der Transportmengen zu allen bereits angeordneten OE,
  -- Zufall.
- Auswahl des zuzuordnenden Standortes:
  -- noch nicht zugeordneter Standort mit der geringsten Summe der Entfernungen zu allen Standorten,
  -- noch nicht zugeordneter Standort in der Nachbarschaft zum Standort der zuletzt zugeordneten OE,
  -- noch nicht zugeordneter Standort mit der, bei Aufrechterhaltung aller bereits getroffenen Zuordnungen, geringsten Summe der Transportleistungen zu allen bereits zugeordneten OE,
  -- noch nicht zugeordneter Standort mit einem benachbarten zugeordneten Standort mit der, auch durch den Wechsel der benachbarten Zuordnungen erzielbaren, geringsten Summe der Transportleistungen zu allen bereits zugeordneten OE,
  -- beliebiger Standort mit der, auch durch Verändern einer bereits getroffenen Zuordnung erzielbaren, geringsten Summe der Transportleistungen zu allen bereits zugeordneten OE,
  -- Zufall.

Die in der Literatur vorgeschlagenen Konstruktionsverfahren unterscheiden sich in der Reihenfolge und Kombination der zur Anwendung gelangenden Kriterien. Im einfachsten Fall (vgl. Gilmore 1962, S. 305 ff.) wird die OE mit der höchsten Summe der Transportmengen zu allen OE auf dem noch nicht zugeordneten Standort positioniert, der die geringste Summe der Entfernungen zu allen Standorten aufweist.

Als **Verbesserungsverfahren** gelangen im Kontext der Layoutplanung überwiegend Austauschverfahren zur Anwendung, bei denen ausgehend von einer zulässigen Lösung in jeder Iteration die Positionen mindestens zweier OE ausgetauscht werden, um den Zielfunktionswert zu verbessern. Die Iterationen werden so lange fortgeführt, bis auf diesem Wege keine weitere Verbesserung mehr möglich ist. Neben der Mächtigkeit der Tauschmenge (meistens Zweiertausch, vereinzelt Dreier- und Vierertausch) unterscheiden sich die Verbesserungsverfahren im Hinblick auf die folgenden Aspekte:

- Die Menge zu analysierender Vertauschungsmöglichkeiten kann alle Möglichkeiten (meistens), eine kriteriengeleitete (häufig) oder eine zufallsgesteuerte (selten) beschränkte Auswahl umfassen.
- Als zu realisierende Vertauschungsmöglichkeit kann diejenige ausgewählt werden, für die zuerst ein Verbesserungseffekt (selten) oder die höchste Verbesserung (häufig) festgestellt wird.

Im einfachsten Fall (vgl. Armour/Buffa 1963, S. 294 ff.) wird ein Zweiertausch durchgeführt, der alle Vertauschungsmöglichkeiten einbezieht und diejenigen mit der höchsten Verbesserung realisiert.

Expertengeführt algorithmische Heuristiken gelangen vor allem dann zum Einsatz, wenn schwierig zu modellierende oder den algorithmischen Lösungsprozess erschwerende Restriktionen (z. B. Arbeitsschutz, Routen von Transportmitteln) sowie schwierig messbare Beurteilungsdimensionen (z. B. Ergonomie, Ästhetik) für die konkrete Problemstellung eine hohe Relevanz aufweisen (vgl. Hernandez u. a. 2015, S. 95 f.). Hierbei ist es dem Layoutexperten möglich, die teilautomatisierten Planungsschritte so zu lenken, dass auch formal unberücksichtigte, ihm aber bekannte Einflussgrößen Eingang in die Lösung finden. Im Rahmen der Layouterstellung kann somit einerseits das Expertenwissen bei der Auswahl der einzuplanenden OE und ihrer Positionierung einfließen. Andererseits kann die Überprüfung der Einhaltung algorithmisch schwierig beherrschbarer Bedingungen durch den Experten übernommen werden.

2.2.2 Unternehmungsübergreifend

Im Jahre 1996 wurde das **Supply-Chain Council** als eine unabhängige gemeinnützige Vereinigung von den Beratungsunternehmungen Advanced Manufacturing Research (AMR) und Pittiglio Rabin Todd & McGrath (PRTM) mit weiteren 69 freiwilligen Mitgliedsunternehmungen gegründet. Es fusionierte 2014 mit der APICS zum APICS Supply-Chain Council und weist derzeit mehr als 1000 Unternehmungen als Mitglieder aus (Stand: 2020), die aus den unterschiedlichsten Branchen wie Elektrotechnik, Chemie, Computer, Lebensmittel, Automobilbau, Logistik etc. stammen, wobei es sich bei den teilnehmenden Unternehmungen um die „Leader" der jeweiligen Branchen handelt (vgl. Otto/Kotzab 2001, S. 162). Diese Unternehmungen decken nahezu die gesamte Wertschöpfungskette der Supply Chains ab. Diese Vereinigung hat ein **Supply Chain Operations Reference-model** (SCOR-Modell, Version 12.0, Stand 2020) konzipiert, das eine einheitliche, vergleichbare und bewertbare Abbildung der in Supply Chains ablaufenden Prozesse und deren Analyse ermöglicht (vgl. Zäpfel 2000b, S. 9). Die Grundlagen dafür sind:

- ein hierarchisches Prozess-Referenzmodell
- eine Standardterminologie
- ein Kennzahlensystem
- Benchmarks (best practice, best in class)
- Softwareanwendungen.

Damit ist als ein wesentlicher positiver Effekt der Anwendung des SCOR-Modells die Schaffung von Transparenz in der Supply Chain zu nennen. Es wird ein gemeinsames Verständnis der Abläufe erreicht, das die Unsicherheit in der Supply Chain reduziert. Darüber hinaus (vgl. im Folgenden Alard/Hartel/Hieber 1999, S. 65; Hellingrath 1999, S. 77; Sürie/Reuter 2015, S. 33) ist es bedingt durch die hierarchische Struktur, das Kennzahlensystem und die verfügbaren Benchmarks möglich, die Leistungsfähigkeit der Prozesse einer Supply Chain oder der einzelnen Supply Chain Partner auf unterschiedlichem Aggregationsniveaus zu ermitteln. Die standardisierte Erfassung der Prozesse erlaubt aussagekräftige Vergleiche der festgestellten Leistungsfähigkeit mit der berichteten Leistungsfähigkeit anderer Supply Chains oder Supply Chain Partner. Somit können Verbesserungsmöglichkeiten einfacher aufgedeckt und Erfahrungsaustausche initiiert werden. Das Ergebnis solcher Vergleiche motiviert oftmals zum Hinterfragen und zur standardisierenden Umgestaltung bestehender Prozessketten. Das SCOR-Modell kann aber auch im Sinne eines Baukastensystems, das standardisierte Prozesse umfasst, genutzt werden, um neue Prozessketten zu konfigurieren und einen geeigneten Einsatz von I&K-Technologie zu etablieren. Der hierarchische Aufbau des SCOR-Modells zeigt sich in vier Aggregationsebenen (Level), die in Abbildung 2.4 dargestellt sind (in Anlehnung an Zäpfel 2000b, S. 10).

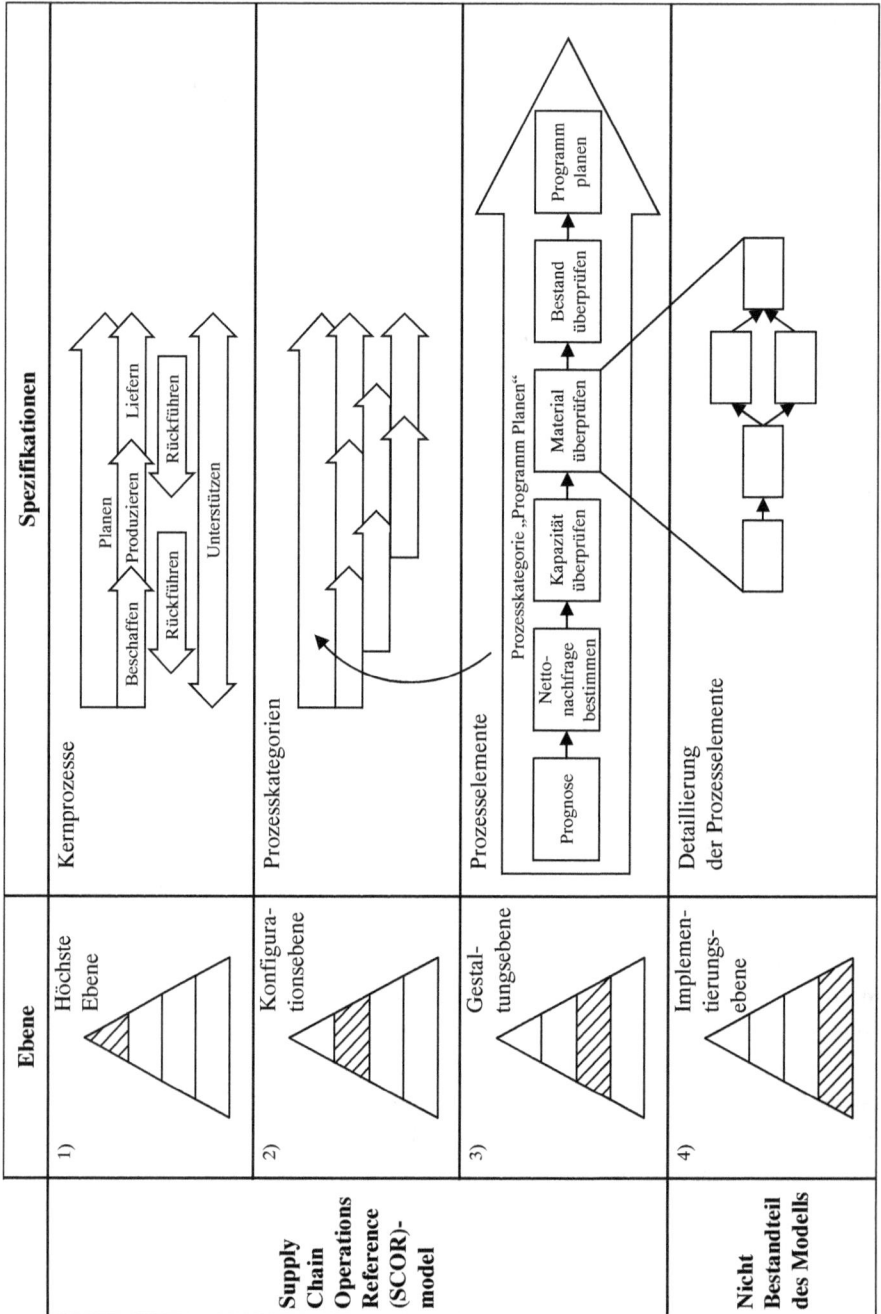

Abbildung 2.4: Beschreibungsebenen des SCOR Modells im Zusammenhang

Auf der höchstaggregierten Ebene werden die **Kernprozesse** planen (plan), beschaffen (source), produzieren (make), liefern (deliver), rückführen (return) und unterstützen (enable) unterschieden (vgl. Abbildung 2.5).

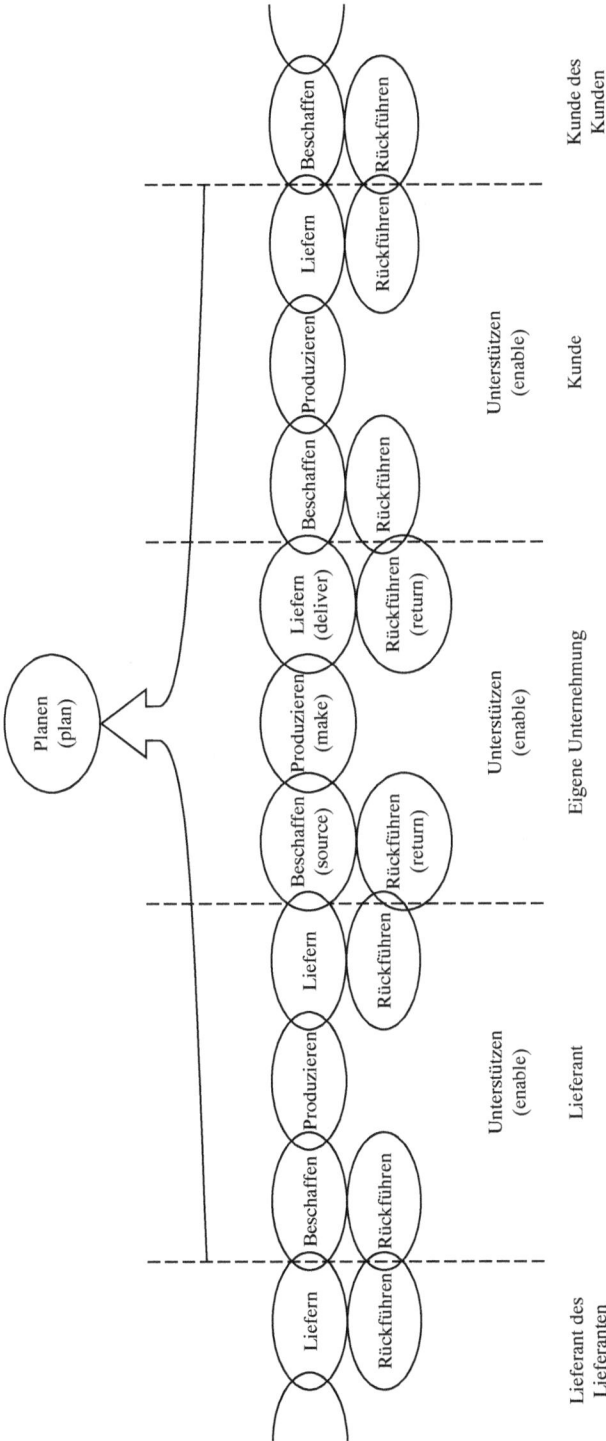

Abbildung 2.5: SCOR-Managementprozesse (in Anlehnung an Schönsleben 2007, S. 215 f.)

Die Kernprozesse werden wie folgt konkretisiert (vgl. z. B. Stewart 1997, S. 65 f.; Sürie/Reuter 2015, S. 33 f.; Supply-Chain Council 2007, S. 4):

- **Planen** als geistige Vorwegnahme zukünftiger Handlungen umfasst die vorbereitenden Aktivitäten über die gesamte Supply Chain und die anderen Kernprozesse Beschaffung, Produktion, Lieferung und Rückführung. Hierzu zählen neben der Planung der Infrastruktur die Ressourcenplanung (Aggregate, Personal, Materialien) und die langfristige Ressourcengestaltung, die Aggregation und Priorisierung der Nachfrageanforderungen für alle Produkte, die Planung der Produkteinführungs- und Eliminationszeitpunkte sowie Make-or-Buy-Entscheidungen.

- **Beschaffen** umfasst diejenigen Aktivitäten, die mit dem Erwerb, dem Erhalt, der Prüfung sowie der Bereitstellung des eingehenden Materials verbunden sind. Darüber hinaus sind hierzu infrastrukturelle Maßnahmen wie etwa Lieferantenauswahl, Liefervertragsgestaltung etc. zu zählen.

- Das **Produzieren** umfasst den Prozess der Produkterstellung einschließlich der Kapazitätssteuerung, Zwischenlagerung bis hin zur Verpackung und der Übergabe an den Vertrieb.

- Mit dem Prozess des **Lieferns** werden das Kundenauftragsmanagement, das Fertigwarenlager und die Distributionsvorgänge erfasst.

- Das **Rückführen** umfasst alle Aktivitäten, die auszuführen sind, wenn defekte Produkte geliefert wurden und auszutauschen sind, unverkäufliche Produkte zurückgenommen oder an Produkten Instandhaltungs- und Reparaturleistungen erbracht werden. Der Prozess der Rückführung muss nicht zwingend nach jeder Lieferung anfallen und wird nach außen hin durch den Kundenservice einer Unternehmung repräsentiert.

- Unter **Unterstützen** werden alle Prozesse subsumiert, die die anderen Kernprozesse durch Gewinnung, Auswertung und Bereitstellung entscheidungsrelevanter Informationen ermöglichen.

Begleitend zu diesen Kernprozessen ist ein Glossar im SCOR-Modell integriert, das Informationen über verwendete Standardprozesse und Metriken bereitstellt. Durch die Prozesse und deren Aktivitäten wird in dem SCOR-Modell ein Anwendungsbereich aufgespannt, der Kundeninteraktionen, Transformationen materieller Güter und Dienstleistungen sowie Marktinteraktionen innerhalb der Supply Chain berücksichtigt (vgl. Scheer/Borowsky 1999, S. 9).

Die sechs Kernprozesse werden dann in einem Auflösungsschritt auf der zweiten Ebene in 32 **Prozesskategorien** differenziert und um Empfehlungen zu geeigneten Beschreibungs- und Messgrößen und Best Practices ergänzt (vgl. Prockl 1998, S. 441). Die Unterscheidung erfolgt dabei auf der Grundlage der Merkmale „Art der Prozessauslösung" (Make to Stock, Make to Order, Engineer to Order) sowie „Funktion des Prozesses" (Planning, Execution, Enable). Abbildung 2.6 gibt diese Disaggregation wieder (in Anlehnung an Supply-Chain Council 2007, S. 9).

Zur Erfassung einer realen Supply Chain auf der zweiten Ebene des SCOR-Modells wird die folgende Vorgehensweise vorgeschlagen (vgl. Supply-Chain Council 2007, S. 19 ff.):

1. Auswahl der zu modellierenden Geschäftseinheit.

2. Visualisierung der geographischen Standorte von Produktionsstätten (make), Distributionseinrichtungen (deliver) und Beschaffungseinrichtungen (source), etwa durch Einzeichnen von entsprechenden Symbolen in eine Landkarte.

3. Visualisierung der Hauptgüterströme zwischen den Standorten, etwa durch Einzeichnen durchgezogener Pfeile für kundengerichtete Prozesse und gestrichelter Pfeile für Rückführungsprozesse.

4. Zuordnung der entsprechenden Execution-Prozesskategorien zu den einzelnen Standorten, um die dort ausgeführten Aktivitäten zu beschreiben.

5. Identifikation der einzelnen Source-Make-Deliver-Folgen, die jeweils von einer Produktfamilie durchlaufen werden (Supply Chain Threads) und Beschreibung der Thread-Abläufe in einer Process Map.

6. Zuordnung der kernprozessbezogenen Planning-Prozesskategorien zu den entsprechenden Execution-Prozesskategorien in der Process Map.

7. Zuordnung der übergeordneten Planning-Prozesskategorien zu den kernprozessbezogenen Planning-Prozesskategorien in der Process Map.

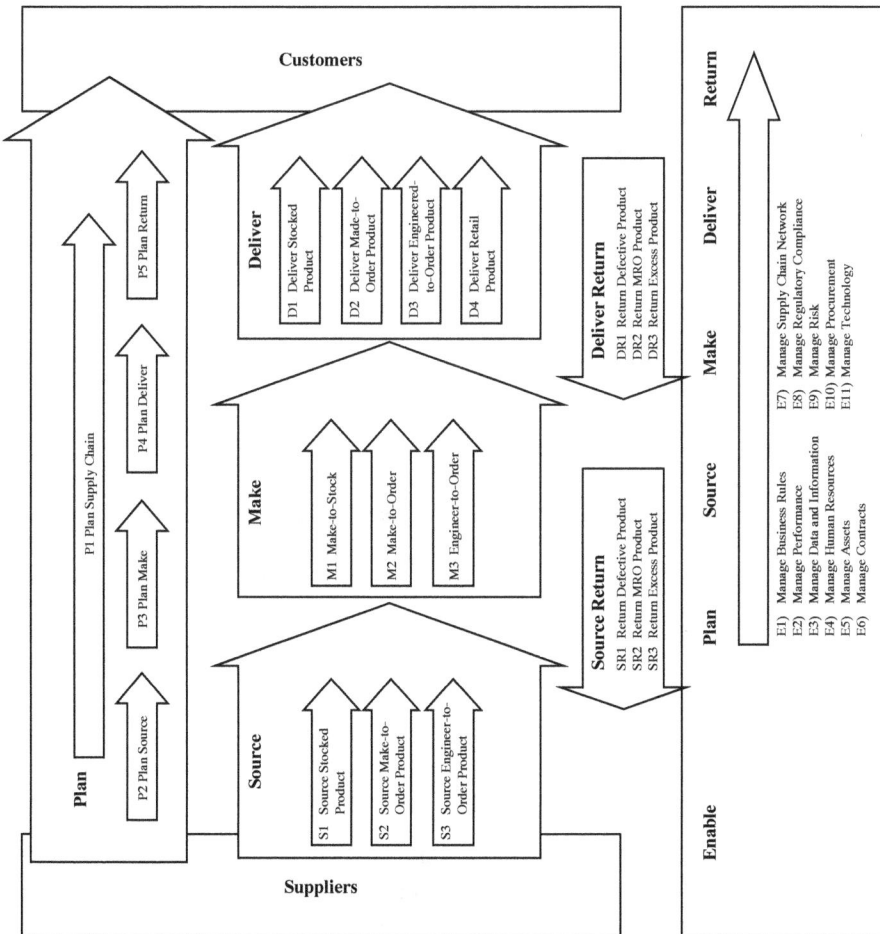

Abbildung 2.6: Geschäftsprozesskategorien im SCOR-Modell

Abbildung 2.7 gibt eine Process Map beispielhaft wieder (vgl. Supply-Chain Council 2007, S. 21). Auf der Grundlage solcher Modellierungen können Redundanzen in bestehenden Abläufen (z. B. überlappende Distributions- und Beschaffungsprozesse in Zulieferer-Abnehmer-Beziehungen) aufgedeckt werden (vgl. Sürie/Reuter 2015, S. 34).

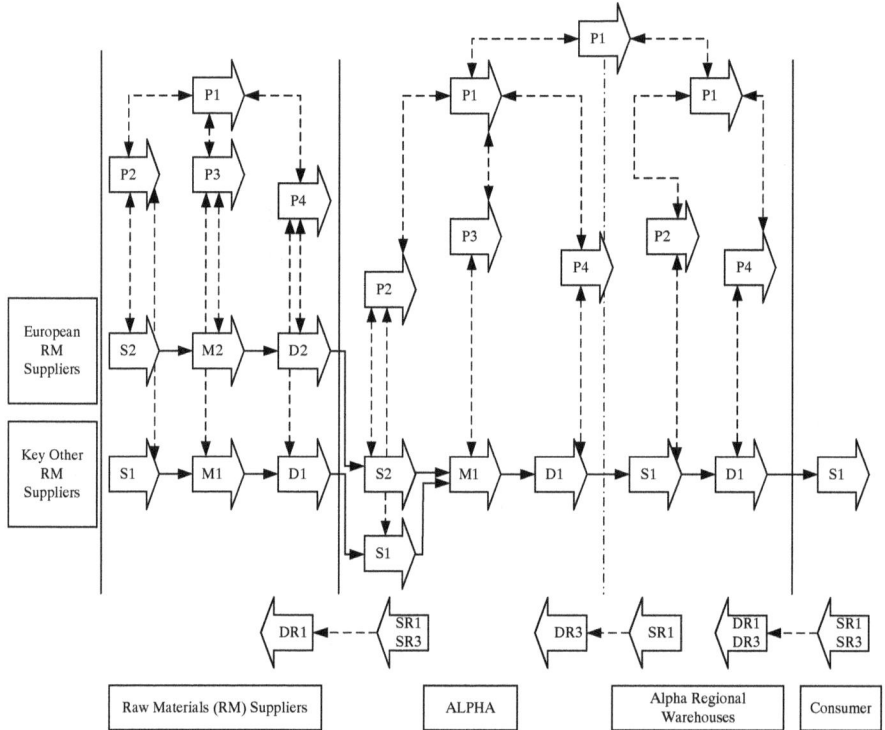

Abbildung 2.7: Beispiel einer Process Map

Auf der dritten Ebene werden dann sogenannte **Prozesselemente** im Sinne einer Standardreferenz branchenspezifisch konfiguriert. Mit diesen Prozesselementen sollen die wesentlichen Teilprozesse der auf Ebene 2 definierten Prozesskategorien sowie deren Input und Output beschrieben werden. Beispielsweise wird die Prozesskategorie „S1 Source Stocked Product" (zugekauftes Material beschaffen) aufgeteilt in die Prozesselemente

- „S1.1 Schedule Product Deliveries" (Materiallieferung terminieren),
- „S1.2 Receive Product" (Material annehmen),
- „S1.3 Verify Product" (Material prüfen),
- „S1.4 Transfer Product" (Material transferieren) und
- „S1.5 Authorize Supplier Payment" (Bezahlung des Lieferanten veranlassen),

wie dies in Abbildung 2.8 dargestellt wird (vgl. Supply-Chain Council 1998, S. 33).

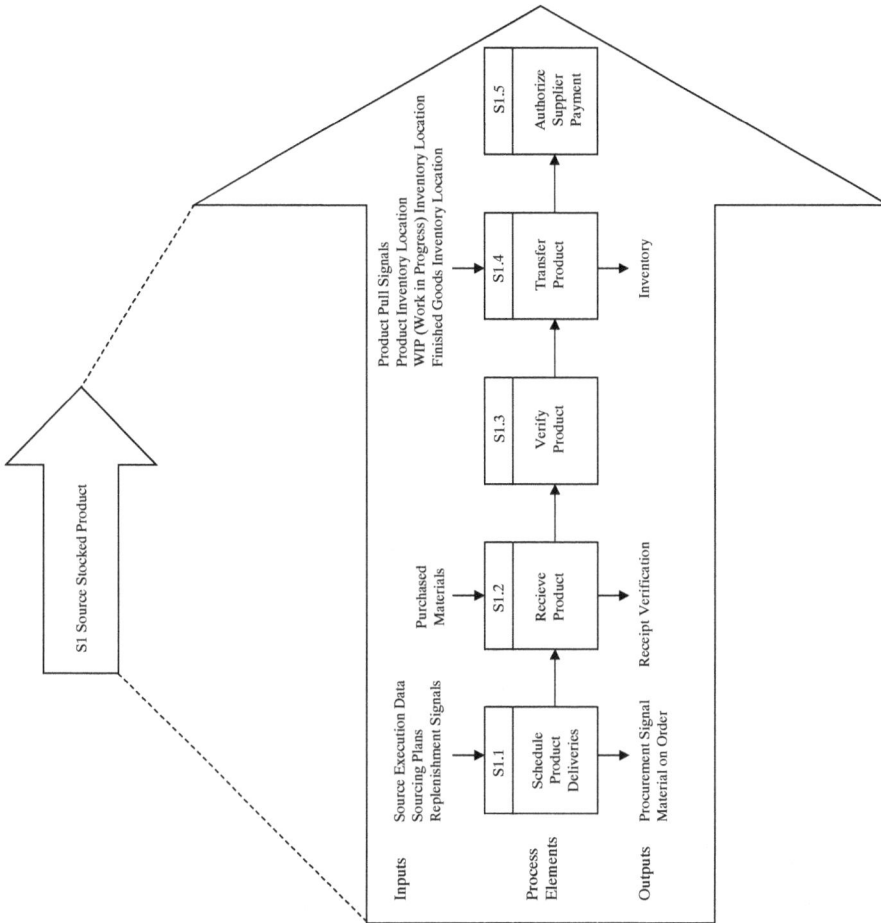

Abbildung 2.8: Beispiel für Prozesselemente und deren Flusslogik auf der dritten Ebene des SCOR-Modells

Generell kann die Beschreibung eines Prozesselements über folgende Angaben erfolgen (vgl. Zäpfel 2000b, S. 12):

- Definition des Prozesselements,
- Informationsinput und -output der Prozesselemente,
- Benchmarks, falls anwendbar,
- Best Practices, falls anwendbar,
- Systemfähigkeiten, die benötigt werden, um Best Practices zu unterstützen, und
- Softwareanwendungen, nach Anbietern aufgeteilt.

Die vierte Ebene konzentriert sich auf die **Implementierung** und zerlegt die Prozesselemente in Aktivitäten. Für diese Ebene werden jedoch keine Modellierungselemente angeboten, und so zählen Scheer/Borowsky (1999, S. 10) konsequenterweise dann auch die Ebene 4 nicht mehr zum Betrachtungsgegenstand des SCOR-Modells.

Das SCOR-Modell ist nicht als eine Anleitung zur schrittweisen Verbesserung des Supply Chain Management zu verstehen, sondern dient eher der informatorischen Unterstützung eines Change-Management-Prozesses, der auf die Konfiguration einer Supply Chain abzielt. Mit der Implementierung des herausgearbeiteten Supply-Chain-Modells sollten gleichzeitig die Festlegung des Kennzahlensystems und entsprechender Ziele erfolgen, der damit verbundene Informationsbedarf ermittelt und die funktions- und unternehmungsübergreifenden Verbindungen geschaffen werden (vgl. Stewart 1997, S. 66 f.). So kann das SCOR-Modell für die damit abgebildete Supply Chain entsprechende **Best-in-Class-Kennzahlen** im Hinblick auf Qualität, Flexibilität und Wirtschaftlichkeit sowie **Best Practices** liefern, die dem Ist-Zustand der Supply Chain gegenübergestellt werden, um auf dieser Grundlage einen entsprechenden Handlungsbedarf abzuleiten. Des Weiteren können mit Hilfe des SCOR-Modells entsprechende IT- und Softwareprodukte ermittelt werden, die die Best Practices zu unterstützen vermögen.

In diesem Zusammenhang soll auch die Frage nach dem Novitätsgrad dieser Vorgehensweise thematisiert werden. Bereits in den verwendeten Prozesskategorien zeigt sich die geistige Verwandtschaft mit der Literatur zum **Geschäftsprozessmanagement** (vgl. Stewart 1997, S. 63; Cooper/Lambert/Pagh 1997, S. 3 und S. 5 ff.), wobei Prozesse als wertschöpfende Aktivitäten in und zwischen Unternehmungen aufzufassen sind. Ursprung des Geschäftsprozessmanagement bildet die grundlegende Abhandlung von Gaitanides (1983) zur Prozessorganisation, die im Rahmen der Veröffentlichungen zum Geschäftsprozessmanagement häufig übersehen wurde. Wird unter einem Geschäftsprozess ein System von funktionsübergreifenden Aktivitäten mit definiertem Input und Output und den damit verbundenen internen und externen Kunden/Lieferanten-Beziehungen verstanden, dann wird die Nähe zu diesem Ansatz in besonderem Maße deutlich. So lassen sich im Rahmen der Geschäftsprozessidentifikation zwei grundsätzliche Vorgehensweisen unterscheiden (vgl. Gaitanides/Scholz/Vrohlings 1994, S. 6 ff.):

- **Allgemeine Geschäftsprozessidentifikation**: Es liegt die These zugrunde, dass es grundlegende Prozesse im Sinne von Rahmenprozessen gibt, die in allen Unternehmungen gleich sind.

- **Singuläre Geschäftsprozessidentifikation**: Es wird davon ausgegangen, dass in jeder Unternehmung die Prozesse aufgrund der individuellen Problemlage unterschiedlich sind.

Diese beiden Vorgehensweisen schließen sich nicht gegenseitig aus, sondern können sich durchaus ergänzen (vgl. Corsten 1997, S. 28). Das SCOR-Modell wählt auf Ebene 1 die zuerst genannte Vorgehensweise, indem es normativ die in der Betriebswirtschaftslehre seit Jahrzehnten intensiv diskutierten betrieblichen Kernfunktionen Beschaffung, Produktion und Absatz heranzieht und diese mit dem derivativen dispositiven Faktor der Planung überlagert (vgl. Gutenberg 1983, S. 2 ff.). Demgegenüber erinnert die hierarchische Aufteilung auf vier Ebenen an die sogenannte Prozessstrukturierung, aus der sich dann, abhängig vom angestrebten Detaillierungsgrad, unterschiedlich differenzierte **Prozesshierarchien** ergeben, wobei als generelle Kriterien die Zweckmäßigkeit und Wirtschaftlichkeit herangezogen werden (vgl. Scholz/Vrohlings 1994, S. 39). So zeigt gerade die Vorgehensweise von Buchholz (1994, S. 23), der zwischen

- Makroebene (unternehmungsübergreifende Prozesse),
- Mesoebene (innerhalb der Unternehmung ablaufende Prozesse) und
- Mikroebene (Subprozesse, die auf der Ebene der Arbeitsanweisungen ansetzen)

unterscheidet, dass auch dieser Aspekt des SCOR-Modells alles andere als eine Novität darstellt. Damit bleibt festzustellen, dass das SCOR-Modell, wie viele andere „aktuelle" Managementkonzepte auch, auf hinreichend bekannte Ansätze zurückgreift.

2.3 Ablauf

2.3.1 Produktionsprozesse

2.3.1.1 Grundlegungen

Die Prozessgestaltung umfasst die Termin- und Kapazitätsplanung. Im Rahmen der **Terminplanung** geht es um den Entwurf einer zeitlichen Ordnung, d. h., es handelt sich um die terminliche Zuordnung von Aufträgen oder Arbeitsgängen zu entsprechenden Produktiveinheiten. Aus ökonomischer Sicht müsste es dabei das Ziel sein, die entscheidungsrelevanten Kosten (z. B. Kosten der Zwischenlagerung von Produktionsaufträgen, Rüstkosten) zu minimieren. Bedingt durch grundlegende Erfassungsprobleme wird bei realen Problemstellungen jedoch auf **Ersatzzielgrößen** zurückgegriffen, die sich an den in der Produktion messbaren Zeiten (Zwischenlagerzeiten, Rüstzeiten, Terminüberschreitung, Leerzeiten etc.) orientieren (vgl. Hahn 1994, S. 43 ff.). Dabei kann zwischen auftrags- und maschinenbezogenen Zielsetzungen unterschieden werden. Als **auftragsbezogene Zielsetzungen** sind zu nennen:

- **Durchlaufzeit**, die sich aus der Summe von Bearbeitungs-, Rüst-, Transport-, Kontroll- sowie Liege- und Wartezeit ergibt, die es dann zu minimieren gilt.
- **Zykluszeit**, d. h., die maximale Durchlaufzeit eines Auftrages aus dem gegebenen Auftragsbestand soll minimiert werden.
- **Mittlere Durchlaufzeit** bedeutet, dass die durchschnittliche Durchlaufzeit der Aufträge aus dem gegebenen Auftragsbestand zu minimieren ist.
- Bei der Minimierung der **Terminabweichung** soll die Zeit, um die ein Liefertermin über- oder unterschritten wird, möglichst kurz sein.

Bei den **maschinenbezogenen Zielsetzungen** sind die beiden folgenden zu nennen:

- Maximierung der **Kapazitätsauslastung**, d. h., es ist der Quotient aus der Gesamtbearbeitungszeit und der zur Verfügung stehenden Zeit eines Aggregates zu maximieren.
- Minimierung der **Leerzeiten**, d. h., die Zeiten, in denen ein Aggregat nicht mit einem Auftrag belegt ist, soll minimal sein.

Zwischen den Zielen Minimierung der Durchlaufzeit und Maximierung der Kapazitätsauslastung (Minimierung der Leerzeiten) kann eine konfliktäre Beziehung auftreten, die Gutenberg (1983, S. 216) als das **Dilemma der Ablaufplanung** bezeichnet hat. Über die Existenz und Gültigkeit eines derartigen Dilemmas ist in der Literatur äußerst kontrovers diskutiert worden mit dem Ergebnis, dass ein solches Dilemma auftreten kann, jedoch nicht generell existiert (vgl. z. B. Günther 1972, S. 297 ff.; Zäpfel 1982, S. 253).

In einer weiterführenden Betrachtung ist zwischen Grob- und Feinterminierung zu unterscheiden. Während für die Grobterminierung die Produktionsaufträge und Maschinengruppen die Bezugspunkte bilden, sind die Arbeitsgänge und die einzelnen Maschinen die Objekte der Feinterminierung.

2.3.1.2 Grobterminierung

Der Komplex der Grobterminierung lässt sich in die Bereiche Durchlaufterminierung und Kapazitätsabgleich aufteilen. Aufgabe der **Durchlaufterminierung** ist es, die Gesamtdauer und die zeitliche Struktur der Ausführung von Produktionsaufträgen sowie die hierfür notwendige Kapazität zu bestimmen, wobei die einzelnen Aufträge einer isolierten Analyse, ohne Beachtung von Kapazitätsrestriktionen, unterzogen werden. Zur Bestimmung der zeitlichen Struktur jedes einzelnen Auftrages gelangt die **Netzplantechnik** zum Einsatz (vgl. Corsten/Corsten/Gössinger 2008, S. 120 ff.), worunter ein integratives Verfahren zur Struktur-, Zeit-, Kapazitäts- und Kostenplanung zu verstehen ist. Graphentheoretisch ist ein Netzplan ein bewerteter, gerichteter Graph ohne Schleifen.

Grundlage der weiteren Ausführungen bilden **Vorgangsknotennetze**, bei denen die Vorgänge als Knoten und die Anordnungsbeziehungen, die die Knoten miteinander verbinden, als Pfeile dargestellt werden. Ein Knoten hat dabei in vereinfachter Form die folgende Struktur:

FAZ   FEZ

Vorgangsnummer	Vorgangsbezeichnung	
Vorgangsdauer (D)	Gesamtpuffer (GP)	Freier Puffer (FP)

SAZ   SEZ

mit:

FAZ = Frühester Anfangszeitpunkt
FEZ = Frühester Endzeitpunkt
SAZ = Spätester Anfangszeitpunkt
SEZ = Spätester Endzeitpunkt

Die Vorgehensweise sei am Beispiel eines Auftrages illustriert, dessen Daten in dem folgenden Netzplan enthalten sind.

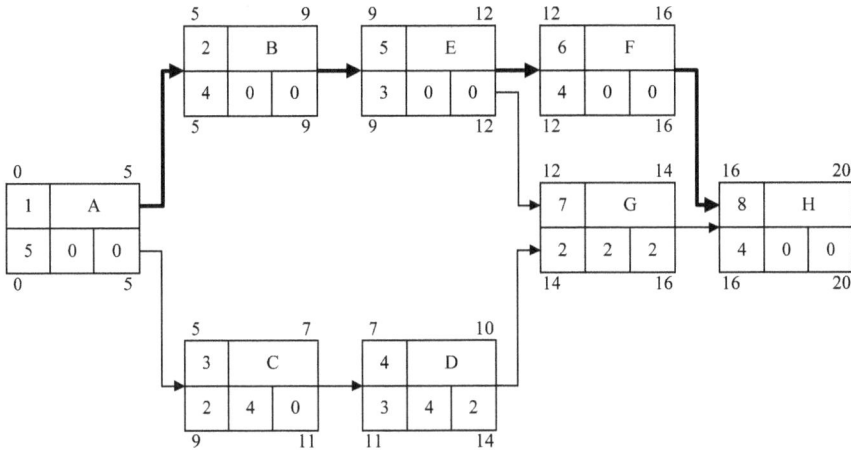

Abbildung 2.9: Netzplan (Beispiel)

Zur Berechnung des Netzplanes ist eine Vorwärts- und Rückwärtsrechnung durchzuführen, um dann auf dieser Basis den Gesamtpuffer und den freien Puffer bestimmen zu können. Die Vorgänge, deren Pufferzeiten null betragen, werden dann zum kritischen Pfad verbunden (fett eingezeichnete Pfeile in Abbildung 2.9):

- Für die **Vorwärtsrechnung** gilt:

  -- Ausgangspunkt ist der „Heute-Termin" oder Starttermin, der mit dem Zeitpunkt „null" fixiert ist. Damit gilt für den ersten Vorgang eines Netzplanes:

  $$FAZ_1 = 0$$

  -- Für den frühesten Endzeitpunkt eines Vorgangs j gilt:

  $$FEZ_j = FAZ_j + D_j$$

  -- Die frühesten Anfangszeitpunkte der Vorgänge j > 1 gilt dann:

  $$FAZ_j = max(FEZ_i \wedge i \in I_j)$$

  I_j ist dabei die Menge der unmittelbaren Vorgänger des Vorgangs j.

  Ergebnis der Vorwärtsrechnung ist dann der frühestmögliche Fertigstellungstermin des Auftrages.

- Für die **Rückwärtsrechnung** gilt die folgende Vorgehensweise:

  -- Liegt kein spätestnotwendiger Endzeitpunkt vor, dann wird der früheste Endtermin des letzten Vorgangs j = J als spätester Endtermin dieses Vorganges verwendet:

  $$SEZ_j = FEZ_J$$

-- Der späteste Anfangszeitpunkt (SAZ) eines Vorgangs j ergibt sich dann aus:

$$SAZ_j = SEZ_j - D_j$$

-- Der späteste Endzeitpunkt (SEZ) eines Vorganges $j < J$ entspricht dann dem frühesten SAZ seiner unmittelbaren Nachfolger:

$$SEZ_j = min(SAZ_k \wedge k \in K_j)$$

K_j ist dabei die Menge der unmittelbaren Nachfolger des Vorganges j.

- Bei den **zeitlichen Puffern** wird zwischen mehreren Pufferarten unterschieden. Für die Terminplanung sind häufig der Gesamtpuffer und der freie Puffer relevant:

-- Der **Gesamtpuffer** gibt an, um welche Zeitspanne ein Vorgang verschoben oder ausgedehnt werden kann, wenn sich alle seine unmittelbaren Vorgänger in der frühesten und alle seine unmittelbaren Nachfolger in der spätesten Lage befinden:

$$GP_j = SAZ_j - FAZ_j$$

-- Der **freie Puffer** gibt die Zeitspanne eines Vorganges an, um die dieser verschoben oder ausgedehnt werden kann, wenn sich der Vorgang selbst und seine unmittelbaren Nachfolger in der frühesten Lage befinden:

$$FP_j = min(FAZ_k \wedge k \in K_j) - FEZ_j$$

- Der kritische Pfad ergibt sich dann aus der Verbindung der Vorgänge, die einen Gesamtpuffer von null aufweisen (im Beispiel: Vorgänge 1, 2, 5, 6, 8).

Diese Vorgehensweise wird für alle einzuplanenden Aufträge in isolierter Form angewendet, ohne eventuell bestehende Beschränkungen der zur Vorgangsdurchführung erforderlichen Kapazität zu berücksichtigen. Sobald zu einem Zeitpunkt von der Gesamtheit der Aufträge mehr als die verfügbare Kapazität benötigt wird, stellt das bisherige Rechenergebnis einen unzulässigen Plan dar, dessen Zulässigkeit noch herbeigeführt werden muss, bevor die Produktion starten kann. Deshalb werden im Rahmen des **Kapazitätsabgleichs** der Kapazitätsbedarf und das Kapazitätsangebot durch Anpassungsmaßnahmen so aufeinander abgestimmt, dass keine Kapazitätsgrenzen überschritten und das der Reihenfolgeplanung zugrundeliegende Formalziel erfüllt wird.

Um die Vorgehensweise zu illustrieren, sei von einer Situation ausgegangen, in der drei Aufträge mit jeweils drei Arbeitspaketen in der angegebenen Folge unter Nutzung dreier Maschinengruppen ausgeführt werden. Die Auftragsdaten sind in Tabelle 2.8 zusammengefasst.

Das Kapazitätsangebot der Maschinengruppen beträgt pro Periode 15, 20 bzw. 25 Einheiten. Soll auf jeder Maschinengruppe zu jedem Zeitpunkt höchstens ein Auftrag bearbeitet werden, dann lassen sich die Bearbeitungsdauern der Arbeitspakete durch Division von Kapazitätsbedarf und Kapazitätsangebot pro Periode, die frühesten und spätesten Start- und Endtermine der Arbeitspakete sowie deren Gesamtpuffer mit Hilfe der Durchlaufterminierung bestimmen (vgl. Tabelle 2.9).

Auftrag	frühester Start	spätestes Ende	Arbeitspaket	Maschinengruppe	Kapazitätsbedarf
1	0	9	1	1	32
			2	2	20
			3	3	107
2	0	8	1	1	12
			2	3	22
			3	2	32
3	0	7	1	2	32
			2	3	42
			3	1	52

Tabelle 2.8: Auftragsdaten für den Kapazitätsabgleich

Auftrag	Arbeits-paket	Bearbeitungsdauer auf Maschinengruppe			Zeiten				Puffer	
		1	2	3	FAZ	FEZ	SAZ	SEZ	GP	FP
1	1	2,13	-	-	0,00	2,13	0,24	2,37	0,24	0
	2	-	2,35	-	2,13	4,48	2,37	4,72	0,24	0
	3	-	-	4,28	4,48	8,76	4,72	9,00	0,24	0
2	1	0,80	-	-	0,00	0,80	4,72	5,52	4,72	0
	2	-	-	0,88	0,80	1,68	5,52	6,40	4,72	0
	3	-	1,60	-	1,68	3,28	6,40	8,00	4,72	0
3	1	-	1,60	-	0,00	1,60	0,25	1,85	0,25	0
	2	-	-	1,68	1,60	3,28	1,85	3,53	0,25	0
	3	3,47	-	-	3,28	6,75	3,53	7,00	0,25	0

Tabelle 2.9: Ergebnis der Durchlaufterminierung dreier Aufträge

Werden alle Arbeitspakete zu ihren frühesten Zeiten eingeplant, dann ergeben sich die in Abbildung 2.10 dargestellten Kapazitätsbelastungsprofile der drei Maschinengruppen. Es wird deutlich, dass es an jeder Maschinengruppe Zeiten gibt, an denen deren Kapazität überschritten wird, und somit ein unzulässiger Plan vorliegt. Auch bei Einplanung der Arbeitspakete zu ihren spätesten Zeiten (vgl. Abbildung 2.11) entsteht ein unzulässiger Plan, weil die Kapazität der Maschinengruppen 1 und 3 überschritten wird.

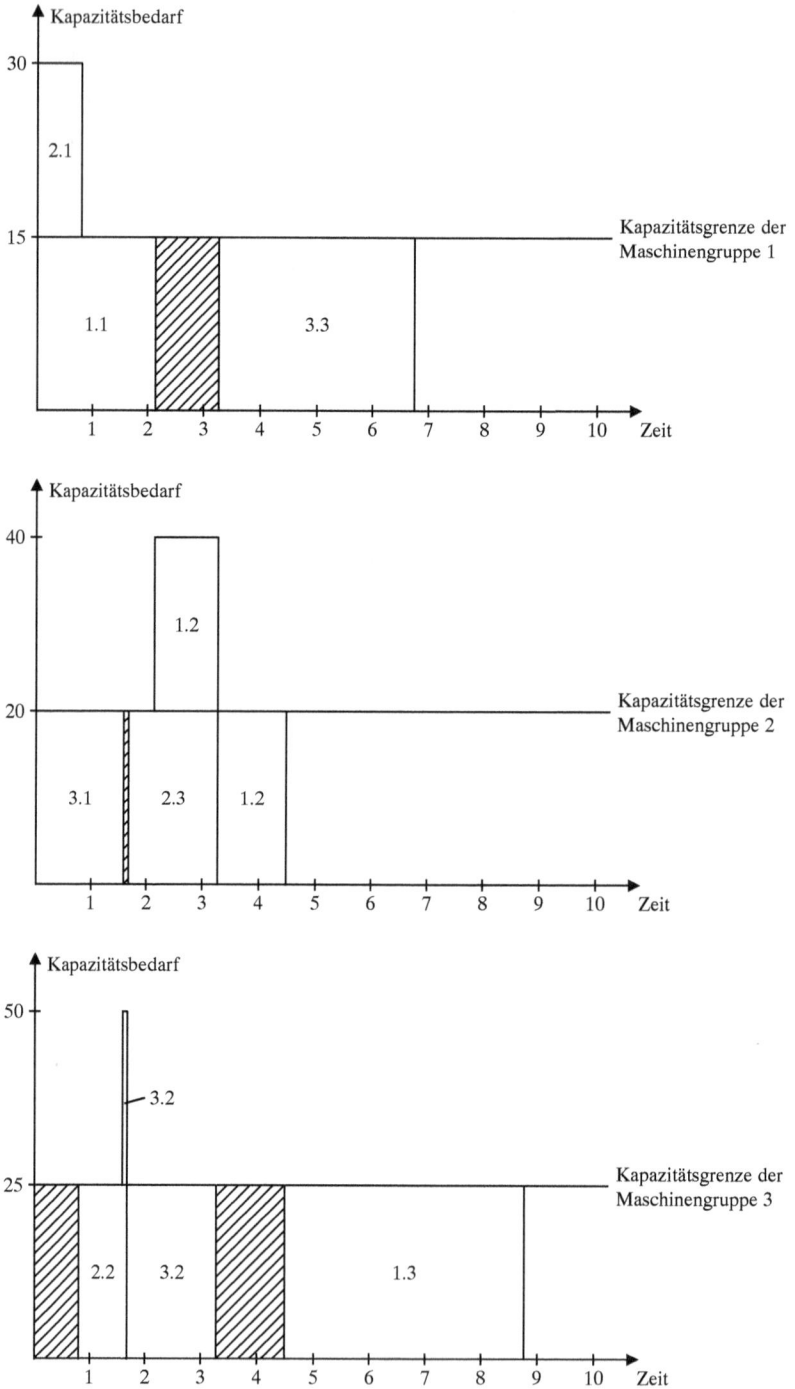

Abbildung 2.10: Kapazitätsbelastungsprofile der Maschinengruppen bei Einplanung der Arbeitspakete zu ihren frühesten Zeiten

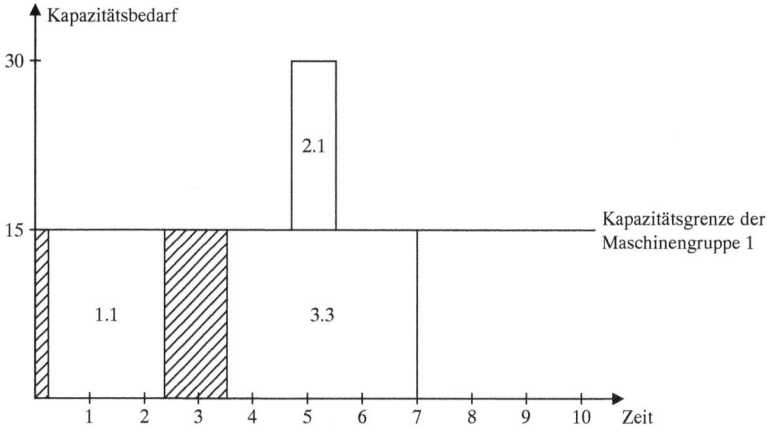

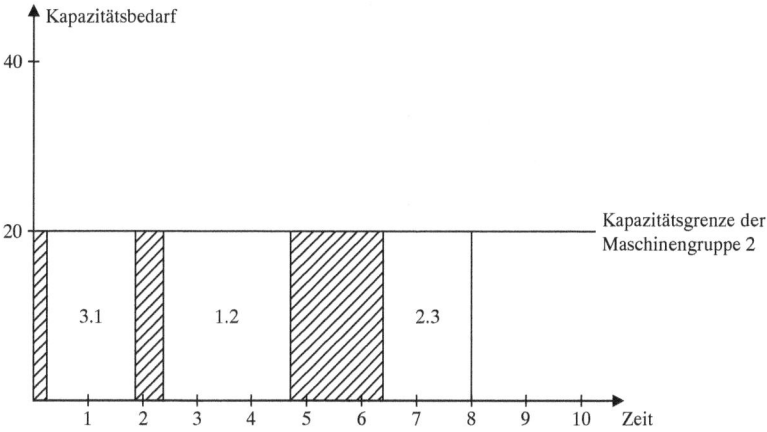

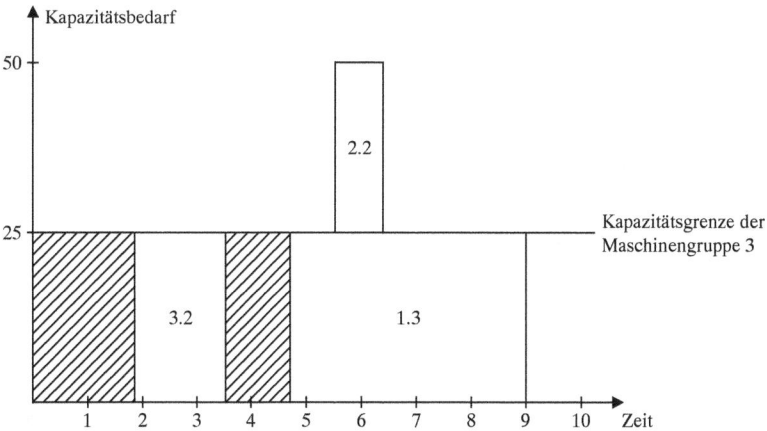

Abbildung 2.11: Kapazitätsbelastungsprofile der Maschinengruppen bei Einplanung der Arbeitspakete zu ihren spätesten Zeiten

Um einen zulässigen Plan zu generieren, kann der Kapazitätsabgleich durch folgende Maßnahmen in isolierter oder kombinierter Weise erfolgen (vgl. Corsten/Gössinger 2016, S. 537 ff.; Schwindt 2018, S. 631 f.):

- Anpassung des Kapazitätsbedarfs an das -angebot
  -- Zeitliche Verlagerung des Bedarfs in andere Perioden
    • Veränderung der zeitlichen Lage der Arbeitspakete
    • Teilen (Zusammenführen) der Arbeitspakete in kleinere (zu größeren) Einheiten und breitere Verteilung über den Planungshorizont (Konzentration auf einen kürzeren Abschnitt des Planungshorizontes)
  -- Mengenmäßige Verlagerung des Bedarfs von/zu anderen Betrieben
    • Veränderung des Auftragsbestandes
    • Veränderung des Arbeitspaketbestandes
- Anpassung des Kapazitätsangebotes an den -bedarf
  -- Zeitliche Anpassung
    • Veränderung der zeitlichen Verfügbarkeit der Maschinen
    • Veränderung der Zuordnung der Maschinen zu Maschinengruppen
  -- Intensitätsmäßige Anpassung
  -- Quantitative Anpassung

Welche Maßnahmen ergriffen werden, ist von ihrer situativen Eignung (Abgleichspotential, Zeit von der Veranlassung bis zum Eintritt der Wirkung) und den damit einhergehenden Kosten abhängig. Maßnahmen mit einem hohen Abgleichspotential, das relativ kurzfristig mit niedrigen Kosten realisiert werden kann, passen den Kapazitätsbedarf durch zeitliche Verlagerung in andere Perioden an das -angebot an.

Eine einfache Vorgehensweise hierfür, die auch in komplexen Produktionssystemen zur Anwendung gelangen kann, besteht in der Anwendung von **Prioritätsregeln**. Dabei wird die Entscheidung, welchem der zu einer Kapazitätsüberlastung führenden Arbeitspakete der Vorrang zu geben ist und welches Arbeitspaket später ausgeführt werden soll, auf der Grundlage von Prioritätszahlen abgeleitet, die die Dringlichkeit zum Ausdruck bringen. Diese beziehen sich auf die Eigenschaften der Arbeitspakete, wie etwa

- Reihenfolgebedingungen (z. B. Anzahl der Vorgängerbeziehungen)
- zeitliche Lage nach der Durchlaufterminierung (z. B. SAZ, GP)
- Ausführungsdauer
- Kapazitätsbedarf.

Die Arbeitspakete werden dann in eine durch die Prioritätszahlen vorgegebene Reihenfolge gebracht (höchste Prioritätszahl zuerst), die die Kapazitätsüberlastung behebt. Abbildung 2.12 gibt die Kapazitätsbelastungsprofile für einen zulässigen Terminplan wieder, der ausgehend von der spätesten Terminierung mit Hilfe der Prioritätsregel „größter Gesamtpuffer" ermittelt wurde.

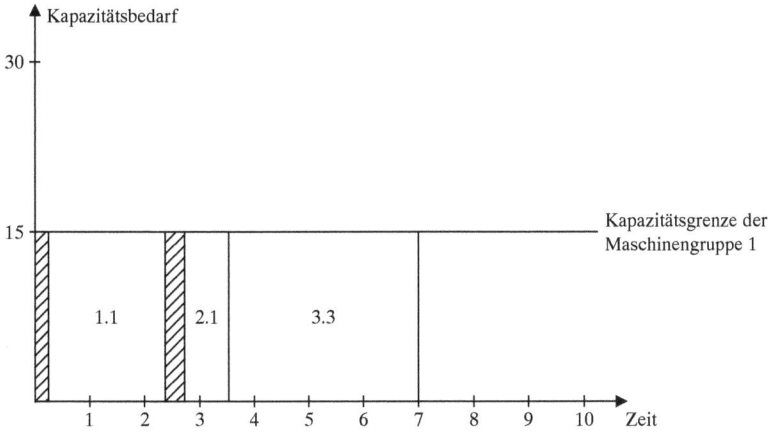

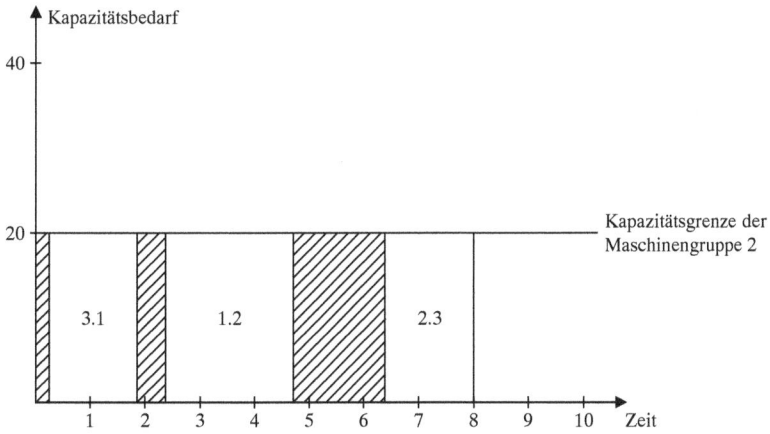

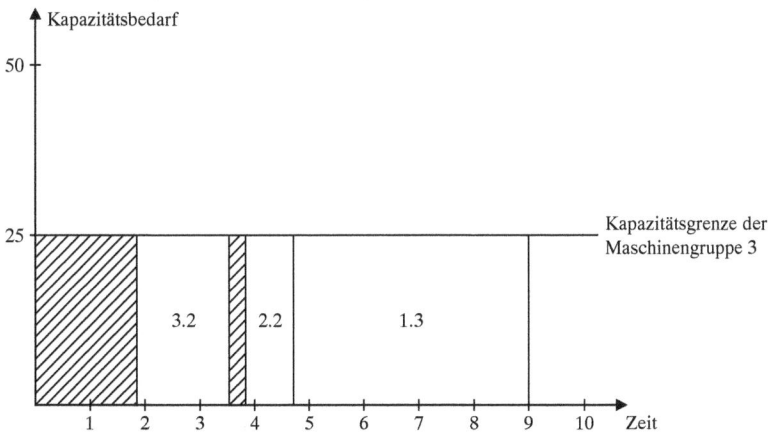

Abbildung 2.12: Kapazitätsbelastungsprofile der Maschinengruppen bei einer zulässigen Einplanung der Arbeitspakete

Neben dem beschriebenen Sukzessivansatz der Grobterminierung ist auch eine **integrative Grobterminierung** möglich, die auf der Grundlage eines Entscheidungsmodells und eines darauf angewendeten Optimierungsverfahren vollzogen wird (vgl. Schwindt 2018, S. 638 ff.).

Ein entsprechendes **Grundmodell** wurde von Manne (1960, S. 219 ff.) vorgeschlagen. Durch seine Lösung wird die Entscheidungsfrage beantwortet, welcher Auftrag wann auf welcher Maschinengruppe bearbeitet werden soll. Als Zielsetzung liegt die Minimierung der Zykluszeit zugrunde. Ein Auftrag j $(j = 1,...,n)$ wird als eine Menge von Arbeitspaketen erfasst, die auf den Maschinengruppen i $(i = 1,...,m)$ in einer technologisch festgelegten Sequenz und den Ausführungsdauern $d_{ji_j} \in \mathbb{R}_0^+$ bearbeitet werden. Dabei darf zu keinem Zeitpunkt von einer Maschinengruppe mehr als ein Auftrag bearbeitet werden (no preemption).

Als Entscheidungsvariablen werden die Startzeit der Arbeitspaketbearbeitung $Z_{ji_j} \in \mathbb{R}_0^+$ und deren Reihenfolge an einer Maschinengruppe $y_{jj'i} \in \{0,1\}$ herangezogen. Der Hilfsparameter M weist einen sehr hohen positiven Wert $(M > \Sigma d_{ji_j})$ auf.

Das lineare gemischt-ganzzahlige Programm minimiert den Zeitpunkt der Bearbeitung des letzten Arbeitspakets

$$\min(\max_j(Z_{ji_{L_j}} + d_{ji_{L_j}}))$$

unter Berücksichtigung der Nebenbedingungen:

- Die Arbeitspakete eines Auftrags werden in der technologisch vorgegebenen Reihenfolge bearbeitet:

$$Z_{ji_j} + d_{ji_j} \leq Z_{ji_j+1} \qquad\qquad \forall j, i_j$$

- Von einer Maschinengruppe wird zu keinem Zeitpunkt mehr als ein Auftrag bearbeitet:

$$M \cdot (1 - y_{jj'i}) + Z_{j'i_j} \geq Z_{ji_j} + d_{ji_j} \qquad\qquad \forall i, j, j' \neq j$$

$$M \cdot y_{jj'i} + Z_{ji_j} \geq Z_{j'i_j} + d_{j'i_{j'}} \qquad\qquad \forall i, j, j' \neq j$$

Das Modell konnte bereits mit der im Jahre 2016 verfügbaren Rechentechnik für Probleme mit 15 Aufträgen und 15 Maschinen in akzeptabler Zeit exakt gelöst werden (vgl. Ku/Beck 2016, S. 167 ff.).

2.3.1.3 Feinterminierung

Im Rahmen der **Feinterminierung** (auch als Reihenfolge- oder Maschinenbelegungsplanung bezeichnet) wird entschieden, welche Arbeitsgänge der vorliegenden Aufträge in welchen Zeiträumen auf welchen Maschinen (-gruppen) ausgeführt werden sollen. Zentrale **Informationsgrundlagen** sind dabei der Arbeitsplan und die Verfügbarkeitszeiten der erforderlichen Ressourcen (Mitarbeiter, Maschinen, Werkzeuge etc.). Ein **Arbeitsplan** enthält die zur Erstellung eines Teils oder Produktes auszuführenden Arbeitsgänge mit Angaben zu den technologisch bedingten Vorgänger-Nachfolger-Beziehungen (Arbeitsgangfolge), den Arbeitsplätzen oder Maschinen, an denen die Arbeitsgänge ausgeführt werden, der pro Arbeitsgang erforderlichen Rüstzeit, der pro Werkstück erforderlichen Bearbeitungszeit, den für die Arbeitsgangausführung benötigten Werkzeugen, Vorrichtungen und Werkstoffen sowie den damit betrauten Mitarbeitern. Häufig wird zwischen auftragsneutralen und auftragsbezogenen Arbeitsplänen unterschieden. Während auftragsneutrale Arbeitspläne bei standardisierten Produkten zum Einsatz gelangen (es liegt kein konkreter Kundenauftrag vor) werden bei auftragsbezogenen Arbeitsplänen auftragsabhängige Daten hinzugefügt.

Bei der Lösung dieser **Maschinenbelegungsprobleme** ist der realisierte Organisationstyp der Produktion von entscheidender Bedeutung:

- Bei **Fließproduktion** durchlaufen alle Aufträge die Maschinen in derselben Reihenfolge, so dass nur über die Sequenz zu entscheiden ist, in der die Aufträge dem Fließproduktionssystem zugeführt werden sollen.

- Liegt hingegen eine **Werkstattproduktion** vor, dann können die Arbeitspläne der einzelnen Aufträge unterschiedlich sein mit der Konsequenz, dass sich unterschiedliche Maschinenfolgen ergeben. In diesem Fall ist über die Reihenfolge der Auftragsausführung an den einzelnen Maschinen (-gruppen) des Werkstattproduktionssystems zu entscheiden.

Aus der Vielzahl der in der Literatur (vgl. z. B. Domschke/Scholl/Voß 1993) diskutierten Lösungsansätze sollen im Folgenden einige ausgewählte Ansätze vorgestellt werden. Bei der Reihenfolgeplanung für die **Fließproduktion** besteht oftmals die Situation, dass die festzulegende Auftragsfrequenz für alle Produktionsstufen gleich ist und die Auftragssequenz mit der kürzesten Zykluszeit gesucht ist. Da alle Aufträge die Produktionsstufen in derselben Reihenfolge durchlaufen, ist die Berechnung der Zykluszeit für eine vorgegebene Auftragsfolge relativ einfach.

Für jeden Auftrag j $(j = 1, ..., n)$ sind für jede Stufe k $(k = 1, ..., o)$ die Bearbeitungszeiten d_{jk} gegeben. In einer Auftragsfolge kann ein Auftrag j genau eine Position p $(p = 1, ..., n)$ einnehmen. Auch jede Position p kann nur an genau einen Auftrag vergeben werden. Eine Auftragsfolge lässt sich durch die binären Variablen $y_{jp} \in \{0,1\}$ angeben. Sie ist nur dann zulässig, wenn die Bedingungen $\Sigma_j y_{jp} = 1$ $\forall p$ und $\Sigma_p y_{jp} = 1$ $\forall j$ erfüllt sind. Die Bearbeitungszeit des Auftrags an der p-ten Sequenzposition, der auf der Stufe k ausgeführt wird, ergibt sich somit aus $\Sigma_j d_{jk} \cdot y_{jp}$.

Auf der ersten Stufe werden die Aufträge in der angegebenen Reihenfolge ab dem Startzeitpunkt $T_{10} = 0$ so eingeplant, dass keine Leerzeiten entstehen. Die Bearbeitung eines Auftrags an der Position p startet sobald die des Auftrags der Position $p - 1$ abgeschlossen ist und endet zum Zeitpunkt:

$$T_{1p} = T_{1p-1} + \sum_j d_{j1} \cdot y_{jp} \qquad \forall p$$

Auf den nachfolgenden Stufen ist eine Einplanung ohne Leerzeiten nicht immer möglich, weil auf der Stufe k $(k > 1)$ zwei Bedingungen erfüllt sein müssen, um die Bearbeitung des Auftrags der Position p zu starten:

- die Bearbeitung des Auftrags der Position $p-1$ muss auf der Stufe k abgeschlossen sein, und
- die Bearbeitung des Auftrags der Position p muss auf der Stufe $k-1$ abgeschlossen sein.

Damit endet die Bearbeitung des Auftrags der Position p auf der Stufe k zum Zeitpunkt:

$$T_{kp} = \max(T_{kp-1}, T_{k-1p}) + \sum_j d_{jk} \cdot y_{jp} \qquad \forall k > 1, p$$

Die Zykluszeit entspricht der Zeit, zu der die Bearbeitung des Auftrags der letzten Position $(p = n)$ auf der letzten Stufe $(k = o)$ abgeschlossen ist, d. h. T_{on}. Wird der Maximum-Operator durch "$\geq$" Bedingungen ersetzt, dann lässt sich auf dieser Grundlage das Planungsproblem als lineares gemischt-ganzzahliges Programm formulieren (zu einem Überblick über unterschiedliche Arten der Modellierung vgl. Stafford/Tseng/Gupta 2005, S. 89 ff.). Ziel ist die Minimierung der Zykluszeit

$$\min T_{on}$$

unter Berücksichtigung der Nebenbedingungen:

- Die Auftragsfolge ist zulässig:

$$\sum_j y_{jp} = 1 \qquad\qquad \forall p$$
$$\sum_p y_{jp} = 1 \qquad\qquad \forall j$$

- Die Aufträge werden auf jeder Stufe nacheinander gemäß der Auftragsfolge ausgeführt:

$$T_{kp} \geq T_{kp-1} + \sum_j d_{jk} \cdot y_{jp} \qquad \forall k, p$$

- Jeder Auftrag kann erst dann auf der nächsten Stufe bearbeitet werden, wenn seine Bearbeitung auf der vorhergehenden Stufe abgeschlossen ist:

$$T_{kp} \geq T_{k-1p} + \sum_j d_{jk} \cdot y_{jp} \qquad \forall k > 1, p$$

- Die Wertebereiche der Entscheidungsvariablen werden eingehalten:

$$T_{kp} \in \mathbb{R}_0^+ \qquad\qquad \forall k, p$$
$$y_{jp} \in \{0,1\} \qquad\qquad \forall j, p$$

- Die Startwerte sind als Parameter vorgegeben:

$$T_{k0} = 0 \qquad\qquad \forall k$$
$$T_{0p} = 0 \qquad\qquad \forall p$$

Zur exakten Lösung dieses Entscheidungsproblems kann auf das Branch-and-Bound-Verfahren zurückgegriffen werden. Bereits mit der im Jahre 2005 verfügbaren Rechentechnik konnten Probleme mit bis zu 40 Aufträgen und 3 Stufen, bis zu 30 Aufträgen und 5 Stufen, bis zu 15 Aufträgen und 9 Stufen oder bis zu 10 Aufträgen und 25 Stufen in akzeptabler Zeit exakt gelöst werden (vgl. Stafford/Tseng/Gupta 2005, S. 97 ff.). Für Spezialfälle dieses Problems wurden problemspezifische Lösungsverfahren entwickelt, mit denen die Lösungszeit verkürzt werden kann.

Liegt eine **Fließproduktion** mit zwei Produktionsstufen vor, dann kann das **exakte Verfahren** von Johnson (1954) zur Anwendung gelangen. Ziel dieses Verfahrens ist die **Minimierung der Zykluszeit**, d. h., der zuletzt bearbeitete Auftrag soll so früh wie möglich fertiggestellt werden. Dem **Johnson-Algorithmus** liegt die Überlegung zugrunde, dass

- auf der ersten Stufe zuerst der Auftrag mit der für diese Stufe kürzesten Bearbeitungsdauer ausgeführt werden sollte, um die Zeit bis zum Erreichen der zweiten Stufe zu minimieren und
- auf der zweiten Stufe zuletzt der Auftrag mit der für diese Stufe kürzesten Bearbeitungsdauer ausgeführt werden sollte, um die Zeit zwischen dem Abschluss der Ausführung aller Aufträge auf der ersten Stufe und dem Abschluss der Ausführung aller Aufträge auf der zweiten Stufe zu minimieren.

Das Vorgehen soll an einem Beispiel mit sieben Aufträgen verdeutlicht werden, deren Bearbeitungszeiten in Tabelle 2.10 zusammengefasst sind.

Stufe / Auftrag	1	2
I	2	4
II	4	6
III	6	3
IV	5	6
V	8	7
VI	10	9
VII	6	5

Tabelle 2.10: Auftragsbearbeitungszeiten bei zweistufiger Fließproduktion (Beispiel)

Die niedrigste Bearbeitungszeit weist Auftrag I auf der Stufe 1 auf, so dass dieser Auftrag der ersten Stelle der Auftragsfolge zugeordnet wird. Die nächstniedrigste Bearbeitungszeit hat Auftrag III auf der Stufe 2. Dieser Auftrag wird folglich an die letzte Stelle der Auftragsfolge gesetzt. Den nächstniedrigsten Wert weist Auftrag II auf Stufe 1 auf und wird somit an die zweite Stelle der Auftragsfolge gesetzt. Den nächstniedrigsten Wert weisen der Auftrag IV auf Stufe 1 und der Auftrag VII auf Stufe 2 auf. In solchen uneindeutigen Situationen wird zuerst der Auftrag mit dem kleinsten Index (hier IV) eingeplant. Somit werden dem Auftrag IV die dritte Stelle und dem Auftrag VII die vorletzte Stelle der Auftragsfolge zugewiesen. Gemäß dem Algorithmus werden danach Auftrag V an der drittletzten und Auftrag VI an der vierten Stelle der Auftragsfolge eingeplant. Somit ergibt sich die Sequenz I → II → IV → VI → V → VII → III mit der kürzestmöglichen Zykluszeit von 45. Dieses Ergebnis lässt sich mit Hilfe eines Gantt-Chart visualisieren (vgl. Abbildung 2.13).

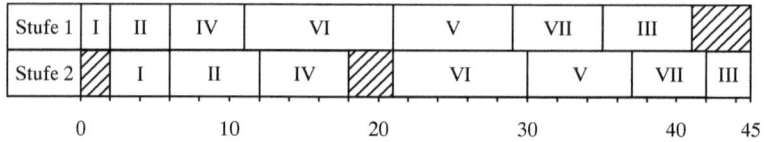

Stufe 1	I	II	IV	VI	V	VII	III	⧄⧄
Stufe 2	⧄⧄	I	II	IV	⧄⧄ VI	V	VII	III

```
0          10          20          30          40   45
```

Abbildung 2.13: Gantt-Chart der optimalen Reihenfolge (Beispiel)

Es wird deutlich, dass durch den Start der Sequenz mit dem Auftrag I die Bearbeitung auf der Stufe 2 frühestmöglich startet und durch den Abschluss der Sequenz mit Auftrag III die Zeit zwischen den Bearbeitungsabschlüssen der beiden Stufen kürzestmöglich ist.

Unter der Voraussetzung, dass die kürzeste Bearbeitungszeit auf der ersten oder auf der dritten Produktionsstufe größer oder gleich der maximalen Bearbeitungszeit auf der zweiten Stufe ist, ermittelt der Algorithmus von Johnson auch in der Situation mit **drei Produktionsstufen** die optimale Auftragssequenz. Ist die Voraussetzung nicht erfüllt, dann findet der Johnson-Algorithmus zulässige Lösungen mit einer Zykluszeit, die oftmals nicht viel länger als die minimale Zykluszeit ist. Durch die Zusammenfassung von jeweils zwei aufeinanderfolgenden Stufen wird das ursprünglich dreistufige Problem auf ein Problem mit zwei fiktiven Stufen reduziert. Die Vorgehensweise sei an einem Beispiel mit sieben Aufträgen verdeutlicht, deren Bearbeitungszeiten auf den realen und fiktiven Stufen in Tabelle 2.11 zusammengefasst sind.

Stufe / Auftrag	reale Stufen			fiktive Stufen	
	1	2	3	1+2	1+3
I	5	1	6	6	7
II	8	2	7	10	9
III	5	2	6	7	8
IV	8	3	7	11	10
V	3	2	4	5	6
VI	5	3	7	8	10
VII	7	2	5	9	7

Tabelle 2.11: Auftragsbearbeitungszeiten bei dreistufiger Fließproduktion (Beispiel)

Die kürzeste Bearbeitungszeit auf Stufe 3 beträgt 4 Zeiteinheiten und ist somit nicht kürzer als die längste Bearbeitungszeit auf Stufe 2, so dass die Voraussetzung für die optimale Lösung des Dreistufenproblems erfüllt ist. Durch Anwendung des Johnson-

Algorithmus ergibt sich die Sequenz V → I → III → VI → IV →II →VII mit der kürzestmöglichen Zykluszeit von 48. Das Gantt-Chart in Abbildung 2.14 gibt die Belegungszeiten der drei Stufen durch die Aufträge wieder.

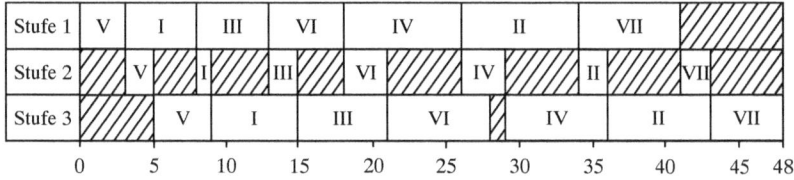

Stufe 1	V	I	III	VI	IV	II	VII	
Stufe 2		V	I	III	VI	IV	II	VII
Stufe 3		V	I	III	VI		IV	II	VII

```
        0    5   10   15   20   25   30   35   40   45 48
```

Abbildung 2.14: Gantt-Chart für das Dreistufenproblem (Beispiel)

Sollen mehr als drei Produktionsstufen berücksichtigt werden oder sind die Vorbedingungen für optimale Lösungen im dreistufigen Fall nicht erfüllt, dann kann das Verfahren von Johnson als **Heuristik** eingesetzt werden. Dabei wird das m-stufige Problem in ein 2-stufiges Problem überführt, indem zwei fiktive Stufen durch Zusammenfassung der Bearbeitungszeiten von jeweils mehreren aufeinanderfolgenden Stufen gebildet werden. Das Verfahren wird dann in der gewohnten Form auf die beiden fiktiven Stufen angewendet. Da es bei m Stufen m − 1 Möglichkeiten zur Überführung in ein zweistufiges Problem gibt, können zur Verbesserung der Lösungsqualität mit akzeptablem Rechenaufwand die Lösungen aller Möglichkeiten ermittelt werden, um daraus dann diejenige mit der kürzesten Zykluszeit zu wählen (vgl. Campbell/Dudek/Smith 1970, S. B 630 ff.). Tabelle 2.12 gibt ein Beispiel mit vier Stufen und fünf Aufträgen wieder.

Stufe \ Auftrag	reale Stufen				fiktive Stufen					
	1	2	3	4	1a	2a	1b	2b	1c	2c
I	5	4	2	3	5	9	9	5	11	3
II	6	5	4	7	6	16	11	11	15	7
III	3	2	5	4	3	11	5	9	10	4
IV	4	6	3	5	4	14	10	8	13	5
V	2	3	6	2	2	11	5	8	11	2

Tabelle 2.12: Auftragsbearbeitungszeiten bei vierstufiger Fließproduktion (Beispiel)

Wird das Verfahren von Johnson auf die drei Möglichkeiten der Stufenzusammenfassung angewendet, dann ergeben sich die Auftragsfolgen a) V → III → IV → I → II, b) III → V → II → IV → I und c) II → IV →III → I → V als alternative Lösungen. Die Gantt-Charts in Abbildung 2.15 zeigen, dass mit Alternative b) mit 35 Zeiteinheiten die heuristisch kürzeste Zykluszeit realisiert wird. Sie ist damit den anderen Lösungen vorzuziehen. Das Auffinden der optimalen Auftragsfolge wird in diesem Fall durch die Anwendung des Johnson-Algorithmus nicht garantiert. Die Zykluszeit der ermittelten Auftragsfolge weicht jedoch nur geringfügig von der exakt kürzesten

Zykluszeit ab. Durch Anwendung eines exakten Lösungsverfahrens wird die Sequenz III → VI →II →V → I mit der Zykluszeit von 34 ermittelt.

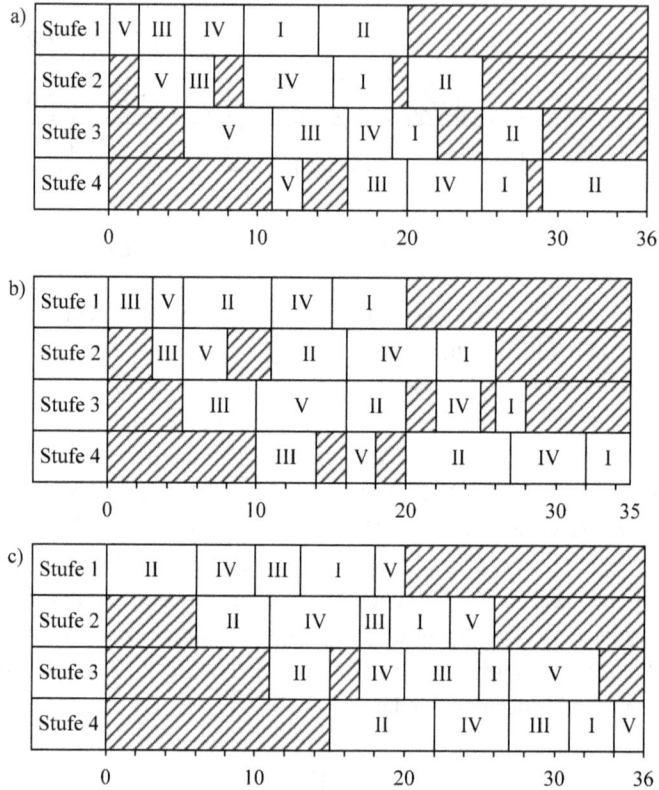

Abbildung 2.15: Gantt-Charts für das Vierstufenproblem (Beispiel)

Handelt es sich bei dem Maschinenbelegungsproblem um eine **Werkstattproduktion**, dann gelangen bei realistischen Problemabmessungen i. d. R. **Prioritätsregeln** zum Einsatz, die zwar eine zulässige, jedoch keine optimale Lösung generieren. Diesem Ansatz liegt die Vorstellung zugrunde, dass sich die auszuführenden Aufträge vor den entsprechenden Maschinen(-gruppen) in eine Warteschlange einreihen und in der Reihenfolge der ihnen zugewiesenen Prioritätszahl bearbeitet werden. Beispielhaft seien die folgenden elementaren Prioritätsregeln genannt:

- Bearbeitungszeitorientierte Regeln
  -- Kürzeste Operationszeit (KOZ): Der Auftrag mit der kürzesten Operationszeit auf einer Maschine erhält die höchste Priorität.
  -- Längste Operationszeit (LOZ): Der Auftrag mit der längsten Operationszeit erhält die höchste Priorität.
- Wartezeitorientierte Regeln
  -- First come first served (FCFS): Der Auftrag, der zuerst an einer Maschine ankommt, erhält die höchste Priorität.

-- Last come first served (LCFS): Es erhält der Auftrag die höchste Priorität, der als letzter an einer Maschine eintrifft.
- Fertigstellungsterminorientierte Regeln
  -- Kürzeste Schlupfzeit (SL): Es erhält der Auftrag in der Warteschlange die höchste Priorität, bei dem die Differenz zwischen dem Liefertermin und dem verbleibenden Bearbeitungszeitraum am geringsten ist.
  -- Frühester Liefertermin (LT): Es erhält der Auftrag die höchste Priorität, der den frühesten Liefertermin aufweist.

Neben diesen Prioritätsregeln, die ausschließlich **lokale Informationen** über eine Maschinengruppe berücksichtigen, gibt es Prioritätsregeln, die Informationen über mehrere Maschinengruppen einbeziehen (vgl. Haupt 1996, Sp. 1421 ff.). Ein Beispiel hierfür ist die sogenannte WINQ (Least total work in next queue), bei der der Auftrag die höchste Priorität erhält, der die kleinste Summe an Bearbeitungszeiten der Aufträge in der Folgewarteschlange aufweist.

Eine weitere Möglichkeit ist in einer alternativen Verknüpfung unterschiedlicher elementarer Prioritätsregeln zu sehen, wie dies etwa bei der Kombination der KOZ-Regel mit der SL-Regel erfolgt. In dem Fall, in dem kein Auftrag in der Warteschlange eine Terminüberschreitung aufweist, wird die KOZ-Regel eingesetzt, und bei Eintritt einer Terminüberschreitung gelangt die SL-Regel zum Einsatz. Durch diese Vorgehensweise wird vermieden, dass ein Auftrag mit einer längeren Bearbeitungszeit an einer Maschine so lange warten muss, dass der Liefertermin nicht eingehalten werden kann.

Die Wirkungsweise von Prioritätsregeln sei an einem Beispiel für die KOZ-, SL- und KOZ/SL-Regel verdeutlicht. Tabelle 2.13 gibt die Ausgangsdaten wieder.

Auftrag	Operationszeit auf Maschine				Maschinen-folge (technisch bedingt)	Liefertermin
	1	2	3	4		
I	2	4	3	5	1→2→3→4	20
II	1	2	4	3	2→1→3→4	20
III	2	4	3	2	3→4→1→2	19
IV	5	3	4	1	2→3→1→4	18
V	3	4	5	2	4→2→3→1	19
VI	4	3	2	3	3→2→4→1	18

Tabelle 2.13: Ausgangsdaten zur Reihenfolgeplanung bei Werkstattproduktion (Beispiel)

Die Operationszeit der Aufträge auf den einzelnen Maschinen wird in Stunden angegeben, d. h. Auftrag I wird auf Maschine 1 zwei Stunden, auf Maschine 2 vier Stunden etc. bearbeitet.

Die Ermittlung des Reihenfolgeplans mit der KOZ-Regel kann mit Hilfe der Tabelle 2.14 erfolgen, in der die Warteschlangen der Maschinen für die Ereignisse erfasst werden, zu denen Reihenfolgeentscheidungen getroffen werden.

Ereignis	Zeitpunkt	Wartende Aufträge	Operationszeit	Einzuplanender Auftrag	Frühester Zeitpunkt des nächsten Ereignisses
M1.1	0	I	2	I	2
M2.1	0	II, IV	2, 3	II	2
M3.1	0	III, VI	3, 2	VI	2
M4.1	0	V	2	V	2
M1.2	2	II	1	II	3
M2.2	2	I, IV, V, VI	4, 3, 4, 3	IV*	5
M3.2	2	III	3	III	5
M2.3	5	I, V, VI	4, 4, 3	VI	8
M3.3	5	II, IV	4, 4	II*	9
M4.2	5	III	2	III	7
M1.3	7	III	2	III	9
M2.4	8	I, V	4, 4	I*	12
M4.3	8	VI	3	VI	11
M3.4	9	IV	4	IV	13
M4.4	11	II	3	II	14
M1.4	11	VI	4	VI	15
M2.5	12	III, V	4, 4	III*	16
M3.5	13	I	3	I	16
M1.5	15	IV	5	IV	20
M2.6	16	V	4	V	20
M4.5	16	I	5	I	21
M3.6	20	V	5	V	25
M4.6	21	IV	1	IV	22
M1.6	25	V	3	V	28

*Bei gleicher Bearbeitungsdauer wurde der Auftrag mit dem kleineren Index gewählt

Tabelle 2.14: Schrittweise Ermittlung des Reihenfolgeplans mit der KOZ-Regel

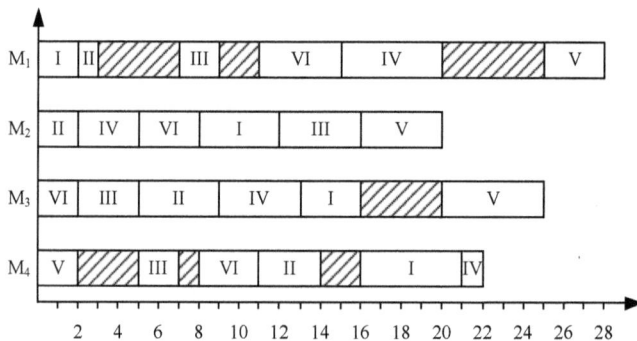

Abbildung 2.16: Maschinenbelegungsplan bei Anwendung der KOZ-Regel (Beispiel)

Aus dem Vergleich der im Reihenfolgeplan (vgl. Abbildung 2.16) ersichtlichen Fertigstellungstermine mit den Lieferterminen geht hervor, dass die Aufträge I, IV und

V verspätet ausgeliefert werden. Demgegenüber sind die Aufträge II, III und VI vor dem Liefertermin ausgeführt und müssen bis dahin zwischengelagert werden.

Bei der Anwendung der SL-Regel sind mit Eintritt eines Ereignisses die Schlupfzeiten der Aufträge zu aktualisieren, indem vom Abstand zwischen aktuellem Zeitpunkt und jeweiligem Liefertermin die Summe der Bearbeitungsdauern jeweils noch auszuführender Arbeitsgänge subtrahiert wird. Es ergibt sich die Schrittfolge in Tabelle 2.15.

Ereignis	Zeitpunkt	Wartende Aufträge	Schlupfzeit	Einzuplanender Auftrag	Frühester Zeitpunkt des nächsten Ereignisses
M1.1	0	I	+6	I	2
M2.1	0	II, IV	+10, +5	IV	3
M3.1	0	III, VI	+8, +6	VI	2
M4.1	0	V	+5	V	2
M3.2	2	III	+6	III	5
M2.2	3	I, II, V, VI	+5, +7, +4, +5	V	7
M3.3	5	IV	+3	IV	9
M4.2	5	III	+6	III	7
M1.2	7	III	+6	III	9
M2.3	7	I, II, VI	+1, +3, +1	I*	11
M1.3	9	IV	+3	IV	14
M3.4	9	V	+2	V	14
M2.4	11	II, III, VI	-1, +4, -3	VI	14
M1.4	14	V	+2	V	17
M2.5	14	II, III	-4, +1	II	16
M3.5	14	I	-2	I	17
M4.3	14	IV, VI	+3, -3	VI	17
M2.6	16	III	-1	III	20
M1.5	17	II, VI	-5, -3	II	18
M4.4	17	I, IV	-2, 0	I	22
M1.6	18	VI	-4	VI	22
M3.6	18	II	-5	II	22
M4.5	22	II, IV	-5, -5	II*	25
M4.6	25	IV	-8	IV	26
*Bei gleicher Bearbeitungsdauer wurde der Auftrag mit dem kleineren Index gewählt					

Tabelle 2.15: Schrittweise Ermittlung des Reihenfolgeplans mit der SL-Regel

Trotz der Terminorientierung der SL-Regel werden im Beispiel die Aufträge I, II, III, IV und VI verspätet ausgeliefert und V wird vorzeitig fertiggestellt. Der entsprechende Maschinenbelegungsplan ist in Abbildung 2.17 dargestellt.

M₁ | I | ▨ | III | IV | V | II | VI
M₂ | IV | V | I | VI | II | III
M₃ | VI | III | IV | V | I | ▨ | II
M₄ | V | ▨ | III | ▨ | VI | I | II | IV

(Zeitachse: 2 4 6 8 10 12 14 16 18 20 22 24 26 28)

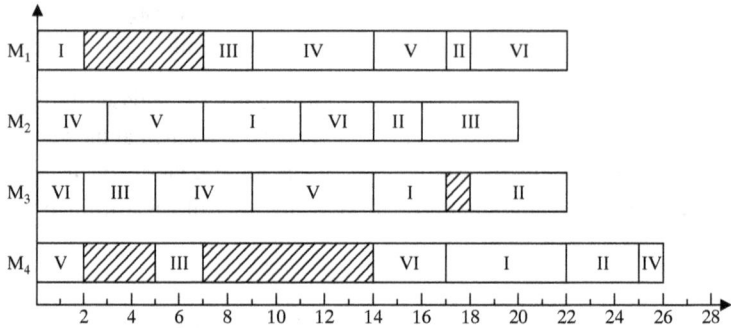

Abbildung 2.17: Maschinenbelegungsplan bei Anwendung der SL-Regel (Beispiel)

Die Anwendung der KOZ/SL-Regel bewirkt, dass die SL-Regel nur im Falle einer negativen Schlupfzeit in der entsprechenden Warteschlange und ansonsten die KOZ-Regel zur Anwendung gelangt. Der Maschinenbelegungsplan lässt sich durch die in Tabelle 2.16 dargestellte Vorgehensweise ermitteln. Darauf aufbauend ergibt sich die in Abbildung 2.18 dargestellte Situation. Die Aufträge I, III, IV und V werden verspätet und die Aufträge II und VI werden vorzeitig fertiggestellt.

Ereig-nis	Zeit-punkt	Wartende Aufträge	Schlupf-zeit	Operations-zeit	Anzuwen-dende Regel	Einzupla-nender Auftrag	Frühester Zeitpunkt des nächsten Ereignisses
M1.1	0	I	+6	2	KOZ	I	2
M2.1	0	II, IV	+10, +5	2, 3	KOZ	II	2
M3.1	0	III, VI	+8, +6	3, 2	KOZ	VI	2
M4.1	0	V	+5	2	KOZ	V	2
M1.2	2	II	+10	1	KOZ	II	3
M2.2	2	I, IV, V, VI	+5, +7, +4, +5	4, 3, 4, 3	KOZ	IV*	5
M3.2	2	III	+6	3	KOZ	III	5
M2.3	5	I, V, VI	+3, +2, +3	4, 4, 3	KOZ	VI	8
M3.3	5	II, IV	+8, +3	4, 4	KOZ	II*	9
M4.2	5	III	+6	2	KOZ	III	7
M1.3	7	III	+6	2	KOZ	III	9
M2.4	8	I, V	0, -1	4, 4	SL	V	12
M4.3	8	VI	+3	3	KOZ	VI	11
M3.4	9	IV	-1	4	SL	IV	13
M1.4	11	VI	+3	4	KOZ	VI	15
M4.4	11	II	+6	3	KOZ	II	14
M2.5	12	I, III	-4, +3	4, 4	SL	I	16
M3.5	13	V	-2	5	SL	V	18
M1.5	15	IV	-3	5	SL	IV	20
M2.6	16	III	-1	4	SL	III	20
M3.6	18	I	-6	3	SL	I	21
M1.6	20	V	-4	3	SL	V	23
M4.5	20	IV	-3	1	SL	IV	21
M4.6	21	I	-6	5	SL	I	26

*Bei gleicher Bearbeitungsdauer wurde der Auftrag mit dem kleineren Index gewählt

Tabelle 2.16: Schrittweise Ermittlung des Reihenfolgeplans mit der KOZ/SL-Regel

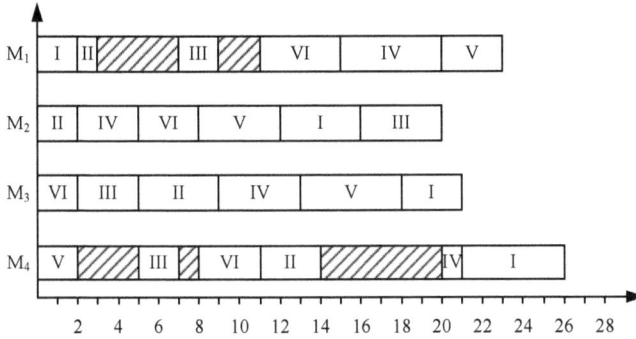

Abbildung 2.18: Maschinenbelegungsplan bei Anwendung der KOZ/SL-Regel

2.3.2 Logistikprozesse

Die Ausführungen zu Logistikprozessen konzentrieren sich auf die Problemfelder Transport und Lagerung. Ziel ist es dabei, dem Leser die grundlegenden Fragestellungen in diesen Problemfeldern näher zu bringen. So stehen im Bereich des Transportes die Probleme der Transportmengen-, Touren- und Beladungsplanung im Zentrum des Interesses, während im Bereich der Lagerung Fragestellungen der Lagerplatzzuordnung und der Kommissionierung thematisiert werden. Zu weiteren Ausführungen zur Transportmengen- und Tourenplanung sei auf Domschke/Scholl (2010), zur Beladungsplanung auf Isermann (1998) und zur Lagerung auf Arnold/ Furmans (2009) verwiesen.

2.3.2.1 Transport

2.3.2.1.1 Transportmengenplanung

Das Grundproblem der Transportmengenplanung wird in der Literatur auch als **klassisches Transportproblem** bezeichnet. Die Planungssituation ergibt sich, wenn an den Versandorten i $(i = 1, ..., m)$ in Gut mit den Mengen a_i verfügbar ist, das an den Bedarfsorten j $(j = 1, ..., n)$ in den Mengen b_j benötigt wird. Dieser Bedarf ist durch Transporte des Gutes von i nach j zu erfüllen, wobei pro transportierter Mengeneinheit Kosten in Höhe von k_{ij} anfallen. Es stellt sich die **Entscheidungsfrage**, welche Gütermengen x_{ij} von welchem Versandort zu welchem Bedarfsort zu transportieren sind, wenn das **Ziel** der Minimierung der gesamten Transportkosten verfolgt wird. Als **Entscheidungsschranken** sind zu berücksichtigen, dass von einem Versandort ausgehend insgesamt keine größere als die verfügbare Menge (Versandbedingung) und dass zu einem Bedarfsort insgesamt keine kleinere als die benötigte Menge (Empfangsbedingung) transportiert wird. Zusätzlich ist zu beachten, dass Transportmengen nicht negativ sein können. Abbildung 2.19 gibt die Grundstruktur des Problems der Transportmengenplanung anschaulich wieder (vgl. Corsten/Corsten/Sartor 2005, S. 88 ff.).

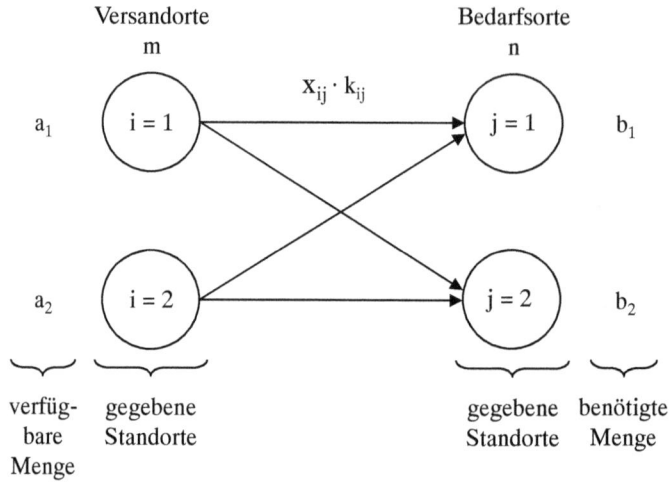

Abbildung 2.19: Transportproblem

Das formale **Optimierungsmodell** ist ein lineares Programm:

- Zielfunktion

$$\min K = \sum_i \sum_j k_{ij} \cdot x_{ij}$$

- Versandbedingung

$$\sum_j x_{ij} \le a_i \qquad \forall i$$

- Empfangsbedingung

$$\sum_i x_{ij} \ge b_j \qquad \forall j$$

- Nichtnegativitätsbedingung

$$x_{ij} \ge 0 \qquad \forall i, j$$

Eine Lösung existiert immer dann, wenn gilt:

$$\sum_i a_i \ge \sum_j b_j$$

Die Lösung kann mit Hilfe des Simplex-Algorithmus oder des Stepping-Stone-Verfahrens erfolgen, wobei für die vorliegende Problemstellung das letztere i. d. R. weniger Rechenaufwand induziert. Das **Stepping-Stone-Verfahren** ist ein zweiphasiges iteratives exaktes Optimierungsverfahren. In der ersten Phase wird eine zulässige Ausgangslösung bestimmt, an der in der zweiten Phase iterativ Verbesserungen vorgenommen werden, und zwar so lange, bis keine weitere Verbesserung mehr möglich ist. Das Verfahren wird auf der Grundlage einer tabellarischen Erfassung der Problemdaten ausgeführt, die in Tabelle 2.17 dargestellt sind.

i \ j	1		2		...	n		
1	k_{11}	x_{11}	k_{12}	x_{12}	...	k_{1n}	x_{1n}	$a_1 = \sum_j x_{1j}$
2	k_{21}	x_{21}	k_{22}	x_{22}	...	k_{2n}	x_{2n}	$a_2 = \sum_j x_{2j}$
...	...		...		...	...		...
m	k_{m1}	x_{m1}	k_{m2}	x_{m2}	...	k_{mn}	x_{mn}	$a_m = \sum_j x_{mj}$
	$b_1 = \sum_i x_{i1}$		$b_2 = \sum_i x_{i2}$		...	$b_n = \sum_i x_{in}$		

Tabelle 2.17: Transportproblem in Tabellendarstellung

Die Vorgehensweise des Stepping-Stone-Verfahrens sei an einem Beispiel verdeutlicht. In einer Handelsunternehmung können drei Verkaufsfilialen $(j=1,2,3)$ mit den Bedarfen $\underline{b} = \begin{pmatrix} 5 & 7 & 4 \end{pmatrix}$ aus zwei Lagern $(i=1,2)$ mit den verfügbaren Mengen $\underline{a} = \begin{pmatrix} 10 & 6 \end{pmatrix}^T$ beliefert werden. Die Transportkosten pro Mengeneinheit betragen:

$$\mathbf{k} = \begin{pmatrix} 7 & 5 & 8 \\ 2 & 3 & 4 \end{pmatrix}$$

Die Bedarfe sollen aus den Lagern so erfüllt werden, dass die Summe der Transportkosten minimal ist.

In Tabelle 2.18 sind die gegebenen Daten und die Entscheidungsvariablen x_{ij} in der für das Stepping-Stone-Verfahren geeigneten Form zusammengefasst. Die Grundversion dieses Verfahrens bezieht sich auf den Fall, dass die Summe der verfügbaren Mengen gleich der Summe der Bedarfsmengen ist. Dieser liegt auch im Beispiel vor. Ist es hingegen möglich, dass von den Versandorten größere Mengen geliefert werden können als die Empfangsorte benötigen, dann kann diese Situation durch die Einführung eines **fiktiven Empfangsortes** berücksichtigt werden, an den dann die überschüssigen Mengen „geliefert" werden. Die Kosten für diese Transportwege werden mit null angesetzt.

i \ j	1		2		3		
1	7	x_{11}	5	x_{12}	8	x_{13}	10
2	2	x_{21}	3	x_{22}	4	x_{23}	6
	5		7		4		

Tabelle 2.18: Transportproblem (Beispiel)

In der **ersten Phase** des Stepping-Stone-Verfahrens wird eine **zulässige Ausgangslösung** bestimmt, d. h. eine Lösung, bei der die Versand-, Empfangs- und Nichtnegativitätsbedingung erfüllt sind, wobei der Zielfunktionswert nicht minimal sein muss. Dies kann mit der **Nord-West-Ecken-Regel** erfolgen (vgl. Abbildung 2.20). Dabei wird mit der Zelle x_{11} (im Nordwesten der Tabelle) begonnen, den Bedarf des Bedarfsortes 1 aus dem Bestand des Versandortes 1 zu decken. Konnte der Bedarf erfüllt werden, wird mit dem nächsten Bedarfsort ($j := j+1$) und dem Restbestand des aktuellen Versandortes fortgesetzt. Andernfalls wird versucht, den noch nicht erfüllten Bedarf aus dem Bestand des nächsten Versandortes ($i := i+1$) zu decken. Diese Vorgehensweise wird so lange fortgesetzt, bis alle Bedarfe erfüllt sind.

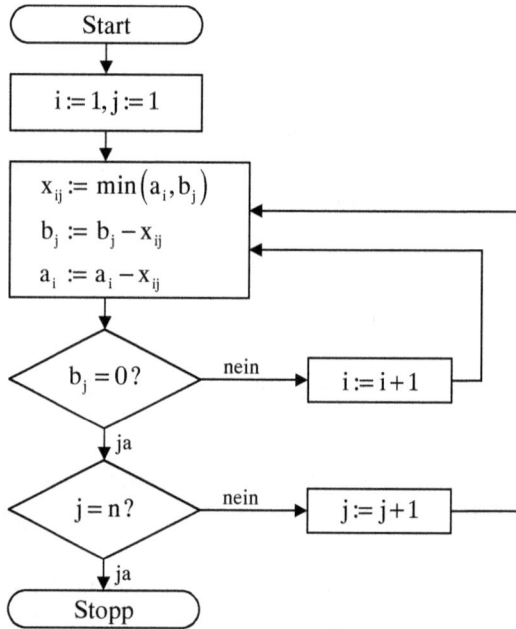

Abbildung 2.20: Ablauf der Nord-West-Ecken-Regel

Im Beispiel ergibt sich dadurch die in Tabelle 2.19 dargestellte Ausgangslösung, die mit Kosten in Höhe von $5 \cdot 7 + 5 \cdot 5 + 0 \cdot 8 + 0 \cdot 2 + 2 \cdot 3 + 4 \cdot 4 = 82$ einhergeht.

i \ j	1		2		3		
1	7	5	5	5	8	0	0
2	2	0	3	2	4	4	0
	0		0		0		

Tabelle 2.19: Ausgangslösung zum Transportproblem (Beispiel)

In der **zweiten Phase** des Stepping-Stone-Verfahrens erfolgt eine schrittweise Verbesserung der Ausgangslösung. Dabei werden nur die noch nicht genutzten Transportverbindungen betrachtet und geprüft, ob es günstiger ist, wenn diese anstelle der in der Ausgangslösung enthaltenen Transportverbindungen genutzt werden. Liegt mindestens eine Verbesserungsmöglichkeit vor, dann wird in einem Verbesserungs-schritt die Möglichkeit umgesetzt (bei mehreren Möglichkeiten diejenige mit der größten Verbesserung). Die Verbesserungsschritte werden so lange fortgesetzt, bis keine Verbesserungsmöglichkeit mehr besteht. Die zweite Phase umfasst somit vier Schritte, die iterativ ausgeführt werden:

1) Für jedes unbesetzte Feld ist ein elementarer Kreis zu bestimmen. Ein **Kreis** ist eine Folge von Tabellenfeldern, bei denen zwei aufeinanderfolgende Tabellen-felder in derselben Spalte oder Zeile stehen, die in jeder Spalte oder Zeile höchs-tens zwei Tabellenfelder enthält und bei der das erste und letzte Feld überein-stimmt.

2) Für jedes nicht besetzte Feld wird ein **Kostenänderungswert** ermittelt.

3) Sind sämtliche Kostenänderungswerte positiv, dann liegt die optimale Lösung vor, sonst ist Schritt 4 durchzuführen.

4) Liegt keine optimale Lösung vor, dann ist ein Feld mit dem kleinsten negativen Kostenänderungswert in die neue Lösung einzubeziehen, die maximal mögliche Mengenänderung vorzunehmen, um dann mit Schritt 1 fortzusetzen.

In der Ausgangslösung des Beispiels liegen zwei ungenutzte Transportverbindungen vor: $x_{21} = 0$ und $x_{13} = 0$. Aufgrund der Empfangs- und Versandbedingungen kann die Menge x_{21} (x_{13}) um einen Betrag erhöht werden, wenn die Mengen x_{11} und x_{22} (x_{23} x_{12}) um denselben Betrag reduziert und die Menge x_{12} (x_{22}) um denselben Betrag erhöht werden. Aufgrund der Nichtnegativitätsbedingung beträgt die Erhö-hung x_{21} (x_{13}) maximal 2 (4) Mengeneinheiten. Pro Mengeneinheit, die x_{21} (x_{13}) zugeschlagen wird, ändern sich die Kosten um $+k_{21} - k_{22} + k_{12} - k_{11} = -3$ ($+k_{13} - k_{12} + k_{22} - k_{23} = +2$). Das heißt, durch die Nutzung der Transportverbindung x_{21} (x_{13}) werden die Kosten reduziert (erhöht), so dass im ersten Verbesserungs-schritt x_{21} um 2 Mengeneinheiten erhöht wird. Die erste verbesserte Lösung ist in Tabelle 2.20 dargestellt und geht mit Gesamtkosten in Höhe von $3 \cdot 7 + 7 \cdot 5 + 0 \cdot 8 + 2 \cdot 2 + 0 \cdot 3 + 4 \cdot 4 = 76$ einher.

i \ j	1		2		3		
1	7	3	5	7	8	0	0
2	2	2	3	0	4	4	0
	0		0		0		

Tabelle 2.20: Erste verbesserte Lösung zum Transportproblem (Beispiel)

In der ersten verbesserten Lösung des Transportproblems liegen zwei ungenutzte Transportverbindungen vor: x_{22} und x_{13}. Durch die Nutzung von x_{22} (x_{13}) ändern sich die Kosten um $+k_{22} - k_{21} + k_{11} - k_{12} = +3$ ($+k_{13} - k_{11} + k_{21} - k_{23} = -1$), so dass die Menge x_{13} erhöht werden sollte. Unter Einhaltung der Nichtnegativitätsbedin-gung können x_{13} maximal 3 Mengeneinheiten zugeschlagen werden. Es ergibt sich die in Tabelle 2.21 dargestellte zweite verbesserte Lösung, die mit Kosten in Höhe von $0 \cdot 7 + 7 \cdot 5 + 3 \cdot 8 + 5 \cdot 2 + 0 \cdot 3 + 1 \cdot 4 = 73$ einhergeht.

i \ j	1		2		3		
1	7	0	5	7	8	3	0
2	2	5	3	0	4	1	0
	0		0		0		

Tabelle 2.21: Zweite verbesserte Lösung zum Transportproblem (Beispiel)

In der zweiten verbesserten Lösung des Transportproblems liegen zwei ungenutzte Transportverbindungen vor: x_{11} und x_{22}. Eine Nutzung ginge in beiden Fällen mit zusätzlichen Kosten in Höhe von 1 bzw. 2 Geldeinheiten pro Mengeneinheit einher, so dass keine weitere Verbesserung möglich ist. Somit ist die zweite verbesserte Lösung gleichzeitig die optimale Lösung.

2.3.2.1.2 Tourenplanung

Generell geht es bei einem Tourenplanungsproblem darum, eine bestimmte Anzahl von Kunden mit bekannten Bedarfen und Standorten mit einer gegebenen Anzahl von Fahrzeugen zu beliefern (vgl. Domschke/Scholl 2010, S. 197 ff.). Reicht ein Fahrzeug aus, um alle Kunden mit einer Fahrt zu beliefern und danach wieder zum Ausgangspunkt zurückzukehren, liegt ein einfaches Tourenproblem in der Form des **Traveling-Salesman-Problems** vor (vgl. z. B. Domschke/Scholl 2010, S. 95 ff.), mit dem Ziel, die kürzeste Rundreise zu ermitteln. Unter den Voraussetzungen, dass es weder Kapazitäts- noch Zeitrestriktionen gibt, lässt sich das Traveling-Salesman-Problem dann wie folgt beschreiben: Es müssen in n verschiedenen Orten Kunden besucht werden. Von einem Ort i $(i = 1,...,n)$ können dabei alle anderen Orte j $(j = 1,...,n)$ auf direktem Weg erreicht werden, wobei die Entfernungen c_{ij} zwischen zwei Orten symmetrisch sind $(c_{ij} = c_{ji})$ und die Entfernung zwischen ein und demselben Ort als unendlich $(c_{ii} = \infty)$ angegeben wird, um unsinnige direkte Wege zu vermeiden. Nachdem alle Orte besucht wurden, erfolgt die Rückkehr zum Ausgangspunkt. Jeder Ort darf nur einmal in der Rundreise enthalten sein, so dass ein geschlossener Weg vorliegt. Es stellt sich somit die **Entscheidungsfrage**, in welcher Reihenfolge die einzelnen Orte angefahren werden sollen. Zur Beantwortung dieser Frage wird das Problem in $n \cdot (n-1)$ Einzelentscheidungen zerlegt, die festlegen, ob der direkte Weg von i nach j in der Rundreise enthalten ist $(x_{ij} = 1)$ oder nicht $(x_{ij} = 0)$. Dass die Einzelentscheidungen nicht unabhängig voneinander getroffen werden können, wird dabei durch **Entscheidungsschranken** erfasst:

a) Jeder in der Route enthaltene Ort hat genau einen Nachfolger.

b) Jeder in der Route enthaltene Ort hat genau einen Vorgänger.

c) Die Route besteht aus genau einem Zyklus.

d) Die Entscheidung über die Einbeziehung direkter Wege ist binär.

Mit der Entscheidungsschranke c) werden Lösungen ausgeschlossen, die aus mehreren Kurzzyklen, d. h. geschlossenen Wegen mit disjunkten Teilmengen zu besuchender Orte, bestehen.

Das formale Entscheidungsmodell lautet dann:

$$\min C = \sum_i \sum_{j \neq i} c_{ij} \cdot x_{ij}$$

a) $\sum_{j \neq i} x_{ij} = 1$ $\qquad\qquad \forall i$

b) $\sum_{i \neq j} x_{ij} = 1$ $\qquad\qquad \forall j$

c) $\sum_{i \in S} \sum_{j \neq i} x_{ij} \leq |S| - 1$ $\qquad\qquad \forall S \subset \{1, ..., n\}, |S| = 2, ..., l$

d) $x_{ij} \in \{0, 1\}$ $\qquad\qquad \forall i, j$

S bezeichnet dabei eine echte Teilmenge der Menge zu besuchender Orte, und $|S|$ ist die Anzahl der in S enthaltenen zu besuchenden Orte. Die maximale Länge zu verhindernder Kurzzyklen wird durch l angegeben. Da Wege zwischen ein und demselben Ort aufgrund $c_{ii} = \infty$ aus der Planung ausgeschlossen werden, können Kurzzyklen auftreten, wenn mehr als drei Orte zu besuchen sind. Bei vier Orten sind Kurzzyklen der Länge 2, bei 5 Orten der Längen 2 und 3, bei 6 Orten der Längen 2, 3 und 4, bei 7 Orten der Längen 2, 3, 4 und 5 etc. möglich. Um die Anzahl der Nebenbedingungen c) so klein wie möglich zu halten, werden nur die kürzeren Längen explizit so ausgeschlossen, dass gleichzeitig die längeren Kurzzyklenlängen nicht mehr möglich sind. So wird bei 7 Orten durch das Ausschließen der Kurzzyklenlänge 2 (3) gleichzeitig die Länge 5 (4) ausgeschlossen. Somit gilt:

$$l = \begin{cases} \dfrac{n}{2} & \text{falls n gerade} \\ \dfrac{n-1}{2} & \text{falls n ungerade} \end{cases}$$

Das nachfolgende Beispiel verdeutlicht das Traveling-Salesman-Problem. Die Matrix gibt die Entfernungen in Kilometern zwischen n = 5 Orten an.

von \ nach	1	2	3	4	5
1	∞	2	10	6	4
2	2	∞	8	5	7
3	10	8	∞	3	1
4	6	5	3	∞	9
5	4	7	1	9	∞

Tabelle 2.22: Entfernungsmatrix zum Traveling-Salesman-Problem (Beispiel)

Unter Berücksichtigung der gegebenen Werte lautet das problemspezifische Modell:

$$\min C = 2 \cdot x_{12} + 10 \cdot x_{13} + 6 \cdot x_{14} + 4 \cdot x_{15} +$$
$$2 \cdot x_{21} + 8 \cdot x_{23} + 5 \cdot x_{24} + 7 \cdot x_{25} +$$
$$10 \cdot x_{31} + 8 \cdot x_{32} + 3 \cdot x_{34} + 1 \cdot x_{35} +$$
$$6 \cdot x_{41} + 5 \cdot x_{42} + 3 \cdot x_{43} + 9 \cdot x_{45} +$$
$$4 \cdot x_{51} + 7 \cdot x_{52} + 1 \cdot x_{53} + 9 \cdot x_{54}$$

a) $x_{12} + x_{13} + x_{14} + x_{15} = 1$
$$\vdots \qquad \vdots$$
$x_{51} + x_{52} + x_{53} + x_{54} = 1$

b) $x_{21} + x_{31} + x_{41} + x_{51} = 1$
$$\vdots \qquad \vdots$$
$x_{15} + x_{25} + x_{35} + x_{45} = 1$

c) $x_{12} + x_{21} \leq 1$ $x_{23} + x_{32} \leq 1$ $x_{34} + x_{43} \leq 1$ $x_{45} + x_{54} \leq 1$
$x_{13} + x_{31} \leq 1$ $x_{24} + x_{42} \leq 1$ $x_{35} + x_{53} \leq 1$
$x_{14} + x_{41} \leq 1$ $x_{25} + x_{52} \leq 1$
$x_{15} + x_{51} \leq 1$

d) $x_{12} \in \{0,1\}$
$$\vdots$$
$x_{54} \in \{0,1\}$

Zur Lösung des Traveling-Salesman-Problems können exakte Lösungsverfahren angewendet werden, wobei eine akzeptable Lösungszeit nur dann erreicht wird, wenn die Anzahl zu besuchender Orte nicht allzu groß ist. So konnten bereits mit der im Jahre 2010 verfügbaren Rechentechnik Probleminstanzen mit 100 Orten durchschnittlich in etwas weniger als einer Sekunde, mit 1000 Orten durchschnittlich in etwa 10 Minuten und mit 2500 Orten durchschnittlich in etwa 15 Stunden gelöst werden (vgl. Matai/Singh/Mittal 2010, S. 11 f.). Wird auf die Optimalitätsgarantie verzichtet, kann der Lösungsprozess durch die Anwendung von problemspezifischen Heuristiken (z. B. Eröffnungsverfahren: Verfahren des besten Nachfolgers, Verfahren der sukzessiven Einbeziehung; Verbesserungsverfahren: k-opt-Verfahren) oder Metaheuristiken (z. B. Tabu search, Simulated annealing, Genetic algorithm, Ant colony optimization) beschleunigt werden (vgl. Matai/Singh/Mittal 2010, S. 16 f.; Müller-Merbach 1966, S. 32 ff.; Neumann/Morlock 2002, S. 463 ff.).

Das Beispielproblem wird mit 10 Iterationen des Branch-and-Bound-Verfahrens exakt gelöst, wobei ein PC mit aktuell üblicher Ausstattung zur Ausführung des Verfahrens weniger als eine Sekunde benötigt. Die optimale Rundreise weist einen Zielfunktionswert von 15 auf und wird durch den Zyklus 1-5-3-4-2-1 (und aufgrund der symmetrischen Entfernungsmatrix auch durch den Zyklus mit umgekehrter Richtung 1-2-4-3-5-1) erreicht.

Eine bewährte heuristische Vorgehensweise ist es, mit einem **Eröffnungsverfahren** eine zulässige Ausgangslösung zu erzeugen und danach durch Anwendung eines **Verbesserungsverfahrens** nahezu optimale Lösungen zu finden. Als einfaches Eröffnungsverfahren sei das **Verfahren der sukzessiven Einbeziehung** vorgestellt. Ausgangspunkt bildet ein Kurzzyklus, der aus zwei Orten besteht, in den dann ein dritter Ort an der günstigsten Position einzufügen ist. Ist der dadurch neu entstehende Zyklus ein Kurzzyklus, dann bildet dieser wiederum den Ausgangspunkt für die Einbeziehung des nächsten Ortes. Die Auswahl des als nächstes einzufügenden Ortes erfolgt dabei willkürlich. Diese Vorgehensweise wird so lange wiederholt, bis der entstehende Zyklus alle zu besuchenden Orte umfasst (also kein Kurzzyklus ist). Danach liegt eine zulässige Rundreise vor. Werden im vorliegenden Beispiel die einzubeziehenden Orte entsprechend der aufsteigenden Nummerierung ausgewählt, dann wird zuerst der Kurzzyklus 1-2-1 gewählt und sukzessive, wie in Tabelle 2.23 dargestellt, erweitert.

Zyklus	Entfernung
1-3-2-1	20
1-2-3-1	20

Zyklus	Entfernung
1-4-2-3-1	29
1-2-4-3-1	20
1-2-3-4-1	19

Zyklus	Entfernung
1-5-2-3-4-1	28
1-2-5-3-4-1	19
1-2-3-5-4-1	26
1-2-3-4-5-1	26

Tabelle 2.23: Verfahren der sukzessiven Einbeziehung (Beispiel)

Der Zyklus 1-2-5-3-4-1 weist mit einer Länge von 19 das beste Ergebnis auf (hierbei handelt es sich um eine zulässige, aber nicht optimale Lösung).

Ein **heuristisches Verbesserungsverfahren** stellt das **2-opt-Verfahren** dar. Ziel ist es, aufbauend auf einer zulässigen Ausgangslösung, durch systematisches Austauschen zweier Verbindungen eine Verkürzung der Rundreise zu erreichen. Folgende Schritte sind durchzuführen: Die Verbindung zwischen dem Ort μ und dem unmittelbar danach zu besuchenden Ort $\mu+1$ sowie den nacheinander zu besuchenden Orten ν und $\nu+1$ sind aus der Rundreise zu entfernen und durch die Verbindung von Ort μ zu Ort ν sowie von Ort $\mu+1$ zu Ort $\nu+1$ zu ersetzen. Die ersten zu untersuchenden Verbindungen ($\mu=1$) sind die zwischen dem Startort $i_\mu=1$ und dem nächsten zu besuchenden Ort $i_{\mu+1} = 2$ sowie die zwischen den an dritter und vierter Stelle zu besuchenden Orten $i_\nu = 5$ und $i_{\nu+1} = 3$ ($\nu = \mu + 2$).

Nach dem Austausch sind die beiden folgenden Fälle zu unterscheiden:

- Tritt eine Verkürzung der Rundreise ein, dann bildet diese neue Route den Ausgangspunkt eines weiteren Austausches (Iteration).
- Tritt keine Verkürzung ein, dann wird erneut auf der Basis der Ausgangsroute eine Vertauschung vorgenommen, wobei der Wert von ν um den Wert eins erhöht wird.

Wurden für die Werte $\mu = 1$ die Verbindungen für alle Werte ν ($\mu + 2 \leq \nu \leq n$) untersucht, dann wird μ um den Wert eins erhöht ($\mu \leq n - 2$) und es sind wiederum alle Verbindungen zu untersuchen. Dies wird so lange wiederholt, bis keine bessere Lösung bestimmt werden kann.

Im Beispiel ergibt sich auf der Grundlage der Rundreise 1-2-5-3-4-1 (Ergebnis des Verfahrens der sukzessiven Einbeziehung) die in Tabelle 2.24 zusammengefassten Iterationen. Als verbesserte Lösung wird der Zyklus 1-2-4-3-5-1 gefunden. Dieser entspricht zwar im Beispiel der optimalen Lösung, das 2-opt-Verfahren kann dies jedoch für andere Zahlenkonstellationen nicht garantieren.

Iteration	Indizes		bislang beste Tour		zu prüfende Tour		Verbesserung
	μ	ν	Reihenfolge	Länge	Reihenfolge	Länge	
1	1	3	1-2-5-3-4-1	19	1-5-2-3-4-1	28	–
2	1	4	1-2-5-3-4-1	19	1-3-5-2-4-1	29	–
3	1	5	1-2-5-3-4-1	19	1-4-5-3-2-1	26	–
4	2	4	1-2-5-3-4-1	19	1-2-3-5-4-1	26	–
5	2	5	1-2-5-3-4-1	19	1-2-4-3-5-1	15	*
6	1	3	1-2-4-3-5-1	15	1-4-2-3-5-1	24	–
7	1	4	1-2-4-3-5-1	15	1-3-4-2-5-1	29	–
8	1	5	1-2-4-3-5-1	15	1-5-4-3-2-1	26	–
9	2	4	1-2-4-3-5-1	15	1-2-3-4-5-1	26	–
10	2	5	1-2-4-3-5-1	15	1-2-5-3-4-1	19	–
11	3	5	1-2-4-3-5-1	15	1-2-4-5-3-1	26	–

Tabelle 2.24: Iterationen des 2-opt-Verfahrens (Beispiel)

2.3.2.1.3 Beladung

Im Rahmen der Beladung werden ausschließlich **Stückgüter** und keine Schüttgüter (z. B. Sand, Zement, Kohle, Getreide) behandelt. Stückgüter sind dabei äußerst heterogen und werden z. B. in Containern (genormte Großbehälter mit einem Ladevolumen von 33 bis 108 m³) und auf Paletten geladen und transportiert. Paletten als Großladungsträger sind in der Industrie von hoher Bedeutung und dienen der Zusammenfassung von Stückgütern zu größeren Ladeeinheiten, wobei der Vorgang als Palettierung bezeichnet wird. Die Beladung kann manuell oder maschinell vorgenommen werden. In Abhängigkeit davon, ob das Palettieren in einem Arbeitsgang oder parallel lagenweise erfolgt, werden **Palettiermaschinen** als Vollpalettierer bzw. Lagenpalettierer bezeichnet.

Bei den Paletten gibt es die unterschiedlichsten Erscheinungsformen (z. B. Flachpalette mit Rohrbügel, Gitterboxpalette, faltbare Gitterboxpalette, um nur einige Beispiele zu nennen), jedoch konzentrieren sich die weiteren Überlegungen auf einen einheitlichen Palettentyp (z. B. Europalette) mit Beschränkungen der Packfläche (z. B. 800 mm x 1200 mm), der Stauraumhöhe (z. B. 900 mm) und des Höchstgewichts (z. B. 1000 kg), der mit homogenen Einheiten (z. B. quaderförmige Packstücke) beladen werden soll. Hierbei stellt sich das Problem, die Palette mit der maximalen Anzahl an Packstücken zu beladen. Wird vom Gewicht abstrahiert, dann bilden die Forderungen, dass ein Packstück nicht über die Grenzen der Packfläche sowie der Stauraumhöhe hinausragt und dass ein Packstück nicht in ein anderes hineinragt, die Entscheidungsschranken.

Um ein **Grundmodell** formulieren zu können, wird zusätzlich die Annahme getroffen, dass alle Packstücke mit derselben vertikalen Orientierung angeordnet werden, so dass „nur" eine optimale Anordnung der Packstücke auf der Packfläche zu finden ist. Diese wird dann auf jede darüberliegende Packlage angewendet, und zwar so oft, dass die maximale Stauraumhöhe gerade noch nicht überschritten wird. Damit ergibt sich ein homogenes, zweidimensionales Packproblem (H2DPP), dass Analogien zur Layoutplanung in der Ebene (vgl. Anjos/Vieira 2017, S. 1 ff.) aufweist. Die Ermittlung des optimalen Beladungsplanes erfolgt dann in zwei Schritten (vgl. Wäscher 2007, S. 462 ff.; Wäscher/Haußner/Schumann 2007, S. 1109 ff.):

- Bestimmung der **maximalen Anzahl von Packstücken**, die auf der **Palettengrundfläche** (B x L) (Packfläche) angeordnet werden können.
- Kombination der Lagentypen zu einem **Lagenstapel**, der eine vorgegebene Stauraumhöhe (H) nicht überschreitet.

Die Abmessungen der rechteckigen Grundfläche eines homogenen Packstücks sind mit Länge l und Breite b und der rechteckigen Packfläche mit Länge L und Breite B gegeben. Dabei gelten die Relationen $b \leq l$, $l \leq L$, $b \leq B$, und $L \leq B$. Ohne weitere Beschränkung der Allgemeingültigkeit wird die Palette so ausgerichtet, dass deren Länge (Breite) auf der x-Achse (y-Achse) abgebildet und die linke untere Ecke der Packfläche auf die Koordinaten (0,0) normiert wird. In der Regel sollen die Packstücke so angeordnet werden, dass ihre Grundflächenseiten parallel zu den Seiten der Packfläche verlaufen. Damit ergeben sich zwei Ausrichtungen $k \in \{1,2\}$ der Packstücke: längs ($k = 1$) und quer ($k = 2$). Die dadurch auf der Packfläche belegten Flächen haben die Längen l_k und Breiten b_k, mit $l_1 = l$ und $b_1 = b$ bzw. $l_2 = b$ und $b_2 = l$. Die Packstücke werden mit i ($i = 1, ..., I$) indiziert, wobei $I \leq \lfloor L \cdot B / (l \cdot b) \rfloor$ gilt. Mit der Variable $a_{ik} \in \{0,1\}$ wird die Entscheidungsfrage beantwortet, ob das Packstück mit der Ausrichtung k auf der Packfläche eingefügt wird ($a_{ik} = 1$) oder nicht ($a_{ik} = 0$). Mit den Entscheidungsvariablen x_i, y_i wird die Lage des Mittelpunktes des Packstücks i auf der Packfläche mit Hilfe kartesischer Koordinaten festgelegt. Das **Entscheidungsziel** besteht dann in der Maximierung der Anzahl der auf der Packfläche angeordneten Packstücke:

$$\max A = \sum\nolimits_k \sum\nolimits_i a_{ik}$$

Die Positionierung eines Packstücks ist unter folgenden **Bedingungen** zulässig:

- Für ein Packstück wird höchstens eine Ausrichtung gewählt:

$$\sum\nolimits_k a_{ik} \leq 1 \qquad\qquad \forall i$$

- Ein Packstück ragt nicht über die Packfläche hinaus:

$$x_i + 0,5 \cdot \sum\nolimits_k l_k \cdot a_{ik} \leq L \qquad\qquad \forall i$$

$$x_i - 0,5 \cdot \sum\nolimits_k l_k \cdot a_{ik} \geq 0 \qquad\qquad \forall i$$

$$y_i + 0,5 \cdot \sum\nolimits_k b_k \cdot a_{ik} \leq B \qquad\qquad \forall i$$

$$y_i - 0,5 \cdot \sum\nolimits_k b_k \cdot a_{ik} \geq 0 \qquad\qquad \forall i$$

- Die Grundflächen der Packstücke überlappen sich nicht (in Anlehnung an Heragu/Kusiak 1991, S. 7, im Kontext der Layoutplanung):

$$x_i + 0,5 \cdot \sum\nolimits_k \left(l_k \cdot \left(a_{ik} + a_{jk} \right) \right) \leq x_j + M \cdot z_{ij} \qquad \begin{matrix} \forall i = 1,...,I-1, \\ j = i+1,...,I \end{matrix}$$

$$y_i + 0,5 \cdot \sum\nolimits_k \left(b_k \cdot \left(a_{ik} + a_{jk} \right) \right) \leq y_j + M \cdot \left(1 - z_{ij} \right) \qquad \begin{matrix} \forall i = 1,...,I-1, \\ j = i+1,...,I \end{matrix}$$

- Nichteingesetzte Packstücke haben keinen Einfluss auf die Positionierung der anderen Packstücke:

$$x_i \leq M \cdot \sum\nolimits_k a_{ik} \qquad\qquad \forall i$$

$$y_i \leq M \cdot \sum\nolimits_k a_{ik} \qquad\qquad \forall i$$

Für die Entscheidungs- und Hilfsvariablen gelten die Wertebereiche:

$$a_{ik} \in \{0,1\} \qquad\qquad \forall i, k$$

$$z_{ij} \in \{0,1\} \qquad\qquad \forall i, j$$

$$x_i, y_i \geq 0 \qquad\qquad \forall i$$

Die für die Positionierungsbeziehungen zwischen zwei Packstücken relevanten Entscheidungsschranken verwenden den Hilfsparameter M ($M > \max\{L, B\}$), um die Abhängigkeit der reellwertigen Koordinaten x_i, y_i von den binären Entscheidungsvariablen a_{ik}, z_{ij} zu erfassen. Die Hilfsvariable z_{ij} berücksichtigt dabei, dass sich die Grundflächen zweier Packstücke erst dann überlappen, wenn die Seiten ihrer Grundflächen in beiden Dimensionen eine gemeinsame Strecke aufweisen.

Das Grundmodell lässt sich in der vorliegenden Form nur für Probleminstanzen mit einer sehr kleinen Anzahl an Packstücken ($I < 15$) mit Hilfe eines exakten Verfahrens in akzeptabler Zeit lösen. Die Zeit für das Auffinden der exakten Lösung lässt sich verkürzen, wenn vor der Anwendung des exakten Lösungsverfahrens zulässige Positionierungen der Packstücke explizit aufgelistet werden (vgl. Morabito/Morales 1998, S. 820 f.). Hierdurch können Probleminstanzen mit etwa 100 Packstücken in akzeptabler Rechenzeit exakt gelöst werden (vgl. Silva/Oliveira/Wäscher 2016, S. 160 ff.). Diese Stückzahl ist zum Beispiel dann gegeben, wenn die Packstückabmessungen im Vergleich zu den Abmessungen der Packfläche relativ groß sind.

Mit kleiner werdenden Packstückabmessungen nehmen jedoch die Anzahl der Variablen und Restriktionen des Optimierungsproblems und damit verbunden auch der Rechenaufwand sehr schnell zu, so dass i. d. R. mit Heuristiken gearbeitet wird (zu einem Überblick vgl. Silva/Oliveira/Wäscher 2016, S. 154 ff.). Diese Verfahren teilen die Palettengrundfläche in rechteckige Teilgrundflächen nach einer definierten Vorschrift auf. Der optimale Anordnungsplan zeigt dann eine blockweise Anordnung der Packstücke auf den Teilgrundflächen (vgl. Isermann 1998, S. 256 ff.). In diesem Zusammenhang wird von einer **Block-Heuristik** gesprochen. Abbildung 2.21 gibt beispielhaft eine 4-Block-Aufteilung wieder.

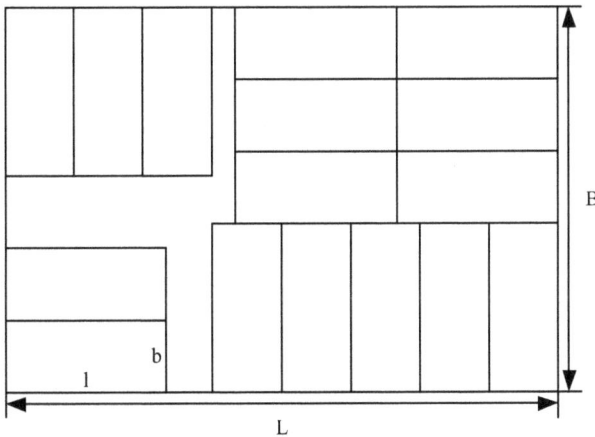

Abbildung 2.21: Beispielhafte Blockbildung

Die Zerlegung der Palettengrundfläche in Teilgrundflächen wird unter anderem von der Relation zwischen Längs- bzw. Breitseite der Palette und Längs- bzw. Breitseite des Packstückes beeinflusst. Ist diese ganzzahlig, dann führt dies zu einer 1-Blockaufteilung, d. h. zu einer vollständigen Ausnutzung der Palettengrundfläche. Verlaufen die Packstücke mit ihrer Längsseite parallel zur Längsseite der Palette, dann wird von einer **längsorientieren Anordnung** gesprochen. Verläuft die Breitseite des Packstückes parallel zur Längsseite der Palettengrundfläche, dann liegt eine **querorientierte Anordnung** vor (vgl. Wäscher 2007, S. 463 f.).

Die Vorgehensweise sei zunächst in allgemeiner Form an der 4-Block-Heuristik (vgl. Smith/Cani 1980, S. 574 ff.) verdeutlicht (vgl. Wäscher 2008, S. 172 f.):

- **Bildung des ersten Blocks**: Ausgangspunkt ist die untere linke Ecke der Palette, wobei die Anordnung der Packgebinde längsorientiert erfolgt. Ein Block besteht dann aus m übereinander und n nebeneinander geordneten Packstücken, deren rechteckige Grundfläche die Abmessungen $(m \cdot b) x (n \cdot 1)$ aufweist.

- **Bildung des zweiten Blocks**: Ausgangspunkt bildet die untere rechte Palettenecke. Die verbleibende Palettenlänge ist dann $L - n \cdot 1$ Die Anzahl der maximalen Packstücke ergibt sich dann aus $\lfloor L - n \cdot 1 / b \rfloor$. Die Breite von Block zwei ergibt sich aus der Anzahl p der querorientierten Packstücke.

- **Bildung des dritten Blocks**: Ausgangspunkt ist die obere rechte Palettenecke. Die Restbreite ergibt sich aus $B - p \cdot 1$. Analog wird aus längsorientiert angeordneten Packstücken ein dritter Block gebildet, dessen Breite $\lfloor (B - p \cdot 1) / b \rfloor$ Packstücke beträgt. Die Länge wird durch q Packstücke bestimmt.

- **Bildung des vierten Blocks**: Er enthält Packstücke in Queranordnung und beginnt in der oberen linken Palettenecke. Während sich seine Länge aus $\lfloor (L - q \cdot 1) / b \rfloor$ ergibt, wird die Breite durch $\lfloor (B - m \cdot b / 1) \rfloor$ Packstücke bestimmt.

Eine so konstruierte Anordnung umfasst dann Packstücke in einer Anzahl von:

$$P = m \cdot n + \left\lfloor \frac{(L - n \cdot 1)}{b} \right\rfloor \cdot p + \left\lfloor \left(\frac{B - p \cdot 1}{b} \right) \right\rfloor q + \left\lfloor \frac{(L - q \cdot 1)}{b} \right\rfloor \cdot \left\lfloor \left(\frac{B - m \cdot 1}{1} \right) \right\rfloor$$

Die Vorgehensweise sei an einem Beispiel verdeutlicht. Es wurden jeweils zehn Bücher (15,3 cm x 10 cm x 2,6 cm) mit einer Schrumpffolie zu Gebinden zusammengefasst, wodurch sich für das Gebinde die Abmessungen 15,3 cm x 20 cm x 13 cm) ergibt (vgl. Abbildung 2.22). Ziel ist es, auf der Grundfläche einer Europalette möglichst viele Packstücke zu positionieren.

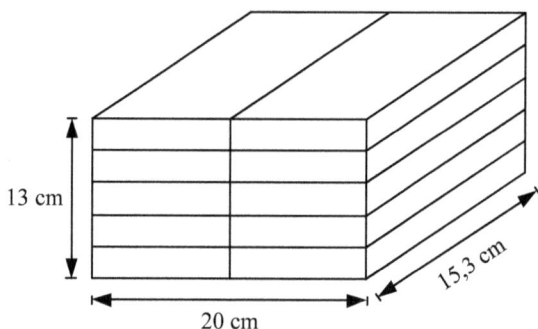

Abbildung 2.22: Packgut (Beispiel)

Mit dieser Heuristik lassen sich dann für dieses Beispiel 185 gültige Anordnungspläne (AP) generieren, wobei maximal 28 Gebinde auf einer Europalette angeordnet werden können. Dabei werden 89,25 % der Palettengrundfläche ausgenutzt. Tabelle 2.25 gibt beispielhaft die ersten zwanzig Anordnungspläne wieder. Dabei zeigt sich, dass mit unterschiedlichen Anordnungsplänen die maximale Gebindeanzahl (28 Stück) erreicht werden kann (insgesamt wird diese Anzahl mit vierzehn unterschiedlichen Plänen realisiert).

AO-Nr.	m	n	p	q	Block 1	Block 2	Block 3	Block 4	Anzahl
1	1	1	1	1	1x1	6x1	1x3	6x3	28
2	1	1	1	2	1x1	6x1	2x3	5x3	28
3	1	1	1	3	1x1	6x1	3x3	3x3	25
4	1	1	1	4	1x1	6x1	4x3	2x3	25
5	1	1	1	5	1x1	6x1	5x3	1x3	25
6	1	1	2	5	1x1	6x2	5x2	1x3	26
7	1	1	3	5	1x1	6x3	5x1	1x3	27
8	1	2	1	1	2x1	5x1	1x3	6x3	28
9	1	2	1	2	2x1	5x1	2x3	5x3	28
10	1	2	1	3	2x1	5x1	3x3	3x3	25
11	1	2	1	4	2x1	5x1	4x3	2x3	25
12	1	2	1	5	2x1	5x1	5x3	1x3	25
13	1	2	2	4	2x1	5x2	4x2	2x3	26
14	1	2	2	5	2x1	5x2	5x2	1x3	25
15	1	2	3	4	2x1	5x3	4x1	2x3	27
16	1	2	3	5	2x1	5x3	5x1	1x3	25
17	1	3	1	1	3x1	3x1	1x3	6x3	27
18	1	3	1	2	3x1	3x1	2x3	5x3	27
19	1	3	1	3	3x1	3x1	3x3	3x3	24
20	1	3	1	4	3x1	3x1	4x3	2x3	24

Tabelle 2.25: Mögliche Anordnungspläne (Ausschnitt)

Die Abbildung 2.23 zeigt beispielhaft die Ergebnisse für die Anordnungspläne zwei und acht.

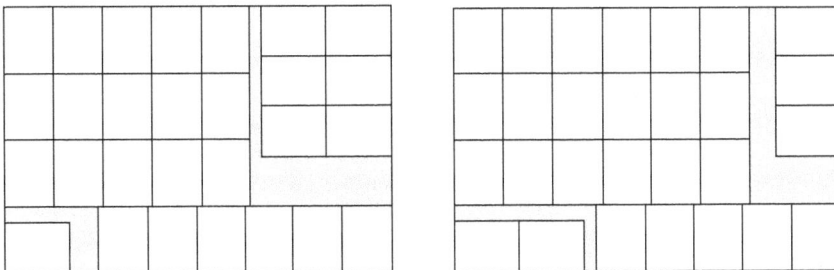

Abbildung 2.23: Beispielhafte Anordnungspläne

Im Rahmen der **Nutzung der Stauraumhöhe** sind zwei Fälle zu unterscheiden:

- Ist nur eine vertikale Orientierung möglich, dann sind mehrere, dem Packmuster entsprechende Lagen bis zur maximalen Packhöhe H übereinander anzuordnen.

- Sind mehrere vertikale Orientierungen möglich, dann sind Lagetypen mit unterschiedlichen Packmustern und Höhen so zu kombinieren, dass eine möglichst gute Stauraumnutzung gegeben ist. Für ein Packstück mit den Abmessungen b x l x h lassen sich dann drei Lagetypen bilden:

  -- **Bodenlage** (B-Lage), bei der die Grundfläche des Packstückes die Abmessungen b x l aufweist,

  -- **Seitenlage** (S-Lage), bei der die Grundfläche des Packstückes die Abmessungen l x h besitzt,

  -- **Endlage** (E-Lage), bei der die Grundfläche des Packstückes die Abmessungen b x h aufweist.

Das zu lösende Problem besteht dann darin, für die zulässigen Lagetypen die Häufigkeit zu bestimmen, mit der sie in dem Lagenstapel vorkommen sollen. Es lässt sich dann als ganzzahliges Optimierungsproblem formulieren. Liegen vergleichsweise große Packstücke vor, dann lassen sich wieder sämtliche Kombinationen von Lagetypen enumerieren und die optimale Lösung bestimmen. Ist dies nicht gegeben, dann können speziell entwickelte heuristische Lösungsverfahren eingesetzt werden (vgl. Isermann 1998, S. 249 ff.).

2.3.2.2 Lagerung

2.3.2.2.1 Grundlegungen

Lagerung bezeichnet den derivativen Teilprozess des Wertschöpfungsprozesses einer Unternehmung oder einer Supply Chain, dem die Sicherstellung der Güterverfügbarkeit bei unterschiedlich dimensionierten Güterströmen zwischen den Wertschöpfungsstufen obliegt. Unter einem **Lager** ist ein Bestand an beweglichen materiellen Gütern zu verstehen, der temporär nicht unmittelbar im Leistungsprozess involviert ist. Grundsätzlich kann ein Lager die folgenden **Funktionen** übernehmen (vgl. z. B. Kern 1992, S. 233):

- **Ausgleichsfunktion**: Güterzugang und Bedarf können in mengenmäßiger und zeitlicher Hinsicht voneinander abweichen. Ein mengenmäßiger Ausgleich liegt dann vor, wenn in einem Zeitraum Lagerzugänge und -abgänge voneinander abweichen. Sind Lagerzu- und -abgänge hingegen zeitlich unterschiedlich verteilt, dann ist ein zeitlicher Ausgleich erforderlich.
- **Sicherungsfunktion**: Ausgangspunkt ist die Unvollständigkeit der Informationen über die Zukunft. Ursachen für die damit einhergehende Unsicherheit können z. B. sein: die Wiederbeschaffungsdauer einer Gütermenge unterliegt Schwankungen, die Lagerzugangsmenge weicht von der Bestellmenge ab, die vorhandenen Lagerbestände sind nicht mit den Beständen der Lagerbestandsbuchhaltung identisch. Vor diesem Hintergrund stellen Lagerbestände Sicherheitsäquivalente dar.
- **Spekulationsfunktion**: Ursächlich sind hierfür erwartete Material- und Absatzpreisänderungen. So baut eine Unternehmung z. B. zusätzliche Materialbestände auf, wenn sie davon ausgeht, dass die Materialbeschaffungspreise steigen.
- **Veredelungsfunktion**: Hierbei handelt es sich um Prozesse der Gärung, Reifung, Alterung etc. In diesem Zusammenhang wird auch von einer **Produktivfunktion des Lagers** gesprochen, weil das Gut erst durch Lagerung den intendierten Zustand erreicht.

Darüber hinaus können Lager in den unterschiedlichen Phasen des Leistungsprozesses auftreten, woraus sich dann die folgenden Erscheinungsformen ergeben:

- **Beschaffungslager**: Sie verbinden das unternehmerische Umsystem, konkret die Beschaffungsmärkte, mit der Unternehmung.
- **Zwischenlager** dienen dem Ausgleich zwischen unterschiedlichen Produktionsstufen und -prozessen, d. h., Ausbringungsmengen bezogen auf eine Zeiteinheit sind in aufeinanderfolgenden Stufen unterschiedlich groß. Ein Zwischenlager wird als ein **Zerreißlager** bezeichnet, wenn die nachfolgende Produktionsstufe eine höhere Produktionsgeschwindigkeit aufweist als die vorgelagerte Stufe. Demgegenüber wird von einem **Aufstaulager** gesprochen, wenn die nachfolgende Produktionsstufe mit einer niedrigeren Produktionsgeschwindigkeit arbeitet als die vorgelagerte Stufe.
- **Absatzlager** dienen dem Ausgleich zwischen Produktions- und Absatzprozessen.

Die **Lagerleistung** wird durch Aufnahme und zeitlich verzögerte Abgabe einer Menge temporär nicht unmittelbar in die Produktion involvierter Güterarten (z. B. Material, Zwischenprodukte, Endprodukte) erbracht, und zwar ohne die physischen Eigenschaften dieser Lagergüter innerhalb der Aufbewahrungszeit aktiv zu verändern. In der Literatur werden mehrere Dimensionen der Lagerleistung analysiert. Häufig genannte Leistungsindikatoren sind dabei (vgl. z. B. Gu/Goetschalckx/McGinnis 2010, S. 544 ff.): Durchsatz, Auslastung, Dauer der Ein-, Um- und Auslagerungsvorgänge, Reaktionszeit auf Einlagerungs- bzw. Auslagerungsaufträge und Genauigkeit der Auftragserfüllung. Im Hinblick auf die **Kosten** werden je nach Gestaltungsebene (taktisch, operativ) die Kosten der Errichtung und Erhaltung des Lagersystems und/oder die Kosten der Durchführung von Lagervorgängen entscheidungsrelevant (vgl. z. B. Rouwenhorst u. a. 2000, S. 519 ff.). Bei der Gestaltung des Lagersystems steht also die Frage im Vordergrund, wie der Zustrom/die Entnahme von Lagergütern in das/aus dem Lager so gehandhabt werden können, dass eine definierte Lagerleistung zu den niedrigsten Kosten erbracht wird.

Ein **Lagersystem** umfasst technische Einrichtungen wie Regale und Fördermittel, Ladungsträger (Paletten, Container), ein rechnergestütztes Informationssystem und organisatorische Regelungen (vgl. Stadtler 1998, S. 224). Diese Elemente werden in Abhängigkeit von den Zielen der Lagerung und den Anforderungen der Lagergüter genutzt, um die Lagerung zu vollziehen.

Bei der **Lagerung** ist zunächst zwischen Boden- und Regallagerung zu unterscheiden. Die **Bodenlagerung** kann als Block- oder als Zeilenlagerung erfolgen (vgl. Arnold/Furmans 2009, S. 190 f.). Bei der **Blocklagerung** werden die Lagergüter auf dem Boden in großflächigen Blocks aufbewahrt, wobei zwischen ungestapelter und gestapelter Form zu unterscheiden ist (vgl. Abbildung 2.24).

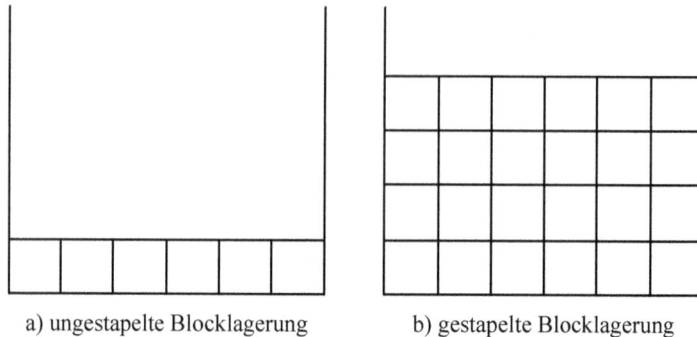

a) ungestapelte Blocklagerung   b) gestapelte Blocklagerung

Abbildung 2.24: Blocklagerung

Bei der **Zeilenlagerung** existieren zwischen den Lagergütern freie Flächen, die begehbar oder befahrbar sind. Auch hierbei ist zwischen ungestapelter und gestapelter Form zu unterscheiden (vgl. Abbildung 2.25).

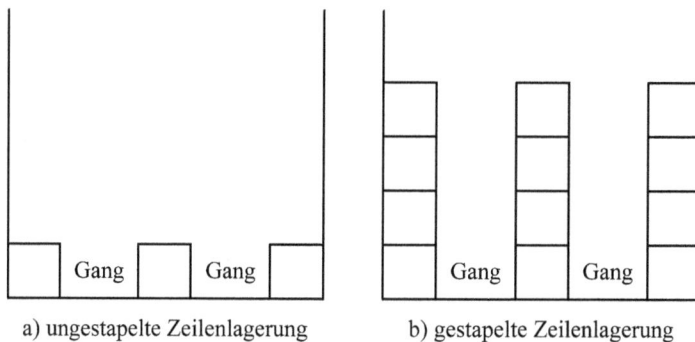

a) ungestapelte Zeilenlagerung   b) gestapelte Zeilenlagerung

Abbildung 2.25: Zeilenlagerung

Die **Stapelhöhe** wird in beiden Formen von den folgenden Faktoren beeinflusst (vgl. Schulte 2017, S. 240):

- Belastbarkeit der Lagergüter,
- Bodentragfähigkeit,
- Fördertechnik und
- Raumhöhe.

Regallagerung weist ein breites Spektrum der Erscheinungsformen auf (vgl. z. B. Schulte 2017, S. 241 ff.). Beispielhaft seien an dieser Stelle häufiger anzutreffende Erscheinungsformen, wie Zeilenregallager, Paternosterregale, Durchlaufregallager und Hochregallager, kurz verdeutlicht. Abbildung 2.26 gibt in schematischer Form ein **Zeilenregallager** wieder. In die Fächer eines Zeilenregals werden die Lagergüter in der Regel mit Hilfe standardisierter Ladungsträger eingelagert.

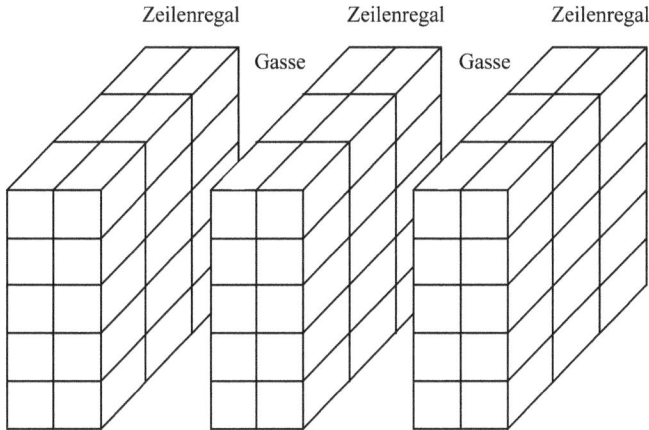

Abbildung 2.26: Zeilenregallager

Ein **Paternosterregal** besteht aus zwei parallelen, endlos umlaufenden Ketten, die durch Stangen miteinander verbunden sind, an denen sich in Abhängigkeit von dem zu lagernden Gut, Fachböden, Kassetten, Schubladen etc. befinden. Um den schnellen Zugriff zu gewährleisten, kann ein Paternosterregal in beide Richtungen gesteuert werden (vgl. Abbildung 2.27). Eine Abwandlung stellt das **horizontale Umlaufregallager** dar (vgl. Arnold/Furmans 2009, S. 191).

Bei einem **Durchlaufregallager** wird das Lagergut durch die Schwerkraft oder mit Hilfe von Antriebselementen (z. B. Rollen) von der Ein- zur Auslagerungsstelle bewegt. Bei Bewegung durch Schwerkraft muss die Neigung der Durchlaufbahnen zwischen 2° und 8° betragen. Wird eine Ladeeinheit entnommen, dann rücken die nachfolgenden Ladeeinheiten zum Entnahmepunkt auf. Damit jederzeit ein Zugriff auf jeden Artikel möglich ist, wird eine **artikelreine Kanalbelegung** vorgenommen, d. h., in einem Kanal dürfen nur Ladeeinheiten **eines** Artikels zugelassen werden. Dabei gilt zwangsläufig das First-in-first-out-Prinzip (vgl. Stadtler 1998, S. 226 f.). Abbildung 2.28 gibt diesen Regaltypus wieder (vgl. Pieper 1982, S. 9; Schulte 2017, S. 249 f.).

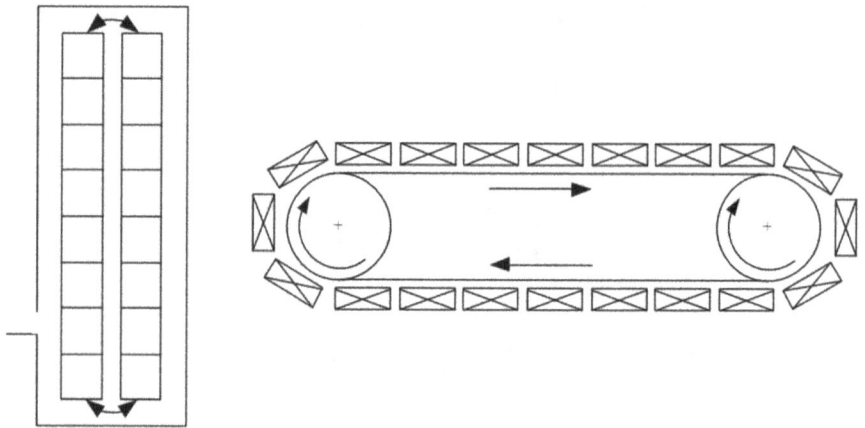

Abbildung 2.27: Paternosterregal und horizontales Umlaufregallager

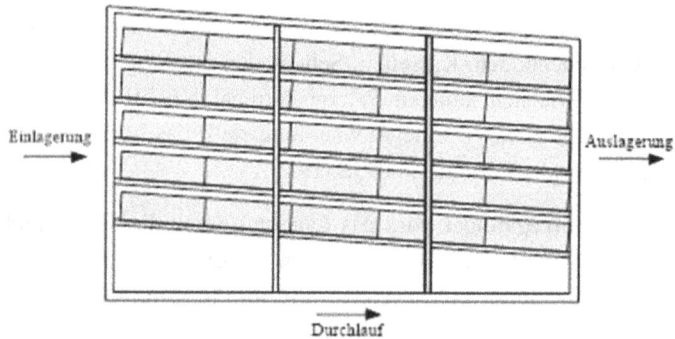

Abbildung 2.28: Durchlaufregal

Eine weitere Erscheinungsform bilden sogenannte **Hochregallager**, die eine Höhe von 12 m bis zu 50 m aufweisen können, wobei zwischen Einbauhochregallager und gebäudetragender Silobauweise zu unterscheiden ist. Bei dem **Einbauhochregallager** liegt eine bauliche Trennung zwischen Lagergebäude und Lagereinrichtung vor, während bei der **gebäudetragenden Silobauweise** (sog. Palettensilos) die Gebäudeaußenwand aus Profilblechen besteht, die auf die äußeren Regalgestelle montiert werden (vgl. Schulte 2017, S. 244 ff.). Das Lagergut wird dabei i. d. R. auf Paletten gestapelt und mit Regalbediengeräten ein- und ausgelagert (vgl. Abbildung 2.29).

Zur Ein- und Auslagerung werden sogenannte Fördermittel eingesetzt. Unter **Fördern** sind alle Lage- und Ortsveränderungen von Gütern zu verstehen. Lageveränderungen umfassen die Ein- und Auslagerung, während sich die Ortsveränderung auf den Transport der Güter bezieht. Bei den Fördermitteln ist generell zwischen stetig arbeitenden und nicht stetig arbeitenden zu unterscheiden. **Nicht stetig arbeitende Fördermittel** sind z. B. Kräne, Gabelstapler, Hubwagen, Aufzüge. Beispiele für **ste-**

tig arbeitende Fördermittel sind Bandförderer, Kettenförderer, Hängeförderer, Schwingförderer, Rutschen, Röllchenbahnen. Speziell für die Fließproduktion wird bei den Fördermitteln danach unterschieden, ob das Fördern mit oder ohne Kraftantrieb erfolgt. Beispiele für Fördern mit Kraftantrieb sind Hängeförderer, Schleppkettenförderer etc. Demgegenüber sind Rutschen, Schienen und Röllchenbahnen Beispiele für das Fördern ohne Kraftantrieb. Fördermittel mit Kraftantrieb sind für eine taktgebundene Fließproduktion in besonderem Maße geeignet.

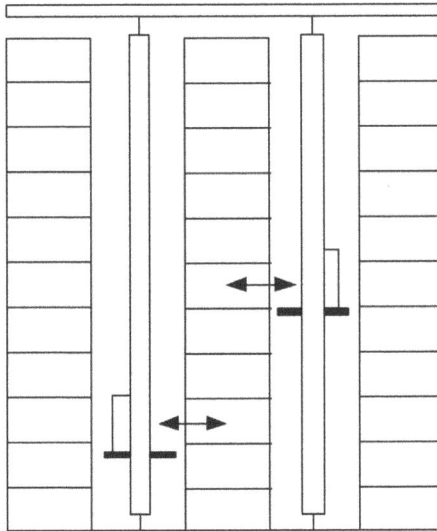

Abbildung 2.29: Hochregallager

2.3.2.2.2 Lagerplatzzuordnung

Sind in einem Lagersystem mehrere Lagerplätze mit unterschiedlichen Entfernungen zum Lagereingang und -ausgang verfügbar, dann ergibt sich das Problem der Lagerplatzzuordnung (storage location assignment). Dabei ist die **Entscheidungsfrage**, welche Mengen der einzelnen Lagergüter in den einzelnen Perioden des Planungszeitraumes auf welchen Lagerplätzen zu positionieren sind, zu beantworten.

Das **ökonomische Entscheidungsziel** besteht in der Minimierung der Summe aus Einlagerungs- und Auslagerungskosten in den Perioden des Planungszeitraumes. Teilweise müssen aufgrund der mangelnden Operationalisierbarkeit einzelner Kostengrößen **Ersatzziele** herangezogen werden, die sich auf die zu überbrückende Entfernung, die zum Überbrücken der Entfernungen benötigte Zeit oder die Reaktionszeit auf Ein-/Auslagerungsvorgänge beziehen (vgl. Ang/Lim/Sim 2012, S. 2122 f.; Xiao/Zheng 2010, S. 1321 f.). Die Reaktionszeit gewinnt tendenziell entlang der Wertschöpfungskette in Richtung des Endverbrauchers an Bedeutung.

Bedingt durch die mit Ein- und Auslagerungen verbundenen Fördervorgänge bilden die **Entfernungen** zwischen Lagereingang (I-Punkt), Lagerplatz und Lagerausgang (O-Punkt) die im operativen Kontext maßgeblichen **Einflussgrößen auf die Zielsetzung** (vgl. Brecht 1993, S. 291 f.). Darüber hinaus wird das erreichbare Ausmaß der Zielerfüllung durch die im taktischen Kontext festgelegte technisch-organisatorische Ausgestaltung des Lagersystems und die Charakteristik der Lagerzugänge und -abgänge bestimmt (vgl. Koster/Le-Duc/Roodbergen 2007, S. 488 ff.; Gu/ Goetschalckx/McGinnis 2007, S. 4 ff.; Rojas Reyes/Solano-Charris/Montoya-Torres 2019, S. 200; Roodbergen/Vis 2009, S. 349 ff.; Berg/Zijm 1999, S. 520 ff.). Die problemrelevanten **technisch-organisatorischen Ausprägungen** haben Einfluss auf die Dauer der Fördervorgänge und die bei der Lagerplatzzuordnung nutzbaren Freiheitsgrade (vgl. Abbildung 2.30).

Lager-Layout	Anzahl der I/O-Punkte	einer		mehrere	
Lager-Layout	räumliche I/O-Punkt-Beziehung	identisch		separat	
Lager-Layout	nutzbare Raumdimensionen	ein	zwei	drei	
Lager-Layout	Anordnungsmuster	Reihen	L-Form	U-Form	
Fördersystem	Menge pro Vorgang	einheitlich (unit-load)		variabel (order picking)	
Fördersystem	Ein-/Auslagerungs-Koppelung	nicht gegeben (single-command)		gegeben (dual-command)	
Fördersystem	Anzahl simultaner Ein-/Auslagerungen	eine (single-order)		mehrere (batch)	
Fördersystem	Kapazitätsbeschränkungen	Geschwindigkeit	Aufnahmefähigkeit	zeitliche Verfügbarkeit	
Lagerplatzsystem	Bezugspunkt des maximalen Lagerbestandes	Platz	Zone	Lager	
Lagerplatzsystem	Güter-Platz-Kompatibilität	vollständig		partiell	
Lagerplatzsystem	Zugriffsmöglichkeit auf einen Lagerplatz	unbeschränkt (random access)	beschränkt: FIFO (cache)	beschränkt: LIFO (stack)	beschränkt: Path (yard)
Lagerplatzsystem	Anzahl der Lagergut/Lagerplatz-Zuordnungsmöglichkeiten	eine (dedicated storage)	mehrere (shared storage): pro Zone (class-based)	mehrere (shared storage): pro Lager (random)	

Abbildung 2.30: Für die Lagerplatzzuordnung relevante technisch-organisatorische Ausprägungen von Lagersystemen

Von diesen technisch-organisatorischen Ausprägungen bestimmt vor allem die Anzahl der Lagergut/Lagerplatz-Zuordnungsmöglichkeiten die Komplexität und Häufigkeit der Lösung des Lagerplatzzuordnungsproblems. Bei **fester Lagerplatzzuordnung** (dedicated storage) wird für einen längeren Zeithorizont einmalig definiert, welcher Lagerplatz des Gesamtlagers welches Lagergut aufnimmt. Somit ist in größeren zeitlichen Abständen ein statisches Zuordnungsproblem zu lösen. **Gemeinsa-**

me **Lagerplatznutzung** (shared storage) erlaubt, dass ein Lagerplatz im Zeitablauf durch unterschiedliche Lagergüter belegt wird. Es ergibt sich ein dynamisches Zuordnungsproblem, das in Abhängigkeit von der Informationssituation in größeren oder kleinerem zeitlichen Abständen (bei deterministischer bzw. indeterministischer Situation) zu lösen ist. Unterliegen dabei die Lagerzugangs- und Lagerabgangsmengen der einzelnen Güter stärkeren Schwankungen, dann ergibt sich eine häufiger wechselnde Lagerplatzzuordnung, die angewendet auf ein Gesamtlager auch als „chaotische Lagerhaltung" (random storage) bezeichnet wird.

Wird das Gesamtlager in Teillager (sogenannte Zonen) unterteilt, dann ist es möglich eine Hybridform der Lagerplatzzuordnung zu realisieren. Die **Zonenbildung** baut auf einer Klassifikation der Lagergüter nach sachbezogenen (z. B. Gefahrengutklasse, Gewicht, Klima, Zugriffssicherheit) und/oder leistungsbezogenen Kriterien (z. B. Zugriffshäufigkeit) auf. Die Güter einer Klasse werden derselben Zone zugeordnet (class-based storage), und eine Zone kann entweder eine feste Lagerplatzzuordnung oder eine gemeinsame Lagerplatznutzung aufweisen. Durch die Zonenbildung wird das Lagerplatzzuordnungsproblem in die weniger komplexen Teilprobleme Lagergutklasse/Zonen-Zuordnung und zonenbezogene Lagergut/Lagerplatz-Zuordnung zerlegt. Das zuerst genannte Teilproblem lässt sich als aggregiertes statisches Zuordnungsproblem formulieren, während die zonenbezogenen Teilprobleme statische oder dynamische Zuordnungsprobleme mit reduzierten Abmessungen sind.

Durch die **Charakteristik der Lagerzugänge und -abgänge** (vgl. Ang/Lim/Sim 2012, S. 2115 f.; Brynzér/Johansson 1996, S. 597 ff.; Goetschalckx/Ratliff 1990, S. 1122 ff.; Lee 1992, S. 2282 ff.; Roll/Rosenblatt 1987, S. 148 f.; Rosenwein 1994, S. 101 f.) wird bestimmt, in welchem Ausmaß Restriktionen des Lagersystems relevant werden und in welchem Umfang die Freiheitsgrade der Lagerplatzzuordnung genutzt werden müssen, um Schwankungen von Lagerzugangs- und Lagerabgangsmengen handhaben zu können (vgl. Abbildung 2.31).

Für den Fall gemeinsamer Lagerplatznutzung und deterministisch schwankenden Lagerzugangs- und Lagerabgangsmengen lässt sich ein dynamisches **Grundmodell der Lagerplatzzuordnung** formulieren, dem die folgenden Annahmen zugrunde liegen:

- Die Lagerplätze j ($j = 1,...,J$) besitzen die Eigenschaften Kapazitätsangebot C_j, Einlagerungs- k_j^{In} und Auslagerungskostensatz k_j^{Out}.
- Für die **Lagergüter** i ($i = 1,...,I$) sind für die Perioden t ($t = 1,...,T$) des Planungszeitraumes nicht-negative Lagerzugangs- R_{it} und Lagerabgangsmengen D_{it} bekannt. Eine Mengeneinheit der Güterart i weist den Kapazitätsbedarf κ_i auf.
- Die **Lagerplatzbelegung** erfolgt durch die binäre Zuordnungsentscheidung y_{ijt}. Der Bestand eines Lagergutes an einem Lagerplatz x_{ijt} ergibt sich im Zeitablauf aus den reellwertigen Einlagerungs- r_{ijt} und Auslagerungsentscheidungen d_{ijt}.
- Der **Initialzustand** des Lagers wird durch die Zuordnung y_{ij0} und die Lagerbestände x_{ij0} erfasst.

Informa-tions-situation	Zeitbezug	statisch		dynamisch	
	Detaillierung	teilebezogen		produktbezogen	
	Vollständigkeit	deterministisch		indeterministisch stochastisch … ungewiss	
Zugangs- und Ab-gangs-verlauf	Schwankungen	nicht gegeben	gegeben		
			regelmäßig	unregelmäßig	
	Relation der Zu- und Abgänge	balanciert		unbalanciert	
		zykluszeitbezogen	zeitpunktbezogen		
	Relation zwi-schen Güterab-gängen	nicht gegeben	gegeben durch		
			Produktstruktur	Auftragsstruktur	Nachfrage-struktur
Nachbarschaftsbeziehung der Lagergüter		verträg-lich	unverträglich aufgrund		
			gesetzlicher Vorschriften	natürlicher Wechselwirkungen	Verwechslungs-möglichkeit

Abbildung 2.31: Für die Lagerplatzzuordnung relevante Charakteristika der Lagerzugänge und -abgänge

Auf der Grundlage der definierten Symbole ergibt sich ein **gemischt-ganzzahliges lineares Programm**, mit dem das Ziel verfolgt wird, die Summe der Ein- und Aus-lagerungskosten zu minimieren:

$$\min K = \sum_i \sum_j \sum_t \left(r_{ijt} \cdot k_j^{In} + d_{ijt} \cdot k_j^{Out} \right)$$

Dabei sind die folgenden Nebenbedingungen zu berücksichtigen:

- Die Zugangsmenge eines Lagergutes wird vollständig eingelagert, wobei mehrere Lagerplätze genutzt werden können:

$$R_{it} = \sum_j r_{ijt} \qquad \forall i, t$$

- Die Abgangsmenge eines Lagergutes wird vollständig ausgelagert, wobei die Auslagerung von mehreren Lagerplätzen erfolgen kann:

$$D_{it} = \sum_j d_{ijt} \qquad \forall i, t$$

- Der Bestand an einem Lagerplatz entwickelt sich im Zeitablauf gemäß der Einla-gerungs- und Auslagerungsentscheidungen:

$$x_{ijt} = x_{ijt-1} + r_{ijt} - d_{ijt} \qquad \forall i, j, t$$

- Die Kapazität eines Lagerplatzes wird in keiner Periode überschritten:

$$\sum_i x_{ijt} \cdot \kappa_i \le C_j \qquad \forall j, t$$

- Ein Lagerplatz wird in einer Periode höchstens einem Lagergut zugeordnet:

$$x_{ijt} \le M \cdot y_{ijt} \qquad \forall i, j, t$$

$$\sum_i y_{ijt} \le 1 \qquad \forall j, t$$

- Für die Entscheidungsvariablen gelten die Wertebereiche:

$$x_{ijt}, r_{ijt}, d_{ijt} \ge 0 \qquad \forall i, j, t$$

$$y_{ijt} \in \{0, 1\} \qquad \forall i, j, t$$

Dieses Zuordnungsproblem kann für Instanzen mit kleinen Anzahlen an Lagergütern, Lagerplätzen und Perioden in akzeptabler Zeit mit dem Branch-and-Bound-Verfahren exakt gelöst werden. Für die in der Praxis üblichen größeren Lagerabmessungen erscheint die Anwendung von Heuristiken angezeigt, um eine akzeptable Lösungszeit zu erreichen. Für ähnlich formulierte Lagerplatzzuordnungsprobleme wird vor allem die Anwendung von Metaheuristiken (z. B. genetische Algorithmen, Tabu search, Simulated annealing, Ant colony optimization) vorgeschlagen (vgl. Rojas Reyes/Solano-Charris/Montoya-Torres 2019, S. 210 f.), da bei deren Anwendung die mögliche Abweichung vom Optimum relativ gering ist. Darüber hinaus existieren problemspezifische Heuristiken (z. B. Greedy-Heuristik, prioritätsregelgesteuerte Tauschverfahren, Lagerplatz-Prioritätsregeln; vgl. Rojas Reyes/Solano-Charris/Montoya-Torres 2019, S. 209 f. und S. 212 f.), wobei sich Lagerplatz-Prioritätsregeln auf der Grundlage lagerplatz- und lagergutbezogener Kriterien einer großen Beliebtheit erfreuen.

Bei Lagerplatz-Prioritätsregeln ist die Zugänglichkeit das zentrale **lagerplatzbezogene Kriterium**. Diese wird in Abhängigkeit vom Lagersystem unterschiedlich operationalisiert. Im einfachsten Fall wird die Entfernung des Lagerplatzes zum I/O-Punkt gemessen; in komplexeren Lagersystemen sind eher die für die Ein- und/oder Auslagerung benötigten Zeiten relevant. Häufiger genutzte **lagergutbezogene** Kriterien sind die „Zugriffshäufigkeit" (oder reziprok „Lagerdauer") und der „Lagerplatzbedarf" (vgl. Gu/Goetschalckx/McGinnis 2007, S. 8). Die einzelnen Kriterien gelangen in isolierter oder kombinierter Weise zur Anwendung. Typische Prioritätsregeln sind:

- **Closest open location** (COL): Dem einzulagernden Gut wird von den aktuell nicht belegten Lagerplätzen derjenige zugeordnet, der die kürzeste Entfernung zum I/O-Punkt aufweist.

- **Duration of stay** (DOS, vgl. Goetschalckx/Ratliff 1990): Dem einzulagernden Gut mit der kürzesten erwarteten Lagerdauer wird der Lagerplatz mit der kürzesten Entfernung zum I/O-Punkt zugeordnet. Die erwartete Lagerdauer bezieht sich auf die einzelne Einheit $h_i = 1,...,Q_i$ einer Güterart i, deren Bestand bei konstanter Nachfragegeschwindigkeit λ_i mit konstanter Losgröße Q_i aufgefüllt wird. Somit gilt $DOS_{hi} = h_i/\lambda_i$. Die einzelnen Einheiten eines Loses müssen folglich nicht auf benachbarten Plätzen gelagert werden.

- **Cube-per-Order Index** (COI, vgl. Heskett 1963): Für jedes einzulagernde Gut wird eine Kennzahl berechnet, die die Kriterien „Lagerplatzbedarf" und „Zugriffshäufigkeit" ins Verhältnis setzt: COI = Lagerplatzbedarf / Zugriffshäufigkeit. Der COI bezieht sich (im Gegensatz zur DOS) auf den Bestand der Güterart i. Im Falle konstanter Nachfragegeschwindigkeit und Wiederauffüllung mit konstanter Losgröße betragen die Zugriffshäufigkeit und der Lagerplatzbedarf $2 \cdot \lambda_i/Q_i$ bzw. $Q_i \cdot \kappa_i$, so dass $COI_i = Q_i^2 \cdot \kappa_i/(2 \cdot \lambda_i)$ gilt. Das Lagergut mit dem niedrigsten COI wird dem Lagerplatz mit der kürzesten Entfernung zum I/O-Punkt zugeordnet usw.

2.3.2.2.3 Kommissionierung

Unter **Kommissionierung** wird die Zusammenstellung von bestimmten Teilmengen aus einer bereitgestellten Gesamtmenge auf der Basis von Bedarfsinformationen verstanden. Sie kann sich dabei auf Montagematerial (Teile/Baugruppen) oder auf Endprodukte beziehen. Es geht folglich um eine Umwandlung von artikelorientiert gelagerten Gütern in auftragsorientierte Bündel (vgl. Stadtler 1998, S. 224). Bedingt durch die erschwerte Messbarkeit monetärer Erfolgsgrößen wird die **Maximierung des Servicegrades** der Erfüllung von Kommissionieraufträgen als allgemeines Ziel der Kommissionierung angesehen. Dieses kann sich direkt auf die zur Auftragserfüllung benötigte Zeit beziehen, wobei deren durchschnittliche oder maximal zu erwartende Ausprägung zu minimieren ist. Bilden die für die Kommissionierung im Lager zu überbrückenden Entfernungen die wesentliche Determinante der Auftragserfüllungszeit, dann kann das Servicegradziel auch indirekt über die (durchschnittliche oder maximal zu erwartende) Weglänge operationalisiert werden (vgl. Koster/Le-Duc/Roodbergen 2007, S. 486).

Bei der Kommissionierung bildet der Einsatz von menschlicher Arbeitskraft den Normalfall. Es lassen sich die beiden folgenden Vorgehensweisen unterscheiden:

- **Person-zur-Ware-Prinzip**: Der Kommissionierer führt den Kommissionierprozess für die zur Auftragserfüllung benötigten Güterarten aus, indem er von seiner Basisposition aus startend nacheinander die entsprechenden Lagerplätze ansteuert, dort die jeweils nachgefragte Menge entnimmt und nach Entnahme der letzten Güterart zu seiner Basisposition zurückkehrt. Zur Optimierung dieser Vorgehensweise ist folglich ein Tourenplanungsproblem zu lösen, das im einfachsten Fall ein Spezialfall des Traveling-Salesman-Problems ist (vgl. Ratliff/Rosenthal 1983, S. 507). Durch eine Einteilung des Lagerbereichs in Zonen wird es möglich, dass der Kommissionierer nur in definierten Bereichen Teile oder Artikel entnimmt. Zusätzlich lassen sich Absatzklassen bilden und absatzstarke Teile/Artikel möglichst nahe am Depot deponieren, wodurch die Wegzeiten reduziert werden können. Abbildung 2.32 gibt dieses Grundkonzept in anschaulicher Form wieder (vgl. Arnold/Furmans 2009, S. 215).

- **Ware-zur-Person-Prinzip**: Die zu kommissionierenden Artikel werden aus einem automatisierten Lager zum Kommissionierer transportiert, der dann die entsprechenden Artikel entnimmt, und danach werden die restlichen Lagereinheiten in das Lager zurücktransportiert (z. B. Hochregallager mit automatischen Regalförderzeugen, Umlaufregalanlagen mit automatischen Ein- und Auslagervorrichtungen, Paternosteranlagen). Dies bedeutet, dass der Kommissionierer seine Aufgabe an einem festen Arbeitsplatz erbringt. Damit liegt eine dynamische Bereitstellung vor, d. h., das Lagergut bewegt sich zum Kommissionierer, der manuell die Ware entnimmt. Im Zuge der Digitalisierung gelangen autonome Transportsysteme zum Einsatz, mit deren Hilfe eine Teilautomatisierung manueller Kommissioniersysteme möglich wird, indem durch autonom fahrende Einheiten die Wegzeit des Kommissionierers reduziert wird. Eine konkrete Erscheinungsform, die z. T. bereits im Versandhandel im Einsatz ist, sind mobile Kommissionierroboter (vgl. Boysen/Briskorn/Emde 2017), bei denen die autonomen Roboter die Regale zu den Kommissionierungsstationen bringen und diese anschließend an ihren Lagerplatz zurücktransportieren. Abbildung 2.33 gibt dieses Prinzip anschaulich wieder (vgl. Arnold/Furmans 2009, S. 217).

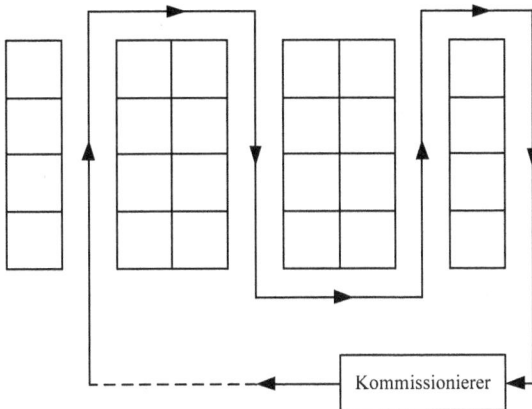

Abbildung 2.32: Person-zur-Ware-Prinzip

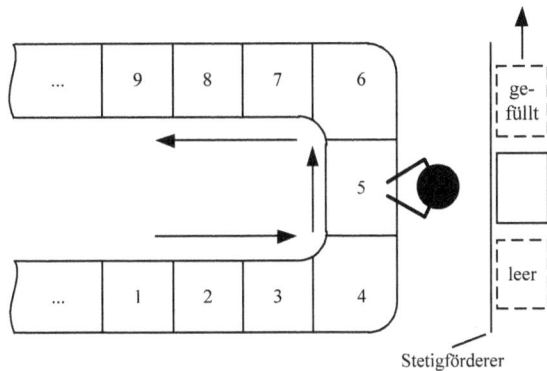

Abbildung 2.33: Ware-zur-Person-Prinzip

In der praktischen Anwendung des Person-zur-Ware-Prinzips haben sich unterschiedliche **Ausgestaltungsformen des Kommissionierprozesses** etabliert. So können die Touren der Kommissionierer durch das Lager durch unterschiedliche Regeln festgelegt werden, die Kommissionierung eines Auftrags in zonierten Lagern durch unterschiedlich strukturierte Prozesse erfolgen und mehrere Aufträge in einem Kommissionierprozess gebündelt werden.

Bei Zeilenlagerung können zur **Festlegung der Kommissioniertouren** neben dem modellgestützten Optimierungsverfahren (vgl. Ratliff/Rosenthal 1983, S. 508 ff.) auch Heuristiken angewendet werden, die trotz ihrer Einfachheit relativ gute Lösungen ermitteln. In der Praxis sind die **Grundformen** Traversal-, Return-, Midpoint- und Largest-Gap-Routing zu beobachten (vgl. Petersen 1997, S. 1100 ff.). Beim **Traversal-Routing** werden die zur Auftragserfüllung relevanten Gassen des Lagers in der räumlichen Reihenfolge (von rechts nach links oder umgekehrt) angesteuert und vollständig durchquert. Die erste Gasse wird in der vom I/O-Punkt wegführenden Richtung und die darauffolgenden Gassen werden in der jeweils umgekehrten

Richtung der vorherigen Gasse passiert. Abbildung 2.34 gibt die durch dieses Routing entstehende Kommissioniertour, bei der von den markierten Lagerplätzen Güter entnommen werden, wieder.

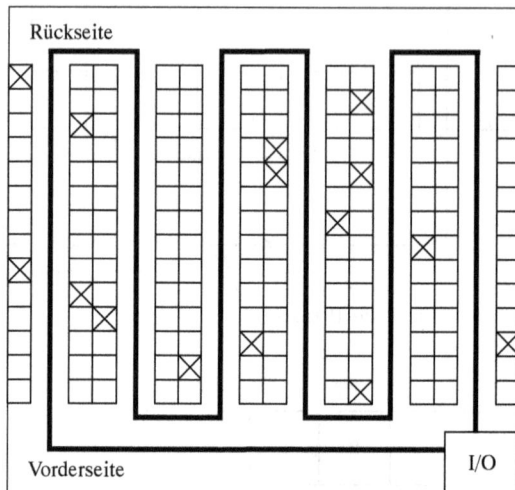

Abbildung 2.34: Kommissioniertour bei Traversal-Routing

Im Falle des **Return-Routing** werden die zur Auftragserfüllung relevanten Gassen in der räumlichen Reihenfolge (von rechts nach links oder umgekehrt) angesteuert. Jede dieser Gassen wird nur bis zu dem Platz des letzten dort zu entnehmenden Lagergutes benutzt, um danach wieder an die Vorderseite der Gasse zurückzukehren (vgl. Abbildung 2.35).

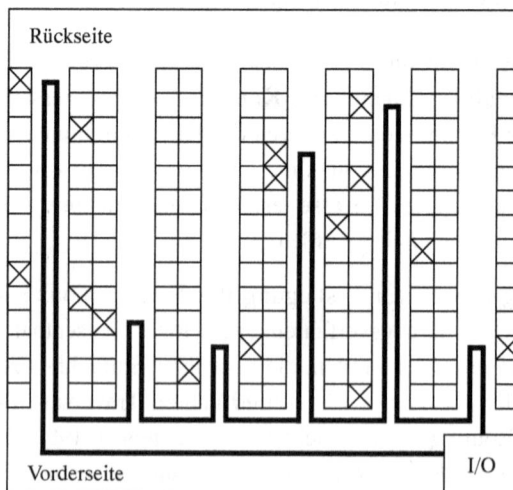

Abbildung 2.35: Kommissioniertour bei Return-Routing

Beim **Midpoint-Routing** werden die äußeren relevanten Gassen des Lagers vollständig durchquert. Die dazwischenliegenden Gassen werden (vom I/O-Punkt aus gesehen) gedanklich in eine vordere und eine hintere Hälfte unterteilt. Zuerst werden die Gassen angesteuert, die durch Lagergüter in der vorderen Hälfte für die Auftragserfüllung relevant sind, und zwar in der räumlichen Reihenfolge (z. B. von rechts nach links). Jede dieser Gassen wird nur bis zu dem Platz des letzten dort in der vorderen Hälfte zu entnehmenden Lagergutes benutzt, um danach wieder an den Anfang der Gasse zurückzukehren. Nachdem die letzte in der vorderen Hälfte relevante Gasse auf diese Weise absolviert wurde, werden die Gassen angesteuert, die durch Lagergüter in der hinteren Hälfte für die Auftragserfüllung relevant sind. Dies erfolgt in der umgekehrten räumlichen Reihenfolge (z. B. von links nach rechts). Jede dieser Gassen wird nur bis zu dem Platz des letzten dort in der hinteren Hälfte zu entnehmenden Lagergutes benutzt, um danach wieder an das Ende der Gasse zurückzukehren (vgl. Abbildung 2.36).

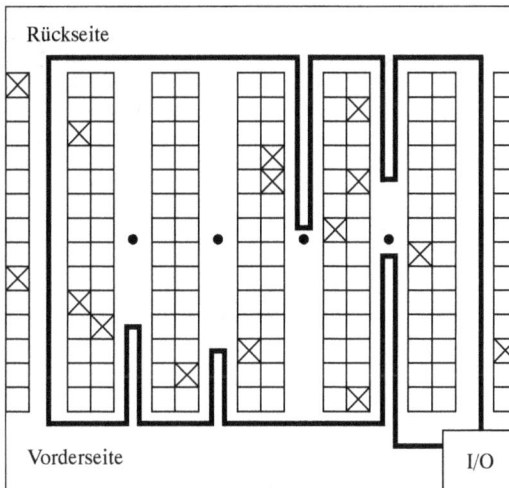

Abbildung 2.36: Kommissioniertour bei Midpoint-Routing

Largest-Gap-Routing bedeutet, dass die äußeren relevanten Gassen des Lagers vollständig durchquert werden, während für die dazwischenliegenden Gassen Return-Routings praktiziert werden, die von der Lage der größten Gap abhängig sind. Als Gap werden die Abstände zwischen a) zwei in einer Gasse aufeinanderfolgenden relevanten Lagerplätzen, b) der Vorderseite der Gasse und dem ersten relevanten Lagerplatz sowie c) der Rückseite der Gasse und dem letzten relevanten Lagerplatz bezeichnet. Das gassenbezogene Routing erfolgt so, dass die größte dieser Gaps nicht durchquert werden muss. Ist a) am größten, dann ist von der Vorder- und der Rückseite der Gasse jeweils eine Return-Route bis zum Erreichen der a)-Gap-Grenze auszuführen, ist b) am größten, dann ist die Return-Route von der Rückseite der Gasse bis zum Erreichen der b)-Gap-Grenze zu wählen, und ist c) am größten, dann ist die

Return-Route von der Vorderseite der Gasse bis zum Erreichen der c)-Gap-Grenze zu absolvieren. Nachdem diese Festlegungen getroffen wurden, werden die gassenbezogenen Routings miteinander verbunden. Zuerst werden die von der Vorderseite des Lagers startenden Teil-Routen in räumlicher Reihenfolge (z. B. von rechts nach links) zusammengefügt. Es folgt eine relevante äußere Gasse (z. B. die linke), die vollständig zu durchqueren ist. Danach werden die von der Rückseite des Lagers startenden Teil-Routen in räumlicher Reihenfolge (z. B. von links nach rechts) hinzugefügt. Als letztes Teilstück wird die zweite relevante äußere Gasse (z. B. die rechte) in das Routing aufgenommen. In Abbildung 2.37 sind die größten Gaps (Schraffur) und die resultierende Kommissioniertour (durchgezogene dicke Linie) eingezeichnet.

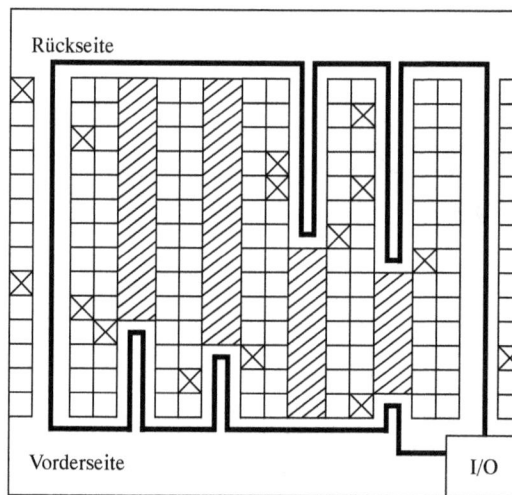

Abbildung 2.37: Kommissioniertour bei Largest-Gap-Routing

Neben diesen Grundformen wird das **Composite-Routing** als Kombination aus Traversal- und Return-Routing vorgeschlagen. Dabei wird zwischen vollständiger Durchquerung einer Gasse und Umkehr innerhalb einer Gasse so gewählt, dass die Entfernung zwischen den am weitesten entfernten relevanten Lagerplätzen zweier benachbarter Gassen minimal ist (vgl. Abbildung 2.38).

Analysen der **Leistungsfähigkeit** dieser Routing-Heuristiken (vgl. z. B. Hall 1993, S. 80 ff.; Petersen 1997, S. 1102 ff.) zeigen:

- Largest-Gap-Routing und Composite-Routing weisen die geringste Abweichung von der Länge der kürzesten Tour auf. Sie übersteigen diese durchschnittlich um 9 bis 10 %. Largest-Gap-Routing bringt bei Kommissionieraufträgen mit kleiner Anzahl an Güterarten und/oder bei hoher Anzahl der Gassen bessere Ergebnisse als Composite-Routing hervor, et vice versa.

- Traversal-Routing ist bei Kommissionieraufträgen mit einer großen Anzahl an Güterarten ungefähr so leistungsfähig wie Composite-Routing. Auf die mit Traversal-Routing erreichbare Tourlänge hat das Vorhandensein einer geradzahligen/ungeradzahligen Anzahl relevanter Gassen einen Einfluss derart, dass bei geradzahliger Anzahl die Tourlänge deutlich kürzer ist.

- Midpoint-Routing ist bei Kommissionieraufträgen mit einer kleinen Anzahl an Güterarten ungefähr so leistungsfähig wie Largest-Gap-Routing.
- Return-Routing bringt deutlich längere Touren als die anderen Heuristiken hervor.

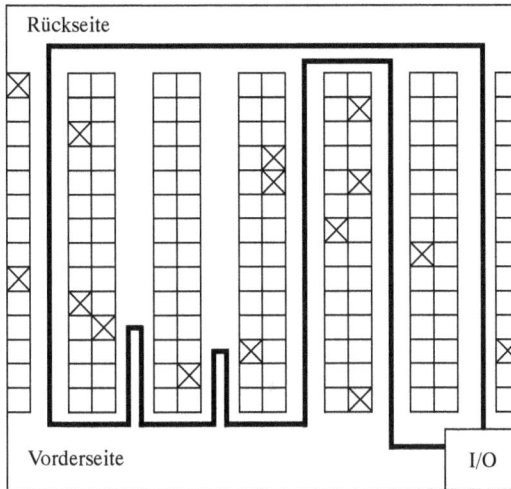

Abbildung 2.38: Kommissioniertour bei Composite-Routing

Ist das Gesamtlager in **Zonen** unterteilt, dann ist jeder Kommissionierer innerhalb einer Zone tätig. Damit reduziert sich die Anzahl der von einem Kommissionierer potentiell zu kommissionierenden Güterarten und anzusteuernden Lagerplätze, so dass die Lagerplatzzuordnung schneller erlernt wird, und die Wege der Kommissionierer kreuzen sich seltener, so dass das Aufkommen von Stauungen reduziert wird. Zur Erfüllung eines Kommissionierauftrags werden die relevanten Zonen aktiviert. Dies kann einerseits **sequentiell** erfolgen (progressive picking), indem der Auftragscontainer vom I-Punkt ausgehend der ersten Zone zugeführt wird, um gemäß Auftrag die dort gelagerten Güterarten aufzunehmen. Ist dies erfolgt, wird der Auftragscontainer zur nächsten Zone transportiert und weiter befüllt. Dieser Prozess wird so lange fortgesetzt, bis der Container alle relevanten Zonen passiert hat und dann den O-Punkt erreicht. Andererseits kann der Kommissionierprozess eines Auftrags **zeitlich parallel** in mehreren Zonen erfolgen (synchronized picking). Hierbei wird pro Zone ein Container mit den dem Auftrag entsprechenden Güterarten befüllt und an den O-Punkt gefördert. Dort werden dann die einzelnen Auftragsbestandteile zusammengeführt (vgl. Dallari/Marchet/Melacini 2009, S. 3 ff.).

Neben der einzelauftragsbezogenen Ausführung von Kommissionierprozessen (discrete picking) können auch **mehrere Kommissionieraufträge** in einem Kommissionierprozess **gebündelt** werden (batch picking). Liegen kleinere Komissionieraufträge vor, dann lässt sich dadurch die Summe der Wegelängen reduzieren. Der

Reduktionseffekt ist umso größer, je näher die für die einzelnen Kommissionieraufträge im Lager zu vollziehenden Touren beieinander liegen. Im Hinblick auf die zur Auftragserfüllung benötigte Zeit ist dabei jedoch zu beachten, dass die Tour eines Auftragsbündels in der Regel länger als die der darin enthaltenen Aufträge ist und die Aufträge unterschiedliche Liefertermine besitzen können. Deshalb ist für die Auftragsbündelung neben der **räumlichen Nähe** der auftragsbezogenen Touren auch die **zeitliche Entsprechung** der Aufträge als Kriterium relevant. Hierauf baut die in der Literatur übliche Unterscheidung zwischen lagebezogener Bündelung (proximity batching), die die Wegzeiten minimiert, und zeitfensterbezogener Bündelung (time window batching), die die Liefertermineinhaltung optimiert, auf (vgl. z. B. Gademann/Berg/Hoff 2001, S. 387).

Sind die innerhalb ein und desselben Zeitfensters zu erfüllenden Kommissionieraufträge im Vorhinein vollständig bekannt (wave picking), dann kann eine rein **lagebezogene Bündelung** vorgenommen werden. Ein entsprechendes **Grundmodell** (vgl. Bozer/Kile 2008, S. 1895 ff.) bezieht sich auf ein Lagersystem mit ungestapelter Zeilenlagerung, die eine Anzahl von Gassen k ($k = 1,...,K$) mit einer einheitlichen Länge L und einem I/O-Punkt in der Nähe der mittleren Gasse(n) aufweist. Zur Problemvereinfachung wird angenommen, dass ein Kommissionierer alle für die Erfüllung eines Auftragsbündels zu nutzenden Gassen in der gesamten Länge einmal absolvieren muss (Traversal-Routing). Somit wird die Länge von Touren mit ungerader (gerader) Anzahl zu nutzender Gassen überschätzt (exakt berechnet). Für die Aufträge i ($i = 1,...,I$) sind die Anzahl s_i der zu kommissionierenden Güter, die dafür zu nutzenden Gassen $A_{ik} \in \{0,1\}$ und die Entfernung r_i (l_i) zwischen dem am weitesten rechts (links) zu entnehmenden Lagergut und dem I/O-Punkt bekannt. Befindet sich das am weitesten rechts (links) zu entnehmende Lagergut links (rechts) vom I/O-Punkt, dann gilt $r_i = 0$ ($l_i = 0$). Zum Fördern der Lagergüter können baugleiche Wagen j ($j = 1,...,J$) jeweils mit der Ladekapazität C genutzt werden. Die Ladekapazität ist nicht kleiner als der Kapazitätsbedarf eines Auftrags ($s_i \leq C \ \forall i$).

Die **Entscheidungsfrage**, welche Aufträge i auf welchem Wagen j gebündelt werden, wird durch die binäre Variable $Y_{ij} \in \{0,1\}$ erfasst. Weitere Konsequenzen dieser Entscheidung werden durch die Hilfsvariablen Länge W_j der mit Wagen j zu fahrenden Tour, Erfordernis X_{jk} des Befahrens der Gasse k durch Wagen j und Entfernung d_j^r (d_j^l) zwischen dem am weitesten rechts (links) für das Auftragsbündel zu entnehmenden Lagergut und dem I/O-Punkt erfasst. **Ziel der Auftragsbündelung** ist es, die Summe der Tourlängen zu minimieren:

$$\min \sum_j W_j$$

Der Lösungsraum wird durch mehrere **Nebenbedingungen** abgesteckt:

- Die Ladekapazität eines Wagens wird durch die gebündelten Aufträge nicht überschritten:

$$\sum_i s_i \cdot Y_{ij} \leq C \qquad \qquad \forall j$$

- Jeder Auftrag wird genau einem Wagen zugeordnet:

$$\sum_j Y_{ij} = 1 \qquad\qquad \forall i$$

- Die Länge der Tour eines Wagens ergibt sich aus den relevanten quer zu den Gassen und entlang der Gassen verlaufenden Teilstrecken:

$$2 \cdot \left(d_j^r + d_j^l\right) + L \cdot \sum_k X_{jk} = W_j \qquad\qquad \forall j$$

- Die Entfernungen zwischen dem am weitesten rechts (links) für das Auftragsbündel zu entnehmenden Lagergut und dem I/O-Punkt entsprechen dem Maximum der Entfernungen zwischen dem am weitesten rechts (links) für die gebündelten Aufträge zu entnehmenden Lagergüter und dem I/O-Punkt:

$$d_j^r \ge r_i \cdot Y_{ij} \qquad\qquad \forall i, j$$
$$d_j^l \ge l_i \cdot Y_{ij} \qquad\qquad \forall i, j$$

- Das Erfordernis des Befahrens einer Gasse durch einen Wagen ergibt sich aus den für die gebündelten Aufträge zu nutzenden Gassen:

$$X_{jk} \ge A_{ik} \cdot Y_{ij} \qquad\qquad \forall i, j, k$$

- Um symmetrische Lösungen auszuschließen, wird festgelegt, dass die Länge der Tour eines Wagens mit höherem Index nicht größer ist als die eines Wagens mit niedrigerem Index:

$$W_j \ge W_{j+1} \qquad\qquad \forall j < J$$

Die Wertebereiche der Entscheidungsvariablen sind:

$$Y_{ij} \in \{0, 1\} \qquad\qquad \forall i, j$$
$$X_{jk} \in \{0, 1\} \qquad\qquad \forall j, k$$
$$d_j^r, d_j^l, W_j \ge 0 \qquad\qquad \forall j$$

Trotz der vereinfachten Berechnung der Tourlängen besitzt das modellierte Bündelungsproblem eine so hohe Lösungskomplexität, dass nur Instanzen mit wenigen Aufträgen und wenigen Gassen in akzeptabler Zeit exakt gelöst werden können (vgl. Bozer/Kile 2008, S. 1899). Aus diesem Grunde werden problemspezifische Heuristiken vorgeschlagen, die in kürzerer Zeit gute zulässige Lösungen ermitteln (zu einem Überblick vgl. Koster/Poort/Wolters 1999, S. 1482 ff.). So können Probleminstanzen mit 200 Aufträgen in etwa 7 h mit akzeptabler Qualität gelöst werden (vgl. Bozer/Kile 2008, S. 1902). Simulationsstudien zeigen, dass die Leistungsfähigkeit bislang verfügbarer Heuristiken stark von der konkreten Ausgestaltung des Lagers abhängig ist. Damit kann die am besten geeignete Heuristik nicht generell, sondern nur situationsabhängig bestimmt werden (vgl. Koster/Poort/Wolters 1999, S. 1500 f.). Für das modellierte Problem erweist sich eine auf dem Savings-Verfahren aufbauende Heuristik als vorteilhaft (vgl. Bozer/Kile 2008, S. 1899 ff.).

In der Praxis zeigt sich, dass die manuelle Kommissionierung nach wie vor dominant ist, obwohl hochautomatisierte Kommissioniersysteme entwickelt wurden (vgl. Elbert/Müller 2018, S. 348). Als Gründe hierfür werden genannt:

-   Breite Sortimente, die zusätzlich häufigen Änderungen unterliegen, erfordern eine hohe Flexibilität in kognitiver und motorischer Hinsicht. Manuelle Kommissioniersysteme sind vor diesem Hintergrund schneller anpassbar, während automatisierte Systeme, die mit hohen Investitionssummen verbunden sind, langfristig stabile Sortimente bedingen.

-   Bei saisonalen Nachfrageschwankungen weist das Person-zur-Ware-Prinzip Vorteile auf, etwa bedingt durch kurzfristige Anpassungen des Personalbestandes (Zeitarbeit).

Durch die erwähnten mobilen Kommissionierroboter lassen sich, aufgrund des Wegfalls der Wegzeiten des Kommissionierers im Vergleich zum Person-zur-Ware-Prinzip Produktivitätssteigerungen erzielen. Es kann jedoch nicht davon ausgegangen werden, dass derartige Systeme dem manuellen System wirtschaftlich generell überlegen sind, sondern es ist im Einzelfall zu prüfen. Nach heutigem Erkenntnisstand ist nicht davon auszugehen, dass mittelfristig eine vollständige Substitution der menschlichen Arbeitskraft realisiert werden kann.

2.4 Statistische Prozesskontrolle

Bei der Ausführung von Produktions- und Logistikprozessen sind aufgrund der Unsicherheit über die Verfügbarkeit und Qualität von Produktionsfaktoren, den Durchsatz und die Zuverlässigkeit der Prozesse selbst sowie die Nachfrage nach Produkten in der Regel mengenmäßige, zeitliche und qualitative Abweichungen von der geplanten Produktion zu beobachten. Um sicherzustellen, dass ein Produktions- oder Logistikprozess aus statistischer Sicht beherrscht ist, d. h. ungestört abläuft (vgl. Neumann 1996, S. 280), kann auf die von Shewhart (1931, 1939) begründete statistische Qualitätskontrolle zurückgegriffen werden. Diese zielt auf eine Minimierung der **Qualitätskosten** ab, die sich, wie in Abbildung 2.39 dargestellt, systematisieren lassen.

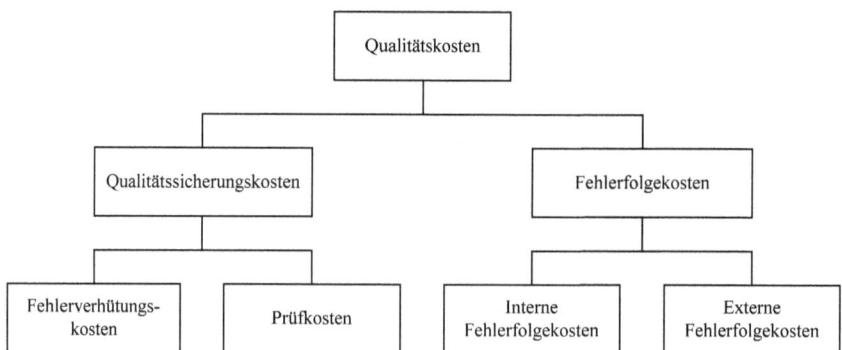

Abbildung 2.39: Bestandteile der Qualitätskosen

Bei den **Fehlerverhütungskosten** handelt es sich um diejenigen Kosten, die durch den Einsatz vorbeugender Maßnahmen hervorgerufen werden. Demgegenüber fallen **Prüfkosten** für die Durchführung der Prüfung und die Beurteilung der Prüfergebnisse an. Beide Kostenarten steigen mit dem angestrebten Anteil fehlerfreier Produktion an. Unter **Fehlerfolgekosten** sind dann die Kosten zu verstehen, die durch das Auftreten eines Fehlers innerhalb oder außerhalb der Unternehmung hervorgerufen werden. Diese sinken in Abhängigkeit vom angestrebten Anteil fehlerfreier Produktion. Aufgrund der Gegenläufigkeit von Fehlerverhütungs- und Prüfkosten einerseits und den Fehlerfolgekosten anderseits sollten die Gesamtkosten der Qualität minimiert werden (vgl. Abbildung 2.40)

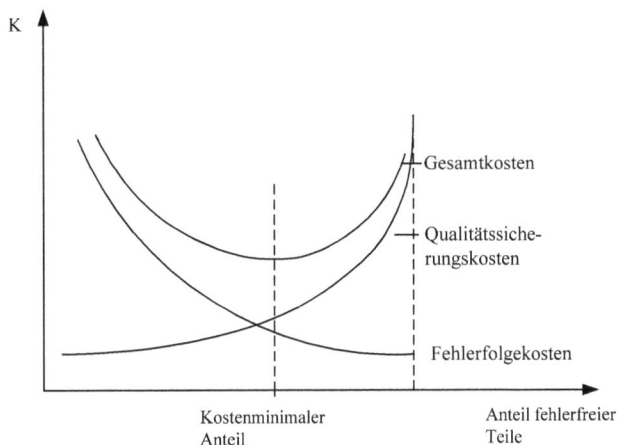

Abbildung 2.40: Kostenoptimale Qualitätssicherungsintensität

Bei der statistischen Prozesskontrolle werden relevante Merkmale des Produktionsprozesses mit Hilfe von **Qualitätsregelkarten** (Control charts) erfasst und permanent überprüft, um nichttolerierbare systematische Merkmalsabweichungen des Prozesses zu antizipieren und gegebenenfalls Gegenmaßnahmen zu ergreifen. Die Prüfung bezieht sich etwa auf die Einhaltung technischer Vorgaben (z. B. Toleranzen), wobei Merkmale des Input oder Output (z. B. Länge, Volumen, Gewicht), aber auch Merkmale des Throughput (z. B. Wärmeentwicklung, Geschwindigkeit, Verschleiß) des Prozesses relevant sind. Die Qualitätsregelkarte (vgl. Abbildung 2.41) stellt die Mittelwerte eines zu überwachenden Merkmals aus den im Zeitablauf gezogenen Stichproben den steuerungsrelevanten Kontrollgrenzen dieses Merkmals gegenüber (vgl. Neumann 1996, S. 282; Shewhart 1931, S. 21 und S. 311 ff., Shewhart 1939, S. 32 ff.). Sie enthält die folgenden Informationen:

- Mittelwerte $\overline{x}_k$ der Stichproben: Aus dem Prozess werden zu vorgegebenen Zeitpunkten Stichproben mit dem Umfang n gezogen. Die in der der Stichprobe enthaltenen Objekte sind mit i $(i = 1, \ldots, n)$ indiziert. Pro Stichprobe k $(k = 1, \ldots, m)$ wird aus den Merkmalsausprägungen x_{ik} der Objekte der Mittelwert $\overline{x}_k$ berechnet und in die Karte eingetragen:

$$\overline{x}_k = \frac{1}{n} \cdot \sum_i x_{ik}$$

- Mittellinie M (Prozessmittelwert): Zielwert, auf den der Produktions- oder Logistikprozess ausgerichtet ist (z. B. vorgegebene Länge).

- Obere und untere Eingriffsgrenze (OEG bzw. UEG): Sie markieren das Intervall, in dem der Prozess statistisch als beherrscht gilt.
- Obere und untere Warngrenze (OWG bzw. UWG): Sie werden in der Praxis häufig zusätzlich festgelegt, um frühzeitig Hinweise auf einen eventuellen Störungseintritt zu erhalten.

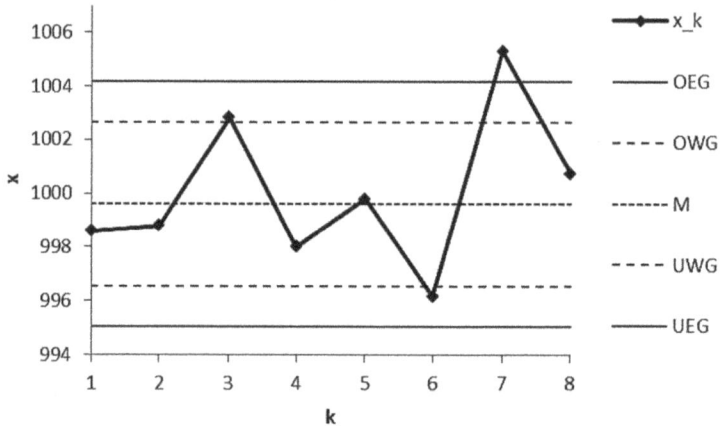

Abbildung 2.41: Qualitätsregelkarte

Ein Prozess gilt dann als **statistisch beherrscht**, wenn nur zufällige Einflussgrößen auf ihn wirken und ausschließlich tolerierbare Merkmalsabweichungen hervorrufen. Dieser Zustand ist an Stichprobenmittelwerten zu erkennen, die in geringem Ausmaß zufällig um den Prozessmittelwert so schwanken, dass sich die positiven und negativen Abweichungen über die Stichproben hinweg ausgleichen. Der Prozess gilt aus statistischer Sicht als **nicht beherrscht**, wenn folgende Situationen einzeln oder in Kombination eintreten (vgl. Heizer/Render/Munson 2020, S. 290 f.):

- Die zufälligen Einflussgrößen wirken zu stark auf den Prozess:
  -- Einzelne Abweichungen überschreiten entweder die obere oder die untere Eingriffsgrenze.
  -- Die Stichprobenmittelwerte schwanken in mehreren aufeinanderfolgenden Zeitpunkten so stark, dass sie abwechselnd mindestens die oberen und unteren Warngrenzen überschreiten.
- Die Abweichungen sind nicht rein zufälliger Natur:
  -- In mehreren aufeinanderfolgenden Zeitpunkten liegen entweder ausschließlich positive oder ausschließlich negative Abweichungen vor.
  -- In mehreren aufeinanderfolgenden Zeitpunkten folgen die Stichprobenmittelwerte einer Tendenz hin zu einer der Eingriffsgrenzen.

Die festgelegten **Warngrenzen** liefern frühzeitig Hinweise auf drohende Prozessinstabilitäten. Der hierdurch gewonnene zeitliche Vorlauf erlaubt schnellere und zielgerichtete Gegenmaßnahmen beim Eintreten der Instabilität. Beim Überschreiten einer Warngrenze werden also noch keine Gegenmaßnahmen ergriffen, sondern z. B. kürzere Stichprobenintervalle gewählt, Ursachenanalysen durchgeführt sowie geeignete Gegenmaßnahmen identifiziert und vorbereitet.

Um **Werte für die Eingriffs- und Warngrenzen** festzulegen, wird auf der Grundlage der Stichproben versucht, Aussagen über die Grundgesamtheit der in den Prozess involvierten Objekte abzuleiten. Dabei wird für die Ausprägungen des zu überwachenden Merkmals unterstellt, dass sie normalverteilt sind (vgl. Stemann/Tewes 1993; Mittag/Stemann 1993). Aus der Normalverteilungsannahme und der Verwendung der Parameter der Normalverteilung (μ = Erwartungswert, σ = Standardabweichung) folgt dann (vgl. Heizer/Render/Munson 2020, S. 280):

- 68,27 % der Merkmalswerte befinden sich im Bereich $\mu \pm 1 \cdot \sigma$
- 95,45 % der Merkmalswerte befinden sich im Bereich $\mu \pm 2 \cdot \sigma$
- 99,73 % der Merkmalswerte befinden sich im Bereich $\mu \pm 3 \cdot \sigma$

In Abhängigkeit von der vorgegebenen **Genauigkeitsanforderung** v können im Fall bekannter Verteilungsparameter die Eingriffs- und Warngrenzen gemäß $\mu \pm v \cdot \sigma$ festgelegt werden. Häufig wird für die Eingriffsgrenzen $v = 3$ und für die Warngrenzen $v = 2$ gewählt. Sind im Vergleich zu den Qualitätssicherungskosten sehr hohe Fehlerfolgekosten zu erwarten, dann sollten höhere Genauigkeitsanforderungen gestellt werden. In der unternehmerischen Praxis sind jedoch μ und σ i. d. R. nicht bekannt, so dass hierfür **Schätzwerte** zum Einsatz gelangen, die sich aus den bereits gezogenen Stichproben ermitteln lassen. Für die Stichprobenanzahl m haben sich die Werte 4, 5 und 6 bewährt, wobei der Stichprobenumfang n zur Schätzung von μ und σ mindestens 20 bis 25 betragen sollte. Als Schätzwert für μ wird der Mittelwert der Stichprobenmittelwerte berechnet:

$$\overline{\overline{x}} = \frac{1}{m} \cdot \sum_k \overline{x}_k$$

Zur Schätzung der **Standardabweichung** σ der Grundgesamtheit können entweder der Mittelwert der Stichprobenstandardabweichungen s_k oder der Stichprobenspannweiten (Range r_k) herangezogen werden. Im Fall der Standardabweichung gilt:

$$\overline{s} = \frac{1}{m} \cdot \sum_k s_k \quad \text{mit: } s_k = \sqrt{\frac{1}{n-1} \cdot \sum_i (x_{ik} - \overline{x}_k)^2}$$

Für die Schätzung auf der Grundlage von **Spannweiten** gilt:

$$\overline{r} = \frac{1}{m} \cdot \sum_k r_k \quad \text{mit: } r_k = \max_i(x_{ik}) - \min_i(x_{ik})$$

Für praktische Problemstellungen werden zur Abgrenzung der Kontrollschranken i. d. R. die Spannweiten und nicht die Standardabweichungen herangezogen. Dabei wird anstelle der Genauigkeitsanforderung v der Faktor A verwendet, der von der geforderten Genauigkeit v und dem Stichprobenumfang n abhängt (vgl. Tabelle 2.26). Die Berechnung der Eingriffs- und Warngrenzen erfolgt mit den Formeln (vgl. Heizer/Render/Munson 2020, S. 282):

$$OEG = \overline{\overline{x}} + A(\nu = 3) \cdot \overline{r}$$

$$UEG = \overline{\overline{x}} - A(\nu = 3) \cdot \overline{r}$$

$$OWG = \overline{\overline{x}} + A(\nu = 2) \cdot \overline{r}$$

$$UWG = \overline{\overline{x}} - A(\nu = 2) \cdot \overline{r}$$

n	$A(\nu = 2)$	$A(\nu = 3)$	n	$A(\nu = 2)$	$A(\nu = 3)$
2	1,253	1,880	14	0,157	0,235
3	0,682	1,023	15	0,149	0,223
4	0,486	0,729	16	0,141	0,212
5	0,385	0,577	17	0,135	0,203
6	0,322	0,483	18	0,129	0,194
7	0,279	0,419	19	0,125	0,187
8	0,249	0,373	20	0,120	0,180
9	0,225	0,337	21	0,115	0,173
10	0,205	0,308	22	0,111	0,167
11	0,190	0,285	23	0,108	0,162
12	0,177	0,266	24	0,105	0,157
13	0,166	0,249	25	0,102	0,153

Tabelle 2.26: Faktoren in Abhängigkeit vom Stichprobenumfang

Ein **Beispiel** soll die Vorgehensweise verdeutlichen. In einem Abfüllprozess wird Zucker in Tüten mit einer Füllmenge zu je 1.000 g verpackt. Zur Bestimmung der Eingriffsgrenzen wurden in der Vergangenheit in regelmäßigen Abständen 5 Stichproben à zehn Tüten aus dem Prozess genommen und deren jeweiliges Gewicht ermittelt. gibt die Ergebnisse der Stichproben wieder.

k i	1	2	3	4	5	
1	1.004	1.002	998	994	1.002	
2	1.006	1.000	1.010	1.002	1.004	
3	998	996	1.012	1.004	1.006	
4	996	1.010	1.008	1.002	1.002	
5	1.000	994	1.000	994	998	
6	1.002	1.002	998	992	994	
7	994	998	1.002	996	1.000	
8	990	996	1.004	998	998	
9	996	992	996	996	996	
10	1.000	998	1.000	1.002	998	
r_k	16	18	16	12	12	$\overline{r} = 14,8$
$\overline{x}_k$	998,6	998,8	1.002,8	998,0	999,8	$\overline{\overline{x}} = 999,6$

Tabelle 2.27: Stichprobenergebnisse

Diese Ergebnisse entsprechen den ersten fünf Werten der in Tabelle 2.27 dargestellten Qualitätsregelkarte. Bei den üblichen Genauigkeitsanforderungen von $v = 3$ und $v = 2$ sowie der Stichprobengröße $n = 10$ sind folgende Werte für die Eingriffs- und Warngrenzen festzulegen:

$$OEG = 999,6g + 0,308 \cdot 14,8g = 1.004,16g$$

$$UEG = 999,6g - 0,308 \cdot 14,8g = 995,04g$$

$$OWG = 999,6g + 0,205 \cdot 14,8g = 1.002,63g$$

$$UWG = 999,6g - 0,205 \cdot 14,8g = 996,57g$$

Liegen in den nachfolgenden Kontrollperioden die Stichprobenwerte innerhalb der Eingriffsgrenzen (vgl. Stichproben 6 und 8 in Abbildung 2.41), dann wird angezeigt, dass der Prozess ordnungsgemäß abläuft. Bei der Stichprobe 6 liegt jedoch eine sehr starke negative Abweichung vor, die das Erfordernis der Vorbereitung von Gegenmaßnahmen anzeigt. Da die Stichprobe 7 dann in entgegengesetzter Richtung die Eingriffsgrenze überschreitet, sind Gegenmaßnahmen zur Stabilisierung des Prozesses (Dämpfung der starken Schwankung) zu ergreifen.

3 Gestaltung der Güterverfügbarkeit

Im Rahmen der Gestaltung der Güterverfügbarkeit wird zunächst zwischen Angebots- und Bedarfsperspektive unterschieden. Während sich die Angebotsperspektive auf das Leistungsprogramm einer Unternehmung konzentriert, bezieht sich die Bedarfsperspektive auf die Aufgabe, die zur Leistungserstellung notwendigen Produktionsfaktoren bereitzustellen. Dabei wird einerseits die unternehmungsinterne und anderseits die unternehmungsübergreifende Perspektive beleuchtet.

3.1 Angebotsperspektive

Auf der strategischen Ebene ist es die Aufgabe des Managements, die Produktfelder festzulegen, auf denen eine Unternehmung tätig werden möchte. Ein **Produktfeld** umfasst die Produkte, die sich gedanklich auf ein allgemeines Grundprodukt zurückführen lassen, etwa aufgrund einer verwendungs- oder technologiebezogenen Verwandtschaft. Welche Produkte im Einzelfall einem Produktfeld zuzurechnen sind, hängt von der Definition des Produktfeldes ab. So kann z. B. das Produktfeld optische Geräte in einer anderen Unternehmung in die Produktfelder Fotoapparate, Filmkameras und Ferngläser aufgeteilt werden. Letztlich charakterisieren die Produktfelder das oder die generelle(n) Betätigungsfeld(er) einer Unternehmung (vgl. Kern 1992, S. 125 ff.). Eng mit der Festlegung der Produktfelder verbunden ist die Abgrenzung der Märkte, auf denen eine Unternehmung tätig werden möchte.

Auf der taktischen Ebene sind die Produktfelder hinsichtlich **Breite und Tiefe** des **Produktprogrammes** zu konkretisieren. Mit der Breite wird die Anzahl der unterschiedlichen Produkte erfasst, die produziert werden sollen. Demgegenüber wird mit der Tiefe des Produktprogrammes die Anzahl der unterschiedlichen Produktionsstufen erfasst, die ein Produkt in der Unternehmung durchläuft.

Die **operative Programmgestaltung** bestimmt im Rahmen der durch die taktische Programmplanung vorgegebenen Grenzen auf der Basis einer operationalen Zielfunktion, welche Produkte in welchen Mengen in den einzelnen Perioden des unmittelbar anstehenden Planungszeitraumes (z. B. Woche, Monat) zu erstellen sind.

3.1.1 Leistungsprogramm

Unter einem **Produkt** wird die final angestrebte Ausbringung der Produktion verstanden, d. h., Produkte sind **Ausbringungsgüter**, die aus absatzwirtschaftlicher Sicht zur **Bedürfnisbefriedigung** Dritter geeignet sind. Ein Produkt lässt sich durch eine Menge von Eigenschaften charakterisieren, die in der Lage sind, bei den potentiellen Verwendern einen **Nutzen** zu stiften. Der Nutzen ist dabei ein Maß für die Bedürfnisbefriedigung, die einem Käufer aus der Verwendung von Produkten erwächst. Dieser Nutzen lässt sich in die beiden Kategorien Grundnutzen und Zusatznutzen unterteilen. Während der **Grundnutzen** an der eigentlichen Funktion anknüpft, die das Produkt erfüllen soll, es wird auch von funktionalem Nutzen gesprochen, wird mit dem **Zusatznutzen** eine geistig-seelische und soziale Nutzenstiftung erfasst, die über den Grundnutzen hinausgeht. Da bei den angebotenen artgleichen Produkten der Grundnutzen häufig ähnlich ist, erlangt der Zusatznutzen eine immer größere Bedeutung.

Um langfristig am Markt zu bestehen, ist eine Unternehmung gezwungen, ihr Absatzprogramm regelmäßig zu erneuern, d. h. **neue Produkte** in ihr Programm aufzunehmen sowie bestehende Produkte zu verbessern oder aus dem Produktprogramm zu eliminieren. Um **neue Produkte** hervorzubringen, ist die betriebliche Funktion der Forschung und Entwicklung (F & E) von zentraler Bedeutung.

Forschung & Entwicklung (F & E) lässt sich mit Hilfe der beiden folgenden Merkmale charakterisieren:

- F & E wird planvoll und systematisch vollzogen, wobei wissenschaftliche Methoden zum Einsatz gelangen.
- F & E hat den Erwerb neuer Erkenntnisse, die Erschließung neuer Anwendungsmöglichkeiten verfügbarer Erkenntnisse oder den Einsatz neu hinzugewonnener Erkenntnisse zum Ziel.

Ziel der F&E ist folglich die Schaffung neuen Wissens. Damit stellt sich die Frage, was unter „neu" zu verstehen ist. In der Betriebswirtschaftslehre wird von einem **subjektiven Neuheitsbegriff** ausgegangen, d. h., die Neuerung wird von einem Individuum oder einer Organisation (Unternehmung) als neu empfunden, und zwar unabhängig davon, ob diese bereits zu diesem Zeitpunkt anderen bekannt war. Bei **Produktinnovationen** (vgl. z. B. Brockhoff 2002, S. 25 ff.) lassen sich drei Erscheinungsformen unterscheiden:

- Produktvariation: Es werden bestehende Produkte technisch verbessert.
- Produktdifferenzierung: Ein bereits existierendes Produkt wird einer bestehenden Produktlinie hinzugefügt.
- Produktdiversifikation: Es wird ein anderes Produkt hervorgebracht.

Während es sich bei den zuerst genannten Erscheinungsformen um sogenannte Verbesserungsinnovationen handelt, liegt im zuletzt genannten Fall ein höherer Innovationsgrad vor, weil kein Vergleichsmaßstab in der Form eines früheren Produktes vorliegt. Für eine Unternehmung erscheint es dabei zur Sicherung eines langfristigen Wachstums notwendig, ein ausgewogenes Verhältnis zwischen diesen Erscheinungsformen zu realisieren (vgl. Herstatt/Lüthje/Lettl 2003, S. 58 f.).

Ursache für die Notwendigkeit, das Leistungsprogramm ständig zu erneuern, ist die begrenzte Lebensfähigkeit von Produkten, die mit Hilfe von Lebenszyklusmodellen erfasst wird (vgl. Prescott 1922, S. 473 ff.). Verantwortlich hierfür sind z. B. veränderte Bedürfnisse der Konsumenten, das Auftreten von Substitutionsprodukten oder auch der Wegfall komplementärer Produkte. In einer idealtypischen Betrachtung wird der **Produktlebenszyklus** mit Hilfe einer logistischen Funktion des Umsatzes dargestellt, wobei der Zyklus auf der Grundlage bestimmter Merkmale des Umsatz- und Gewinnverlaufes in einzelne Phasen unterteilt wird. Im Folgenden wird ein Fünfphasenmodell herangezogen, wie es in Abbildung 3.1 dargestellt ist.

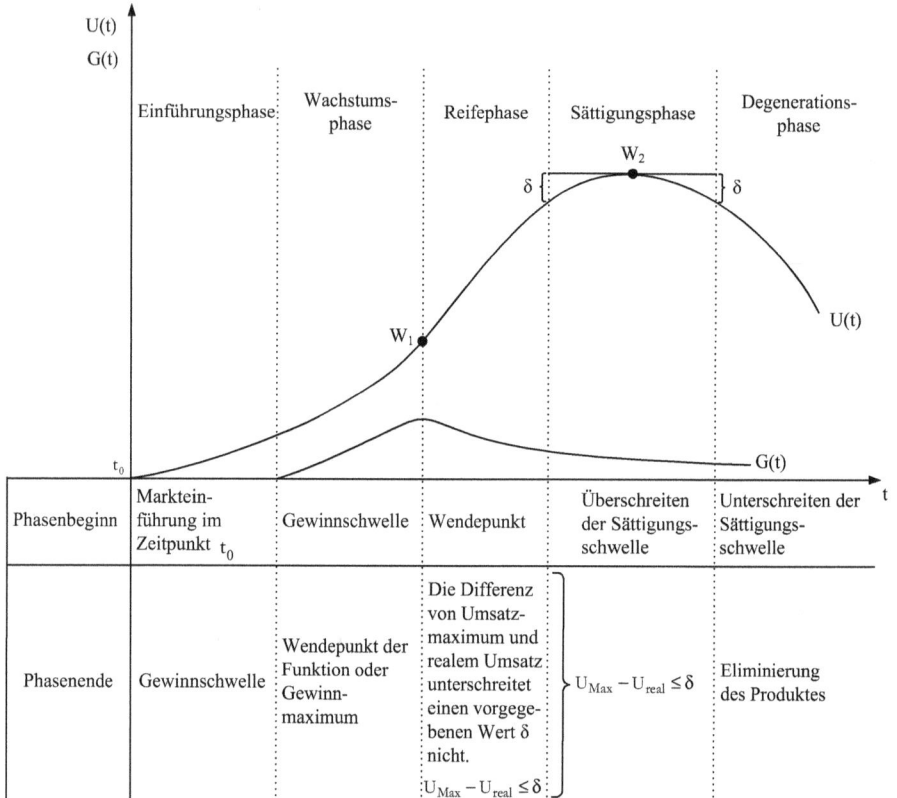

U(t)
G(t)

	Einführungsphase	Wachstums- phase	Reifephase	Sättigungsphase	Degenerations- phase

W_2

δ δ

W_1

U(t)

t_0

G(t)

t

Phasenbeginn	Markt- einführung im Zeitpunkt t_0	Gewinnschwelle	Wendepunkt	Überschreiten der Sättigungs- schwelle	Unterschreiten der Sättigungs- schwelle
Phasenende	Gewinnschwelle	Wendepunkt der Funktion oder Gewinn- maximum	Die Differenz von Umsatz- maximum und realem Umsatz unterschreitet einen vorgege- benen Wert δ nicht. $U_{Max} - U_{real} \leq \delta$	$U_{Max} - U_{real} \leq \delta$	Eliminierung des Produktes

Abbildung 3.1: Fünfphasenmodell

Die **Einführungsphase** beginnt mit dem Zeitpunkt der Markteinführung eines Produktes und endet mit dem Erreichen der Gewinnschwelle. In dieser Phase sind die Kosten höher als der am Markt realisierte Umsatz. Seine Begründung findet dieser Sachverhalt z. B. in den Kosten für Werbung und den Aufbau der Verkaufsorganisation, denen nur langsam steigende Umsätze gegenüberstehen. Demgegenüber ist die **Wachstumsphase** durch steigende Zuwachsraten gekennzeichnet, die auf eine erfolgreiche Marktdurchdringung zurückzuführen sind. Die Phase endet im Wendepunkt der Lebenszykluskurve (maximaler Umsatzanstieg). In der **Reifephase** tritt eine Verlangsamung des Umsatzwachstums ein, die durch eine zunehmende Marktsättigung hervorgerufen wird. Die **Sättigungsphase** ist durch eine Umsatzstagnation auf hohem Niveau charakterisiert. In dieser Phase liegt auch das absolute Umsatzmaximum. In der **Degenerationsphase** nimmt der Umsatz kontinuierlich ab. Das Phasenende ist durch die Produktelimination gekennzeichnet.

Unter diesen Gegebenheiten ergibt sich die unternehmerische Aufgabe, die Gesamtheit der mittelfristig neu, weiterhin oder nicht mehr anzubietenden Produkte festzulegen, d. h. die **Breite und die Tiefe des Leistungsprogramms** zu gestalten. Die Programmbreite bezieht sich auf die Anzahl unterschiedlicher Güterarten, die angeboten werden sollen. Demgegenüber erfasst die Programmtiefe die Anzahl der Produktionsstufen, die innerhalb der betrachteten unternehmerischen Einheit (Unternehmung oder Supply Chain) genutzt werden sollen, um diese Güterarten zu erzeugen. Die Gestaltung des Leistungsprogramms erfolgt in beiden Dimensionen in enger Verzahnung mit der taktischen Potentialgestaltung, die sich auf das Kapazitätsniveau und die Strukturierung der Kapazität bezieht (zu weiterführenden Details vgl. Gössinger 2008, S. 458 ff. (Programmbreite); Corsten/Gössinger 2015, S. 300 ff. (Programmtiefe)).

3.1.2 Leistungserstellungsprogramm

Ein Produktionsprogramm gibt an, welche Produktarten in welchen Mengen und in welchen Perioden produziert werden sollen. Ziel ist es dabei, eine ökonomische Erfolgsgröße zu optimieren, und zwar unter Beachtung der kapazitativen Gegebenheiten und der Nachfragesituation. Als Zielgröße wird den weiteren Ausführungen die Maximierung des Deckungsbeitrags zugrunde gelegt, d. h. es handelt sich um die Differenz zwischen den periodenbezogenen beschäftigungsabhängigen Erlösen und den periodenbezogenen beschäftigungsabhängigen Kosten (vgl. Hoitsch 1993, S. 275 ff.).

Im Rahmen produktionswirtschaftlicher Überlegungen ist zwischen markt- und kundenorientierter Programmbildung zu unterscheiden. Ausgangspunkt der **marktorientierten Programmbildung** bildet die erwartete Nachfrage, d. h. es liegen prognostizierte Mengen zugrunde. Damit trägt der Produzent das Absatzrisiko. Demgegenüber ergibt sich bei einer **kundenorientierten** (auftragsorientierten) **Programmbildung** das Produktionsprogramm aus den angenommenen Kundenaufträgen. Die Unsicherheit besteht dann über den Zeitpunkt der Auftragserteilung und die mit dem Kunden spezifizierten Auftragskonditionen. Entsprechend dieser Unterscheidung ist zur Lösung dieser Problemstellungen mit unterschiedlichen Ansätzen zu arbeiten, wobei die folgende Differenzierung greift:

- Modelle der Programmbildung bei marktorientierter Produktion und
- Modelle der Programmbildung bei kundenorientierter Produktion.

Während im zuerst genannten Fall von festgelegten und bekannten Produktstrukturen ausgegangen wird und folglich auch die Produktionsabläufe determiniert sind, muss im zuletzt genannten Fall die Differenzierung der Produkte gemäß der Nachfragerwünsche abgewartet werden.

3.1.2.1 Marktorientierte Produktion

3.1.2.1.1 Unternehmungsbezogene Betrachtung

Im einfachsten Fall ist eine Unternehmung in der Lage, mit den verfügbaren Ressourcen i ($i = 1,...,m$) die Produktarten j ($j = 1,...,n$) zu produzieren. Die Ressourcen sind jeweils mit begrenzter Kapazität C_i verfügbar. Von den Produktarten sind deren Stückdeckungsbeiträge db_j und deren Stückkapazitätsbedarfe b_{ij} an den einzelnen Ressourcen bekannt. Es stellt sich die **Entscheidungsfrage**, welche Menge x_j von jeder Produktart produziert werden soll. Die realisierbaren Mengenkombinationen werden durch **Entscheidungsschranken** abgesteckt, die besagen, dass die Kapazität der Ressourcen nicht überausgelastet werden kann und dass negative Produktionsmengen in der Realität nicht vorkommen können. Von den realisierbaren Mengenkombinationen soll diejenige gewählt werden, die das **Entscheidungsziel** der Deckungsbeitragsmaximierung erfüllt.

Diese Situation lässt sich durch ein formales **Grundmodell** erfassen, das als **Standardansatz der linearen Programmierung** bezeichnet wird:

- Zielfunktion:

$$\max DB = \sum_j db_j \cdot x_j$$

- Nebenbedingungen:

-- Der Kapazitätsbedarf kann das Kapazitätsangebot nicht übersteigen:

$$\sum_j b_{ij} \cdot x_j \le C_i \qquad \forall i$$

-- Die Produktionsmengen sind nicht negativ:

$$x_j \ge 0 \qquad \forall j$$

Bei einer Beschränkung auf zwei Produktarten kann dieses Entscheidungsproblem graphisch gelöst werden. Ausgangspunkt für ein Beispiel bilden die in Tabelle 3.1 angegebenen Daten.

Ressource / Produktart	Maschine 1	Maschine 2	Maschine 3	Stückdeckungs- beitrag db_j
Produktart 1	$b_{11} = 2$	$b_{21} = 2$	$b_{31} = 6$	8
Produktart 2	$b_{12} = 4$	$b_{22} = 2$	$b_{32} = 4$	10
Kapazität der jeweiligen Einheit C_i	200	120	240	

Tabelle 3.1: Beispieldaten zur marktorientierten Produktionsprogrammplanung

Durch Einsetzen der Beispieldaten in das Grundmodell ergibt sich das problemspezifische Modell:

$$Z: \quad \max DB = 8 \cdot x_1 + 10 \cdot x_2$$

$$R_1: \quad 2 \cdot x_1 + 4 \cdot x_2 \leq 200$$
$$R_2: \quad 2 \cdot x_1 + 2 \cdot x_2 \leq 120$$
$$R_3: \quad 6 \cdot x_1 + 4 \cdot x_2 \leq 240$$

$$N_1: \quad x_1 \geq 0$$
$$N_2: \quad x_2 \geq 0$$

Dieses formale Modell wird in ein zweidimensionales **graphisches Modell** überführt, indem die Zielfunktion und die Nebenbedingungen als Geraden in den positiven Orthanten eines x_1-x_2-Diagramms eingezeichnet werden. Für einen vorgegebenen Wert $\overline{DB}$ des Deckungsbeitrages ergibt sich die lineare **Deckungsbeitragsisoquante** durch Einsetzen dieses Wertes in die Zielfunktion und anschließendes Umstellen nach x_2:

$$Z: \quad x_2 = 0,1 \cdot \overline{DB} - 0,8 \cdot x_1$$

Gilt $\overline{DB} = 0$, dann verläuft diese Gerade durch den Koordinatenursprung, und mit zunehmendem $\overline{DB}$ nimmt der Abstand zwischen Deckungsbeitragsisoquante und Koordinatenursprung zu. Folglich ist die deckungsbeitragsmaximale Lösung im Diagramm in möglichst weiter Entfernung zum Koordinatenursprung zu suchen. Die Deckungsbeitragsisoquante für z. B. $\overline{DB} = 200$ schneidet die x_1-Achse im Punkt (25;0) und die x_2-Achse im Punkt (0;20).

Die **Kapazitätsrestriktionen** werden aufgrund der Kleiner-gleich-Bedingungen graphisch zu Flächen unterhalb und einschließlich der Geraden, die den Funktionen

$$R_1: \quad x_2 = 50 - 0,5 \cdot x_1$$
$$R_2: \quad x_2 = 60 - 1 \cdot x_1$$
$$R_3: \quad x_2 = 60 - 1,5 \cdot x_1$$

folgen. Zur Funktionsbestimmung wird angenommen, dass die Produktmengen die Kapazität vollständig ausschöpfen. Somit können die Kleiner-gleich-Zeichen der Restriktionen durch Gleichheitszeichen ersetzt und die entstehenden Gleichungen nach x_2 umgestellt werden. Die Restriktionsgerade R_1 (R_2, R_3) schneidet die x_1-Achse im Punkt (100;0) ((60;0), (40;0)) und die x_2-Achse im Punkt (0;50) ((0;60), (0;60)). Die **Nichtnegativitätsbedingungen** sind im graphischen Modell dadurch erfasst, dass ausschließlich der positive Orthant des x_1-x_2-Diagramms betrachtet wird. Werden diese Informationen in ein x_1-x_2-Diagramm übertragen, dann ergibt sich das folgende Bild (vgl. Abbildung 3.2):

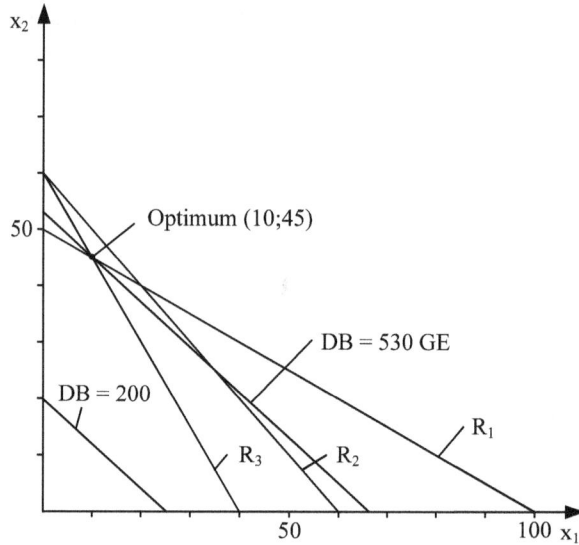

Abbildung 3.2: Graphische Bestimmung der optimalen Lösung

Die Restriktionen R_1 und R_2 sowie die Nichtnegativitätsbedingungen grenzen den Bereich der zulässigen Lösungen ein. Damit stellt sich die Frage, welche Mengen x_1, x_2 optimal im Sinne der Zielfunktion sind. Um das deckungsbeitragsmaximale Produktionsprogramm zu bestimmen, ist der Punkt zu suchen, in dem die Deckungsbeitragsisoquante den Bereich zulässiger Lösungen mit maximalem Abstand zum Koordinatenursprung tangiert. Hierzu wird die beispielhaft eingezeichnete Deckungsbeitragsisoquante so lange parallel vom Koordinatenursprung weg verschoben, bis sie gerade noch nicht vollständig außerhalb des Lösungsraumes liegt. Im Beispiel ist dies in dem Punkt gegeben, in dem die Koordinaten die Werte (10;45) aufweisen, d. h., optimal ist es, die Mengenkombination $x_1 = 10$, $x_2 = 45$ zu produzieren und damit einen Deckungsbeitrag von 530 zu generieren.

Sind mehr als zwei Produktarten und mehr als zwei Ressourcen relevant, dann ist eine graphische Lösung nicht mehr möglich. Zur Lösung von Problemstellungen mit realistischen Größenordnungen wird deshalb auf algorithmische Verfahren zurückgegriffen, die mit Hilfe von Rechnern ausgeführt werden. Für diese Problemstellung geeignete Verfahren sind der Simplex-Algorithmus (vgl. Dantzig 1966) und das Innere-Punkte-Verfahren (Barrier-Verfahren; vgl. Karmarkar 1984). Zu einer anschaulichen Darstellung des Simplex-Algorithmus vgl. Corsten/Corsten/Sartor (2005, S. 18 ff. und S. 214 ff.).

Das Grundmodell zur Produktionsprogrammplanung ist ein einperiodiges Modell, das von Veränderungen abstrahiert, die im Zeitablauf auf dem Absatzmarkt und in der Produktion auftreten und zu Unterschieden zwischen dem Produktions- und Absatzprogramm führen können. Sind solche Veränderungen (z. B. saisonale Schwankungen) vorhersehbar, dann kann dies in einem mehrperiodigen Ansatz der Produktionsprogrammplanung berücksichtigt werden. Treten etwa im Zeitverlauf veränderliche Absatzmengen auf, dann lassen sich die folgenden Handlungsmöglichkeiten unterscheiden (vgl. Kern 1974, S. 110; Schwarz 1959):

- **Synchronisation**: Die Produktionsmengen werden an die Absatzmengen angepasst, ohne dass Lagerbestände auf- und abgebaut werden. Bedingung ist es dabei, dass die Produktionskapazität an der Spitzenbelastung ausgerichtet ist, mit der Konsequenz unterschiedlicher Kapazitätsauslastungen.
- Bei der **Emanzipation** sind zwei Unterfälle zu unterscheiden:
  -- **Totale Emanzipation**, bei der sich die Produktionskapazität an der durchschnittlichen Belastung orientiert. So werden bei Absatzmengen, die die Periodenkapazität nicht vollständig auslasten, Lagerbestände aufgebaut und in Perioden mit Absatzmengen, die die Periodenkapazität übersteigen, die erhöhte Nachfrage durch Lagerabbau befriedigt.
  -- Bei der **partiellen Emanzipation**, auch als Zeitstufenprinzip bezeichnet (vgl. Zäpfel 2001, S. 114 f.), werden bis zu einem bestimmten Niveau Lager auf- und abgebaut und zusätzlich über dieses Niveau hinausgehende Schwankungen durch Kapazitätsanpassungen abgedeckt.

Abbildung 3.3 gibt die Handlungsoptionen in anschaulicher Weise wieder.

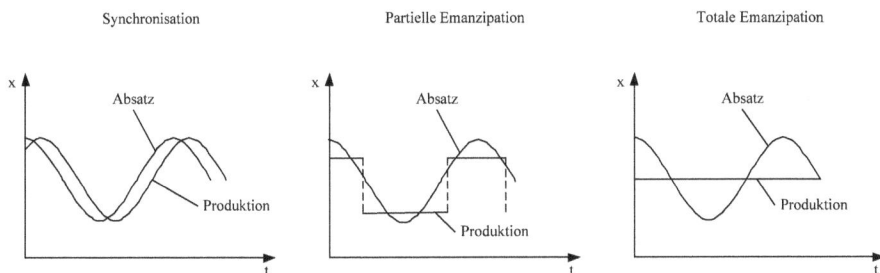

Abbildung 3.3: Handlungsoptionen zur Abstimmung von Produktions- und Absatzmengen

Für den Fall der **partiellen Emanzipation** sei erklärt, wie diese Handlungsoptionen in das Modell der Produktionsprogrammplanung einbezogen werden können (vgl. Günther/Tempelmeier 2009, S. 162 ff.). Um die zeitliche Dimension in der Planung berücksichtigen zu können, wird dabei der gesamte Planungszeitraum in Teilperioden t ($t = 1, ..., T$) zerlegt. In der veränderten **Entscheidungssituation** sollen die periodenbezogenen vorgegebenen Absatzmengen a_{jt} stets vollständig erfüllt werden. Hierzu können die in der jeweiligen Periode produzierten Mengen x_{jt}^{P} oder in früheren Perioden produzierte (und eingelagerte) Mengen verwendet werden. Zur Produktion einer Mengeneinheit des Produktes j wird die Ressource i mit dem Stückkapazitätsbedarf b_{ij} beansprucht. Die genutzten Ressourcen verfügen über eine Normalkapazität C_i, die zum Ausgleich von Absatzschwankungen in jeder Periode z. B. durch Überstunden um maximal E_i erweitert werden kann. Das Ausmaß der Kapazitätserweiterung C_{it}^{+} wird für jede Ressource in jeder Periode separat festgelegt. Absatzschwankungen können auch durch Lagerbildung und -entnahme ausgeglichen werden. Der Lagerbestand x_{jt}^L eines Produktes in einer Periode ergibt sich aus dem Lagerbestand der Vorperiode zuzüglich der Lagerzugänge und abzüglich der Lagerabgänge (positive bzw. negative Differenz aus Produktions- und Absatzmenge einer Periode). Der Initiallagerbestand x_{j0}^L ist bekannt. In dieser Situation stellen sich die **Entscheidungsfragen**:

- Welche Mengen der einzelnen Produktarten sind in den einzelnen Perioden zu produzieren (x_{jt}^P)?
- Wie hoch sollen die Lagerbestände der einzelnen Produktarten in den einzelnen Perioden sein (x_{jt}^L)?
- In welchem Umfang ist die Kapazität der einzelnen Ressourcen in den einzelnen Perioden zu erweitern (C_{it}^+)?

Der Lösungsraum wird durch **Entscheidungsschranken** abgesteckt, die besagen, dass die Absatzmengen durch Produktions- und Lagermengen erfüllt werden, der Kapazitätsbedarf die erweiterte Kapazität nicht übersteigen kann, die Kapazitätserweiterung nur innerhalb eines vorgegebenen Rahmens möglich ist und die Produktions- und Lagermengen sowie die Kapazitätserweiterungen nicht negativ sein können. Aus der Menge der zulässigen Lösungen ist dann diejenige zu wählen, mit der das **Entscheidungsziel** der Minimierung der Summe entscheidungsrelevanter Kosten am besten erfüllt wird.

Entscheidungsrelevant sind die sich aus der Bewertung des Lagerbestandes mit dem Lagerhaltungskostensatz k_j^L ergebenden **Lagerhaltungskosten** und die **Kosten der Kapazitätserweiterung**, wobei jede zusätzliche Kapazitätseinheit mit dem Kostensatz k_i^C bewertet wird. Da die Absatzmengen vorgegeben sind und von konstanten Produktionskostensätzen ausgegangen wird, sind die Produktionskosten nicht entscheidungsrelevant. Damit gilt für das **Entscheidungsmodell** die Zielfunktion:

$$\min K = \sum_t \left(\sum_j k_j^L \cdot x_{jt}^L + \sum_i k_i^C \cdot C_{it}^+ \right)$$

Die Kostenminimierung erfolgt unter Berücksichtigung der Nebenbedingungen:

- Der Absatz wird durch Produktions- und Lagermengen erfüllt:

$$x_{jt}^P + x_{jt-1}^L - x_{jt}^L = a_{jt} \qquad \forall j, t$$

- Die Kapazität der Ressourcen kann nicht überschritten werden:

$$\sum_j b_{ij} \cdot x_{jt}^P \le C_i + C_{it}^+ \qquad \forall i, t$$

- Die Kapazitätserweiterung kann einen Maximalwert nicht übersteigen:

$$C_{it}^+ \le E_i \qquad \forall i, t$$

- Die Produktions- und Lagermengen sowie die Kapazitätserweiterungen sind nicht negativ:

$$x_{jt}^P, x_{jt}^L \ge 0 \qquad \forall j, t$$
$$C_{it}^+ \ge 0 \qquad \forall i, t$$

Dieses erweiterte Entscheidungsmodell der dynamischen Produktionsprogrammplanung ist, wie das Grundmodell, ein lineares Programm. Deshalb können zur Lösung konkreter Probleminstanzen Verfahren der linearen Optimierung (z. B. Simplex-Algorithmus, Innere-Punkte-Verfahren) angewendet werden.

Die bisherigen Ansätze basierten auf der Annahme, dass **eine** Unternehmung **eine Zielsetzung** (z. B. Gewinnmaximierung, Kostenminimierung) verfolgt. Es ist aber auch möglich, dass **mehrere Ziele** gleichzeitig verfolgt werden. Wird unterstellt, dass eine Unternehmung den Gewinn (G) und den Umsatz (U) gleichzeitig maximieren möchte, dann bieten sich Methoden der Vektoroptimierung an. Im Folgenden werden mit der Zielgewichtung und der Hauptzielfunktionsmethode zwei der bekanntesten Vorgehensweisen vorgestellt, bei denen die optimale Lösung mit Hilfe von Verfahren der linearen Optimierung ermittelt werden kann. Es seien zwei Optimierungsprobleme gegeben, die denselben Lösungsraum auf der Grundlage unterschiedlicher Zielfunktionen analysieren:

Zielfunktion

$$\max U = 100 \cdot x_1 + 120 \cdot x_2$$

Nebenbedingungen

$$10 \cdot x_1 + 10 \cdot x_2 \leq 1.000$$
$$40 \cdot x_1 + 20 \cdot x_2 \leq 2.800$$
$$x_2 \leq 80$$
$$x_1 \geq 0; \quad x_2 \leq 0$$

Zielfunktion

$$\max G = 60 \cdot x_1 + 20 \cdot x_2$$

Nebenbedingungen

$$10 \cdot x_1 + 10 \cdot x_2 \leq 1.000$$
$$40 \cdot x_2 + 20 \cdot x_2 \leq 2.800$$
$$x_2 \leq 80$$
$$x_1 \geq 0; \quad x_2 \geq 0$$

Die graphischen Lösungen sind in Abbildung 3.4 dargestellt.

Bei unterschiedlichen Zielfunktionen können folglich unterschiedliche zulässige Lösungen optimal sein. Das Umsatzmaximum von 11.600 wird im Punkt A ($x_1 = 20$, $x_2 = 80$) und das Gewinnmaximum von 4.200 im Punkt C ($x_1 = 70$, $x_2 = 0$) erreicht. Aufgrund der unterschiedlichen Kosten der Produkte besteht somit ein **Konflikt** zwischen dem Umsatz- und dem Gewinnziel.

Bei der **Zielgewichtung** wird der Konflikt dadurch gelöst, dass der Entscheidungsträger die unterschiedlichen Ziele zu einer Zielfunktion verknüpft und darin angibt, wie stark die Lösung von den einzelnen Zielen abhängig sein soll. Nimmt er z. B. als Gewichtung für den Gewinn = 0,6 und für den Umsatz = 0,4 an, dann ergibt sich die Zielfunktion:

$$\max Z = 0,4 \cdot \left(100 \cdot x_1 + 120 \cdot x_2\right) + 0,6 \cdot \left(60 \cdot x_1 + 20 \cdot x_2\right)$$
$$\max Z = 76 \cdot x_1 + 60 \cdot x_2$$

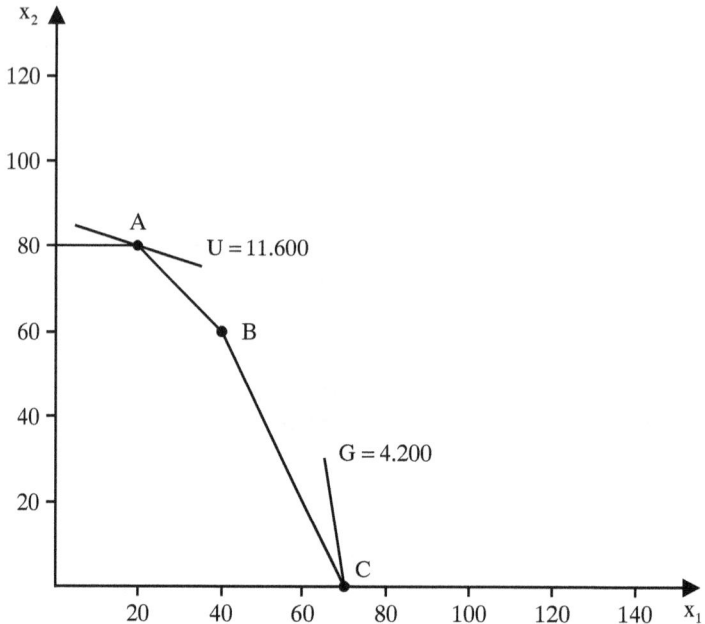

Abbildung 3.4: Graphische Lösungen bei unterschiedlichen Zielen

Wird diese Zielfunktion in Abbildung 3.4 eingezeichnet, dann liegt die optimale Lösung im Punkt B ($x_1 = 40$, $x_2 = 60$). Dass damit eine **Kompromisslösung** vorliegt, zeigt sich an dem reduzierten Umsatz von 11.200 und dem reduzierten Gewinn von 3.600.

Eine zweite Möglichkeit zur Lösung des Zielkonflikts bietet die **Hauptzielfunktionsmethode**. Hierbei unterscheidet der Entscheidungsträger zwischen Haupt- und Nebenzielen, wobei die Optimierung dann nach der Hauptzielfunktion (primäre Zielfunktion) erfolgt, während die anderen Zielfunktionen in die Nebenbedingungen aufgenommen werden. Zwei Fälle sind dabei zu unterscheiden:

- Liegen zu maximierende Nebenziele vor, dann sind hierfür Werte festzulegen, die mindestens zu erreichen sind, d. h., es werden **untere Schranken** fixiert.
- Bei zu minimierenden Nebenzielen sind Werte festzulegen, die höchstens erreicht werden dürfen, d. h., es werden **obere Schranken** fixiert.

Durch die Festlegung von Schranken werden die Variationsmöglichkeiten der anderen Ziele beschränkt. So kann es z. B. passieren, dass der Optimalpunkt eines Zieles durch die Festlegung einer Schranke nicht mehr realisierbar ist. Auf das Beispiel bezogen ergibt sich dann unter der Voraussetzung, dass das Gewinnziel das Hauptziel bildet und für das Nebenziel „Maximiere den Umsatz" eine untere Schranke von 9.600 fixiert wird, das Optimierungsproblem:

- Zielfunktion:

$$\max G = 60 \cdot x_1 + 20 \cdot x_2$$

- Nebenbedingungen:

$$10 \cdot x_1 + 10 \cdot x_2 \leq 1.000$$
$$40 \cdot x_1 + 20 \cdot x_2 \leq 2.800$$
$$x_2 \leq 80$$
$$100 \cdot x_1 + 120 \cdot x_2 \geq 9.600 \quad \text{(untere Umsatzschranke)}$$
$$x_1 \geq 0; \quad x_2 \geq 0$$

Abbildung 3.5 gibt die graphische Lösung wieder.

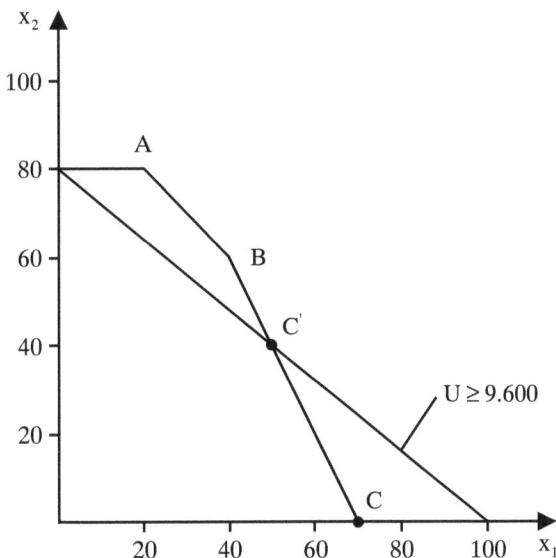

Abbildung 3.5: Hauptzielmethode mit unterer Schranke

Aus der Abbildung geht hervor, dass die untere Schranke des Nebenziels die ursprüngliche optimale Lösung des Hauptziels im Punkt C verhindert. Als **Kompromisslösung** ergibt sich dann Punkt C' ($x_1 = 360/7$, $x_2 = 260/7$) mit einem Umsatz von 9.600 und einem Gewinn von 3.828,57.

3.1.2.1.2 Unternehmungsübergreifende Betrachtung

Die bisherigen Ausführungen konzentrierten sich auf die Planung des Leistungsprogramms **einer** Unternehmung. Die weiteren Überlegungen betrachten Planungsmodelle im Kontext einer Supply Chain und beziehen folglich eine unternehmungsübergreifende Perspektive ein. Die **Grundstruktur** eines im Kontext von Supply Chains relevanten Planungsmodells sei im Folgenden am Beispiel einer Supply Chain mit mehreren Produkten und konvergierenden Produktstrukturen aufgezeigt (vgl. Adam 1965, S. 35 ff. und S. 55 ff.; Jacob 1962, S. 243 ff.; Kilger 1973, S. 499 ff.).

Die nachfolgende beschriebene **Entscheidungssituation** ist relevant, wenn mehrere Supply-Chain-Einheiten i ($i = 1,...,m$), die die Produktarten j ($j = 1,...,n$) produzieren können, durch eine zentrale Grobplanung im Hinblick auf ein übergeordnetes Supply-Chain-Ziel abgestimmt werden sollen. Die Materialversorgung für Produktarten auf der untersten Wertschöpfungsstufe sei sichergestellt und wird deshalb nicht explizit modelliert. Produktarten jeder anderen Wertschöpfungsstufe werden innerhalb der Supply Chain produziert x^P_{ij} und zu den Bedarfsorten transportiert $x^T_{ii'j}$. Die dabei relevanten Stückkapazitätsbedarfe für Produktion b^P_{ij} und Transport $b^T_{ii'j}$, die verfügbare Produktions- C^P_i und Transportkapazität C^T sowie die Stückkosten für Produktion k^P_i und Transport $k^T_{ii'j}$ sind bekannt. Der Sekundärbedarf ergibt sich durch die Produktion von Produktarten auf einer höheren Wertschöpfungsstufe, die aufgrund technisch festgelegter Mengenbeziehungen (Produktionskoeffizient $h_{ij'}$) Produktarten niedrigerer Wertschöpfungsstufen (Zwischenprodukte) verbraucht. Der Primärbedarf ergibt sich durch die Nachfrage in den Regionen der einzelnen Supply-Chain-Einheiten, wobei die Nachfrageobergrenzen D_{ij} und die Absatzpreise p_{ij} bekannt sind. Die für die Regionen der einzelnen Supply-Chain-Einheiten zu planenden Absatzmengen setzen sich aus den aus der dortigen Produktion für den Absatz entnommenen Mengen a^P_{ij} und den von anderen Supply-Chain-Einheiten bezogenen Mengen a^T_{ij} zusammen.

In dieser Situation sind die **Entscheidungsfragen** zu klären, welche Mengen der Produktarten von den einzelnen Supply-Chain-Einheiten produziert x^P_{ij}, an welche Supply-Chain-Einheiten transportiert $x^T_{ii'j}$ und in welchen Regionen der Supply-Chain-Einheiten abgesetzt a^P_{ij}, a^T_{ij} werden sollen. Die Menge zulässiger Lösungen wird durch mehrere **Entscheidungsschranken** abgesteckt:

- **Absatzbedingung**: Die in der Region einer Supply-Chain-Einheit abgesetzten Mengen können die dort geltenden Absatzhöchstmengen der Produktarten nicht übersteigen.

- **Kapazitätsbedingungen**: Der Produktionskapazitätsbedarf (Transportkapazitätsbedarf) kann die Produktionskapazität (Transportkapazität) nicht übersteigen.

- **Outputbilanz**: Die von einer Supply-Chain-Einheit produzierten Mengen werden vollständig für den Absatz in der eigenen Region oder für den Transport zu anderen Supply-Chain-Einheiten verwendet.

- **Inputbilanz**: Die zu einer Supply-Chain-Einheit transportierten Mengen werden vollständig als Vorprodukt für deren Produktion oder für den Absatz in deren Region verwendet.

- **Nichtnegativitätsbedingungen**: Absatz-, Produktions- und Transportmengen können nicht negativ sein.

Aus dem **Entscheidungsziel** der Maximierung des Gewinns der Supply Chain (Umsatz minus Produktionskosten minus Transportkosten) ergibt sich die Zielfunktion:

$$\max G = \sum_i \sum_j \left(\left(a_{ij}^P + a_{ij}^T \right) \cdot p_{ij} - k_{ij}^P \cdot x_{ij}^P - \sum_{i'} k_{ii'j}^T \cdot x_{ii'j}^T \right)$$

Die Maximierung erfolgt unter Berücksichtigung der Nebenbedingungen:

- Absatzbedingung:

$$a_{ij}^P + a_{ij}^T \le D_{ij} \qquad\qquad \forall i, j$$

- Kapazitätsbedingungen:

$$\sum_j x_{ij}^P \cdot b_{ij}^P \le C_i^P \qquad\qquad \forall i$$

$$\sum_i \sum_{i'} \sum_j x_{ii'j}^T \cdot b_{ii'j}^T \le C^T$$

- Outputbilanz:

$$x_{ij}^P = a_{ij}^P + \sum_{i'} x_{ii'j}^T \qquad\qquad \forall i, j$$

- Inputbilanz:

$$\sum_i x_{ii'j}^T = a_{i'j}^T + \sum_j x_{i'j'}^P \cdot h_{jj'} \qquad \forall i', j$$

- Nichtnegativitätsbedingungen:

$$a_{ij}^P, x_{ij}^P, x_{ij}^T \ge 0 \qquad\qquad \forall i, j$$

$$x_{ii'j}^T \ge 0 \qquad\qquad \forall i, i', j$$

Die optimalen Werte der Entscheidungsvariablen in diesem Modell (Produktions-, Transport- und Absatzmengen) können mit Hilfe eines Ansatzes der linearen Optimierung (z. B. Simplex-Algorithmus) bestimmt werden.

Die Lösung des modellierten Planungsproblems kann im Rahmen eines hierarchischen Planungsansatzes als Vorgabe für untergeordnete Teilprobleme (z. B. Losgrößenplanung) herangezogen werden. Damit erfolgt eine grobe Abstimmung der Lösungen der Teilprobleme (vgl. Albrecht/Rohde/Wagner 2015, S. 159).

Erweiterungen zu diesem Modell können auf einer Disaggregation der Betrachtung einzelner Modellparameter basieren:

- Wird der betrachtete Planungszeitraum in einzelne Perioden unterteilt, um Schwankungen der Werte von Modellparametern im Zeitablauf zu berücksichtigen, dann ergibt sich ein **dynamisches Modell** (vgl. z. B. Kok/Fransoo 2003, S. 626 ff.; Miller 2001, S. 81 ff.; Voudouris 1996, S. S1270 ff.). Um der Dynamik Rechnung zu tragen, ist es erforderlich,

   -- die Dauer von Teilprozessen, die sich über mehrere Teilperioden erstrecken (z. B. Transport), explizit zu modellieren und

   -- die Kostenwirkungen des Auf- und Abbaus von Lagerbeständen aufgrund des diskontinuierlichen Güterflusses bei zeitlich schwankenden Werten der Modellparameter zu berücksichtigen. Hierzu sind Kontinuitätsbedingungen der Lagerbestände zu formulieren.

- Die Produktions- und Transportkosten können in differenzierterer Form als mengenabhängige und losgrößenabhängige Komponenten modelliert werden. Hierfür ist eine separate Erfassung von Rüstvorgängen mit Hilfe von Binärvariablen erforderlich, so dass sich ein **gemischt-ganzzahliges lineares Modell** ergibt (vgl. z. B. Miller 2001, S. 81 ff.; Zäpfel/Wasner 2000, S. 272 ff.), mit dem gleichzeitig eine grobe Losgrößenplanung erfolgt.

- Eine weitere Detaillierung der Kosten erfolgt durch die Abbildung nichtlinearer Kostenabhängigkeiten. Werden diese stückweise linear approximiert, ergibt sich ein **gemischt-ganzzahliges lineares Modell** (vgl. z. B. Cohen/Moon 1991, S. 267 ff.).

- Eine größere Detaillierung der Betrachtung einzelner Supply-Chain-Einheiten kann erfolgen, indem einzelne Produktionslinien sowie unterschiedliche Produktions- (z. B. Überstunden) und Transportmodi (z. B. unterschiedliche Transportgeschwindigkeiten) berücksichtigt werden (vgl. z. B. Miller 2001, S. 81 ff.; Zäpfel/Wasner 2000, S. 272 ff.). Die Modellierung dieser Alternativen basiert auf Binärvariablen, und es ergibt sich ein **gemischt-ganzzahliges lineares Modell.**

Darüber hinaus besteht die Möglichkeit, **alternative Zielfunktionen** zugrunde zu legen. Wird davon ausgegangen, dass eine bekannte Nachfrage zu erfüllen ist, dann wird der Term des Umsatzes in der Zielfunktion irrelevant. Anstelle der **Gewinnmaximierung** kann dann das Ziel der **Kostenminimierung** verfolgt werden (vgl. z. B. Cohen/Moon 1991, S. 267 ff.). Eine Maximierung der **Flexibilität** einer Supply Chain, wie dies Voudouris (1996, S. S1272) formuliert, widerspricht hingegen dem ökonomischen Prinzip in mehrfacher Hinsicht: Aus ökonomischer Sicht kann es nicht das Ziel sein, die Flexibilität zu maximieren, da der Aufbau von Flexibilität mit Kosten einhergeht. Vielmehr sind der aus einer Unsicherheit resultierende Flexibilitätsbedarf und das Flexibilitätsangebot aufeinander abzustimmen, d. h. Flexibilitätskosten und -nutzen miteinander in Einklang zu bringen. Es liegt jedoch ein deterministisches Modell vor, so dass keine Unsicherheit und somit kein Flexibilitätsbedarf bestehen. Innerhalb des Modellrahmens ergeben sich keine Chancen der Flexibilitätsnutzung. Die dem Ansatz von Voudouris (1996, S. S1270 ff.) zugrundeliegende Flexibilitätsdefinition (ungenutzte Zeiten der Ressourcenverfügbarkeit) erscheint als zu einseitig und erfasst nicht die ökonomisch relevanten Aspekte der Flexibilität (vgl. Corsten/Gössinger 2016, S. 14 ff.).

3.1.2.2 Auftragsorientierte Produktion

3.1.2.2.1 Unternehmungsbezogene Betrachtung

Liegt hingegen eine auftragsorientierte Produktion vor, dann ist bei der Programmbildung über die Annahme oder Ablehnung von vorliegenden Aufträgen zu entscheiden. Dabei bestehen häufig Unsicherheiten hinsichtlich des Zeitpunktes des Auftragseingangs sowie der Auftragsspezifikation in Bezug auf Produktart, -menge, Preis und Liefertermin.

Charakteristisch für die auftragsorientierte Produktionsprogrammplanung ist dabei die Interaktion zwischen Nachfrager und Unternehmung (Anbieter), die in Abbildung 3.6 vereinfacht dargestellt ist. Unter diesen Gegebenheiten ist für die Endprodukte eine Produktion auf Lager unzweckmäßig und die Möglichkeiten für eine Emanzipation von Produktion und Absatz sind stark eingeschränkt.

```
                    ╭─────────────╮
                    │    Start    │
                    ╰──────┬──────╯
                           │
              ┌────────────┴────────────┐
              │ Anfrage des Nachfragers │◄──────────────────────┐
              │ (Produktart, -menge, -qua-│                       │
              │ lität, Liefertermin, Preis)│                      │
              └────────────┬────────────┘                        │
                           │                                     │
        nein         ◇ Für die Unternehmung ◇                   │
      ◄──────────────◇ ökonomisch akzeptabel? ◇                 │
      │                    │                                     │
      │              ┌─────┴──────────────────┐                 │
      │              │ Angebot der Unternehmung │                │
      │              │ (Produktart, -menge, -qua-│               │
      │              │ lität, Liefertermin, Preis)│              │
      │              └─────┬──────────────────┘                 │
      │                    │                                     │
      │          ◇ Für den Nachfrager ◇  nein  ◇ Neues Angebot ◇  ja
      │          ◇ ökonomisch akzeptabel? ◇────►◇ anfordern?    ◇──┘
      │                    │ ja                      │ nein
┌─────┴──────┐    ┌────────┴───────┐      ┌──────────┴──────┐
│Auftragsver-│    │ Auftragserteilung│     │ Anfragestornierung│
│ sagung     │    │                 │      │                 │
└─────┬──────┘    └────────┬───────┘      └──────────┬──────┘
      │                    │                         │
      │             ╭──────┴──────╮                  │
      └────────────►│    Stopp    │◄─────────────────┘
                    ╰─────────────╯
```

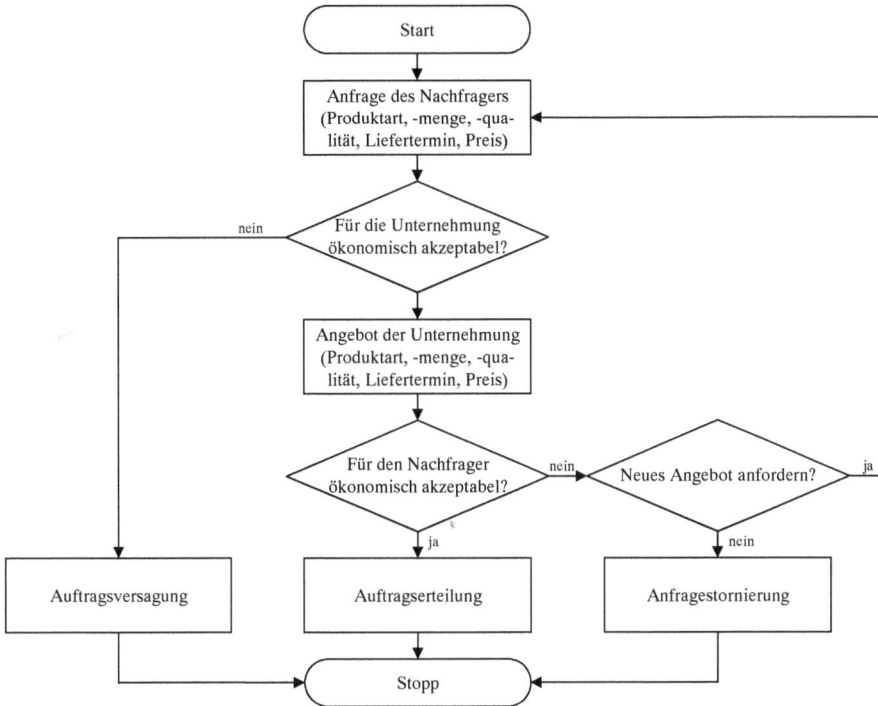

Abbildung 3.6: Ablauf der Interaktion zwischen Nachfrager und Unternehmung

Unter der Voraussetzung, dass eine Unternehmung über ausreichend freie Kapazität verfügt und auf der Beschaffungsseite keine Engpässe gegeben sind, ist die Planung eines auftragsorientierten Produktionsprogrammes ein triviales Problem, weil letztlich alle Aufträge mit positivem Deckungsbeitrag in das Programm aufgenommen werden. Unter realistischen Bedingungen liegen jedoch i. d. R. Engpässe vor und es ist ex ante nicht bekannt, welche Maschine, Werkstatt etc. in Abhängigkeit von dem zu ermittelnden Programm den Engpass bilden wird.

Als relevante Daten für die Ermittlung eines auftragsorientierten Produktionsprogrammes sind dann zu nennen:

- Kapazitätsbedarfe der Aufträge, die sich aus den Spezifikationen des Nachfragers hinsichtlich Produktart und -menge ergeben;
- Deckungsbeiträge der Aufträge aufgrund der im Auftragsannahmeprozess fixierten Preise und der Herstellkosten;
- Liefertermine der Aufträge, die entweder seitens der Nachfrager fest vorgegeben oder durch die Unternehmung vorgeschlagen werden;
- Kapazität, die durch die Ressourcenverfügbarkeit der Unternehmung festgelegt wird.

Aus der Vielzahl der in der Literatur vorgestellten Ansätze wird im Folgenden ein **Grundmodell** vorgestellt (vgl. Czeranowsky 1974, S. 16), das sich auf die **Entscheidungssituation** bezieht, dass zum Planungszeitpunkt die Aufträge j ($j = 1,...,n$) und die zu deren Erfüllung nutzbaren Ressourcen i ($i = 1,...,m$) bekannt sind. Wird ein Auftrag angenommen, dann generiert er einen Deckungsbeitrag db_j und einen Kapazitätsbedarf b_{ij}. Die Ressourcen verfügen jeweils über die beschränkte Kapazität C_i. Die **Entscheidungsfrage**, welche Aufträge anzunehmen/abzulehnen sind, wird durch die Variable u_j erfasst. Als **Entscheidungsschranken** sind die Bedingungen, dass der Kapazitätsbedarf an einer Ressource deren Kapazität nicht übersteigen kann und dass sich die Entscheidung über einen Auftrag auf genau zwei Alternativen (Auftragsannahme: $u_j = 1$, Auftragsablehnung: $u_j = 0$) bezieht, zu berücksichtigen. Das **Entscheidungsziel** besteht in der Maximierung des Deckungsbeitrages. Für das **formale Entscheidungsmodell** gilt somit die Zielfunktion:

$$\max DB = \sum_j db_j \cdot u_j$$

Die Optimierung erfolgt unter Beachtung der Restriktionen:

- Kapazitätsbedingung:

$$\sum_j b_{ij} \cdot u_j \leq C_i \qquad \forall i$$

- Wertebereich der Entscheidungsvariablen:

$$u_j \in \{0,1\} \qquad \forall j$$

Zur exakten Lösung dieses gemischt-ganzzahligen linearen Programms kann das Branch-and-Bound-Verfahren eingesetzt werden (vgl. Corsten/Corsten/Sartor 2005, S. 128 ff.). Bei einer kleineren Auftragsanzahl bleibt dessen Rechenzeit innerhalb eines akzeptablen Rahmens. Liegt eine große Anzahl an Aufträgen vor, dann lassen sich relativ gute zulässige Lösungen in akzeptabler Zeit mit Hilfe einer Greedy-Heuristik ermitteln.

Eine entsprechende **Greedy-Heuristik** arbeitet mit den Listen B (noch einzuplanende profitable Aufträge) und A (angenommene Aufträge). Vor Beginn der Ausführung des Verfahrens umfasst B die zum Planungszeitpunkt vorliegenden Aufträge, die einen positiven Deckungsbeitrag aufweisen, während A leer ist. Für die in B enthaltenen Aufträge werden aus den bekannten Auftragsdaten die Rentabilitäten

$$r_j = \frac{db_j}{\sum_i b_{ij}} \qquad \forall j \in B$$

bestimmt und die Liste in absteigender Folge der Rentabilität sortiert ($r_j \geq r_{j+1} \forall j < n$). Der Ablauf der Auftragsannahme-Heuristik (vgl. Abbildung 3.7) weist zwei Phasen auf. In der **ersten Phase** werden die Aufträge in absteigender Folge der Rentabilität akzeptiert und die Listen A und B entsprechend angepasst. Die erste Phase endet, sobald eine der beiden folgenden Situationen eintritt:

- Die Liste B ist leer, d. h. alle Aufträge wurden akzeptiert.
- Die Liste B ist nicht leer und die Annahme des nächsten in B gelisteten Auftrags würde aufgrund der dann bestehenden Kapazitätsauslastung die Annahme eines anderen in B gelisteten Auftrags ausschließen.

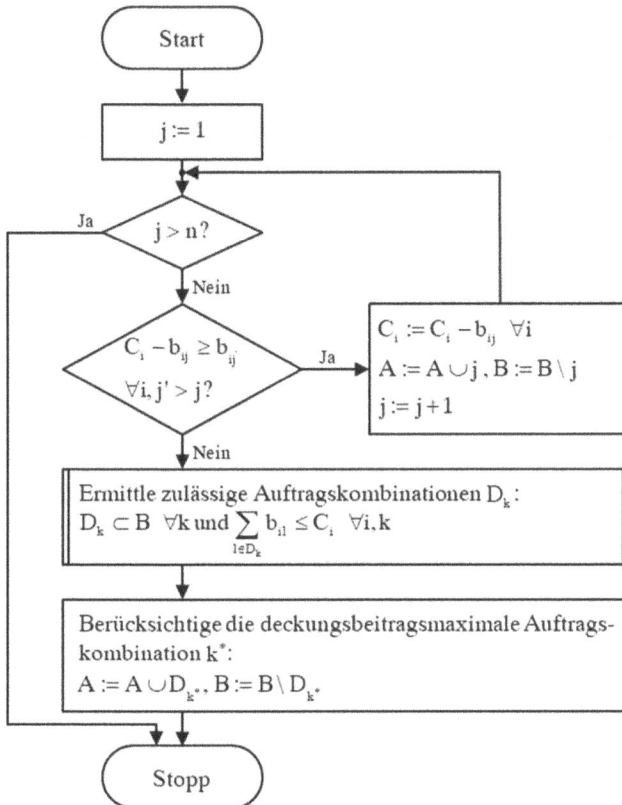

Abbildung 3.7: Ablauf der Greedy-Heuristik zur Auftragsannahme

Bei Eintritt der zuerst genannten Situation wird die Heuristik ohne Durchführung der zweiten Phase beendet, weil die Kapazität ausreicht, um den Kapazitätsbedarf aller profitablen Aufträge zu erfüllen. Tritt die zuletzt genannte Situation ein, dann ist die Kapazität durch die bereits akzeptierten Aufträge schon weitgehend ausgelastet, und in der **zweiten Phase** ist im Detail zu prüfen, welche der noch in B verbliebenen Aufträge zu akzeptieren sind. Hierzu werden aus den in B gelisteten Aufträgen Kombinationen D_k ($k = 1,...,K$) gebildet, deren Kapazitätsbedarf jeweils die nach der ersten Phase verfügbare Kapazität gerade noch nicht übersteigt (vgl. Abbildung 3.8) Aus diesen Kombinationen wird diejenige mit der höchsten Deckungsbeitragssumme gewählt. Es werden alle darin enthaltenen Aufträge akzeptiert, die Listen A und B entsprechend angepasst und die Heuristik beendet.

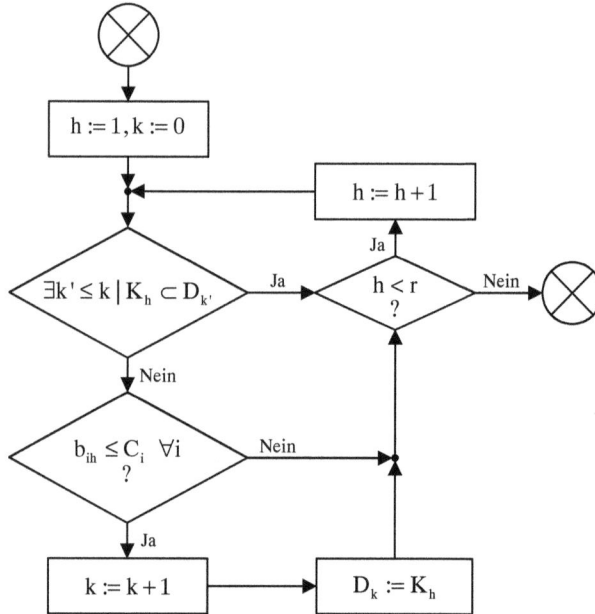

Abbildung 3.8: Ablauf der Ermittlung zulässiger Auftragskombinationen

Zur Ermittlung zulässiger Auftragskombinationen wird eine binäre Parametermatrix $\mathbf{P}\,[\,r \times s\,]$ mit $r = 2^{\#B} - 1$, $s = \#B$, $h = 1,...,r$, $l = 1,...,s$ und $w_h = \Sigma_l p_{hl} \cdot 2^{l-1}$ verwendet, für die gilt:

$$w_h > w_{h+1} \qquad\qquad \forall h < r$$

Die Auftragskombination K_h wird als Menge definiert:

$$K_h = \bigcup_l l \,|\, p_{hl} = 1 \qquad \forall h$$

Der Kapazitätsbedarf einer Auftragskombination ergibt sich zu:

$$b_{ih} = \sum_{l \in K_h} b_{il} \qquad \forall h, i$$

Im ersten Schritt wird geprüft, ob bereits eine zulässige Auftragskombination existiert, die die aktuell betrachtete Auftragskombination als Teilmenge enthält. Ist dies der Fall, dann kann der Deckungsbeitrag der aktuell betrachteten Auftragskombination nicht der maximale sein, so dass diese zu verwerfen ist. Andernfalls wird die Einhaltung der Kapazitätsgrenze durch die aktuelle Auftragskombination geprüft. Bei erfüllter Kapazitätsrestriktion ist die aktuelle Auftragskombination als zulässige Auftragskombination zu speichern und andernfalls zu verwerfen. Dieses Prüfschema wird solange wiederholt, bis es auf alle Auftragskombinationen angewendet wurde.

Das folgende Beispiel soll diesen Lösungsansatz veranschaulichen. Ausgangspunkt bilden die in Tabelle 3.2 angegebenen Daten der Kundenaufträge. Die Kapazität der beiden Werkstätten beträgt jeweils 80.000. Da die Summe der Kapazitätsbedarfe aller Aufträge 99.000 bzw. 100.000 beträgt, können nicht alle Aufträge akzeptiert werden. Um zu entscheiden, welche Aufträge zu akzeptieren bzw. abzulehnen sind, werden aus den gegebenen Daten zunächst die Rentabilitäten der Aufträge bestimmt. Es ergeben sich die in Tabelle 3.3 zusammengefassten Werte.

Auftrag j		1	2	3	4	5	6
Deckungsbeitrag db_j		13.000	30.000	16.000	30.000	1.600	9.000
Kapazitäts-bedarf	Werkstatt 1: b_{1j}	15.000	20.000	24.000	16.000	6.000	18.000
	Werkstatt 2: b_{2j}	14.000	22.000	21.000	14.000	9.000	20.000

Tabelle 3.2: Auftragsdaten

j	1	2	3	4	5	6
r_j	0,45	0,71	0,36	1,00	0,11	0,24

Tabelle 3.3: Rentabilitäten der Aufträge

In der ersten Phase der Greedy-Heuristik wird versucht, die Aufträge in absteigender Folge der Rentabilität (4-2-1-3-6) anzunehmen. In Tabelle 3.4 sind die Konsequenzen für die Kapazitätsauslastung zusammengefasst.

j	b_{1j}	b_{2j}	$C_1 - \sum b_{1j}$	$C_2 - \sum b_{2j}$
4	16.000	14.000	64.000	66.000
2	20.000	22.000	44.000	44.000
1	15.000	14.000	29.000	30.000
3	24.000	21.000	5.000	9.000
6	18.000	20.000	-13.000	-11.000
5	6.000	9.000	-19.000	-20.000

Tabelle 3.4: Konsequenzen der Auftragsannahme für die Kapazitätsauslastung

Es wird deutlich, dass der Übergang zwischen erster und zweiter Phase bei der Einplanung des Auftrags 3 vorliegt, weil dessen Annahme die Annahme des Auftrags 6 und/oder des Auftrags 5 verhindern würde. Als zulässige Auftragskombinationen werden $D_1 = \{3\}$ und $D_2 = \{6,5\}$ ermittelt. Die erste (zweite) Auftragskombination hat einen Deckungsbeitrag von 16.000 (10.600), so dass D_1 zu bevorzugen ist. Die Aufträge 1, 2, 3 und 4 sind zu akzeptieren und die Aufträge 5 und 6 abzulehnen.

In das Grundmodell werden nur Aufträge einbezogen, die abschlussreif vorliegen, wobei die lukrativeren Aufträge bevorzugt in das Produktionsprogramm aufgenommen werden. Unberücksichtigt bleibt dabei der Sachverhalt, dass **noch unbestimmte zukünftig eintreffende Aufträge** lukrativer als die bereits eingeplanten Aufträge sein können und dann aufgrund der Kapazitätsbelastung durch die bereits angenommenen Aufträge abgelehnt werden müssen. Um diesen Fall in die Entscheidung einfließen zu lassen, sind die Erwartungen über Deckungsbeiträge, die aufgrund der aktuellen Planung in der Zukunft nicht realisiert werden können (Opportunitätskosten) abzubilden.

Eine Möglichkeit, diesen Gedanken in das Modell aufzunehmen, zeigt Jacob (1971, S. 495 ff.) auf. Annahmen dieses Modells sind dabei, dass zum Planungszeitpunkt abschlussreife Aufträge vorliegen, über deren Annahme oder Ablehnung zu entscheiden ist, und dass während der Erfüllung der angenommenen Aufträge weitere Aufträge abschlussreif werden können, die zum Planungszeitpunkt noch nicht bekannt sind.

Um die Chance nutzen zu können, dass die nachträglich hinzukommenden Aufträge lukrativer als die aktuell zur Auswahl stehenden Aufträge sind, wird eine kalkulatorische **Aufspaltung der Kapazität** (Verschachtelung, capacity nesting) in zwei Arten vorgenommen:

- Die Standardkapazität kann von allen Aufträgen genutzt werden, die einen positiven Deckungsbeitrag aufweisen.
- Die Premiumkapazität kann ausschließlich von Aufträgen genutzt werden, die unter zusätzlicher Berücksichtigung der Opportunitätskosten profitabel sind (lukrative Aufträge).

Die Aufteilung wird über den Parameter a_i ($0 \leq a_i \leq 1$) vorgenommen, wobei a_i den Anteil der Standardkapazität bzw. ($1-a_i$) den Anteil der Premiumkapazität definieren. Der **Anteil der Premiumkapazität** richtet sich dabei nach dem Kapazitätsbedarf lukrativer Aufträge, deren Eintreffen während der Ausführung der akzeptierten Aufträge erwartet wird. Der Zugriff auf die Premiumkapazität wird durch **zusätzliche Nutzungskosten** k_i^P (Opportunitätskosten) pro Kapazitätseinheit geregelt. Die Parameter a_i und k_i^P lassen sich auf der Grundlage empirischer Daten schätzen. Ist die Dichtefunktion $f(r_i)$ der Auftragsrentabilität (Deckungsbeitrag pro Kapazitätseinheit) bekannt, dann lässt sich k_i^P als Erwartungswert oberhalb der durchschnittlichen Auftragsrentabilität μ_i bestimmen:

$$k_i^P = \int_{\mu_i}^{\infty} r_i \cdot f(r_1) \, dr_i$$

Mit der Dichtefunktion des Kapazitätsbedarfs lukrativer Aufträge $g(b_i^L)$ lässt sich a_i bestimmen:

$$a_i = 1 - \frac{\int_0^{\infty} b_i^L \cdot g(b_i^L) \, db_i^L}{C_i}$$

Bedingt durch die Aufspaltung der Kapazität ergeben sich im Vergleich zum Grundmodell der Auftragsannahme Erweiterungen der Problemformulierung. Es ist nun die **zusätzliche Entscheidungsfrage** zu klären, in welchem Umfang Standard- b_{ij}^S und Premiumkapazität b_{ij}^P für die Erfüllung der einzelnen Aufträge genutzt werden sollen. Als **zusätzliche Entscheidungsschranken** sind zu berücksichtigen:

- **Einsatzbedingung**: Der Kapazitätsbedarf eines angenommenen Auftrags kann mit Standard- und Premiumkapazität erfüllt werden.
- **Kapazitätsbedingungen**: Durch die Auftragserfüllung werden Standard- und Premiumkapazität nicht überausgelastet.
- **Vollständigkeitsbedingung**: Für einen Auftrag wird nicht weniger Kapazität genutzt als dieser benötigt.
- **Nichtnegativitätsbedingungen**: Die für einen Auftrag geplante Nutzung von Standard- und Premiumkapazität kann nicht negativ sein.

Im **Entscheidungsziel** werden zusätzlich die Kosten der Nutzung der Premiumkapazität berücksichtigt, so dass sich folgende Zielfunktion ergibt:

$$\max Z = \sum_j \left(db_j \cdot u_j - \sum_i k_i^P \cdot b_{ij}^P \right)$$

Die Optimierung erfolgt unter Berücksichtigung der Nebenbedingungen:

- Einsatzbedingung:

$$b_{ij}^S + b_{ij}^P \leq b_{ij} \qquad \forall i, j$$

- Kapazitätsbedingungen:

$$\sum_j b_{ij}^S \leq a_i \cdot C_i \qquad \forall i$$

$$\sum_j b_{ij}^P \leq (1 - a_i) \cdot C_i \qquad \forall i$$

- Vollständigkeitsbedingung:

$$\sum_i \left(b_{ij}^S + b_{ij}^P \right) \geq u_j \cdot \sum_i b_{ij} \qquad \forall j$$

- Wertebereiche der Entscheidungsvariablen:

$$u_j \in \{0,1\} \qquad \forall j$$

$$b_{ij}^S, b_{ij}^P \geq 0 \qquad \forall i, j$$

Um einen **Lösungsansatz zum Jacob-Modell** zu veranschaulichen, der auf der bereits vorgestellten Greedy-Heuristik aufbaut, wird das Beispiel zum Grundmodell der Auftragsannahme weitergeführt. Im Unterschied zum Grundmodell wird die Kapazität in Standard- und Premiumkapazität aufgespalten und für die Nutzung von Premiumkapazität werden zusätzliche Kosten berücksichtigt (vgl. Tabelle 3.5).

	C_i	a_i	k_i^P	$a_i \cdot C_i$	$(1 - a_i) \cdot C_i$
Werkstatt 1	80.000	80 %	0,9	64.000	16.000
Werkstatt 2	80.000	80 %	0,9	64.000	16.000

Tabelle 3.5: Kapazitätssituation

Auf der Grundlage dieser Daten lassen sich dann die Rentabilitäten r_j und die minimalen Zielfunktionsbeiträge errechnen (vgl. Tabelle 3.6).

Auftrag	1	2	3	4	5	6
$r_j = \dfrac{db_j}{\sum_i b_{ij}}$	$\dfrac{13.000}{29.000}$ $=0,45$	$\dfrac{30.000}{42.000}$ $=0,71$	$\dfrac{16.000}{45.000}$ $=0,36$	$\dfrac{30.000}{30.000}$ $=1,00$	$\dfrac{1.600}{15.000}$ $=0,11$	$\dfrac{9.000}{38.000}$ $=0,24$
$db_j - \sum_i k_i^P \cdot b_{ij}^P$	-13.100	-7.800	-24.500	$+3.000$	-11.900	-25.200

Tabelle 3.6: Rentabilitäten und minimale Zielfunktionsbeiträge der Aufträge

Damit lassen sich die folgenden Aussagen formulieren:

- Auf der Basis von r_j ergibt sich die folgende Reihenfolge der Vorziehenswürdig-keit der Aufträge: 4, 2, 1, 3, 6 und 5.
- Lediglich der Auftrag 4 ist als lukrativer Auftrag einzustufen, da mit ihm auch bei Inanspruchnahme der Premiumkapazität ein positiver Zielfunktionsbeitrag reali-sierbar ist. Der Kapazitätsbedarf dieses Auftrags beträgt für beide Werkstätten 16.000 bzw. 14.000 und schöpft somit die Standardkapazität nicht aus.

Gemäß der Handlungsempfehlungen zu relevanten Auftragssituationen (vgl. Tabelle 3.7) ist im Beispiel der lukrative Auftrag 4 anzunehmen. Die dann noch verbleibende Standardkapazität von 48.000 bzw. 50.000 ist durch die Annahme der rentabelsten nichtlukrativen Aufträge zu nutzen, wobei eine einmalige Überschreitung dieser Ka-pazität möglich ist.

	Kapazitätsbedarf der lukrativen Aufträge		
	$\leq$ Standardkapazität	$>$ Standardkapazität $\leq$ Gesamtkapazität	$>$ Gesamtkapazität
lukrative Aufträge	alle Aufträge annehmen		Gesamtkapazität durch Annahme der rentabelsten Aufträge nutzen
nichtlukrative Aufträge	die verbleibende Standardkapazität durch Annahme der rentabelsten Aufträge nutzen	keinen Auftrag annehmen	

Tabelle 3.7: Handlungsempfehlungen für die Auftragsannahme

Die Einplanung der nichtlukrativen Aufträge erfolgt zunächst in absteigender Rei-henfolge ihrer Rentabilität. Sobald durch einen Auftrag die noch verbleibende Stan-dardkapazität so ausgeschöpft würde, dass mindestens einer der noch nicht einge-planten Aufträge nicht mehr angenommen werden kann, ist im Detail zu prüfen, wel-che Kombination der noch nicht eingeplanten Aufträge den größten Beitrag zum Zielfunktionswert leistet.

Im Beispiel weist Auftrag 2 im Vergleich zu den anderen nichtlukrativen Aufträgen die höchste Rentabilität auf. Die Annahme dieses Auftrags reduziert die verbleibende

Standardkapazität auf jeweils 28.000 pro Werkstatt, so dass für keinen der noch nicht eingeplanten Aufträge die Annahme verhindert wird. Die nächstniedrigere Rentabilität besitzt der Auftrag 1. Durch seine Einplanung würde die verbleibende Standardkapazität der Werkstätten auf 13.000 bzw. 14.000 reduziert, so dass mindestens ein Auftrag (Auftrag 3 bzw. Auftrag 6) nicht mehr angenommen werden könnte. Deshalb muss im Beispiel bereits an dieser Stelle die Detailprüfung vorgenommen werden. In Tabelle 3.8 sind die Auftragskombinationen zusammengefasst, durch die die verbleibende Standardkapazität höchstens einmalig überschritten wird.

Auftragskombination		{1}	{3}	{1,3}	{1,5}	{1,6}	{3,5}	{3,6}	{5,6}
Kapazitätsbedarf	Werkstatt 1	15.000	24.000	39.000	21.000	33.000	30.000	42.000	24.000
	Werkstatt 2	14.000	21.000	35.000	23.000	34.000	30.000	41.000	29.000
zu nutzende Premiumkapazität	Werkstatt 1	0	0	11.000	0	5.000	2.000	14.000	0
	Werkstatt 2	0	0	7.000	0	6.000	2.000	13.000	1.000
Kosten der Nutzung der Premiumkapazität	Werkstatt 1	0	0	9.900	0	4.500	1.800	12.600	0
	Werkstatt 2	0	0	6.300	0	5.400	1.800	11.700	900
Deckungsbeitrag		13.000	16.000	29.000	14.600	22.000	17.600	25.000	10.600
Zielfunktionsbeitrag		13.000	16.000	12.800	14.600	12.100	13.400	700	9.700

Tabelle 3.8: Detailprüfung zur Annahme nichtlukrativer Aufträge

Es zeigt sich, dass die Auftragskombination {3} den höchsten Beitrag zum Zielfunktionswert zu leisten vermag. Somit ist es heuristisch optimal, die Aufträge 2, 3 und 4 anzunehmen und damit einen Zielfunktionswert von 76.000 zu erreichen. Im Vergleich zur Lösung ohne Aufspaltung der Kapazitäten wird auf die Annahme des Auftrags 1 verzichtet, um die vollständig verbleibende Premiumkapazität zur Annahme nachträglich eintreffender lukrativer Aufträge nutzen zu können.

3.1.2.2.2 Unternehmungsübergreifende Betrachtung

Das in der betriebswirtschaftlichen Literatur seit längerem behandelte Problem der Auftragsselektion (vgl. z. B. Adam 1969b; Friedman 1956; Jacob 1971; Pressmar 1974; Trampedach 1973) wird im Kontext des Supply Chain Management unter den Schlagworten **Available to Promise**, **Capable to Promise** oder Verfügbarkeitsplanung diskutiert. Ziel ist es dabei, zu bestimmen, ob, bis zu welchen Lieferterminen und mit welchen Liefermengen aktuell angefragte Kundenaufträge erfüllt werden können (vgl. Ball/Chen/Zhao 2004, S. 449; Fischer 2001, S. 31 ff.; Pibernik 2002, S. 345). Der Unterschied zum klassischen Problem der Auftragsselektion besteht im unternehmungsübergreifenden Kontext in den größeren Freiheitsgraden bei der Reaktion auf Kundenanfragen, die mit einer größeren Problemkomplexität einhergehen.

In Anlehnung an Pibernik (2002, S. 347 ff.) lassen sich die Ansätze zur Verfügbarkeitsplanung nach den Kriterien Auslöser des Planungsprozesses und Objekt der Verfügbarkeitsplanung klassifizieren. **Auslöser des Planungsprozesses** kann entweder eine aktuell eintreffende Kundenanfrage, auf die unmittelbar zu reagieren ist, oder der Ablauf eines definierten Zeitintervalls sein, in dem die eintreffenden Kundenanfragen zunächst gesammelt und nach Abschluss des Intervalls einer integrativen Planung unterzogen werden. Im zuerst genannten Fall wird im Folgenden von zeitpunktbezogenen und im zuletzt genannten Fall von zeitraumbezogenen Ansätzen gesprochen (vgl. Corsten/Gössinger/Schneiker 2001, S. 310). In Abhängigkeit von der Lage des Kundenauftragsentkopplungspunktes in der Supply Chain ist es erforderlich, unterschiedliche **Objekte der Verfügbarkeitsplanung** heranzuziehen (vgl. Fischer 2001, S. 23). Erfolgt die Individualisierung der Produkte auf den kundennahen Supply-Chain-Stufen, d.h., es liegt eine Make-to-Stock-Konfiguration vor, dann ist eine Verfügbarkeitsplanung auf der Ebene der Endprodukte möglich. Je kundenferner der Kundenauftragsentkopplungspunkt in der Supply Chain positioniert ist (z. B. Assemble to Order, Make to Order, Configure to Order), umso mehr ist es erforderlich, bei der Verfügbarkeitsprüfung zusätzlich die Bestände der Zwischenprodukte und die vorhandenen Kapazitäten, um aus diesen Zwischenprodukten Endprodukte zu produzieren, zu berücksichtigen. Aus dieser Perspektive ist es möglich, grob zwischen den beiden folgenden Ausprägungen zu unterscheiden (vgl. Günther/Tempelmeier 2005, S. 335; Pibernik 2002, S. 350):

- **Available-to-Promise-Ansätze**: Auf der Ebene der Endprodukte wird analysiert, ob es aufgrund der aktuellen Lagerbestände, der geplanten Lagerzugänge und der bereits bestehenden Lieferverpflichtungen möglich ist, die angefragte Menge zum angefragten Liefertermin auszuliefern.
- **Capable-to-Promise-Ansätze**: Es wird geprüft, ob die vom Kunden angefragten Lieferzeiten und -mengen aufgrund der Zwischenproduktbestände am Kundenauftragsentkopplungspunkt und der noch frei verfügbaren Kapazität durch die nachgelagerten Supply-Chain-Stufen erfüllt werden können.

Damit ergibt sich in Anlehnung an Pibernik (2002, S. 352) die in Tabelle 3.9 dargestellte Klassifikation von Ansätzen zur Verfügbarkeitsplanung.

		Objekt der Verfügbarkeitsplanung	
		Endprodukte	Zwischenprodukte und Kapazität
Auslöser des Planungsprozesses	Kundenanfrage	Zeitpunktbezogene ATP-Ansätze	Zeitpunktbezogene CTP-Ansätze
	Zeitintervall	Zeitraumbezogene ATP-Ansätze	Zeitraumbezogene CTP-Ansätze

Tabelle 3.9: Klassifikation der Ansätze zur Verfügbarkeitsplanung

Zeitpunktbezogene Ansätze sind darauf ausgerichtet, dem Kunden als unmittelbare Reaktion auf seine Anfrage eine verlässliche Auskunft über die Realisierbarkeit seines Auftrags in zeitlicher und mengenmäßiger Hinsicht zu geben. Aus diesem Grunde gelangen häufig regelbasierte Verfahren zur Anwendung, bei denen die Schätzung der ATP- oder CTP-Mengen auf der Grundlage einfacher Berechnungen erfolgt. Die sukzessive Einplanung der akzeptierten Kundenaufträge erlaubt es dabei nicht, die Konsequenzen für später eintreffende Aufträge zu berücksichtigen. Des Weiteren schließt die geforderte kurze Antwortzeit eine umfassende Analyse der Möglichkeiten zur Reaktion auf temporäre Lieferunfähigkeit aus (vgl. Pibernik 2002, S. 357 f.).

Der Ablauf einer auftragsbezogenen Interaktion mit dem Kunden startet mit dem Eingang der Kundenanfrage (vgl. Fischer 2001, S. 83 ff.). In einem ersten Schritt wird geprüft, ob die Voraussetzungen erfüllt sind, den Kundenauftrag im Zeitraum bis zum gewünschten Liefertermin erfüllen zu können. Hierfür wird die ATP- oder CTP-Menge für diesen Zeitraum mit der Auftragsmenge verglichen. Ist die Auftragsmenge abgedeckt, dann kann die Kundenanfrage mit den gewünschten Konditionen bestätigt und eine entsprechende Reservierung der ATP- oder CTP-Bestände vorgenommen werden. Ist dies nicht der Fall, dann sind Alternativen zu generieren, mit denen es möglich ist, den Kundenauftrag zu erfüllen. Alternativen sind z. B.:

- späterer Liefertermin:
  - -- für die gesamte Auftragsmenge,
  - -- für einen Teil der Auftragsmenge (mehrere Teillieferungen);
- Rückgriff auf andere Quellen:
  - -- ATP- oder CTP-Bestände an anderen Standorten der Supply Chain,
  - -- Fremdbezug;
- Rückgriff auf Bestände alternativ möglicher Produkte:
  - -- höherwertige Produkte zum Preis des nachgefragten Produkts,
  - -- niedrigerwertige Produkte mit Preisnachlass.

Konnten Alternativen ermittelt werden, dann sind diese auf ihre ökonomische Vorteilhaftigkeit hin zu prüfen. Die vorteilhafteste Alternative wird ausgewählt und dem Kunden vorgeschlagen. Akzeptiert der Kunde die Auftragsänderungen, dann erfolgen die entsprechende Auftragsbestätigung und die Reservierung der entsprechenden ATP- oder CTP-Bestände. Akzeptiert der Kunde den Vorschlag nicht, dann ist von den verbleibenden die vorteilhafteste Alternative zu wählen. Dieser Prozess wird so lange fortgesetzt, bis im positiven Fall eine akzeptable Lösung für den Kunden gefunden wurde. Im negativen Fall kann für den Kunden kein geeignetes Angebot gefunden werden, und die Kundenanfrage ist abzulehnen. Abbildung 3.9 gibt die beschriebene Vorgehensweise in einem Ablaufdiagramm wieder (vgl. Pibernik 2002, S. 366).

Zur **Ermittlung von ATP-Beständen** werden in der Literatur unterschiedliche Berechnungen vorgeschlagen (vgl. Fogarty/Blackstone/Hoffmann 1991, S. 139 ff.), wobei insbesondere die diskrete ATP-Berechnung im zeitpunktbezogenen Kontext als geeignet erscheint, die Verfügbarkeitsplanung zu unterstützen. Dabei wird von folgenden Daten ausgegangen:

- Lagerabgänge x_t^{AB} in den einzelnen Teilperioden aufgrund der bereits angenommenen Kundenaufträge j (j = 1,..., J) mit zugesagtem Liefertermin,
- aus der Hauptproduktionsprogrammplanung vorgegebene Lagerzugänge x_t^{ZU} in den einzelnen Teilperioden,
- Lagerbestand x_0^{LA} in der aktuellen Teilperiode,
- einzuplanender neuer Kundenauftrag J + 1 mit der Menge x_{J+1}^{Los} und dem Wunschliefertermin L_{J+1}.

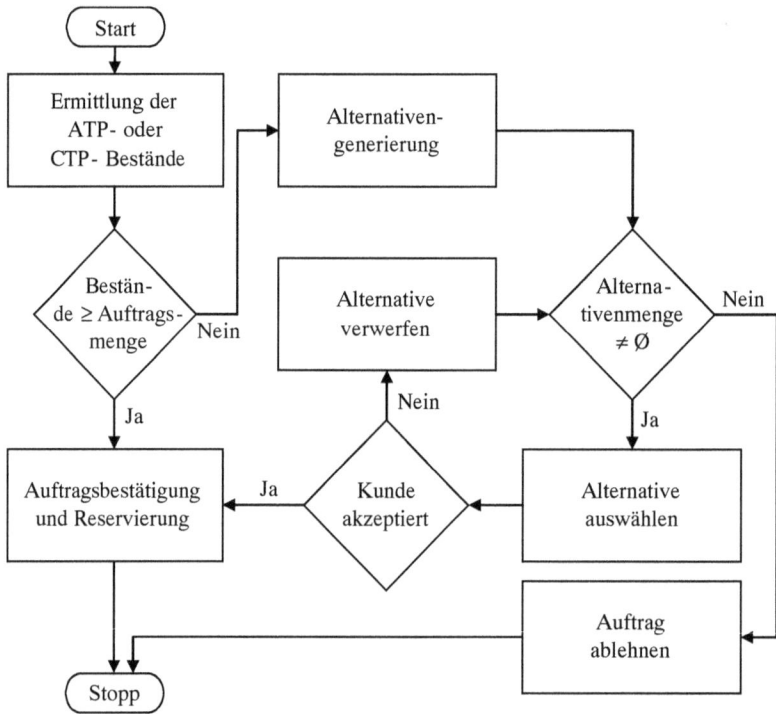

Abbildung 3.9: Ablauf der zeitpunktbezogenen Verfügbarkeitsplanung

Der diskreten ATP-Berechnung liegen die folgenden formalen Zusammenhänge zugrunde (vgl. Fischer 2001, S. 74 f.):

$$x_t^{ATP} = x_{t-1}^{LA} + x_t^{ZU} - \sum_{\tau=t}^{k-1} x_t^{AB}$$

$$\text{mit: } k = \min\{t' \mid t' > t \wedge x_{t'}^{ZU} > 0\} \text{ und } x_t^{LA} = x_{t-1}^{LA} + x_t^{ZU} - x_t^{AB}$$

Damit werden die bis zum nächsten Zeitpunkt der Lagerauffüllung zu erfüllenden Kundenauftragsmengen dem in diesem Zeitraum vorhandenen Lagerbestand gegenübergestellt. Der über die Kundenauftragsmengen hinausgehende Lagerbestand wird dann als ATP-Bestand bezeichnet. Tabelle 3.10 gibt die diskrete ATP-Berechnung an einem Beispiel wieder.

	t	0	1	2	3	4	5	6	7	8	9
Ausgangs-daten	x_t^{AB}	-	83	98	76	45	30	15	5	0	0
	x_t^{ZU}	-	0	0	0	300	0	0	0	300	0
Berechnete Werte	x_t^{LA}	270	187	89	13	268	238	223	218	518	518
	x_t^{ATP}	13	13	13	13	218	218	218	218	518	518

Tabelle 3.10: Beispiel zur diskreten ATP-Berechnung

Im vorliegenden Beispiel könnte eine Kundenanfrage mit einer Auftragsmenge von 70 erst für einen Liefertermin ab der Teilperiode 4 bestätigt werden, weil der in den vorherigen Teilperioden vorhandene Lagerbestand bis auf 13 Mengeneinheiten bereits anderen, bestätigten Kundenaufträgen zugeordnet ist. Wird diese Terminzusage vom Kunden akzeptiert, dann ändert sich die bestätigte Kundenauftragsmenge in Teilperiode 4 auf 115. Für den nächsten angefragten Kundenauftrag ist somit das Tableau mit dem veränderten Wert neuzuberechnen.

Diese zeitpunktbezogene ATP-Berechnung kann in eine **zeitpunktbezogene CTP-Berechnung** überführt werden, indem zusätzlich der Bestand und die Zugänge der erforderlichen Zwischenprodukte am Kundenauftragsentkopplungspunkt sowie die auf den nachgelagerten Stufen verfügbare Kapazität erfasst wird. Dabei ist zu berücksichtigen, dass sich Kapazität und Zwischenproduktbestände wechselseitig limitieren und dass zwischen der Verfügbarkeit von Zwischenprodukten und dem Vorliegen der Endprodukte eine zeitliche Verzögerung besteht (Produktions- und Transportdauern), die durch eine Vorlaufverschiebung zu berücksichtigen ist. Somit ist von folgenden zusätzlichen Daten auszugehen:

- Produktionskoeffizienten h_i der Zwischenprodukte i ($i = 1,...,I$),
- Kapazität C_t der Stufen zwischen Kundenauftragsentkopplungspunkt und Kunde,
- Vorlaufverschiebung d zwischen Kundenauftragsentkopplungspunkt und kundennächster Stufe.

Der diskreten CTP-Berechnung liegen die folgenden formalen Zusammenhänge zugrunde:

$$x_t^{CTP} = \min_i \left[\min\left\{ (x_{it-d-1}^{LA} + x_{it-d}^{ZU}) \cdot h_{ij}^{-1}; \sum_{\tau=t-d}^{k_i-1} C_{\tau-d} \right\} - \sum_{\tau=t}^{k_i+d-1} x_\tau^{AB} \right]$$

mit: $k_i = \min\{t' \mid t' > t - d \wedge x_{it'}^{ZU} > 0\}$ und $x_{it}^{LA} = x_{it-1}^{LA} + x_{it}^{ZU} - h_i \cdot x_{t+d}^{AB}$

Tabelle 3.11 gibt die Vorgehensweise der diskreten CTP-Berechnung an einem Beispiel wieder.

Ist eine unmittelbare Reaktion auf Kundenanfragen nicht erforderlich, dann ergibt sich bei der Verfügbarkeitsplanung die Möglichkeit, in einem definierten Zeitraum

Kundenanfragen zu sammeln und dann integrativ zu planen, welcher Auftrag angenommen und zu welchem Liefertermin ausgeführt werden soll. Bei dieser Vorgehensweise können im Vergleich zur sukzessiven Vorgehensweise zeitpunktbezogener Ansätze die Interdependenzen zwischen den Kundenaufträgen besser berücksichtigt werden. Der Optimierungseffekt ist tendenziell umso größer, je größer der Zeitraum zum Sammeln der Aufträge bemessen wird. Eine Ausdehnung des Zeitraumes sollte jedoch nur soweit vorgenommen werden, wie dies von den Kunden in der entsprechenden Branche akzeptiert wird (vgl. Pibernik 2002, S. 356 ff.).

$d = 2$ $h_1 = 1$ $h_2 = 2$		t										
		0	1	2	3	4	5	6	7	8	9	10
Ausgangsdaten	x_t^{AB}	-	-	-	83	98	76	45	30	15	5	0
	x_{1t}^{ZU}	-	0	0	0	300	0	0	0	300	0	0
	x_{2t}^{ZU}	-	0	400	0	0	400	0	0	400	0	0
	C_t	100	100	100	100	100	100	100	100	100	100	100
Berechnete Werte	x_{1t}^{LA}	270	187	89	13	268	238	223	218	518	518	518
	x_{2t}^{LA}	290	124	328	176	86	426	396	386	786	786	786
	x_t^{CTP}	-	-	-	13	13	13	43	193	180	193	300

Tabelle 3.11: Beispiel zur diskreten CTP-Berechnung

In der Literatur werden unterschiedliche gemischt-ganzzahlige Optimierungsmodelle zur **zeitraumbezogenen Verfügbarkeitsplanung** vorgeschlagen, wobei häufiger die Endproduktbestände (ATP-Ansätze; vgl. Fischer 2001, S. 155 ff.; Günther/Tempelmeier 2005, S. 337 f.) und seltener die Zwischenproduktbestände und die verfügbare Kapazität (CTP-Ansätze; vgl. Ball/Chen/Zhao 2004, S. 463 ff.; Fleischmann/Meyr 2004, S. 310 ff.) als Bezugspunkt gewählt werden.

Im Folgenden wird jeweils ein Grundmodell für die zeitraumbezogenen Ansätze auf ATP- bzw. CTP-Basis vorgestellt. Den Ausgangspunkt der ATP-Ansätze bilden die folgenden Daten:

- Planungszeitraum mit den Perioden t ($t = 1, ..., T$);
- aktuell vorliegende Kundenaufträge j ($j = 1, ..., J$): Auftragsmenge x_j^{Los}, Wunsch-Liefertermin L_j, Deckungsbeitrag db_j und Verspätungsstrafkostensatz k_j^S;
- verfügbare Endproduktmengen: Anfangslagerbestand x_0^{LA}, Lagerzugänge x_t^{ZU} in den einzelnen Teilperioden und Lagerkostensatz k^{LA}.

Zu beantworten sind die **Entscheidungsfragen**, welche Aufträge für welchen Liefertermin angenommen und welche Lagerbestände in den einzelnen Perioden realisiert werden sollen. Erstere wird mit der Entscheidungsvariable y_{jt} erfasst, wobei $y_{jt} = 1$

angibt, dass Auftrag j angenommen und zum Liefertermin t ausgeliefert wird. Ein abgelehnter Auftrag j ist an $\sum_t y_{jt} = 0$ zu erkennen. Die Entscheidungsvariable x_t^{LA} bildet den geplanten Lagerbestand ab. Bei der Bestimmung optimaler Werte der Entscheidungsvariablen sind mehrere **Entscheidungsschranken** zu berücksichtigen:

- Annahmebedingung: Ein Auftrag wird entweder mit genau einem Liefertermin angenommen oder abgelehnt.
- Auslieferungsbedingung: Die Auslieferung eines Auftrags erfolgt nicht vorzeitig.
- Kontinuitätsbedingung: Der Lagerbestand entwickelt sich gemäß den vorgegebenen Zugängen und geplanten Abgängen.
- Wertebereiche der Entscheidungsvariablen: Der geplante Lagerbestand kann nicht negativ sein und die Auftragsannahmeentscheidung ist binär.

Entscheidungsziel ist es, den gewinnmaximalen Auslieferungsplan festzulegen. Entscheidungsrelevante Gewinnkomponenten sind die Summe der Deckungsbeiträge der angenommenen Aufträge, abzüglich der Lagerhaltungskosten und der Strafkosten (vgl. Chang/Niland 1967, S. 427 ff.) für verspätete Auslieferung. In Anlehnung an Pibernik (2002, S. 359 ff.) lässt sich das Problem formal modellieren:

$$\max G = \sum_t \sum_j db_j \cdot y_{jt} - \sum_t k^{LA} \cdot x_t^{LA} - \sum_t \sum_j k_j^S \cdot (y_{jt} \cdot t - L_j)$$

unter Beachtung der Nebenbedingungen:

- Annahmebedingung:

$$\sum_t y_{jt} \leq 1 \qquad\qquad \forall j$$

- Auslieferungsbedingung:

$$\sum_t y_{jt} \cdot t \geq L_j \qquad\qquad \forall j$$

- Kontinuitätsbedingung:

$$x_{t+1}^{LA} = x_t^{LA} + x_t^{ZU} - \sum_j x_j^{Los} \cdot y_{jt} \qquad \forall t$$

- Wertebereiche:

$$y_{jt} \in \{0,1\} \qquad\qquad \forall j,t$$
$$x_t^{LA} \geq 0 \qquad\qquad \forall t$$

Neben der exakten Lösung dieses gemischt-ganzzahligen linearen Programms (z. B. mit dem Branch-and-Bound-Verfahren) ist vor allem in Situationen mit großen Auftrags- und Periodenanzahlen die Anwendung heuristischer Lösungsverfahren hilfreich. Eine Möglichkeit besteht dabei in der Aufteilung des Problems in die Teilprobleme „Auftragsannahme" und „Liefertermvergabe", die jeweils mit einer teilproblemspezifischen Greedy-Heuristik gelöst werden.

Für das Teilproblem der **Auftragsannahme** kann auf die oben bereits beschriebene Greedy-Heuristik in fast unveränderter Form zurückgegriffen werden, indem der gesamte Planungszeitraum ohne Berücksichtigung der Teilperioden und Liefertermine betrachtet wird. Anstelle der Kapazität, bilden der Anfangslagerbestand und die

Summe der Lagerzugänge die **Restriktion der Ressourcenverfügbarkeit.** Zusätzlich sind die angegebenen Deckungsbeiträge zu korrigieren, wenn diese, wie üblich, durchschnittliche Lagerkosten beinhalten und etwaige Verspätungskosten nicht einbeziehen. Die **Deckungsbeitragskorrektur** baut auf der Überlegung auf, dass für die Aufträge früheste und späteste Liefertermine ermittelbar sind, auch wenn die zu realisierenden Auslieferungstermine erst durch die Heuristik zur Lieferterminvergabe bestimmt werden. Der früheste Liefertermin eines akzeptierten Auftrags wird wie bei der zeitpunktbezogenen ATP-Berechnung bestimmt. Liegt bereits dieser Termin zeitlich nach dem Wunsch-Liefertermin, dann sind die **unvermeidlichen Verspätungskosten** vom gegebenen Wert des Deckungsbeitrags zu subtrahieren. Ein akzeptierter Auftrag wird spätestens zum Zeitpunkt des letzten Lagerzugangs im Planungszeitraum oder zu dem möglicherweise noch später liegenden Wunsch-Liefertermin erfüllt. In den darauffolgenden Teilperioden fallen für die mit dem Auftrag bestellten Produkte keine Lagerkosten an, so dass diese **Lagerkostenreduktion** dessen Deckungsbeitrag erhöht.

Die Vorgehensweise sei an einem Beispiel illustriert, in dem über acht Aufträge in einem Planungszeitraum von zehn Perioden zu entscheiden ist. Die Auftragsdaten sind in Tabelle 3.12 und die Ressourcendaten in Tabelle 3.13 zusammengefasst. Der Lagerhaltungskostensatz beträgt 2 Geldeinheiten pro Stück und Periode.

j	1	2	3	4	5	6	7	8
L_j	1	1	2	2	2	3	3	3
x_j^{Los}	330	400	300	180	120	80	40	280
db_j	800	900	700	400	300	100	50	700
k_j^S	50	70	90	70	50	30	10	30

Tabelle 3.12: Auftragsdaten zur zeitraumbezogenen ATP-Optimierung

t	0	1	2	3	4	5	6	7	8	9
x_t^{ZU}	270	0	0	0	300	0	0	0	300	0

Tabelle 3.13: Ressourcendaten zur zeitraumbezogenen ATP-Optimierung

Aufgrund der geplanten Lagerzugänge reichen die verfügbaren Mengen nicht aus, um die Aufträge 1, 2, 3 und 8 zum jeweiligen Wunsch-Liefertermin ausliefern zu können. Folglich sind Verspätungskosten i. H. v. 150, 210, 180 bzw. 30 unvermeidbar. Die geplanten Lagerzugänge und Wunsch-Liefertermine erlauben es, jeden akzeptierten Auftrag spätestens bis zur Periode 8 zu erfüllen. Damit sind die mit den Aufträgen bestellten Produkte mindestens eine Periode kürzer zu lagern, als dies im Standard-Deckungsbeitrag erfasst ist. Für jeden Auftrag ist somit eine Lagerkostenreduktion von 2 Geldeinheiten multipliziert mit der Auftragsmenge zu berücksichtigen. Die Deckungsbeitragskorrektur und die darauf aufbauende Berechnung der Auftragsrentabilitäten sind in Tabelle 3.14 erfasst.

j	1	2	3	4	5	6	7	8
db_j^{korr}	1.310	1.490	1.120	760	540	260	130	1.230
r_j	3,967	3,725	3,733	4,222	4,5	3,25	3,25	4,39

Tabelle 3.14: Korrigierte Deckungsbeiträge und Auftragsrentabilitäten

Unter Berücksichtigung der im gesamten Planungszeitraum verfügbaren 870 Produkte werden durch die Greedy-Heuristik zur Auftragsannahme die Aufträge 1, 5, 6, 7 und 8 akzeptiert sowie die Aufträge 2, 3 und 4 abgelehnt.

Die Greedy-Heuristik für das Teilproblem der **Lieferterminvergabe** baut auf aggregierten Daten der Ressourcenverfügbarkeit auf. Hierfür werden aus den geplanten Lagerzugängen Slots und Superslots ermittelt. Ein **Slot** aggregiert die Periode des Lagerzugangs und die vor dem nächsten Lagerzugang folgenden Perioden. Im Beispiel ergeben sich drei Slots. Superslots aggregieren mit dem frühesten Slot beginnend mehrere Slots zu umfassender werdenden Perioden. Im Beispiel entspricht der erste Superslot dem frühesten Slot, der zweite Superslot dem frühesten und dem darauffolgenden Slot und der dritte Superslot der Zusammenfassung aller Slots (vgl. Abbildung 3.10).

<table>
<tr><td colspan="2">t</td><td>0</td><td>1</td><td>2</td><td>3</td><td>4</td><td>5</td><td>6</td><td>7</td><td>8</td><td>9</td></tr>
<tr><td colspan="2">Slot</td><td colspan="4">$I : x^{ZU} = 270$</td><td colspan="4">$II : x^{ZU} = 300$</td><td colspan="2">$III : x^{ZU} = 300$</td></tr>
<tr><td rowspan="3">Superslot</td><td>III</td><td colspan="10">$x_{III}^{LA} = 870$</td></tr>
<tr><td>II</td><td colspan="8">$x_{II}^{LA} = 570$</td><td colspan="2"></td></tr>
<tr><td>I</td><td colspan="4">$x_{I}^{LA} = 270$</td><td colspan="6"></td></tr>
</table>

Abbildung 3.10: Beispiel für Slots und Superslots

Für die akzeptierten Aufträge (Liste A_S) ist sichergestellt, dass sie im umfassendsten Superslot S erfüllt werden können. Für die Vergabe von Lieferterminen wird durch die **Greedy-Heuristik zur Lieferterminvergabe** iterativ geprüft, welche dieser Aufträge im nächstkleineren Superslot A_s $(s = S-1,...,1)$ erfüllt werden sollten, um die Summe aus Verspätungs- und Lagerkosten zu reduzieren. Der Ablauf der Heuristik ist in Abbildung 3.11 dargestellt.

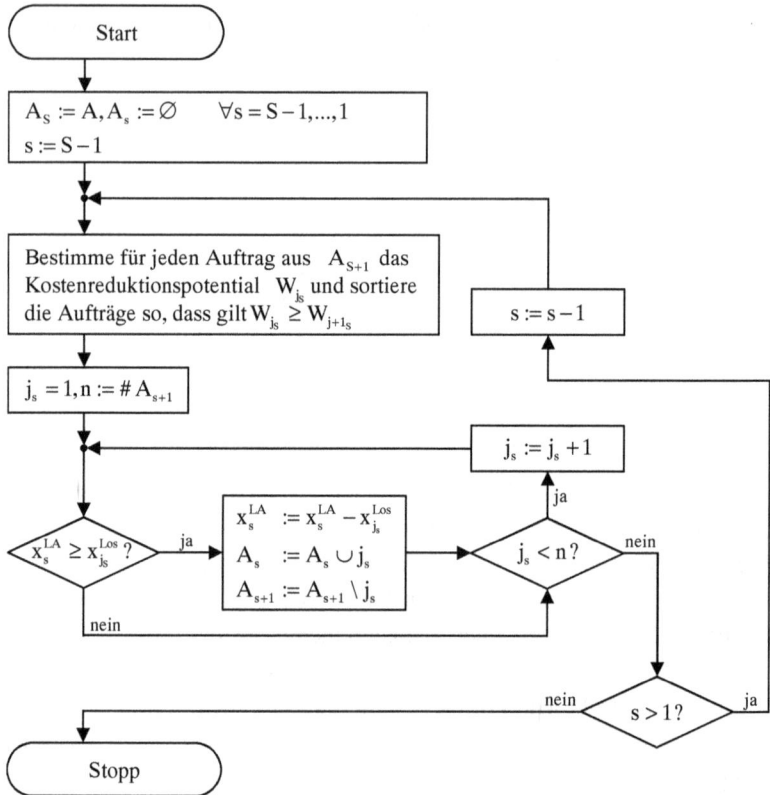

Abbildung 3.11: Ablauf der Greedy-Heuristik zur Lieferterminvergabe

Für die Aufträge ergibt sich das Kostenreduktionspotential ihrer Aufnahme in einen kleineren Superslot aus der damit möglichen Reduktion der Verspätungs- und Lagerkosten. Das Reduktionspotential wird dadurch begründet, dass die spätestmöglichen Auslieferungstermine des kleineren Superslots zeitlich vor denen des größeren Superslots liegen und somit die maximal mögliche Lieferterminabweichung und die maximal erforderliche Lagerdauer der Produkte verkürzt werden. Im Beispiel ist beim Übergang von Superslot III zum Superslot II jeweils eine Verkürzung von 4 Perioden möglich. Die Lagerkostenreduktion bezieht sich auf die Auftragsmenge, die bereits in Slot II zugeführt und gelagert werden müsste, um den Auftrag in Slot III ausführen zu können, also die Auftragsmenge, die über die in Slot III verfügbar werdende Menge hinausgeht. Bei den akzeptierten Aufträgen ist dies nur für Auftrag 1 der Fall, weil die Auftragsmenge von 330 die Lagerzugangsmenge von 300 übersteigt. Das jeweilige Kostenreduktionspotential für den Übergang der Aufträge von Superslot III zu Superslot II gibt die linke Hälfte der Tabelle 3.15 wieder.

Auf der Grundlage dieser Daten werden die Aufträge in absteigender Folge ihres Kostensenkungspotentials in den Superslot II so lange aufgenommen, bis dessen Lagermenge $x_{II}^{LA} = 570$ die Aufnahme keines weiteren Auftrags erlaubt. Es zeigt sich, dass Auftrag 8 im Superslot III verbleiben muss, während für die Aufträge 1, 5, 6 und 7 der Superslot II relevant ist. Die nächste Iteration der Greedy-Heuristik bezieht sich auf diese Aufträge und deren Übergang von Superslot II zu Superslot I. Die hierbei realisierbare Verkürzung der maximal möglichen Liefertermabweichung und der maximal erforderlichen Lagerdauer ist im Gegensatz zur vorherigen Iteration nicht mehr einheitlich, weil alle Wunsch-Liefertermine der relevanten Aufträge im Superslot I liegen und dort nicht einheitlich sind. So können die Zeiten bei Auftrag 1 um drei, bei Auftrag 5 um zwei und bei den restlichen Aufträgen um jeweils eine Periode(n) verkürzt werden. Das entsprechende Kostenreduktionspotential ist in der rechten Hälfte der Tabelle 3.15 zusammengefasst.

Übergang	III - II					II - I			
j	1	5	6	7	8	1	5	6	7
ΔK_j^S	200	200	120	40	120	150	100	30	10
ΔK_j^L	240	0	0	0	0	180	0	0	0
W_j	440	200	120	40	120	330	100	30	10

Tabelle 3.15: Kostenreduktionspotential beim Übergang der Aufträge zwischen Superslots

Nach Anwendung der Heuristik verbleibt Auftrag 1 im Superslot II, während die Aufträge 5, 6 und 7 in den Superslot I übernommen werden. Da der kleinste Superslot erreicht wurde, endet die Greedy-Heuristik mit dem Ergebnis $A_I = \{5,6,7\}$, $A_{II} = \{1\}$ und $A_{III} = \{8\}$. Unter Berücksichtigung dieser Zuordnung werden den Aufträgen die jeweils frühesten Auslieferungstermine zugeordnet, die nicht vor dem Wunsch-Liefertermin liegen und die Verspätung minimieren (vgl. Tabelle 3.16).

j	1	5	6	7	8
T_j	4	2	3	3	8

Tabelle 3.16: Auslieferungstermine der akzeptierten Aufträge

Bei der **Erweiterung zu einem CTP-Ansatz** ist zu berücksichtigen, dass

- mehrere Stufen s ($s = 1,...,o$) der Supply Chain und mehrere (Zwischen-) Produkte i ($i = 1,...,m$) mit ihren Mengenbeziehungen $h_{ii'}$ in die Betrachtung aufzunehmen sind,
- zusätzlich zur Materialverfügbarkeit auch die stufenbezogene Kapazität C_s in Verbindung mit dem Kapazitätsbedarf b_{is} eine relevante Restriktion darstellt und
- zusätzlich zur Auslieferungsentscheidung Produktionslosgrößenentscheidungen x_{it}^{ZU} und Rüstentscheidungen y_{ist}^R für die Stufen nach dem Kundenauftragsentkopplungspunkt ($s > P$) zu treffen sind.

In die Zielfunktion sind zusätzlich die Rüstkosten k_{is}^R aufzunehmen, so dass gilt:

$$\max G = \sum_t \sum_j db_j \cdot y_{jt} - \sum_t \sum_i k_i^{LA} \cdot x_{it}^{LA} - \sum_t \sum_j k_j^S \cdot (y_{jt} \cdot t - L_j)$$
$$+ \sum_t \sum_i \sum_{s>P} k_{is}^R \cdot y_{ist}^R$$

Die Annahme- und Auslieferungsbedingungen bleiben unverändert, während in der Kontinuitätsbedingung zusätzlich die Mengenbeziehungen zwischen den Produkten zu erfassen sind:

$$x_{it+1}^{LA} = x_{it}^{LA} + x_{i.t}^{ZU} - \sum_j x_{ij}^{Los} \cdot y_{jt} - \sum_{i'} h_{ij'} \cdot x_{i't}^{ZU} \qquad \forall i, t$$

Als zusätzliche Restriktionen sind zu berücksichtigen:

- Kapazitätsbedingung:

$$\sum_i x_{it}^{ZU} \cdot b_{is} \leq C_s \qquad \forall s, t$$

- Rüstbedingung:

$$x_{it}^{ZU} \cdot b_{is} \leq y_{ist}^R \cdot M \qquad \forall i, s, t$$

Für die Entscheidungsvariablen gelten die Wertebereiche:

$$y_{jt} \in \{0,1\} \qquad \forall j, t$$
$$y_{ist}^R \in \{0,1\} \qquad \forall i, s, t$$
$$x_{it}^{LA}, x_{it}^{ZU} \geq 0 \qquad \forall i, t$$

Neben der bisher betrachteten hierarchischen Koordination ist im unternehmungs-übergreifenden Kontext auch die **heterarchische Koordination der Auftragsannahme** relevant. Dabei wird mit Hilfe von **Auktionen** bestimmt, zu welchem Mindestpreis ein Auftrag durch die Supply Chain angenommen werden soll und welche Supply-Chain-Partner welchen Teil der Auftragsausführung übernehmen sollen. Ein zentraler Aspekt ist folglich in der Auftragsdekomposition und -allokation zu sehen, die in Abhängigkeit von der vorliegenden Problemklasse die Anwendung unterschiedlicher Auktionsformen erfordert. Relevante **Problemklassen** lassen sich aus Art und Anzahl der Aufgaben, die ein Auftrag umfasst, und deren Beziehungen ableiten (vgl. Corsten/Gössinger 1999b, S. 25 ff.; Gomber/Schmidt/Weinhardt 1998, S. 3 ff.):

- **P1**: Eine nicht weiter zerlegbare Aufgabe ist der geeignetsten Unternehmung zuzuordnen.
- **P2**: Mehrere identische, nicht weiter zerlegbare Aufgaben sind der günstigsten Gruppierung von Unternehmungen zuzuordnen.
- **P3**: Mehrere unterschiedliche, nicht weiter zerlegbare Aufgaben sind der günstigsten Gruppierung von Unternehmungen zuzuordnen.
- **P4**: Für eine oder mehrere zerlegbare Aufgaben mit mehreren Zerlegungsalternativen ist die günstigste Zerlegungsalternative/Unternehmungsgruppen-Kombination zu bestimmen.

Zur Lösung von Auftragsannahme- und Aufgabenallokationsproblemen der **Klasse P1** wird in der Literatur die **Vickrey-Auktion** (vgl. Vickrey 1961, S. 20 ff.) aufgrund ihrer Anreizkompatibilität als geeigneter Marktmechanismus hervorgehoben (zu Details der Vickrey-Auktion vgl. Abschnitt 1.2.1.1). Für die anderen Problemklassen werden **Verallgemeinerungen der Vickrey-Auktion** vorgeschlagen, die es erlauben, mehrere Aufgaben gleichzeitig innerhalb der Supply Chain zu vergeben.

Zur Lösung von Problemen der Klassen **P2** und **P3** kann die **einstufige kombinatorische Auktion** (vgl. Kalagnanam/Parkes 2004, S. 186 ff.; Vries/Vohra 2004, S. 247 ff.) angewendet werden. Dabei gibt der Broker den Supply-Chain-Partnern alle Aufgaben mit ihren Leistungsumfängen und groben Zeitfenstern bekannt, fordert diese zur Abgabe von Geboten für jede einzelne Aufgabe und für jede mögliche Aufgabenkombination auf und legt eine Ausschreibungsfrist fest. Aus den bis zum Ablauf dieser Frist eingegangenen Geboten fasst der Broker die enthaltenen Informationen zu einer Gebotsmatrix zusammen. Ihm obliegen dann die Ermittlung der optimalen Aufgaben/Bieter-Zuordnung (Bestimmung der Auktionsgewinner) und die Bestimmung der Entgelte der Auktionsgewinner.

Da die Problemklasse 3 eine Verallgemeinerung der Problemklasse 2 darstellt, bestehen nur geringe Unterschiede bei der Auswertung der Gebotsmatrizen. Deshalb wird zunächst die Vorgehensweise für den Fall P2 ausführlich dargestellt, um daran anschließend die Unterschiede in der Vorgehensweise für den Fall P3 aufzuzeigen. Bei der Klasse **P2** liegt von jedem Bieter b ($b = 1,...,B$) zu jeder Anzahl j ($j = 1,...,J$) identischer Aufgaben ein Gebot p_{bj} vor. Somit ist die Gebotsmatrix **P** eine $B \times J$-Matrix. Tabelle 3.17 gibt die Gebotsmatrix für eine Auktion mit neun identischer Aufgaben wieder, bei der Gebote von vier Bietern vorliegen.

		Anzahl identischer Aufgaben								
		1	2	3	4	5	6	7	8	9
	A	5	9	13	17	21	26	32	39	47
Bieter	B	3	6	9	12	16	20	26	33	41
	C	10	11	12	13	14	16	18	22	28
	D	2	3	4	7	12	17	23	32	44

Tabelle 3.17: Beispiel einer Gebotsmatrix für die Problemklasse 2

Bei der Lösung des **Gewinnerbestimmungsproblems** stellt sich dem Auktionator die **Entscheidungsfrage**, welche Bieter den Zuschlag für welches Aufgabenpaket erhalten sollen. Die Antwort auf diese Frage wird durch die Entscheidungsvariable y_{bj} erfasst, die den Wert 1 (0) zugewiesen bekommt, wenn Bieter b den Zuschlag für Paket j (nicht) erhält. Eine zulässige Zuordnung erfüllt die **Entscheidungsschranken**:

a) Ein Bieter erhält den Zuschlag für höchstens ein Aufgabenpaket.

b) Alle Aufgaben werden zugeordnet.

c) Aufgabenpakete sind nicht teilbar.

Optimal ist eine zulässige Zuordnung dann, wenn sie dem **Entscheidungsziel** der Minimierung der Kosten zur Erfüllung aller Aufgaben genügt. In Anlehnung an Schmidt (1999, S. 44 f.) ergibt sich das Entscheidungsmodell mit der Zielfunktion:

$$\min K = \sum_b \sum_j p_{bj} \cdot y_{bj}$$

und den Nebenbedingungen:

a) $\sum_j y_{bj} \leq 1$ $\qquad\qquad$ $\forall b$

b) $\sum_b \sum_j j \cdot y_{bj} = J$

c) $y_{bj} \in \{0,1\}$ $\qquad\qquad$ $\forall b, j$

Zur Lösung des gemischt-ganzzahligen linearen Programms können exakte Verfahren (vgl. z. B. Schmidt 1999, S. 95 ff.) herangezogen werden. Dabei ist zu beachten, dass bedingt durch die kombinatorische Komplexität hinsichtlich der Problemabmessungen enge Grenzen gesetzt sind, wenn eine Lösung in akzeptabler Zeit gefunden werden soll. Ein **problemspezifisches exaktes Lösungsverfahren** sei im Folgenden vorgestellt. Dabei wird versucht die Lösungszeit dadurch zu verkürzen, dass nicht alle Kombinationsmöglichkeiten im Detail geprüft werden müssen, sondern nur diejenigen, von denen zu erwarten ist, dass sie den bisher gefundenen vorläufig niedrigsten Kostenwert (Obergrenze) unterschreiten. Abbildung 3.12 gibt den Verfahrensablauf schematisch wieder. Die im Ablaufschema enthaltenen nummerierten Schritte sind weiter zu konkretisieren.

1. Initialisierung:

a) Zu den einzelnen Spalten j ($j = 1, ..., J_1$) der Gebotsmatrix (Aufgabenpakete) werden Minima ermittelt, die sich ergeben, wenn genau 1 Bieter ($1 = 1, ..., B$) dieses Aufgabenpaket zugeordnet bekommen. Die höchste zu berücksichtigende Aufgabenanzahl ist dabei durch $J_1 = \lfloor J/1 \rfloor$ bestimmt. Diese Werte werden als geschätzte Aufgabenpaketkosten K_{1j}^{Min} gespeichert.

b) Als initiale Kostenobergrenze UB wird das niedrigste Gebot gewählt, das für das größte Aufgabenpaket abgegeben wurde, d. h. K_{1J}^{Min}. Dieses Gebot ist gleichzeitig die aktuell beste Gebotskombination.

c) Der Index i gibt an, wie viele Gebote in der aktuellen Iteration miteinander kombiniert werden.

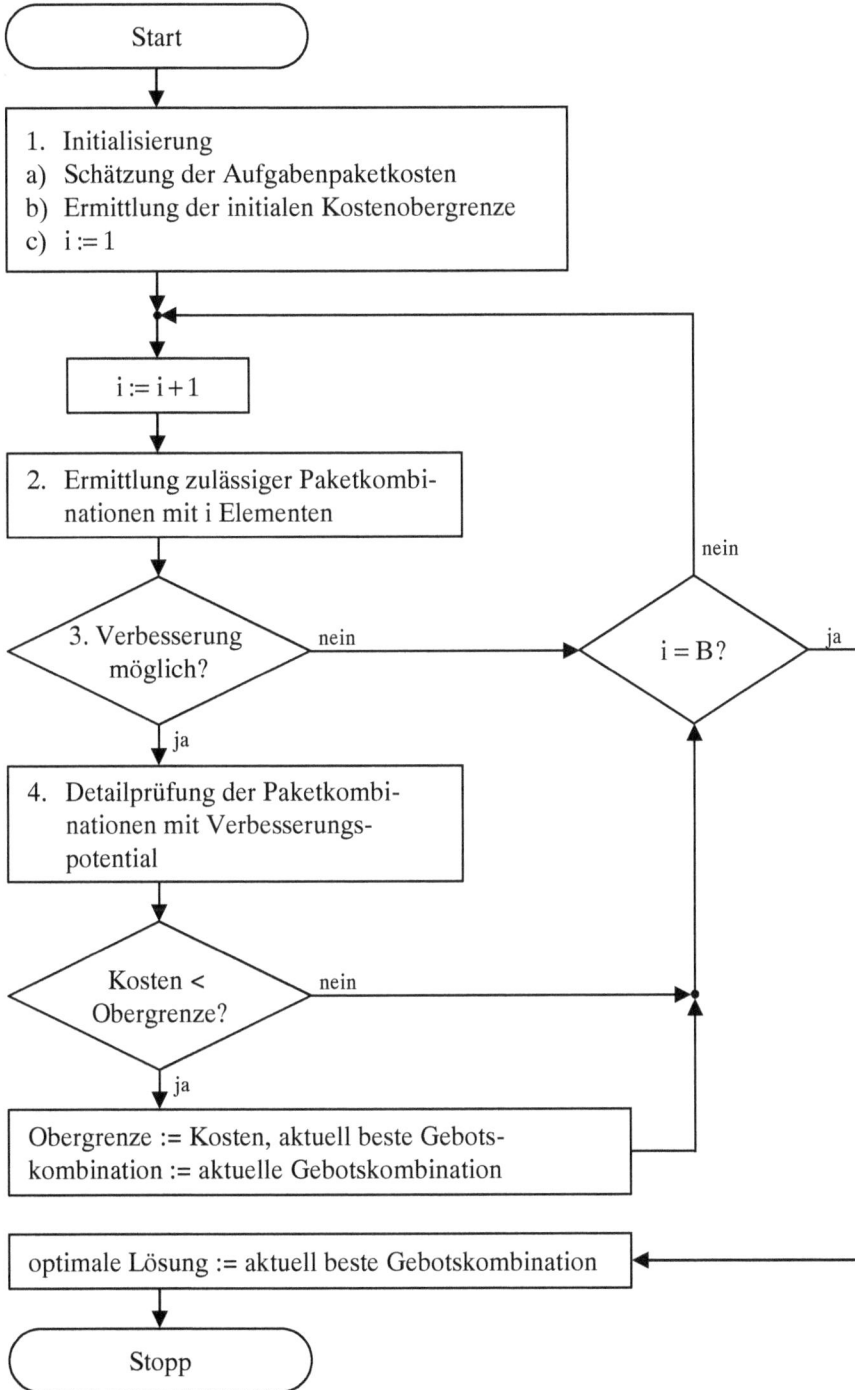

Abbildung 3.12: Ablauf des Lösungsverfahrens zur Bestimmung der Auktionsgewinner

2. Ermittlung zulässiger Paketkombinationen:

a) Eine Kombination ist zulässig, wenn sie i Pakete der Größe j_h ($h = 1,...,i$) um-fasst und die Aufgabenpakete in Summe J Aufgaben enthalten, d. h. $\sum_h j_j = J$. Der Algorithmus zur systematischen Ermittlung zulässiger Kombinationen (vgl. Abbildung 3.13) ist in das Lösungsverfahren so eingebunden, dass er für eine vor-gegebene Paketanzahl i gestartet wird und nach seiner Durchführung die Infor-mation über alle dafür zulässigen Kombinationen an das Lösungsverfahren zu-rückgibt.

b) Für jede Paketkombination C_k wird die Schätzung der minimal erreichbaren Kos-ten K_k^{Min} durch Addition der entsprechenden $\bar{K}_{lj}^{Min}$-Werte geschätzt. Welcher K_{lj}^{Min}-Wert innerhalb einer ermittelten zulässigen Kombination für die Paketgröße j herangezogen wird, ist von der Anzahl l_j der darin mit dieser Paketgröße ent-haltenen Gebote abhängig.

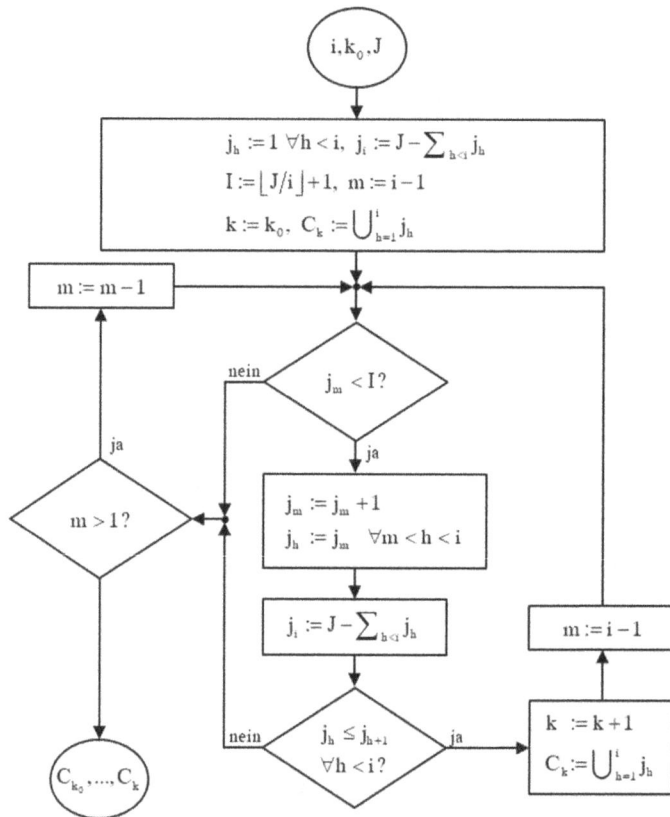

Abbildung 3.13: Algorithmus zur Ermittlung zulässiger Paketkombinationen

3. Verbesserung möglich? Die Paketkombination k weist ein Verbesserungspoten-tial auf, wenn die dafür geschätzten minimal erreichbaren Kosten niedriger als die Kosten der aktuell besten Gebotskombination sind, d. h. $K_k^{Min} < UB$.

4. Detailprüfung: Die Detailprüfung wird ausschließlich für Parameterkombinatio-nen mit Verbesserungspotential durchgeführt. Zur Bestimmung der tatsächlichen minimalen Kosten der Paketkombination k wird das Gewinnerbestimmungsproblem auf die Untermatrix der Gebotsmatrix beschränkt, die nur die in C_k gespeicherten Paketgrößen enthält. Als Modifikation zum ursprünglichen Problem ist zusätzlich die Nebenbedingung zu berücksichtigen, dass für jede Paketgröße die Anzahl l_j vorgegeben ist, mit der diese in der Paketkombination enthalten ist. Folglich muss $\sum_b y_{bj} = l_j \; \forall l$ erfüllt sein. Die Lösung des modifizierten Gewinnerbestimmungsproblems gibt von den Gebotskombinationen, die die Anforderungen der Paketkombination erfüllen, diejenige mit den niedrigsten Kosten an.

Die beschriebene Vorgehensweise sei am Beispiel der in Tabelle 3.18 erfassten Gebotsmatrix dargestellt. In Ergänzung zu Tabelle 3.17 sind für die einzelnen Paketgrößen die relevanten K_{lj}^{Min}-Werte angegeben.

		Anzahl identischer Aufgaben								
		1	2	3	4	5	6	7	8	9
Bieter	A	5	9	13	17	21	26	32	39	47
	B	3	6	9	12	16	20	26	33	41
	C	10	11	12	13	14	16	18	22	28
	D	2	3	4	7	12	17	23	32	44
K_{1j}^{Min}		2	3	4	7	12	16	18	22	28
K_{2j}^{Min}		5	9	13	19	Nicht relevant für $J = 9$				
K_{3j}^{Min}		10	18	25	Nicht relevant für $J = 9$					

Tabelle 3.18: Beispiel einer Gebotsmatrix für die Problemklasse 2 mit geschätzten Kosten der Aufgabenpakete

Die Zwischenergebnisse des Lösungsverfahrens sind in Tabelle 3.19 zusammengefasst. Die optimale Gebotskombination liegt vor, wenn der Zuschlag an Bieter C für sechs und an Bieter D für drei Aufgaben erteilt wird, so dass minimale Kosten der Aufgabenerfüllung i. H. v. 20 entstehen. Durch das Lösungsverfahren müssen nur 10 von 18 möglichen Parameterkombinationen im Detail geprüft werden, um die optimale Lösung zu garantieren.

Auch für die **Entgeltbestimmung** ist bei den Problemklassen 2 und 3 eine Verallgemeinerung der Vickrey-Regel vorzunehmen. Um die Anreizkompatibilität der Auktion zu gewährleisten, darf die Höhe des Entgelts eines Auktionsgewinns nicht an dessen Gebotswert gekoppelt sein, und zwar derart, dass die Abgabe wahrer Gebote die dominante Strategie ist. Bei der **Generalized-Vickrey-Regel** ergibt sich das Entgelt eines Auktionsgewinners durch Subtraktion der Preissumme der Gebote aller anderen Bieter, die den Zuschlag erhielten, von der Preissumme der Gebote der Bieter, die den Zuschlag erhalten hätten, wenn der betrachtete Bieter nicht an der Auktion teilgenommen hätte (vgl. MacKie-Mason/Varian 1994, Varian 1995, S. 16 ff.; zu einer anderen Entgeltregel, die jedoch nicht anreizkompatibel ist, vgl. Gomber/

Schmidt/Weinhardt 1998, S. 8 f.). Mit anderen Worten bedeutet diese Berechnung, dass ein Auktionsgewinner zusätzlich zum Wert seines Gebotes, den durch ihn für die Supply Chain entstehenden Effizienzgewinn zugestanden bekommt. Der **Effizienzgewinn** ist dabei die Differenz der Gebotssummen bei optimaler Zuordnung ohne den und mit dem betrachteten Gewinner.

i	Schritt k	Paketgrößen-kombination	K_k^{Min}	UB	Detailprüfung		verworfen in Schritt
					beste Gebotskombination	Kosten	
1	0	{9}	28	—	C(9)	28	1
2	1	{1, 8}	24	28	C(8), D(1)	24	2
2	2	{2, 7}	21	24	C(7), D(2)	21	3
2	3	{3, 6}	20	21	C(6), D(3)	20	*
2	4	{4, 5}	19	20	C(5), D(4)	21	4
3	5	{1, 1, 7}	23	20	—	—	5
3	6	{1, 2, 6}	21	20	—	—	6
3	7	{1, 3, 5}	18	20	B(1), C(5), D(3)	21	7
3	8	{1, 4, 4}	21	20	—	—	8
3	9	{2, 2, 5}	21	20	—	—	9
3	10	{2, 3, 4}	14	20	B(2), C(4), D(3)	23	10
3	11	{3, 3, 3}	25	20	—	—	11
4	12	{1, 1, 1, 6}	26	20	—	—	12
4	13	{1, 1, 2, 5}	20	20	—	—	13
4	14	{1, 1, 3, 4}	16	20	A(1), B(1), C(4), D(3)	25	14
4	15	{1, 2, 2, 4}	18	20	A(1), B(2), C(4), D(2)	27	15
4	16	{1, 2, 3, 3}	18	20	A(1), B(2), C(3), D(3)	27	16
4	17	{2, 2, 2, 3}	22	20	—	—	17

Tabelle 3.19: Zwischenergebnisse des Lösungsverfahrens zur Problemklasse 2

Zur Bestimmung der Gebotssumme bei optimaler Zuordnung ohne den betrachteten Gewinner ist die Untermatrix der ursprünglichen Gebotsmatrix auszuwerten, in der die Gebote dieses Gewinners nicht enthalten sind. Hierbei kann wieder das vorgestellte Lösungsverfahren zur Anwendung gelangen. Da bei kombinatorischen Auktionen auch der Fall auftritt, dass mehrere Bieter den Zuschlag erhalten, ist die Anwendung für jeden Gewinner separat vorzunehmen.

Im bereits vorgestellten Beispiel werden die Bieter C und D mit ihren Geboten $p_{C6} = 16$ bzw. $p_{D3} = 4$ ermittelt. Die Gebotssumme bei optimaler Zuordnung mit diesen Bietern beträgt 20. Zur Bestimmung der Gebotssumme bei optimaler Zuordnung ohne den Bieter C (D) ist die in Tabelle 3.20 und Tabelle 3.21 dargestellte Gebotsmatrix auszuwerten. Ohne den Bieter C (D) kämen bei optimaler Zuordnung die Bieter B und D (B und C) mit einer Gebotssumme von 23 (24) zum Zuge. Der durch

C (D) generierte Effizienzgewinn beträgt somit 3 (4). Gemäß der Generalized-Vickrey-Regel erhält C (D) ein Entgelt von 19 (8). Der an die Supply Chain herangetragene Auftrag mit 9 identischen Aufgaben kann akzeptiert werden, wenn der Auftraggeber dafür mindestens einen Preis von 27 zu zahlen bereit ist.

		Anzahl identischer Aufgaben								
		1	2	3	4	5	6	7	8	9
Bieter	A	5	9	13	17	21	26	32	39	47
	B	3	6	9	12	16	20	26	33	41
	D	2	3	4	7	12	17	23	32	44

Tabelle 3.20: Gebotsmatrix und optimale Zuordnung identischer Aufgaben ohne Bieter C

		Anzahl identischer Aufgaben								
		1	2	3	4	5	6	7	8	9
Bieter	A	5	9	13	17	21	26	32	39	47
	B	3	6	9	12	16	20	26	33	41
	C	10	11	12	13	14	16	18	22	28

Tabelle 3.21: Gebotsmatrix und optimale Zuordnung identischer Aufgaben ohne Bieter D

Bei der kombinatorischen Auktion zur **Problemklasse 3** geht es um die Annahme/Vergabe von Aufträgen, die mehrere unterschiedliche Aufgaben umfassen. Die Gebotsmatrix erfasst nun die Gebote p_{bj} der Bieter b (b = 1,...,B) auf Kombinationen j (j = 1,...,J) unterschiedlicher Aufgaben r (r = 1,...,R). Wird davon ausgegangen, dass jede Aufgabe höchstens einmal pro Kombination vertreten ist, dann lassen sich aus R Aufgaben $J = 2^R - 1$ unterschiedliche Aufgabenpakete bilden. Tabelle 3.22 gibt eine entsprechende Gebotsmatrix für eine Auktion mit vier unterschiedlichen Aufgaben und vier Bietern beispielhaft wieder.

		Aufgabenpakete														
		1	2	3	4	1, 2	1, 3	1, 4	2, 3	2, 4	3, 4	1, 2, 3	1, 2, 4	1, 3, 4	2, 3, 4	1, 2, 3, 4
	j	1	2	3	4	5	6	7	8	9	10	11	12	13	14	15
Bieter	A	5	7	9	11	11	12	15	14	17	17	18	20	21	25	35
	B	3	6	9	12	8	11	14	14	17	20	20	23	29	29	33
	C	10	8	6	4	17	15	13	13	11	9	22	20	18	16	28
	D	12	7	6	10	16	17	21	10	14	16	21	25	26	20	30

Tabelle 3.22: Beispiel einer Gebotsmatrix für die Problemklasse 3

Das für die Problemklasse 2 zum Problem der Gewinnerermittlung formulierte Entscheidungsmodell kann weitgehend beibehalten werden, wenn die Beziehung zwischen j und r als Parameter vorgegeben wird. Aufgrund des 2^R-Zusammenhangs kann dies durch die binäre Aufgabenkombinationsmatrix **AK** ($R \times J$) erfolgen. Tabelle 3.23 gibt diese Matrix beispielhaft für vier unterschiedliche Aufgaben wieder.

		Aufgabenpakete														
		1	2	3	4	1, 2	1, 3	1, 4	2, 3	2, 4	3, 4	1, 2, 3	1, 2, 4	1, 3, 4	2, 3, 4	1, 2, 3, 4
	j	1	2	3	4	5	6	7	8	9	10	11	12	13	14	15
Bieter	A	1	0	0	0	1	1	1	0	0	0	1	1	1	0	1
	B	0	1	0	0	1	0	0	1	1	0	1	1	0	1	1
	C	0	0	1	0	0	1	0	1	0	1	1	0	1	1	1
	D	0	0	0	1	0	0	1	0	1	1	0	1	1	1	1

Tabelle 3.23: Aufgabenkombinationsmatrix für vier unterschiedliche Aufgaben

Auf dieser Grundlage kann die Nebenbedingung b), dass alle Aufgaben zugeordnet werden, an die veränderte Problemstellung angepasst werden:

b') $\sum_b \sum_j ak_{jr} \cdot y_{bj} = 1 \qquad \forall r$

Da das Entscheidungsmodell weiterhin ein gemischt-ganzzahliges lineares Programm darstellt, lassen sich entsprechende problemunspezifische exakte Lösungsverfahren unverändert anwenden. Das für die Problemklasse P2 vorgestellte problemspezifische exakte Lösungsverfahren kann in analoger Weise zur Anwendung gelangen, wenn die Kostenschätzung (1a) und die Ermittlung zulässiger Paketkombinationen (2a) modifiziert werden:

1a') Die einzelnen Spalten j der Gebotsmatrix (Aufgabenpakete) werden den möglichen Paketgrößen g ($g = 1,...,R$) zugeordnet. Für jede Paketgröße werden die Minima K_{lg}^{Min} ermittelt, die sich ergeben, wenn genau 1 Bieter diese Paketgröße zugeordnet bekommt.

2a') Der Algorithmus zur Ermittlung zulässiger Paketkombinationen ist um die Zuordnung unterschiedlicher Aufgaben zu den mit dem ursprünglichen Algorithmus gefundenen Kombinationen von Aufgabenpaketgrößen zu erweitern.

Für das bereits vorgestellte Beispiel ergeben sich die in Tabelle 3.24 und Tabelle 3.25 zusammengefassten Zwischenergebnisse. Dabei ist es optimal, wenn B für die Aufgaben 1 und 2 sowie C für die Aufgaben 3 und 4 den Zuschlag erhalten und dadurch minimale Kosten i. H. v. 17 realisiert werden. Zur Bestimmung anreizkompatibler Entgelte sind analog zur Vorgehensweise bei Problemklasse 2 die Effizienzgewinne zu ermitteln, die der Supply Chain durch die Beteiligung von B bzw. C an der Auktion entstehen. Hätte B nicht an der Auktion teilgenommen, dann wären Zuschläge an A für die Aufgabe 1, C für die Aufgabe 4 und D für die Aufgaben 2 und 3 erteilt worden, um die minimale Gebotssumme von 19 zu erreichen. Der durch B bewirkte Effizienzgewinn beträgt somit 2, so dass B ein Entgelt i. H. v. 10 erhält. Ohne Beteiligung von C wären die Zuschläge an B für die Aufgabe 1 sowie an D für die Aufgaben 2, 3 und 4 erteilt worden, was mit einer minimalen Gebotssumme von 23 einherginge. Durch die Beteiligung von C wurde folglich ein Effizienzgewinn von 6 bewirkt. Damit erhält C ein Entgelt i. H. v. 15. Der an die Supply Chain herangetragene Auftrag mit den Aufgaben 1, 2, 3 und 4 kann akzeptiert werden, wenn der Auftraggeber dafür mindestens einen Preis von 25 zu zahlen bereit ist.

j	1	2	3	4	5	6	7	8	9	10	11	12	13	14	15
g	1				2						3				4
K_{1g}^{Min}	3				8						16				28
K_{2g}^{Min}	7				17						nicht relevant für R = 4				
K_{3g}^{Min}	nicht relevant für R = 4														
K_{4g}^{Min}	20				nicht relevant für R = 4										

Tabelle 3.24: Kostenminima der Aufgabenpaketgrößen

i	Schritt k	Paketgrößen-kombination	K_k^{Min}	UB	Detailprüfung beste Gebotskombination	Kosten	verworfen in Schritt
1	0	{4}	28	—	C(15)	28	1
2	1	{1, 3}	19	28	B(1), C(14)	19	2
2	2	{2, 2}	17	19	B(5), C(10)	17	*
3	3	{1, 1, 2}	15	17	B(5), C(4), D(3)	18	3
4	4	{1, 1, 1, 1}	20	17	—	—	4

Tabelle 3.25: Zwischenergebnisse des Lösungsverfahrens zur Problemklasse 3

Problemklasse 4: Liegt ein Auftragsbestand vor, der aufgrund der Kompetenzverteilung innerhalb der gesamten Wertschöpfungskette und der kapazitativen Situation der einzelnen Unternehmungen unterschiedliche Möglichkeiten der Zerlegung in Aufgaben bietet, die durch einzelne Unternehmungen bearbeitet werden können, dann bietet sich die **mehrstufige erweiterte Vickrey-Auktion** an. Diese Auktionsform ist durch mehrere Runden gekennzeichnet, in denen die Anzahl der Mitglieder, die einer Bietergruppe angehören, von 1 beginnend sukzessive bis zur maximal möglichen Anzahl erhöht wird. In einer Auktionsrunde sind dabei nur solche Gruppen als Bieter zugelassen, deren Mitgliederanzahl der Auktionsrundennummer entspricht. Abbildung 3.14 gibt einen Überblick über den Ablauf der Auktion.

Zur Verdeutlichung des Auktionsverlaufes und des Auktionsergebnisses sei auf eine Konstellation mit sechs Bietern zurückgegriffen. In jeder Auktionsrunde schreibt der Broker die gesamte Aufgabenstellung unter Angabe von Leistungsumfang und Liefertermin zur Bearbeitung aus. Die Auktionsteilnehmer ermitteln je nach Auktionsrunde einzeln, bilateral oder multilateral, welche Teilaufgabe von welchem Gruppenmitglied übernommen wird, in welchem Verhältnis das Entgelt im Falle der Zuschlagserteilung auf die Gruppenmitglieder verteilt wird und welches Gebot, das jeweils den Preis angibt, zu dem die Bietergruppe gerade noch bereit ist, die gesamte Aufgabe zu übernehmen, abzugeben ist. Das Gebot einer Bietergruppe wird immer nur dann abgegeben, wenn es kleiner ist als das Minimum der Gebote, an denen die einzelnen Mitglieder dieser potentiellen Koalition in allen bisherigen Auktionsrunden (einschließlich der aktuellen) beteiligt waren.

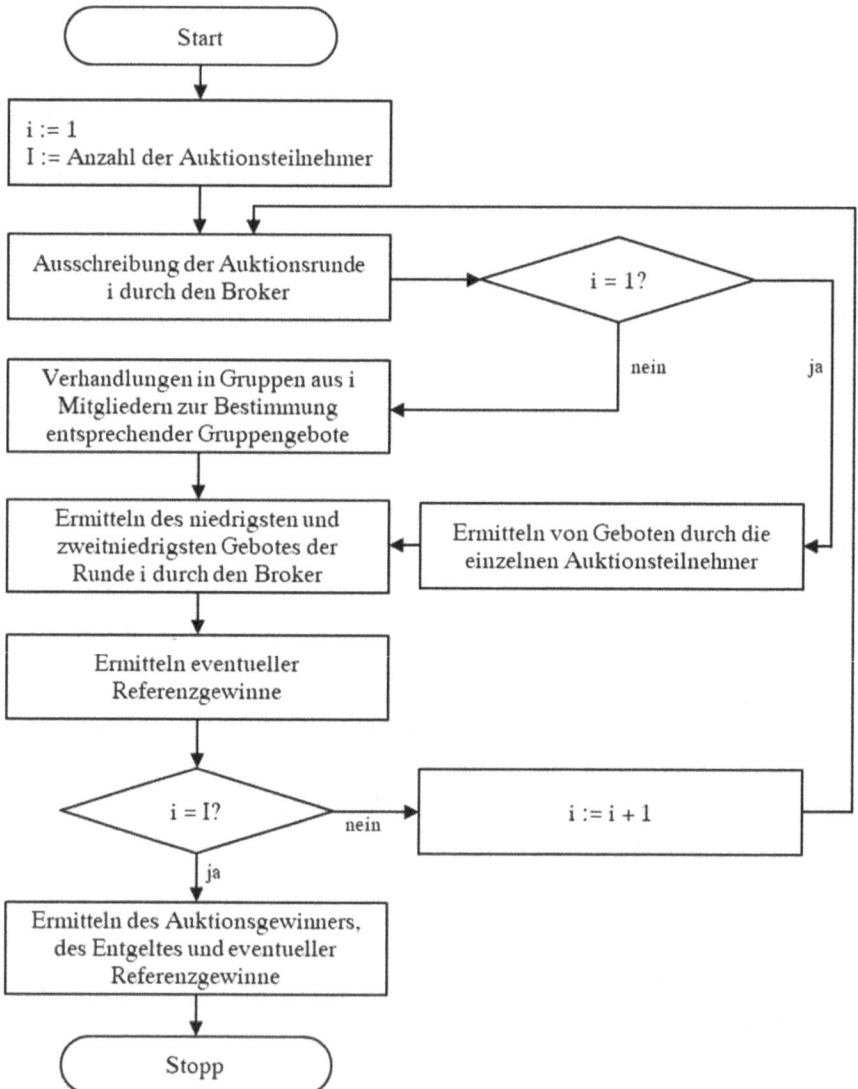

Abbildung 3.14: Ablauf der mehrstufigen erweiterten Vickrey-Auktion

Im Beispiel ergeben sich in der ersten Auktionsrunde keine, in der zweiten ein, in der dritten zwei, in der vierten ein und in der fünften Auktionsrunde keine Gebote. Die Werte der Gebote sind in Tabelle 3.26 zusammengefasst. Nach Abschluss aller Auktionsrunden erhält der Bieter mit dem niedrigsten aller Gebote den Zuschlag. Im dargestellten Beispiel ist dies die Gruppe {A, C, E, F} für ihr Gebot von 46 Geldeinheiten. Das Entgelt der Gruppe {A, C, E, F} entspricht dem Gebot der Gruppe {B, D} in der Höhe von 84 Geldeinheiten.

Durch Anlehnung an die Vickrey-Regel wird eine **Anreizkompatibilität** dadurch angestrebt, dass das Entgelt dem zweitniedrigsten Gebot aller Auktionsrunden entspricht, an dem kein Mitglied der Gruppe beteiligt ist, die den Zuschlag erhielt, d. h., die Gruppe erhält das Entgelt in der Höhe des Gebotes, dass den Zuschlag erhalten hätte, wenn sich die Mitglieder der Gruppe nicht an der Auktion beteiligt hätten. Durch das sukzessive Erweitern der Gruppen liegt keine vollständig verdeckte Gebotsabgabe vor, wie dies bei der „klassischen" Vickrey-Auktion der Fall ist, da

- einerseits jedem Gruppenmitglied die Gebote der Vorrunden, an denen sie beteiligt waren, bekannt sind und
- andererseits bei der Suche nach geeigneten Koalitionspartnern in jeder Auktionsrunde auftragsrelevante Informationen ausgetauscht werden, auch wenn die Koalition nicht zustande kommt.

Insbesondere durch den zuletzt genannten Sachverhalt, eröffnen sich für die Akteure Möglichkeiten zu strategischem Verhalten, da dieser Informationsaustausch bei der Entgeltbestimmung durch den Broker nicht berücksichtigt wird. Darüber hinaus resultiert aus dem sukzessiven Vorgehen ein Anreiz für die einzelnen Auktionsteilnehmer, durch strategische Gebote ihren potentiellen Referenzgewinn zu erhöhen. Jedoch besteht dabei auch die Gefahr eines Verlustes, wenn in einer nachfolgenden Auktionsrunde keine Koalition zustande kommt (vgl. Schmidt 1999, S. 67 f.).

Ein **Koalitionsanreiz** besteht immer dann, wenn für einen Bieter (einzelner Auktionsteilnehmer oder Gruppe) der erwartete Gewinn aus der Beteiligung an einer (erweiterten) Gruppe mindestens dem erwarteten Gewinn bei Nichtbeteiligung entspricht. Der Gewinn eines Bieters ergibt sich aus der Differenz aus gebotenem Preis und Entgelt, dass er durch die Übernahme der Aufgabenausführung erhält. Der erwartete Gewinn bei Nichtbeteiligung ist deshalb als **Referenzgewinn** bei der Verteilung des Entgeltes auf die einzelnen Gruppenmitglieder zu berücksichtigen. Ein Referenzgewinn entsteht in einer Auktionsrunde immer dann, wenn die Teilmenge einer Gruppe, die in der betrachteten Auktionsrunde den Zuschlag erhielt, bereits in der vorherigen Auktionsrunde an einer Gruppe beteiligt war, die den Zuschlag erhalten hätte, und deren Gebot niedriger als das zweitniedrigste Gebot der betrachteten Auktionsrunde wäre (vgl. Schmidt 1999, S. 54 und S. 58).

Runde \ Bieter	1	2	3	4	5	6
A	k.G.	-	-	-	-	-
B	k.G.	-	-	-	-	-
C	k.G.	-	-	-	-	-
D	k.G.	-	-	-	-	-
E	k.G.	-	-	-	-	-
F	k.G.	-	-	-	-	-
{B, D}	-	84	-	-	-	-
{A, B, D}	-	-	k.G. (64)	-	-	-
{A, C, D}	-	-	k.G. (65)	-	-	-
{A, C, F}	-	-	49	-	-	-
{A, D, E}	-	-	k.G. (67)	-	-	-
{A, E, F}	-	-	k.G. (89)	-	-	-
{B, C, D}	-	-	k.G. (75)	-	-	-
{B, C, F}	-	-	k.G. (72)	-	-	-
{B, D, E}	-	-	63	-	-	-
{B, D, F}	-	-	k.G. (66)	-	-	-
{B, E, F}	-	-	k.G. (80)	-	-	-
{A, B, C, D}	-	-	-	k.G. (59)	-	-
{A, B, C, F}	-	-	-	k.G. (61)	-	-
{A, B, D, E}	-	-	-	k.G. (54)	-	-
{A, B, D, F}	-	-	-	k.G. (53)	-	-
{A, B, E, F}	-	-	-	k.G. (51)	-	-
{A, C, D, E}	-	-	-	k.G. (56)	-	-
{A, C, D, F}	-	-	-	k.G. (63)	-	-
{A, C, E, F}	-	-	-	46	-	-
{A, D, E, F}	-	-	-	k.G. (54)	-	-
{B, C, D, E}	-	-	-	k.G. (55)	-	-
{B, C, D, F}	-	-	-	k.G. (76)	-	-
{B, C, E, F}	-	-	-	k.G. (78)	-	-
{B, D, E, F}	-	-	-	k.G. (52)	-	-
{A, B, C, D, E}	-	-	-	-	k.G. (49)	-
{A, B, C, D, F}	-	-	-	-	k.G. (52)	-
{A, B, C, E, F}	-	-	-	-	k.G. (57)	-
{A, B, D, E, F}	-	-	-	-	k.G. (47)	-
{A, C, D, E, F}	-	-	-	-	k.G. (51)	-
{B, C, D, E, F}	-	-	-	-	k.G. (65)	-
{A, B, C, D, E, F}	-	-	-	-	-	k.G. (53)
bester Bieter, bestes Gebot	-	{B, D} 84	{A, C, F} 49	{A, C, E, F} 46	-	-
zweitbestes Gebot	-	-	63	84	-	-
Referenzgewinn	-	-	-	{A, C, F} 14	-	-

Tabelle 3.26: Beispiel für die mehrstufige erweiterte Vickrey-Auktion
(k.G. = kein Gebot)

Im Beispiel steht der Gruppe {A, C, F} ein Referenzgewinn von 14 Geldeinheiten zu, da sie auch ohne Koalition mit dem Auktionsteilnehmer {E} in einer Gesamtbetrachtung bis zur vierten Auktionsrunde den Zuschlag erhalten und dabei eine Rente von $63 - 49 = 14$ Geldeinheiten realisiert hätte.

Die Renten der Mitglieder der Gruppe werden durch eventuell bestehende Referenz-
gewinne von Teilmengen der Gruppe und die in den einzelnen Auktionsrunden
durchgeführten Koalitionsverhandlungen bestimmt. Bei der Koalitionsverhandlung
einer Gruppe in der Auktionsrunde i werden die Anteile an_{gi} des Auktionsteilneh-
mers g am Referenzgewinn G_i^{REF} festgelegt, wobei gilt:

$$an_{gi} > 0 \qquad\qquad \forall g, i$$
$$\sum_g an_{gi} = 1 \qquad\qquad \forall i$$

Die Rente $R_{gi'}$ für den einzelnen Auktionsteilnehmer g in Runde i′ ergibt sich dann
aus der Rente $R_{i'}$ der Koalition in dieser Runde und dem aus der Runde i ($i < i'$) resultierenden Referenzgewinn G_i^{REF}:

$$R_{gi'} = (R_{i'} - G_i^{REF}) \cdot an_{gi'} + G_i^{REF} \cdot an_{gi}$$

Im Beispiel realisiert die Gruppe $\{A, C, E, F\}$ eine Rente R_4 von $84 - 46 = 38$
Geldeinheiten, wobei der Untergruppe $\{A, C, F\}$ ein Referenzgewinn G_3^{REF} in Höhe
von 14 Geldeinheiten zugesichert ist. Wird angenommen, dass in den jeweiligen Koalitionsverhandlungen die in Tabelle 3.27 angegebenen Anteile festgelegt wurden,
dann ergeben sich für die einzelnen Gruppenmitglieder die in Tabelle 3.28 angegebenen Renten.

i	an_{Ai}	an_{Ci}	an_{Ei}	an_{Fi}	R_i	$G_{i'}^{REF}$
3	0,5	0,3	-	0,2	14,0	-
4	0,4	0,3	0,2	0,1	38,0	14,0

Tabelle 3.27: In den Koalitionsverhandlungen festgelegte Anteile (Beispiel)

i	R_{Ai}	R_{Ci}	R_{Ei}	R_{Fi}	Σ
3	7,0	4,2	-	2,8	14,0
4	16,6	11,4	4,8	5,2	38,0

Tabelle 3.28: Renten der Gruppenmitglieder (Beispiel)

Zur Beurteilung des mit der mehrstufigen erweiterten Vickrey-Auktion einhergehenden Aufwandes sind insbesondere die Aktivitäten des Brokers bei der Ermittlung des
Auktionsergebnisses und der Bieter bei der Erstellung der Gebote zu berücksichtigen. Neben der Ausschreibung der einzelnen Auktionsrunden ist es Aufgabe des
Brokers, die Probleme

- Ermittlung des Zuschlages,
- Ermittlung des Entgeltes und
- Ermittlung von Referenzgewinnen

zu lösen, wobei aufgrund der Problemstruktur auf Sortierverfahren zurückgegriffen werden kann, so dass sich für den Broker ein relativ geringer Aufwand ergibt (vgl. Schmidt 1999, S. 87 ff.).

Während das Erstellen der Gebote durch einzelne **Bieter** in der ersten Auktionsrunde dem Vorgehen bei der Vickrey-Auktion entspricht, ist die Gebotserstellung durch Bietergruppen durch einen höheren Aufwand gekennzeichnet, weil eine mitglieder-übergreifende Gebotsermittlung in der Form von Verhandlungen durchgeführt wird. In diesen ist zu klären, welche Teilaufgaben in welchen Zeiträumen zu welchem Preis durch welche Gruppenmitglieder zu erfüllen sind. Es stellt sich somit ein zur Auftragsannahme analoges Problem, das jedoch im kleineren Rahmen der Gruppe bei einem höheren Informationsstand zu lösen ist. Wird dabei beachtet, dass sich die maximale Anzahl der Verhandlungen V^{max} aus

$$V^{max} = 2^B - (B+1)$$

und die maximale Anzahl der Verhandlungen V_i^{max}, an denen ein Bieter i beteiligt ist, aus

$$V_i^{max} = 2^{B-1} - 1$$

ergeben, dann stellt sich die Frage nach der Akzeptanz dieses Allokationsmechanismus bei realen Problemabmessungen. Für eine praktikable Ausgestaltung erscheint es vielmehr erforderlich, die Anzahl potentieller Verhandlungen einzuschränken. Eine Möglichkeit ist darin zu sehen, vor den eigentlichen Auktionsrunden eine Selektion der Bieter vorzunehmen. Dies kann etwa unter technologischen Aspekten (z. B. vollständige Abdeckung der Aufgabe) erfolgen.

3.2 Bedarfsperspektive

3.2.1 Potentialgestaltung

3.2.1.1 Menschliche Arbeitsleistung

3.2.1.1.1 Grundlegungen

Eine Besonderheit des Einsatzes im Rahmen der menschlichen Arbeitsleistung ist darin zu sehen, dass deren Qualität und Quantität einer Vielzahl an Einflussgrößen unterliegt. Dabei ist zwischen individuellen und situativen Einflussgrößen zu unterscheiden (vgl. z. B. Pfeiffer/Dörrie/Stoll 1977, S. 19 ff.).

Bei den **individuellen Einflussgrößen** ist weiterhin zwischen Leistungsfähigkeit und -bereitschaft zu unterscheiden. Die **Leistungsfähigkeit** kann als eine Art Potential des Mitarbeiters interpretiert werden, das einerseits die Anlagen des Mitarbeiters und andererseits die Entfaltung dieser Anlagen umfasst. Während die Unternehmung auf die Anlagen eines Mitarbeiters keinen Einfluss hat (dies ist im Rahmen der Einstellungspolitik relevant), kann sie auf den Entfaltungsgrad der Anlagen über Lernen und Üben Einfluss nehmen.

Die **Leistungsbereitschaft** entscheidet darüber, in welchem Ausmaß das Potential, das durch die Leistungsfähigkeit beschrieben wird, genutzt wird, d. h., der Entfaltungsgrad der Anlagen eines Mitarbeiters wird unmittelbar von der Bereitschaft zur Leistung beeinflusst, wobei zwischen physiologischer und psychologischer Leistungsbereitschaft zu unterscheiden ist. Die **physiologische Leistungsbereitschaft** wird mit Hilfe der Tagesrhythmikkurve (auch physiologische Arbeitskurve genannt) beschrieben, die den folgenden charakteristischen Verlauf aufweist:

- das absolute Leistungsmaximum liegt zwischen 7 und 9 Uhr;
- das erste Leistungsminimum liegt zwischen 14 und 15 Uhr;
- ein zweites Maximum liegt am Spätnachmittag und am frühen Abend zwischen 17 und 20 Uhr;
- danach nimmt die Leistung ständig ab und erreicht gegen 3 Uhr morgens ihr absolutes Minimum.

Diese tendenziellen Aussagen, die individuell Unterschiede aufweisen können, sind das Ergebnis arbeitswissenschaftlicher Untersuchungen.

Mit der **psychologischen Komponente** der Leistungsbereitschaft wird die **Willenskomponente** angesprochen. Hierzu bilden **Motivationstheorien** eine geeignete Erklärungsgrundlage (vgl. z. B. Nerdinger 1995; Scherm/Süß 2010, S. 151 ff.; Scholz 2014, S. 1079 ff.). Grundsätzlich entsteht Motivation aus der Interaktion von Person und Situation, während Motive überdauernde Persönlichkeitsmerkmale darstellen. Sie können als Antriebselemente oder Beweggründe des Handelns beschrieben werden, d. h., unter einem Motiv kann eine Energie verstanden werden, die Handeln und Denken induziert und diesem eine bestimmte Richtung verleiht. Motive werden dann durch die Wahrnehmung spezifischer Situationsbedingungen (Anreize) aktiviert und damit zur Motivation. Mit Motivationstheorien wird das Ziel verfolgt, menschliches Verhalten in seiner Richtung, Intensität (Stärke) und Dauerhaftigkeit zu beschreiben und zu erklären (vgl. z. B. Staehle 1999, S. 218 ff.).

Bei den **situativen Einflussgrößen** der menschlichen Arbeitsleistung wird auf die unternehmungsinternen Faktoren fokussiert, da sich die außerunternehmerischen Einflüsse wie gesellschaftliche, rechtliche, gesamtwirtschaftliche sowie technologische Rahmenbedingungen weitgehend einer direkten Einflussnahme durch eine einzelne Unternehmung entziehen. Bei den **unternehmungsinternen Faktoren** ist dann zwischen arbeitsbezogenen und monetären Einflussgrößen zu unterscheiden.

Die **arbeitsbezogenen Einflussgrößen** lassen sich in die drei Gruppen Arbeitsaufgabe, Arbeitsumweltbedingungen und Arbeitsmethodik untergliedern. Da Arbeitsaufgaben i. d. R. eine hohe Komplexität aufweisen, wird die Gesamtaufgabe in Teilaufgaben zerlegt, wobei diese Zerlegung mengen- oder artmäßig durchgeführt werden kann. Bei einer **mengenmäßigen Arbeitsteilung** wird die Verteilung der Arbeitsaufgabe so durchgeführt, dass die jeweiligen Mitarbeiter sämtliche Tätigkeiten, die zur Erfüllung einer Arbeitsaufgabe erforderlich sind, ausführen. Jeder Mitarbeiter bearbeitet damit eine Teilmenge der zu bearbeitenden Objekte. Demgegenüber erfolgt bei einer **artmäßigen Arbeitsteilung** die Zerlegung der Gesamtaufgabe in Teilaufgaben so, dass die betroffenen Mitarbeiter qualitativ unterschiedliche Teilaufgaben ausführen. Dies geht mit der Konsequenz einer **Spezialisierung** der Mitarbeiter einher, die mit den folgenden **Vorteilen** verbunden ist (vgl. Pfeiffer/Dörrie/Stoll 1977, S. 65 ff.):

- Reduzierung der Aufgabenkomplexität,
- Realisation kürzerer Anlernzeiten und flexibler Einsatz der Mitarbeiter, weil sie nur leicht erlernbare Tätigkeiten erbringen müssen,
- gute Anpassbarkeit der betrieblichen Sachmittel an die zu vollziehenden Aufgaben (Einzweckaggregate),
- bessere Beherrschung der Arbeitsaufgabe und dadurch häufig Qualitätsverbesserungen.

Diesen Vorteilen stehen jedoch die folgenden **Nachteile** gegenüber:

- einseitige Beanspruchung und damit einhergehende starke Ermüdung,
- Monotonie bei den Mitarbeitern, die sich leistungsmindernd auswirken kann,
- Verlust der Gesamtsicht auf die Arbeitsaufgabe und damit einhergehende Entfremdung vom Arbeitsergebnis,
- zunehmende Arbeitsteilung induziert zunehmenden Planungsaufwand.

Um diesen Nachteilen entgegenzuwirken, wurden Konzepte der **Arbeitsbereicherung** entwickelt, die auf eine Erweiterung des Tätigkeitsspielraums abzielen. Als Ansatzpunkte hierfür sind die Aufgabenerweiterung und der planmäßige Aufgabenwechsel zu nennen. Bei der **Aufgabenerweiterung** sind drei Konzepte von grundsätzlicher Bedeutung (vgl. z. B. Scholz 2014, S. 583 und S. 687 f.):

- **Job Enlargement**: Hierbei erfolgt eine Zusammenfassung von Aufgaben, die hinsichtlich ihrer Anforderungen und Struktur ähnlich sind. Diese Form der Arbeitsbereicherung findet damit nur auf der ausführenden Ebene statt.
- **Job Enrichment**: Hierbei werden den Mitarbeitern neben ausführenden Tätigkeiten auch Planungs- und Kontrollaufgaben übertragen. Somit liegt eine Erweiterung der Entscheidungsspielräume vor.
- **Teilautonome Arbeitsgruppe**: Unter einer teilautonomen Gruppe ist eine Kleingruppe zu verstehen, „... der ein Aufgabenzusammenhang übertragen wird ..." (Lattmann 1972, S. 27), mit der Konsequenz, dass die Gruppe interaktiv die übertragenen Aufgaben erledigt. Die Mitglieder der Gruppe arbeiten bei der Lösung der Aufgaben eigenverantwortlich zusammen, wobei der Grad der Autonomie, der der Gruppe zuerkannt wird, charakteristisch für dieses Gruppenkonzept ist.

Unter einem **Aufgabenwechsel**, auch **Job Rotation** genannt, wird ein Tausch der Arbeitsplätze zwischen Mitarbeitern verstanden, der entweder aufgrund eigener Initiative oder nach einem festgelegten Rhythmus erfolgt. **Gestaltungsparameter** sind dabei die einzubeziehenden Arbeitsplätze, die Rotationsfolge und das Rotationsintervall (Dauer der einzelnen Folge). Die Arbeitsinhalte der **einbezogenen Arbeitsplätze** determinieren dabei entscheidend die an den jeweiligen Mitarbeiter zu stellenden Qualifikationsanforderungen. Häufig wird davon ausgegangen, dass beim Job Rotation Tätigkeiten der gleichen Ebene betrachtet werden und damit die Anforderungen an die jeweiligen Stellen keine zu große Streuung aufweisen, d. h. der Arbeitsbereicherungseffekt tendenziell niedrig ist. In diesem Fall kann Job Rotation als ein zeitlich sukzessives Job Enlargement interpretiert werden. Wird dieser engen Fassung nicht gefolgt und werden im Rahmen des Job Rotation auch strukturell unterschiedliche Aufgaben einbezogen, dann ergeben sich ähnliche Wirkungen wie beim Job Enrichment.

Bei der **Festlegung der Rotationsfolge** ist einem Bündel aus ökonomischen und sozialen Zielen Rechnung zu tragen (vgl. Hochdörffer/Hedler/Lanza 2018, S. 107 ff.). Aus ökonomischer Sicht sollte die sich aus den gleichzeitig in einem Produktionssystem angewendeten Rotationsfolgen ergebende Allokation der menschlichen Arbeitsleistung zu den Arbeitsplätzen kostenminimierend erfolgen. Dies schließt einerseits die in jeder Planungsperiode zu realisierende bedarfsorientierte und andererseits die periodenübergreifende qualifikationsförderliche Allokation ein. Aus sozialer Sicht geht es vor allem um die Nutzung des systematischen Wechsels zwischen Arbeitsplätzen zur Minimierung gesundheitlicher Beeinträchtigungen. Dieses Ziel wird dadurch unterstützt, dass sich in der Rotationsfolge Arbeitsplätze mit unterschiedlicher Belastungsintensität und unterschiedlichen Belastungsdimensionen abwechseln. Als mögliche physische Belastungsdimensionen sind die Art der zur Arbeitsverrichtung erforderlichen Körperhaltung, die Kräfteeinwirkungen auf den gesamten Körper oder bestimmte Körperregionen oder die erforderlichen Richtungen des Einsatzes von Körperkraft zu nennen (vgl. z. B. Hochdörffer/Hedler/Lanza 2018, S. 104 f.).

Bei der Wahl der **zeitlichen Länge** der Rotationsfolge ist zu beachten, dass

- einerseits eine zu kurz gewählte Dauer Übungseffekte nur in geringem Umfang ermöglicht und
- anderseits eine zu lang gewählte Dauer eventuell Einarbeitungszeiten bedingt (vgl. Zäpfel 2000a, S. 290).

Bei den **Arbeitsumweltbedingungen** ist zwischen sozialen und sachlichen Aspekten zu unterscheiden. Bei den **sozialen Aspekten** sind die Gruppenstruktur, Gruppengröße, Organisation der Gruppe, Gruppenkohäsion, Gruppenzusammensetzung und Gruppennormen zu nennen. Ohne auf diese einzelnen Komponenten einzugehen, ist zu betonen, dass sich aus den intra- und intergruppenmäßigen Beziehungen und durch die Einordnung der jeweiligen Gruppen die Notwendigkeit der **Führung** dieser sozialen Interaktionsprozesse ergibt (vgl. Reiß 2008, S. 145 ff.; Steinle 1992, Sp. 966 ff.; zu unterschiedlichen Führungstheorien vgl. Scherm/Süß 2010, S. 156 ff.; Wunderer 2007, S. 278 ff.). Dabei ist davon auszugehen, dass die Beziehung zwischen den Geführten und den Führern eine entscheidende Determinante der menschlichen Leistung darstellt, da hierdurch die Bedürfnisse nach Wertschätzung und nach

Selbstverwirklichung maßgeblich befriedigt werden können. Führung beeinflusst damit ganz allgemein das Verhalten anderer Personen (personale Führung). Führung setzt folglich die Existenz einer Gruppe, einer gemeinsamen Aufgabe und die Differenzierung der Verantwortung voraus. In der Literatur wird eine Vielzahl unterschiedlicher Führungsstilkonzepte diskutiert (vgl. z. B. Reiß 2008, S. 146 ff.; Scholz 2014, S. 1122 ff.; Steinle 1992, Sp. 968). Kontrastierend kann zwischen autoritären und demokratischen (kooperativen) Führungsstilen unterschieden werden, zwischen denen es die unterschiedlichsten Abstufungen gibt (vgl. Tannenbaum/Schmidt 1974, S. 60), die den Partizipationsgrad, d. h. die Teilhabe der Mitarbeiter an Entscheidungen als Merkmal heranziehen. Während bei einem **autoritären Führungsstil** eine strikte personale Trennung von Entscheidungsprozess und Aufgabenausübung stattfindet, erfolgt bei einem **demokratischen Führungsstil** diese strikte Trennung nicht, sondern die Mitglieder einer Gemeinschaft besitzen (unterschiedliche) Möglichkeiten der Beteiligung an den Führungsaufgaben in der Form der Willensbildung und Willensdurchsetzung.

Zu den **sachlichen Arbeitsumweltbedingungen** gehören Anlagen, Werkzeuge, Mess- und Prüfgeräte etc. und ferner die physikalische Arbeitsumgebung. Diese Komponenten werden zum sogenannten **Sachsystem** zusammengefasst. Wird der Mensch in die Betrachtung integriert, dann wird von einem **sozio-technischen System** gesprochen. Ziel ist es dabei, leistungsfördernde Arbeitsverhältnisse zu schaffen. Typische Problembereiche sind dabei z. B.

- Gestaltung optischer Informationsträger,
- richtige Beleuchtung,
- körpergerechte Griffhaltung,
- Anordnung der Bedienungselemente,
- physiologisch angemessene Gestaltung des Sachsystems (Prinzip der körpergrößengerechten Gestaltung und Prinzip der körperfunktionsgerechten Gestaltung des Sachsystems) und
- räumliche Verhältnisse, mit denen der Mitarbeiter konfrontiert ist.

Unter **zeitlichen Aspekten** steht die Gestaltung der Arbeitszeit und der Pausen im Zentrum des Interesses. Die Arbeitsdauer ist durch gesetzliche Regelungen und tarifliche Vereinbarungen determiniert. Temporär ist diese Zeitspanne durch Überstunden oder Kurzarbeit veränderbar. Dabei können die Regelungen der täglichen, wöchentlichen, monatlichen und jährlichen Arbeitszeit starr oder in bestimmten Grenzen variabel sein. Das Ziel der Arbeitszeitgestaltung besteht darin, die Arbeitszeiten entsprechend der Anforderungen und Leistungsziele der Unternehmung aufzuteilen, wobei auch die Bedürfnisse des Personals zu berücksichtigen sind (vgl. Drumm 2000, S. 146). Es ergeben sich dann grundsätzlich zwei Probleme der Arbeitszeitgestaltung (vgl. Scholz 2011, S. 276 f.):

- Das **chronometrische Problem** bezieht sich auf das Arbeitsvolumen, d. h., es ist eine Arbeitszeit festzulegen. Gesetzliche und tarifrechtliche Regelungen sind hierbei zu beachten. Neben der Regelarbeitszeit haben sich unterschiedliche Modelle herausgebildet, die zur flexiblen oder individuellen Gestaltung des Arbeitszeitvolumens genutzt werden können (z. B. Teilzeit, Kurzarbeit, Sabbatical, Altersteilzeit).

- Demgegenüber wird bei dem **chronologischen Problem** die vorgegebene Arbeitszeit auf Arbeitsintervalle verteilt. Neben starren Arbeitszeitmodellen (z. B. Schichtmodelle) können in zeitlich bzw. räumlich entkoppelten Strukturen auch variable Arbeitszeitmodelle (z. B. Gleitzeitmodell, zeitkontenbasierte Modelle, selbstgesteuertes Arbeitszeitmodell, Arbeit auf Abruf) genutzt werden, um Anpassungen an Bedarfsschwankungen und/oder an individuelle Anforderungen des Mitarbeiters vorzunehmen.

Neben der Arbeitszeit sind die Ruhepausen zu beachten. Aufgabe einer **Ruhepause** ist es, dem Menschen in ausreichendem Maße die Möglichkeit zu Regeneration zu gewährleisten, d. h., die durch die effektive Arbeitszeit hervorgerufene Ermüdung und der damit einhergehende Leistungsrückgang sollen durch die Unterbrechung der Arbeit zumindest teilweise ausgeglichen werden. Einflussgrößen auf eine effektive Pausengestaltung sind:

- Ermüdung (Arbeitsbelastung),

- Erholung,

- Tagesrhythmikkurve,

- Lage und Dauer der Pause (Übungsgewinne, -verluste),

- Produktionstechnologie und

- gesetzliche und tarifliche Vereinbarungen.

Als dritte arbeitsbezogene Einflussgröße ist die **Arbeitsmethodik** zu nennen. Voraussetzung bildet eine differenzierte Arbeitsbeschreibung, um dann die notwendigen Verrichtungsfolgen zu analysieren. Hierzu gelangen Arbeitsablaufstudien und darauf aufbauend Bewegungs- und Zeitstudien zum Einsatz. Mit **Arbeitsablaufstudien** werden die zeitlichen und räumlichen Arbeitsvorgänge untersucht. Dabei gelangen Flussdiagramme, Netzpläne, Balkendiagramme etc. zum Einsatz. Demgegenüber zielen **Bewegungsstudien** darauf ab, „optimale" Bewegungen und Bewegungsabläufe zu erzielen. **Zeitstudien** dienen der Zeitermittlung einzelner Arbeitsgänge oder Tätigkeiten. Durch eine Synthese der einzelnen erhobenen Zeiten ergibt sich dann der durchschnittliche Zeitbedarf für die Durchführung einer Arbeitsaufgabe (vgl. hierzu REFA 1985).

Im Rahmen der **monetären Einflussgrößen** ist zwischen Arbeitsentgelt und Erfolgsbeteiligung sowie Vermögensbeteiligung zu unterscheiden. Zum **Arbeitsentgelt** (Vergütung) zählen die von der Unternehmung an den Mitarbeiter geleisteten Entgelte. Ziel der Gestaltung des Arbeitsentgeltes ist die Realisierung einer **relativen Lohngerechtigkeit**, d. h., es soll ein anforderungs-, leistungsgrad- und sozialgerechtes Entgelt verwirklicht werden. **Anforderungsgerecht** bedeutet, dass Tätigkeiten mit unterschiedlichen Schwierigkeiten im Rahmen der Entlohnung unterschiedlich behandelt werden. Zur Ermittlung unterschiedlicher Anforderungsgrade gelangen die

Methoden der **Arbeitsbewertung** zum Einsatz. Das Ergebnis der Arbeitsbewertung ist die Grundlage für eine Lohnsatzdifferenzierung. Die unterschiedlichen Leistungsgrade werden hingegen in der **Leistungsbewertung** erfasst, d. h., sie berücksichtigt die individuellen Unterschiede, während die Arbeitsbewertung unabhängig von einer bestimmten Arbeitskraft erfolgt.

Ziel der **Arbeitsbewertung** ist es, auf der Grundlage einer Anforderungsanalyse die in einer Unternehmung zu vollziehenden Arbeiten nach einem einheitlichen Maßstab zu ordnen, ohne dabei eine bestimmte Person, die diese Arbeiten erbringen soll, zu berücksichtigen. Die Anforderungsanalyse basiert dabei auf dem sogenannten **Genfer Schema** (vgl. z. B. Hamel 1996, Sp. 110), das folgende Merkmale berücksichtigt:

- geistige Anforderungen,
- körperliche Anforderungen,
- Verantwortung und
- Arbeitsbedingungen.

Die Anforderungsarten, geistig und körperliche Anforderungen, lassen sich weiterhin in „Können" und „Belastung" untergliedern, so dass insgesamt sechs Anforderungsarten entstehen (auf weitere Differenzierungen sei nicht eingegangen).

Auf der Grundlage der **Bewertungshandhabung** lassen sich die summarische und analytische Vorgehensweise unterscheiden:

- Bei einer **summarischen Arbeitsbewertung** wird die Schwierigkeit der einzelnen Aufgabe global beurteilt, d. h., der Bewerter berücksichtigt sämtliche Anforderungen gleichzeitig.
- Bei einer **analytischen Arbeitsbewertung** werden die einzelnen Anforderungsarten der Arbeit beurteilt und durch die Amalgamation der Teilwerte eine Gesamtbewertung (Arbeitswert) ermittelt.

Die Wertzahlzuordnung zu den einzelnen Tätigkeiten oder Anforderungen kann dann mit Hilfe einer Reihung oder Stufung erfolgen:

- Bei der **Reihung** werden die zu bewertenden Arbeiten so angeordnet, dass der Arbeitsplatz mit dem höchsten Schwierigkeitsgrad an die erste Stelle der Reihe und derjenige mit dem niedrigsten Schwierigkeitsgrad an die letzte Stelle der Reihe angeordnet wird.
- Bei einer **Stufung** werden für die unterschiedlichen Schwierigkeitsgrade Anforderungsstufen festgelegt. Arbeiten mit gleicher oder ähnlicher Anforderungshöhe werden den gleichen Stufen zugeordnet.

Durch Kombination ergeben sich die vier folgenden Verfahren (vgl. Scholz 2014, S. 848 ff.):

- **Rangfolgeverfahren** (summarische Reihung): Ausgangspunkt bildet die Auflistung aller in einer Unternehmung vorkommenden Arbeitsplätze. Danach wird jeder Arbeitsplatz hinsichtlich seiner Gesamtschwierigkeit mit jedem anderen Arbeitsplatz verglichen und eine Rangfolge erstellt.

- **Lohngruppenverfahren** (summarische Stufung): Es werden unterschiedliche Schwierigkeitsbereiche (Stufen) gebildet, denen dann entsprechende Lohngruppen zugeordnet werden. Zur Erleichterung werden den einzelnen Stufen Richtbeispiele zugeordnet.

- **Rangreihenverfahren** (analytische Reihung): Es wird jede Anforderungsart getrennt nach ihrem Schwierigkeitsgrad in eine Rangfolge gebracht. Um den Arbeitswert der einzelnen Tätigkeiten zu ermitteln, ist eine Transformation der Platzziffern in addierbare Zahlenwerte notwendig. Darüber hinaus sind die Anteile der einzelnen Anforderungsarten an der Gesamtanforderung einer Tätigkeit zu bestimmen. Den einzelnen Platzziffern werden zur Berücksichtigung der Schwierigkeitsintervalle Prozentwerte zugeordnet, wobei die Tätigkeit mit der höchsten Platzziffer bei der jeweiligen Anforderungsart mit 100 % bewertet wird. Den nachfolgenden Tätigkeiten werden entsprechend niedrigere Prozentwerte zugeordnet.

- **Stufenwertzahlverfahren** (analytische Stufung): Für jede Anforderungsart werden Stufen festgelegt und gegebenenfalls mit Tätigkeitsbeispielen hinterlegt. Jeder Stufe wird eine Punktzahl zugeordnet, die linear, progressiv oder degressiv verlaufen kann.

Mit der Höhe der Punktzahlen kann dann eine Gewichtung der Anforderungsarten vorgenommen werden. Durch die Addition der Punktzahlen über alle Anforderungsarten ergibt sich der Arbeitswert der jeweiligen Tätigkeit.

In einer vergleichenden Gegenüberstellung der summarischen und analytischen Verfahren ist festzustellen, dass die analytische Vorgehensweise eine differenziertere und intersubjektiv überprüfbare Arbeitswertermittlung ermöglicht. Trotzdem darf dieses Streben nach hoher Differenzierung nicht darüber hinwegtäuschen, dass auch in dieses Verfahren nicht unerhebliche Subjektivismen einfließen (vgl. Kern 1992, S. 176).

Wird das **Arbeitsentgelt** betrachtet, dann steht die Forderung nach einer leistungsgerechten Vergütung im Zentrum des Interesses, d. h., in diesem Zusammenhang geht es um die Berücksichtigung individueller Unterschiede der von den Mitarbeitern erbrachten Leistung (Leistungsbewertung). Grundsätzlich lassen sich die folgenden Erscheinungsformen Zeitlohn, Akkordlohn, Prämienlohn, Pensumlohn und Potentiallohn unterscheiden.

Bemessungsgrundlage des **Zeitlohns** ist die geleistete Arbeitszeit. Dabei wird unterstellt, dass zwischen Zeit und Leistung zumindest annähernd eine proportionale Beziehung existiert. Er ist insbesondere dann geeignet, wenn die Leistungsqualität bedeutender ist als die Leistungsmenge, sicherheitsgefährdende Tätigkeiten auszuführen sind, schwierig messbare Tätigkeiten (z. B. geistig kreative Arbeiten) vorliegen, der Mitarbeiter die Tätigkeit nicht beeinflussen kann (z. B. Bereitschaftsdienst) und die Arbeitsgeschwindigkeit durch den Mitarbeiter nicht beeinflussbar ist.

Ausgangspunkt des **Akkordlohns** ist das mengenmäßige Arbeitsergebnis. Eine Akkordentlohnung ist dann zweckmäßig, wenn Veränderungen der individuellen Anstrengungen auch im Ergebnis ihren Niederschlag finden (der Akkordlohn setzt sich aus einem Grundlohn und einem Akkordzuschlag i. d. R. 20 - 30 % zusammen). Voraussetzung ist dabei die Akkordfähigkeit und die Akkordreife. **Akkordfähigkeit** bedeutet, dass die Arbeit vorausbestimmbar und zeitlich messbar ist. **Akkordreif** ist eine Arbeit dann, wenn ein Arbeitsablauf so organisiert ist, dass er durch einen Mitarbeiter bei hinreichender Übung und Einarbeitung beherrscht werden kann. Nach der Art der Ermittlung kann zwischen Geld- und Zeitakkord unterschieden werden. Von einem **Geldakkord** wird gesprochen, wenn für jede erbrachte Leistungseinheit ein definierter Geldbetrag gezahlt wird. Beim **Zeitakkord** wird dem Mitarbeiter für die Ausführung einer Arbeit eine Zeit vorgegeben (Vorgabezeit), die zur Erbringung einer Einheit bei sogenannter Normalleistung und angemessener Erholung erforderlich ist.

Beim **Prämienlohn**, auch Teilungslohn genannt, wird zum vereinbarten Grundlohn ein zusätzliches Entgelt, die Prämie, gewährt, die in der Form von Nutzungs-, Qualitätsprämien etc. auftreten kann.

Grundlage des **Pensumlohns** bildet eine Leistungsvereinbarung, bei der die vom Mitarbeiter in der Vergangenheit erbrachte Leistung berücksichtigt wird. Das Pensum bildet die Sollvorgabe. Der Pensumlohn setzt sich aus einem Grundlohn in der Form eines Zeitlohnes und Zuschlägen für die Erfüllung des vorgegebenen Pensums zusammen.

Der **Potentiallohn**, auch als Qualifikationslohn bezeichnet, orientiert sich an Qualifikationsmerkmalen der Mitarbeiter. Insbesondere bei Mehrfachqualifikationen von Mitarbeitern erscheint diese Lohnform interessant, da es möglich wird, bei Abweichungen der aktuellen Anforderungen und der Eingruppierung in eine Lohngruppe Lohnanpassungen vorzunehmen, die der höheren Qualifikation Rechnung trägt.

Darüber hinaus sind der **soziale Status** und die individuellen sozialen Bedingungen der Mitarbeiter zu berücksichtigen (Soziallohn), wobei zwischen gesetzlich oder tariflich vorgeschriebenen Sozialleistungen und freiwilligen Sozialleistungen (z. B. Altersversorgung) zu unterscheiden ist.

Während die Entlohnung an der Arbeitsleistung des Menschen orientiert ist, stellt die **Erfolgsbeteiligung** eine darüber hinausgehende Zahlung der Unternehmung an die Mitarbeiter dar, um ihren Anteil an der Erwirtschaftung des Unternehmungserfolges zu honorieren. Bemessungsgrundlage ist damit eine gesamtunternehmungsbezogene Erfolgsgröße. Während es sich beim Arbeitsentgelt um Kosten handelt, ist die Erfolgsbeteiligung eine Gewinn- oder Ertragsverwendung, d. h., es handelt sich um die Verteilung des Erfolgs auf Unternehmer, Kapitalgeber und Arbeitnehmer. Dabei ist zu berücksichtigen, dass Bewertungswahlrechte in der Bilanz Einfluss auf die Erfolgsgrößen haben.

Eine weitere Komponente ist die **Vermögensbeteiligung** (Kapitalbeteiligung), bei der die Mitarbeiter ihrer Unternehmung entweder **Fremdkapital** (Mitarbeiterdarlehen, Mitarbeiterschuldverschreibungen) oder **Eigenkapital** (Belegschaftsaktien, stille Beteiligung) zur Verfügung stellen. Das Kapital kann etwa aus der bereits angesprochenen Erfolgsbeteiligung stammen.

Die Vergütung, als monetäre Gegenleistung, die die Mitarbeiter von der Unternehmmung erhalten, ist aber nur ein Teil des übergeordneten Anreizsystems. Ein **Anreizsystem** umfasst alle bewusst gestalteten Arbeitsbedingungen, mit denen einerseits bestimmte Verhaltensweisen verstärkt und andererseits die Wahrscheinlichkeit des Auftretens unerwünschter Verhaltensweisen verringert wird. Die Ziele von Anreizsystemen können dabei auf unterschiedliche Aspekte ausgerichtet sein (vgl. Scherm/Süß 2010, S. 119):

- Auf die **Mitarbeiterakquisition**, d. h., es sollen Mitarbeiter zum Eintritt in die Unternehmung motiviert werden.
- Eine **Mitarbeiterbindung** soll einerseits die Fluktuation niedrig halten und für qualifizierte Mitarbeiter sollen andererseits Bleibeanreize gesetzt werden.
- Die Motivation der Mitarbeiter, das gewünschte **Verhalten** bzw. die gewünschte **Leistung** zu erbringen, soll erhöht oder erhalten bleiben.

Bei den Anreizen ist dann zwischen materiellen und immateriellen zu unterscheiden. **Materielle Anreize** sind vergütungsbezogen und beziehen sich folglich auf das Entgelt und auf die Beteiligung am Erfolg und Vermögen einer Unternehmung. Demgegenüber gehen **immaterielle Anreize** von den Arbeitsinhalten, der Partizipation an Entscheidungen etc. aus.

Von diesen vielfältigen Anreizen bilden insbesondere die Arbeitsaufgabe und die Arbeitszeit zentrale Gestaltungsbereiche des Produktions- und Logistikmanagements. Im Hinblick auf die Arbeitsaufgabe soll im Folgenden der Aspekt der Zuordnung von Aufgaben zu Mitarbeitern vertieft werden. Von den Fragen der Arbeitszeitgestaltung stehen im übernächsten Abschnitt die Wahl des Arbeitszeitmodells und die Planung des Mitarbeitereinsatzes im Rahmen variabler Arbeitszeitmodelle im Zentrum des Interesses.

3.2.1.1.2 Aufgabenzuordnung

Kennzeichnend für ein arbeitsteilig organisiertes Produktionssystem ist das Vorliegen mehrerer zu erfüllender Aufgaben und die Anwesenheit mehrerer Mitarbeiter, die diese Aufgaben erfüllen können. Damit stellt sich die Frage, welche Aufgaben welchen Mitarbeitern zuzuordnen sind. Die bei der Beantwortung dieser Frage verfolgte Zielsetzung ist in der Regel multikriteriell, wobei in der Literatur mitarbeiter- und kollektivbezogene Kriterien unterschieden werden (vgl. z. B. Eiselt/Marianov 2008, S. 514 ff.). Beispiele für **mitarbeiterbezogene Kriterien** sind der mit unterschiedlichen Aufgaben erreichbare Grad der Abwechslung, die mit den Aufgaben verbundene Herausforderung und die aus der Summe zu erfüllender Aufgaben entstehende Arbeitsbelastung. **Kollektivbezogene Kriterien** leiten sich aus dem Wunsch nach Ausgewogenheit der Aufgabenverteilung in quantitativer und qualitativer Hinsicht ab. So wird z. B. eine gleichmäßige Verteilung der Arbeitsbelastung oder unterschiedlicher Aufgaben angestrebt. Die Relevanz der Kriterien ist von der konkret vorliegenden **Form der Arbeitsteilung** abhängig. Deshalb werden im Folgenden die Situationen bei reiner Mengenteilung, reiner Artenteilung und gemischter Mengen- und Artenteilung analysiert.

Liegt eine **rein mengenmäßige Arbeitsteilung** vor, dann stellen die vorliegenden J Aufgaben identische Anforderungen an die Fähigkeiten der einzelnen Mitarbeiter b $(b = 1,...,B)$. Für jeden Mitarbeiter sind das normale Arbeitspensum C_b, das maximale Ausmaß der darüber hinaus nutzbaren Arbeitszeit E_b (maximale Anzahl an Überstunden) und die Kosten pro Überstunde k_b^O bzw. pro ungenutzter Stunde der regulären Arbeitszeit k_b^U bekannt. Die Ausführungszeit pro Aufgabe d wurde durch Arbeitszeitstudien ermittelt. Die **Entscheidungsfragen** beziehen sich auf die Anzahl x_b der Aufgaben, die den einzelnen Mitarbeitern zugeordnet werden und den Umfang o_b (u_b) an Überstunden (ungenutzter Normalarbeitszeit), der für den einzelnen Mitarbeiter vorzusehen ist. Obligatorische **Entscheidungsschranken** der Aufgabenzuordnung sind:

a) Die von den zugeordneten Aufgaben benötigte Arbeitszeit entspricht der Regelarbeitszeit des Mitarbeiters zuzüglich der Überstunden und abzüglich der Leerstunden.

b) Die vorgegebene maximale Überstundenanzahl wird nicht überschritten.

c) Alle Aufgaben werden erfüllt.

e) Die Aufgaben sind nicht teilbar.

f) Überstunden und auch Leerstunden haben keine negativen Werte.

Hinsichtlich der **Entscheidungsziele** sind Kriterien, die auf dem Vorhandensein unterschiedlicher Aufgaben aufbauen (z. B. Abwechslung, qualitative Ausgewogenheit) aufgrund der reinen Mengenteilung irrelevant. Es können jedoch mitarbeiterbezogen die motivationalen Effekte der zeitlichen Beanspruchung und kollektivbezogen die Effekte ungleichmäßiger Aufteilungen der Aufgabenmenge auf die Mitarbeiter berücksichtigt werden. Dem zuerst genannten Fall wird etwa durch das Ziel der Minimierung der Summe aus Überstunden- und Leerstundenkosten Rechnung getragen. Im zuletzt genannten Fall stellt die Minimierung der Streuung S^D der Arbeitsbelastung innerhalb des Kollektivs ein adäquates Ziel dar. Dieses erfordert **zusätzliche Entscheidungsvariablen und -schranken**, die eine einfache Streuungsmessung durch die Summe der absoluten Abweichungen von der durchschnittlichen Arbeitsbelastung ermöglichen. Werden für die positiven und die negativen Abweichungen jeweils separate Entscheidungsvariablen v_b bzw. w_b verwendet, dann gelten die Schranken:

d) Die Arbeitsbelastung eines Mitarbeiters zuzüglich der positiven und abzüglich der negativen Abweichung entspricht der gewichteten durchschnittlichen Arbeitsbelastung.

h) Positive Abweichungen und auch negative Abweichungen haben keine negativen Werte.

Das Problem lässt sich formal (in Anlehnung an Eiselt/Marianov 2008, S. 518) als gemischt-ganzzahliges lineares Programm mit zwei Zielfunktionen (Kostenminimierung, Minimierung der Streuung der Arbeitsbelastung) modellieren:

Z1) $\min K = \sum_b \left(k_b^O \cdot o_b + k_b^U \cdot u_b \right)$

Z2) $\min S^D = \sum_b \left(v_b + w_b \right)$

Als Nebenbedingungen gelten:

a) $d \cdot x_b = C_b + o_b - u_b$ $\qquad\qquad$ $\forall b$

b) $o_b \leq E_b$ $\qquad\qquad$ $\forall b$

c) $\sum_b x_b = J$

d) $d \cdot x_b + v_b - w_b = d \cdot C_b \cdot \sum_{b'} x_{b'} \Big/ \sum_{b'} C_{b'}$ $\qquad$ $\forall b$

f) $x_b \in \mathbb{N}$ $\qquad\qquad$ $\forall b$

g) $o_b, u_b \geq 0$ $\qquad\qquad$ $\forall b$

h) $v_b, w_b \geq 0$ $\qquad\qquad$ $\forall b$

Die beiden Zielfunktionen können durch Gewichtung mit dem Parameter α ($0 \leq \alpha \leq 1$) in eine Kompromiss-Zielfunktion überführt werden:

$$\min Z = \alpha \cdot \sum_b \left(k_b^O \cdot o_b + k_b^U \cdot u_b \right) + (1-\alpha) \cdot \sum_b \left(v_b + w_b \right)$$

Durch die Wahl des Parameterwertes wird die relative Bedeutung der beiden Ziele für die Unternehmung ausgedrückt. Ein hoher (niedriger) α-Wert signalisiert dabei, dass dem Kostenziel (Streuungsziel) die höhere Bedeutung beigemessen wird. Zur Lösung des Aufgabenzuordnungsproblems bei Mengenteilung können auch für größere Anzahlen an Mitarbeitern und Aufgaben **exakte Verfahren** der linearen Programmierung, die Ganzzahligkeitsbedingungen zu berücksichtigen vermögen (z. B. Schnittebenen-Verfahren, Branch-and-Bound-Verfahren), zur Anwendung gelangen.

Im Fall einer **rein artmäßigen Arbeitsteilung** stellen die vorliegenden Aufgaben r ($r = 1, ..., R$) an die Mitarbeiter unterschiedliche Anforderungen, und zwar in physischer und psychischer Hinsicht. Die aus einer Aufgabenart resultierenden Anforderungen an den Mitarbeiter werden als Fähigkeitsnachfrage bezeichnet und lassen sich formal in einem Merkmalsvektor $N_r \in \mathbb{R}_+^L$ zusammenfassen. Dieser erfasst die relevanten Anforderungen l ($l = 1, ..., L$) einer Aufgabe mit den jeweiligen Ausprägungen n_{rl}. Auf der anderen Seite lassen sich die Fähigkeiten a_{bl} des Mitarbeiters b zum Vektor des Fähigkeitsangebots $A_b \in \mathbb{R}_+^L$ zusammenfassen (vgl. Scholz 2014, S. 760 f.). Eine Aufgabenzuordnung ist dann in quantitativer und/oder qualitativer Hinsicht am effektivsten (vgl. Bruecker u. a. 2015, S. 4 f.), wenn die Fähigkeitsanforderungen der Aufgabe mit dem Fähigkeitsangebot des Mitarbeiters übereinstimmen. Folglich gehen Zuordnungen, die durch Unter- oder Überforderungen charakterisiert sind, mit erhöhten Kosten einher. Der Abstand q_{br} zwischen Anforderungs- und Fähigkeitsprofil (zu weiteren Möglichkeiten der Profilähnlichkeitsanalyse vgl. Scholz 2014, S. 761 ff.) stellt somit eine Einflussgröße der Zuordnungskosten k_{br}^Z

dar. Die Abstandsmessung kann mit Hilfe einer p-Norm (Minkowski-Metrik) erfolgen:

$$q_{br} = \left\| \mathbf{N}_r, \mathbf{A}_b \right\|_p = \left(\sum\nolimits_l |\, n_{rl} - a_{bl} \,|^p \right)^{1/p}$$

Wichtige Spezialfälle der p-Norm sind die City-Block-Distanz ($p=1$), die Euklidische Distanz ($p=2$) und die Tschebyschow-Distanz ($p=\infty$). Die Auswahl einer Norm sollte problemabhängig so erfolgen, dass ein möglichst repräsentativer Zusammenhang zwischen Abstand und Kosten in der Form $k_{br}^Z = f(q_{br})$ operationalisiert werden kann.

Die für den Fall der rein mengenmäßigen Arbeitsteilung definierten Angaben zu Arbeitszeit und Kosten der Mitarbeiter gelten auch bei der artmäßigen Arbeitsteilung. Demgegenüber sind die Ausführungszeiten der Aufgaben nun differenzierter mit d_r gegeben. Aufgrund der unterschiedlichen Aufgaben, die jeweils in der Anzahl von eins vorliegen, lautet die zentrale **Entscheidungsfrage**: Welcher Mitarbeiter soll welche Aufgabe übernehmen (x_{br}). Die für die mengenmäßige Arbeitsteilung beschriebenen obligatorischen und zusätzlichen **Entscheidungsschranken** sind auch im Falle der artmäßigen Arbeitsteilung relevant; sie sind lediglich formal an die veränderten Definitionen der Parameter und Entscheidungsvariablen anzupassen. Im Hinblick auf die **Entscheidungsziele** sind zusätzlich die mitarbeiterbezogenen motivationalen Effekte der Diskrepanz zwischen den Fähigkeiten des Mitarbeiters und den Anforderungen, die die zugeordnete Aufgabe an die Fähigkeiten des Mitarbeiters stellt, zu erfassen. Dies erfordert die Erweiterung der Kostenminimierungszielfunktion um die Zuordnungskosten.

Formal ergibt sich (in Anlehnung an Eiselt/Marianov 2008, S. 518) ein gemischt-ganzzahliges lineares Programm mit zwei Zielfunktionen. Während die streuungsbezogene Zielfunktion Z2 in unveränderter Form gilt, ist die kostenbezogene Zielfunktion Z1 an die veränderte Problemstellung anzupassen:

Z1') $\min K = \sum\nolimits_b \left(k_b^O \cdot o_b + k_b^U \cdot u_b + \sum\nolimits_r k_{br}^Z \cdot x_{br} \right)$

Die Nebenbedingungen b), g) und h) bleiben in unveränderter Form bestehen. Die an die veränderte Problemstellung angepassten Nebenbedingungen lauten:

a') $\sum\nolimits_r d_r \cdot x_{br} = C_b + o_b - u_b$ $\qquad\qquad\qquad \forall b$

c') $\sum\nolimits_b x_{br} = 1$ $\qquad\qquad\qquad\qquad\qquad\qquad \forall r$

d') $\sum\nolimits_r d_r \cdot x_{br} + v_b - w_b = C_b \cdot \sum\nolimits_{b'} \sum\nolimits_r d_r \cdot x_{b'r} \big/ \sum\nolimits_{b'} C_{b'}$ $\qquad \forall b$

f') $x_{br} \in \{0,1\}$ $\qquad\qquad\qquad\qquad\qquad\qquad \forall b, r$

Erfolgt eine Fokussierung auf die kostenbezogene Zielfunktion, und werden die Überstunden- bzw. Leerstundenkosten vorab für jede Zuordnungsmöglichkeit enumeriert, dann liegt ein **Spezialfall** des Aufgabenzuordnungsproblems vor, der als

klassisches Zuordnungsproblem bezeichnet wird. In diesem Fall stellt die Ungarische Methode (vgl. Kuhn 1955, S. 83 ff.) ein effizientes exaktes Lösungsverfahren dar. Im allgemeinen Fall kann zur exakten Lösung das Branch-and-Bound-Verfahren herangezogen werden, wenn zuvor das multikriterielle in ein unikriterielles Problem überführt wird. Bleibt das multikriterielle Problem aufrechterhalten, dann stellt das Goal Programming ein geeignetes exaktes Lösungsverfahren dar (vgl. Bouajaja/Dridi 2017, S. 349).

Die Aufgabenzuordnung bei **gemischter Mengen- und Artenteilung** bezieht sich auf r ($r = 1,...,R$) Aufgabenarten mit den Anforderungen N_r, wobei J_r Aufgaben pro Aufgabenart vorliegen. Diese Aufgaben können von den Mitarbeitern b ($b = 1,...,B$), die die Fähigkeiten A_b aufweisen, übernommen werden. Die bei der Zuordnung zu beantwortenden **Entscheidungsfragen** lauten:

- Wie viele Aufgaben der Art r soll der Mitarbeiter b erfüllen, x_{br}?
- In welchem Umfang sind Überstunden oder Leerstunden für den Mitarbeiter b einzuplanen, o_b bzw. u_b?
- Wie stark soll die Arbeitsbelastung des Mitarbeiters b von der gewichteten durchschnittlichen Arbeitsbelastung der Mitarbeiter abweichen, v_b bzw. w_b?

Die bei den bereits betrachteten Fällen der Arbeitsteilung relevanten **Entscheidungsschranken** sind inhaltlich weiter von Bestand, müssen jedoch formal an die veränderten Definitionen der Parameter und Entscheidungsvariablen angepasst werden. Die auf die Kosten und die Belastungsstreuung bezogenen **Entscheidungsziele** können bei der gemischten Mengen- und Artenteilung um die Ziele ergänzt werden, mitarbeiterbezogen eine möglichst abwechslungsreiche Aufgabenzuordnung zu generieren und kollektivbezogen einen möglichst einheitlichen Abwechslungsgrad zu erreichen. Da die Anzahl der Aufgaben und die Anzahl der Mitarbeiter begrenzt sind, lassen sich beide Ziele gleichzeitig durch die Minimierung der Streuung S^X der pro Aufgabenart den Mitarbeitern zugeordneten Aufgabenanzahlen erreichen. Bei einer einfachen Streuungsmessung durch die Summe der absoluten Abweichungen von der durchschnittlichen Aufgabenanzahl sind **zusätzliche Entscheidungsvariablen** für die positiven und negativen Abweichungen (y_{br}, z_{br}) und **zusätzliche Entscheidungsschranken** erforderlich:

e) Die Anzahl der pro Art zugeordneten Aufgaben eines Mitarbeiters zuzüglich der positiven und abzüglich der negativen Abweichung entspricht der durchschnittlichen pro Art zugeordneten Aufgabenanzahl.

i) Positive Abweichungen und auch negative Abweichungen haben keine negativen Werte.

Das gemischt-ganzzahlige lineare Programm (in Anlehnung an Eiselt/Marianov 2008, S. 518) besitzt somit die bereits bekannten Zielfunktionen Z1' und Z2' sowie die zusätzliche Zielfunktion:

Z3) $\min S^X = \sum_b \sum_r (y_{br} + z_{br})$

Die Nebenbedingungen a'), b), d'), f), g) und h) bleiben in der bereits bekannten Formulierung erhalten. Bedingt durch die veränderte Problemstellung lauten die angepassten und zusätzlichen Nebenbedingungen:

c'') $\sum_b x_{br} = J_r$ $\forall r$

e) $x_{br} + y_{br} - z_{br} = \sum_{b'} \left(x_{b'r} \right) / B$ $\forall b, r$

i) $y_{br}, z_{br} \geq 0$ $\forall b, r$

Mit dieser Zusammenführung der beiden Spezialfälle des Aufgabenzuordnungsproblems erhöht sich die Problemkomplexität derart, dass die für eine exakte Lösung benötigte Zeit in Abhängigkeit von der Mitarbeiter- und der Aufgabenartenanzahl sehr schnell inakzeptabel wird. Deshalb ist für reale Probleminstanzen oftmals die Anwendung von problemspezifischen Heuristiken und Metaheuristiken angezeigt (zu einem Überblick vgl. Bouajaja/Dridi 2017, S. 350 ff.).

3.2.1.1.3 Gestaltung der Arbeitszeit

3.2.1.1.3.1 Arbeitszeitmodelle

Ein Arbeitszeitmodell ist ein System von Regeln, das festlegt, welcher Mitarbeiter in welchem zeitlichen Umfang und mit welcher zeitlichen Verteilung in einem oder mehreren Bezugszeiträumen Arbeitsleistungen erbringt (vgl. Marr 2004, Sp. 446). Die Bezugszeiträume können sich auf kalendarische (z. B. Tage, Wochen, Monate, Quartale, Jahre) und/oder mitarbeiterorientierte Perioden (z. B. Ausbildungszeit, Familienzeit, Lebensarbeitszeit) beziehen. Eine grobe Unterscheidung von Arbeitszeitmodellen wird auf der Grundlage des Grades ihrer Flexibilität vorgenommen. **Starre Arbeitszeitmodelle** sind auf Einheitlichkeit und Gleichzeitigkeit der Anwesenheit aller Mitarbeiter ausgerichtet, so dass kaum Möglichkeiten bestehen, um auf veränderliche Rahmenbedingungen (z. B. Beschäftigungsschwankungen, Schwankungen der Verfügbarkeit menschlicher Arbeitsleistungen) zu reagieren. Deshalb verlieren derartige Arbeitszeitmodelle seit Mitte der 1980er Jahre zunehmend an praktischer Relevanz. Im Regelsystem **flexibler Arbeitszeitmodelle** sind hingegen Spielräume zur Variation der Dauer und/oder der Lage der Arbeitszeit bzw. zur Anpassung der Betriebszeit (vgl. Scholz 2014, S. 733) explizit vorgesehen, um Veränderungen der betrieblichen Auslastung, der individuellen Zeiterfordernisse der Mitarbeiter und der rechtlichen Rahmenbedingungen Rechnung tragen zu können (vgl. Blum 1999, S. 55). Das Regelsystem umfasst dann auch Regeln zur Übertragung des Verfügungsrechts über diese Spielräume auf die Unternehmung und/oder Mitarbeiter(gruppen) (vgl. Berthel/Becker 2010, S. 520 f.).

In der betrieblichen Praxis hat sich ein breites Spektrum der Arbeitszeitmodelle herausgebildet, so dass für eine genauere Einordnung weitere Kriterien herangezogen werden (vgl. z. B. Blum 1999, S. 47 ff.; Hahn 2014, S. 4 ff.; Holtbrügge 2015, S. 186 f.; Wildemann 1995, S. 49 f.):

- Durch die Regelungen kann die Arbeitszeit verschieden großer Personenkreise (**Bezugssubjekte**) direkt beeinflusst werden, so dass grob zwischen individualistischen und kollektivistischen Modellen zu unterscheiden ist.
- Die Arbeitszeitmodelle weisen unterschiedliche **Bezugszeiträume** auf, wobei häufig zwischen kurzfristig (1 Tag bis 1 Monat), mittelfristig (> 1 Monat bis 1 Jahr) und langfristig (> 1 Jahr) differenziert wird.
- Die **Variationsmöglichkeiten** von Dauer und/oder Lage der Arbeitszeit sind vom Bezugszeitraum abhängig. Ein Arbeitszeitmodell wird als offen (geschlossen) bezeichnet, wenn es die Möglichkeiten (keine Möglichkeiten) bietet, Dauer und/oder Lage der Arbeitszeit im Bezugszeitraum mehrmals zu verändern.

Als Beispiele für Arbeitszeitmodelle mit einem **langfristigen Bezugszeitraum** sind Zeitwertkonten-, Zeitspar-, Altersteilzeit-, Elternzeit- und Sabbatical-Modelle zu nennen. Da diese regelmäßig außerhalb des Einflussbereichs des Produktions- und Logistikmanagements liegen, werden sie aus der folgenden Betrachtung ausgeklammert. Wird auf einen **kurz- bis mittelfristigen Bezugszeitraum** fokussiert, dann ergibt sich die folgende tendenzielle Einordnung etablierter Arbeitszeitmodelle:

- geschlossene Arbeitszeitmodelle:
  -- kollektivistisch: Schichtarbeit, gestaffelte Arbeitszeit
  -- individualistisch: Teilzeitarbeit
- offene Arbeitszeitmodelle:
  -- kollektivistisch: Mehrarbeit, Kurzarbeit, Job Sharing, zeitautonome Arbeitsgruppe
  -- individualistisch: kapazitätsorientierte variable Arbeitszeit, zeitkontenbasierte Arbeitszeit, selbstgesteuerte Arbeitszeit

Im Fall der **Schichtarbeit** wird die vertraglich vereinbarte Arbeitszeit durch den Mitarbeiter zu regelmäßig wechselnden Zeiten geleistet. Hierzu wird der Bezugszeitraum in mehrere Zeitabschnitte (Schichten) mit versetzten Anfangszeiten unterteilt, in denen die Mitarbeiter ihre Arbeitsleistung in Bezug auf dieselbe längerfristig bestehende Aufgabe erbringen. Im Zeitablauf lösen sich diese Mitarbeiter nach einem fortlaufenden Plan bei der Erfüllung der Arbeitsaufgabe ab. Mitarbeiter, die in derselben Schicht zusammenarbeiten, bilden eine Schichtgruppe. Durch regelmäßige Wechsel der Schichtgruppen auf eine andere Schichtart (Schichtwechsel) verschiebt sich die tägliche Arbeitszeit aller im Schichtsystem beschäftigten Mitarbeiter. Schichtmodelle unterscheiden sich im Hinblick auf schicht-, schichtwechsel- und schichtgruppenbezogene Kriterien (vgl. Fergen/Schulte-Meine/Vetter 2016, S. 172 f.; Müller-Seitz 1991, S. 17 ff.; Scholz 2014, S. 737):

- **Schichtbezogene Kriterien** sind die Anzahl der Schichten pro Tag und die Schichtlänge. Es können 2-Schicht- und 3-Schicht-Systeme angewendet werden, woraus sich unterschiedliche reguläre Dauern einer Schicht ableiten.
- Auf den **Schichtwechsel** beziehen sich die Kriterien Periodik, Rhythmus, Richtung und Kontinuität. Mit Periodik wird die Anzahl der Tage mit aufeinanderfolgenden gleichartigen Schichten erfasst. Ein gleichmäßiger Rhythmus sieht für jede Schichtart dieselbe Periodik vor; im ungleichmäßigen Fall weisen die Schichtarten eine unterschiedliche Periodik auf (z. B. kürzere Periodik für Nachtschicht).

Im 3-Schicht-System können die Wechselrichtungen vorwärts (Früh-Spät-Nachtschicht) und rückwärts (Nacht-Spät-Frühschicht) gewählt werden. Durch die regelmäßige Einbeziehung von Wochenenden und Feiertagen wird mit einem 3-Schritt-System Vollkontinuität erreicht (z. B. 21 Schichten pro Woche, Rolliersystem). Wird in einem 3-Schicht-System an Wochenenden und Feiertagen regelmäßig nicht gearbeitet, dann liegt Teilkontinuität vor (z. B. 15 Schichten pro Woche). Bei Unterbrechungen der Betriebszeit in täglicher Folge (z. B. 2-Schicht-System) wird von Diskontinuität gesprochen.

- **Schichtgruppenbezogene Kriterien** sind die Anzahl und die Größe der Schichtgruppen. Die Anzahl der Schichtgruppen ist mindestens so groß wie die Anzahl der Schichten pro Tag. Insbesondere im 3-Schicht-System wird eine größere Anzahl (4 bis 6) praktiziert, um den Mitarbeitern z. B. nach einer Nachtschichtperiode eine ausreichend lange Erholungsphase (z. B. Freischichten) zu ermöglichen. Mit zunehmender Schichtgruppenanzahl vergrößert sich jedoch auch der erforderliche Personalbestand. In Abhängigkeit von den Schwankungen des Personalbedarfs kann die Gruppengröße variabel (z. B. Nachtschicht mit Minimalbesetzung) oder konstant sein.

Ein Beispiel für ein kurzzyklisches 3-Schicht-Modell mit 5 Schichtgruppen, zweitägiger Periodik, gleichmäßigem Rhythmus und Vorwärtswechsel, das eine vollkontinuierliche Betriebszeit (168 Stunden pro Woche) mit 33,6 Stunden pro Woche und Mitarbeiter realisiert, wird in Tabelle 3.29 wiedergegeben.

Tag	Schichtgruppe					Symbole		
	A	B	C	D	E			
1	F	N	-	S	-	F	...	Frühschicht
2	F	N	-	S	-	S	...	Spätschicht
3	S	-	F	N	-	N	...	Nachtschicht
4	S	-	F	N	-	-	...	Freischicht
5	N	-	S	-	F			
6	N	-	S	-	F			
7	-	F	N	-	S			
8	-	F	N	-	S			
9	-	S	-	F	N			
10	-	S	-	F	N			

Tabelle 3.29: Beispiel für ein 3-Schicht-Modell mit 5 Schichtgruppen

Schichtarbeit ist dann zweckmäßig, wenn ein kontinuierlicher Produktionsprozess technologisch festgelegt (z. B. Energieversorgung) bzw. gesellschaftlich verbindlich (Dienste zum Schutz und zur Grundversorgung der Bevölkerung) ist oder eine Ausweitung der Betriebszeit, etwa aufgrund einer höheren Arbeitsplatznutzung, höheren technischen Kapazität oder besseren Erreichbarkeit für den Kunden, ökonomisch vorteilhaft ist (vgl. Müller-Seitz 1991, S. 111; Scholz 2014, S. 652).

Bei der Gestaltung von Schichtsystemen sind die besonderen Belastungen der Mitarbeiter durch die Verschiebung von Arbeits- und Schlafzeiten zu berücksichtigen, die dem biologischen Rhythmus des Organismus und der gesellschaftlichen Zeitstruktur entgegenstehen. Empirisch sind Zusammenhänge zwischen diesen Belastungen und gesundheitlichen sowie sozialen Problemen nachgewiesen, die letztlich mit einer dauerhaft verringerten Leistungsfähigkeit der Mitarbeiter einhergehen. Des Weiteren sind für die einzelnen Schichtarten intrapersonelle Schwankungen der Leistungsfähigkeit im Tagesablauf relevant, die insbesondere für Nachtschichten eine relativ stark reduzierte Leistungsfähigkeit bedingen. Um das Ausmaß dieser Wirkungen einzudämmen, werden unter anderem die folgenden Gestaltungshinweise gegeben (vgl. Fergen/Schulte-Meine/Vetter 2016, S. 175 ff.; Scholz 2014, S. 737 ff.):

- geringe Anzahl der Nachtschichten,
- kurze Schichtwechselperiodik,
- günstige zeitliche Lage der Schichten,
- flexible Schichtwechselzeiten,
- angemessen lange arbeitsfreie Zeit zwischen den Schichten,
- mehrere zusammenhängende arbeitsfreie Tage,
- Vorwärtswechsel der Schichten.

Bei **gestaffelter Arbeitszeit** wird die Betriebszeit in mehrere gleichlange, zeitlich versetzt beginnende, sich überlappende Staffeln unterteilt. Für die Mitarbeiter ist die Dauer der Arbeitszeit vorgegeben, während sie deren Lage vor Beginn jedes Bezugszeitraumes im Rahmen von Vorgaben der Unternehmung (z. B. Mindest-/Höchstbesetzung der einzelnen Staffeln) selbstständig durch die Auswahl genau einer Staffel bestimmen. Bei gruppenbezogener Anwendung der gestaffelten Arbeitszeit (versetzte Arbeitszeit) ist eine Abstimmung der Gruppenmitglieder über die Staffelwahl erforderlich (vgl. Wildemann 1995, S. 73 f.). Für den Mitarbeiter ergibt sich damit im Hinblick auf die Lage seiner Arbeitszeit eine Flexibilität, die umso größer ist, je kürzer der Bezugszeitraum, je weniger restriktiv die unternehmungsseitigen Vorgaben und je größer die Arbeitsgruppen sind. Unternehmungsseitige Flexibilität ergibt sich aus den Möglichkeiten der teilweisen Entkopplung von Betriebszeit und individuellen Arbeitszeiten, was eine bessere Ausnutzung kapitalintensiver Arbeitsplätze und eine stärkere Bedarfsorientierung der Erreichbarkeit für den Kunden erlaubt (vgl. Wildemann 1995, S. 74 f.).

Gestaltungsparameter des Staffelmodells sind die zu erreichende Form der Betriebszeitkontinuität (vollkontinuierlich, teilkontinuierlich, diskontinuierlich), die Anzahl N und die Länge L der Staffeln, die Überlappungszeit O zwischen zwei aufeinanderfolgenden Staffeln ($O < L$) sowie die Vorgaben zur Mindest- x_n^{min} und Höchstbesetzung x_n^{max} der einzelnen Staffeln n ($n = 1, ..., N$). Ist eine Betriebszeit B ($B > L$) zu realisieren, dann beträgt die erforderliche Anzahl der Staffeln

- im vollkontinuierlichen Staffelmodell $N = \lceil B / (L - O) \rceil$ und
- im teil- oder diskontinuierlichen Staffelmodell $N = \lceil (B - L) / (L - O) \rceil + 1$.

In beiden Fällen steigt die Staffelanzahl mit zunehmender Betriebszeit, zunehmender Überlappungszeit und abnehmender Staffellänge, wobei im vollkontinuierlichen Staffelmodell die Anzahl der erforderlichen Staffeln stets höher als im teil- oder diskontinuierlichen Staffelmodell ist. Bei der Festlegung von Staffellänge und Überlappungszeit ist zusätzlich zu berücksichtigen, dass eine genauere Anpassung an Beschäftigungsschwankungen tendenziell bei kürzerer Staffellänge und größerer Überlappungszeit möglich ist. Abbildung 3.15 gibt beispielhaft ein vollkontinuierliches ($B = 24$, $L = 6$, $O = 3$) und ein diskontinuierliches Staffelmodell ($B = 18$, $L = 6$, $O = 3$) wieder.

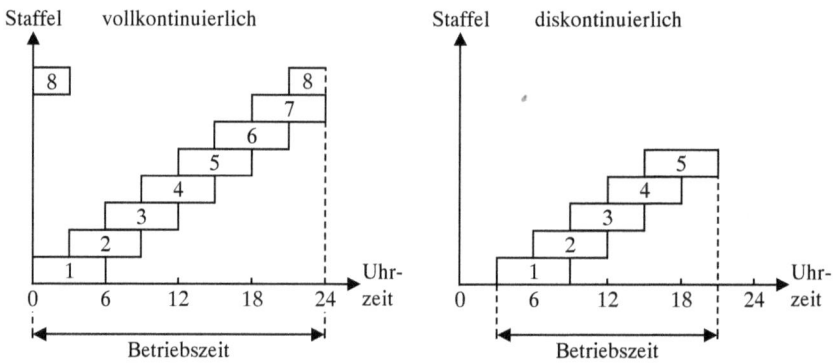

Abbildung 3.15: Beispiele für Staffelmodelle

Die Anpassung des in den Perioden t ($t = 1,...,B$) verfügbaren Personals an den für die zukünftige Betriebszeit prognostizierten Bedarf D_t erfolgt vor Ablauf der aktuellen Betriebszeit durch unternehmungsseitige Vorgaben zur Mindest- und Höchstbesetzung (x_n^{min}, x_n^{max}) der einzelnen Staffeln. Während sich die Mindestbesetzung aus der Forderung nach Bedarfserfüllung ergibt, erfolgt bei der Festlegung der Höchstbesetzung eine Abwägung zwischen dem Nutzen und den Kosten der mit zusätzlichen Mitarbeitern pro Staffel erzielbaren Flexibilität. Zu Möglichkeiten der modellgestützten Ermittlung dieser Vorgaben sei auf den Abschnitt 3.2.1.1.3.2 verwiesen.

Ist der Umfang der Arbeitszeit eines Mitarbeiters geringer als die Normalarbeitsdauer eines ähnlich qualifizierten vollzeitbeschäftigten Mitarbeiters, dann wird von **Teilzeitarbeit** gesprochen (vgl. Salewski 1999, S. 553). Diese lässt sich dann anwenden, wenn sich Arbeitsaufgaben, zu deren Erfüllung die Normalarbeitsdauer benötigt wird, zeitlich und/oder inhaltlich teilen lassen oder wenn die Erfüllung einer Arbeitsaufgabe weniger Zeit als die Normalarbeitsdauer pro Bezugszeitraum erfordert (vgl. Holtbrügge 2015, S. 188). Gemäß Teilzeitbefristungsgesetz haben vollzeitbeschäftigte Mitarbeiter das Recht, die vertragliche vereinbarte Arbeitszeit dauerhaft zu verkürzen (§ 8 TzBfG), und gleichzeitig sind Unternehmungen dazu verpflichtet, geeignete vakante Vollzeitstellen auch in Form von Teilzeitstellen auszuschreiben (§ 7 TzBfG). Ein wesentlicher Anreiz zur Vergabe von Teilzeitstellen besteht für Unternehmungen in den sich bei der Kombination mit offenen Arbeitszeitmodellen (z. B. zeitkontenbasierte Arbeitszeit, Job Sharing) ergebenden größeren Spielräumen der bedarfsorientierten Verteilung der Arbeitszeit (vgl. Massow 1999, S. 33 ff.).

Im Gegensatz zu den bisher betrachteten geschlossenen Arbeitszeitmodellen, können bei **offenen Arbeitszeitmodellen** innerhalb des Bezugszeitraumes die Dauer und/oder die Lage der Arbeitszeit variiert werden. Als Ansätze mit **primär variierbarer Dauer** sind die Mehrarbeit und die Kurzarbeit zu nennen.

Bei **Mehrarbeit** (synonym Überstunden, Zusatzschichten) wird in definierten Situationen die zu leistende Arbeitszeit über die vereinbarte regelmäßige Arbeitszeit hinaus ausgedehnt. Situationen können sein (vgl. Ohl 2016, S. 53 ff.; Vogelsang 2014, S. 28 ff.):

- in der Arbeitszeitvereinbarung berücksichtigte **Ausnahmefälle** vorübergehender Art, deren Eintrittszeitpunkt unvorhersehbar ist, und
- **Notfälle**, in denen durch Mehrarbeit drohende Schäden für die Unternehmung verhindert werden können.

Aufgrund der i. d. R. zu zahlenden Zuschläge auf das regelmäßige Arbeitsentgelt geht Mehrarbeit mit zusätzlichen Kosten einher, und zwar auch dann, wenn ein Ausgleich durch reduzierte tägliche Arbeitsstunden erfolgt (vgl. Wagner/Wick 2016, S. 126). Gleichzeitig verschafft sie der Unternehmung Flexibilität zur Anpassung an Beschäftigungsanstiege, wenn die engen Anwendungsvoraussetzungen erfüllt sind (vgl. Hahn 2014, S. 174).

Kurzarbeit kann bei Eintritt eines erheblichen, unvermeidbaren, aber temporären Arbeitsausfalls, der auf wirtschaftliche Gründe oder unabwendbare Ereignisse zurückzuführen ist (§§ 95 ff. SGB III) von der Unternehmung angeordnet werden. Die Arbeitszeit wird dabei vorübergehend niedriger als die Regelarbeitszeit angesetzt. Da das aus der vereinbarten Vergütung entspringende Risiko auf den Staat übergeht (Zahlung des Kurzarbeitergeldes), entstehen der Unternehmung durch diese Arbeitszeitanpassung nur geringfügige zusätzliche Kosten. Sind die engen Anwendungsvoraussetzungen erfüllt, dann bietet Kurzarbeit der Unternehmung Flexibilität zur Anpassung der Beschäftigungsrückgänge.

Bei den Ansätzen mit **primär variierbarer Lage** der Arbeitszeit können deren Beginn und Ende in einem Bezugszeitraum an mitarbeiter- oder unternehmungsseitige Anforderungen angepasst werden, so dass sich eine ungleichmäßige Arbeitszeitverteilung ergibt. Die Variationsmöglichkeiten sind dabei im Wesentlichen durch das Arbeitszeitgesetz, das Teilzeitbefristungsgesetz, die Tarifverträge, die Betriebsvereinbarungen und die individuellen Arbeitsverträge beschränkt. Das Bestimmungsrecht über die zeitliche Verteilung kann bei der Unternehmung und/oder dem Mitarbeiter liegen. Für kurz- und mittelfristige Bezugszeiträume bedeutsame Modelle sind die kapazitätsorientierte variable Arbeitszeit, die zeitkontenbasierte Arbeitszeit (flexible Standardarbeitszeit, gleitende Arbeitszeit) und die selbstgesteuerte Arbeitszeit.

Die **kapazitätsorientierte variable Arbeitszeit** (KAPOVAZ) ist Arbeit auf Abruf, d. h. die Lage der Arbeitszeit wird durch die Unternehmung kurzfristig in Abhängigkeit vom Arbeitsanfall festgelegt (vgl. Berthel/Becker 2010, S. 521 und 523 ff.; Vogelsang 2014, S. 27 f.). Hierfür sind arbeitsvertraglich ein Mindestarbeitspensum im Bezugszeitraum (Woche, Monat) sowie abrufspezifische Pflichten des Mitarbeiters und der Unternehmung zu vereinbaren (§ 12 TzBfG). Der Mitarbeiter verpflichtet sich, seine Arbeitsleistung auf Abruf im Umfang von bis zu 125 % der Mindestarbeitszeit zur Verfügung zu stellen. Unternehmungsseitig besteht die Pflicht, die Arbeitsleistung des Mitarbeiters unter Wahrung der Ankündigungsfrist (≥ 4 Tage) und einer Mindestarbeitszeit (≥ 10 Stunden pro Woche und ≥ 3 aufeinanderfolgende Stunden pro Einsatztag) abzurufen. Eine Anwendung des Arbeitszeitmodells ist unter folgenden Bedingungen empfehlenswert:

- Die Arbeitsaufgabe ist zeitlich sehr gut dimensionierbar.
- Die Arbeitsaufgabe weist nur geringe Interdependenzen zu anderen Arbeitsaufgaben der Unternehmung auf.
- Es liegen Beschäftigungsschwankungen vor, die sich nur kurzfristig mit ausreichender Genauigkeit prognostizieren lassen.
- Die Möglichkeiten des Ausgleichs von Beschäftigungsschwankungen durch Lagerhaltung oder Verlagerung der Nachfrageerfüllung in späteren Perioden sind stark eingeschränkt.

Diese Bedingungen sind oftmals bei Tätigkeiten mit niedrigen Qualitätsanforderungen in Hotels oder Gaststätten, im Einzelhandel und in der Logistik gegeben (vgl. Holtbrügge 2015, S. 188; Kutscher/Weidinger/Hoff 1996, S. 9). Unternehmungsseitig weist KAPOVAZ ein hohes Potential an Flexibilität zur Anpassung an Beschäftigungsschwankungen auf. Da die Mitarbeiter kein Bestimmungsrecht über die zeitliche Verteilung besitzen, wird ihre Flexibilität bei der Wahl der Arbeitszeiten stark eingeschränkt.

Zeitkontenbasierte Arbeitszeit hat sich in Situationen bewährt, in denen auch den Mitarbeitern das Bestimmungsrecht über die unregelmäßige Verteilung der Arbeitszeit eingeräumt wird. Das Arbeitszeitkonto dient dabei der Koordination zwischen geleisteter und vereinbarter Arbeitszeit innerhalb eines festgelegten Ausgleichszeitraumes. Dieser beträgt bei Kurzzeitkonten bis zu einem Jahr und kann bei Langzeitkonten die gesamte Zeit der Erwerbstätigkeit eines Mitarbeiters umfassen. Aufgrund der hohen Relevanz für das Produktions- und Logistikmanagement wird im Folgenden auf Arbeitszeitmodelle fokussiert, die auf Kurzzeitkonten aufbauen.

Im Fall der **flexiblen Standardarbeitszeit** (vgl. Kutscher/Weidinger/Hoff 1996, S. 165 ff.; Wagner/Wick 2016, S. 142 ff.) werden durch die Unternehmung temporäre Standards für die wöchentlichen Arbeitstage oder die Arbeitswochen festgelegt, die sich auf die Dauer und die Lage der Arbeitszeit beziehen. Von diesen Standards kann jederzeit durch den einzelnen Mitarbeiter (in Abstimmung mit seinem Team) oder die Unternehmung positiv/negativ abgewichen werden, wenn dies im Hinblick auf die Erfüllung der Arbeitsaufgabe begründbar/vertretbar ist. Diese Abweichungen und die Abweichungen zwischen der normalen gleichmäßigen Arbeitszeit und den temporären Standards werden auf dem flexiblen Arbeitszeitkonto erfasst, saldiert und kollektiv mittelfristig ausgeglichen. Durch die Festlegung temporärer Standards (das Abweichen von den Standards) ergibt sich unternehmungsseitig Flexibilität zur Handhabung regelmäßiger (unregelmäßiger) Beschäftigungsschwankungen (vgl. Wagner/Wick 2016, S. 144). Mitarbeiterseitig besteht Flexibilität aufgrund der Möglichkeit, von den Standards abzuweichen.

Im Grundmodell der **gleitenden Arbeitszeit** ist die Arbeitszeit in eine Rahmenzeit und eine Kernzeit unterteilt. Die **Rahmenzeit** bezeichnet den Zeitraum zwischen frühestmöglichem Beginn und spätestmöglichem Ende der Arbeitszeit. Innerhalb der Rahmenzeit liegt die **Kernzeit** als Zeitraum, der kürzer als die Regelarbeitszeit ist und für den Anwesenheitspflicht besteht. Durch diese Festlegungen ergeben sich zwei Zeitabschnitte, und zwar zwischen dem Beginn der Rahmenzeit und dem Beginn der Kernzeit sowie dem Ende der Kernzeit und dem Ende der Rahmenzeit, für die jeder Mitarbeiter den Umfang seiner Anwesenheit selbst disponieren kann. Diese Abschnitte werden als **Gleitspanne** bezeichnet. Überwiegend werden Gleitzeitmodelle angewendet, bei denen Rahmenzeit und Kernzeit durch Uhrzeiten eines Tages definiert sind, so dass jeder Mitarbeiter täglich Arbeitsbeginn und -ende selbstständig wählen kann.

Es haben sich unterschiedliche **Formen** der gleitenden Arbeitszeit herausgebildet. Bei **einfacher Gleitzeit** ist ein fixiertes tägliches Arbeitspensum im Umfang der Regelarbeitszeit zu erfüllen, so dass mit der Wahl des Arbeitsbeginns gleichzeitig das Arbeitsende festgelegt ist. In diesem Fall wird kein Arbeitszeitkonto benötigt. Im Fall der **qualifizierten Gleitzeit** ist es zusätzlich möglich, das Arbeitspensum an den einzelnen Tagen zu variieren. Zur transparenten Koordination von vereinbarter und geleisteter Arbeitszeit wird ein Zeitkonto geführt, für das ein Maximalsaldo (z. B. +/- 3 Stunden pro Woche) und ein Verrechnungszeitraum (z. B. Monat) zum Saldenausgleich festgelegt werden. Der Mitarbeiter hat somit die Möglichkeit, die Verteilung seiner Arbeitszeit im Bezugszeitraum weitgehend selbstständig unter Berücksichtigung betrieblicher Belange und arbeitsrechtlicher Regelungen zu bestimmen (vgl. Berthel/Becker 2010, S. 521; Hamm 2003, S. 28 ff.; Vogelsang 2014, S. 21 f.).

Für den Mitarbeiter ist die Flexibilität der gleitenden Arbeitszeit umso größer, je größer das Verhältnis zwischen Rahmen- und Kernzeit und je länger der Verrechnungszeitraum ist (vgl. Marr 2004, Sp. 447). Die Unternehmung kann die Flexibilität nur dann zur Anpassung an Beschäftigungsschwankungen nutzen, wenn ihr ein Bestimmungsrecht über die Arbeitszeitverteilung eingeräumt wird. Dies ist z. B. bei Arbeitszeitkonten in der Form von Ampelkonten gegeben. Hierzu werden mehrere Saldengrenzen mit abgestuften Dispositionsrechten festgelegt, wobei der Mitarbeiter seine Arbeitszeit innerhalb der engsten Grenze (grüner Bereich) eigenständig und zwischen engster und weitester Grenze (gelber Bereich) in Absprache mit dem direkten Vorgesetzten disponieren darf. Bei Überschreiten der weitesten Grenze (roter Bereich) disponieren der Vorgesetzte und spezielle Instanzen der Unternehmung über Saldenänderungen (vgl. Hahn 2014, S. 78 und S. 191 f.). Für die Unternehmung ergeben sich durch die Anwendung von Gleitzeitmodellen zusätzlich indirekte Effekte, wie die Verringerung der Häufigkeit von Mehrarbeit, Reduzierung des Ausmaßes von Freistellungen von der Arbeit und die Ausdehnung der Betriebszeit.

Im Rahmen der **selbstgesteuerten Arbeitszeit** ist der Mitarbeiter verpflichtet, bei einer vorgegebenen Dauer der Arbeitszeit im Bezugszeitraum eigenverantwortlich die Lage der Arbeitszeit an die betrieblichen Erfordernisse anzupassen (vgl. Holtbrügge 2015, S. 191). Die Orientierung an der vereinbarten Arbeitszeit wird somit zumindest teilweise durch eine Orientierung am Arbeitsergebnis verdrängt, das durch Zielvorgaben, Aufgabenbeschreibungen oder Kundenanforderungen spezifiziert ist (vgl. Hoff 2002, S. 23 ff., Wagner/Wick 2016, S. 156 f.). Dies ist vor allem dann möglich, wenn nur ein mittelbarer Zusammenhang zwischen dem Arbeitsergebnis und der Arbeitszeit besteht und die Koordination der arbeitsteiligen Aufgabenerfüllung keine regelmäßige Anwesenheit der Mitarbeiter erfordert. Es wird zwischen den beiden **Formen** Vertrauensarbeitszeit und Arbeitszeitfreiheit unterschieden. Während bei der Vertrauensarbeitszeit eine Dokumentationspflicht von Überschreitungen der Arbeitszeitdauer besteht, liegt bei der Arbeitszeitfreiheit eine reine Ergebnisorientierung vor, wobei vorausgesetzt wird, dass die dem Mitarbeiter übertragenen Aufgaben in der vereinbarten Arbeitszeit erfüllt werden können (vgl. Hahn 2014, S. 236 f.; Vogelsang 2014, S. 25 f.). Die Flexibilität der selbstgesteuerten Arbeitszeit kann von der Unternehmung zur Anpassung an schwierig prognostizierbare Beschäftigungsschwankungen (z. B. projektinduziert) genutzt werden. Dem Mitarbeiter wird im Gegenzug ein Höchstmaß an Flexibilität für seine Arbeitszeit- und Freizeitgestaltung geboten.

Modelle, die sich auf die Arbeitszeit eigenverantwortlicher Gruppen beziehen, ermöglichen **Variationen von Dauer und Lage** der Arbeitszeiten der Gruppenmitglieder. Wichtige Erscheinungsformen sind das Job Sharing und die zeitautonome Arbeitsgruppe. **Job Sharing** wird dadurch realisiert, dass mehrere teilzeitbeschäftigte Mitarbeiter die Verantwortung für eine oder mehrere Vollzeitstellen teilen und die daran geknüpfte Arbeitsleistung arbeitsteilig erbringen (vgl. Berthel/Becker 2010, S. 525; Oechsler/Paul 2015, S. 256). In Abhängigkeit von der Form der Arbeitsteilung wird von funktionalem (bei Artenteilung) oder zeitlichem Job Sharing (bei Mengenteilung) gesprochen, wobei ersteres auch als Split-level Sharing und letzteres als Job Splitting bezeichnet wird. Im Grundmodell des Job Sharing besteht zwischen den Arbeitsplatzpartnern keine vertragliche Bindung, und sie agieren auch nicht gesamtschuldnerisch. Ihnen obliegt jedoch die Pflicht, sich über die grundsätzliche Lage ihrer Arbeitszeiten und kurzfristig erforderliche Vertretungen im Einzelfall selbstständig abzustimmen. Die Vertretungspflicht ist aber nur in zwei Konstellationen gegeben: (1) vorab wurde der Vertretung im Einzelfall zugestimmt, oder (2) es liegen dringende betriebliche Gründe vor und die Vertretung ist zumutbar (vgl. Hahn 2014, S. 217). Eine grundsätzliche Vertretungspflicht ergibt sich hingegen bei der Erweiterung des Job Sharing zum **Job Pairing**. Hierbei bilden die Arbeitsplatzpartner eine Gesellschaft bürgerlichen Rechts, die im Außenverhältnis die Arbeitsleistung in ihrer Gesamtheit der Unternehmung schuldet, während die Koordination im Innenverhältnis auf gesellschaftsinternen Regelungen basiert (vgl. Hahn 2014, S. 218 f.). Durch das Job Sharing ergibt sich für die Unternehmung ein reduzierter Koordinationsaufwand und eine reduzierte Unsicherheit über die Verfügbarkeit der Arbeitsleistung (vgl. Holtbrügge 2015, S. 190). Die für die Mitarbeiter nutzbare Flexibilität ist umso höher, je größer die Job-Sharing Gruppe ist und je weniger restriktiv die zeitlichen Möglichkeiten der einzelnen Gruppenmitglieder sind.

Der **zeitautonomen Arbeitsgruppe** wird für die Erfüllung ihrer Arbeitsaufgabe eine Dauer der Gesamtarbeitszeit im Bezugszeitraum sowie Eckdaten im Hinblick auf Betriebszeit, Mindestbesetzung und Funktionszeit vorgegeben. Die Lage und die Dauer der Arbeitszeiten der einzelnen Gruppenmitglieder werden durch die Gruppe eigenverantwortlich so an die betrieblichen Erfordernisse angepasst, dass die Arbeitsaufgabe erfüllt wird (vgl. Hahn 2014, S. 235 f.; Wildemann 1995, S. 91 f.). Dies setzt eine Mehrplatzqualifikation der Gruppenmitglieder voraus (vgl. Kutscher/Weidinger/ Hoff 1996, S. 26 f.). Für die Unternehmung ergibt sich trotz heterogener Arbeitspensen und -zeiten der einzelnen Gruppenmitglieder ein geringerer Koordinationsbedarf und eine reduzierte Unsicherheit über die Verfügbarkeit menschlicher Arbeitsleistung (vgl. Kutscher/Weidinger/Hoff 1996, S. 29). Durch die Gestaltung der Vorgaben der Unternehmung ergibt sich Flexibilität zur Anpassung an Beschäftigungsschwankungen. Die aus Mitarbeitersicht bestehende Flexibilität der Lage und der Dauer der Arbeitszeit ist umso größer, je größer die Gruppe ist und je weniger restriktiv die Vorgaben der Unternehmung sind.

3.2.1.1.3.2 Personaleinsatzplanung

Unabhängig vom gewählten Arbeitszeitmodell ist es erforderlich, Personaleinsatz und -bedarf in den Perioden des Bezugszeitraumes aufeinander abzustimmen. Wird die Personaleinsatzplanung für einen kurz- bis mittelfristigen Bezugszeitraum vorgenommen, dann ist vor dem Hintergrund gegebener Personalbedarfe und -bestände die Anzahl der Mitarbeiter in den einzelnen Perioden festzulegen (vgl. Bergh u. a. 2013, S. 367 f.). Dieses Problem lässt sich bei konstantem Bedarf und Übereinstimmung von Betriebs- und Arbeitszeit relativ einfach lösen. In komplexeren Situationen mit schwankendem Bedarf und einer Betriebszeit, die über die individuelle Arbeitszeit hinausgeht, bietet es sich jedoch an, eine modellgestützte Planung vorzunehmen, deren Grundkonzeption (vgl. Dantzig 1954, S. 339 f. mit Bezug zu Edie 1954, S. 107 ff.) im Folgenden dargestellt sei.

Die Planungssituation ist durch einen zukünftigen Zeitraum mit den Perioden t ($t = 1, ..., T$) und den jeweiligen Bedarfen D_t gekennzeichnet. Es sind mehrere Alternativen dafür bekannt, wie die Arbeitszeit eines Mitarbeiters im Zeitablauf strukturiert werden kann. Diese Alternativen werden als Schichtmuster (synonym Dienstfolgemuster, vgl. Spengler/Metzger/Volkmer 2019, S. 142 f.) bezeichnet. Das Schichtmuster n $(n = 1,...,N)$ wird durch einen binären Parametervektor $\mathbf{S}_n$ $[1 \times T]$ mit den Elementen $s_{nt} \in \{0,1\}$ erfasst, die angeben, ob ein Mitarbeiter, der dem Schichtmuster n entsprechend eingesetzt wird, in der Periode t verfügbar ist $(s_{nt} = 1)$ oder nicht $(s_{nt} = 0)$. Die Zusammenfassung zulässiger Schichtmuster bildet den Schichtmusterplan $\mathbf{S}$ $[N \times T]$. Mit Hilfe dieses Schichtmusterplanes können unterschiedliche Arbeitszeitmodelle abgebildet werden. Tabelle 3.30 gibt den Schichtmusterplan für die kontinuierliche gestaffelte Arbeitszeit $(B = 24$, $L = 6$, $O = 3)$, und Tabelle 3.31 gibt beispielhaft einen Schichtmusterplan für die kapazitätsorientierte variable Arbeitszeit (KAPOVAZ) wieder.

t \\ n	1	2	3	4	5	6	7	8	9	10	11	12	13	14	15	16	17	18	19	20	21	22	23	24
1	1	1	1	1	1	1	0	0	0	0	0	0	0	0	0	0	0	0	0	0	0	0	0	0
2	0	0	0	1	1	1	1	1	1	0	0	0	0	0	0	0	0	0	0	0	0	0	0	0
3	0	0	0	0	0	0	1	1	1	1	1	1	0	0	0	0	0	0	0	0	0	0	0	0
4	0	0	0	0	0	0	0	0	0	1	1	1	1	1	1	0	0	0	0	0	0	0	0	0
5	0	0	0	0	0	0	0	0	0	0	0	0	1	1	1	1	1	1	0	0	0	0	0	0
6	0	0	0	0	0	0	0	0	0	0	0	0	0	0	0	1	1	1	1	1	1	0	0	0
7	0	0	0	0	0	0	0	0	0	0	0	0	0	0	0	0	0	0	1	1	1	1	1	1
8	1	1	1	0	0	0	0	0	0	0	0	0	0	0	0	0	0	0	0	0	0	1	1	1

Tabelle 3.30: Beispiel für einen Schichtmusterplan zur gestaffelten Arbeitszeit (bei kontinuierlicher Betriebszeit)

Die **Entscheidungsfrage**, durch wie viele Mitarbeiter die einzelnen Schichtmuster besetzt sein sollen, wird durch die Variablen x_n modelliert. Zwei grundsätzliche **Entscheidungsschranken** sind relevant:

a) Der Bedarf wird in jeder Periode erfüllt.

c) Die Schichtmusterbesetzung wird durch ganzzahlige nichtnegative Werte angegeben.

t \\ n	Montag				Dienstag				Mittwoch				Donnerstag				Freitag				Samstag			
	1	2	3	4	1	2	3	4	1	2	3	4	1	2	3	4	1	2	3	4	1	2	3	4
1	1	0	0	0	1	0	0	0	1	0	0	0	1	0	0	0	1	1	0	0	1	1	0	0
2	0	1	0	0	0	1	0	0	0	1	0	0	1	0	0	0	1	1	0	0	1	1	0	0
3	0	1	1	0	0	1	0	0	0	1	0	0	0	1	1	0	0	1	0	0	0	1	0	0
4	0	0	1	0	0	0	0	0	0	0	1	0	0	1	1	0	0	1	1	0	0	1	1	0
5	0	0	0	0	0	0	1	1	0	0	0	0	0	0	1	1	0	0	1	1	0	0	1	1
6	0	0	1	1	0	0	1	0	0	0	1	1	0	0	0	1	0	0	1	0	0	0	1	0

Tabelle 3.31: Beispiel für einen Schichtmusterplan zur kapazitätsorientierten variablen Arbeitszeit (bei diskontinuierlicher Betriebszeit)

Als **Entscheidungsziel** wird eine möglichst kleine Anzahl einzusetzender Mitarbeiter angestrebt. Damit gelten für das formale Entscheidungsmodell die Zielfunktion:

$$\min X = \sum_n x_n$$

und die Nebenbedingungen:

a) $\sum_n s_{nt} \cdot x_n \geq D_t$ $\qquad$ $\forall t$

c) $x_n \in \mathbb{N}$ $\qquad$ $\forall n$

Da das Entscheidungsmodell ein gemischt-ganzzahliges lineares Programm beschreibt, können grundsätzlich das Schnittebenen- oder das Branch-and-Bound-Verfahren als exakte Lösungsverfahren zur Anwendung gelangen. Oftmals lässt sich der Lösungsaufwand durch die Anwendung des Simplex-Algorithmus reduzieren, weil dieser immer dann ganzzahlige optimale Lösungen liefert, wenn die Koeffizientenmatrix und die Zielfunktionszeile des Simplex-Tableaus insgesamt eine totale unimodulare Matrix bilden. Totale Unimodularität bedeutet dabei, dass die Determinanten aller quadratischen Untermatrizen die Werte -1, 0 oder $+1$ haben. Dies ist im vorliegenden Problem aufgrund der binären Schichtmustermatrix und der ungewichteten Variablen in der Zielfunktion häufig der Fall.

Sind für das Beispiel des Staffelmodells die in Tabelle 3.32 zusammengefassten Nachfragedaten gegeben, dann lassen sich durch Anwendung des Simplex-Algorithmus (28 Iterationen) fünf optimale Lösungen bestimmen (vgl. Tabelle 3.33).

t	1	2	3	4	5	6	7	8	9	10	11	12
D_t	0	1	2	3	5	7	9	11	14	17	20	23
t	13	14	15	16	17	18	19	20	21	22	23	24
D_t	27	31	35	39	39	31	23	17	11	7	3	1

Tabelle 3.32: Personalbedarf zum Beispiel des Staffelmodells

optimale Lösung	x_1	x_2	x_3	x_4	x_5	x_6	x_7	x_8	$\sum_n x_n$
A	0	7	7	16	19	20	3	4	76
B	1	6	8	15	20	19	4	3	76
C	2	5	9	14	21	18	5	2	76
D	3	4	10	13	22	17	6	1	76
E	4	3	11	12	23	16	7	0	76

Tabelle 3.33: Optimale Lösungen zum Beispiel des Staffelmodells

Aus diesen optimalen Lösungen ergeben sich einheitlich die in Tabelle 3.34 angegebenen periodenbezogenen Angaben zum Personaleinsatz E_t und zur Bedarfsüberdeckung P_t. Die ermittelte Bedarfsüberdeckung ist unvermeidlich, wenn die Bedarfe, wie im Beispiel, in zeitlichen Abständen schwanken, die kürzer als die Staffellänge sind. Aufgrund der Einheitlichkeit der Ergebnisse stellt sich die Frage, ob es dennoch zweckmäßig sein kann, alle optimalen Lösungen zu ermitteln.

t	1	2	3	4	5	6	7	8	9	10	11	12
E_t	4	4	4	7	7	7	14	14	14	23	23	23
P_t	4	3	2	4	2	0	5	3	0	6	3	0
t	13	14	15	16	17	18	19	20	21	22	23	24
E_t	35	35	35	39	39	39	23	23	23	7	7	7
P_t	8	4	0	0	0	8	0	6	12	0	4	6

Tabelle 3.34: Optimale Personaleinsätze und unvermeidliche Bedarfsüberdeckungen im Beispiel des Staffelmodells

Solange die Annahmen des Grundmodells in der Realität stets erfüllt sind, lässt sich für die einzelnen optimalen Lösungen keine besondere Vorziehenswürdigkeit ableiten. Teilweise werden jedoch Annahmen aufgrund einer Abwägung zwischen Modellkomplexität und ausreichender Abbildungsgenauigkeit getroffen. Damit sind die Annahmen zwar meistens erfüllt, können aber in Einzelfällen von der Realität abweichen. Dies ist im vorliegenden Modell im Hinblick auf die Annahmen eines deterministischen Bedarfs und einer deterministischen Verfügbarkeit des eingeplanten Personals gegeben (vgl. Spengler/Metzger/Volkmer 2019, S. 147 f.). Aufgrund ihres Zukunftsbezugs, sind die Informationen über beide Größen unvollständig, so dass die später tatsächlich realisierten Werte von den angenommenen Werten abweichen können. Vor allem in Perioden ohne unvermeidliche Bedarfsüberdeckung (im Beispiel: 6, 9, 12, 15, 16, 17, 19, 22) kann dann auf höheren Bedarf oder niedrigere Personalverfügbarkeit kaum reagiert werden. Für solche **kritischen Perioden** lassen sich **Reaktionsmöglichkeiten** aus dem Zeitpunkt des Bekanntwerdens der tatsächlich realisierten Werte ableiten. Beim **Bedarf** fällt dieser Zeitpunkt mit der kritischen Periode zusammen, so dass eine verspätete Erfüllung des Bedarfsüberhangs möglich ist, falls diese von den Kunden akzeptiert wird. Die Verspätung kann umso kleiner gehalten werden, je besser die Personalverfügbarkeit in dem auf die kritische Periode folgenden Perioden an den erhöhten Bedarf angepasst werden kann. Deshalb sollte von den Staffeln, die für eine kritische Periode relevant sind, diejenige mit dem spätesten Start die niedrigere Besetzung aufweisen. Im Hinblick auf die **Personalverfügbarkeit** wird die realisierte Staffelbesetzung zum Zeitpunkt des Staffelstarts bekannt. Dieser liegt maximal $L-1$ Perioden und minimal 0 Perioden vor der kritischen Periode, d. h. Anpassungen der Besetzung sind im Vorhinein möglich, aber nur für die früher startenden Staffeln. Das Anpassungspotential ist umso größer, je weiter der Staffelstart vor der kritischen Periode liegt und je höher die Staffelbesetzung ist. Demzufolge sollte von den Staffeln, die für eine kritische Periode relevant sind, diejenige mit dem frühesten Start eine höhere Besetzung aufweisen.

Die im Hinblick auf Bedarf und Personalverfügbarkeit abgeleiteten Forderungen zur Staffelbesetzung sind miteinander kompatibel, so dass von den optimalen Lösungen diejenige gewählt werden sollte, die den Wunschrelationen für die Besetzung der für die kritischen Perioden relevanten Staffeln am häufigsten entspricht. Aus dem im

Beispiel bestehenden kritischen Perioden und Staffeldefinitionen ergeben sich die Wunschrelationen: $x_1 > x_2$, $x_2 > x_3$, $x_3 > x_4$, $x_4 > x_5$, $x_5 > x_6$, $x_6 > x_7$, $x_7 > x_8$. Diesen wird durch die optimale Lösung E am häufigsten entsprochen.

Mit der Auswahl der optimalen Lösung mit dem größten Reaktionspotential wird in das ursprüngliche Problem der Personaleinsatzplanung nachträglich eine zweite Zielsetzung integriert, und zwar die Flexibilitätsorientierung. Bedingt durch die nachträgliche Einbeziehung erlangt diese Zielsetzung jedoch nur eine untergeordnete Bedeutung und diese auch nur dann, wenn mehrere Lösungen mit minimalen Personaleinsatz vorliegen. Eine systematische Einbeziehung lässt sich durch die Erweiterung des ursprünglichen Entscheidungsproblems zu einem Entscheidungsproblem mit **mehreren Zielsetzungen** erreichen (vgl. Geiger 2011, S. 53 f.).

Die zusätzliche flexibilitätsorientierte Zielsetzung kann im vorliegenden Kontext an der Bedarfsüberdeckung ansetzen, die gleichmäßig über die Perioden der Betriebszeit verteilt sein sollte, um häufig auf Änderungen des Bedarfs und der Personalverfügbarkeit reagieren zu können. Dies kann durch das Ziel einer möglichst kleinen Streuung der Bedarfsüberdeckung operationalisiert werden. Die Messung der Streuung als Summe der absoluten Abweichungen von der durchschnittlichen Bedarfsüberdeckung erfordert **zusätzliche Entscheidungsvariablen und -schranken**. Sollen positive (negative) Abweichungen durch die Variablen u_t (v_t) erfasst werden, dann sind die folgenden Entscheidungsschranken relevant:

b) Die Bedarfsüberdeckung einer Periode abzüglich der positiven und zuzüglich der negativen Abweichung entspricht der durchschnittlichen Bedarfsüberdeckung.

d) Positive und negative Abweichungen werden durch nichtnegative Werte gemessen.

Auf dieser Grundlage ergibt sich bei Zielgewichtung ein **Entscheidungsmodell** mit der Kompromisszielfunktion:

$$\min Z = \alpha \cdot \sum_n x_n + (1-\alpha) \cdot \sum_t (u_t + v_t)$$

und den Nebenbedingungen:

a) $\sum_n x_n \cdot s_{nt} \geq D_t$ $\hspace{4cm}$ $\forall t$

b) $\sum_n (x_n \cdot s_{nt} - D_t) - u_t + v_t = \sum_t \sum_n (x_n \cdot s_{nt} - D_t)/B$ $\hspace{1cm}$ $\forall t$

c) $x_n \in \mathbb{N}$ $\hspace{6cm}$ $\forall n$

d) $u_t, v_t \geq 0$ $\hspace{5.5cm}$ $\forall t$

Dieses gemischt-ganzzahlige lineare Programm kann mit Hilfe des Schnittebenen- oder des Branch-and-Bound-Verfahrens auch für Instanzen mit hoher Staffelanzahl und Periodenanzahl der Betriebszeit in akzeptabler Zeit exakt gelöst werden. Die Anwendung des Simplex-Algorithmus geht i. d. R. mit unzulässigen nichtganzzahligen Lösungen einher, weil die totale Unimodularität aufgrund der Zielgewichtung nicht mehr besteht.

Für das Staffelmodellbeispiel sind in Abhängigkeit von der Zielgewichtung (α) unterschiedliche Lösungen optimal. Tabelle 3.35 gibt für unterschiedliche α-Bereiche die optimalen Werte der Zielgrößen an. An den gegenläufigen Entwicklungen dieser Werte wird deutlich, dass zwischen den beiden Zielen ein Konflikt besteht.

α	$\sum_n x_n$	$\sum_t (u_t + v_t)$
(0,538;1)	76	60,67
(0,1;0,538]	78	58,33
(0;0,1]	81	58,00

Tabelle 3.35: Zielwerte optimaler Lösungen in Abhängigkeit
von der Zielgewichtung

Es ist festzustellen, dass mit zunehmender Gewichtung des flexibilitätsorientierten Ziels die Anzahl der kritischen Perioden in den optimalen Lösungen abnimmt (schwach: 8, mittel: 4 - 5, stark: 2 - 3), so dass seltener auf erhöhten Bedarf oder reduzierte Personalverfügbarkeit reagiert werden muss. Für die einzelnen α-Bereiche werden im Beispiel mehrere optimale Lösungen ermittelt. Im Bereich $0,538 < \alpha < 1$ sind die bereits bekannten Lösungen A - E optimal. Die optimalen Lösungen für die Bereiche $0,1 < \alpha \leq 0,538$ und $0 < \alpha \leq 0,1$ sind in Tabelle 3.36 zusammengefasst.

Um eine optimale Lösung auf begründete Weise auszuwählen, sind zusätzliche **Beurteilungskriterien** aus dem Zielsystem der Unternehmung abzuleiten. Da die Häufigkeit des Anpassungsbedarfs mit der **Anzahl kritischer Perioden** korreliert, sind Lösungen mit niedrigerer Anzahl zu bevorzugen. Des Weiteren kann das bereits thematisierte **Reaktionspotential** bei der Lösungsauswahl Berücksichtigung finden.

Im Beispiel ist für die Gewichtung im Bereich $0,538 < \alpha < 1$, wie bereits ermittelt, die Lösung E zu bevorzugen. Für die Gewichtung in den Bereichen $0,1 < \alpha \leq 0,538$ und $0 < \alpha \leq 0,1$ wird durch die Anwendung der beiden zusätzlichen Kriterien die Menge zu bevorzugender optimaler Lösungen auf FMB bzw. DLA, DLC, ELA, ELC, FLA, FLC, GLA und GLC beschränkt. Im zuletzt genannten Fall sind für eine eindeutige Auswahl also weitere Beurteilungskriterien heranzuziehen. Wird etwa eine möglichst gleichmäßige Staffelbesetzung (niedrigste Standardabweichung) als Kriterium hinzugezogen, dann führt dies zur Auswahl von DLA.

Eine analoge Vorgehensweise ist im Fall des KAPOVAZ-Modells zu wählen. Für den in Tabelle 3.31 gegebenen Schichtmusterplan und die in Tabelle 3.37 gegebenen Bedarfsmengen ergeben sich 55 optimale Schichtmusterbesetzungen mit einem Personaleinsatz von 112.

optimale Lösung $0,1 < \alpha \leq 0,538$	x_1	x_2	x_3	x_4	x_5	x_6	x_7	x_8	kritische Perioden 6	12	15	19	22
AMA	0	7	8	15	20	21	2	5	x	x	x	x	x
AMB	0	8	7	16	19	21	2	5	-	x	x	x	x
BMA	1	6	9	14	21	20	3	4	x	x	x	x	x
BMB	1	7	8	15	20	20	3	4	-	x	x	x	x
CMA	2	5	10	13	22	19	4	3	x	x	x	x	x
CMB	2	6	9	14	21	19	4	3	-	x	x	x	x
DMA	3	4	11	12	23	18	5	2	x	x	x	x	x
DMB	3	5	10	13	22	18	5	2	-	x	x	x	x
EMA	4	3	12	11	24	17	6	1	x	x	x	x	x
EMB	4	4	11	12	23	17	6	1	-	x	x	x	x
FMA	5	2	13	10	25	16	7	0	x	x	x	x	x
FMB	5	3	12	11	24	16	7	0	-	x	x	x	x
$0 < \alpha \leq 0,1$													
ALA	0	9	7	17	19	22	1	6	-	-	-	x	x
ALB	0	9	7	16	20	22	1	6	-	x	-	x	x
ALC	0	8	8	16	20	22	1	6	-	-	-	x	x
ALD	0	8	8	15	21	22	1	6	-	x	-	x	x
BLA	1	8	8	16	20	21	2	5	-	-	-	x	x
BLB	1	8	8	15	21	21	2	5	-	x	-	x	x
BLC	1	7	9	15	21	21	2	5	-	-	-	x	x
BLD	1	7	9	14	22	21	2	5	-	x	-	x	x
CLA	2	7	9	15	21	20	3	4	-	-	-	x	x
CLB	2	7	9	14	22	20	3	4	-	x	-	x	x
CLC	2	6	10	14	22	20	3	4	-	-	-	x	x
CLD	2	6	10	13	23	20	3	4	-	x	-	x	x
DLA	3	6	10	14	22	19	4	3	-	-	-	x	x
DLB	3	6	10	13	23	19	4	3	-	x	-	x	x
DLC	3	5	11	13	23	19	4	3	-	-	-	x	x
DLD	3	5	11	12	24	19	4	3	-	x	-	x	x
ELA	4	5	11	13	23	18	5	2	-	-	-	x	x
ELB	4	5	11	12	24	18	5	2	-	x	-	x	x
ELC	4	4	12	12	24	18	5	2	-	-	-	x	x
ELD	4	4	12	11	25	18	5	2	-	x	-	x	x
FLA	5	4	12	12	24	17	6	1	-	-	-	x	x
FLB	5	4	12	11	25	17	6	1	-	x	-	x	x
FLC	5	3	13	11	25	17	6	1	-	-	-	x	x
FLD	5	3	13	10	26	17	6	1	-	x	-	x	x
GLA	6	3	13	11	25	16	7	0	-	-	-	x	x
GLB	6	3	13	10	26	16	7	0	-	x	-	x	x
GLC	6	2	14	10	26	16	7	0	-	-	-	x	x
GLD	6	2	14	9	27	16	7	0	-	x	-	x	x

Tabelle 3.36: Optimale Staffelbesetzungen und kritische Perioden im Beispiel des Staffelmodells mit mehreren Zielsetzungen

t	Montag 1	2	3	4	Dienstag 1	2	3	4	Mittwoch 1	2	3	4
D_t	16	27	38	29	16	25	32	23	14	28	30	24
t	Donnerstag 1	2	3	4	Freitag 1	2	3	4	Samstag 1	2	3	4
D_t	18	28	32	33	25	38	41	27	26	50	48	29

Tabelle 3.37: Personalbedarf zum Beispiel des KAPOVAZ-Modells

Die optimalen Schichtmusterbesetzungen lassen sich durch das folgende Gleichungssystem mit den angegebenen Wertebereichen erfassen:

$$x_1 + x_2 = 26 \qquad x_1 \in [16;25] \qquad x_2 \in [1;10]$$

$$x_3 + x_4 = 28 \qquad x_3 \in [18;27] \qquad x_4 \in [1;10]$$

$$x_2 + x_3 \in [28;37] \quad x_5 = 29 \qquad x_6 \in 29$$

Aus den Gleichungen und Wertebereichen wird deutlich, dass die Schichtmuster 1, 2, 3 und 4 in einem relativ großen Bereich substituierbar sind. Die möglichen optimalen Schichtmusterbesetzungen gehen in den einzelnen Perioden mit unterschiedlichen Personaleinsätzen E_t und Bedarfsüberdeckungen mit P_t einher (vgl. Tabelle 3.38). An den Ergebnissen lassen sich zwei Besonderheiten erkennen, die für die Personaleinsatzplanung auf der Grundlage von Schichtmusterplänen typisch sind:

- Für einige Perioden kann durch Auswahl einer der optimalen Lösungen der Personaleinsatz und die Bedarfsüberdeckung gestaltet werden (im Beispiel Mo_1, Mo_2, Di_1, Di_2, Mi_1, Mi_2, Mi_3, Fr_3, Sa_3). Um eine der optimalen Lösungen in nachvollziehbarer Weise zu selektieren, sind analog zur Vorgehensweise beim Staffelmodell zusätzliche Auswahlkriterien durch kritische Analyse der Modellannahmen herzuleiten und auf die Menge optimaler Lösungen anzuwenden.

- Einige Perioden weisen für alle optimalen Lösungen denselben Personaleinsatz und dieselbe Bedarfsüberdeckung auf, wobei die Bedarfsüberdeckung teilweise null beträgt (im Beispiel Mo_4, Do_2, Sa_1, Sa_4), teilweise in geringem (im Beispiel Fr_1, Fr_4, Sa_2 mit weniger als 10 % Überdeckung), mittlerem (im Beispiel Mo_3, Di_4, Mi_4, Do_1, Fr_2 mit einer Überdeckung zwischen 10 % und 50 %) und großem Umfang (im Beispiel Di_3, Do_3, Do_4 mit mehr als 50 % Überdeckung) vorliegt. Perioden mit hoher Bedarfsüberdeckung sind ein Hinweis darauf, dass der vorliegende Schichtmusterplan unzureichend auf den Bedarfsverlauf abgestimmt ist.

t	Montag				Dienstag				Mittwoch			
	1	2	3	4	1	2	3	4	1	2	3	4
E_t	[16;25]	[28;37]	57	29	[16;25]	[28;37]	58	29	[16;25]	[28;37]	[30;39]	29
P_t	[0;9]	[1;10]	19	0	[0;9]	[3;12]	26	6	[2;11]	[0;9]	[0;9]	5
t	Donnerstag				Freitag				Samstag			
	1	2	3	4	1	2	3	4	1	2	3	4
E_t	26	28	57	58	26	54	[59;68]	29	26	54	[59;68]	29
P_t	8	0	25	25	1	16	[18;27]	2	0	4	[11;20]	0

Tabelle 3.38: Optimale Personaleinsätze und unvermeidliche Bedarfsüberdeckungen im Beispiel des KAPOVAZ-Modells mit 6 Schichtmustern

Im Hinblick auf die zuletzt genannte Besonderheit ist beim KAPOVAZ-Schichtmusterplan (im Gegensatz zum Staffelmodell) zu berücksichtigen, dass dieser i. d. R. nur eine Teilmenge der zulässigen Schichtmuster enthält. Deshalb kann im Rahmen der Optimierung versucht werden, durch zulässige Modifikationen des Schichtmusterplanes eine Verbesserung der Einsatzpläne herbeizuführen. Modifikationen können das Aufnehmen zusätzlicher, das Entfernen schwach besetzter und das Ändern von Details der Definition bestehender Schichtmuster sein. Im Beispiel kann durch die Hinzunahme des in Tabelle 3.39 dargestellten Schichtmusters S_7 der Personaleinsatz reduziert werden.

t	Montag				Dienstag				Mittwoch				Donnerstag				Freitag				Samstag			
n	1	2	3	4	1	2	3	4	1	2	3	4	1	2	3	4	1	2	3	4	1	2	3	4
7	0	0	0	1	0	0	0	1	0	0	1	1	0	1	0	0	0	0	0	1	0	0	1	1

Tabelle 3.39: Zusätzliches Schichtmuster zum Beispiel des KAPOVAZ-Modells

Bei Anwendung des erweiterten Schichtmusterplans existieren 29 optimale Lösungen mit einem Personaleinsatz von 97, für die folgende Wertebereiche gelten:

$$x_1 \in [16;17] \qquad x_1 + x_2 \in [26;30] \qquad x_3 + x_4 + x_6 \in [38;42]$$

$$x_2 \in [9;14] \qquad x_2 + x_3 \in [28;29] \qquad x_3 + x_4 + x_7 \in [31;37]$$

$$x_3 \in [14;19] \qquad x_5 + x_6 \in [34;36] \qquad x_4 + x_5 + x_6 \in [41;42]$$

$$x_4 \in [5;7] \qquad x_5 + x_7 \in [29;30] \qquad x_4 + x_6 + x_7 \in [34;36]$$

$$x_5 \in [17;18] \qquad x_6 + x_7 \in [29;30] \qquad x_1 + x_2 + x_3 + x_4 \in [50;51]$$

$$x_6 \in [17;18] \qquad x_3 + x_4 + x_5 \in [37;42] \qquad x_4 + x_5 + x_6 + x_7 \in [52;53]$$

$$x_7 \in [11;12]$$

Die hieraus resultierenden optimalen Personaleinsätze und unvermeidbaren Bedarfsüberdeckungen sind in Tabelle 3.40 zusammengefasst. Es zeigt sich die allgemein beobachtbare Tendenz, dass sich mit zunehmender Schichtmusteranzahl der Personaleisatz besser an den Bedarfsverlauf anpassen lässt. Dies ist daran erkennbar, dass

- die Schichtmusterbesetzungen gleichmäßiger werden,
- für mehr Perioden der Personaleinsatz und die Bedarfsüberdeckung durch die Auswahl einer der optimalen Lösungen gestaltet werden können (im Beispiel alle Perioden) und
- Bedarfsüberdeckungen mit großem Umfang seltener werden (im Beispiel nur Do_1 mit maximal 67 % Überdeckung).

t	Montag				Dienstag				Mittwoch			
	1	2	3	4	1	2	3	4	1	2	3	4
E_t	[16;17]	[27;29]	[38;42]	[29;30]	[16;17]	[25;29]	[32;36]	[23;30]	[14;17]	[28;29]	[30;36]	[24;30]
P_t	[0;1]	[0;2]	[0;4]	[0;1]	[0;1]	[0;4]	[0;4]	[0;7]	[0;3]	[0;1]	[0;6]	[0;6]
t	Donnerstag				Freitag				Samstag			
	1	2	3	4	1	2	3	4	1	2	3	4
E_t	[18;30]	[28;37]	[32;42]	[33;36]	[25;30]	[38;51]	[41;42]	[27;30]	[26;30]	[50;51]	[48;53]	[29;30]
P_t	[0;12]	[0;9]	[0;10]	[0;3]	[0;5]	[0;13]	[0;1]	[0;3]	[0;4]	[0;1]	[0;5]	[0;1]

Tabelle 3.40: Optimale Personaleinsätze und unvermeidliche Bedarfsüberdeckungen im Beispiel des KAPOVAZ-Modells mit 7 Schichtmustern

3.2.1.2 Betriebsmittel

3.2.1.2.1 Grundlegungen

Eine weitere Klasse der Potentialfaktoren bilden die **Betriebsmittel**. Es handelt sich dabei um technische Mittel, die zur Erfüllung des Sachziels der Unternehmung gebraucht, aber nicht verbraucht werden. Sie verkörpern einen Nutzungsvorrat, der zur Leistungsabgabe über einen längeren Zeitraum zur Verfügung steht. Die Vielfalt der Betriebsmittel reicht von Grundstücken und Gebäuden über Lagereinrichtungen bis hin zu Patenten und Lizenzen. Die folgenden Ausführungen konzentrieren sich auf die Gestaltung der quantitativen und qualitativen Kapazität von Betriebsmitteln, die Werkverrichtungen am Produkt ausüben. Derartige Betriebsmittel werden auch als **Produktionsanlagen** bezeichnet. Im vorliegenden Kontext beschreibt die **Kapazität** das zur Erfüllung von Produktionsaufgaben in einer Periode nutzbare Leistungsvermögen einer Anlage. Während die **quantitative Kapazität** das mengenmäßige Leistungsvermögen, also die maximal in einer Periode erzeugbare Ausbringungsmenge angibt, wird mit der **qualitativen Kapazität** die Art und Güte des Leistungsvermögens erfasst (vgl. Gutenberg 1955, S. 56 ff.). In qualitativer Hinsicht werden dabei

- mit der **variationalen Kapazität** die Fähigkeit, unterschiedliche Leistungsarten hervorzubringen und die Schnelligkeit, mit der zwischen diesen gewechselt werden kann,

- mit der **dimensionalen Kapazität** die Möglichkeit, Leistungen mit bestimmten technischen Anforderungen (z. B. räumliche Abmessung der zu bearbeitenden Werkstücke, thermische, chemische und mechanische Beanspruchung durch die Werkstücke) und

- mit der **präzisionalen Kapazität** das Vermögen, bei der Leistungserstellung Genauigkeitsanforderungen zu genügen,

beschrieben (vgl. Kern 1992, S. 22 f.). Die Kapazitätsgestaltung, die auch als **Kapazitätsdimensionierung** bezeichnet wird, erfolgt durch (Des-)Investitionen in Anlagen, die zur Erzeugung mindestens eines im Produktprogramm enthaltenen Produkts geeignet (ausreichende präzisionale und dimensionale Kapazität) sind, eine spezifische quantitative und variationale Kapazität aufweisen und mit unterschiedlichen Beiträgen zur Erfüllung des Formalziels einhergehen. Im Rahmen der Kapazitätsdimensionierung sind die **Teilaufgaben** Ermittlung und Gegenüberstellung von Kapazitätsnachfrage und -angebot sowie Ableitung und Durchführung von Maßnahmen zur Abstimmung von Kapazitätsnachfrage und -angebot zu erfüllen (vgl. Zäpfel 2000c, S. 129 ff.).

Grundsätzlich ist das **Kapazitätsangebot** C_{jt} der Anlage j in Periode t durch die Intensität λ_{jt}, die Einsatzzeit T_{jt}^E und den Kapazitätsquerschnitt c_{jt}^{quer} festgelegt (vgl. Kern 1962, S. 135):

$$C_{jt} = c_{jt}^{quer} \cdot T_{jt}^E \cdot \lambda_{jt}$$

Mit der Intensität wird die Produktionsgeschwindigkeit (z. B. Stück pro Stunde) erfasst, die in dem technisch vorgegebenen Intervall $\lambda_{jt} \in [\underline{\lambda}_{jt}, \overline{\lambda}_{jt}]$ variiert werden kann. Die Einsatzzeit berücksichtigt den zeitlichen Umfang (z. B. Wochenarbeitsstunden), in dem die Anlage tatsächlich zur Verfügung steht. Die Einsatzzeit kann technisch oder organisatorisch bedingt im Intervall $T_{jt}^E \in [\underline{T}_{jt}^E, \overline{T}_{jt}^E]$ festgelegt werden. Der Kapazitätsquerschnitt gibt die Anzahl der gleichzeitig von der Anlage bearbeitbaren Werkstücke an, wobei technisch bedingt das Intervall $c_{jt}^{quer} \in [\underline{c}_{jt}^{quer}, \overline{c}_{jt}^{quer}]$ gilt. Bedingt durch die Wertebereiche der Einflussgrößen kann das Kapazitätsangebot im Bereich zwischen Minimal- $\underline{C}_{jt}$ und Maximalkapazität $\overline{C}_{jt}$ variiert werden. Innerhalb dieses vor allem technisch bestimmten Intervalls liegt die ökonomisch bestimmte **Optimalkapazität** C_{jt}^*, bei der die Stückkosten der Anlagennutzung minimal sind. Dass die Optimalkapazität nicht identisch mit der Minimal- oder Maximalkapazität sein muss, ist auf konvexe Funktionen des Anlagenverschleißes und des Verbrauchs an Betriebsstoffen und Werkzeugen zurückzuführen.

Die Anwendung der angegebenen Bestimmungsfunktion ist jedoch auf den Fall eingeschränkt, dass eine Einzweckanlage in einem einstufigen Produktionssystem angewendet und durch keine weiteren Faktoren limitiert wird. Im Falle einer **Mehrzweckanlage** liefert die Addition der erzeugbaren Mengen möglicher Leistungsarten kein geeignetes Kapazitätsmaß. Zur Bestimmung der **leistungsartenübergreifenden Kapazität** werden in der Literatur im Wesentlichen drei Vorgehensweisen vorgeschlagen:

- Es wird eine Leistungsart als Referenz festgelegt, und die kapazitativen Wirkungen der anderen Leistungsarten werden rechnerisch durch Zu- oder Abschläge (Äquivalenzziffern) homogenisiert und zu einer Outputgröße zusammengefasst.
- Die Kapazität wird als Intervall angegeben, dessen Unter-/Obergrenze durch die Leistungsart mit dem höchsten/niedrigsten Kapazitätsbedarf bestimmt ist.
- Die Kapazität wird nicht auf Leistungseinheiten, sondern auf die durch die technischen Besonderheiten der Leistungsarten bedingten zeitlich unterschiedlichen Nutzungsmöglichkeiten der Anlage bezogen. Somit kann die Kapazitätsangabe über den Zeitfonds $ZF_{jt} = c_{jt}^{quer} \cdot \overline{T}_{jt}^E$ erfolgen (vgl. Zäpfel 2000c, S. 130), also der Zeitspanne, die alternativ für die Erstellung der unterschiedlichen Leistungsarten genutzt werden kann (vgl. Steffen 1980, S. 174).

Angaben zur **leistungsartbezogenen Kapazität** sind unter den folgenden Annahmen möglich:

- Können die Mengen der einzelnen Leistungsarten nur in einer konstanten Relation erbracht werden (starre Kuppelproduktion) und besteht auch zwischen Input und Output eine konstante Relation, dann lassen sich inputorientierte Kapazitätswerte bestimmen (vgl. Liesegang 1995, S. 426 f.).
- Unterliegt die Mengenrelation der Leistungsarten im Zeitablauf Schwankungen (unverbundene Produktion, elastische Kuppelproduktion), dann besteht die Möglichkeit leistungsartbezogene Kapazitätswerte unter der Annahme anzugeben, dass die anderen Leistungsarten in minimaler Menge erbracht werden.

Setzt die Leistungserstellung durch eine Anlage nicht nur deren eigene zeitliche Verfügbarkeit, sondern auch die gleichzeitige Verfügbarkeit weiterer Potentialfaktoren
(z. B. menschliche Arbeitsleistung, Werkzeuge) voraus, dann liegt eine **limitationale
Faktoreinsatzbeziehung** vor. In diesem Fall wird die Kapazität durch den Potential-
faktor j' ($j' = 1, ..., j, ..., n$) determiniert, der im Betrachtungszeitraum am kürzesten
verfügbar ist:

$$ZF_{jt} = c_{jt}^{quer} \cdot \min_{j'}(\overline{T}_{j't}^{E})$$

Bei den Potentialfaktoren mit einer längeren zeitlichen Verfügbarkeit treten dann
produktionsstrukturbedingte Unterauslastungen auf (vgl. Steffen 1980, S. 179 und
S. 186).

Eine ähnliche Situation ergibt sich, wenn Anlagen in einem **mehrstufigen Prozess**
zusammenwirken, um den Output hervorzubringen. In diesem Fall wird die Kapazität durch die Anlage mit dem geringsten Leistungsvermögen determiniert. Die Gesamtkapazität entspricht folglich der Kapazität des Engpasses, der sich bei der Produktion einer Leistungsart an genau einer Anlage befindet. Mehrere (potentielle)
Engpässe können bei der Produktion mehrerer Leistungsarten auftreten, wenn
dadurch die Relationen der Kapazitätsbedarfe an den einzelnen Anlagen wechseln.
Die Zusammensetzung des Leistungsprogramms bestimmt folglich, welche Engpässe
relevant werden und wie hoch die Gesamtkapazität ist.

Den Ausgangspunkt zur Ermittlung der **Kapazitätsnachfrage** bilden die Erwartungen des Produzenten über die Höhe der zukünftigen Nachfrage a_{it} nach den einzelnen Leistungsarten, Informationen über die Komponenten i' der Leistungsarten sowie über die Stückkapazitätsbedarfe b_{ij} bei der Produktion der einzelnen Komponenten und ihrer Zusammenführung zur Gesamtleistung. In welchem Ausmaß die Kapazität der Anlagen beansprucht wird, kann für die der Unternehmung **bekannten
Leistungsarten** auf der Grundlage von Stücklisten und Arbeitsplänen ermittelt werden. In einer Stückliste werden die Mengenbeziehungen zwischen den Bestandteilen
einer Leistungsart durch Produktionskoeffizienten $h_{i'i}$ erfasst, die angeben, wie viele
Mengeneinheiten der untergeordneten Komponente i' für die Erzeugung einer Mengeneinheit der übergeordneten Komponente oder Leistungsart i benötigt werden.
Allgemein ergibt sich der Bedarf $r_{i't}$ der Komponente i' in Periode t zu:

$$r_{i't} = \sum_i r_{it} \cdot h_{i'i} + a_{i't} \qquad \forall i, t$$

Die Arbeitspläne enthalten Angaben über die für die einzelnen Komponenten auszuführenden Arbeitsgänge und deren Ausführungsdauern (Stückkapazitätsbedarf $b_{i'j}$)
sowie die Reihenfolge der Arbeitsgangausführungen. Hieraus lässt sich die Nachfrage nach Kapazität der Anlage j in Periode t berechnen:

$$B_{jt} = \sum_{i'} r_{i't} \cdot b_{i'j} \qquad \forall j$$

Bei **innovativen Leistungsarten** muss der Kapazitätsbedarf i. d. R. geschätzt werden. Tendenziell nimmt die Genauigkeit der Schätzung mit zunehmendem Innovationsgrad der Leistungsart ab. Es ist zu analysieren, wie ähnlich deren Komponenten zu den Komponenten bekannter Leistungsarten sind. Besteht eine hohe Ähnlichkeit, dann kann auf die entsprechenden Ausschnitte der Stücklisten und Arbeitspläne der bekannten Leistungsarten zurückgegriffen werden. Für weniger ähnliche Komponenten ist abzuschätzen, inwieweit sich deren Unterschiede auf den Kapazitätsbedarf auswirken. Bei unähnlichen Komponenten ist es die Aufgabe der Entwickler und Arbeitsplaner, den Kapazitätsbedarf auf Grundlage ihrer Erfahrungen abzuschätzen (vgl. Kern 1992, S. 288 f.). Die Berechnung der Kapazitätsnachfrage erfolgt analog zu derjenigen bei bekannten Leistungsarten, jedoch unter Berücksichtigung der Streuung von Schätzwerten (z. B. durch stochastische Variablen, die einer Wahrscheinlichkeitsverteilung folgen).

Durch die Gegenüberstellung von Kapazitätsnachfrage und -angebot werden dann kapazitative Über- und Unterdeckungen festgestellt. Das Produktions- und Logistikmanagement steht vor der Aufgabe, Maßnahmen zur **Kapazitätsabstimmung** zu identifizieren und durchzusetzen. Grundsätzliche Möglichkeiten sind dabei

- die Anpassung des Kapazitätsangebotes durch unterschiedliche Kombinationen von Stilllegungs- und Erweiterungsmaßnahmen auf der Ebene der Anlagen sowie
- die Anpassung der Kapazitätsnachfrage durch Veränderung der Absatzmengen der Leistungsarten und der anlagenbezogenen Allokation der Kapazitätsbedarfe von Komponenten.

Die Kapazitätsabstimmung besitzt neben der quantitativen Dimension (Kapazitätsniveau) auch eine zeitliche und eine strukturelle Dimension (vgl. Minner 2018, S. 312 f.). Die Ausrichtung des **Timings der Anpassungsschritte** liegt dabei zwischen den Extremen „proaktiv" und „reaktiv". Bei einer **proaktiven Ausrichtung** erfolgen die Anpassungsschritte in Erwartung einer veränderten Kapazitätssituation. Wird eine Erhöhung (Reduktion) der Kapazitätsnachfrage erwartet, dann ist in diesem Fall eine temporäre Unterauslastung (Überauslastung) der Kapazität zu erwarten, und es besteht ein (Des-)Investitionsrisiko, wenn sich die erwartete Nachfrageentwicklung nicht einstellt. Liegt eine **reaktive Ausrichtung** vor, dann erfolgen die Anpassungsschritte nach dem Eintritt einer veränderten Kapazitätssituation. Ist eine Erhöhung (Reduktion) der Kapazitätsnachfrage eingetreten, dann wird in diesem Fall eine Überauslastung (Unterauslastung) realisiert, so dass Fehlmengenkosten (Leerkosten) entstehen. Bei der **Kapazitätsstrukturierung** ist im Hinblick auf das Ausmaß und damit die Häufigkeit der Schritte zur Anpassung an eine veränderte Kapazitätssituation zwischen den Extremen „wenige große" und „viele kleine" Anpassungen abzuwägen. Dabei sind einerseits die in Abhängigkeit von der Kapazität einer Anlage gegenläufigen Entwicklungen der Beschaffungs- und Leerkosten und andererseits die mit kleineren Änderungsschritten zunehmende Flexibilität gegenüber Änderungen der Kapazitätssituation zu berücksichtigen.

3.2.1.2.2 Planungsansätze zur Kapazitätsdimensionierung

3.2.1.2.2.1 Klassifikation

Zur Kapazitätsdimensionierung wurde eine Vielzahl an **Planungsansätzen** vorge-schlagen, die auf unterschiedlichen Annahmen aufbauen. Einen ersten Eindruck über wissenschaftlich fundierte Ansätze vermitteln die Überblicksdarstellungen von Geng und Jiang (2009, S. 3641 ff.), Julka u. a. (2007, S. 609 ff.), Luss (1982, S. 916 ff.), Martínez-Costa u. a. (2014, S. 69 ff.), Minner (2018, S. 311 ff.), Mieghem (2003, S. 273 ff.) sowie Wu, Erkoc und Karabuk (2005, S. 128 ff.). Um in einer konkreten Si-tuation den dafür geeigneten Planungsansatz auszuwählen, ist zu prüfen, auf welchen Annahmen die zur Auswahl stehenden Ansätze aufbauen und welche dieser Annah-men in der konkreten Situation erfüllt sind. Die **Annahmen** beziehen sich im We-sentlichen auf die zeitliche Detaillierung, die Unsicherheit relevanter Informationen, die Anzahl der Leistungsarten, die Stetigkeit des Aufbaus/Abbaus der quantitativen Kapazität und die Möglichkeiten zur Kapazitätsabstimmung.

Zeitliche Detaillierung: Sind die Rahmenbedingungen (z.B. Nachfrage nach Leis-tungsarten, Beschaffungspreise der Anlagen) im Planungszeitraum nahezu unverän-derlich, dann bewirkt eine differenzierte Betrachtung einzelner Zeitabschnitte keine signifikante Verbesserung der Planungsgenauigkeit. In diesem Fall bringen **statische Ansätze** ausreichend genaue Planungsergebnisse mit einem geringen Rechenauf-wand hervor. Wird hingegen erwartet, dass sich die Rahmenbedingungen im Zeitab-lauf des Planungshorizontes einem bestimmten Muster (z. B. Trend, Saison, Pha-senzyklus) folgend verändern, dann ist die Anwendung **dynamischer Ansätze** erfor-derlich. Diese bilden die zeitlichen Zusammenhänge in Intervallen ab, die kürzer als der Planungshorizont sind. Im Kontext der Kapazitätsplanung kann sich ein Zeitin-tervall auf Perioden mit Mehrjahreslänge oder kürzer erstrecken. Im Extremfall wer-den durch eine zeitkontinuierliche Betrachtung alle Zeitpunkte des Planungshorizon-tes erfasst. Die Länge der Zeitintervalle sollte in Abhängigkeit vom Ausmaß und von der Struktur der zeitlichen Veränderungen sowie von der angestrebten Planungs-genauigkeit festgelegt werden. Dabei ist zu beachten, dass der Rechenaufwand mit zunehmender zeitlicher Detaillierung tendenziell ansteigt.

Unsicherheit relevanter Informationen: Vor dem Hintergrund des mittelfristigen Planungshorizontes kann nicht immer von der Vollständigkeit relevanter Informatio-nen ausgegangen werden. Bei vollständiger Information umfassen die Wertebereiche aller Parameter jeweils genau einen möglichen Wert, so dass ein **deterministischer Planungsansatz** zur Anwendung gelangen kann. Unvollständigkeit äußert sich in mehrdeutigen Angaben zu einzelnen oder mehreren Parametern, d. h. die Parameter können alternativ mit bestimmten Wahrscheinlichkeiten unterschiedliche Werte in-nerhalb eines Intervalls annehmen. In diesem Fall stellen die entsprechenden Para-meter stochastische Variablen dar, deren Realisationen einer bestimmten Wahr-scheinlichkeitsverteilung folgen. Sind dabei die Intervalle möglicher Werte so breit, dass sich das Planungsergebnis aufgrund alternativer Realisationen signifikant verändert, dann sollte auf einen **stochastischen Planungsansatz** zurückgegriffen werden.

Anzahl der Leistungsarten: Diese Annahme kann sich sowohl auf die vom Markt ausgehende Kapazitätsnachfrage als auch das Kapazitätsangebot der einzelnen Anlagen beziehen. Im zuerst genannten Fall sind die Ausprägungen „**eine Art**" und „**mehrere Arten**" zu unterscheiden. Im zuletzt genannten Fall wird eine Annahme über die variationale Kapazität getroffen, wobei die Ausprägungen „**Einzweckanlage**" und „**Mehrzweckanlage**" relevant sind. Nicht alle der möglichen Ausprägungskombinationen erweisen sich in der betrieblichen Praxis als zweckmäßig. So wird bei genau einer nachgefragten Leistungsart kaum in Mehrzweckanlagen und bei mehreren nachgefragten Leistungsarten kaum in genau eine Einzweckanlage investiert werden.

Stetigkeit des Aufbaus/Abbaus der quantitativen Kapazität: Anlagen sind in der Regel nicht beliebig teilbare Potentialfaktoren, so dass sich **Änderungen** der Anlagenkapazität naturgemäß **in diskreten Schritten** vollziehen. Hierdurch weisen die Funktionen der verfügbaren Kapazität und der mit der Investition einhergehenden Zahlungen Unstetigkeitsstellen auf, die den Aufwand zur Berechnung von Kapazitätsplänen deutlich erhöhen. Um die Lösung von Planungsproblemen zu erleichtern, können die unstetigen durch stetige Funktionen approximiert werden. Hierdurch wird eine **kontinuierliche Änderbarkeit** der Anlagenkapazität suggeriert, die aus der Planungsperspektive eine tolerierbare Abweichung von der Realität darstellen kann. Der Approximationsfehler wird dann gering ausfallen, wenn das Verhältnis zwischen der Kapazität beschaffbarer Anlagen und benötigter Gesamtkapazität relativ klein ist und/oder die Kapazität der beschaffbaren Anlagen eine so breite Streuung aufweist, dass durch die Zusammenstellung eines Anlagenmix (fast) jedes relevante Niveau der Gesamtkapazität generiert werden kann.

Möglichkeiten zur Kapazitätsabstimmung: In den Planungsansätzen werden Entscheidungen über nachfrage- und angebotsseitige Anpassungsmöglichkeiten in unterschiedlichem Umfang berücksichtigt. Zu den **nachfrageseitigen Möglichkeiten** zählen die mengenmäßige, die zeitliche und die qualitative Anpassung der Nachfrageerfüllung, wobei diese Anpassungsformen teilweise durch preisliche Maßnahmen unterstützt werden. Darüber hinaus ist die institutionelle Anpassung zu nennen, bei der die Kapazitätsnachfrage unternehmungsübergreifend alloziiert wird. **Angebotsseitig** ist zwischen den taktischen Entscheidungen zu Niveau und Struktur der Anlagenkapazität und den operativen Entscheidungen zur Kapazitätsnutzung zu unterscheiden. Im zuletzt genannten Fall wird neben den klassischen Formen der quantitativen, zeitlichen und intensitätsmäßigen Anpassung (vgl. Gutenberg 1983, S. 354 ff.) auch die Entkopplung von Produktion und Absatz durch Lagerhaltung zur Kapazitätsabstimmung herangezogen. Da mit jeder in Erwägung gezogenen Anpassungsmöglichkeit die Anzahl der zu treffenden Entscheidungen steigt, wächst die Komplexität der Suche nach optimalen Lösungen und damit die Wahrscheinlichkeit, in akzeptabler Zeit eine solche Lösung nicht zu finden. Deshalb ist vor der Anwendung eines Planungsansatzes zu eruieren, welche der im konkreten Fall realisierbaren Anpassungsmöglichkeiten einen signifikanten Einfluss auf die Kapazitätsdimensionierung auszuüben vermag, um sich dann auf die wesentlichen Optionen zu konzentrieren.

Im Folgenden werden aus didaktischen Gründen **Grundmodelle zur Kapazitätsdimensionierung** vorgestellt, die bereits in der dargestellten einfachen Form relativ häufig zur Planung herangezogen werden, sich aber gleichzeitig relativ einfach erweitern lassen, um von den Annahmen abweichenden realen Gegebenheiten Rechnung zu tragen.

3.2.1.2.2.2 Deterministisches Grundmodell

In diesem Grundmodell wird die Kapazitätsdimensionierung als dynamisches, deterministisches Investitionsproblem mit mehreren Leistungsarten sowie diskretem Kapazitätsaufbau und -abbau betrachtet. Als Möglichkeiten zur Kapazitätsabstimmung finden dabei die mengenmäßige Anpassung der Nachfrageerfüllung, die Anpassung des Niveaus und der Struktur der installierten Anlagenkapazität und die zeitliche Anpassung der Kapazitätsnutzung Berücksichtigung. Der Planungszeitraum ist in die Perioden t ($t = 1, ..., T$) unterteilt, für die jeweils Absatzhöchstmengen $a_{it} \in \mathbb{R}_0^+$ der einzelnen Leistungsarten i ($i = 1, ..., m$) bekannt sind. Zur Generierung der Gesamtkapazität kann in die Anlagen j ($j = 1, ..., n$) investiert werden. Jede Anlage ist durch eine quantitative $C_j \in \mathbb{R}_0^+$ und qualitative (variationale) Kapazität gekennzeichnet. Im Hinblick auf die variationale Kapazität gibt $o_{ij} \in \{0,1\}$ an, ob die Anlage j zur Erstellung der Leistungsart i genutzt werden kann ($o_{ij} = 1$) oder nicht ($o_{ij} = 0$). Durch $b_{ij} \in \mathbb{R}_0^+$ wird der entsprechende Stückkapazitätsbedarf quantifiziert. Die Investition in eine Anlage geht mit Anschaffungs- $I_{jt} \in \mathbb{R}_0^+$ und Erhaltungsauszahlungen $E_{jt} \in \mathbb{R}_0^+$ einher. Durch den Periodenindex dieser Zahlungsgrößen wird berücksichtigt, dass die Zahlungen im Zeitablauf Schwankungen unterliegen können. Darüber hinaus kann durch Desinvestition der Restwert $R_j \in \mathbb{R}_0^+$ der Anlage als Liquidationserlös realisiert werden. Dabei wird von linearer Abschreibung mit einem Betrag von $r_j \in \mathbb{R}_0^+$ pro Nutzungsperiode ausgegangen. Die installierte Kapazität wird zur Leistungserstellung genutzt, wobei die in einer Periode erstellten Leistungen in derselben Periode abgesetzt werden. Pro abgesetzter Einheit ergibt sich ein Einzahlungsüberschuss s_{it} als Differenz aus Absatzpreis und Produktionsauszahlungen pro Stück. Um die Zeitpräferenz bezüglich der anfallenden Zahlungen zum Ausdruck zu bringen, werden diese in Barwerte umgerechnet, wobei der konstante Diskontierungsfaktor q zugrunde liegt.

Die **Entscheidungsfragen** sind taktischer und operativer Natur. Aus **taktischer Sicht** stellen sich die Fragen nach den Zeitpunkten der Investition und Desinvestition in die einzelnen Anlagen. Die Antworten auf diese Fragen werden durch die Entscheidungsvariablen $y_{jt}^+, y_{jt}^- \in \{0,1\}$ gespeichert. Aus **operativer Sicht** ist die Frage nach den durch die einzelnen Anlagen erzeugten Mengen der Leistungsarten zu beantworten und durch die Entscheidungsvariablen $x_{ijt} \in \mathbb{R}_0^+$ zu speichern. Die zu treffenden Entscheidungen können dabei weder losgelöst voneinander noch losgelöst von realen Gegebenheiten getroffen werden. Deshalb ist während der Planung den folgenden **Nebenbedingungen** Rechnung zu tragen:

a) In eine Anlage wird im Planungshorizont höchstens einmal investiert.

b) Wurde in eine Anlage investiert, dann erfolgt auch eine Desinvestition, und ohne Investition in eine Anlage kann keine Desinvestition durchgeführt werden.

c) Eine Desinvestition kann nicht vor der Investition erfolgen.

d) Die Produktionsmengen übersteigen in keiner Periode die Absatzhöchstmengen.

e) Die Kapazität der Anlagen wird in keiner Periode überlastet.

f) Eine Anlage kann nur dann zur Erstellung einer Leistung genutzt werden, wenn es ihre variationale Kapazität erlaubt.

g) Der Restwert der Anlage ergibt sich durch zeitliche Abschreibung im Nutzungszeitraum.

Das **Entscheidungsziel** besteht in der Maximierung des Barwertes entscheidungsrelevanter Zahlungen:

$$\max Z = -\sum_{j,t} I_{jt} \cdot q^{-t} \cdot y_{jt}^+ + \sum_{i,t} (s_{it} \cdot q^{-t} \cdot \sum_j x_{ijt})$$
$$- \sum_{j,t} (E_{jt} \cdot q^{-t} \cdot \sum_{t'=1}^{t} (y_{jt'}^+ - y_{jt'}^-)) + \sum_{j,t} R_j \cdot q^{-t} \cdot y_{jt}^-$$

Der Lösungsraum wird formal durch die folgenden **Restriktionen** beschrieben:

a) $\sum_t y_{jt}^+ \le 1$ $\forall j$

b) $\sum_t y_{jt}^- = \sum_t y_{jt}^+$ $\forall j$

c) $\sum_t y_{jt}^+ \cdot t \le \sum_t y_{jt}^- \cdot t$ $\forall j$

d) $\sum_j x_{ijt} \le a_{it}$ $\forall i,t$

e) $\sum_i x_{ijt} \cdot b_{ij} \le C_j \cdot \sum_{t'=1}^{t} (y_{jt'}^+ - y_{jt'}^-)$ $\forall j,t$

f) $x_{ijt} \le o_{ij} \cdot M$ $\forall i,j,t$

g) $R_j \le \sum_t I_{jt} \cdot y_{jt}^+ - r_j \cdot \sum_t (y_{jt}^- - y_{jt}^+) \cdot t$ $\forall j$

Dieses Entscheidungsmodell beschreibt ein gemischt-ganzzahliges lineares Programm, das mit Hilfe des Branch-and-Bound-Verfahrens in akzeptabler Zeit exakt gelöst werden kann, wenn die Anzahl der Anlagen und Perioden nicht allzu groß ist. Dies gilt auch für ähnliche Modellformulierungen, die in der Literatur vorgeschlagen und mit Hilfe von Standardsolvern gelöst werden. Für die Lösung von Probleminstanzen, in denen viele Anlagen und Perioden berücksichtigt werden, bietet sich ein Rückgriff auf Heuristiken an, die in kurzer Zeit Lösungen ermitteln, die nur unwesentlich von der optimalen Lösung abweichen (zu einem Überblick über die Anwendung exakter und heuristischer Lösungsverfahren im Kontext der Kapazitätsplanung vgl. Martínez-Costa u. a. 2014, S. 81).

3.2.1.2.2.3 Stochastisches Grundmodell

Um die Unsicherheit der Entscheidungssituation zu berücksichtigen, wird die Kapazitätsdimensionierung im Grundmodell als statisches, stochastisches Investitionsproblem mit einer Leistungsart und kontinuierlicher Skalierung des Kapazitätsaufbaus betrachtet. Als Möglichkeiten zur Kapazitätsabstimmung werden die mengenmäßige Anpassung der Nachfrageerfüllung und die Anpassung des Niveaus der installierten Anlagenkapazität in Betracht gezogen. Im Vorhinein ist bekannt, dass die **Kapazitätsnachfrage zufälligen Schwankungen** unterliegt. Diese Information wird durch die stochastische Variable $\tilde{a}$ erfasst, deren mögliche Realisationen einer Wahrscheinlichkeitsverteilung mit der Dichtefunktion $f(a)$ bzw. der Verteilungsfunktion $F(a)$ und $L \leq a \leq U$ folgen. In welcher Höhe a die Kapazitätsnachfrage realisiert wird, ist zum Zeitpunkt der Kapazitätsdimensionierung noch nicht bekannt, sondern erst am Ende des Planungszeitraums feststellbar.

Zur **Generierung der Gesamtkapazität** kann in Anlagen investiert werden, wobei die Annahme zugrunde liegt, dass durch die Zusammenstellung eines Anlagenmix jedes relevante Niveau der Gesamtkapazität $C \in \mathbb{R}_0^+$ generiert werden kann. Die **Investition** wird zu Beginn des Planungszeitraumes getätigt und geht mit konstanten Anschaffungszahlungen $q \in \mathbb{R}_0^+$ pro installierter Kapazitätseinheit einher. Am Ende des Planungszeitraums wird pro installierter Kapazitätseinheit der Restwert $r \in \mathbb{R}_0^+$ als Liquidationserlös realisiert. Während des Planungszeitraumes wird die Kapazität zur Leistungserstellung genutzt. Der Teil der Produktionsmenge, der zur Nachfrageerfüllung genutzt wird, generiert pro Stück einen Einzahlungsüberschuss $\overline{s} \in \mathbb{R}_0^+$. Die über die Nachfrage hinausgehende Produktionsmenge wird zu einem niedrigeren Preis verramscht, so dass pro Stück ein niedrigerer Einzahlungsüberschuss $\underline{s} \in \mathbb{R}_0^+$ ($\underline{s} < \overline{s}$) resultiert. Es gilt die Relation $\underline{s} < (q-r) < \overline{s}$.

Aus taktischer Sicht stellt sich die **Entscheidungsfrage** nach dem Niveau C der zu installierenden Gesamtkapazität. **Entscheidungsziel** ist es dabei, den Erwartungswert der Kosten zu maximieren. Die beschriebene Situation wird in der Literatur häufig als **Zeitungsverkäuferproblem** bezeichnet, weil eine analoge Problemstruktur besteht: Die Nachfrage nach Tageszeitungen ist unsicher. Sie werden morgens zum Einstandspreis beschafft, bis abends zu einem Absatzpreis verkauft und danach zum Altpapierpreis veräußert. Der Zeitungsverkäufer muss morgens entscheiden, wie viele Tageszeitungen er beschafft, damit die erwarteten Kosten minimal sind. Dieses Problem wurde erstmalig von Edgeworth (1888, S. 120 ff.) im Kontext des Zahlungsmittelbestandes von Banken und später von Arrow, Harris und Marschak (1951, S. 256 ff.) im Kontext der Lagerhaltung behandelt. Aufgrund der Strukturgleichheit des Kapazitätsdimensionierungsproblems kann auch der Lösungsansatz des Zeitungsverkäuferproblems in analoger Weise zur Anwendung gelangen (vgl. Minner 2018, S. 315).

Als **relevante Kosten** sind in der Zielfunktion die Kosten der Überdeckung (Unterdeckung) der Kapazitätsnachfrage durch das -angebot zu berücksichtigen. Eine **Überdeckung** liegt vor, wenn die produzierte Menge die Nachfrage übersteigt $(C > a)$, so dass die Nachfrage vollständig erfüllt und die überschüssige Menge $C - a$ verramscht wird. Pro überschüssiger Einheit entstehen Kosten in Höhe von:

$$k_o = (q - r) - \underline{s}$$

Im Falle der **Unterdeckung** reicht die produzierte Menge nicht aus, um die Nachfrage vollständig zu erfüllen $(C < a)$. Wäre ausreichend Kapazität verfügbar, dann könnte zusätzlich die Menge $a - C$ abgesetzt werden. Aufgrund der entgehenden Einzahlungsüberschüsse entstehen pro fehlender Einheit Opportunitätskosten in Höhe von:

$$k_u = \overline{s} - (q - r)$$

Da a mit der Wahrscheinlichkeit $f(a)$ realisiert wird und im Bereich $L \le a \le U$ liegt, ergibt sich die **Zielfunktion**:

$$\min E[K] = k_o \cdot \int_L^C (C - a) \cdot f(a) \cdot da + k_u \cdot \int_C^U (a - C) \cdot f(a) \cdot da$$

Das Minimum der erwarteten Kosten lässt sich analytisch durch das Nullsetzen der ersten Ableitung der Zielfunktion nach dem Kapazitätsniveau bestimmen:

$$\frac{\partial E[K]}{\partial C} = k_o \cdot \frac{\partial}{\partial C} \int_L^C (C - a) \cdot f(a) \cdot da + k_u \cdot \frac{\partial}{\partial C} \int_C^U (a - C) \cdot f(a) \cdot da$$

Zur Ableitung von Integralen nach Variablen, die deren Intervallgrenzen bestimmen, gelangt die **Leibniz-Regel** zur Anwendung:

$$\frac{\partial}{\partial S} \int_{a(s)}^{b(S)} h(x, S) \cdot dx = \int_{a(s)}^{b(S)} \frac{\partial h(x, S)}{\partial S} \cdot dx + h(b(S), S) \cdot \frac{\partial b(S)}{\partial S} - h(a(S), S) \cdot \frac{\partial a(S)}{\partial S}$$

Für das erste Integral in der Zielfunktion gelten $S = C$, $x = a$, $a(S) = L$, $b(S) = C$ und $h(x, S) = (C - a) \cdot f(a)$, so dass sich als erste Ableitung

$$\int_L^C f(a) \cdot da + 0 \cdot 1 - (C - L) \cdot f(a) \cdot 0 = F(C)$$

ergibt. Analog gelten für das zweite Integral in der Zielfunktion $S = C$, $x = a$, $a(S) = C$, $b(S) = U$ und $h(x, S) = (a - C) \cdot f(a)$. Die erste Ableitung lautet somit:

$$\int_C^U (-f(a)) \cdot da + (U - C) \cdot f(a) \cdot 0 - 0 \cdot 1 = -(1 - F(C))$$

Die erste Ableitung der gesamten Zielfunktion ergibt sich zu:

$$\frac{\partial E[K]}{\partial C} = k_o \cdot F(C) - k_u \cdot (1 - F(C))$$

Da die zweite Ableitung positiv ist $((k_o + k_u) \cdot f(C))$, lässt sich das **kostenminimale Kapazitätsniveau** C^* an der Nullstelle der ersten Ableitung ablesen:

$$F(C^*) = \frac{k_u}{k_o + k_u} \Leftrightarrow C^* = F^{-1}\left(\frac{k_u}{k_o + k_u}\right)$$

Um das optimale Kapazitätsniveau analytisch zu ermitteln, ist der als **kritische Kostenrelation** bezeichnete Quotient $CR = k_u / (k_o + k_u)$ in die inverse Verteilungsfunktion der unsicheren Kapazitätsnachfrage einzusetzen und der Funktionswert zu berechnen. Dies ist für invertierbare Verteilungsfunktionen, wie etwa die Gleich-, Dreiecks- und Exponentialverteilung, ohne großen Rechenaufwand praktizierbar:

- Gleichverteilung $F_{SG}(a)$ mit $L_{SG} \leq a \leq U_{SG}$:

$$C_{SG}^* = L_{SG} + CR \cdot (U_{SG} - L_{SG})$$

- Dreiecksverteilung $F_\Delta(a)$ mit $L_\Delta \leq a \leq U_\Delta$ und Modalwert M_Δ $(L_\Delta \leq M_\Delta \leq U_\Delta)$:

$$C_\Delta^* = \begin{cases} L_\Delta + \sqrt{CR \cdot (U_\Delta - L_\Delta) \cdot (M_\Delta - L_\Delta)} & : 0 \leq CR \leq (M_\Delta - L_\Delta)/(U_\Delta - L_\Delta) \\ U_\Delta - \sqrt{(1 - CR) \cdot (U_\Delta - L_\Delta) \cdot (U_\Delta - M_\Delta)} & : (M_\Delta - L_\Delta)/(U_\Delta - L_\Delta) \leq CR \leq 1 \end{cases}$$

- Exponentialverteilung $F_\lambda(a)$ mit $0 \leq a < \infty$ und Erwartungswert $1/\lambda$:

$$C_{EXP}^* = -\frac{1}{\lambda} \cdot \ln(1 - CR) \qquad \text{mit } 0 \leq CR < 1$$

Demgegenüber lässt sich bei der Normalverteilung der a-Wert, für den $CR = F_N(a)$ gilt, analytisch nur mit inakzeptabel hohem Aufwand bestimmen, weil sich in diesem Fall das Integral der Verteilung nicht auf eine elementare Stammfunktion zurückführen lässt. Deshalb bietet sich ein Rückgriff auf statistische Tabellen mit enumerierten Werten der Standardnormalverteilung $F_{SN}(v)$ an. Hierzu werden die Parameter der Normalverteilung F_N (Erwartungswert μ_N, Standardabweichung σ_N) zum Sicherheitsfaktor v zusammengefasst:

$$v = (a - \mu_N) / \sigma_N$$

Das optimale Kapazitätsniveau lässt sich dann durch

$$v^* = F_{SN}^{-1}(CR)$$
$$C_N^* = \mu_N + v^* \cdot \sigma_N$$

bestimmen.

Neben den Kostenkomponenten stellen somit die Art der Verteilung (z. B. Gleich-, Dreiecks-, Exponential- und Normalverteilung) und die Verteilungsparameter bzw. -momente Einflussgrößen auf das optimale Kapazitätsniveau dar. Ein Vergleich der Einflüsse bei normalverteilter und gleichverteilter Kapazitätsnachfrage liefert die folgenden Ergebnisse:

- **Art der Verteilung**: Ist der Unterdeckungskostensatz größer (kleiner) als der Überdeckungskostensatz, dann wird bei gleichverteilter Kapazitätsnachfrage ein höheres (niedrigeres) optimales Kapazitätsniveau ermittelt als bei normalverteilter Kapazitätsnachfrage.

- **Überdeckungskostensatz**: Mit abnehmendem Überdeckungskostensatz nähert sich das optimale Kapazitätsniveau bei gleichverteilter (normalverteilter) Kapazitätsnachfrage dem Wert U_{SG} bzw. ∞ an.

- **Unterdeckungskostensatz**: Mit abnehmendem Unterdeckungskostensatz nähert sich das optimale Kapazitätsniveau bei gleichverteilter (normalverteilter) Kapazitätsnachfrage dem Wert L_{SG} bzw. 0 an.

- **Unsicherheit**: Mit abnehmender Streuung der Kapazitätsnachfrage nähert sich das optimale Kapazitätsniveau bei gleichverteilter (normalverteilter) Kapazitätsnachfrage dem Wert $(L_{SG} + U_{SG})/2$ bzw. μ_N an.

Der Einfluss der Art der Verteilung sei an einem **Zahlenbeispiel** illustriert. Für die Kapazitätsnachfrage wurden der Erwartungswert $\mu = 100$ und die Standardabweichung $\sigma = 10$ prognostiziert. Die Verteilungsfunktion ist nicht eindeutig bestimmbar, es werden jedoch die Verteilungsarten Gleich-, symmetrische Dreiecks- und Normalverteilung in Betracht gezogen. Die relevanten Zahlungen werden mit $q = 2$, $r = 1$, $\bar{s} = 3$ und $\underline{s} = 0,5$ ermittelt. Damit ergeben sich die Kostensätze und der kritische Kostenkoeffizient zu $k_u = 2$, $k_o = 0,5$ und $CR = 0,8$. Die Parametrisierung der Kapazitätsnachfrageverteilungen wird so vorgenommen, dass die gegebenen Werte des Erwartungswertes und der Standardabweichung für jede Verteilung gelten:

- Gleichverteilung: $L_{SG} = 82,7$; $U_{SG} = 117,3$
- symmetrische Dreiecksverteilung: $L_\Delta = 75,5$; $M_\Delta = 100$; $U_\Delta = 124,5$
- Normalverteilung: $\mu_N = 100$; $\sigma_N = 10$

Bei den ersten beiden Verteilungen kann das optimale Kapazitätsniveau direkt berechnet werden:

- Gleichverteilung:

$$C_{SG}^* = L_{SG} + CR \cdot (U_{SG} - L_{SG})$$
$$C_{SG}^* = 82,7 + 0,8 \cdot (117,3 - 82,7)$$
$$C_{SG}^* = 110,38$$

- symmetrische Dreiecksverteilung: Aufgrund der Beispieldaten gilt $CR > (M_\Delta - L_\Delta)/(U_\Delta - L_\Delta)$, so dass das optimale Kapazitätsniveau für den oberen Bereich zu berechnen ist:

$$C_\Delta^* = U_\Delta - \sqrt{(1 - CR) \cdot (U_\Delta - L_\Delta) \cdot (M_\Delta - L_\Delta)}$$
$$C_\Delta^* = 124,5 - \sqrt{(1 - 0,8) \cdot (124,5 - 75,5) \cdot (124,5 - 100)}$$
$$C_\Delta^* = 109,00$$

Zur Bestimmung des optimalen Kapazitätsniveaus bei normalverteilter Nachfrage wird für $CR = 0,8$ der optimale Sicherheitsfaktor v^* aus der statistischen Tabelle $F_{SN}(v)$ (Flächeninhalt unter dem Graphen) der Standardnormalverteilung abgelesen. Ein relevanter Auszug ist in Tabelle 3.41 dargestellt.

ν	0,82	0,83	0,84	0,85	0,86
$F_{SN}(\nu)$	0,79389	0,79673	0,79955	0,80234	0,80511

Tabelle 3.41: Auszug aus der statistischen Tabelle zur Standardnormalverteilung

In der F_{SN}-Zeile dieser Tabelle wird nach Werten gesucht, die einen möglichst geringen Abstand zum CR-Wert aufweisen. Die entsprechenden Werte in der Kopfzeile geben dann ein Intervall des optimalen Sicherheitsfaktors an. Im Beispiel lautet das Intervall $\nu^* \in [0,84; 0,85]$. Um festzustellen, welche der beiden Intervallgrenzen die günstigere ist, sind die jeweils zu erwartenden Stückkosten zu vergleichen:

$$k(\nu) = k_o \cdot F_{SN}(\nu) + k_u \cdot (1 - F_{SN}(\nu))$$
$$k(0,84) = 0,5 \cdot 0,79955 + 2 \cdot (1 - 0,79955) = 0,800675$$
$$k(0,85) = 0,5 \cdot 0,80234 + 2 \cdot (1 - 0,80234) = 0,796490$$

Der gesuchte ν^*-Wert beträgt somit $0,85$ und das optimale Kapazitätsniveau ergibt sich zu:

$$C_N^* = \mu_N + \nu^* \cdot \sigma_N$$
$$C_N^* = 100 + 0,85 \cdot 10 = 108,5$$

Bei der im Beispiel vorliegenden Relation $k_u > k_o$ ist das optimale Kapazitätsniveau bei gleichverteilter Kapazitätsnachfrage am höchsten, bei normalverteilter Kapazitätsnachfrage am niedrigsten, und es liegt bei dreiecksverteilter Kapazitätsnachfrage zwischen diesen beiden Werten. Dieses Ergebnis lässt sich mit den unterschiedlichen Formen der Verteilungen erklären (vgl. Abbildung 3.16).

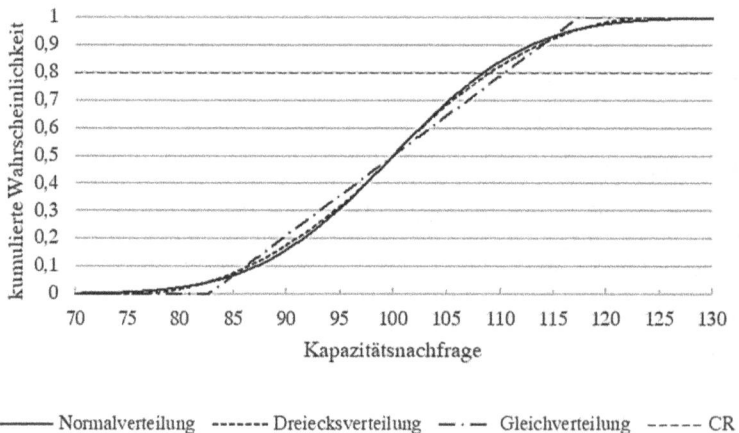

Abbildung 3.16: Verteilungsfunktionen der Normal-, Dreiecks- und Gleichverteilung (jeweils mit $\mu = 100$ und $\sigma = 10$)

Alle drei Verteilungen repräsentieren die Kapazitätsnachfrage als stochastische Variable, die symmetrisch um den Erwartungswert schwankt. Die Verteilungsfunktionen weisen somit für die Kapazitätsnachfrage $a = 100$ dieselbe kumulierte Wahrscheinlichkeit $F_N(100) = F_\Delta(100) = F_{SG}(100) = 0,5$ auf. Für Kapazitätsnachfragen im Bereich $100 < a < 114,3$ unterscheiden sich die kumulierten Wahrscheinlichkeiten, so dass $F_N(a) > F_\Delta(a) > F_{SG}(a)$ gilt. Für die vorgegebene kumulierte Wahrscheinlichkeit $F_N(a_N) = F_\Delta(a_\Delta) = F_{SG}(a_{SG}) = CR = 0,8$ besteht folglich zwischen den optimalen Kapazitätsniveaus die Relation $C_N^* < C_\Delta^* < C_{SG}^*$.

3.2.2 Gestaltung der Verfügbarkeit von Repetierfaktoren

3.2.2.1 Lieferantenauswahl

Für Repetierfaktoren, die von der Unternehmung nicht selbst produziert, sondern vom Beschaffungsmarkt bezogen werden, sind ein oder mehrere Lieferanten auszuwählen. **Sachziel** ist es dabei, die Verfügbarkeit der Repetierfaktoren in einem mittelfristigen Planungshorizont zeit-, mengen- und qualitätsgerecht sicherzustellen. Hierfür sind geeignete Unternehmungen zu identifizieren, die Zusammenarbeit in ökonomischer und technischer Hinsicht zu planen sowie die juristischen Grundlagen für eine mittel- bis längerfristige Kooperationsbeziehung zu legen. Aufgrund des mittelfristigen Planungshorizontes besteht das **Formalziel** in der Minimierung des Barwertes der durch die Auswahlentscheidung induzierten Auszahlungen. Da Sach- und Formalziel gleichzeitig zu erfüllen sind, liegen der Lieferantenauswahl monetäre und nicht-monetäre (quantitative und qualitative) Kriterien zugrunde, so dass ein multikriterielles Entscheidungsproblem zu lösen ist. Deshalb bietet sich analog zur Vorgehensweise bei der Standortwahl eine **zweistufige Vorgehensweise** an:

- **Vorauswahl** sehr guter potentieller Lieferanten auf der Grundlage multikriterieller Entscheidungsverfahren unter Einbeziehung aller relevanten Kriterien.
- **Abschließende Auswahl** des (der) Lieferanten mit Hilfe von Methoden der mathematischen Programmierung auf der Grundlage monetärer und quantitativer nicht-monetärer Kriterien.

Zur Vorauswahl von Lieferanten sind in der Literatur umfassende **Kriterienkataloge** verfügbar (vgl. Friedl 1990, S. 266 ff.; Ho/Xu/Dey 2010, S. 21 ff.; Huang/Keskar 2007, S. 513 ff.; Kar/Pani 2014, S. 90 ff.; Koppelmann 2004, S. 234 ff.). Diese können bei Vorliegen einer konkreten Entscheidungssituation herangezogen werden, um dafür relevante Kriterien zu identifizieren. Da sie jedoch keinen Anspruch auf Vollständigkeit erheben, ist im konkreten Fall stets zu prüfen, welche weiteren Kriterien heranzuziehen sind. Grundsätzlich ist dabei zwischen Satisfizierungs- und Extremierungskriterien zu unterscheiden. **Satisfizierungskriterien** (K.o.-Kriterien) spezifizieren qualitative, quantitative, zeitliche und räumliche Mindestanforderungen. Sie stellen Restriktionen dar, deren Nichterfüllung durch einen potentiellen Lieferanten zu dessen Ausschluss vom weiteren Auswahlprozess führt. Mit qualitativen Restriktionen wird sichergestellt, dass die weiterhin berücksichtigten Lieferanten die durch die Unternehmung gesetzten und die gesetzlich vorgeschriebenen Qualitätsstandards erfüllen. Diese Standards können sich auf die Beschaffenheit des benötigten Repetierfaktors, die Attribute seines Produktionsprozesses und der dabei eingesetzten Ressourcen oder das Qualitätsmanagementsystem sowie entsprechende Zertifikate beziehen und darüber hinaus Standesregeln und moralische Aspekte berücksichtigen. Das Vorhandensein einer Mindestkapazität des potentiellen Lieferanten stellt eine quantitative Restriktion dar, mit der das Risiko von Lieferengpässen eingeschränkt wird. In zeitlicher Hinsicht werden eine Mindestdauer der Verfügbarkeit des Angebotes und die Fähigkeit zur Einhaltung erforderlicher Lieferfristen vorausgesetzt. Räumliche Restriktionen zeigen sich z. B. in Einschränkungen auf bestimmte geographische Regionen.

Extremierungskriterien wirken sich auf die Entscheidung zur Lieferantenauswahl derart aus, dass Lieferanten mit Minimal- bzw. Maximalausprägungen präferiert werden. Sie beziehen sich nicht nur auf die Eigenschaften der einzelnen Transaktion (z. B. Entgelt, Qualität des Repetierfaktors, Belieferungskonditionen), sondern auch auf das Potential des Lieferanten (z. B. im Hinblick auf Humanressourcen, technische Ressourcen, akquisitorisches Potential, sozio-kulturelle Kompatibilität, Qualitätsmanagementsystem, finanzielle Ausstattung) zur Begründung/Aufrechterhaltung einer dauerhaften Lieferbeziehung.

Zu der im Rahmen der Vorauswahl erforderlichen gleichzeitigen Berücksichtigung dieser Kriterien gelangen **multikriterielle Bewertungstechniken** zur Anwendung. Das Spektrum erstreckt sich von einfachen Punktbewertungsverfahren (z. B. Nutzwertanalyse, Scoring-Verfahren) bis hin zu statistisch fundierten Analyseverfahren, wie Data Envelopment Analysis (DEA), Analytic Hierarchy Process (AHP), Analytic Network Process (ANP) oder Technique for Order Preference by Similarity to Ideal Solution (TOPSIS) (vgl. Boer/Labro/Morlacchi 2001, S. 79 ff.; Chai/Liu/Ngai 2013, S. 3877 f.; Ho/Xu/Dey 2010, S. 16 ff.; Kasirian/Yusuff 2013, S. 1038 ff.). Durch diese Verfahren wird das Ausmaß der Kriterienerfüllung durch die einzelnen Lieferanten in fünf Schritten zu einer Vorteilhaftigkeitsaussage zusammengefasst:

1. Identifikation der relevanten Kriterien;
2. Ermittlung der Kriterienausprägungen für jeden Lieferanten durch subjektive Einschätzung (z. B. Punktbewertungsverfahren, DEA, TOPSIS) oder kriterienbezogene paarweise Vergleiche der Lieferanten (z. B. AHP, ANP);
3. Gewichtung der Kriterien entsprechend ihrer Bedeutung für die Lieferantenauswahl durch subjektive Einschätzung (z. B. Punktbewertungsverfahren, TOPSIS), paarweisen Vergleich der Kriterienbedeutung (z. B. AHP, ANP) oder verfahrensinternen Alternativenvergleich (z. B. DEA);
4. Zusammenführung der Kriterienausprägungen und -gewichtungen zu lieferantenbezogenen Gesamtwerten durch Summation der gewichteten Kriterienausprägungen (z. B. Punktbewertungsverfahren, AHP, ANP), verfahrensinterne Berechnung relativer Effizienzwerte (z. B. DEA) oder Bestimmung der relativen Ähnlichkeit der einzelnen Lieferantenprofile mit den virtuellen Profilen der insgesamt besten bzw. schlechtesten Ausprägungen (z. B. TOPSIS);
5. Vorauswahl der Lieferanten anhand der ermittelten Gesamtwerte.

Aufbauend auf der getroffenen Vorauswahl erfolgt im zweiten Schritt mit Hilfe von Methoden der **mathematischen Programmierung** die abschließende Auswahl.

Hierzu existiert in der Literatur eine Vielzahl an Optimierungsmodellen (vgl. Chai/Liu/Ngai 2013, S. 3878 f.; Ho/Xu/Dey 2010, S. 17 f.). Eine auf Jayaraman, Srivastava und Benton (1999, S. 52 f.) zurückgehende Modellformulierung soll im Folgenden in leicht modifizierter Form skizziert werden.

Es wird die **Situation** betrachtet, in der eine Unternehmung mit mehreren Standorten n ($n = 1,...,N$) abschließend über die Auswahl der Lieferanten für die Repetierfaktoren i ($i = 1,...,I$) entscheidet. An den einzelnen Standorten besteht ein Bedarf an Repetierfaktoren in Höhe von D_{in}. Im Hinblick auf die Qualität, gemessen durch den Anteil gelieferter, nicht fehlerhafter Repetierfaktoren, weist jeder Standort eine aggregierte Mindestanforderung Q_n auf. Darüber hinaus darf für den Repetierfaktor i die maximale Lieferzeit T_{in} nicht überschritten werden. Die Repetierfaktoren beanspruchen die Lager- und die Produktionskapazität der Lieferanten mit einem Bedarf von κ_i^L bzw. κ_i^P Kapazitätseinheiten pro Mengeneinheit. In der Vorauswahl sind die potentiellen Lieferanten l ($l = 1,...,L$) enthalten. Bezüglich der Lieferanten wurden die folgenden Informationen erhoben:

- Kosten K_l^F des Aufbaus der Geschäftsbeziehung,
- Stückkosten k_{iln} der Lieferung des Repetierfaktors i an den Standort n,
- Lagerkapazität C_l^L,
- Produktionskapazität C_l^P,
- zur Lieferung des Repetierfaktors i an den Standort n benötigte Zeit t_{iln},
- Qualitätsniveau q_{il}, das für den Repetierfaktor i gewährleistet werden kann,
- maximale Anzahl P der abschließend auszuwählenden Lieferanten.

In dieser Situation ist die grundsätzliche **Entscheidung** zu treffen, mit welchen Lieferanten Geschäftsbeziehungen eingegangen werden sollen. Dies wird durch die Entscheidungsvariable $y_l \in \{0,1\}$ repräsentiert. Darüber hinaus ist im Detail zu entscheiden, welcher Anteil $x_{iln} \in [0,1]$ des Repetierfaktorbedarfs am Standort n durch den Lieferanten l erfüllt wird. Die Entscheidungen sollen gemäß dem **Formalziel** getroffen werden, das die minimale Summe der Kosten des Beziehungsaufbaus und der Belieferung anstrebt. Um eine praktisch umsetzbare Lösung zu erhalten, wird der Lösungsraum durch die folgenden **Nebenbedingungen** abgesteckt:

a) Der Bedarf an Repetierfaktoren wird vollständig erfüllt.

b) Die Belieferung kann nur durch die ausgewählten Lieferanten erfolgen.

c) Es werden nicht mehr Lieferanten ausgewählt als maximal erlaubt sind.

d) Bei keinem der Lieferanten wird die Lagerkapazität überlastet.

e) Bei keinem der Lieferanten wird die Produktionskapazität überlastet.

f) Die geforderten Lieferzeiten werden nicht überschritten.

g) Die aggregierten Mindestqualitätsniveaus werden eingehalten.

Formal ergibt sich ein **gemischt-ganzzahliges lineares Programm** mit der **Zielfunktion**:

$$\min K = \sum\nolimits_{i,l,n} k_{iln} \cdot D_{in} \cdot x_{iln} + \sum\nolimits_{l} K_{l}^{F} \cdot y_{l}$$

und den Restriktionen:

a) $\quad \sum\nolimits_{l} x_{iln} = 1 \qquad\qquad\qquad \forall i, n$

b) $\quad x_{iln} \leq y_{l} \qquad\qquad\qquad\quad\; \forall i, n, l$

c) $\quad \sum\nolimits_{l} y_{l} \leq P$

d) $\quad \sum\nolimits_{i,n} \kappa_{i}^{L} \cdot D_{in} \cdot x_{iln} \leq C_{l}^{L} \qquad \forall l$

e) $\quad \sum\nolimits_{i,n} \kappa_{i}^{P} \cdot D_{in} \cdot x_{iln} \leq C_{l}^{P} \qquad \forall l$

f) $\quad \sum\nolimits_{l} t_{iln} \cdot x_{iln} \leq T_{in} \qquad\quad \forall i, n$

g) $\quad \sum\nolimits_{i,l} q_{il} \cdot x_{iln} \geq Q_{n} \qquad\quad \forall n$

Dieses Optimierungsmodell lässt sich für Probleminstanzen mit 10 Lieferanten, 10 Produkten und 5 Standorten durch die Anwendung des Branch-and-Bound-Verfahrens mit einem Standardsolver innerhalb kürzester Zeit exakt lösen. Bereits im Jahre 1999 wurden mit einem handelsüblichen Personalcomputer Rechenzeiten von weniger als 3 Sekunden benötigt (vgl. Jayaraman/Srivastava/Benton 1999, S. 53 ff.).

3.2.2.2 Materialbedarfsermittlung

Die Materialbedarfsermittlung stellt einen zentralen Bestandteil der Materialwirtschaft dar (weitere Bestandteile sind die Materialverwaltung und -verteilung). Hierunter sind alle Vorgänge in einer Unternehmung zu verstehen, die der Bereitstellung des Materials am Einsatzort zum Zwecke der Leistungserstellung dienen. Es liegt somit eine objektbezogene Betrachtung vor. Als **Material** werden naturgegebene, bereits verarbeitete oder wiederaufbereitete Sachgüter bezeichnet, die im Produktionsprozess eingesetzt werden und dabei ihre Fähigkeit zur Realisation anderer produktiver Zwecke verlieren. Zum Material gehören z. B. Roh-, Hilfs- und Betriebsstoffe, Reparaturmaterialien, Einbauteile, Zubehörteile, ganze Aggregate (z. B. Elektromotor für einen Staubsauger). Diese Beispiele zeigen die Heterogenität des „Komplexes" Material auf. Darüber hinaus ist der Materialbegriff unabhängig davon, ob das Gut bereits vorher Verarbeitungsprozesse im volkswirtschaftlichen Transformationsprozess durchlaufen hat, d. h., das gleiche Gut kann je nach Bezugspunkt Material oder Endprodukt sein. So stellt z. B. Mehl für die Mühle ein Endprodukt dar, während es für die Bäckerei ein Material ist.

Ziel der **Materialbedarfsermittlung** ist es, den in Zukunft anfallenden Materialbedarf nach Menge und Termin so genau wie möglich und mit wirtschaftlich vertretbarem Aufwand zu bestimmen. Hierbei können zwei unterschiedliche Vorgehensweisen unterschieden werden, die mit unterschiedlicher Genauigkeit und unterschiedlichem Berechnungsaufwand einhergehen:

- Verbrauchsorientierte Verfahren: Auf der Grundlage von Informationen über den Materialverbrauch in der Vergangenheit werden Aussagen über den zukünftigen Materialverbrauch getroffen (Entwicklungsprognose).

- Programmorientierte Verfahren: Aus dem vorgegebenen Produktionsprogramm und den mengenmäßigen Informationen über die Produktstruktur wird der Materialbedarf berechnet (Wirkungsprognose).

Mit welchen Verfahren der Bedarf welcher Materialarten ermittelt werden soll, wird auf der Grundlage der Materialklassifikation festgelegt.

3.2.2.2.1 Materialklassifikation

Die Bedarfsermittlung kann aus ökonomischen Gründen nicht für sämtliche Materialarten mit der gleichen Intensität durchgeführt werden, sondern es ist eine Fokussierung der Aktivitäten notwendig. Deshalb werden die Materialarten mit Hilfe der **Kriterien** wertmäßige Bedeutung und Bedarfsverlauf klassifiziert.

Das Kriterium „**wertmäßige Bedeutung**" wird durch die sogenannte **ABC-Analyse** berücksichtigt, die auf der Erfahrung basiert, dass in der industriellen Praxis häufig eine geringe Anzahl an Materialarten einen hohen Anteil am Gesamtverbrauchswert des Materials aufweist. Ziel der ABC-Analyse ist es, die einzelnen Materialarten den Klassen A (hoher Gesamtverbrauchswert), B (mittlerer Gesamtverbrauchswert) und C (niedriger Gesamtverbrauchswert) zuzuordnen. Auf dieser Grundlage wird empfohlen, für Materialarten der Klasse A programmorientierte Verfahren, für Materialarten der Klasse B verbrauchsorientierte Verfahren und für Materialarten der Klasse C einfache Schätzverfahren anzuwenden. Die ABC-Analyse sei an einem Beispiel illustriert. Ausgangspunkt bilden die in Tabelle 3.42 erfassten Verbrauchsmengen und Preise unterschiedlicher Materialarten in einer Unternehmung.

Materialart	Verbrauchsmenge pro Periode [ME]	Stückpreis [GE/ME]	Verbrauchswert pro Periode [GE]
01	80	262,50	21.000
02	100	105,00	10.500
03	60	1.537,50	92.250
04	75	400,00	30.000
05	125	108,00	13.500
06	60	700,00	42.000
07	50	1.650,00	82.500
08	20	11.250,00	225.000
09	200	90,00	18.000
10	160	93,75	15.000
11	40	1.256,25	50.250
12	30	5.000,00	150.000

Tabelle 3.42: Ausgangsdaten der ABC-Analyse

Im nächsten Schritt werden die Materialarten nach ihrem Anteil am Gesamtverbrauchswert in absteigender Reihenfolge sortiert. Hierzu wird ihre relative wertmäßige Bedeutung ermittelt, d. h. welcher Anteil am Gesamtverbrauchswert des in einem bestimmten Zeitraum verbrauchten Materials auf die einzelnen Teile entfällt. Des Weiteren werden die Anteile an der Anzahl der Materialarten bestimmt und kumuliert. Tabelle 3.43 gibt dieses Zwischenergebnis wieder.

Material-art	Verbrauchs-wert [GE]	Verbrauchs-wertanteil [%]	Verbrauchs-wertanteil kumuliert [%]	Material-artenanteil [%]	Material-artenanteil kumuliert [%]
08	225.000	30,0	30,0	8,3	8,3
12	150.000	20,0	50,0	8,3	16,7
03	92.250	12,3	62,3	8,3	25,0
07	82.500	11,0	73,3	8,3	33,3
11	50.250	6,7	80,0	8,3	41,7
06	42.000	5,6	85,6	8,3	50,0
04	30.000	4,0	89,6	8,3	58,3
01	21.000	2,8	92,4	8,3	66,7
09	18.000	2,4	94,8	8,3	75,0
10	15.000	2,0	96,8	8,3	83,3
05	13.500	1,8	98,6	8,3	91,7
02	10.500	1,4	100,0	8,3	100,0
Summe	750.000				

Tabelle 3.43: Zwischenergebnis der ABC-Analyse

Auf dieser Grundlage wird im nächsten Schritt für die einzelnen Materialarten die Klassenzuordnung so vorgenommen, dass die Lorenzkurve (Verteilung des Gesamtverbrauchswertes) durch die Festlegung der Klassen gut approximiert wird (Zwei-Punkte-Schätzung). Die Lorenzkurven für die Materialarten und Materialklassen sowie zum Vergleich für einen gleichverteilten Gesamtverbrauchswert sind in Abbildung 3.17 dargestellt. Bei einer Gleichverteilung hätte jede Materialart bei der Bedarfsermittlung die gleiche Bedeutung. Die tatsächliche Verteilung zeigt eine für Industrieunternehmungen typische Ungleichverteilung und eine mögliche ABC-Klassifikation.

Diese Vorgehensweise hat, nicht zuletzt durch ihre Einfachheit, in der Praxis eine weite Verbreitung erfahren. Es ist aber zu beachten, dass die Festlegung der Klassengrenzen ein subjektiver Vorgang ist, der auch zu einer anderen Einteilung führen kann. So ist es denkbar, die Klasse der A-Teile zu Lasten der B-Teile zu vergrößern und umgekehrt. Letztlich lassen sich die ökonomischen Konsequenzen, die mit der Zuordnung einer Materialart zu einer Klasse verbunden sind, nicht hinreichend quantifizieren.

Da die Verfahren der Materialbedarfsermittlung in Abhängigkeit vom **Bedarfsverlauf** zu unterschiedlichen Ergebnissen mit unterschiedlich hoher Genauigkeit gelangen, bildet die Verlaufsklassifikation der **RSU-Analyse** eine weitere Grundlage für die begründete Verfahrensauswahl.

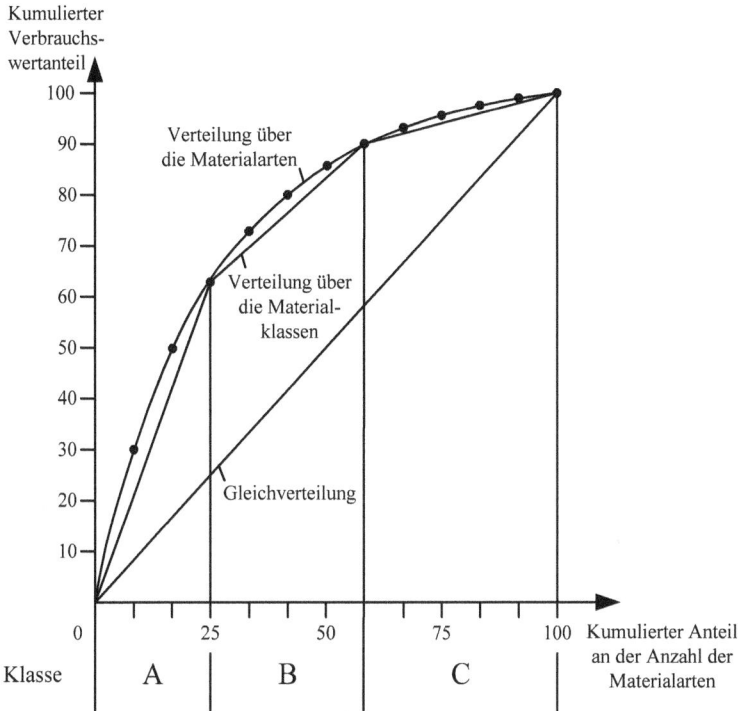

Abbildung 3.17: Lorenzkurven der Verbrauchswerte der Materialarten und Materialklassen

Bei der Betrachtung des Bedarfsverlaufs einer Materialart über einen längeren Zeitraum sind in der Zeitreihe i. d. R. charakteristische **Verlaufsmuster** zu erkennen, wobei sich die folgenden Verläufe unterscheiden lassen (vgl. Tempelmeier 2008, S. 36 ff.):

- unregelmäßiger Verlauf, der bei stark schwankendem und/oder sporadisch auftretendem Bedarf vorliegt;
- regelmäßiger Verlauf mit den Erscheinungsformen
  -- konstanter Bedarfsverlauf (Trend nullter Ordnung), d. h., der Bedarf weist nur zufällige Schwankungen um ein konstantes Niveau auf;
  -- trendförmiger Bedarfsverlauf (speziell Trend erster Ordnung);
  -- saisonal schwankender Bedarfsverlauf.

Die Trennung zwischen **unregelmäßigem** und **regelmäßigem** Bedarf wird mit Hilfe des Störpegels (SP) und des Sporadizitätskoeffizenten (SK) definiert. Der **Störpegel** ist ein relatives Maß für die Stärke der Schwankungen und gibt das Verhältnis von mittlerer absoluter Abweichung und Mittelwert einer Zeitreihe $\mathbf{R} = (r_t) \in \mathbb{R}_+^T$ an:

$$SP = \frac{\sum_t \left| r_t - \frac{1}{T} \cdot \sum_{t'} r_{t'} \right|}{\sum_t r_t}$$

Bei einem Störpegel von 0,5 weichen die Zeitreihenwerte durchschnittlich um 50 %
vom Mittelwert ab. Sind die Abweichungen noch größer, dann ist zu vermuten, dass
ein stark schwankender Bedarf vorliegt. Der **Sporadizitätskoeffizient** ist ein relatives Maß für das Ausmaß der Perioden einer Zeitreihe, die keinen positiven Bedarf
aufweisen. Hierzu werden die Bedarfswerte $r_t \in \mathbb{R}_+$ in ordinalskalierte Werte
$b_t \in \{0;1\}$ transformiert, so dass gilt:

$$ SK = \frac{\sum_t b_t}{T} \qquad \text{mit} \qquad b_t = \begin{cases} 1 & : r_t = 0 \\ 0 & : \text{sonst} \end{cases} $$

Bei einem Sporadizitätskoeffizient von 0,4 liegt in 40 % der Perioden der Zeitreihe
kein positiver Bedarf vor. Ist dieser Wert noch größer, dann wird von einem sporadi-
schen Bedarf ausgegangen. Materialarten mit sporadischem und/oder stark schwankendem Verlauf werden der **Klasse U** zugeordnet.

Zur Unterscheidung zwischen regelmäßigem Verlauf ohne Saisoneinfluss (**Klasse R**)
und mit Saisoneinfluss (**Klasse S**) kann eine Analyse der **Autokorrelationskoeffi-
zienten** vorgenommen werden. Der Autokorrelationskoeffizient ρ_τ ist dabei ein auf
das Intervall $[-1;+1]$ normiertes Maß für die Stärke des Zusammenhangs zwischen
zwei Zeitreihenwerten mit einem Abstand von τ Perioden:

$$ \rho_\tau = \frac{\displaystyle\sum_{t=1}^{T-\tau} r_t \cdot r_{t+\tau} - \frac{1}{T-\tau} \cdot \sum_{t=1}^{T-\tau} r_t \cdot \sum_{t=1+\tau}^{T} r_t}{\left(\left(\displaystyle\sum_{t=1}^{T-\tau} r_t^2 - \frac{1}{T-\tau} \cdot \left(\sum_{t=1}^{T-\tau} r_t \right)^2 \right) \cdot \left(\sum_{t=1+\tau}^{T} r_t^2 - \frac{1}{T-\tau} \cdot \left(\sum_{t=1+\tau}^{T} r_t \right)^2 \right) \right)^{\frac{1}{2}}} $$

Hat ρ_τ einen hohen positiven (negativen) Wert, dann schwanken Zeitreihenwerte,
die τ Perioden auseinanderliegen, in dieselbe (die entgegengesetzte) Richtung. Werden die Korrelationskoeffizienten für unterschiedliche Zeitverschiebungen τ
($\tau = 1,...,2 \cdot \sqrt{T}$) berechnet und im Verschiebungsverlauf durch ein **Autokorrelo-
gramm** dargestellt, dann können drei typische Fälle unterschieden werden (vgl.
Tempelmeier 2003, S. 30 f.):

- **Saisonaler Verlauf**: stark positive Korrelation bei Zeitverschiebungen, die der
  Anzahl der Saisonperioden oder ganzzahligen Vielfachen davon entsprechen, und
  stark negative Korrelation bei Zeitverschiebungen, die in der Mitte zwischen zwei
  Zeitverschiebungen mit stark positiver Korrelation liegen.
- **Trendförmiger Verlauf**: mit zunehmender Zeitverschiebung abnehmende Korre-
  lationskoeffizienten.
- **Konstanter Verlauf bei Dominanz zufälliger Schwankungen**: kleinere unre-
  gelmäßige Schwankungen der Korrelationskoeffizienten um den Wert null.

Um eine differenziertere Auswahl von Verfahren zur Materialbedarfsermittlung zu
ermöglichen, bietet es sich an, die RSU-Analyse mit der ABC-Analyse zu kombinieren, wie dies in Tabelle 3.44 dargestellt ist. In der 9-Felder-Matrix sind Auswahl-
empfehlungen eingetragen, die als bedingte Empfehlungen zu interpretieren sind.

	A-Teile	B-Teile	C-Teile
Regelmäßiger Bedarf (R)	Programm-gesteuert	Programm-gesteuert	Verbrauchs-gesteuert
Schwankender Bedarf (S)	Programm-gesteuert	Programm-gesteuert	Verbrauchs-gesteuert
Unregelmäßiger Bedarf (U)	Programm-gesteuert	Verbrauchs-gesteuert	Grobe Schätzungen

Tabelle 3.44: ABC/RSU-Analyse

3.2.2.2.2 Verbrauchsorientierte Verfahren

Datengrundlage dieser Verfahren bilden Vergangenheitswerte des Materialver-brauchs, die als **Realisationen einer Zufallsvariablen** angesehen werden. An die darauf aufbauende Prognose sind die beiden folgenden **Anforderungen** zu stellen:

- die Vergangenheitswerte liegen in der Form einer Zeitreihe vor, und
- es sind die Prämissen offenzulegen, unter denen eine Prognose erstellt wird.

Von einer **quantitativen Prognose** wird dann gesprochen, wenn auf der Grundlage von Vergangenheitswerten mit Hilfe eines quantitativen Modells Aussagen über zu-künftige Werte getroffen werden.

Inputs der quantitativen Prognose sind somit die Zeitreihe des Materialverbrauchs, das formale Prognosemodell und die Angabe des zukünftigen Zeitraumes, für den die Prognose erstellt werden soll. Eine **Zeitreihe** ist eine zeitlich geordnete Folge von Beobachtungswerten. Dabei werden die einzelnen Zeitpunkte zu einer Menge von Beobachtungszeitpunkten T zusammengefasst, bei der für jeden Zeitpunkt $t \in T$ ge-nau eine Beobachtung r_t vorliegt. Üblicherweise werden äquidistante Zeitpunkte (z. B. Stunden des Tages, Wochen oder Monate des Jahres, Jahre des Jahrzehnts) gewählt, so dass die Vergangenheitsdaten zeitdiskret sind. Das **Prognosemodell** wird auf der Grundlage der Zeitreihendaten geschätzt. Da eine Vielzahl an Modelltypen existiert, ist derjenige Typ auszuwählen, der einerseits das in der Zeitreihe enthaltene Muster grundsätzlich zu reproduzieren vermag und andererseits bei der Schätzung möglichst wenig Rechenaufwand induziert. Darüber hinaus ist bei den Modelltypen zwischen denjenigen zu unterscheiden, die eine Prognose nur für die nächste zukünf-tige Periode erlauben, und denjenigen, die für mehrere zukünftige Perioden Prognos-ewerte zu berechnen vermögen. Durch die Angabe eines mehrperiodigen **Prognose-zeitraumes** werden dann die zuerst genannten Modelltypen von der weiteren Be-trachtung ausgeschlossen.

Output der quantitativen Prognose sind die prognostizierten Werte und Angaben zur Prognosequalität. Die prognostizierten Werte ergeben sich aus der Berechnung mit dem geschätzten Modell und beziehen sich auf unterschiedliche Zeiträume. Die **ex ante-Prognose** liefert die gewünschten Aussagen über den Materialbedarf in zu-künftigen Perioden. Demgegenüber bestimmt die **ex post-Prognose** Schätzwerte des

Materialbedarfs für vergangene Perioden. Diese Schätzwerte werden einerseits dazu genutzt, das Prognosemodell an das in der Zeitreihe enthaltene Muster so anzupassen, dass die Abweichungen zwischen Schätz- und Beobachtungswerten minimal sind. Im Allgemeinen bedeutet das Erreichen des Abweichungsminimums jedoch nicht, dass keine Abweichungen bestehen. Deshalb werden andererseits die minimierten Abweichungen genutzt, um die Prognosequalität zu beurteilen. Die zweite Outputkomponente einer quantitativen Prognose ist somit der durch aggregierte Fehlermaße ausgedrückte **Prognosefehler**. Dieser wird für unterschiedliche Zwecke herangezogen:

- Begründung der Auswahl eines Modelltyps aus der Menge grundsätzlich geeigneter Prognosemodelle,
- Abschätzung des Vertrauensintervalls der ex ante-Prognose,
- Überwachung der Prognosequalität im Zeitablauf, um Veränderungen in der Zeitreihe zu erkennen, die bei der Schätzung des Prognosemodells noch nicht bekannt waren.

Die aggregierten **Fehlermaße** fassen die zeitpunktbezogenen Abweichungen zwischen Beobachtungswert r_t und ex post-Prognosewert $\hat{r}_t$ zu einer Kenngröße zusammen. Häufig werden hierfür die **mittlere absolute Abweichung** (MAA) und die **mittlere quadratische Abweichung** (MQA) herangezogen:

$$MAA = \frac{1}{T} \cdot \sum_t \left| r_t - \hat{r}_t \right|$$

$$MQA = \frac{1}{T} \cdot \sum_t \left(r_t - \hat{r}_t \right)^2$$

Beide Fehlermaße geben Auskunft darüber, wie groß die systematischen Fehler eines Prognosemodells für eine vorgegebene Zeitreihe sind. Sie sind so konzipiert, dass sich negative und positive Abweichungen nicht gegenseitig aufheben. Da die MAA den Durchschnitt der Beträge zeitpunktbezogener Abweichungen ermittelt, werden kleinere Abweichungen mit demselben Gewicht wie größere Abweichungen berücksichtigt. Demgegenüber fließen bei der MQA durch das Quadrieren kleinere Abweichungen mit geringerem Gewicht als größere Abweichungen in das Fehlermaß ein. Darüber hinaus sind die Werte beider Fehlermaße vom Niveau der gegebenen Zeitreihe abhängig, so dass ein Vergleich der Prognosequalitäten auf der Basis unterschiedlicher Zeitreihen erschwert wird. Ein Fehlermaß, das diesen Zweck zu erfüllen vermag, ist der **Ungleichheitskoeffizient von Theil** (TU), der Auskunft darüber gibt, wie gut eine Prognose im Vergleich zur naiven Prognose ist. Bei der naiven Prognose entspricht der Prognosewert für einen Zeitpunkt dem Beobachtungswert des vorhergehenden Zeitpunktes. Um den TU zu ermitteln, werden die für die h jüngsten Zeitreihenwerte berechneten MQA der betrachteten Prognose und der naiven Prognose zueinander ins Verhältnis gesetzt und die Quadratwurzel dieses Quotienten berechnet:

$$TU = \sqrt{\sum\nolimits_{t=h+1}^{T} (r_t - \hat{r}_t)^2 / \sum\nolimits_{t=h+1}^{T} (r_{t-1} - r_t)^2}$$

Ergibt sich $TU = 1$, dann weist die betrachtete Prognose die gleiche Qualität wie die naive Prognose auf. Je mehr sich der TU an den Wert 0 annähert, umso besser ist die betrachtete Prognose. In der Praxis wird bei $TU \le 0,4$ von einer guten Prognosequalität gesprochen.

Für die verbrauchsorientierte Materialbedarfsermittlung stehen mehrere Typen von Prognosemodellen zur Verfügung, die die relevanten Muster des Materialverbrauchs unterschiedlich gut abzubilden vermögen und unterschiedlich hohen Rechenaufwand induzieren. Deshalb werden bei der **Auswahl des Modelltyps** drei Schritte vollzogen. Zuerst ist das Muster des Materialverbrauchs analog zur RSU-Analyse durch die Anwendung statistischer Indikatoren zu bestimmen. Darauf aufbauend werden die für das festgellte Muster geeigneten Modelltypen eingegrenzt. Hierzu sollte auf wissenschaftlich fundierte Aussagen zur grundsätzlichen Eignung der Modelltypen zurückgegriffen werden. In der Regel werden für ein Verbrauchsmuster mehrere Modelltypen als geeignet angesehen, so dass die eindeutige Auswahl des Modelltyps auf einer Beurteilung der Prognosequalität für die vorliegende Zeitreihe basiert. Da Zeitreihen im Zeitablauf Änderungen unterliegen können, können die Auswahl eines Modelltyps und die Schätzung des Prognosemodells nicht als endgültig angesehen werden, sondern es empfiehlt sich, die Prognosequalität zu überwachen (vgl. Küsters/Thyson/Büchl 2012, S. 383 f.). Liegen Änderungen der Zeitreihe vor, die sich nicht in einer veränderten Struktur des Verbrauchsmusters niederschlagen, dann kann der ausgewählte Modelltyp zumeist weiterverwendet werden, und nur das Modell muss erneut geschätzt werden. Liegt hingegen ein Strukturbruch in der Zeitreihe vor, dann ist erneut über den Modelltyp zu entscheiden.

Aus der Vielfalt der verfügbaren Typen von Prognosemodellen werden im Folgenden relativ einfache Alternativen vorgestellt, die für mindestens eine Form des regelmäßigen Verlaufs des Materialverbrauchs (konstant, trendförmig, saisonal) geeignet sind. Liegt ein regelmäßiger, nahezu konstanter Verlauf vor und soll die Prognose nur für die nächste zukünftige Periode erfolgen, dann kann die Bedarfsermittlung z. B. mit Hilfe des **exponentiellen Glättens erster Ordnung** (vgl. Brown 1963, S. 101 ff.; zu einem Überblick über weitere Varianten des exponentiellen Glättens vgl. Schröder 2012, S. 20 ff.) vorgenommen werden. Bei diesem Modelltyp wird ein gewogenes arithmetisches Mittel der Verbrauchswerte berechnet, um irreguläre Schwankungen aus der Zeitreihe herauszufiltern. Die Berechnung des Schätzwertes $\hat{r}_\tau^{(1)}$ erfolgt entweder rekursiv oder simultan. Im zuerst genannten Fall wird der Schätzwert $\hat{r}_\tau^{(1)}$ für eine Periode τ aus dem Beobachtungswert r_τ dieser Periode und dem Schätzwert für die vorherige Periode $\hat{r}_{\tau-1}^{(1)}$ unter Berücksichtigung des **Glättungsparameters** α $(0 < \alpha < 1)$ ermittelt:

$$\hat{r}_\tau^{(1)} = \alpha \cdot r_\tau + (1-\alpha) \cdot \hat{r}_{\tau-1}^{(1)} \qquad \forall \tau = 1, ..., t$$

Nach der Vorgabe des initialen Schätzwertes $\hat{r}_0^{(1)}$ durch den ersten Beobachtungswert r_1 erfolgt die Berechnung des Schätzwertes $\hat{r}_1^{(1)}$. Dies wird mit aufsteigendem τ solange fortgesetzt, bis der Schätzwert für die aktuelle Periode $\tau = t$ bestimmt wurde. Dieser Schätzwert gilt dann als **Prognose für die nächste Periode**:

$$\hat{r}_t^{(1)} = PW_{t+1}$$

Bei der **simultanen Vorgehensweise** werden die rekursiven Formeln ineinander eingesetzt, und es ergibt sich die Funktion:

$$\hat{r}_t^{(1)} = \alpha \cdot \sum_{\tau=1}^{t} (1-\alpha)^{t-\tau} \cdot r_\tau + (\alpha-1)^t \cdot \hat{r}_0^{(1)}$$

mit der nach Vorgabe des initialen Schätzwertes $\hat{r}_0^{(1)}$ der Schätzwert $\hat{r}_t^{(1)}$ in einem Schritt berechnet werden kann. Aus der simultanen Funktion wird deutlich, dass die Bezeichnung „exponentiellen Glätten" aus der exponentiellen Gewichtung der Beobachtungswerte abgeleitet wurde.

Beide Berechnungsweisen haben zur Folge, dass zwar alle Zeitreihenwerte in die Prognose einbezogen werden, aber deren Gewichtung mit zunehmendem Alter $(t-\tau)$ der Zeitreihenwerte abnimmt. Darüber hinaus kann durch die Festlegung des α-Wertes dahingehend auf die Schätzung Einfluss genommen werden, dass bei größerem Wert die Geschwindigkeit der Anpassung an Veränderungen in der Zeitreihe höher und die Glättung der Zeitreihe schwächer wird. Hieraus ergibt sich das Erfordernis, den Glättungsparameter α so auf die Zeitreihe abzustimmen, dass der ex post- Prognosefehler minimal ist.

Das folgende Beispiel soll das exponentielle Glätten erster Ordnung veranschaulichen, wobei mit unterschiedlichen α-Werten gearbeitet wird, um den Einfluss dieses Glättungsparameters zu verdeutlichen.

τ	r_τ	PW_τ					
		$\alpha=0,1$	$\alpha=0,3$	$\alpha=0,5$	$\alpha=0,7$	$\alpha^*=0,8$	$\alpha=0,9$
1	230	-	-	-	-	-	-
2	250	230,00	230,00	230,00	230,00	230,00	230,00
3	240	232,00	236,00	240,00	244,00	246,00	248,00
4	260	232,80	237,20	240,00	241,20	241,20	240,80
5	270	235,52	244,04	250,00	254,36	256,24	258,08
6	255	238,97	251,83	260,00	265,31	267,25	268,81
7	290	240,57	252,78	257,50	258,09	257,45	256,38
8	300	245,51	263,95	273,75	280,43	283,49	286,64
9	295	250,96	274,76	286,88	294,13	296,70	298,66
10	300	255,37	280,83	290,94	294,74	295,34	295,37
11	-	259,83	286,58	295,47	298,42	299,07	299,54
	MQA	1332,57	564,67	346,50	283,42	276,17	278,79

Tabelle 3.45: Beispiel zur exponentiellen Glättung erster Ordnung

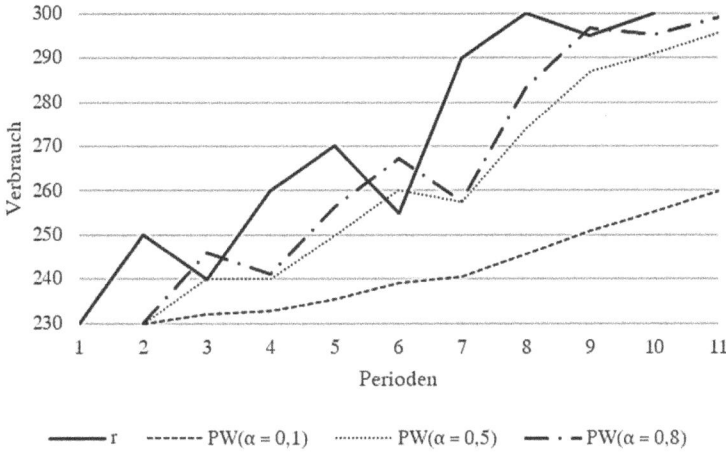

Abbildung 3.18: Beobachtungs- und Prognosewerte des Beispiels im Zeitablauf bei exponentieller Glättung erster Ordnung

Es zeigt sich, dass der durch MQA gemessene Prognosefehler zunächst mit zunehmendem α-Wert reduziert und dann wieder erhöht wird. Der beste Fit des Prognosemodells' wird im Beispiel bei $\alpha = 0,8$ erreicht. Der vertrauenswürdigste Prognosewert für den Materialverbrauch in Periode 11 ist folglich 299. Da der TU in diesem Fall 0,926 beträgt, liegt keine gute Prognosequalität vor. Aus der graphischen Darstellung der Zeitreihen der Beobachtungs- und Prognosewerte für $\alpha \in \{0,1; 0,5; 0,8\}$ (vgl. Abbildung 3.18) ist ersichtlich, dass mit $\alpha = 0,1$ eine starke, mit $\alpha = 0,5$ eine mittlere und mit $\alpha = 0,8$ eine schwache Glättung erfolgt und die Schwankungen der beobachteten Zeitreihe unabhängig vom α-Wert verzögert in die prognostizierten Zeitreihen übertragen werden.

Liegt hingegen kein (nahezu) konstanter, sondern ein trendförmiger Bedarfsverlauf vor, dann ist das exponentielle Glätten erster Ordnung als Prognosemodell nicht geeignet. In diesem Fall kann durch das **exponentielle Glätten zweiter Ordnung** die Grundlage für eine Schätzung des Trends geschaffen werden (vgl. Brown 1963, S. 128 ff.). Hierzu wird die in erster Ordnung geglättete Zeitreihe einer wiederholten Glättung unterzogen, wobei wieder die rekursive oder die simultane Vorgehensweise angewendet werden kann. Für den Schätzwert zweiter Ordnung $\hat{r}_t^{(2)}$ gelten:

$$\hat{r}_\tau^{(2)} = \alpha \cdot \hat{r}_\tau^{(1)} + (1-\alpha) \cdot \hat{r}_{\tau-1}^{(2)} \quad \forall \tau = 1,...,t$$

$$\hat{r}_t^{(2)} = \alpha \cdot \sum\nolimits_{\tau-1}^{t} (1-\alpha)^{t-\tau} \cdot \hat{r}_\tau^{(1)} + (1-\alpha)^t \cdot r_0^{(2)}$$

Durch das wiederholte Glätten werden die irregulären Schwankungen der beobachteten Zeitreihe noch stärker herausgefiltert, so dass sie sich in der geschätzten Zeitreihe noch später und in einem noch geringeren Ausmaß zeigen. Der Glättungsparameter α bewirkt analog zum Glätten erster Ordnung eine Gewichtung der Zeitreihenwerte in Abhängigkeit von ihrem Alter. Die **Prognose** wird nicht direkt mit den Werten der doppelt geglätteten Zeitreihe, sondern durch die **lineare Trendfunktion** mit dem Achsenabschnitt a_t, dem Anstieg b_t und den auf die aktuelle Periode t folgenden m Perioden

$$PW_{t+m} = a_t + b_t \cdot m$$

vollzogen. Die Trendparameter a_t und b_t werden auf der Grundlage der Werte der einfach und der doppelt geglätteten Zeitreihe geschätzt, wobei folgende Eigenschaften der Zeitreihen genutzt werden:

- Die Verzögerung zwischen doppelt geglätteter und einfach geglätteter Zeitreihe ist genauso groß wie die Verzögerung zwischen einfach geglätteter und beobachteter Zeitreihe.
- Der durchschnittliche Anstieg aller drei Zeitreihen ist gleich.

Damit gilt für die Erwartungswerte der Zeitreihen:

$$E[r_t] - E[\hat{r}_t^{(1)}] = E[\hat{r}_t^{(1)}] - E[\hat{r}_t^{(2)}] = b \cdot \frac{1-\alpha}{\alpha}$$

Bei positivem linearen Trend lässt sich deshalb der Unterschied zwischen den für eine Periode geschätzten Zeitreihenwerten durch den Anstieg b_t multipliziert mit einer Funktion des Glättungsparameters α ausdrücken:

$$b_t = \frac{\alpha}{1-\alpha} \cdot (\hat{r}_t^{(1)} - \hat{r}_t^{(2)})$$

Der Achsenabschnitt a_t der Trendfunktion sollte der Erwartung des für die Periode t zu beobachtenden Wertes entsprechen. Aufgrund der Beziehungen zwischen den Erwartungswerten ergibt sich:

$$a_t = E[r_t] = \hat{r}_t^{(1)} + b_t \cdot \frac{1-\alpha}{\alpha}$$

$$a_t = \hat{r}_t^{(1)} + \frac{\alpha}{1-\alpha} \cdot (\hat{r}_t^{(1)} - \hat{r}_t^{(2)}) \cdot \frac{1-\alpha}{\alpha}$$

$$a_t = 2 \cdot \hat{r}_t^{(1)} - \hat{r}_t^{(2)}$$

Mit den bereits vorgestellten Beispieldaten ergeben sich die in Tabelle 3.46 angegebenen Schätzwerte und in Tabelle 3.47 angegebenen Prognosewerte. Die Ergebnisse verdeutlichen, dass die Prognose mit dem Modelltyp „exponentielle Glättung zweiter Ordnung" für die Beispieldaten eine höhere Qualität aufweist als mit dem Modelltyp „exponentielle Glättung erster Ordnung". Darüber hinaus wird eine Prognose für mehrere zukünftige Perioden ermöglicht. Der mit dem MQA gemessene Prognosefehler nimmt wieder zunächst mit zunehmendem α-Wert zu und dann ab. Am vertrauenswürdigsten ist die Prognose mit $\alpha = 0,35$. Mit einem TU von 0,565 ist die Prognosequalität aber noch nicht als gut einzustufen.

τ	r_τ	$\alpha = 0,25$		$\alpha^* = 0,35$		$\alpha = 0,45$	
		$\hat{r}_\tau^{(1)}$	$\hat{r}_\tau^{(2)}$	$\hat{r}_\tau^{(1)}$	$\hat{r}_\tau^{(2)}$	$\hat{r}_\tau^{(1)}$	$\hat{r}_\tau^{(2)}$
1	230	230,00	230,00	230,00	230,00	230,00	230,00
2	250	231,00	231,25	237,00	232,45	239,00	234,05
3	240	236,25	232,50	238,05	324,41	239,45	236,48
4	260	242,19	234,92	245,73	238,37	248,70	241,98
5	270	249,14	238,48	254,23	243,92	258,28	249,32
6	255	250,61	241,51	254,50	247,62	256,81	252,69
7	290	260,45	246,25	266,92	254,38	271,74	261,26
8	300	270,34	252,27	278,50	262,82	284,46	271,70
9	295	267,51	258,33	284,27	270,33	289,20	279,58
10	300	282,38	264,34	289,78	277,14	294,06	286,09
		$a_t = 300,147$		$a_t = 302,421$		$a_t = 302,028$	
		$b_t = 6,013$		$b_t = 6,807$		$b_t = 6,518$	

Tabelle 3.46: Beispiel zur exponentiellen Glättung zweiter Ordnung (Beobachtungs- und Schätzwerte)

τ	r_τ	PW_τ		
		$\alpha = 0,25$	$\alpha^* = 0,35$	$\alpha = 0,45$
1	230	246,30	241,16	243,36
2	250	252,32	247,96	249,88
3	240	258,33	254,77	256,40
4	260	264,34	261,58	262,92
5	270	270,35	268,38	269,44
6	255	276,37	275,19	275,96
7	290	282,38	282,00	282,47
8	300	288,39	288,81	288,99
9	295	294,40	295,61	295,51
10	300	300,42	302,42	302,03
11	-	306,43	309,23	308,55
12	-	312,44	316,03	315,06
13	-	318,46	322,84	321,58
	MQA	127,59	95,51	107,77

Tabelle 3.47: Beispiel zur exponentiellen Glättung zweiter Ordnung (Beobachtungs- und Prognosewerte)

Abbildung 3.19 gibt die Zeitreihen der Beobachtungs- und Prognosewerte in graphischer Form wieder und verdeutlicht, dass der Glättungsparameter α sowohl den Achsenabschnitt als auch die Steigung der geschätzten Trendfunktion beeinflusst.

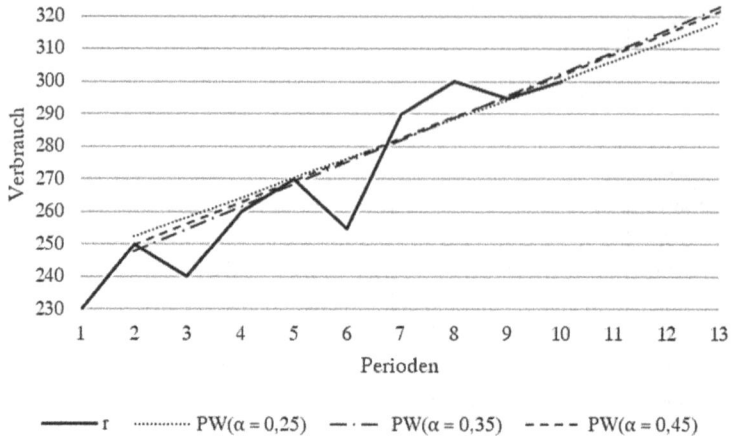

Abbildung 3.19: Beobachtungs- und Prognosewerte des Beispiels im Zeitablauf bei exponentieller Glättung zweiter Ordnung

Lineare Trendfunktionen können aber auch mit nicht-parametrischen Verfahren geschätzt werden. Im einfachsten Fall gelangt hierfür die **einfache lineare Regression** zur Anwendung. Ziel dieses Modelltyps ist es, eine lineare Funktion zu finden, die sich dem zeitlichen Verlauf der Beobachtungswerte in optimaler Weise anpasst (zur Analyse bei zeitunabhängigen Beobachtungen vgl. Schneeberger 2012, S. 136 ff.). Als Anpassungskriterium dient dabei die Summe der quadrierten Abstände zwischen der Trendfunktion TR_t und dem tatsächlichen Wert r_t. Somit lautet die Zielfunktion:

$$\min Z = \sum\nolimits_t (r_t - TR_t)^2$$

Wird die lineare Trendfunktion wieder in Abhängigkeit von der Zeit durch den Achsenabschnitt a und den Anstieg b beschrieben und in die Zielfunktion eingesetzt, dann ergibt sich:

$$\min Z = \sum\nolimits_t (r_t - (a + b \cdot t))^2$$

Die Trendfunktionsparameter a und b lassen sich auf der Grundlage der Beobachtungswerte analytisch bestimmen. Hierzu ist die Zielfunktion nach a und b partiell abzuleiten und gleich null zu setzen (die zweiten partiellen Ableitungen sind stets positiv). Hierdurch ergeben sich die beiden **Normalgleichungen** (vgl. Hüttner 1986, S. 18):

$$\sum\nolimits_t r_t = a \cdot T + b \cdot \sum\nolimits_t t$$
$$\sum\nolimits_t (t \cdot r_t) = a \cdot \sum\nolimits_t t + b \cdot \sum\nolimits_t t^2$$

Durch Lösen dieses Gleichungssystems werden a und b bestimmt:

$$a = \frac{\sum_t (r_t \cdot t) \cdot \sum_t t - \sum_t r_t \cdot \sum_t t^2}{(\sum_t t)^2 - T \cdot \sum_t t^2}$$

$$b = \frac{\sum_t (r_t \cdot t) \cdot T - \sum_t r_t \cdot \sum_t t}{T \cdot \sum_t t^2 - (\sum_t t)^2}$$

Die Trendberechnung sei an dem bekannten Beispiel verdeutlicht (vgl. Tabelle 3.48). Für die Beispieldaten weist die Prognose des Trends mit dem Modelltyp „lineare Regression" im Vergleich zum Modelltyp „exponentielle Glättung zweiter Ordnung" eine etwas höhere Qualität auf. Dies ist jedoch nicht generell der Fall, weil bei der linearen Regression die Gewichtung von in der Zeitreihe eventuell enthaltenen Ausreißern nicht durch das Setzen von Parameterwerten reduziert werden kann. Es wird immer die Trendfunktion mit dem besten Fit zu den in der Regression berücksichtigten Werten ermittelt. Deshalb sollte die Zeitreihe vor der Durchführung der Regression um Ausreißer bereinigt werden (zur Handhabung von Ausreißern vgl. Küsters/Thyson/Büchl 2012, S. 384 ff.).

In Abbildung 3.20 wird die Zeitreihe der Beobachtungswerte der Zeitreihe der Prognosewerte bei linearer Regression graphisch gegenübergestellt. Im Vergleich zur besten Prognose ($\alpha = 0,35$) mit Hilfe der exponentiellen Glättung zweiter Ordnung (vgl. Abbildung 3.19) wird deutlich, dass bei der linearen Regression keine altersabhängige Gewichtung der Beobachtungswerte erfolgt. Die Trendfunktion wird so ausgerichtet, dass die Summen der quadrierten positiven und der quadrierten negativen Abweichungen der Beobachtungswerte gleichgroß sind.

t	r_t	t^2	$r \cdot t$	TR_t	
1	230	1	230	233	Berechnung der
2	250	4	500	241	Trendparameter:
3	240	9	720	249	$\sum_t t = 55$
4	260	16	1040	257	
5	270	25	1350	265	$\sum_t r_t = 2690$
6	255	36	1530	273	
7	290	49	2030	281	$\sum_t t^2 = 385$
8	300	64	2400	289	$\sum_t r_t \cdot t = 15455$
9	295	81	2655	297	$a = 225$
10	300	100	3000	305	$b = 8$
11	-	-	-	313	Prognosequalität:
12	-	-	-	321	MQA = 76
13	-	-	-	329	TU = 0,537

Tabelle 3.48: Beispiel zur Trendberechnung mit einfacher linearere Regression (Beobachtungswerte, Zwischenergebnisse und Prognosewerte)

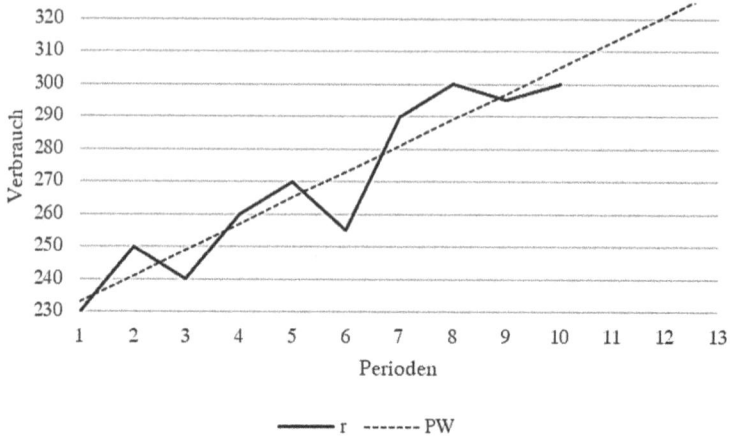

Abbildung 3.20: Beobachtungs- und Prognosewerte des Beispiels im Zeitablauf bei linearer Regression

Bei genauerer Betrachtung der Zeitreihen fällt auf, dass die Beobachtungswerte regelmäßig in periodischer Folge vom Trend abweichen, und zwar mit einer Saisonalität von 3 Perioden. Dies könnte z. B. darauf zurückzuführen sein, dass der Materialverbrauch einer Produktion mit Dreischichtsystem beobachtet werde. Für die Daten des Beispiels kann folglich eine Verbesserung der Prognosequalität dadurch erreicht werden, dass zusätzlich zum Trend auch saisonale Schwankungen durch das Prognosemodell abgebildet werden. Eine Möglichkeit hierfür besteht in der Anwendung des Modelltyps „Zeitreihendekomposition". Die Grundidee der Zeitreihendekomposition ist es, die Zeitreihe in Komponenten mit regulärem Muster (z. B. Trend, Saison) zu zerlegen und die irreguläre Komponente zu eliminieren. Die regulären Komponenten werden dann zu einer Prognosefunktion zusammengeführt. Dies kann auf multiplikative und/oder additive Weise erfolgen (vgl. z. B. Schlittgen/Streitberg 2001, S. 82 f.). Auch wenn im Folgenden ausschließlich die **additive Zeitreihendekomposition** im Zentrum des Interesses steht (zu Details der Vorgehensweise im multiplikativen Fall vgl. Hüttner 1986, S. 11 ff.), wird dabei zur Vereinfachung nur von Zeitreihendekomposition gesprochen.

Durch das Verfahren der Zeitreihendekomposition werden die regulären Komponenten sukzessive berechnet. Dabei liegt eine Abfolge von fünf Schritten zugrunde (in Anlehnung an Tempelmeier 2008, S. 70 ff.):

1. Bestimmung der **glatten Komponente** $\breve{r}$ mit Hilfe des zentrierten gleitenden Durchschnitts: Liegt eine Zeitreihe mit ungerader Anzahl der Saisonperioden Q vor, dann gilt:

$$\breve{r}_t = \frac{1}{Q} \cdot \sum\nolimits_{t'=t-(Q-1)/2}^{t+(Q-1)/2} r_{t'}$$

Bei gerader Anzahl der Saisonperioden Q gilt:

$$\breve{r}_t = \frac{1}{Q} \cdot \left(\frac{r_{t-Q/2} + r_{t+Q/2}}{2} + \sum_{t'=t-Q/2+1}^{t+Q/2-1} r_{t'} \right)$$

2. Berechnung der kombinierten **saisonal-irregulären Komponente** sy:

$$sy_t = r_t - \breve{r}_t$$

3. Eliminierung der **irregulären Komponente** und Bestimmung der **saisonalen Komponente** s: Grundlage hierfür ist die Transformation der Zeitreihe sy von der Vektorform $\overline{sy} = (sy_t)$ [T×1] in die Matrixform $\mathbf{sy} = (sy_{aq})$ [A×Q] durch $a = \lceil t/Q \rceil$, $q = t - (a-1) \cdot Q$ und $A = \lceil T/Q \rceil$. Zuerst werden die Durchschnittswerte der Saisonperioden sy_q berechnet und dann so zu Saisonzahlen s_q standardisiert, dass deren Summe null beträgt:

$$sy_q = \frac{1}{A} \cdot \sum_a sy_{aq}$$

$$s_q = sy_q - \frac{1}{Q} \cdot \sum_{q'} sy_{q'}$$

4. Bestimmung der Parameter a und b der **saisonbereinigten Trendfunktion** durch lineare Regression der glatten Komponente (analog zum Modelltyp lineare Regression).

5. Kombination der regulären Komponenten zur **Prognosefunktion** PW: Grundlage bildet die Transformation des Zeilenvektors der Saisonzahlen $\underline{s} = (s_q)$ [T×1] in einen Spaltenvektor $\overline{s} = (s_t)$ [T×1] durch $s_t = s_q$ für $q = t - (a-1) \cdot Q$. Die Prognosefunktion lautet:

$$PW_t = a + b \cdot t + s_t$$

Die Zeitreihendekomposition für das Beispiel ist in Tabelle 3.49 zusammengefasst.

t	r_t	$\breve{r}_t$	sy_t	TR_t	s_t	PW_t	
1	230	-	-	230,89	4,63	235,52	Parameter der
2	250	240,00	10,00	239,44	6,57	246,02	saisonbereinigten
3	240	250,00	-10,00	248,00	-11,20	236,79	Trendfunktion:
4	260	256,67	3,33	256,55	4,63	261,18	$a = 222,34$
5	270	261,67	8,33	265,10	6,57	271,67	$b = 8,55$
6	255	271,67	-16,67	273,65	-11,20	262,45	
7	290	281,67	8,33	282,20	4,63	286,83	
8	300	295,00	5,00	290,75	6,57	297,33	
9	295	298,33	-3,33	299,31	-11,20	288,10	
10	300	-	-	307,86	4,63	312,49	
11	-	-	-	316,41	6,57	322,98	Prognosequalität:
12	-	-	-	324,96	-11,20	313,76	$MQA = 33,70$
13	-	-	-	333,51	4,63	338,14	$TU = 0,343$

Tabelle 3.49: Beispiel zur Prognose mit Hilfe der Zeitreihendekomposition (Beobachtungswerte, Zwischenergebnisse und Prognosewerte)

Durch die zusätzliche Berücksichtigung der saisonalen Schwankungen mit Hilfe der Zeitreihendekomposition konnte die Prognosequalität im Vergleich zu den Modelltypen für die reine Trendprognose deutlich verbessert werden. Da der TU kleiner als 0,4 ist, liegt eine gute Prognosequalität vor. Die Zeitreihen der Beobachtungs- und Prognosewerte sind in Abbildung 3.21 graphisch dargestellt.

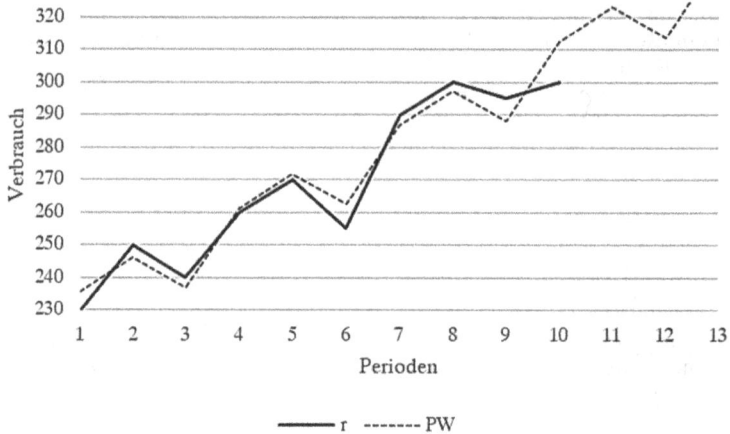

Abbildung 3.21: Beobachtungs- und Prognosewerte des Beispiels im Zeitablauf bei additiver Zeitreihendekomposition

3.2.2.2.3 Programmorientierte Verfahren

Aus der ABC/RSU-Analyse geht hervor, dass Materialarten der Klassen AR, AS, AU, BR und BS mit Hilfe programmorientierter Verfahren disponiert werden sollten. Diese Verfahren verknüpfen die Informationen über das kurzfristige Produktionsprogramm mit den Informationen über die Erzeugnisstruktur. Die Erzeugnisstruktur lässt sich mit Hilfe von Gozintographen, Stücklisten oder Direktbedarfsmatrizen erfassen. Der **Gozintograph** (die Bezeichnung ergab sich aus einer Sprachverschandelung der Formulierung „the part that goes into") ist ein gerichteter Graph aus Knoten, die Güterarten r_j ($j = 1,...,n$) redundanzfrei repräsentieren, und gewichteten Kanten, die Mengenbeziehungen (Produktionskoeffizient $h_{ij'}$) zwischen den Güterarten erfassen. Für eine konvergierende Erzeugnisstruktur, bei der sich das zu erstellende Enderzeugnis (r_1) aus zwei Bauteilen (r_2, r_3) und diese aus vier Einzelteilen (r_4, r_5, r_6, r_7) zusammensetzt, ergibt sich beispielsweise der in Abbildung 3.22 dargestellte Gozintograph. Die Zahlen auf den Pfeilen (Kantengewichte) geben dabei die Mengen an, die von dem jeweiligen Einzel- oder Bauteil benötigt werden, um eine Mengeneinheit des übergeordneten Bauteils bzw. Enderzeugnisses zu erstellen.

Die **Stückliste**, ist das tabellarische Pendant zum Gozintograph. Unter einer Stückliste ist eine mengenmäßige Auflistung der in ein Endprodukt oder Bauteil eingehenden Teile zu verstehen. Eine grundlegende Erscheinungsform ist die **Baukastenstückliste**, die die in die Baugruppen und Endprodukte direkt eingehenden Teile erfasst, so dass für jede Baugruppe eine getrennte Stückliste entsteht. Auf das Beispiel bezogen ergibt sich dann die in Tabelle 3.50) dargestellte Baukastenstückliste (mit den Werten aus Abbildung 3.22).

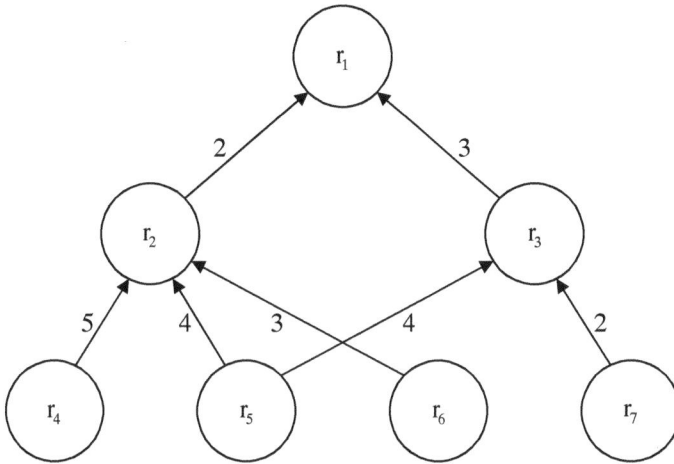

Abbildung 3.22: Gozintograph

Erzeugnis ($j = 1$)		
Sachnummer	Bezeichnung	Menge (h_{1j})
$j = 2$	Bauteil	2
$j = 3$	Bauteil	3

Bauteil ($j = 2$)		
Sachnummer	Bezeichnung	Menge (h_{2j})
$j = 4$	Einzelteil	5
$j = 5$	Einzelteil	4
$j = 6$	Einzelteil	3

Bauteil ($j = 3$)		
Sachnummer	Bezeichnung	Menge (h_{3j})
$j = 5$	Einzelteil	4
$j = 7$	Einzelteil	2

Tabelle 3.50: Baukastenstückliste

Um den Bedarf der Teile und Baugruppen ausschließlich in Bezug auf das Endprodukt zu erfassen, bietet sich die **Mengenübersichtsstückliste** an (vgl. Tabelle 3.51 aufbauend auf den Werten aus Abbildung 3.22). Hierzu sind die Werte der Produktionskoeffizienten $h_{jj'}$ zu Verflechtungskoeffizienten v_{1j} zu aggregieren. Bei nichtzyklischer Produktion erfolgt dies durch Multiplikation der Produktionskoeffizienten, durch die die betrachtete Güterart r_j mit dem Endprodukt r_l verbunden ist.

Erzeugnis ($j = 1$)		
Sachnummer	Bezeichnung	Menge (v_{lj})
$j = 4$	Einzelteil	10
$j = 5$	Einzelteil	20
$j = 6$	Einzelteil	6
$j = 7$	Einzelteil	6
$j = 2$	Bauteil	2
$j = 3$	Bauteil	3

Tabelle 3.51: Mengenübersichtsstückliste

Die **Direktbedarfsmatrix H** ist eine n-dimensionale quadratische Matrix, deren Zeilen j (Spalten j') sich auf die Bedarfserfüllung (Bedarfsgenerierung) durch die einzelnen Güterarten beziehen. Die Matrixzellen enthalten die Produktionskoeffizienten $h_{jj'}$. Für das Zahlenbeispiel (vgl. Abbildung 3.22) lautet die Direktbedarfsmatrix:

$$\mathbf{H} = \begin{pmatrix} 0 & 0 & 0 & 0 & 0 & 0 & 0 \\ 2 & 0 & 0 & 0 & 0 & 0 & 0 \\ 3 & 0 & 0 & 0 & 0 & 0 & 0 \\ 0 & 5 & 0 & 0 & 0 & 0 & 0 \\ 0 & 4 & 4 & 0 & 0 & 0 & 0 \\ 0 & 3 & 0 & 0 & 0 & 0 & 0 \\ 0 & 0 & 2 & 0 & 0 & 0 & 0 \end{pmatrix}$$

Das kurzfristige **Produktionsprogramm** ist durch den n-dimensionalen Spaltenvektor **X** mit den Elementen x_j ($j = 1, ..., n$) gegeben. Wird für das Beispiel angenommen, dass 30 Einheiten des Endproduktes für die Produktion geplant sind, dann lautet der Vektor $\mathbf{X} = \begin{pmatrix} 30 & 0 & 0 & 0 & 0 & 0 & 0 \end{pmatrix}^T$. Um den Materialbedarf auf der Basis der Informationen über das Produktionsprogramm und die Erzeugnisstruktur zu ermitteln, ist ein lineares **Gleichungssystem** der Mengenbilanzen aufzustellen und zu lösen. In der allgemeinen Form

$$r_j = \sum_{j'} h_{jj'} \cdot r_{j'} + x_j \qquad \forall j$$

besagt die **Mengenbilanz**, dass sich der Bedarf einer Materialart r_j aus der für diese Materialart im Produktionsprogramm vorgesehenen Menge x_j und den Bedarfen der Güterarten $r_{j'}$, in die die betrachtete Materialart einfließt, zusammensetzt. Die **Lösung des Gleichungssystems** kann bei nicht-zyklischen Erzeugnisstrukturen sukzessive erfolgen. Alternativ lässt sich das Gleichungssystem für nicht-zyklische und zyklische Erzeugnisstrukturen simultan lösen.

Da im Beispiel eine nicht-zyklische Erzeugnisstruktur vorliegt, ergibt sich beim **sukzessiven Lösen** des Gleichungssystems der folgende mit dem Endprodukt beginnende und über die Stufen der Erzeugnisstruktur verlaufende Weg:

$$r_1 = 0 + x_1 \qquad\qquad\qquad\qquad\qquad r_1 = 30$$
$$r_2 = 2 \cdot r_1 + 0 \qquad\qquad\qquad\qquad\qquad r_2 = 60$$
$$r_3 = 3 \cdot r_1 + 0 \qquad\qquad\qquad\qquad\qquad r_3 = 90$$
$$r_4 = 5 \cdot r_2 + 0 = 5 \cdot 2 \cdot r_1 \qquad\qquad\qquad r_4 = 300$$
$$r_5 = 4 \cdot r_2 + 4 \cdot r_3 = 4 \cdot 2 \cdot r_1 + 4 \cdot 3 \cdot r_1 = 20 \cdot r_1 \qquad r_5 = 600$$
$$r_6 = 3 \cdot r_2 = 3 \cdot 2 \cdot r_1 \qquad\qquad\qquad\qquad r_6 = 180$$
$$r_7 = 2 \cdot r_3 = 2 \cdot 3 \cdot r_1 \qquad\qquad\qquad\qquad r_7 = 180$$

Zum **simultanen Lösen** des Gleichungssystems kann auf die Matrixalgebra zurückgegriffen werden. Hierzu werden die Variablen der Bedarfsmengen r_j im n-dimensionalen Spaltenvektor **R** zusammengefasst und die n-dimensionale Einheitsmatrix $\mathbf{E} = (e_{jj'})$ ($e_{jj} = 1 \; \forall j = j'$; $e_{jj'} = 0 \; \forall j \neq j'$) definiert. Somit lässt sich das Gleichungssystem der Mengenbilanzen in Matrixform schreiben und nach **R** auflösen:

$$\mathbf{R} = \mathbf{H} * \mathbf{R} + \mathbf{X}$$
$$\leftrightarrow \quad \mathbf{R} - \mathbf{H} * \mathbf{R} = \mathbf{X}$$
$$\leftrightarrow \quad \mathbf{R} * (\mathbf{E} - \mathbf{H}) = \mathbf{X}$$
$$\leftrightarrow \quad \mathbf{R} = (\mathbf{E} - \mathbf{H})^{-1} * \mathbf{X}$$

Die Inverse der Matrix ($\mathbf{E} - \mathbf{H}$) wird auch als Verflechtungsmatrix $\mathbf{V} = (v_{jj'})$ bezeichnet (zur Matrizeninversion vgl. z. B. Corsten/Corsten/Sartor 2005, S. 269 ff.). Diese gibt wie die Mengenübersichtsstückliste die aggregierten Mengenbeziehungen zwischen den Güterarten an. Für den Bedarf einer Güterart gilt somit:

$$\mathbf{R} = \mathbf{V} * \mathbf{X} \qquad \text{bzw.} \qquad r_j = \sum_{j'} v_{jj'} \cdot x_{j'} \qquad \forall j$$

Für die Verflechtungsmatrix des Zahlenbeispiels gilt:

$$(\mathbf{E}-\mathbf{H})^{-1} = \begin{pmatrix} 1 & 0 & 0 & 0 & 0 & 0 & 0 \\ -2 & 1 & 0 & 0 & 0 & 0 & 0 \\ -3 & 0 & 1 & 0 & 0 & 0 & 0 \\ 0 & -5 & 0 & 1 & 0 & 0 & 0 \\ 0 & -4 & -4 & 0 & 1 & 0 & 0 \\ 0 & -3 & 0 & 0 & 0 & 1 & 0 \\ 0 & 0 & -2 & 0 & 0 & 0 & 1 \end{pmatrix}^{-1} = \begin{pmatrix} 1 & 0 & 0 & 0 & 0 & 0 & 0 \\ 2 & 1 & 0 & 0 & 0 & 0 & 0 \\ 3 & 0 & 1 & 0 & 0 & 0 & 0 \\ 10 & 5 & 0 & 1 & 0 & 0 & 0 \\ 10 & 4 & 4 & 0 & 1 & 0 & 0 \\ 6 & 3 & 0 & 0 & 0 & 1 & 0 \\ 6 & 0 & 2 & 0 & 0 & 0 & 1 \end{pmatrix} = \mathbf{V}$$

Durch Multiplikation mit dem Vektor des Produktionsprogramms ergibt sich der Bedarfsvektor $\mathbf{R} = (30 \quad 60 \quad 90 \quad 300 \quad 600 \quad 180 \quad 180)^T$, dessen Werte mit den beim sukzessiven Lösen berechneten Werten übereinstimmen.

Weist die Produktion Lagerbestände auf, dann muss zusätzlich zwischen Brutto- und Nettobedarfsrechnung unterschieden werden. Während der **Bruttobedarf** den Gesamtbedarf aller Teile angibt, d. h. eventuell vorhandene Lagerbestände werden nicht berücksichtigt, werden beim **Nettobedarf** die Lagerbestände beachtet:

Nettobedarf = max {Bruttobedarf − verfügbarer Bestand; 0}.

Die Nettobedarfsermittlung unterstellt damit eine **Bestandsrechnung**, mit deren Hilfe die aktuellen Bestände termingerecht ermittelt werden können:

verfügbarer Bestand = Lagerbestand
+ Werkstattbestand
+ Bestellbestand
− reservierter Bestand
− Sicherheitsbestand

Der **Werkstattbestand** umfasst die Teile, die aus dem Lager entnommen wurden und sich in Zwischenlagern der Produktion befinden. Mit dem **Bestellbestand** wird der Bestand an offenen Bestellungen erfasst. Unter dem **Reservierungsbestand** (auch Vormerkbestand genannt) sind die Teile des Lagerbestandes zu verstehen, die für geplante Aufträge vorgemerkt sind, d. h., dieser Bestand ist für andere Aufträge nicht mehr verfügbar. Der **Sicherheitsbestand** dient zur Absicherung gegenüber außergewöhnlichen Ereignissen (z. B. unvorhergesehene Abweichungen vom Bedarfsverlauf).

3.2.2.3 Losgrößenplanung

3.2.2.3.1 Überblick

Die **Losgröße** gibt die Menge eines Gutes an, die aus ökonomischen und technischen Gründen für zumindest eine Transformation im Leistungserstellungsprozess (z. B. Transport, Bearbeitung) als unteilbar angesehen wird. Die Bündelung der Güter zu einem Los ist aus ökonomischen Überlegungen darauf zurückzuführen, dass Rüst- und Lagerhaltungskosten eine gegenläufige Wirkung zeigen (vgl. Zäpfel 2001, S. 134). Aus ökonomischer Perspektive wird versucht, diesen Trade-off zwischen mittelbaren (z. B. Rüstkosten) und unmittelbaren Herstellkosten (z. B. Lagerhaltungskosten) zu balancieren und dabei den technischen Gegebenheiten des Leistungserstellungsprozesses (z. B. dimensionale Kapazität der Potentialfaktoren, Bearbeitungs- und Transportgeschwindigkeit) Rechnung zu tragen.

In der Literatur wurde eine Vielzahl an Modellen entwickelt, die sich mit dem Losgrößenproblem beschäftigen. Domschke, Scholl und Voß (1993, S. 68) entwickeln in diesem Zusammenhang in Abbildung 3.24 dargestellte Systematik.

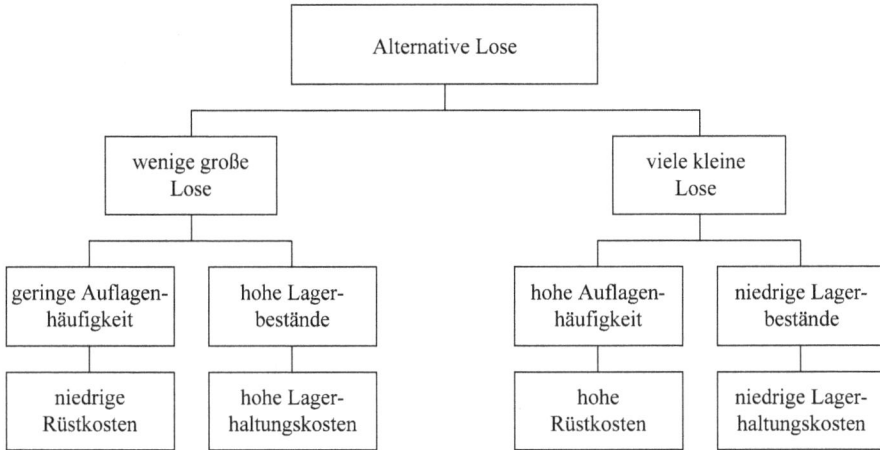

Abbildung 3.23: Wirkungen unterschiedlicher Losgrößen

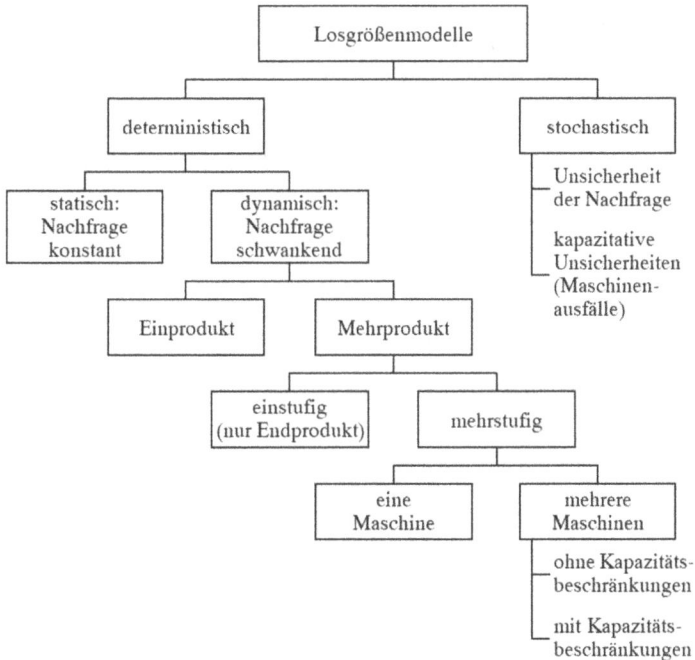

Abbildung 3.24: Systematik der Losgrößenmodelle

In einem ersten Schritt wird zwischen deterministischen und stochastischen Losgrößenmodellen unterschieden. Während bei den **stochastischen Modellen** die Unsicherheiten der Nachfrage und bei den Kapazitäten (z. B. Maschinenausfälle) berücksichtigt werden, werden die Modellparameter bei den **deterministischen Modellen** als bekannt vorausgesetzt. Auf der Basis des Kriteriums „Zeitstruktur" ergibt sich die Unterscheidung zwischen statischen und dynamischen Losgrößenmodellen. Bei **sta-**

tischen Modellen ist die Nachfrage im Zeitablauf konstant, weshalb in diesen Modellen ein unendlicher Planungshorizont unterstellt wird, wobei die Zeitachse kontinuierlich ist. Demgegenüber sind bei **dynamischen Modellen** einige Parameter zeitlichen Schwankungen ausgesetzt, wobei i. d. R. eine schwankende Nachfrage angenommen wird. Der Planungszeitraum ist endlich und wird in T diskrete Perioden untergliedert. Ein Los kann damit nur zu diskreten Zeitpunkten erstellt werden. Auf der Grundlage der Produktanzahl kann zwischen Einprodukt- und Mehrproduktlosgrößenproblemen unterschieden werden, wobei letztere ein- und mehrstufige Erzeugnisstrukturen aufweisen können. Bei einer **einstufigen Erzeugnisstruktur** wird nur ein Gut auf einer Produktionsstufe betrachtet (Endprodukt). Demgegenüber müssen bei einer **mehrstufigen Erzeugnisstruktur** die Beziehungen zwischen unterschiedlichen Produktionsstufen beachtet werden. Wird die Anzahl der Ressourcen in die Überlegungen aufgenommen, dann ist zwischen Ein- und Mehrmaschinenproblemen zu unterscheiden. Werden bei einem **Mehrmaschinenproblem** die Güter jeweils ausschließlich auf einer Maschine produziert, dann können die Güter genau einer Maschine zugeordnet werden, was bei einem parallelen Einsatz von Maschinen nicht mehr möglich ist. Bei einem Mehrmaschinenproblem mit mehrstufiger Erzeugnisstruktur kann weiterhin zwischen offener und geschlossener Losweitergabe unterschieden werden. Bei einer **offenen Losweitervergabe** können einzelne fertiggestellte Werkstücke bereits weitergegeben werden, auch wenn das Los noch nicht fertiggestellt ist. Demgegenüber wird bei einer **geschlossenen Losweitergabe** nur das komplette Los an die nachfolgende Produktionsstufe gegeben. Als letztes Kriterium kann die Ressourcenkapazität einbezogen werden. Grundsätzlich ist die Kapazität zwar als Obergrenze zu betrachten, d. h., sie bildet die maximale Nutzungszeit einer Ressource ab, jedoch lässt sie sich durch Überstunden erhöhen.

3.2.2.3.2 Einstufige Produktion

Das von Harris (1913) erstmals vorgeschlagene **Grundmodell** der Losgrößenplanung bezieht sich auf die einstufige Produktion einer Materialart, wobei ein konstanter Bedarf B zu erfüllen ist. Die Produktionskapazität ist so groß, dass der Bedarf jederzeit erfüllt werden kann. Die Produktion und der Verbrauch der Materialart sind durch ein Lager entkoppelt, d. h., die produzierten Teile werden zwischengelagert und zur Bedarfserfüllung kontinuierlich aus dem Lager entnommen. Somit muss die benötigte Menge nicht kontinuierlich produziert, sondern kann in mehrere Lose derselben Größe x^P aufgeteilt werden, durch die das Lager in regelmäßigen Abständen so aufgefüllt wird, dass keine Fehlmengen entstehen. Ein in dieser Weise gestaltetes Produktions-Lagersystem verursacht unterschiedliche **Kostenarten**:

- Die Lagerung verursacht Lagerhaltungskosten k^L pro Stück, die die Kapitalbindung und die Lagerkosten der Materialart umfassen.
- Das Auflegen eines Loses verursacht Rüstkosten k^R, die durch pro Los einmalig durchzuführende Vorgänge, wie das Einspannen der Werkzeuge oder das Justieren der Maschine, bedingt sind.

- Das Verarbeiten der Rohlinge zur gewünschten Materialart verursacht Produktionskosten k^P pro Stück, die den Einstandspreis der Rohlinge und die Kosten der Maschinennutzung berücksichtigen.

Damit stellt sich die **Entscheidungsfrage**, wie viele Einheiten der Materialart zu einem Los zusammengefasst werden sollen. Diese wird durch den noch zu bestimmenden Wert der Entscheidungsvariable x^P beantwortet. Bei der Optimierung sind die **Entscheidungsschranken** zu beachten, dass negative Losgrößen und negative Lagerbestände in der Realität nicht vorkommen können. **Ziel** der Optimierung ist es, die Summe der entscheidungsrelevanten Kosten zu minimieren.

Bevor die optimale Losgröße bestimmt werden kann, sind die Verläufe der Kostenkomponenten in Abhängigkeit von der Losgröße herzuleiten. Die **Kosten der Lagerung** im gesamten Planungszeitraum sind vom durchschnittlichen Lagerbestand abhängig, der durch die gewählte Losgröße induziert wird. Da der Bedarf kontinuierlich anfällt und die Produktion der Lose diskontinuierlich erfolgt, ist der Lagerbestand x^L im Zeitablauf nicht konstant, sondern weist einen sägezahnförmigen Verlauf auf (vgl. Abbildung 3.25). Zu Beginn des Planungszeitraumes wird das Lager mit der Menge eines Loses aufgefüllt ($x^L = x^P$). Aufgrund des konstanten Bedarfes nimmt der Lagerbestand im Zeitablauf kontinuierlich ab. Kurz vor dem Zeitpunkt, in dem das Lager geleert wäre ($x^L = 0$), startet die Produktion des nächsten Loses und füllt das Lager rechtzeitig wieder auf den Bestand in der Höhe der Losgröße auf ($x^L = x^P$). Dieser Zyklus wiederholt sich bis zum Ende des Planungszeitraumes.

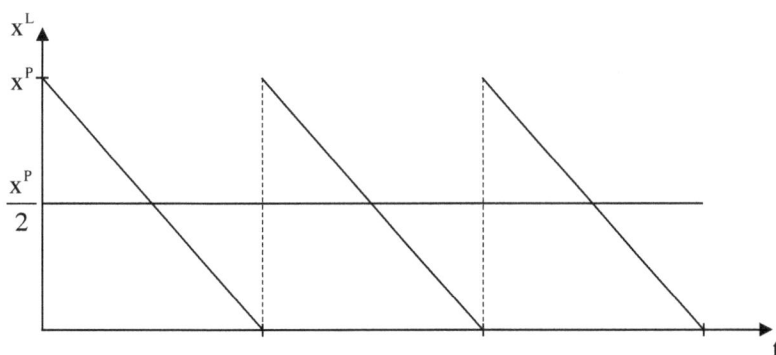

Abbildung 3.25: Verlauf des Lagerbestandes

Um den durchschnittlichen Lagerbestand im Planungszeitraum zu ermitteln, wird in das Diagramm eine waagerechte Linie so eingezeichnet, dass der sägezahnförmige Verlauf von dieser positiv und negativ abweicht. Sind die Dreiecke oberhalb der Linie genauso groß wie die Dreiecke unterhalb der Linie, dann markiert diese den durchschnittlichen Lagerbestand. Für den vorliegenden Lagerbestandsverlauf ist dies immer der Fall, wenn die Linie das Niveau $x^P / 2$ aufweist. Somit entspricht der durchschnittliche Lagerbestand der Hälfte der Losgröße. Da sich die Kosten der La-

gerung durch die Bewertung des durchschnittlichen Lagerbestands mit dem Lagerhaltungskostensatz k^L ergeben, liegt eine linear in x^P steigende Kostenfunktion vor.

Bei den **Rüstkosten** ist zu berücksichtigen, dass der gesamte Bedarf des Planungszeitraumes durch mehrere Lose erfüllt wird und für jedes Los ein Rüstvorgang
durchzuführen ist. Je kleiner die gewählte Losgröße ist, umso mehr Lose sind aufzu-
legen, um den Bedarf zu erfüllen, wobei die Anzahl der Lose dem Quotienten aus
Bedarf und Losgröße entspricht. In der Funktion der Rüstkosten wird die Anzahl der
Lose mit dem Rüstkostensatz k^R bewertet. Folglich nehmen die Rüstkosten mit zunehmender Losgröße asymptotisch ab.

Die innerhalb des Planungszeitraumes entstehenden **Produktionskosten** sind von
dem zu erfüllenden Bedarf abhängig, d. h. sie fallen unabhängig davon an, durch wie
viele Lose der Bedarf erfüllt wird. In Bezug auf die Losgröße sind die Produktionskosten konstant.

In der **Gesamtkostenfunktion** werden die Funktionen der Kostenkomponenten additiv verknüpft:

$$K = B \cdot k^P + \frac{B}{x^P} \cdot k^R + \frac{x^P}{2} \cdot k^L$$

Um das Kostenminimum analytisch zu ermitteln, ist diese Funktion nach der Losgröße x^P zu differenzieren und die 1. Ableitung gleich null zu setzen, falls die 2.
Ableitung positiv ist:

$$\frac{\partial K}{\partial x^P} = -\frac{B}{(x^P)^2} \cdot k^R + \frac{1}{2} \cdot k^L$$

$$\frac{\partial K^2}{\partial^2 x^P} = 2 \cdot \frac{B}{(x^P)^3} \cdot k^R \quad \rightarrow \quad \text{lokales Minimum für } x^P > 0$$

$$-\frac{B}{(x^P)^2} \cdot k^R + \frac{1}{2} \cdot k^L \overset{!}{=} 0$$

$$\leftrightarrow x^{P*} = \sqrt{2 \cdot B \cdot \frac{k^R}{k^L}}$$

Aus dieser **Losgrößenformel** wird ersichtlich, dass die optimale Losgröße mit zunehmendem Bedarf und/oder zunehmenden Rüstkostensatz unterproportional zunimmt und mit zunehmenden Lagerhaltungskostensatz unterproportional abnimmt.

Die minimalen Gesamtkosten werden durch das Ersetzen von x^P durch die Losgrößenformel und anschließendes Umstellen der Gesamtkostenfunktion bestimmt und
betragen:

$$K(x^{P*}) = B \cdot k^P + \sqrt{2 \cdot B \cdot k^R \cdot k^L}$$

Diesem Grundmodell sind bedingt durch die zugrundeliegenden Annahmen (vgl. z. B. Corsten/Gössinger 2016, S. 493 ff.) für die Anwendung auf reale Problemstellungen enge Grenzen gesetzt. Sind die Annahmen für die zu planende Produktion nicht erfüllt, dann ist das Grundmodell entsprechend zu erweitern. Die folgenden Überlegungen konzentrieren sich auf drei Erweiterungen (zu weiteren Modifikationen vgl. z. B. Karmarkar/Schrage 1985; Stammen-Hegener 2002; Sahling 2010):

- endliche Produktionsgeschwindigkeit,
- im Zeitablauf schwankender Bedarf und
- mehrstufige Produktion.

Ist die Dauer der Produktion eines Loses im Vergleich zur Dauer des Lagerzyklus nicht vernachlässigbar klein (**endliche Produktionsgeschwindigkeit**), dann verändert sich der Verlauf des Lagerbestandes, weil sich Lagerauffüllung und -entnahme partiell zeitlich überlappen. In diesem Fall haben nicht nur die Produktions- und die Entnahmegeschwindigkeit Einfluss auf die optimale Losgröße, sondern auch die **Möglichkeiten zur Entnahme** von Material aus dem Zwischenlager:

- Bei **offener Produktion** kann die Lagerentnahme erfolgen, sobald der Lagerbestand positiv ist. Die zuvor gebildeten Lose sind für nachfolgenden Leistungsprozesse nicht relevant.
- Bei **geschlossener Produktion** kann die Lagerentnahme erst dann erfolgen, wenn die Produktion des Loses abgeschlossen ist. Für den nachfolgenden Leistungsprozess ist es wichtig, dass die im Los zusammengefassten Teile weiterhin eine Einheit bilden (z. B. weil die Nachverfolgung von Chargen gewährleistet werden soll oder weil sie in standardisierten Gebinden weitergegeben werden).

Unter der Voraussetzung einer **offenen Produktion**, bei der die Produktionsgeschwindigkeit v höher als die Lagerentnahmegeschwindigkeit l ist, ergeben sich die in Abbildung 3.26 dargestellten Lagerzugangs-, -abgangs- und -bestandsfunktionen.

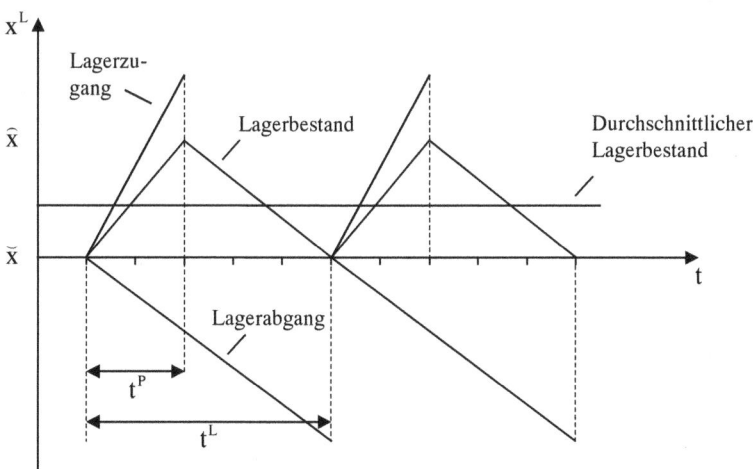

Abbildung 3.26: Lagerzugang, -abgang und -bestand bei offener Produktion

Zu Beginn eines Lagerzyklus liegt der minimale Bestand $\breve{x} = 0$ vor und die Produktion des Loses wird gestartet, um das Lager mit der Geschwindigkeit v aufzufüllen. Gleichzeitig erfolgt die Lagerentnahme mit der Geschwindigkeit 1. Da v > 1 gilt, wird der maximale Lagerbestand $\hat{x}$ nach dem Verstreichen der Produktionsdauer $t^P = x^P / v$ erreicht. Innerhalb dieser Zeit werden dem Lager x^P Einheiten des Materials zugeführt (Lagerzugang) und $1 \cdot t^P = 1 \cdot x^P / v$ Einheiten des Materials entnommen. Der maximale Lagerbestand beträgt somit:

$$\hat{x} = x^P - 1 \cdot x^P / v \leftrightarrow \hat{x} = x^P \cdot (1 - 1/v)$$

Die Höhe des durchschnittlichen Lagerbestandes ergibt sich zu:

$$(\hat{x} + \breve{x}) / 2 \leftrightarrow x^P \cdot (1 - 1/v) / 2$$

Im Vergleich zur Situation im Grundmodell ist bei gleicher Losgröße der durchschnittliche Lagerbestand niedriger, so dass die Lagerhaltungskosten in die Bestimmung der optimalen Losgröße mit einem geringeren Gewicht eingehen. Zur Bestimmung der optimalen Losgröße wird der Term des durchschnittlichen Lagerbestandes in die Gesamtkostenfunktion eingesetzt und die Analyse analog zum Grundmodell angewendet. Es ergeben sich:

$$x^{P*} = \sqrt{2 \cdot B \cdot \frac{k^R}{k^L} \cdot \frac{1}{1 - 1/v}}$$
$$K(x^{P*}) = B \cdot k^P + \sqrt{2 \cdot B \cdot k^R \cdot k^L \cdot (1 - 1/v)}$$

Aufgrund des niedrigeren durchschnittlichen Lagerbestandes ist die optimale Losgröße größer als die für das Grundmodell ermittelte. Trotz des größeren Loses sind die minimalen Gesamtkosten im Vergleich zum Grundmodell niedriger. Beide Effekte sind umso stärker, je mehr die Produktionsgeschwindigkeit an die Lagerentnahmegeschwindigkeit angenähert wird. Dieses Ergebnis kann als ein wichtiges Argument für die Umsetzung der Just-in-time-Produktion angesehen werden.

Im Fall endlicher Produktionsgeschwindigkeit bei **geschlossener Produktion** muss mit der Produktion des Loses t^P Zeiteinheiten vor dem Zeitpunkt begonnen werden, an dem das Lager geleert wäre. Ist dann das Los produziert, weist das Lager den maximalen Bestand $\hat{x} = x^P$ auf. Dieser nimmt danach gemäß der Entnahmegeschwindigkeit kontinuierlich ab, bis die Produktion des nächsten Loses startet. Zu diesem Zeitpunkt ist noch ein Restlagerbestand des vorherigen Loses verfügbar, der gleichzeitig den minimalen Bestand $\breve{x}$ markiert (vgl. Abbildung 3.27).

Aufgrund der zeitlichen Abfolge im Lagerzyklus gilt:

$$\breve{x} = x^P - (t^L - t^P) \cdot 1$$

Die Lagerentnahme- und die Produktionsdauer sind von der Losgröße und der Entnahme- bzw. Produktionsgeschwindigkeit abhängig:

$$t^L = x^P / l$$

$$t^P = x^P / v$$

Werden die Terme bei der Berechnung des minimalen Lagerbestandes berücksichtigt, dann resultiert hieraus:

$$\breve{x} = x^P \cdot l / v$$

Der durchschnittliche Lagerbestand beträgt damit:

$$(\hat{x} + \breve{x}) / 2 \ \leftrightarrow \ x^P \cdot (1 + l / v) / 2$$

Er ist im Vergleich zur Situation im Grundmodell bei gleicher Losgröße höher. Bei der Bestimmung der optimalen Losgröße haben die Lagerhaltungskosten ein größeres Gewicht.

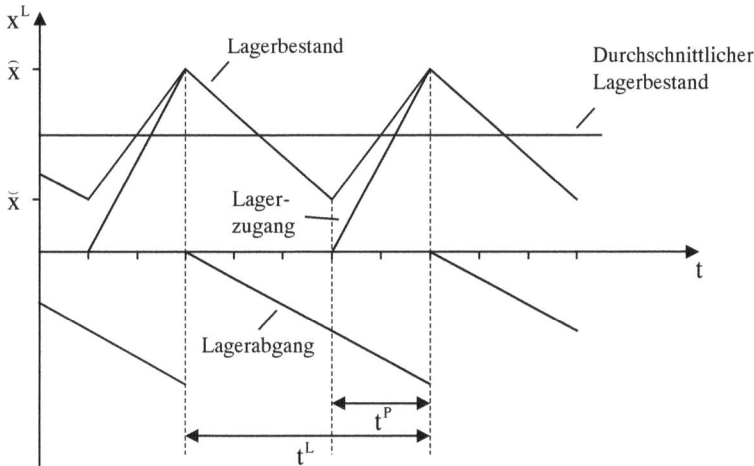

Abbildung 3.27: Lagerzugang, -abgang und -bestand bei geschlossener Produktion

Wird der Term des durchschnittlichen Lagerbestandes in die Gesamtkostenfunktion eingesetzt und die Analyse analog zum Grundmodell angewendet, ergeben sich:

$$x^{P*} = \sqrt{2 \cdot B \cdot \frac{k^R}{k^L} \cdot \frac{1}{1 + l / v}}$$

$$K(x^{P*}) = B \cdot k^P + \sqrt{2 \cdot B \cdot k^R \cdot k^L \cdot (1 + l / v)}$$

Die optimale Losgröße bei geschlossener Produktion ist folglich kleiner und die minimalen Gesamtkosten sind höher als im Grundmodell. Wie im Fall der offenen Produktion sind beide Effekte umso stärker, je mehr die Produktionsgeschwindigkeit an die Lagerentnahmegeschwindigkeit angenähert wird. Geschlossene Produktion ist für die Umsetzung einer Just-in-time-Produktion nicht zuträglich.

Eine weitere Annahme des Grundmodells, die in der Realität nicht immer erfüllt ist, ist die des im Zeitablauf konstanten Bedarfs. Liegt im Planungszeitraum ein veränderlicher Bedarf vor, der sich gut prognostizieren lässt, dann ist die Beibehaltung einer konstanten Losgröße nicht die kostengünstigste Vorgehensweise. Da sich die konstante Losgröße am durchschnittlichen Bedarf orientiert, geht sie in dieser Situation mit Fehlmengen und überschüssigen Beständen einher. Die **dynamische Losgrößenplanung** zielt darauf ab, den Bedarfsschwankungen durch unterschiedliche Losgrößen Rechnung zu tragen. Hierzu wird der Planungszeitraum in mehrere Perioden t ($t = 1, ..., T$) unterteilt, und B_t bezeichnet den für die Periode t prognostizierten Bedarf. Wie beim Grundmodell der Losgrößenplanung sind der Lagerhaltungskostensatz k^L und der Rüstkostensatz k^R bekannt. Im Unterschied zum Grundmodell bezieht sich k^L auf die Lagerung einer Einheit der Materialart für eine Periode. Des Weiteren bildet der Anfangslagerbestand x_0^L einen Parameter für die Planung.

In dieser Planungssituation stellen sich drei **Entscheidungsfragen**. Die zentrale Frage lautet: „Welche Menge soll in welcher Periode in einem Los produziert werden?" Die Antwort hierzu wird durch die Entscheidungsvariable $x_t^P \in \mathbb{R}_+$ gegeben. Als Unterfragen sind zu beantworten, in welchen Perioden ein Rüstvorgang ausgeführt werden muss und welche Menge in welcher Periode gelagert werden soll. Antworten auf diese Fragen erteilen die Entscheidungsvariablen $y_t^R \in \{0;1\}$ bzw. $x_t^L \in \mathbb{R}_+$.

Ein Losgrößenplan ist zulässig, wenn zusätzlich zu den Wertebereichen der Entscheidungsvariablen die folgenden **Entscheidungsschranken** eingehalten werden:

a) Der Materialbedarf wird durch Produktion und Lagerbestandsveränderung erfüllt.

b) Sobald in einer Periode eine positive Menge produziert wird, muss in dieser Periode ein Rüstvorgang durchgeführt werden.

Aus der Menge der zulässigen Lösungen soll diejenige gewählt werden, die mit den niedrigsten Gesamtkosten einhergeht. **Entscheidungsziel** ist es folglich, die Entscheidungen so zu treffen, dass die Summe aus den Rüst- und Lagerhaltungskosten aller Perioden des Planungszeitraumes minimal ist. Aus dieser verbalen Problemformulierung lässt sich unter Verwendung der definierten Symbole das **formale Modell** der dynamischen Losgrößenplanung ableiten:

$$\min K = \sum_t (k^R \cdot y_t^R + k^L \cdot x_t^L)$$

Nebenbedingungen:

a) $x_t^P + x_{t-1}^L - x_t^L = B_t \qquad \forall t$

b) $x_t^P \leq M \cdot y_t^R \qquad\qquad \forall t$

   mit $M > \sum_t B_t$

Durch die Nebenbedingung a) werden die Wechselwirkungen zwischen den Entscheidungen in allen Perioden des Planungshorizontes berücksichtigt. Die verwendete rekursive Formulierung lässt sich so in eine simultane Formulierung überführen, dass die Entscheidungsvariable x_t^L aus dem Modell eliminiert wird:

$$x_t^L = x_0^L + \sum_{t'=1}^{t}(x_{t'}^P - B_{t'})$$

Hierdurch ändern sich die Zielfunktion und die Nebenbedingung a) zu:

$$\min K = \sum_t (k^R \cdot y_t^R + k^L \cdot (x_0^L + \sum_{t'=1}^{t}(x_{t'}^P - B_{t'})))$$

a') $\quad x_0^L + \sum_{t'=1}^{t}(x_{t'}^P - B_{t'}) \geq 0 \quad \forall t$

Das Entscheidungsmodell ist ein gemischt-ganzzahliges lineares Programm, das für Instanzen, die wenige Perioden umfassen, in akzeptabler Zeit mit Hilfe des Branch-and-Bound-Verfahrens gelöst werden kann. Da hierbei der Lösungsaufwand mit zunehmender Periodenanzahl exponentiell ansteigt, wurden problemspezifische Lösungsverfahren mit kürzerer Rechenzeit vorgeschlagen. Als exaktes Verfahren ist das **Rekursionsverfahren** von Wagner und Whitin (1958, S. 93) zu nennen, dessen Lösungsaufwand mit zunehmender Periodenanzahl nur quadratisch ansteigt. Eine Klasse problemspezifischer Heuristiken wird als **Expansionsverfahren** bezeichnet. Bei diesen Heuristiken steigt der Lösungsaufwand mit zunehmender Periodenanzahl nur linear an. Zwar garantieren die Expansionsverfahren nicht, dass die exakte Lösung gefunden wird. Die gefundenen Lösungen weichen aber im Durchschnitt nur in geringem Ausmaß von der exakten Lösung ab.

Durch das **Rekursionsverfahren** wird für einen Planungszeitraum mit T Perioden eine Losgrößenpolitik P_T ermittelt, die sich aus bis zu T Teilpolitiken $p_{tt'}$ ($t \leq t'$) zusammensetzt. Die Teilpolitik $p_{tt'}$, besagt, dass in der Periode t ein Los produziert wird, dass die Bedarfe der Perioden von t bis t' deckt. Damit die Losgrößenpolitik P_T zulässig ist, müssen die darin enthaltenen Teilpolitiken den Planungszeitraum vollständig abdecken und dürfen sich dabei nicht zeitlich überlappen. Die Losgrößenpolitik ist dann optimal, wenn sie aus optimalen Teilpolitiken besteht. Demzufolge ist eine für einen Planungszeitraum zulässige Teilpolitik optimal, wenn sie mit niedrigeren Kosten einhergeht als alle zulässigen Kombinationen von Teilpolitiken, die für einen kürzeren Planungszeitraum optimal sind. Aus diesem Grunde lässt sich die optimale Losgrößenpolitik P_T durch Bestimmen der optimalen Teilpolitiken bei schrittweiser Erweiterung des Planungszeitraumes von 1 bis T herleiten.

Diese Vorgehensweise sei an einem **Beispiel** (vgl. Schlüter/Schneider 2000, S. 248) mit den Daten $T = 4$, $k^R = 1500$, $k^L = 9{,}9$, $x_0^L = 0$ und $\mathbf{B} = (500 \quad 100 \quad 600 \quad 400)$ demonstriert. Das Rekursionsverfahren entfaltet den in Tabelle 3.52 dargestellten Suchbaum. Den einzelnen Rekursionen liegen folgende Überlegungen zugrunde:

- Die Rekursion 1 bezieht sich auf den Planungszeitraum mit der Periode $t = 1$, für den nur die Teilpolitik p_{11} zulässig ist. Mit Kosten in Höhe von 1500 ist sie die optimale Kombination P_1^* und wird gespeichert. Da die letzte Periode des gesamten Planungszeitraumes $t = 4$ noch nicht erreich ist, folgt die nächste Rekursion.

- In der Rekursion 2 wird der Planungszeitraum mit den Perioden $t = 1, 2$ betrachtet. Damit sind die Teilpolitik p_{12} und die Kombination $\{P_1^*, p_{22}\}$ zulässig. Die Kosten der Teilpolitik p_{12} in Höhe von 2490 sind minimal, so dass diese als optimale Kombination P_2^* gespeichert wird. Die letzte Periode des gesamten Planungszeitraumes ist noch nicht erreicht, so dass die nächste Rekursion gestartet wird.

- Rekursion 3 befasst sich mit dem Planungszeitraum, der die Perioden $t = 1, 2, 3$ umfasst. Zulässig sind die Teilpolitik p_{13} sowie die Kombinationen $\{P_1^*, p_{23}\}$ und $\{P_2^*, p_{33}\}$. Aufgrund der minimalen Kosten von 3990 wird die zuletzt genannte Kombination als optimale Kombination P_3^* gespeichert. Um auch die letzte Periode des gesamten Planungszeitraumes zu berücksichtigen, wird die nächste Rekursion initiiert.

- Die Rekursion 4 berücksichtigt die Perioden $t = 1, 2, 3, 4$. Als zulässig gelten hierbei die Teilpolitik p_{14} sowie die Kombinationen $\{P_1^*, p_{24}\}$, $\{P_2^*, p_{34}\}$ und $\{P_3^*, p_{44}\}$. Die zuletzt genannte Kombination weist mit 5490 die minimalen Kosten auf und wird als optimale Kombination P_4^* gespeichert. Da der aktuelle Planungszeitraum dem gesamten Planungszeitraum entspricht, wird keine weitere Rekursion gestartet.

Die optimale Losgrößenpolitik wird aus der in der letzten Rekursion ermittelten optimalen Kombination abgelesen. Aufgrund von $P_4^* = \{P_3^*, p_{44}\}$, $P_3^* = \{P_2^*, p_{33}\}$ und $P_2^* = p_{12}$ setzt sich die optimale Losgrößenpolitik aus den Teilpolitiken p_{12}, p_{33} und p_{44} zusammen. Der optimale Losgrößenplan lautet somit:

$$\mathbf{X}^{P^*} = (600 \quad 0 \quad 600 \quad 400)$$

Politik		K^R	K^L	Σ	Optimalität
P_1	p_{11}	$1 \cdot 1500$	0	1500	*
P_2	p_{12}	$1 \cdot 1500$	$1 \cdot 100 \cdot 9,9$	2490	*
	P_1^*, p_{22}	$2 \cdot 1500$	0	3000	–
P_3	p_{13}	$1 \cdot 1500$	$(1 \cdot 100 + 2 \cdot 600) \cdot 9,9$	14370	–
	P_1^*, p_{23}	$2 \cdot 1500$	$1 \cdot 600 \cdot 9,9$	8940	–
	P_2^*, p_{33}	$2 \cdot 1500$	$1 \cdot 100 \cdot 9,9$	3990	*
P_4	p_{14}	$1 \cdot 1500$	$(1 \cdot 100 + 2 \cdot 600 + 3 \cdot 400) \cdot 9,9$	26250	–
	P_1^*, p_{24}	$2 \cdot 1500$	$(1 \cdot 600 + 2 \cdot 400) \cdot 9,9$	16860	–
	P_2^*, p_{34}	$2 \cdot 1500$	$(1 \cdot 100 + 1 \cdot 400) \cdot 9,9$	7950	–
	P_3^*, p_{44}	$3 \cdot 1500$	$1 \cdot 100 \cdot 9,9$	5490	*

Tabelle 3.52: Suchbaum des Rekursionsverfahrens (Beispiel)

Während das Rekursionsverfahren die optimale Losgrößenpolitik aus der Gesamtsicht aller Perioden ermittelt und damit das Auffinden der besten Lösung garantiert, liegt den **Expansionsverfahren** eine sukzessiv vorwärtsschreite Bestimmung von Teilpolitiken auf der Basis eines Abbruchkriteriums zugrunde. Somit wird die

Rückwirkung der Teilpolitikentscheidung einer Periode auf Teilpolitikentscheidungen früherer Perioden ignoriert. Der hierdurch reduzierte Lösungsaufwand geht deshalb mit dem Verlust der Optimalitätsgarantie einher. Analysen der Expansionsverfahren haben gezeigt, dass das zugrundeliegende Abbruchkriterium maßgeblichen Einfluss auf die durchschnittliche Abweichung vom Optimum ausübt (vgl. Tempelmeier 2003, S. 163 f.). Insbesondere die von Silver und Meal (1973, S. 65 f.) sowie Groff (1979, S. 47 f.) vorgeschlagenen Abbruchkriterien gehen tendenziell mit geringen Abweichungen vom Optimum einher.

Den Expansionsverfahren liegt dieselbe iterative Vorgehensweise zugrunde (vgl. Abbildung 3.28). Die Bedarfsmengen der Startperiode t und der nachfolgenden Perioden werden schrittweise $t' = (t, t+1, t+2, ...)$ zu einem Los solange zusammengefasst, bis für den Zeitraum t, t' das Abbruchkriterium erfüllt ist. Danach wird die Teilpolitik $p_{tt'-1}$ in die Lospolitik aufgenommen. Die neue Startperiode wird mit $t := t'$ festgelegt und dann das schrittweise Zusammenfassen der Bedarfsmengen wiederholt. Diese Iterationen werden so lange fortgesetzt, bis in einer Iteration $t' = T$ erreicht und die letzte Teilpolitik p_{tT} in die Lospolitik aufgenommen wird.

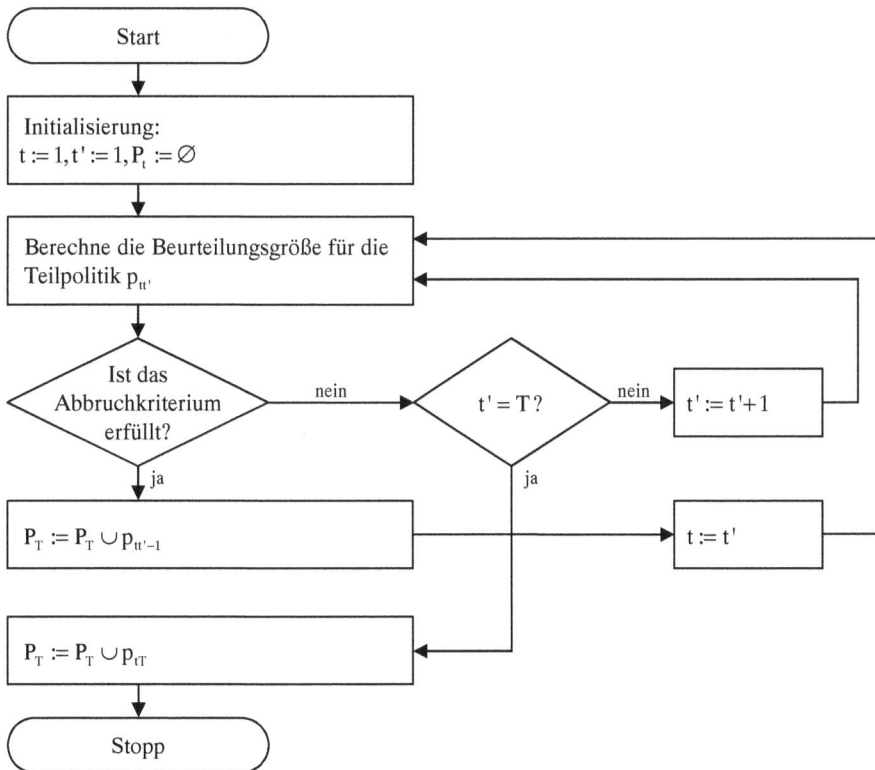

Abbildung 3.28: Ablauf der Expansionsverfahren

Als **Abbruchkriterium** wird von **Silver** und **Meal** (1973) das für den Wechsel von der Teilpolitik $p_{tt'-1}$ zur Teilpolitik $p_{tt'}$ festgestellte Durchschreiten des Minimums der durchschnittlichen Periodenkosten vorgeschlagen. Für die durchschnittlichen Periodenkosten gilt:

$$K_{tt'} = \frac{k^R + k^L \cdot \sum_{\tau=t}^{t'} B_t \cdot (\tau - t)}{t' - t + 1}$$

Das Kostenminimum ist durch den Wechsel zu $p_{tt'}$ durchschritten, wenn $K_{tt'-1} < K_{tt'}$ gilt. Somit ist $p_{tt'-1}$ eine heuristisch optimale Teilpolitik, und das in der Periode t aufzulegende Los hat den Umfang

$$x_t^P = \sum_{\tau=t}^{t'-1} B_t$$

und für die Perioden τ $(t < \tau < t')$ gilt $x_\tau^P = 0$.

Durch die Anwendung des Silver-Meal-Verfahrens auf die bereits bekannten Beispieldaten ergibt sich der in Tabelle 3.53 zusammengefasste Lösungsweg.

t	t'	B_1 500	B_2 100	B_3 600	B_4 400	$k^R = 1500$ K-Abbruch	$k^L = 9,9$ T-Abbruch
1	1	1500				nein	nein
1	2		1245*			nein	nein
1	3			4790		ja	nein
3	3			1500*		nein	nein
3	4				2730	ja	nein
4	4				1500*	nein	ja

Tabelle 3.53: Zwischenergebnisse des Silver-Meal-Verfahrens (Beispiel)

Der heuristisch ermittelte Losgrößenplan stimmt mit dem optimalen Losgrößenplan überein:

$$\mathbf{X}^{P*} = (600 \quad 0 \quad 600 \quad 400)$$

Der Herleitung des **Abbruchkriteriums** nach **Groff** (1979, S. 47 f.) liegt eine Abschätzung der durch die Verlängerung der Reichweite $n - 1 = t' - t$ eines Loses um eine Periode bewirkten Kostenveränderung zugrunde. Diese Grenzkostenanalyse bezieht sich auf die Lagerhaltungskosten und die Rüstkosten. Bei der Reichweite von $n - 1$ bzw. n Perioden betragen die durchschnittlichen **Lagerhaltungskosten**:

$$k^L \cdot \sum_{i=0}^{n-1} (B_{t+i} / 2) \text{ bzw.} \quad k^L \cdot \sum_{i=0}^{n} (B_{t+i} / 2)$$

Durch Differenzbildung ergeben sich die Grenzlagerhaltungskosten der Reichweitenausdehnung zu:

$$k^L \cdot B_{t+n} / 2$$

In analoger Weise betragen die durchschnittlichen **Rüstkosten** bei den Reichweiten von $n-1$ bzw. n Perioden

$$k^R / (n-1) \qquad \text{bzw.} \qquad k^R / n$$

Die Grenzrüstkosten der Reichweitenausdehnung belaufen sich somit auf:

$$k^R / (n \cdot (n-1))$$

In Analogie zum Grundmodell ist eine Ausdehnung der Reichweite (und somit der Losgröße) vorteilhaft, solange der Anstieg der durchschnittlichen Lagerhaltungskosten kleiner als das Gefälle der durchschnittlichen Rüstkosten ist:

$$k^L \cdot B_{t+n} / 2 < k^R / (n \cdot (n-1))$$

Um das **Abbruchkriterium** zu definieren, wird die Ungleichung so umgestellt, dass auf der linken (rechten) Seite alle von der Reichweite abhängigen (unabhängigen) Größen zusammengefasst sind:

$$B_{t+n} \cdot n \cdot (n-1) < 2 \cdot k^R / k^L$$

Durch die Anwendung des Groff-Verfahrens auf die bereits bekannten Beispieldaten ergibt sich der in Tabelle 3.54 zusammenfasste Lösungsweg.

t	t'	B_1 500	B_2 100	B_3 600	B_4 400	$2 \cdot k^R / k^L = 303,0\overline{3}$ K-Abbruch	T-Abbruch
1	1	0				nein	nein
1	2		200*			nein	nein
1	3			3600		ja	nein
3	3			0*		nein	nein
3	4				800	ja	nein
4	4				0	nein	ja

Tabelle 3.54: Zwischenergebnisse des Groff-Verfahrens (Beispiel)

Der heuristisch ermittelte Losgrößenplan stimmt mit dem optimalen Losgrößenplan überein:

$$\mathbf{X}^{P^*} = (600 \quad 0 \quad 600 \quad 400)$$

3.2.2.3.3 Mehrstufige Produktion

Bei einer **mehrstufigen Produktion** ist zu beachten, dass die Entscheidungen auf unterschiedlichen Stufen nicht unabhängig voneinander sind, d. h., die Produktionsaufträge auf den einzelnen Stufen müssen aufeinander abgestimmt sein, da sonst die Gefahr von zu hohen (zu niedrigen) Lagerbeständen besteht, die mit zusätzlichen Lagerhaltungskosten (Fehlmengenkosten) verbunden sind.

Den Ausgangspunkt **des Grundmodells** bildet ein **zweistufiges Produktionssystem**, das für Zulieferer-Abnehmer-Beziehungen relevant ist (vgl. Banerjee 1986, S. 293 f.). Der Abnehmer bestellt in regelmäßigen Abständen eine Produktmenge x_A^P, die der Zulieferer nach dem Bestelleingang mit der Geschwindigkeit v_Z produziert und vorübergehend seinem Ausgangslager zuführt. Die Produktion erfolgt dabei mit der Losgröße x_Z^P. Ist die Produktion der bestellten Menge abgeschlossen, wird diese zum Abnehmer transportiert, um dessen Eingangslager aufzufüllen. Die vom Abnehmer mit der Geschwindigkeit v_A zu erfüllende Nachfrage wird aus dem Eingangslager bedient. Entscheidungsrelevant sind

- die Kosten des Abnehmers, die pro Bestellvorgang k_A^R, pro bestellter Mengeneinheit k_A^P und pro gelagerter Mengeneinheit k_A^L entstehen, sowie
- die Kosten des Zulieferers, die pro Rüstvorgang k_Z^R, pro produzierter Mengeneinheit k_Z^P und pro gelagerter Mengeneinheit k_Z^L entstehen.

Des Weiteren wird angenommen, dass die Produktionsgeschwindigkeit nicht kleiner als die Nachfragegeschwindigkeit ist ($v_Z \geq v_A$), die Kosten pro bestellter Mengeneinheit nicht kleiner als die Kosten pro produzierter Mengeneinheit sind ($k_A^P \geq k_Z^P$) und sich die Kosten pro gelagerter Mengeneinheit beim Abnehmer und beim Zulieferer aus der Kapitalbindung und deren Verzinsung mit dem Faktor r ergeben ($k_A^L = k_A^P \cdot r$ und $k_Z^L = k_Z^P \cdot r$). In dieser Situation stellt sich die Frage, ob Zulieferer und Abnehmer von der Festlegung einer **gemeinsamen Losgröße** x_J^P profitieren können.

Um diese Frage zu beantworten, ist zunächst die gemeinsame Losgröße x_J^{P*} zu bestimmen, die die Summe der Kosten des Abnehmers und des Zulieferers minimiert. Hierauf aufbauend ist zu analysieren, welche Kostenänderungen sich für den Abnehmer und den Zulieferer ergeben, wenn diese jeweils von ihren isoliert bestimmten optimalen Losgrößen x_A^{P*}, x_Z^{P*} abweichen. Darüber hinaus ist zu klären, wie unterschiedlich starke und gegenläufige Kostenänderungen zwischen Abnehmer und Zulieferer kompensiert werden können.

Wird eine gemeinsame Losgröße gewählt, dann löst jeder Bestellvorgang des Abnehmers beim Zulieferer genau einen Rüstvorgang aus. Da sich jedoch Nachfrage- und Produktionsgeschwindigkeit unterscheiden können, ergeben sich beim Abnehmer und beim Zulieferer unterschiedliche Verläufe des Lagerbestandes und damit unterschiedliche durchschnittliche Lagerbestände (vgl. Abbildung 3.29).

Das Eingangslager des Abnehmers wird in regelmäßigen Abständen mit der gemeinsamen Losgröße aufgefüllt. Der Lagerbestand nimmt kontinuierlich gemäß der Geschwindigkeit v_A ab. Die bestellte Menge trifft immer pünktlich zu dem Zeitpunkt ein, an dem das Lager geleert wäre. Somit entspricht der Bestandsverlauf dem im einstufigen Grundmodell der Losgrößenplanung, und der durchschnittliche Lagerbestand beträgt $x_J^P / 2$. Mit der Auffüllung des Ausgangslagers des Zulieferers wird so früh begonnen, dass die Losgröße x_J^P pünktlich an den Abnehmer geliefert werden kann. Ist die Produktionsgeschwindigkeit größer als die Nachfragegeschwindigkeit, dann muss mit der Produktion nicht schon begonnen werden, sobald die Lieferung an den Abnehmer erfolgt ist. In der Abbildung 3.29 wird die Situation erfasst, dass die Produktionsgeschwindigkeit doppelt so hoch ist wie die Nachfragegeschwindigkeit. Demzufolge muss die Produktion erst in der Hälfte der Zeit zwischen zwei Lagerabgängen starten. Ist die Produktionsgeschwindigkeit höher (niedriger), dann verkürzt (verlängert) sich der Zeitraum zwischen Produktionsstart und Lagerabgang, in dem die Zwischenlagerung erfolgt. Das Verhältnis zwischen Nachfrage- und Produktionsgeschwindigkeit wirkt sich folglich so auf den durchschnittlichen Lagerbestand aus, dass dieser $x_J^P / 2 \cdot v_A / v_Z$ beträgt.

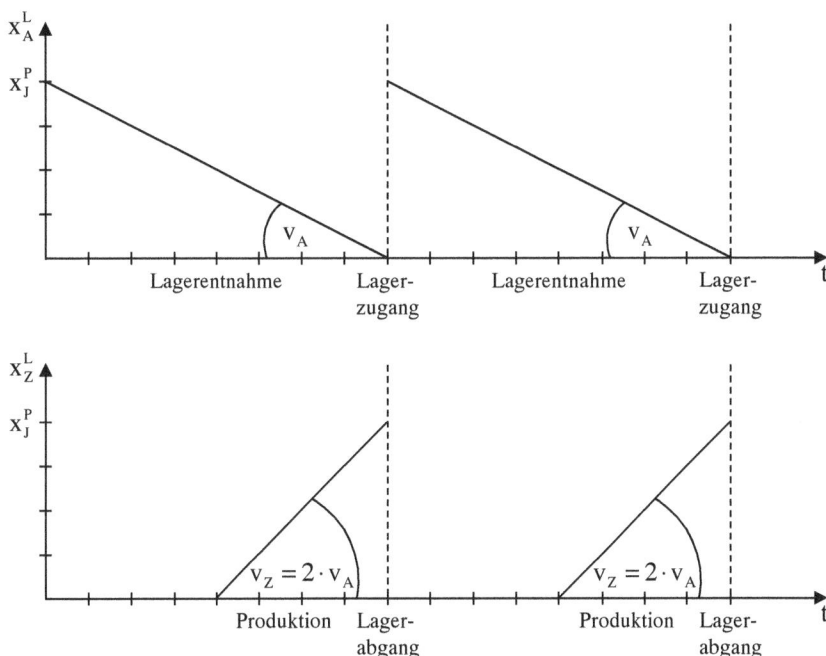

Abbildung 3.29: Verläufe der Lagerbestände bei Zulieferer und Abnehmer

Die Funktion losgrößenabhängiger Kosten der Zulieferer-Abnehmer-Beziehung lautet somit:

$$K_J(x_J^P) = \frac{v_A}{x_J^P} \cdot k_A^R + \frac{x_J^P}{2} \cdot k_A^L + \frac{v_A}{x_J^P} \cdot k_Z^R + \frac{x_J^P}{2} \cdot \frac{v_A}{v_Z} \cdot k_Z^L$$

Unter Verwendung der aggregierten Kostensätze $k_J^R = (k_A^R + k_Z^R)$ und $k_J^L = (k_A^L + v_A / v_Z \cdot k_Z^L)$ lässt sich die Funktion losgrößenabhängiger Kosten strukturgleich zu der des einstufigen Grundmodells umformulieren:

$$K_J(x_J^P) = \frac{v_A}{x_J^P} \cdot k_J^R + \frac{x_J^P}{2} \cdot k_J^L$$

Analog ergeben sich für die optimale gemeinsame Losgröße und die dadurch verursachten losgrößenabhängigen Kosten:

$$x_J^{P*} = \sqrt{2 \cdot v_A \cdot \frac{k_J^R}{k_J^L}} \qquad \text{bzw.} \qquad K_J(x_J^{P*}) = \sqrt{2 \cdot v_A \cdot k_J^R \cdot k_J^L}$$

Diese Losgröße wird in der Regel nicht den aus isolierter Perspektive bestimmten Losgrößen des Abnehmers und des Zulieferers entsprechen, denn für diese gelten:

$$x_A^{P*} = \sqrt{2 \cdot v_A \cdot \frac{k_A^R}{k_A^L}} \qquad\qquad K_A(x_A^{P*}) = \sqrt{2 \cdot v_A \cdot k_A^R \cdot k_A^L}$$

$$x_Z^{P*} = \sqrt{2 \cdot v_Z \cdot \frac{k_Z^R}{k_Z^L}} \qquad\qquad K_Z(x_Z^{P*}) = v_A \cdot \sqrt{2 \cdot k_Z^R \cdot k_Z^L / v_Z}$$

Durch die Definition von $\alpha = k_Z^R / k_A^R$ und $\beta = v_A / v_Z \cdot k_Z^L / k_A^L$ lässt sich zeigen (vgl. Banerjee 1986, S. 297 ff.), dass zwischen den optimalen Losgrößen und minimalen Kosten die folgenden Beziehungen bestehen:

$$x_Z^{P*} = x_A^{P*} \cdot \sqrt{\alpha \cdot \beta} \qquad\qquad K_Z(x_Z^{P*}) = K_A(x_A^{P*}) \cdot \sqrt{\alpha \cdot \beta}$$

$$x_J^{P*} = x_A^{P*} \cdot \sqrt{(1+\alpha)/(1+\beta)} \qquad\qquad K_J(x_J^{P*}) = K_A(x_A^{P*}) \cdot \sqrt{(1+\alpha)\cdot(1+\beta)}$$

$$x_J^{P*} = x_Z^{P*} \cdot \sqrt{(1+1/\alpha)/(1-1/\beta)} \qquad\qquad K_J(x_J^{P*}) = K_Z(x_Z^{P*}) \cdot \sqrt{(1+1/\alpha)\cdot(1+1/\beta)}$$

In Übereinstimmung hiermit zeigt Abbildung 3.30, dass die aus der Gesamtkostenbetrachtung der Zulieferer-Abnehmer-Beziehung ermittelte Lösung einen Kompromiss zwischen den beiden isoliert für jede Stufe ermittelbaren Lösungen darstellt. Die Gesamtkosten sind niedriger als diejenigen, die entstehen würden, wenn der Abnehmer bzw. Zulieferer seine isoliert optimale Losgröße als gemeinsame Losgröße durchsetzte.

Für den Fall, dass zunächst der Abnehmer seine isoliert optimale Losgröße x_A^{P*} als gemeinsame Losgröße dem Zulieferer aufgezwungen hätte und nun auf die optimale gemeinsame Losgröße x_J^{P*} gewechselt werden soll, ergeben sich eine Reduktion der Gesamtkosten um ΔK_J, eine Erhöhung der Kosten des Abnehmers um ΔK_A und eine Reduktion der Kosten des Zulieferers um ΔK_Z. Während der Zulieferer motiviert sein wird, die Reduktion seiner Kosten zu realisieren, muss dem Abnehmer ein Anreiz gesetzt werden, damit er auf die optimale gemeinsame Losgröße wechselt. Da $\Delta K_J = \Delta K_Z + \Delta K_A$ gilt, ist die Kostenreduktion für den Zulieferer größer als die Kostenerhöhung für den Abnehmer. Folglich würde eine Ausgleichszahlung des Zulieferers an den Abnehmer, die die Kostenerhöhung für den Abnehmer mindestens kompensiert, aber die Kostenreduktion für den Zulieferer nicht überkompensiert, eine Win-Win-Situation in der Zulieferer-Abnehmer-Beziehung herbeiführen.

Die aus einem Wechsel von x_A^{P*} zu x_J^{P*} für die einzelnen Akteure resultierenden Kostenänderungen belaufen sich auf (vgl. Banerjee 1986, S. 299 ff.):

$$\Delta K_A(x_A^{P*}, x_J^{P*}) = \left(\frac{1 + (\alpha + \beta)/2}{\sqrt{(1+\alpha) \cdot (1+\beta)}} - 1 \right) \cdot K_A(x_A^{P*})$$

$$\Delta K_Z(x_A^{P*}, x_J^{P*}) = \left(\frac{1 + 2/(1/\alpha + 1/\beta)}{\sqrt{(1+\alpha) \cdot (1+\beta)}} - 1 \right) \cdot K_Z(x_A^{P*})$$

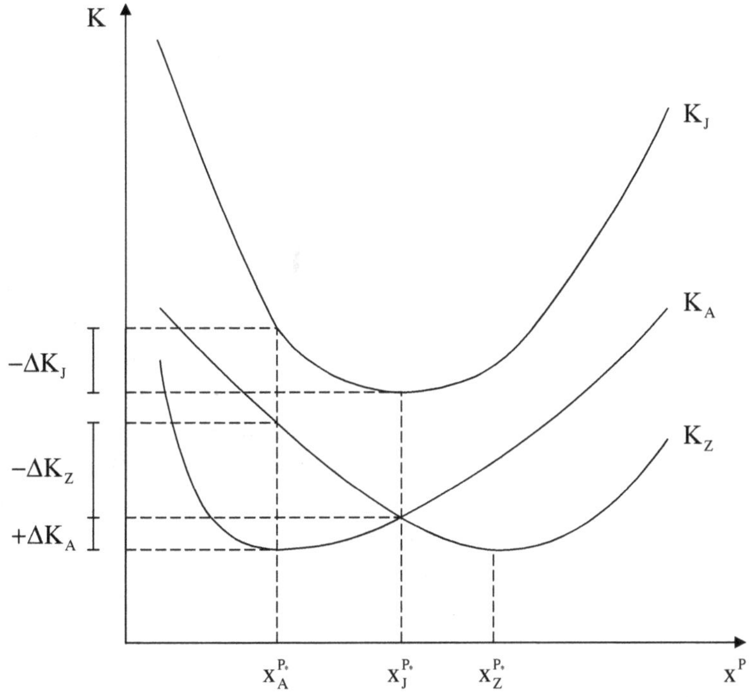

Abbildung 3.30: Gegenüberstellung der Kostenverläufe bei isolierter und gemeinsamer Losgrößenplanung

Um den Abnehmer zu einem Wechsel auf die gemeinsame optimale Losgröße zu motivieren, könnte der Zulieferer dem Abnehmer pro abgenommener Einheit einen **Preisnachlass** d anbieten, der im Intervall $[\Delta K_A / v_A; -\Delta K_Z / v_A]$ liegt.

Für den Fall, dass zunächst der Zulieferer seine isoliert geplante Losgröße x_Z^{P*} als gemeinsame Losgröße durchgesetzt hätte und nun auf die gemeinsame optimale Losgröße gewechselt werden soll, ergibt sich eine spiegelbildliche Analyse. Die Kostenänderungen eines Wechsels von x_Z^{P*} zu x_J^{P*} betragen (vgl. Banerjee 1986, S. 299 ff.):

$$\Delta K_A(x_Z^{P^*}, x_J^{P^*}) = \left(\frac{1 + 2/(\alpha + \beta)}{\sqrt{(1 + 1/\alpha) \cdot (1 + 1/\beta)}} - 1 \right) \cdot K_A(x_Z^{P^*})$$

$$\Delta K_Z(x_Z^{P^*}, x_J^{P^*}) = \left(\frac{1 + (1/\alpha + 1/\beta)/2}{\sqrt{(1 + 1/\alpha) \cdot (1 + 1/\beta)}} - 1 \right) \cdot K_Z(x_Z^{P^*})$$

Um den Zulieferer zu einem Wechsel auf die gemeinsame optimale Losgröße zu motivieren, könnte der Abnehmer den Zulieferer pro abgenommener Einheit eine **Preisprämie** u anbieten, die im Intervall $[\Delta K_Z / v_A; -\Delta K_A / v_A]$ liegt.

Aufgrund der zugrundeliegenden Annahmen ist das Anwendungsgebiet dieses Grundmodells stark eingeschränkt. So sind dann auch in der Literatur Modellformulierungen zu finden, in denen einzelne Annahmen dieses Grundmodells aufgehoben werden, um eine Verallgemeinerung zu erreichen. Mit zunehmender Verallgemeinerung des Entscheidungsmodells steigt jedoch der Komplexitätsgrad teilweise so stark an, dass eine exakte Lösung nicht mehr mit vertretbarem Aufwand ermittelt werden kann und auf Heuristiken zurückgegriffen werden muss.

Eine einfache **Modellerweiterung** besteht in der Ausdehnung des Modellumfanges auf mehr als zwei Stufen, die sequentiell durchlaufen werden, und der Ermittlung aufeinander abgestimmter stufenbezogener Losgrößen. Zur Erfassung der kostenmäßigen Wechselwirkungen von Auftragsgrößenentscheidungen bei I Stufen kann auf den Ansatz von Blackburn und Millen (1982) zurückgegriffen werden. Bei diesem Ansatz werden **zwei Schritte** vollzogen. Im ersten Schritt wird die Wirkung der Losgrößenentscheidung für eine Stufe auf die Kosten der vorgelagerten Stufe erfasst. Dabei erfolgt zunächst eine **systemweite Betrachtung** des Lagerbestandes und der Rüstvorgänge, um aggregierte Lagerhaltungs- und Rüstkostensätze zu bestimmen. Danach werden rekursiv die **optimalen Losgrößenrelationen** zwischen den Stufen berechnet. Im zweiten Schritt werden die **Losgrößen der einzelnen Stufen** kalkuliert, wobei auf der ersten Stufe die klassische Losgrößenformel zur Anwendung gelangt. Hierauf aufbauend werden die Losgrößen der anderen Stufen mit Hilfe der optimalen Losgrößenrelationen bestimmt.

Die Wirkungen der Losgrößenentscheidungen auf den durchschnittlichen Lagerbestand werden durch eine **systemweite Betrachtung** (echelon stock bzw. gestaffelter Lagerbestand; vgl. Clark/Scarf 1960, S. 479 ff.; Simpson 1958, S. 864 ff.) ermittelt. Der gestaffelte Lagerbestand x_i^{Le} ergibt sich für ein Gut i aus dessen physischem Lagerbestand x_i^L und der Menge dieses Gutes, die gemäß dem Produktionskoeffizienten $h_{ii'}$ in den physischen Lagerbeständen $x_{i'}^L$ anderer Güter enthalten ist:

$$x_i^{Le} = x_i^L + \sum_{i'=1}^{i} (x_{i'}^L \cdot \Pi_{i''=i'}^{i-1} h_{i''+1 i''})$$
$$x_1^{Le} = x_1^L$$

Von den Lagerhaltungskosten des physischen Lagerbestands werden in dieser Betrachtung die Lagerhaltungskosten der Güter, die zur Produktion des betrachteten

Gutes verwendet werden, subtrahiert, d. h., es erfolgt eine Bewertung mit dem Grenz-lagerhaltungskostensatz:

$$k_i^{Le} = k_i^L - h_{i+1i} \cdot k_{i+1}^L \quad \forall i < I$$
$$k_I^{Le} = k_I^L$$

Darüber hinaus wird unterstellt, dass ein konstanter Bedarf B nach Endprodukten vorliegt, der sich gemäß dem Produktionskoeffizienten $h_{ii'}$ entlang der Stufen entfaltet, und dass zwischen den Losgrößen x_i^P, x_{i-1}^P die ganzzahlige Relation $re_i \geq 1$ besteht (vgl. Crowston/Wagner/Williams 1973, S. 500 und S. 524 ff.).

Wird auf der ersten Stufe eine Losgröße x_1^P gewählt, dann beträgt der durchschnittliche gestaffelte Lagerbestand der einzelnen Stufen $re_i \cdot x_1^P / 2$. Unter Berücksichtigung der Grenz-Lagerhaltungskostensätze der Stufen $i' \geq i$ ergibt sich der **aggregierte Grenzlagerhaltungskostensatz** der Stufe i zu:

$$\hat{k}_i^{Le} = \sum_{i'=i}^I k_{i'}^{Le} \cdot re_{i'} \quad \forall i < I$$

Die **Lagerhaltungskosten des gesamten Systems** belaufen sich somit auf:

$$K^L = \frac{x_1^P}{2} \cdot \hat{k}_1^{Le}$$

Unter Berücksichtigung der Produktionskoeffizienten und Losgrößenrelationen ergibt sich der **aggregierte Rüstkostensatz** einer Stufe i zu:

$$\hat{k}_i^R = \sum_{i'=i}^I k_{i'}^R \cdot \frac{h_{i'i'-1}}{re_{i'}} \quad \forall i$$

Die **Rüstkosten des gesamten Systems** betragen damit:

$$K^R = \frac{B}{x_1^P} \cdot \hat{k}_1^R$$

Die Funktion der losgrößenabhängigen Kosten des gesamten Systems ist somit strukturgleich mit der des Grundmodells bei einstufiger Produktion:

$$K = \frac{B}{x_1^P} \cdot \hat{k}_1^R + \frac{x_1^P}{2} \cdot \hat{k}_1^{Le}$$

Die optimale Losgröße auf der ersten Stufe beträgt (vgl. Tempelmeier 2006b, S. 242):

$$x_1^{P*} = \sqrt{2 \cdot B \cdot \frac{\hat{k}_1^R}{\hat{k}_1^{Le}}}$$

Bevor die Formel angewendet werden kann, müssen die aggregierten Kostensätze $\hat{k}_i^R$ und $\hat{k}_i^{Le}$ rekursiv bestimmt werden. Dabei ist es von Nutzen, dass diese für die

Stufe I bereits bekannt sind ($\hat{k}_I^R = k_I^R$ und $\hat{k}_I^{Le} = k_I^L$) und sich die Werte der anderen Stufen mit Hilfe der Rekursionsformeln

$$\hat{k}_i^{Le} = k_i^{Le} + \hat{k}_{i+1}^{Le} \cdot re_{i+1} \qquad \text{bzw.} \qquad \hat{k}_i^R = k_i^R + \hat{k}_{i+1}^R \cdot \frac{h_{i+1i}}{re_{i+1}}$$

und der optimalen Losgrößenrelation re_{i+1}^* bestimmen lassen. Da eine Relation nur dann optimal ist, wenn die Losgrößen der entsprechenden Stufen optimal sind, gilt:

$$re_{i+1}^* = \frac{x_{i+1}^{P*}}{x_i^{P*}} = \frac{\sqrt{2 \cdot B \cdot \hat{k}_{i+1}^R / \hat{k}_{i+1}^{Le}}}{\sqrt{2 \cdot B \cdot k_i^R / k_i^{Le}}} \quad \leftrightarrow \quad re_{i+1}^* = \sqrt{\frac{\hat{k}_{i+1}^R}{k_i^R} \cdot \frac{k_i^{Le}}{\hat{k}_{i+1}^{Le}}}$$

Der berechnete Wert erfüllt in der Regel die Ganzzahligkeitsbedingung der Losgrößenrelation nicht. Der optimale ganzzahlige Wert kann kleiner oder größer als der Wert des Wurzelterms sein. Eine Möglichkeit zur Bestimmung des ganzzahligen Wertes besteht darin, die kleinste zulässige ganzzahlige Losgrößenrelation zu finden, für die gilt (vgl. Blackburn/Millen 1982, S. 49):

$$re_{i+1}^* \cdot (re_{i+1}^* + 1) \geq \frac{\hat{k}_{i+1}^R}{k_i^R} \cdot \frac{k_i^{Le}}{\hat{k}_{i+1}^{Le}}$$

Die Vorgehensweise sei an einem Beispiel mit dreistufiger Produktion illustriert. Es sollen 1600 Endprodukte erzeugt werden, wobei die Produktionskoeffizienten $h_{21} = 2$ und $h_{32} = 3$ betragen. Die Kostendaten sind in der Tabelle 3.55 erfasst.

i	gegeben		berechnet		
	k_i^L	k_i^R	k_i^{Le}	$\hat{k}_i^{Le}$	$\hat{k}_i^R$
1	16.9	600	2.9	5.9	1500
2	7,0	500	1,0	3,0	900
3	2,0	400	2,0	2,0	400

Tabelle 3.55: Gegebene und berechnete Kosten

Die rekursive Berechnung startet mit der Stufe 3. Der aggregierte Lagerhaltungskostensatz $\hat{k}_3^{Le} = k_3^L = 2,0$ und der aggregierte Rüstkostensatz $\hat{k}_3^R = k_3^R = 400$ gehen unmittelbar aus der Tabelle 3.55 hervor. Für die Losgrößenrelation re_3^* muss gelten:

$$re_3^* \cdot (re_3^* + 1) \geq \hat{k}_3^R \cdot k_2^{Le} / (k_2^R \cdot \hat{k}_3^{Le})$$

Da sich der Grenzlagerhaltungskostensatz für die Stufe 2 aus $k_2^{Le} = k_2^L - h_{32} \cdot k_3^L = 7,0 - 3 \cdot 2,0 = 1,0$ ergibt und die Rüstkosten $k_2^R = 500$ betragen, ergibt sich $re_3^* \cdot (re_3^* + 1) \geq 0,4$. Von den beiden Lösungen des quadratischen Ungleichungssystems ist $re_3^* \geq 0,31$ relevant, so dass die ganzzahlige Losgrößenrelation $re_3^* = 1$ optimal ist. Aufbauend auf diesem Zwischenergebnis werden die aggregierten Kostensätze der Stufe 2 berechnet: $\hat{k}_2^{Le} = 1,0 + 2,0 \cdot 1 = 3,0$ und $\hat{k}_2^R = 500 + 400 / 1 = 900$. Für die Losgrößenrelationen re_2^* muss somit gelten

$$re_2^* \cdot (re_2^* + 1) \geq \frac{900}{600} \cdot \frac{2,9}{3,0} = 1,45$$

so dass $re_2^* = 1$ als optimale ganzzahlige Losgrößenrelation ermittelt wird. Die aggregierten Kostensätze der Stufe 1 betragen $\hat{k}_1^{Le} = 2,9 + 3,0 \cdot 1 = 5,9$ und $\hat{k}_1^R = 600 + 900 / 1 = 1500$. Die optimale Losgröße auf der ersten Stufe beträgt:

$$x_1^{P*} = \sqrt{2 \cdot 1600 \cdot 1500 / 5,9} = 902$$

Aufgrund der optimalen Losgrößenrelationen $re_2^* = re_3^* = 1$ gilt diese Losgröße auch für die zweite und die dritte Stufe.

3.2.2.4 Lagerhaltungspolitik

3.2.2.4.1 Einstufiges System

Zur Sicherstellung eines kontinuierlichen Produktionsablaufs ist es notwendig, die sich aus den Bedarfsplänen ergebenden Materialmengen rechtzeitig bereitzustellen, um einerseits zu hohe Bestände und andererseits Fehlmengen zu vermeiden. Um die Materialverfügbarkeit zu gewährleisten, kann die Lagerauffüllung zeit- und/oder mengengesteuert erfolgen. Bei **zeitgesteuerter Lagerauffüllung** orientiert sich der Steuerimpuls an der Lagerreichweite, d. h. dem bis zur vollständigen Leerung des Lagers verbleibenden Zeitraum. Demgegenüber wird der Steuerimpuls bei **mengengesteuerter Lagerauffüllung** durch den Lagerbestand getriggert. Für beide Steuerungsformen ist es relevant, dass zwischen der Auslösung und dem Vollzug der Lagerauffüllung Zeit verstreicht, die als **Wiederbeschaffungsdauer** d^W bezeichnet wird. Wird vereinfachend von der Situation einer konstanten **Materialverbrauchsgeschwindigkeit** 1 ausgegangen, dann muss die Lagerauffüllung genau dann ausgelöst werden, wenn die Lagerreichweite der Wiederbeschaffungsdauer (Zeitsteuerung) bzw. der Lagerbestand dem Materialverbrauch in der Wiederbeschaffungsdauer (Mengensteuerung) entspricht. Diese beiden Punkte werden als **Meldezeitpunkt** t^M bzw. **Meldemenge** x^M bezeichnet. Die Zusammenhänge in dieser deterministischen Situation sind in Abbildung 3.31 dargestellt.

Nachdem das Lager mit der Losgröße x^P aufgefüllt wurde, liegen die maximale Lagerreichweite $\overline{d}^R = x^P / 1$ und der maximale Lagerbestand $x^L = x^P$ vor. Durch die Lagerentnahme mit der Geschwindigkeit 1 nehmen die Lagerreichweite und der Lagerbestand kontinuierlich ab. Für den Meldezeitpunkt bzw. die Meldemenge gilt somit:

$$t^M = \overline{d}^R - d^W$$
$$x^M = d^W \cdot 1$$

Wie bereits erwähnt, ist die Lagerhaltung kein deterministisches Problem, sondern mit **Unsicherheiten** behaftet, die sich nach Grochla (1978, S. 112 ff.) auf zufällige Schwankungen der Materialverbrauchsgeschwindigkeit, der Wiederbeschaffungsdauer und der Losgröße der Lagerauffüllung zurückführen lassen. Weichen die realisierten Werte l, d^W und x^P von den erwarteten Werten $E(l)$, $E(d^W)$ und $E(x^P)$ ab, dann treten Fehlmengen (bei $l > E(l)$, $d^W > E(d^W)$, $x^P < E(x^P)$) oder überhöhte Lagerbestände (bei $l < E(l)$, $d^W < E(d^W)$, $x^P > E(x^P)$) auf, wenn die Festlegung des Meldezeitpunktes oder der Meldemenge mit Hilfe des deterministischen Modells auf der Grundlage von Erwartungswerten vorgenommen wurde.

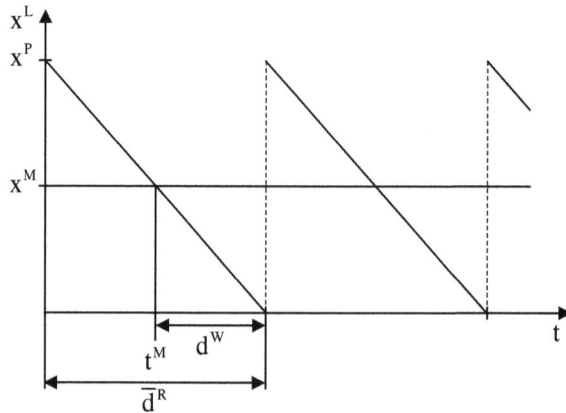

Abbildung 3.31: Entwicklung des Lagerbestandes bei gleichbleibendem
                Bedarfsverlauf

Um den **Fehlmengen** x^F entgegenzuwirken, werden die deterministisch bestimmten Meldezeitpunkte t^M bzw. Meldemengen x^M um Sicherheitsreichweiten bzw. Sicherheitsbestände erhöht. In der Praxis wird dabei häufig pauschal ein Sicherheitszuschlag von 1/3 des Erwartungswertes angesetzt. Hierdurch ist es jedoch nicht möglich, den unterschiedlichen Schwankungsbreiten der unsicheren Größen Rechnung zu tragen. Eine differenziertere Möglichkeit bezieht hingegen die durch den Sicherheitszuschlag bedingten zusätzlichen Lagerhaltungskosten und die potentiellen Fehlmengenkosten in die Überlegungen ein, um auf dieser Grundlage einen optimalen Servicegrad der Lagerhaltung zu ermitteln. Hierzu wird der **ß-Servicegrad** (zum Vergleich von α- und ß-Servicegrad vgl. Günther/Tempelmeier 2009, S. 268 ff.) herangezogen, der den Anteil des Materialbedarfs angibt, der in der betrachteten Periode unmittelbar aus dem vorhandenen Lagerbestand gedeckt werden kann:

$$\beta = 1 - \frac{E(x^F)}{E(x^P)}$$

Die Lagerhaltungskosten sind vom geplanten Servicegrad abhängig und haben tendenziell den in Abbildung 3.32 dargestellten Verlauf. Ebenfalls sind die Fehlmengenkosten vom Servicegrad abhängig, wobei sich gegenläufige Kostenwirkungen zeigen. Ziel ist es, den Servicegrad so festzulegen, dass die Summe der Lagerhaltungs- und Fehlmengenkosten minimal ist (vgl. Silver/Pyke/Peterson 1998 S. 249 ff.).

Dieser Zustand wird mit dem Servicegrad erreicht, bei dem sich die beiden Kosten-funktionen schneiden. Der Anstieg der Lagerhaltungskosten und das Gefälle der Fehlmengenkosten sind dabei von den jeweiligen Kostensätzen abhängig. Je höher der Fehlmengenkostensatz im Vergleich zum Lagerhaltungskostensatz ist, umso mehr nähert sich der optimale Servicegrad an 100 % an.

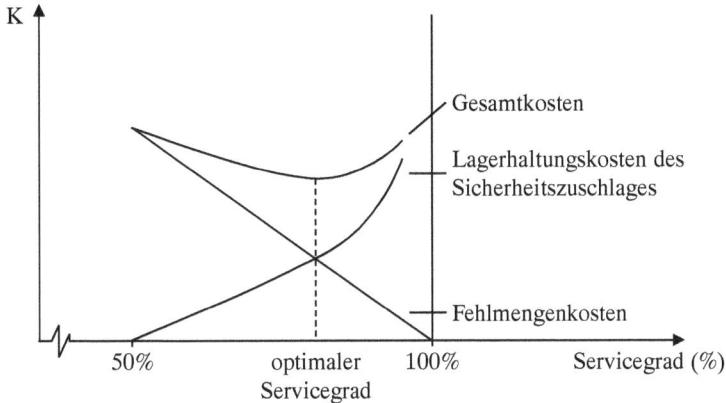

Abbildung 3.32: Optimaler Servicegrad

Da bei praktischen Problemstellungen die Quantifizierung der Fehlmengenkosten er-hebliche Schwierigkeiten bereitet (vgl. Schneider 1979, S. 10; Houtum/Inderfurth/ Zijm 1996, S. 3 f.), wird i. d. R. ein als günstig erachteter Servicegrad vorgegeben, der durch die Lagerhaltung erfüllt werden soll (vgl. Tempelmeier 2008, S. 408 ff.). Damit wird das ursprüngliche Kostenminimierungsziel in das Ersatzziel der Lagerbe-standsminimierung bei Einhaltung der Servicegradrestriktion transformiert. Unter der Annahme einer normalverteilten Einflussgröße mit den Parametern Erwartungswert μ und Standardabweichung σ lässt sich die Beziehung zwischen Sicherheitszu-schlag (gemessen in Vielfachen v der Standardabweichung) und Servicegrad durch die in Tabelle 3.56 angegebenen Werte illustrieren.

v	0	1	2	3	4	5	6
$\beta(v)$ [%]	50,00000	84,13447	97,72498	99,86501	99,99683	99,99997	99,99999
β [%]	96,50	97,00	97,50	98,00	98,50	99,00	99,50
$v(\beta)$	1,812	1,881	1,960	2,054	2,170	2,326	2,576

Tabelle 3.56: Sicherheitszuschlag und Servicegrad bei normalverteilter Einfluss-größe

Im Rahmen der **Lagerhaltungspolitik** werden dann Anweisungen formuliert, mit welchen Handlungen auf bestimmte Lagerereignisse reagiert werden soll, um trotz der Unsicherheiten die Verfügbarkeit des zu lagernden Gutes zu gewährleisten. Die Verfügbarkeit bezieht sich auf das Vorhandensein eines positiven physischen Be-

standes. Als relevante Lagerereignisse werden der Ablauf einer konstant vorgegebenen Dauer (Bestellintervall r) und/oder das Unterschreiten eines definierten Be-
standsniveaus (Bestellpunkt s) angesehen. Bei den Handlungsanweisungen wird zwischen der Bestellung einer konstanten Menge (Bestellmenge q) und der Bestellung
der Differenzmenge zwischen Lagerbestand und Maximalbestand (Bestellniveau S)
unterschieden. Damit ergeben sich vier Grundformen von Lagerhaltungspolitiken:

- **r,q-Politik**: In regelmäßigen Abständen r wird eine Bestellung ausgelöst, die den
  Lagerbestand um die Menge q erhöht. In den weiteren Überlegungen wird auf die
  Darstellung der r,q-Politik verzichtet, da sie keine Möglichkeiten bietet, um auf
  Schwankungen der Einflussgrößen zu reagieren.

- **s,q-Politik**: Der Lagerbestand wird kontinuierlich (Reinform) oder periodisch
  (Modifikation) überwacht, und sobald der Bestellpunkt s erreicht (unterschritten)
  ist, wird eine Bestellung ausgelöst, die den Lagerbestand um die Menge q erhöht.
  Somit passt sich der zeitliche Abstand zwischen den Bestellungen an die Schwankungen der Einflussgrößen an.

- **r,S-Politik**: In regelmäßigen Abständen der Dauer r wird eine Bestellung der
  Menge $S - x^L$ ausgelöst. Während der Bestellrhythmus konstant ist, passt sich die
  Bestellmenge an Schwankungen der Einflussgrößen an.

- **s,S-Politik**: Der Lagerbestand wird kontinuierlich (Reinform) oder periodisch
  (Modifikation) überwacht und bei Erreichen (Unterschreiten) des Bestellpunktes s
  wird eine Bestellung der Menge $S - x^L$ ausgelöst. Somit passen sich Bestellzeit-
  punkt und Bestellmenge an Schwankungen der Einflussgrößen an.

Aufgrund des Spektrums der Möglichkeiten sind im Kontext der Lagerhaltungspolitik zwei Klassen von Entscheidungen von Bedeutung:

- Auswahl einer geeigneten Lagerhaltungspolitik und
- Parametrisierung der Lagerhaltungspolitik.

Für die **Auswahl einer Lagerhaltungspolitik** können mehrere Beurteilungskriterien
herangezogen werden. Eine kriteriengeleitete Beurteilung der relevanten Lagerhaltungspolitiken zeigt das folgende Bild (vgl. Inderfurth 1998, S. 631 ff.; Tempelmeier
2006a, S. 112 ff.):

- Es lässt sich auf analytischem Wege oder mit Hilfe von Simulationen nachweisen,
  dass im Hinblick auf die **Bestell- und Lagerhaltungskosten** die Reinformen der
  s,S- und der s,q-Politik die günstigsten Alternativen sind. Geringfügig höhere
  Kosten entstehen bei der Anwendung von s,S- und s,q-Politik, wenn eine periodische Bestandsüberwachung erfolgt, wobei die s,S-Politik die besseren Ergebnisse
  zeigt. Die r,S-Politik ist hingegen deutlich ungünstiger.

- Bei der **Lieferzeit** erweisen sich die Politiken mit kontinuierlicher Überwachung
  des Lagerbestandes als vorteilhaft, weil auf kritische Bestandsveränderungen so-
  fort und nicht erst nach Ablauf eines Bestellintervalls reagiert wird.

- Hinsichtlich des **Informationsaufwandes** sind Lagerhaltungspolitiken mit periodischer Überwachung des Lagerbestandes (r,S-, modifizierte s,q- und modifizierte
  s,S-Politik) denen, die auf einer kontinuierlichen Überwachung aufbauen (s,q- und
  s,S-Politik), überlegen.

- Werden die **Flexibilitätswirkungen** herangezogen, dann zeigt sich, dass mit dem
  Einsatz der reinen und modifizierten s,q- sowie der reinen s,S-Politik geringere

Einschränkungen des Entscheidungsspielraumes einhergehen, als dies bei der r,S- und der modifizierten s,S-Politik der Fall ist.

- Eine periodische Überwachung des Lagerbestandes ermöglicht eine gute **zeitliche Abstimmung** von Bestellungen und Lieferungen unterschiedlicher Materialarten. Unter diesem Gesichtspunkt erweist sich die r,S-Politik als vorteilhaft. Dies gilt ebenfalls für die modifizierte s,q- und die modifizierte s,S-Politik. Die Reinformen der s,q- und der s,S-Politik erschweren hingegen eine zeitliche Abstimmung, weil sich der zeitliche Abstand zwischen den Bestellungen an die Schwankungen der Einflussgrößen anpasst.

- Im Hinblick auf die Möglichkeit der Nutzung von **Mengenrabatten** und der Berücksichtigung von **Transportrestriktionen** (z. B. Packungsgrößen, Transportmengen) weisen aufgrund der konstanten Bestellmenge die s,q- generell und die s,S-Politik in ihrer Reinform Vorteile auf. Weil sich bei der r,S- und der modifizierten s,S-Politik die Bestellmengen an Schwankungen der Einflussgrößen anpassen, wird die Nutzung von Mengenrabatten und die Berücksichtigung von Transportrestriktionen erschwert.

Tabelle 3.57 gibt eine zusammenfassende Übersicht der (qualitativen) Beurteilung der dargestellten Lagerhaltungspolitiken.

| Kriterium | Lagerhaltungspolitik | | | | |
| | s,q | | r,S | s,S | |
	rein	modifiziert		rein	modifiziert
Bestell- und Lagerhaltungskosten	+	−	−	+	+
Lieferzeit	+	−	−	+	−
Informationsaufwand	−	+	+	-	+
Flexibilitätswirkung	+	+	−	+	−
Zeitliche Abstimmung	−	+	+	−	+
Transportrestriktionen	+	+	−	+	−
Legende:	+ = vorteilhaft			− = nachteilig	

Tabelle 3.57: Beurteilung der Lagerhaltungspolitiken

Die Tabelle zeigt eine heterogene Beurteilung der Lagerhaltungspolitiken, wobei keine dominante Politik vorliegt. Auch wenn die r,S-Politik bei der Mehrzahl der Kriterien Nachteile aufweist, kann aufgrund des ordinalen Bewertungsmaßstabes nicht zwingend auf eine generelle Nachteiligkeit geschlossen werden. Die Eignung einer Lagerhaltungspolitik kann letztlich nur im konkreten Einzelfall beurteilt werden, da die Gewichtung der einzelnen Beurteilungskriterien von den Zielen der Unternehmung bzw. Supply Chain abhängig ist.

Die **Parametrisierung der Lagerhaltungspolitik** sei am Beispiel der s,q-Politik dargestellt. Abbildung 3.33 gibt die Entwicklung des Lagerbestandes im Zeitablauf wieder. Der Lagerzyklus startet nach dem Auffüllen des Bestandes auf ein positives Niveau. Gemäß dem schwankenden Materialbedarf werden im Zeitablauf Materialmengen entnommen und dadurch der Bestand sukzessive reduziert. Sobald durch eine Materialentnahme die Meldemenge x^M erreicht oder unterschritten wird, wird eine Bestellung der Menge x^P ausgelöst, deren Lieferung nach Ablauf der Wiederbeschaffungsdauer erfolgt und den Bestand wieder auffüllt. Die Wiederbeschaffungsdauer bildet den Unsicherheitszeitraum, in dem nicht auf den zufällig schwankenden Bedarf reagiert werden kann. Übersteigt der Bedarf die Meldemenge, dann ergibt sich, wie im ersten Lagerzyklus dargestellt, eine Fehlmenge. Ist der Bedarf in der Wiederbeschaffungsdauer kleiner als die Meldemenge, dann verbleibt, wie im zweiten Lagerzyklus dargestellt, ein überschüssiger Lagerbestand.

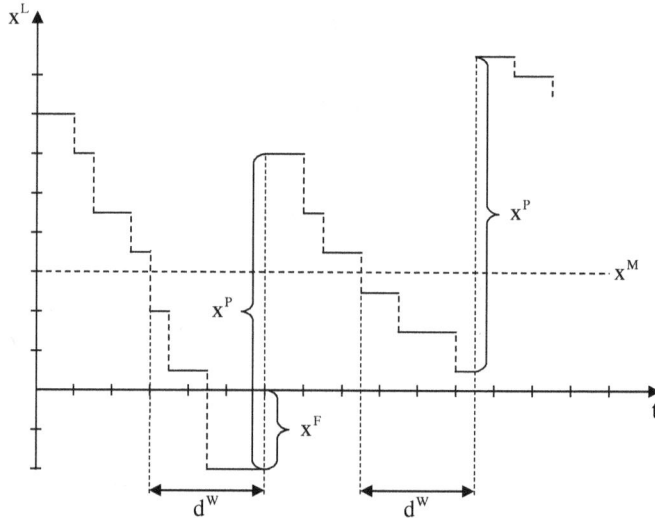

Abbildung 3.33: Verlauf des Lagerbestandes bei Anwendung der s,q-Lagerhaltungspolitik

Die Parametrisierung der s,q-Lagerhaltungspolitik erfolgt durch die Festlegung der Werte der Meldemenge und der Bestellmenge. Grundsätzlich kann dabei simultan oder sukzessiv vorgegangen werden. Bei **simultaner Vorgehensweise** wird durch die gleichzeitige Festlegung von x^M und x^P unter Berücksichtigung ihrer Interdependenzen eine vollständige Abstimmung erreicht. Um den Berechnungsaufwand zu reduzieren, gelangt i. d. R. eine **sukzessive Vorgehensweise** zur Anwendung, bei der die Parameterwerte nacheinander bestimmt werden. Hierdurch werden die Interdependenzen nur teilweise berücksichtigt, so dass Abstimmungsverluste auftreten. Um die Abstimmungsverluste zu minimieren, ist zunächst der Parameter festzulegen, der in seiner Wirkung auf die Zielgröße von dem anderen Parameter am geringsten beeinflusst wird. In der Literatur wird dabei auf den relativ geringen Einfluss der Abweichungen von der optimalen Bestellmenge auf die entscheidungsrelevanten Kosten verwiesen (vgl. Naddor 1971, S. 57 f.). Deshalb ist zuerst die Bestellmenge und dann die Meldemenge festzulegen. Aufgrund dieser geringen Kostensensitivität wird zur Festlegung der Bestellmenge i. d. R. auf deterministische Ansätze, wie z. B. das Grundmodell der Losgrößenplanung, zurückgegriffen und die der Lagerhaltung inhärente Stochastik bei der Festlegung der Meldemenge berücksichtigt.

Zunächst sei die **Planungssituation** betrachtet, dass der Bedarf $\tilde{B}^W$ in der konstanten Wiederbeschaffungsdauer d^W gemäß einer **diskreten Verteilung** stochastisch schwankt. Die möglichen Realisationswerte des Bedarfes sind natürlichzahlig und liegen in einem geschlossenen Intervall $B^W \in [L, U] \in \mathbb{N}$. Zu jedem Realisationswert ist die jeweilige Eintrittswahrscheinlichkeit p_{B^W} bekannt. Darüber hinaus wurde für den β-Servicegrad ein einzuhaltender Wert vorgegeben. Die Bestellmenge x^P wurde bereits mit Hilfe des Grundmodells der Losgrößenplanung auf der Grundlage des Bedarfserwartungswertes $E(B)$ festgelegt. Somit lautet die **Entscheidungsfrage**: Wie hoch soll der Bestellpunkt, ausgedrückt durch die Meldemenge x^M, angesetzt werden? Um die Zulässigkeit der Lösung zu gewährleisten, ist die **Entscheidungsschranke** zu beachten, dass der durch die Meldemenge realisierte Servicegrad den vorgegebenen Servicegrad nicht unterschreitet. Mit der Parametrisierung der Lagerhaltungspolitik wird das **Entscheidungsziel** verfolgt, den Sicherheitsbestand zu minimieren. Da der Sicherheitsbestand mit zunehmender Meldemenge steigt, kann das Formalziel auch direkt auf die Meldemenge bezogen werden. Das **Entscheidungsmodell** lautet somit:

$$\min x^M$$

unter Berücksichtigung der Nebenbedingung

$$\beta \leq 1 - \frac{E(x^F)}{x^P}$$

Um das Problem lösen zu können, ist die Beziehung zwischen der Meldemenge und der erwarteten Fehlmenge formal zu erfassen. Hierbei sind alle Bedarfsrealisationen B^W einzubeziehen, die die Meldemenge übersteigen, und die mit ihrer Eintrittswahrscheinlichkeit gewichteten Fehlmengenrealisationen zu addieren:

$$E(x^F) = \sum\nolimits_{B^W = x^M}^{U} (B^W - x^M) \cdot p_{B^W}$$

Gemäß dieser Formel werden umso mehr Bedarfsrealisationen relevant, je niedriger die Meldemenge x^M angesetzt wird. Damit nimmt die erwartete Fehlmenge mit abnehmender Meldemenge zu. Wird in der Servicegradrestriktion der Term $E(x^F)$ durch diesen formalen Zusammenhang ersetzt und die Restriktion so umgestellt, dass die meldemengenunabhängigen bzw. -abhängigen Terme jeweils auf einer Seite der Ungleichung stehen, dann ergibt sich:

$$(1 - \beta) \cdot x^P \geq \sum\nolimits_{B^W = x^M}^{U} (B^W - x^M) \cdot p_{B^W}$$

Die linke Seite der Ungleichung erfasst den maximal zulässigen und die rechte Seite den in Abhängigkeit von x^M erwarteten Fehlbestand. Die Meldemenge ist folglich soweit zu reduzieren, dass der erwartete Fehlbestand den maximal zulässigen Wert gerade noch nicht übersteigt.

Im **Beispiel** gelten der Servicegrad $\beta = 0,98$, die Bestellmenge $x^P = 11$ und eine diskrete Verteilung des Bedarfs in der Wiederbeschaffungsdauer, die in Tabelle 3.58 erfasst wird. Es wird also ein Bedarf $\mu^B = 13$ erwartet, der eine Standardabweichung von $\sigma^B = 1,45$ aufweist. Die maximal zulässige erwartete Fehlmenge beträgt $(1 - 0,98) \cdot 11 = 0,22$. Die Werte für die erwartete Fehlmenge sind für die Kombinationen aus möglichen Bedarfsrealisationen und relevanten Meldemengen zu enumerieren (vgl. Tabelle 3.59).

B^W	10	11	12	13	14	15	16
p_{B^W}	0,05	0,10	0,20	0,30	0,20	0,10	0,05

Tabelle 3.58: Diskrete Verteilung des Bedarfs in der Wiederbeschaffungsdauer (Beispiel)

B^W; p_{B^W} \ x^M	10	11	12	13	14	15	16
10; 0,05	0,00	–	–	–	–	–	–
11; 0,10	0,10	0,00	–	–	–	–	–
12; 0,20	0,40	0,20	0,00	–	–	–	–
13; 0,30	0,90	0,60	0,30	0,00	–	–	–
14; 0,20	0,80	0,60	0,40	0,20	0,00	–	–
15; 0,10	0,50	0,40	0,30	0,20	0,10	0,00	–
16; 0,05	0,30	0,25	0,20	0,15	0,10	0,05	0,00
$E(x^F)$	3,00	2,05	1,20	0,55	0,20	0,05	0,00

Tabelle 3.59: Erwartete Fehlmengen (Beispiel)

Wird nun der Bestellpunkt gesucht, bei dem der Servicegrad gerade noch erfüllt ist, dann ergibt sich im Beispiel das optimale Ergebnis $x^M = 14$. Es ist folglich ein Sicherheitsbestand von $x^M - \mu^B = 1$ aufzubauen.

Liegt hingegen eine Planungssituation mit einer **kontinuierlichen Verteilung** des Bedarfs in der Wiederbeschaffungsdauer vor, die der Dichtefunktion $f(B^W)$ folgt, dann beschreibt das Integral

$$E(x^F) = \int_{x^M}^{U} (B^W - x^M) \cdot f(B^W) \cdot dB^W$$

die erwartete Fehlmenge. In Abhängigkeit von der Art der Verteilung stellt U dabei eine feste Obergrenze oder die Obergrenze von $+\infty$ dar. Folgt der Bedarf in der Wiederbeschaffungsdauer einer **integrierbaren Verteilung**, dann lässt sich die Funktion der erwarteten Fehlmenge analytisch bestimmen. So gilt z. B. für die **stetige Gleichverteilung** $f_{SG}(B^W) \sim [L, U]$ die Fehlmengenfunktion:

$$E(x^F)_{SG} = \frac{(U - x^M)^2}{2 \cdot (U - L)}$$

Aufgrund der analytisch einfachen Handhabbarkeit dieser Fehlmengenfunktion kann die Servicegradbedingung als quadratische Gleichung formuliert werden. Die **optimale Meldemenge** liegt an der unteren der für x^M bestimmbaren Nullstellen:

$$x^M = U - \sqrt{2 \cdot (1-\beta) \cdot x^P \cdot (U-L)}$$

Somit lassen sich drei **Einflussgrößen** auf die optimale Meldemenge feststellen:

- Je mehr sich der Servicegrad dem Wert 1 annähert, umso mehr nähert sich die optimale Meldemenge dem höchstmöglichen Bedarf in der Wiederbeschaffungsdauer.
- Je kleiner die Losgröße gewählt wird, umso höher ist die optimale Meldemenge.
- Je mehr sich der Abstand zwischen der Ober- und Untergrenze der Gleichverteilung dem Wert 0 annähert, also je kleiner die Bedarfsschwankungen sind, umso kleiner wird der Sicherheitsbestand $x^M - \mu^B$.

Für ein **Beispiel** wird die stetige Gleichverteilung $f_{SG}(B^W) \sim [10,49;15,51]$ mit dem Erwartungswert $\mu^B = 13$ und der Standardabweichung $\sigma^B = 1,45$ zugrunde gelegt. Wie im vorherigen Beispiel seien $\beta = 0,98$ und $x^P = 11$ festgelegt. Durch Einsetzen der Werte in die Formel der optimalen Meldemenge ergibt sich:

$$x^M = 15,51 - \sqrt{2 \cdot (1-0,98) \cdot 11 \cdot (15,51-10,49)}$$

$$x^M = 14,02$$

Ähnlich zum vorherigen Beispiel wird ein Sicherheitsbestand von $x^M - \mu^B = 1,02$ aufgebaut.

Ist die **Verteilung** des Bedarfs in der Wiederbeschaffungsdauer **nicht integrierbar**, dann kann zur Vereinfachung der Bestimmung der erwarteten Fehlmenge auf bereits enumerierte Werte der **Partial expectation** zurückgegriffen werden, die in statistischen Tabellen zusammengefasst sind. Dies ist z. B. bei der **Normalverteilung** der Fall, die durch die Parameter Erwartungswert μ und Standardabweichung σ beschrieben wird. Ein normalverteilter Bedarf in der Wiederbeschaffungsdauer wird folglich durch $f_N(B^W) \sim [\mu^W, \sigma^W]$ angegeben. Üblicherweise sind statistische Tabellen zur Normalverteilung nur für die Standardnormalverteilung $f_{SN}(x) \sim [0;1]$ verfügbar. Aufgrund der Eigenschaft, dass eine lineare Funktion einer normalverteilten Zufallsvariable wieder normalverteilt ist, lässt sich jede Normalverteilung zur Standardnormalverteilung transformieren. Die Transformation des Bedarfs in der Wiederbeschaffungsdauer zur standardnormalverteilten Zufallsvariable x erfolgt durch:

$$x = \frac{B^W - \mu^W}{\sigma^W}$$

Die Partial expectation $PE_N(x^M)$ erfasst den Erwartungswert einer Normalverteilung oberhalb des Schwellenwertes, der im Anwendungsfall der s,q-Lagerhaltungspolitik durch die Meldemenge x^M gegeben ist. Um die optimale Meldemenge zu bestimmen, wird der Sicherheitsbestand als Vielfaches v der Standardabweichung in der

Wiederbeschaffungszeit erfasst, so dass der Sicherheitsfaktor v den für die Standardnormalverteilung relevanten Schwellenwert darstellt:

$$x^M - \mu^W = v \cdot \sigma^W \leftrightarrow v = \frac{x^M - \mu^W}{\sigma^W}$$

Auf dieser Grundlage ergibt sich die erwartete Fehlmenge zu:

$$E(x^F)_N = PE_{SN}(v) \cdot \sigma^W$$

Durch Einsetzen dieses Zusammenhangs in die Servicegradrestriktion und Umstellen nach der Partial expectation entsteht die Ungleichung:

$$PE_{SN}(v) \leq (1 - \beta) \cdot \frac{x^P}{\sigma^W}$$

Da die rechte Seite der Ungleichung ausschließlich gegebene Daten umfasst, kann ihr Wert direkt berechnet werden. Für diesen Wert ist dann mit Hilfe der statistischen Tabelle zur Partial expectation der Standardnormalverteilung der optimale Wert v^* des Sicherheitsfaktors zu ermitteln. Hierfür wird nach dem größten Wert der Partial expectation $PE_{SN}(v)$ gesucht, für den die Ungleichung gerade noch erfüllt ist. Der dazugehörige v-Wert ist dann v^*. Die optimale Meldemenge beträgt:

$$x^M = \mu^W + v^* \cdot \sigma^W$$

Um die Vorgehensweise an einem **Beispiel** zu verdeutlichen, wird für den Bedarf in der Wiederbeschaffungsdauer die Normalverteilung $f_N(B^W) \sim [13;1,45]$ zugrunde gelegt. Wie in den vorherigen Beispielen seien $\beta = 0,98$ und $x^P = 11$ festgelegt. Durch Einsetzen der entsprechenden Werte in die Servicegradrestriktion ergibt sich:

$$PE_{SN}(v) \leq (1 - 0,98) \cdot \frac{11}{1,45} = 0,1517$$

In der Partial-expectation-Tabelle (vgl. Tabelle 3.60) wird nach dem größten PE-Wert gesucht, der diesen Wert nicht übersteigt. Dies ist der Wert 0,1503. Der dazugehörige v-Wert lautet 0,67. Die optimale Meldemenge beträgt somit:

$$x^M = 13 + 0,67 \cdot 1,45 = 13,97$$

Ähnlich zu den vorherigen Beispielen wird ein Sicherheitsbestand von $x^M - \mu^B$ $= 0,97$ aufgebaut.

v	0,00	0,01	0,02	0,03	0,04	0,05	0,06	0,07	0,08	0,09
...										
0,5	0,1978	0,1947	0,1917	0,1887	0,1857	0,1828	0,1799	0,1771	0,1742	0,1714
0,6	0,1687	0,1659	0,1633	0,1606	0,1580	0,1554	0,1528	0,1503	0,1478	0,1453
0,7	0,1429	0,1405	0,1381	0,1358	0,1334	0,1312	0,1289	0,1267	0,1245	0,1223
...										

Tabelle 3.60: Partial expectations der Standardnormalverteilung (Auszug)

3.2.2.4.2 Mehrstufige Systeme

Liegt eine mehrstufige Produktion vor, wie z. B. in einer **Supply Chain**, dann ist eine stufenübergreifende Betrachtung notwendig, um den sogenannten **Peitschenschlageffekt** (vgl. Forrester 1958, S. 37 ff.) abzuschwächen, der auf eine mangelnde Abstimmung zwischen den Stufen zurückzuführen ist. Für die Lagerhaltungspolitik erlangen somit die gemeinsame Nutzung von Informationen und die Abstimmung der Bestell- und Lieferentscheidungen eine besondere Bedeutung.

Zur Modellierung mehrstufiger Lagerhaltungssysteme lassen sich unterschiedliche Vorgehensweisen zur Berücksichtigung von Lagerbeständen und Wiederbeschaffungsdauern unterscheiden (vgl. Minner 2000, S. 68 ff.):

- **Stufenweise Betrachtung** (Installation stock, Installation lead time): Die Angaben zum Lagerbestand und zur Wiederbeschaffungsdauer beziehen sich jeweils auf die Gegebenheiten der einzelnen Stufe.
- **Systemweite Betrachtung** (Echelon stock, Echelon lead time):
  -- Der systemweite Lagerbestand einer Materialart umfasst, wie bereits bei der mehrstufigen Losgrößenplanung gezeigt, den Lagerbestand der Materialart zuzüglich der Menge dieser Materialart, die in den Lagerbeständen übergeordneter Baugruppen und Produkte enthalten ist (vgl. Abbildung 3.34).
  -- Die systemweite Wiederbeschaffungsdauer einer Materialart ergibt sich aus der Addition der Wiederbeschaffungsdauern der Stufen, die die Materialart bis zur Fertigstellung des Produktes durchläuft (vgl. Abbildung 3.35).

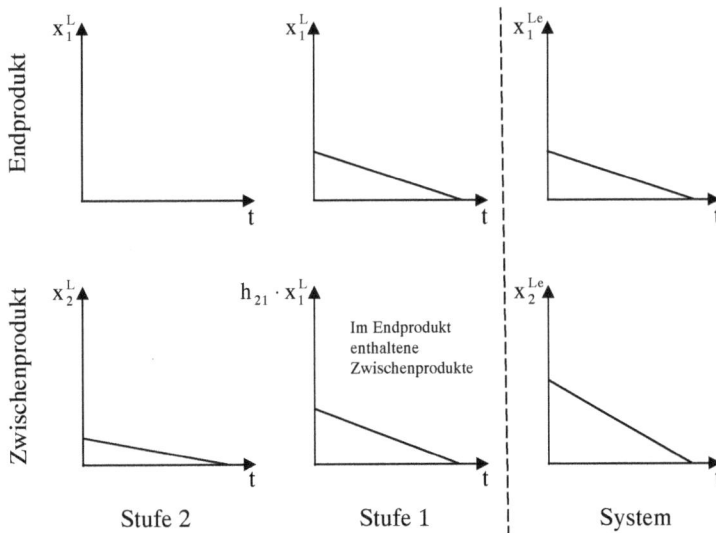

Abbildung 3.34: Systemweite Betrachtung des Lagerbestandes

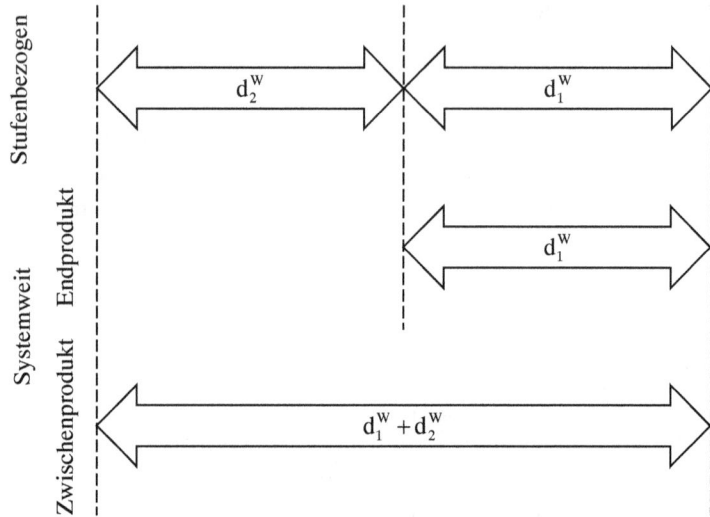

Abbildung 3.35: Systemweite Betrachtung der Wiederbeschaffungsdauer

Bei der stufenweisen Betrachtung werden zwischen den Stufen des Lagersystems keine Bestands- und Wiederbeschaffungsdauerinformationen ausgetauscht. Dieser Informationsaustausch ermöglicht bei systemweiten Lagerhaltungsmodellen jedoch eine bessere Abstimmung zwischen den einzelnen Stufen, so dass geringere Lagerhaltungskosten entstehen. Untersuchungen über die Auswirkungen der Verwendung des systemweiten Lagerbestandes anstelle des stufenweisen Lagerbestandes bei seriellen Lagerhaltungssystemen zeigen, dass sich die Ergebnisse bei einem systemweiten Lagerbestand stärker an das Optimum annähern (vgl. Cachon/Fisher 2000, S. 1043 ff.; Chen 1998, S. S230 ff.; Chen/Zheng 1994, S. 1262 ff.; Diks/Kok/Lagodimos 1996, S. 244; Gavirneni/Kapuscinki/Tayur 1999, S. 20 ff.; Hausmann/Erkip 1994, S. 600 ff.).

Darüber hinaus treten in mehrstufigen Lagerhaltungssystemen zwischen den Parametern aufeinanderfolgender Stufen **Interdependenzen** auf (vgl. Inderfurth 1992, S. 21; Tempelmeier 1993, S. 100 f.):

- Der Sicherheitsbestand einer vorgelagerten Stufe absorbiert stochastische Schwankungen für nachgelagerte Stufen, so dass deren Sicherheitsbestand reduziert werden kann.
- Durch den Sicherheitsbestand auf einer nachgelagerten Stufe wird die Wiederbeschaffungsdauer für die vorgelagerte Stufe und damit deren Unsicherheitszeitraum verringert, so dass eine Reduktion des Sicherheitsbestandes möglich ist.

Durch die systemweite Betrachtung wird es möglich, diese Wechselwirkungen zu berücksichtigen. Dieser Sachverhalt wird in Abbildung 3.36 für ein zweistufiges Lagerhaltungssystem verdeutlicht, das durch eine s,q-Politik auf der Grundlage systemweiter Größen gesteuert wird. Mit dem Aufbau eines Sicherheitsbestandes (Differenz zwischen optimaler Meldemenge bei Sicherheit und optimaler Meldemenge bei Risiko) auf der ersten Stufe wird gleichzeitig in Abhängigkeit vom Produktions-koeffizienten h_{21} ein Teil des Sicherheitsbestandes auf der zweiten Stufe aufgebaut. Der Brutto-Sicherheitsbestand auf der zweiten Stufe kann somit um diesen Teil redu-ziert werden.

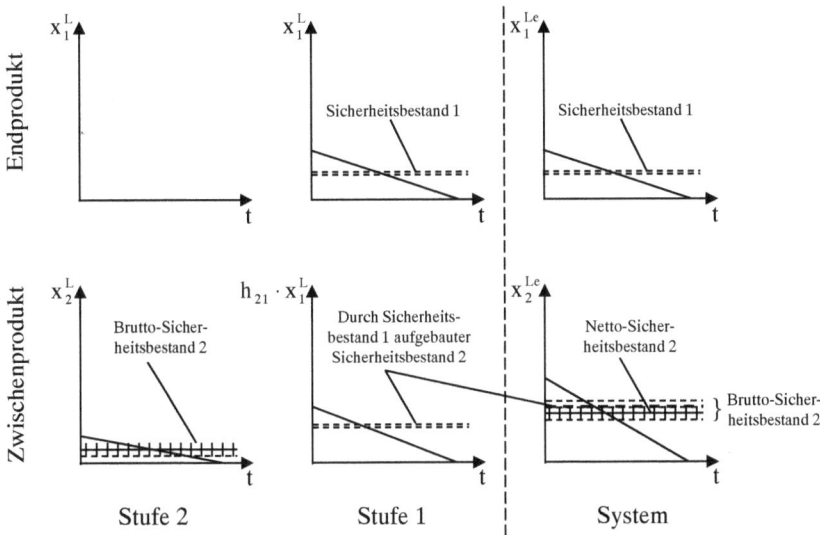

Abbildung 3.36: Zusammenhang zwischen den Bestellpunkten durch systemweite Betrachtung des Lagerbestandes

Das sich im Rahmen der s,q-Lagerhaltungspolitik ergebende Problem der Feststel-lung der Meldemengen sei an einem I-stufigen **seriellen Lagerhaltungssystem** auf-gezeigt. Zur Produktion auf einer Stufe i werden Komponenten benötigt, die von der Stufe i + 1 produziert und gelagert werden. Die Produktion auf einer Stufe i führt unmittelbar zu einer Entnahme der erforderlichen Komponenten aus dem Lagerbe-stand der Stufe i + 1 und kann nur dann erfolgen, wenn ausreichend Lagerbestand verfügbar ist. Obwohl die Nachfrage nach Endprodukten ausschließlich auf die erste Stufe gerichtet ist und von dieser erfüllt wird, ist die Information über die nachge-fragte Menge auch auf allen anderen Stufen verfügbar. Das nachfolgende Modell zur Parametrisierung einer mehrstufigen Lagerhaltungspolitik kann herangezogen wer-den, um die einzelnen Stufen durch eine zentrale Vorgabe der Parameter zu koordi-nieren (vgl. Minner 2000, S. 68 ff.). Zur Vereinfachung werden dabei nur die Bezie-hungen zwischen den Meldemengen der einzelnen Stufen berücksichtigt, die sich bei Annahme konstanter Wiederbeschaffungsdauern ergeben. Somit kann die Berech-nung sukzessive, beginnend mit der kundennächsten Stufe 1 erfolgen. Tendenziell werden dadurch höhere Meldemengen und damit höhere Sicherheitsbestände als im Falle einer vollständigen Berücksichtigung der Interdependenzen ermittelt:

- **Ziel** ist die Minimierung der Meldemengen aller Stufen:

$$\min{(x_1^M, \ldots, x_I^M)}$$

- **Nebenbedingungen**: Die erwarteten Fehlmengen $E(x_i^F)$ sind nicht größer als es die ß-Servicegrade erlauben:

$$PE_{SN}(\nu_i) \le (1 - \beta_i) \cdot \frac{x_i^P}{\sigma_i^W} \qquad \forall i$$

Die übliche Berechnung der Meldemenge wird dann so modifiziert, dass der durch die vorgelagerten Stufen aufgebaute Sicherheitsbestand $\hat{x}_i^S$ den auf der Stufe aufzubauenden Sicherheitsbestand schmälert:

$$x_i^M = \mu_i^W + \nu_i \cdot \sigma_i^W - \hat{x}_i^S$$

Dabei werden der durch die vorgelagerten Stufen aufgebaute Sicherheitsbestand $\hat{x}_i^S$ sowie der Erwartungswert μ_i^W und die Standardabweichung σ_i^W des Bedarfs in der Wiederbeschaffungsdauer durch eine systemweite Betrachtung ermittelt:

$$\hat{x}_i^S = \sum\nolimits_{i'=1}^{i-1} ((x_{i'}^M - \mu_{i'}^W) \cdot \Pi_{i''=i}^{i-1} h_{i''+1 i''})$$

$$\mu_i^W = \mu(B \cdot \Pi_{i'=1}^{i-1} h_{i'+1 i'} \mid \sum\nolimits_{i'=1}^{i} d_{i'}^W)$$

$$\sigma_i^W = \sigma(B \cdot \Pi_{i'=1}^{i-1} h_{i'+1 i'} \mid \sum\nolimits_{i'=1}^{i} d_i^W)$$

Wird die Annahme konstanter Wiederbeschaffungsdauern aufgehoben, dann ist zu berücksichtigen, dass durch den Sicherheitsbestand auf einer nachgelagerten Stufe die Wiederbeschaffungsdauer für die vorgelagerte Stufe und damit deren Unsicherheitszeitraum reduziert wird (vgl. Inderfurth 1992, S. 21; Tempelmeier 1993, S. 100 f.). Dieser Sachverhalt lässt sich für eine s,q-Politik in einem zweistufigen System auf der Grundlage des Diagramms in Abbildung 3.37 visualisieren. Der Graph im vierten Quadranten gibt die Beziehung zwischen der Meldemenge x_2^M (und damit dem Sicherheitsbestand) auf der zweiten Stufe und der für die erste Stufe relevanten Wiederbeschaffungsdauer d_1^W wieder. Je höher die Meldemenge gewählt wird, umso geringer sind die lagerbedingten Wartezeiten und umso mehr nähert sich die Wiederbeschaffungsdauer der reinen Transferdauer zwischen den beiden Stufen an. Der Zusammenhang zwischen der Wiederbeschaffungsdauer d_1^W und der Meldemenge x_1^M auf der ersten Stufe wird im zweiten Quadranten abgebildet. Da die Wiederbeschaffungsdauer den Unsicherheitszeitraum determiniert, kann bei einem gegebenen Servicegrad die Meldemenge mit abnehmender Wiederbeschaffungsdauer reduziert werden. Durch die Kombination beider Sachverhalte lässt sich zeigen, dass im Hinblick auf einen gegebenen Servicegrad zwischen den Meldemengen beider Stufen eine substitutionale Beziehung besteht. Graphisch erfolgt diese Kombination durch Einzeichnen einer 45°-Linie im dritten Quadranten und Ermitteln der möglichen Meldemengenkombinationen im ersten Quadranten (vgl. Abbildung 3.37). Kann diese Abhängigkeit funktional bestimmt werden, dann ist es möglich, eine optimale Verteilung der Sicherheitsbestände entsprechend der Lagerhaltungskostensätze vorzunehmen (vgl. Tempelmeier 1993, S. 101 ff.).

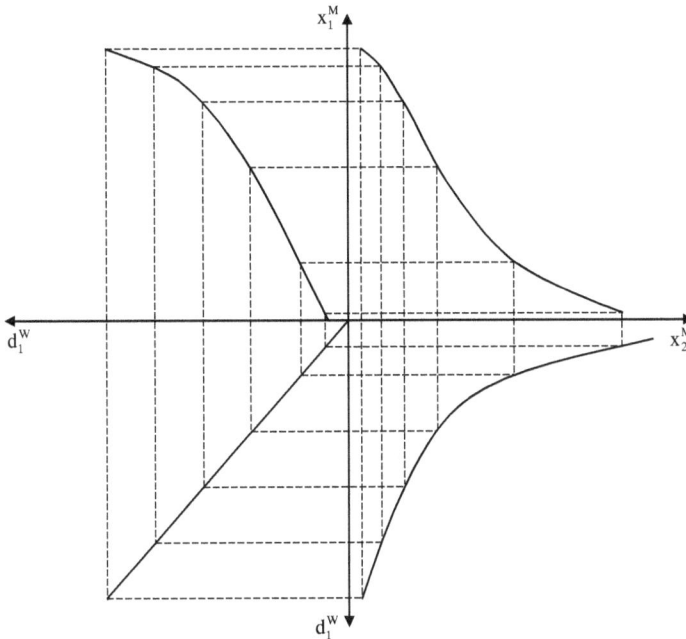

Abbildung 3.37: Über die Wiederbeschaffungsdauer bestehender Zusammenhang zwischen den Meldemengen (vgl. Tempelmeier 1993, S. 100)

Durch eine analog geführte Argumentation lässt sich auch eine substitutionale Beziehung zwischen den Servicegraden der einzelnen Stufen aufzeigen, wenn für das Lagerhaltungssystem ein Systemservicegrad vorgegeben ist (vgl. Rosenbaum 1981, S. 934 ff.; Tempelmeier 2003, S. 449 f.). Zur Bestimmung des Servicegrades werden in der Literatur approximative und exakte Ansätze vorgestellt (vgl. z. B. Axsäter 2002, S. 547 ff.; Cachon 2001, S. 80 ff.; Rosenbaum 1981, S. 929 ff.). Die derzeitige Diskussion ist jedoch auf zweistufige Lagerhaltungssysteme fokussiert, so dass noch nicht von einer breiten Anwendbarkeit im Rahmen des Supply Chain Management ausgegangen werden kann.

Für eine breitere Anwendbarkeit dieser Ansätze ist es erforderlich, **allgemeinere Materialflussstrukturen** als die serielle Struktur berücksichtigen zu können. Unter diesem Aspekt werden in der Literatur Ansätze zur analytischen Betrachtung konvergierender (vgl. z. B. Chen 2000, S. 383 ff.; Laan u. a. 1998, S. 813 ff.) und divergierender (vgl. z. B. Axsäter 2000, S. 687 ff.; Diks/Kok/Lagodimos 1996, S. 243 ff.) Materialflüsse vorgestellt. Um dann das vorgestellte Modell anwenden zu können, ist es erforderlich, diese komplexeren Strukturen in die Struktur eines äquivalenten seriellen Systems zu überführen (vgl. Houtum/Inderfurth/Zijm 1996, S. 7 ff.; Inderfurth 1992, S. 25; Inderfurth/Minner 1998, S. 59 ff.).

4 Planungs- und Steuerungskonzepte

In den bisherigen Ausführungen wurden Problembereiche des Produktions- und Logistikmanagement primär in isolierter Form betrachtet. Aufgabe der weiteren Überlegungen ist es, Zusammenhänge zwischen einzelnen Problembereichen zu betrachten und damit ihr Zusammenwirken ins Zentrum der Überlegungen zu stellen.

4.1 Integrative Konzepte

4.1.1 Produktionsplanung und -steuerung

Für die Produktionsplanung und -steuerung (PPS) ist die Unterscheidung zwischen PPS-Konzepten und PPS-Systemen grundlegend. **PPS-Konzepte** ermöglichen Einsichten in Zusammenhänge, die zwischen Produktionsprozessen bestehen, d. h., sie abstrahieren von dem konkreten Einzelfall und zielen folglich auf allgemeine („generische") Erkenntnisse ab. Demgegenüber bezeichnen **PPS-Systeme** Softwaresysteme für die computergestützte Produktionsplanung und -steuerung. Das Verhältnis zwischen PPS-Konzepten und PPS-Systemen ist damit durch eine wechselseitige Abhängigkeit gekennzeichnet:

- Letztlich existieren keine konzeptfreien PPS-Systeme, sondern jedes PPS-System basiert auf einem oder einer Verknüpfung von mehreren PPS-Konzept(en).
- Ein PPS-Konzept ist im Rahmen seiner praktischen Anwendung in ein PPS-System eingebettet.

PPS-Systeme als Bestandteil der Enterprise-Resource-Planning-Systeme (ERP-Systeme) haben die Aufgabe, auf der Basis vorliegender und/oder erwarteter Aufträge den Produktionsablauf in mengenmäßiger und zeitlicher Hinsicht unter Beachtung der Kapazität zu planen, zu veranlassen und zu überwachen. Aus Sicht der Planung handelt es sich um ein **Sukzessivkonzept**, d. h., das Planungsproblem wird in Teilprobleme zerlegt, die dann nacheinander gelöst werden. Es ergibt sich damit ein Stufenmodell:

- Die **Primärbedarfsplanung** bildet den Ausgangspunkt. Sie legt fest, welche Produktarten in welchen Mengen in einem Planungszeitraum produziert werden sollen (Produktionsprogramm). Ergebnis ist der Primärbedarf, d. h., der geplante Output an Endprodukten, Ersatzteilen, verkaufsfähigen Baugruppen und Einzelteilen, der als Basis für die Materialbedarfsplanung dient.
- Der **Sekundärbedarfsplanung** obliegt die Aufgabe zu ermitteln, welche Rohstoffe, Einzelteile und Baugruppen in welchen Mengen zu welchen Zeiten durch Beschaffung oder Produktion verfügbar gemacht werden müssen, damit das gewünschte Produktionsprogramm realisiert werden kann (programm- und verbrauchsorientierte Materialbedarfsermittlung, Losgrößenplanung, Lagerhaltungspolitik).
- Durch die **Termin- und Kapazitätsplanung** werden auf der Basis auftrags- und maschinenbezogener Daten für jeden Arbeitsgang die frühesten/spätesten Start- und Endtermine berechnet. Innerhalb dieses zeitlichen Rahmens werden die Ar-

beitsgänge auf den Maschinengruppen so eingeplant, dass Kapazitätsbedarf und -angebot aufeinander abgestimmt sind.

- Die **Produktionssteuerung** umfasst die Auftragsfreigabe sowie die Auftragsdurchführung und -überwachung. Es sind damit die Aufträge zu bestimmen, die in der nächsten Periode zur Produktion freigegeben werden. Dabei findet eine Verfügbarkeitsprüfung der benötigten Ressourcen statt, und es wird für jede Maschine eine Auftragsreihenfolge bestimmt. Das Ergebnis ist dann ein Maschinenbelegungsplan.

Die **Termin- und Kapazitätsplanung** sowie die **Auftragsfreigabe** stellen in der Literatur intensiv diskutierte Teilprobleme im Rahmen von PPS-Konzepten/Systemen dar. In diesem Kontext wird auch von **Steuerungskonzepten** gesprochen, die im Abschnitt 4.2 differenziert nach bestandsorientierten, belastungsorientierten und engpassorientierten Konzepten thematisiert werden.

4.1.2 Enterprise Resource Planning

Neben den PPS-Konzepten/Systemen wurden auch für andere betriebswirtschaftliche Bereiche (z. B. Personalwirtschaft, Vertrieb, Logistik) eigenständige Systeme entwickelt, die jeweils über eigene Datenbestände verfügen. Im Zuge der Prozessorientierung Anfang der 1990er Jahre, deren theoretische Grundlagen Gaitanides (1983) in seinem Werk „Prozeßorganisation" legte, wurde die Integration dieser isolierten Informationssysteme angestrebt, um unternehmungsweit eine einheitliche Datenbasis zu schaffen. Hierdurch lassen sich Mehrfachpflege von Datensätzen und Inkonsistenzen weitgehend vermeiden. Im Ergebnis führte diese Entwicklung zu den sogenannten Enterprise-Resource-Planning-Systemen (ERP-Systeme), die sich dadurch auszeichnen, dass die Daten verschiedener betriebswirtschaftlicher Bereiche in einer einheitlichen Datenbank gespeichert werden, so dass eine bereichsübergreifende Datenpflege und -nutzung ermöglicht wird. Somit wird unter einem ERP-System eine integrierte betriebliche Standardsoftware verstanden, die nahezu alle betrieblichen Prozesse unterstützt. ERP-Systeme sind damit auf der operativen Ebene zu verorten. Damit im Mehrbenutzerfall die Konsistenz der Daten gewährt ist, werden Geschäftsvorfälle systemweit mit einheitlichen Identifikationsnummern (ID) versehen.

Mit ERP-Systemen wird der Anspruch erhoben, die Gesamtheit der Geschäftsprozesse in einer Unternehmung zu planen, zu steuern und zu kontrollieren, weshalb sie auch als „Integrierte Standardsoftware" bezeichnet werden. Der integrative Anspruch resultiert daraus, dass mehrere unternehmungsbezogene Funktionsbereiche unterstützt werden sollen, wie die Beschaffung, die Produktion, die Logistik, der Absatz, das Rechnungs- und Finanzwesen (inkl. Anlagenwirtschaft), das Controlling und die Personalwirtschaft. Die Integration dieser Funktionsbereiche stellt gleichsam die **Minimalanforderung** an ein ERP-System dar. Darüber hinaus sind funktionsübergreifende Erweiterungen wie z. B. die Archivierung und das Reporting zu nennen, die als zusätzliche Module erworben werden können. Daneben zeichnen sich ERP-Systeme durch die Mandantenfähigkeit aus, d. h. mehrere unabhängige Unternehmungen können unabhängig voneinander in einer Installation abgerechnet werden. Abbildung 4.1 spiegelt den prinzipiellen Aufbau eines ERP-Systems wider.

Während es für klassische PPS-Systeme eine Referenzarchitektur gibt, existiert eine vergleichbare Referenz für ERP-Systeme nicht. Sie werden aber in stärkerem Maße von der softwaretechnischen Realisierung getragen.

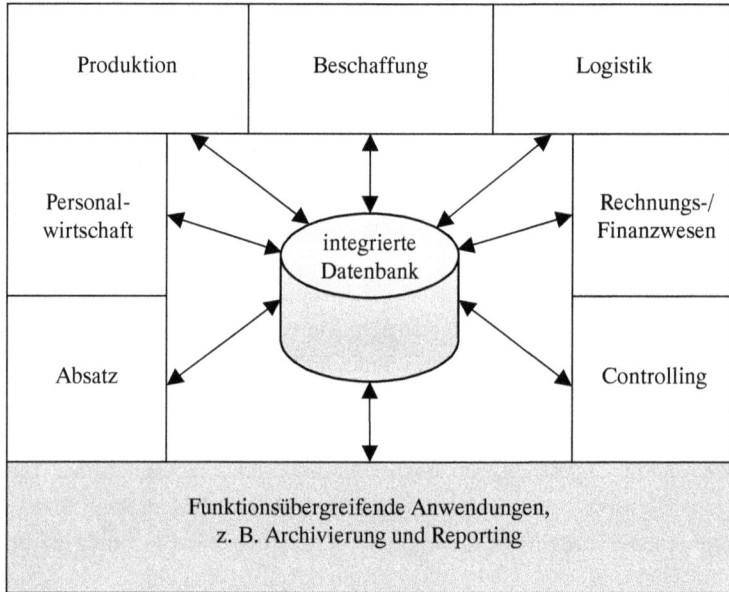

Abbildung 4.1: Komponenten eines ERP-Systems

Bei integrativen und übergreifenden Betrachtungsweisen ist weiterhin danach zu unterscheiden, ob sich diese auf technische Aufgaben, wie Computer Aided Planning (CAP), Computer Aided Design (CAD), Computer Aided Manufacturing (CAM) und Computer Aided Quality Assurance (CAQ), oder betriebswirtschaftliche Aufgaben, wie die Produktionsplanung und -steuerung, beziehen. Ein Konzept, das versucht technische und betriebswirtschaftliche Funktionen zu integrieren, ist das Computer Integrated Manufacturing (CIM), wobei „Integrated" für eine Daten- und Vorgangsintegration steht. Dieses in den 1980er und 1990er Jahren in Wissenschaft und Praxis euphorisch betrachtete Konzept hat sich jedoch letztlich als zu komplex und zu schwerfällig herausgestellt, und es rückte der Gedanke der dezentralen Konzepte in den Vordergrund. Trotz der aufgetretenen Probleme behielt der Integrationsgedanke seine Faszination und wurde mit dem Konzept Enterprise Application Integration (EAI) und in jüngerer Vergangenheit mit den Schlagworten Industrie 4.0 oder übergeordnet Digitalisierung belebt. Kernelemente der Digitalisierung sind dabei die Integration und Vernetzung der virtuellen und physischen Welt.

4.1.3 Advanced Planning

Systeme, die explizit die **unternehmungsübergreifende Zusammenarbeit** in einem Netzwerk unterstützen, sind die sogenannten Advanced Planning Systems (APS), bei denen es sich um modular strukturierte Softwaresysteme handelt. APS setzen PPS-Systeme voraus und ersetzen diese nicht. Der Begriff „Advancement" kann auf die Dimensionen „Planungsaufgaben", „Planungsinstrumente" und „Planungsverfahren" bezogen werden. Das **Aufgabenspektrum** der APS lässt sich auf der Grundlage der Kriterien

- Fristigkeit des Planungshorizontes (kurz-, mittel- und langfristig) und
- Bezug zu Funktionsbereichen (Beschaffung, Produktion, Distribution, Absatz)

mit Hilfe einer Supply-Chain-Planungsmatrix (vgl. z. B. Meyr/Wagner/Rhode 2015, S. 100) verdeutlichen, in der die Module mit den jeweiligen Planungsaufgaben überschneidungsfrei angeordnet sind (vgl. auch Tempelmeier 2006b, S. 374). Die Pfeile zwischen den Modulen deuten die wechselseitigen Verbindungen zwischen den Planungsaufgaben und deren Berücksichtigung in APS an (vgl. Abbildung 4.2).

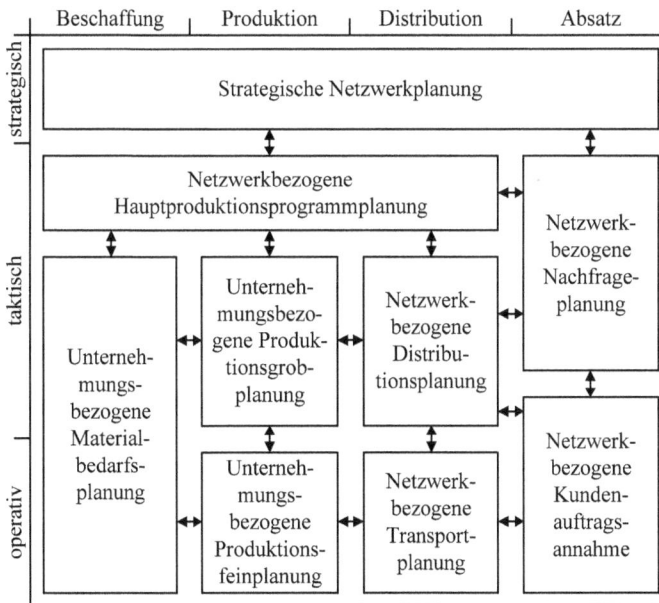

Abbildung 4.2: Supply-Chain-Planungsmatrix

Das Planungsmodul „**Strategische Netzwerkplanung**" (Strategic Network Planning) legt den Handlungsrahmen aller anderen APS-Planungsmodule in grundsätzlicher Weise durch (Re-)Konfiguration der gesamten Supply Chain fest. Eine Supply-Chain-Konfiguration ist dabei durch eine längerfristig gültige Festlegung von Produkt- und Absatzprogramm, Materialprogramm, Standorten der Supply-Chain-Einheiten, Distributionsstruktur und kooperativen Beziehungen zu Lieferanten gekennzeichnet (vgl. z. B. Beckmann 1999, S. 168; Fleischmann/Koberstein 2015, S. 107). Der entsprechende Planungsprozess wird durch die Möglichkeiten der Modellierung alternativer Supply-Chain-Konfigurationen, der Anwendung von Optimierungsverfahren und der Bewertung auf der Grundlage unterschiedlicher Zielfunktionen unterstützt (vgl. Günther/Tempelmeier 2005, S. 331 f.; Zäpfel 2000b, S. 14). Zur Berücksichtigung der Interdependenzen zwischen den Planungsmodulen

- wird zur Lösung des Planungsproblems auf Informationen aus den Modulen „Netzwerkbezogene Nachfrageplanung" (langfristige Nachfragetrends) und „Netzwerkbezogene Hauptproduktionsprogrammplanung" (simulierte Master-Pläne) zurückgegriffen und
- werden die Ergebnisse des Planungsprozesses als Vorgaben in den Modulen „Netzwerkbezogene Nachfrageplanung" und „Netzwerkbezogene Hauptproduktionsprogrammplanung berücksichtigt (vgl. Reuter/Rohde 2015, S. 242 f.).

Bei der Anwendung dieses Planungsmoduls ist darauf zu achten, dass die Planungsqualität der strategischen Netzwerkplanung einen nachhaltigen Einfluss auf die Planungsqualität der untergeordneten Planungsebenen und somit auf den Erfolg der Supply Chain ausübt. Um zu einer erfolgreichen Supply-Chain-Konfiguration zu gelangen, ist es zweckmäßig, bei der Modellierung des Problems Expertenwissen zu berücksichtigen, um eine angemessene Realitätsnähe des Modells mit einer durch die implementierten Lösungsalgorithmen beherrschbaren Modellkomplexität in Einklang zu bringen (vgl. Zäpfel 2000b, S. 14). Dies setzt jedoch voraus, dass die implementierten Algorithmen dem Anwender offengelegt werden, was jedoch nur selten der Fall ist: „Das genaue Vorgehen im Rahmen der Optimierung liegt dabei den Anwendern nur eingeschränkt offen, so dass die Ergebnisse der Optimierungsläufe nicht über die Algorithmen nachvollzogen werden können." (Kulow u. a. 1999, S. 42).

Das Modul „**Nachfrageplanung**" (Demand Planning) dient vor allem der Prognose der nachgefragten Produktmengen und darüber hinaus der Berechnung erforderlicher Sicherheitsbestände sowie der statistischen Analyse der Auswirkungen unterschiedlicher Einflussgrößen (vgl. z. B. Pirron u. a. 1998, S. 63; Kilger/Wagner 2015, S. 126 und S. 150 f.). Zur Prognose steht eine Palette unterschiedlicher statistischer Verfahren zur Verfügung (vgl. Günther/Tempelmeier 2005, S. 332). Sie werden ergänzt durch Verfahren zur Messung und Überwachung der Prognosequalität, zur Auswahl des adäquaten Prognoseverfahrens sowie zur Parameterschätzung und durch Prognosemöglichkeiten auf der Grundlage des Lebenszykluskonzeptes. Die automatische Auswahl des Prognoseverfahrens sollte jedoch nicht als Blackbox zur Anwendung gelangen, da

- die zur Beurteilung herangezogene Prognosegenauigkeit keine Aussage über die Robustheit der Verfahren erlaubt und ein dadurch bedingter häufiger Wechsel des Prognoseverfahrens mit Planungsnervosität einhergeht und
- die Parameter zur Modellauswahl (z. B. zugrundeliegender Zeithorizont) das Auswahlergebnis signifikant beeinflussen (vgl. Kilger/Wagner 2015, S. 149).

Prognosen auf der Basis des Lebenszykluskonzeptes setzen voraus, dass zwischen den Nachfrageverläufen des betrachteten Produktes und eines Vergleichsproduktes gleicher Funktionalität eine große Ähnlichkeit besteht, eine Annahme, die aufgrund der Vielzahl der unternehmungsexternen Einflussfaktoren auf den Nachfrageverlauf nur in seltenen Fällen zutreffen dürfte. Dementsprechend können nur sehr grobe Prognoseaussagen (z. B. auf der Grundlage einer wenig differenzierten Phaseneinteilung) auf hohem Aggregationsniveau getroffen werden. Die prognostizierten Daten werden den anderen APS-Modulen in aggregierter Form zur Verfügung gestellt, wobei (Dis-)Aggregationen in der produktbezogenen (Produkt, Produktgruppe etc.), der geographischen (Kundenstandort, Absatzgebiet etc.) und der zeitlichen Dimension (Tag, Woche etc.) möglich sind (vgl. Zäpfel 2000b, S. 16).

Aufgabe des Moduls „**Netzwerkbezogene Hauptproduktionsprogrammplanung**" (Master Planning) ist die zentrale Ermittlung aufeinander abgestimmter Beschaffungs-, Produktions- und Distributionsmengen unter Berücksichtigung von Kapazitätsnachfrage und -angebot mit der Zielsetzung minimaler Gesamtkosten (vgl. Fleischmann/Meyr/Wagner 2015, S. 77 f.; Günther/Tempelmeier 2005, S. 332 f.). Um den Trade-off zwischen Lagerhaltungs-, Produktions- und Transportkosten auszubalancieren, wird folgende **Datentransformation** vorgenommen (vgl. Reuter/ Rohde 2015, S. 242 f.):

- Den Input bilden die Vorgaben aus der strategischen Netzwerkplanung und die in Bezug auf einen mittelfristigen Planungshorizont aggregierten Daten zur Nachfrage nach Produktgruppen (Nachfrageplanung), zu den daraus abgeleiteten Sekundärbedarfen und zur verfügbaren Kapazität der Engpassressourcengruppen sowie der Kosten der einzelnen Supply-Chain-Einheiten (dezentrale Beschaffungs-, Produktions- und Distributionsplanungen). Der Planungshorizont der netzwerkbezogenen Hauptproduktionsprogrammplanung sollte bei saisonalem Nachfrageverlauf mindestens einen Saisonzyklus umfassen, um Nachfragespitzen durch zeitliche Verlagerung der Produktion in Perioden mit geringerer Nachfrage abdecken zu können (vgl. Albrecht/Rohde/Wagner 2015, S. 158 f.).
- Durch die Datenaggregation wird die Komplexität des zu lösenden Problems i. d. R. soweit reduziert, dass ein Modell der linearen Programmierung vorliegt. Somit kann durch die Anwendung eines entsprechenden Optimierungsalgorithmus (z. B. Simplex-Verfahren) eine simultane Festlegung der Entscheidungsvariablen erfolgen.
- Output sind aggregierte Daten über den Bedarf an Zulieferteilen, die genutzte Produktions- und Beschaffungskapazität der Supply-Chain-Einheiten, die genutzte Distributionskapazität des Netzwerkes, die saisonalen Lagerbestände und die entsprechenden Absatzmengen. Diese Ergebnisse werden dann in der Form von Beschaffungs-, Produktions- und Distributionsvorgaben an die einzelnen Supply-Chain-Einheiten weitergegeben.

Auf dieser Planungsebene gelangt das Konzept der **rollierenden Planung** zur Anwendung. Dabei werden den untergeordneten Planungsebenen nur die Planungsergebnisse der ersten Teilperiode des Hauptproduktionsprogramms verbindlich vorgegeben. Die Festlegungen für nachfolgende Teilperioden erfolgen in entsprechend späteren Planungsläufen mit aktualisierten Daten und einem in die Zukunft verschobenen Planungshorizont (vgl. z. B. Albrecht/Rohde/Wagner 2015, S. 159). Aufgrund ihrer zentralen Stellung im hierarchischen Planungssystem der APS erfüllt die netzwerkbezogene Hauptproduktionsprogrammplanung wesentliche Koordinationsaufgaben. Um eine zielsetzungsgerechte Abstimmung der untergeordneten Teilpläne vornehmen zu können, ist bei der Modellbildung den möglichen Fehlerquellen (insbesondere der Aggregation) größere Aufmerksamkeit zu schenken.

Durch das **Materialbedarfsplanungsmodul** (Purchasing and Material Requirements Planning) werden dezentral von den Supply-Chain-Einheiten auszuführende Planungsaufgaben, wie etwa Lieferantenauswahl, programm- und verbrauchsgesteuerte Materialdisposition, Bestell- und Losgrößenplanung, Planung von Materialsicherheitsbeständen und Bestellauslösung (z. B. im Rahmen des Vendor Managed Inventory) unterstützt. Die Vorgaben aus der netzwerkbezogenen Hauptproduktionsprogrammplanung und Daten über Produktionsmengen, -lose und -zeiten aus der Produktionsplanung bilden den Input. Neben den einzelnen Bedarfsplänen sind die Daten über die Materialverfügbarkeit Output dieses Planungsmoduls, der anderen Planungsmodulen (z. B. netzwerkbezogene Hauptproduktionsprogrammplanung, Produktionsplanung, Transportplanung, Kundenauftragsannahme) zur Verfügung gestellt wird.

Während die Aufgabe des Moduls zur **Produktionsgrobplanung** (Production Planning) in der Losgrößenplanung besteht, unterstützt das **Produktionsfeinplanungsmodul** (Scheduling) die Maschinenbelegungsplanung. Auf der Grundlage der Vorgaben aus der netzwerkbezogenen Hauptproduktionsprogrammplanung sowie situationsabhängiger und -unabhängiger Daten aus den anderen Planungsmodulen werden durchführbare unternehmungsbezogene Produktionspläne erstellt. Hierfür gelangt ein Modell der hierarchischen Produktionsplanung zur Anwendung, d. h., aus der Losgrößenplanung gehen Vorgaben für die Maschinenbelegungsplanung hervor. Die Einbeziehung unterschiedlicher Heuristiken (z. B. Constraint Programming, genetische Algorithmen, Incremental Planning; vgl. Stadtler 2015, S. 204 f.) in Verbindung mit dem hierarchischen Planungsansatz erlaubt es dabei, Planungsprobleme praxisrelevanter Größenordnung in akzeptabler Zeit zu lösen (vgl. Kolisch/Brandenburg/Krüger 2000, S. 310 ff.). Die Planungsergebnisse werden insbesondere an die Module Materialbedarfsplanung und Transportplanung, aber auch als Rückmeldung an die netzwerkbezogene Hauptproduktionsprogrammplanung übermittelt.

Die Planung der Allokation von Endproduktmengen und damit die Koordination von Produktions- und Nachfrageplan wird durch das Modul „**Netzwerkbezogene Distributionsplanung**" (Distribution Planning) unterstützt (vgl. z. B. Beckmann 1999, S. 170; Reuter/Rohde 2015, S. 245). Hierzu greift dieses Modul auf

- Standortdaten (z. B. Produzenten, Lager, Kunden) und Daten zum Distributionsnetz aus der strategischen Netzwerkplanung,
- Vorgaben zu aggregierten Transportmengen (netzwerkbezogene Hauptproduktionsprogrammplanung),

- prognostizierte Nachfragedaten und Sicherheitsbestandsdaten (Nachfrageplanung),
- ein hierarchisches Modell der Kundenstruktur (netzwerkbezogene Kundenauftragsannahme),
- Produktionsmengen (Produktionsplanung) sowie
- aggregierte Daten zur Transport- und Lagerkapazität

zurück. In Abhängigkeit von der Lage des Entkopplungspunktes der zugrundeliegenden Supply Chain sind die Netzwerkfluss-Planungsmodelle unterschiedlich auszugestalten. Während in den Fällen „Make to Order" und „Assemble to Order" keine Lagerbestände in den Distributionskanälen zu berücksichtigen sind und die Auslieferung eines Kundenauftrags mit einem Transportauftrag einhergeht, werden bei „Make to Stock" Lagerbestandskosten relevant, und es kann eine zu den Kundenaufträgen asynchrone Distribution erfolgen. Aus der Distributionsplanung, die mit dem Ziel erfolgt, die Summe aus Lager- und Transportkosten zu minimieren, gehen Informationen über die sich in einem mittelfristigen Planungshorizont in entsprechenden Zeitfenstern und Regionen ergebenden Transportströme und Lagermengen in den Distributionskanälen hervor (vgl. Fleischmann/Meyr/Wagner 2015, S. 79 f.).

Im Modul „**netzwerkbezogene Transportplanung**" (Transport Planning) werden die Vorgaben aus den Modulen zur Materialbedarfsplanung und Distributionsplanung unter Berücksichtigung der Liefertermine der Kundenaufträge und der Fertigstellungstermine der Produktionsaufträge zu Transportplänen disaggregiert, die die Nutzung der Transportmittel, die Zusammenstellungen der Ladung und die Routen der erforderlichen Transporte festlegen (vgl. Günther/Tempelmeier 2005, S. 334). Weitere wichtige Inputs stellen dabei die Ladekapazität und die Geschwindigkeit der Transportmittel dar (vgl. Zäpfel 2000b, S. 20). Fleischmann, Kopfer und Sürie (2015, S. 228 f.) betonen, dass aufgrund der ausschließlich kurzfristigen Transportplanung in den derzeitigen APS Optimierungspotentiale aus einer mittelfristigen Planung der Transportfrequenz nicht genutzt werden.

Die durch das Modul „**netzwerkbezogene Kundenauftragsannahme**" (Demand Fulfilment & ATP) vorgeschlagenen Preise und Liefertermine für Kundenaufträge üben einen wesentlichen Einfluss auf den finanziellen Erfolg, die Durchlaufzeit der Produktionsaufträge, die Termineinhaltung und somit auf die Glaubwürdigkeit der Auftragsangebote aus. Aus diesem Grunde bildet eine auf die gesamte Supply Chain bezogene (globale) Verfügbarkeitsplanung (Available to Promise; Capable to Promise) das Kernstück dieses Moduls (vgl. Günther/Tempelmeier 2005, S. 335 ff.), mit dessen Hilfe die Zusicherung eines Liefertermins für einen Kundenauftrag möglich wird. Während bei Available to Promise ein neuer Kundenauftrag aus dem noch frei verfügbaren Lagerbestand bedient werden kann, wird beim Capable to Promise hierzu entweder ein neuer Produktionsauftrag ausgelöst oder ein bestehender verändert (vgl. Günther/Tempelmeier 2005, S. 325 ff.). Es wird also unter Beachtung des verfügbaren Enderzeugnisbestandes und der bereits geplanten Produktionsaufträge festgestellt, ob der gewünschte Liefertermin realisierbar ist oder, falls dies nicht möglich ist, welcher frühestmögliche Liefertermin sich ergibt. Teilweise wird in diesem Zusammenhang auch von einer Echtzeitsimulation gesprochen, die definierte Restriktionen und die aktuelle Bestands- und Auslastungssituation in der gesamten Lieferkette berücksichtigt (vgl. Philippson u. a. 1999, S. 23). Bei diesen Simulationen handelt es sich aber lediglich um statische What-if-Analysen. Dabei wird auf Prinzipien, die aus dem Revenue Management bekannt sind, zurückgegriffen (vgl. Kilger/Meyr 2015, S. 187 f.):

- Um die Menge der prognostizierten Kundenaufträge in eine Präferenzordnung zu überführen, wird ein (hierarchisches) Klassifikationsschema mit Hilfe von Regeln festgelegt.
- Die in einzelnen Teilperioden verfügbaren Produktmengen werden nach festzulegenden Regeln den einzelnen Auftragsklassen zugeordnet.
- Trifft ein Kundenauftrag ein, dann wird zunächst die Verfügbarkeit für die korrespondierende Auftragsklasse geprüft. Ist diese gegeben, dann kann der Auftrag angenommen werden. Andernfalls ist es möglich, in der gleichen Auftragsklasse, aber in einer anderen Teilperiode oder in einer anderen Auftragsklasse nach entsprechend verfügbaren Produktmengen zu suchen und ein entsprechendes Auftragsangebot zu erstellen bzw. den Auftrag abzulehnen.

Input dieses Planungsprozesses sind prognostizierte Nachfragedaten (Nachfrageplanung), Produktionsmengen und Produktionsauslastung (netzwerkbezogene Hauptproduktionsprogrammplanung, Produktionsplanung), Materialbestände und -beschaffungstermine (netzwerkbezogene Hauptproduktionsprogrammplanung, Materialbedarfsplanung) sowie Lagerbestände und Transportdaten (Distributionsplanung). Wurde ein Kundenauftrag angenommen, dann löst die Kundenauftragsannahme entsprechende Planaktualisierungen in den kurzfristigen Planungsmodulen aus.

In APS gelangen im Vergleich zu klassischen PPS-Systemen komplexere **Planungsinstrumente** zur Anwendung. Schwerpunktmäßig sind dabei Prognoseverfahren, Problemlösungsverfahren und Simulationen zu nennen. Zur Nachfrageplanung ist in APS eine Sammlung der gängigen statistischen **Prognoseverfahren**, wie etwa Verfahren des gleitenden Durchschnitts, Glättungsverfahren unterschiedlicher Ordnung, Verfahren zur Zeitreihendekomposition und Verfahren zur Regressionsanalyse, implementiert. Zur Überwachung der Prognosequalität und zur Auswahl der einzelnen Verfahren stehen unterschiedliche Fehlermaße (z. B. mittlere quadratische Abweichung, mittlere absolute Abweichung) zur Verfügung.

Die in APS vorgesehenen Möglichkeiten zur **Simulation** bieten einen sehr eingeschränkten Funktionsumfang, der i. d. R. darin besteht, die Leistungsfähigkeit bereits formulierter Pläne zu überprüfen. Dabei werden einzelne im Plan vorgesehene Entitäten (z. B. Aktionen, Ressourcen) oder dem Plan zugrundeliegende Daten (z. B. Nachfragedaten) variiert und die Auswirkungen auf das Planungsergebnis beobachtet (What-if-Analyse). Aus diesem Grunde ist es zutreffend, eher von „plan generation and testing facilities of alternative scenarios" (Stadtler 2015, S. 204 f.) zu sprechen.

Die wohl deutlichsten Verbesserungen im Vergleich zu den Planungsinstrumenten klassischer PPS-Systeme sind im Bereich der **Problemlösungsverfahren** zu konstatieren. Grundsätzlich kann dabei zwischen exakten und heuristischen Verfahren unterschieden werden. Während **exakte Verfahren** für entsprechend formulierte Planungsprobleme garantiert die beste Lösung ermitteln, wird mit **heuristischen Verfahren** nicht zwingend eine optimale, aber häufig eine gute Lösung gefunden; der Optimalitätsverzicht geht jedoch bei realistischen Problemstellungen mit einer Verkürzung der Planungsdauer einher. Für jedes einzelne Planungsproblem ist folglich bei der Wahl des Lösungsverfahrens zwischen Optimalität und Praktikabilität abzuwägen. Auf der Grundlage des Kriteriums „Vorgehensweise" kann zwischen algorithmischen und regelbasierten Heuristiken unterschieden werden. **Regelbasierten Heuristiken** liegen dabei eine oder mehrere miteinander verknüpfte Wenn-dann-Vorgaben zugrunde, deren Anwendung sich aus empirischer Sicht als vorteilhaft erwiesen hat. Eine definierte Abfolge mathematischer Operationen, auf deren Basis zu Problemen einer bestimmten Klasse in der Regel gute Lösungen gefunden werden, wird als **algorithmische Heuristik** bezeichnet. Nach dem Umfang der Klasse der mit einem Verfahren lösbaren Probleme, wird zwischen **problemneutralen** (general purpose) und **problemspezifischen** (special purpose) **Verfahren** unterschieden (vgl. z. B. Fleischmann/Koberstein 2015, S. 121 f.).

In der Literatur werden zur Anwendung von Problemlösungsverfahren in APS die folgenden Aussagen getroffen (vgl. Knolmayer 2001, S. 145 ff.; Fleischmann/Meyr 2003, S. 509 ff.):

- Zur **exakten Problemlösung** sind in APS häufig Verfahren der linearen Programmierung (z. B. Simplex-Verfahren) und der gemischt-ganzzahligen Programmierung (z. B. Branch and Bound) verfügbar. In der Regel wird dabei auf Module von Optimierungssoftware-Anbietern (z. B. ILOG CPLEX, IBM OSL, Dash Optimization XPRESS) zurückgegriffen.

- Bei den **problemneutralen algorithmischen Heuristiken** sind vor allem genetische Algorithmen und Constraint Programming zu nennen. Ferner gibt es in der Literatur Hinweise auf die Anwendung von Tabu Search, Simulated Annealing und Neuronalen Netzen. Aufgrund ihrer Eigenschaften werden diese Heuristiken vor allem für komplexere Problemstellungen, wie die Produktionsfeinplanung und die Transportplanung, eingesetzt.

- Neben den aus der Literatur bekannten problemspezifischen **algorithmischen Heuristiken** (Silver/Meal-Verfahren, Methode von Groff etc.) sind sogenannte proprietäre Verfahren implementiert. Dabei handelt es sich um Verfahren, die von dem APS-Anbieter speziell für das angebotene Softwarepaket entwickelt wurden. Diese werden zwar mit wohlklingenden Namen, wie „Constraint Anchored Optimization", „Repair-Based Scheduling" oder „Texture-Based Programming" bezeichnet, aber in ihrer Funktionsweise nur unzureichend beschrieben.

- **Regelbasierte Heuristiken** gelangen in unterschiedlichen Modulen vor allem im kurzfristigen Bereich zur Anwendung. Beispielhaft sind Prioritätsregeln für die Produktionsfeinplanung sowie Aufteilungs-, Klassifikations- und Zuordnungsregeln für die Kundenauftragsannahme, die Distributionsplanung und die Materialbedarfsplanung zu nennen.

Tabelle 4.1 gibt einen Überblick über den Einsatz von Planungsinstrumenten zur Erfüllung der einzelnen APS-Planungsaufgaben (vgl. Fleischmann/Meyr 2003, S. 484 ff.; Knolmayer 2001, S. 145 ff.; ferner Albrecht/Rohde/Wagner 2015; Fleischmann/Kopfer/Sürie 2015; Fleischmann/Koberstein 2015; Kilger/Meyr 2015; Kilger/Wagner 2015; Stadtler 2015; Wagner/Meyr 2005).

Aus planungslogischer Sicht liegt den APS das Konzept der **hierarchischen Produktionsplanung** zugrunde (vgl. Hax/Meal 1975, S. 53 ff.; Stadtler 2005, S. 18 und S. 31 f.), das auf einer Strukturierung des Gesamtproblems in Teilprobleme, zwischen denen Über-/Unterordnungsbeziehungen bestehen, und einer Segmentierung in gleichgeordnete Teilprobleme aufbaut. Dabei bilden übergeordnete Teilpläne den Rahmen der untergeordneten Teilpläne, d. h., sie werden durch die untergeordneten Teilpläne konkretisiert. Die Bildung von Teilproblemen erfolgt mit dem Ziel, die Komplexität der auf den einzelnen Planungsebenen zu lösenden Probleme zu reduzieren und somit den Einsatz formaler Problemlösungsverfahren zu ermöglichen. Neben diesen positiven Effekten der Problemzerlegung werden jedoch Aggregations- und Koordinationsprobleme relevant.

Planungsaufgaben	Prognoseverfahren	Exakte Verfahren	Problemneutral	Problembezogen	Regelbasiert	Simulation
Strategische Netzwerkplanung	–	x	x	x	–	x
Nachfrageplanung	x	–	–	–	x	x
Hauptproduktionsprogrammplanung	–	x	x	–	–	x
Materialbedarfsplanung	–	–	–	x	x	–
Produktionsgrobplanung	–	x	x	x	x	x
Produktionsfeinplanung	–	–	x	x	x	x
Distributionsplanung	–	x	x	–	x	–
Transportplanung	–	x	x	–	–	x
Kundenauftragsannahme	–	–	–	–	x	x

Planungsinstrumente / Problemlösungsverfahren; Heuristische Verfahren: Problemneutral, Problembezogen (Algorithmisch)

Tabelle 4.1: Planungsinstrumente in APS

Um die Vorteilhaftigkeit der „neuen" Planungslogik von APS zu verdeutlichen, werden in der Literatur häufig kontrastierend zu PPS-Systemen, die auf der MRP-II-Logik basieren, die Eigenschaften „automatische Planung", „simultane Planung" und „optimale Planung" hervorgehoben (vgl. z. B. Dinges 1998, S. 23 f.; Kansky/Weingarten 1999, S. 94; Kortmann/Lessing 2000, S. 9; Kulow u. a. 1999, S. 15 f. und S.

22 f.; Landolt 2000, S. 52 ff.; Pirron u. a. 1998, S. 64; Seidl 2000, S. 164), die jedoch unzutreffend sind:

- APS besitzen lediglich einen **planungsunterstützenden Charakter** (vgl. Felser/ Kilger/Ould-Hamady 1999, S. 13 und S. 16; Schönsleben/Hieber 2000, S. 22), der auf die Prognose und die Alternativenbewertung fokussiert und dabei nur quantitative Teilaspekte beider Phasen abzudecken vermag.

- Das konstitutive Merkmal der **Simultanplanung**, gleichzeitig über die Werte aller gestaltbaren Einflussgrößen (Variablen) des vorliegenden Planungsproblems zu entscheiden, ist bei APS nicht gegeben. Die Gesamtplanungsaufgabe wird in mehrere Teilaufgaben zerlegt, die zunächst weitgehend unabhängig voneinander ausgeführt werden. Aufgrund der somit zerschnittenen Interdependenzen zwischen den erstellten Teilplänen wird eine Abstimmung notwendig, so dass es sich nicht um eine Simultanplanung handeln kann, da diese einen derartigen Koordinationsbedarf ausschließt (vgl. Schütte/Siedentopf/Zelewski 1999, S. 152). Darüber hinaus sind APS auf einzelne Funktionsbereiche der in der Supply Chain agierenden Unternehmungen beschränkt, so dass es sich allenfalls um Partialplanungen handelt.

- Obwohl es die hierarchische Planung im Rahmen der APS erlaubt, zur Lösung der einzelnen (Teil-)Planungsprobleme auch exakte Lösungsverfahren anzuwenden (vgl. z. B. Zäpfel/Wasner 1999, S. 308), kann nicht von einer **optimalen Gesamtlösung** ausgegangen werden, weil die Parametrisierung (insbesondere Problemzerlegung, Aggregation und Koordination) auf einer heuristischen Vorgehensweise basiert, mit der Konsequenz, dass die Synthese der Teilpläne nicht mit Sicherheit zur besten Lösung führt, sondern lediglich eine Näherungslösung oder auch eine unzulässige Lösung darstellt (vgl. Stadtler 2000, S. 4). Andererseits gelangen zur Lösung von (Teil-)Planungsproblemen teilweise Heuristiken zur Anwendung (vgl. Kilger 1998, S. 55; Philippson/Treutlein/Hillebrand 1999, S. 62; Stadtler 2015, S. 204 ff.), und werden durch die Möglichkeit von Simulationen Trial-and-error-Vorgehensweisen unterstützt (vgl. Zäpfel/Braune 2005). Beide Verfahrensklassen garantieren jedoch keine optimalen Lösungen.

Konsequenterweise sollte bei den mit Hilfe von APS erstellten Teilplänen deshalb nur von **zulässigen Plänen ohne Optimalitätsanspruch** gesprochen werden (vgl. Schönsleben/Bärtschi/Hieber 2000, S. 10). Die Anwendung des Konzeptes der hierarchischen Produktionsplanung stellt im Rahmen der APS einen Kompromiss zwischen Praktikabilität und Planungsgenauigkeit dar (vgl. Fleischmann/Meyr/Wagner 2015, S. 74).

Zur **Beurteilung des Potentials** von APS seien zwei Kriterien herangezogen, die im Rahmen der Diskussion von MRP-II-Systemen zentrale Kritikpunkte darstellen:

- Mit der **Qualität des Planes** wird beschrieben, inwiefern mit dem Planungsergebnis den realen Gegebenheiten Rechnung getragen wird (Realisierbarkeit des Planes) und in welchem Umfang produktionswirtschaftliche Ziele (z. B. niedrige Lagerbestände, hohe Auslastung der Potentialfaktoren, geringe Durchlaufzeit der Aufträge, hohe Termintreue, hohe Lieferbereitschaft) erreicht werden.

- Die **Flexibilität der Planung** bezieht sich auf die Möglichkeiten im Planungsprozess, die genutzt werden können, um im Zeitablauf eintretende Veränderungen des Entscheidungsfeldes zu handhaben. Indikatoren sind hierbei etwa Planungsdauer, Dauer bis zur Verfügbarkeit planungsrelevanter Informationen, Reaktionszeit bei Änderungen der Planungssituation, Umfang alternativer Planungsinstrumente und Automatisierungsgrad repetitiver Planungstätigkeiten.

Dass die Entwicklungen in den Advancement-Dimensionen grundsätzlich geeignet sind, zu einer höheren Qualität des Planes und einer höheren Flexibilität der Planung beizutragen, zeigt sich in den folgenden Punkten:

- Das **Spektrum der Planungsaufgaben** wurde um unternehmungsübergreifende Aspekte erweitert, so dass eine gemeinsame Planung und Steuerung innerhalb der Supply Chain erfolgen kann. Eine höhere Qualität des Planes kann sich durch die höhere Transparenz in der Supply Chain, die mit einer Unsicherheitsreduktion einhergeht, und die Berücksichtigung von Interdependenzen zwischen den Supply-Chain-Partnern ergeben. Gleichzeitig ermöglicht die gemeinsame Planung eine Beschleunigung des Informationsflusses, so dass sich hieraus positive Wirkungen auf die Flexibilität der Planung ergeben können.

- Gelangen mathematisch fundierte **Planungsinstrumente** zur Anwendung, ist es einerseits möglich, exakte Lösungen oder gute Lösungen, die sehr nahe am Optimum liegen, zu ermitteln und dadurch die Qualität des Planes zu erhöhen. Andererseits kann die Anwendung komplexerer Heuristiken mit einer Verkürzung der Lösungsdauer von Planungsproblemen einhergehen und damit die Flexibilität der Planung erhöhen.

- Die Ausgestaltung des **Planungsverfahrens** als hierarchische Planung mit Rückkopplung vermag es, die Qualität des Planes zu verbessern, indem Lösungen für umfangreiche Planungsprobleme ermöglicht werden und eine bessere Abstimmung von Teilproblemen erfolgt. Im Hinblick auf die Flexibilität der Planung kann die in das hierarchische Planungsverfahren eingebettete rollierende Planung positive Effekte entfalten, weil sie eine Reaktion auf Änderungen der Planungssituation ermöglicht.

Dieses grundsätzliche Potential des APS-Einsatzes kann jedoch nur dann realisiert werden, wenn in den Advancement-Dimensionen entsprechende **Voraussetzungen** erfüllt sind. So setzt eine Erweiterung um unternehmungsübergreifende **Planungsaufgaben** voraus, dass die Supply-Chain-Partner alle planungsrelevanten Informationen offenlegen und zentral erstellte Pläne akzeptieren. Die zuerst genannte Voraussetzung ist dabei umso eher erfüllt, je geringer der Anteil wertmäßiger Informationen an den planungsrelevanten Informationen ist, denn es ist tendenziell einfacher, mengenmäßige Informationen zu eruieren. Förderlich für eine Planakzeptanz ist eine Beteiligung der Supply-Chain-Partner am Planungsprozess (z. B. im Rahmen des Gegenstromprinzips), weil hierdurch Konflikte zwischen unternehmungsübergreifenden und unternehmungsbezogenen Zielen ausbalanciert werden können und die zentralen Pläne für die einzelnen Supply-Chain-Partner transparent werden.

Die Anwendung komplexer heuristischer und exakter **Planungsinstrumente** setzt voraus, dass einerseits der dadurch induzierte Planungsaufwand durch positive Wirkungen auf die Lösungsqualität des Gesamtproblems kompensiert wird und andererseits für den Planungsträger Transparenz darüber besteht, welche Planungsinstrumente implementiert sind, um die Gefahr einer fehlerhaften Auswahl so gering wie möglich zu halten. Eine Überprüfung der zuerst genannten Voraussetzung ist in einem hierarchischen Planungssystem nur eingeschränkt möglich, weil die Lösungsqualität des Gesamtproblems durch die Lösungsqualitäten aller Teilprobleme und die Abstimmung der Teilprobleme determiniert wird. Im Hinblick auf die Transparenz über die Planungsverfahren ist anzumerken, dass nicht alle APS-Anbieter offenlegen, auf welche Optimierungsverfahren oder Heuristiken die einzelnen Module zurückgreifen.

Wird als **Planungsverfahren** die hierarchische Planung zugrunde gelegt, dann kann das aufgezeigte Potential von APS unter der Voraussetzung realisiert werden, dass die Gestaltungsaufgaben der hierarchischen Planung in geeigneter Weise erfüllt werden. Die Schwierigkeit, diese Voraussetzung zu erfüllen, ergibt sich aus den folgenden Besonderheiten:

- Es mangelt an Handlungsempfehlungen, auf deren Grundlage eine optimale Problemdekomposition vorgenommen werden kann.
- Die für die hierarchische Planung erforderliche Aggregation geht bei realen Problemstellungen häufig mit Abweichungen zwischen den Lösungen des Originalproblems und des aggregierten Problems einher, die sich mit zunehmendem Aggregationsniveau vergrößern. Eine Ausbalancierung des Trade-off zwischen den zunehmenden Kosten aus aggregationsbedingten Planungsfehlern und den abnehmenden Kosten der Planung ist aufgrund von Messproblemen nicht möglich.

Der wesentliche Unterschied zu den PPS-Systemen ist folglich in der **unternehmungsübergreifenden Sicht** der APS zu sehen. Unterschiede in den Planungskonzeptionen können nur dann festgestellt werden, wenn sich der Vergleich auf PPS-Systeme bezieht, die auf der MRP-II-Logik basieren. Dabei wird jedoch außer Acht gelassen, dass auch PPS-Systeme angeboten werden, die auf dem Konzept der hierarchischen Produktionsplanung basieren (vgl. Zijm 2000, S. 317 und S. 321 f.). In den APS verbirgt sich durchaus ein **Verbesserungspotential**, das sich wie folgt konkretisieren lässt (vgl. Schönsleben/ Hieber 2000, S. 24):

- Sie erlauben eine verbesserte unternehmungsübergreifende Zusammenarbeit, indem sie es ermöglichen, dass die einzelnen Unternehmungen auf einen einheitlichen Datenbestand zurückgreifen können (Datenintegration) und dass eine grobe Abstimmung der dezentralen Teilpläne erfolgt.
- Sie erhöhen die Transparenz des Logistik- und Produktionsnetzwerkes und ermöglichen hierdurch, z. B. unnötige Sicherheitsbestände im gesamten Netzwerk zu identifizieren und abzubauen.
- Durch die Transparenz und Einsichtnahme in die Bestände und die Arbeit der beteiligten Unternehmungen lassen sich die Datenflüsse und die Steuerung beschleunigen, so dass auch administrative Abläufe obsolet erscheinen.

4.1.4 Supply Chain Collaboration

4.1.4.1 Collaborative Planning

Unter **Collaboration** wird im Kontext von Supply Chains eine Zusammenarbeit unabhängiger Unternehmungen entlang der Wertschöpfungskette verstanden (vgl. McLaren/Head/Yuan 2005, S. 259; Simatupang/Sridharan 2007, S. 306), deren Koordination insbesondere über die Beziehungs- und/oder Technologiedimension erfolgt (vgl. Kahn/Maltz/Mentzer 2006, S. 193). Während in der **Beziehungsdimension** gegenseitiges Vertrauen und gegenseitige Verpflichtung der Supply-Chain-

Partner im Vordergrund stehen, liegt der Fokus der **Technologiedimension** auf der Nutzung von Informations- und Kommunikations-Technologie (IuK-Technologie) zur Unterstützung der Bestrebungen zur Zusammenarbeit. Damit wird deutlich, dass „Collaboration" ein breites Spektrum unterschiedlicher Erscheinungsformen umfasst (vgl. Holweg u. a. 2005, S. 171). Wird für beide Dimensionen die Messbarkeit der Ausprägungen in einem Stark-schwach-Kontinuum unterstellt, dann lassen sich vier grundlegende Typen der Zusammenarbeit unterscheiden (vgl. Holweg u. a. 2005, S. 172; Kahn/Maltz/Mentzer 2006, S. 193 ff.):

-   **Transaktionsbasierte Zusammenarbeit**: Beide Dimensionen sind schwach ausgeprägt. Die Zusammenarbeit basiert auf Auftragserteilungs-/Belieferungsprozessen zwischen beschaffenden und absetzenden Unternehmungen.

-   **Technologiebasierte Zusammenarbeit**: Die Zusammenarbeit stützt sich auf eine stark ausgeprägte Technologiedimension, wohingegen die Beziehungsdimension schwach ausgeprägt ist. Zwischen Zulieferern und Abnehmern werden zusätzlich zu den Auftragsdaten auch Nachfrage- und Ressourcendaten mit informationstechnologischer Unterstützung ausgetauscht. Dieser Erscheinungsform ist auch das Vendor Managed Inventory zuzuordnen.

-   **Affinitätsbasierte Zusammenarbeit**: Grundlage der Zusammenarbeit bildet eine stark ausgeprägte Beziehungsdimension, wohingegen die Technologiedimension schwach ausgeprägt ist. Es bestehen unternehmungsübergreifende Teams, die in regelmäßigen Zusammenkünften und durch ereignisbezogene Interaktion eine Abstimmung der unternehmungsübergreifenden Aktivitäten herbeiführen.

-   **Integrationsbasierte Zusammenarbeit**: Sowohl die Beziehungs- als auch die Technologiedimension sind stark ausgeprägt. Es werden langfristige effektive Beziehungen aufgebaut und erhalten, die eine hohe operative Effizienz aufweisen.

Die technologie-, die affinitäts- und die integrationsbasierte Zusammenarbeit werden dabei als echte Formen der Collaboration angesehen (vgl. Holweg u. a. 2005, S. 172), die die transaktionsbasierte Zusammenarbeit in ihrer Wirksamkeit dominieren (vgl. Kahn/Maltz/Mentzer 2006, S. 195 ff.). Welche der Collaboration-Formen für eine Supply Chain vorteilhaft ist, wird durch unterschiedliche **Einflussgrößen** determiniert. McLaren/Head/Yuan (2005, S. 261 ff.) argumentieren, dass die einzelnen Collaboration-Formen einer Unterstützung durch unterschiedliche IuK-Technologien bedürfen. Für jede IuK-Technologie ist dann vor dem Hintergrund einer konkreten Supply Chain zu analysieren, in welcher Relation die **negativen Effekte**, wie Kosten der IuK-Technologie (z. B. für Systemimplementierung, Prozesskoordinierung, Datenkonvertierung) und Opportunitätskosten der Partnerschaft (z. B. zur Verhinderung von Instabilitäten oder beim Wechsel der Geschäftspartner), zu den **positiven Effekten**, wie reduzierte Kosten des Leistungsprozesses (z. B. Lagerhaltungskosten, Produktionskosten) und verbesserte Marktreaktionsfähigkeit (z. B. Durchlaufzeit, Servicegrad, Marktwissen), stehen. Als weitere Einflussgrößen auf die Ausgestaltung einer Collaboration werden in der Literatur die Komplexität der Koordinationsaufgabe und die erforderliche Reaktionsfähigkeit des Koordinationssystems genannt (vgl. Kahn/Maltz/Mentzer 2006, S. 209). Als **Komplexitätstreiber** sind dabei etwa die Stärke der Interdependenz zwischen den Supply-Chain-Partnern, die geographische Verteilung der Supply-Chain-Partner, die Anzahl der Produkte und die Struktur des

Güterflusses in der Supply Chain hervorzuheben. Erhöhte **Anforderungen an die Reaktionsfähigkeit** des Koordinationssystems werden etwa durch die Instabilität der Nachfrage oder eine begrenzte Haltbarkeit der Produkte gestellt (vgl. Holweg u. a. 2005, S. 178; Kahn/Maltz/Mentzer 2006, S. 209; McLaren/Head/Yuan 2005, S. 278).

Das Konzept des **Collaborative Planning** ist der integrationsbasierten Zusammenarbeit zuzuordnen. Im Gegensatz zu den APS zielt es auf die für Supply Chains bedeutsame horizontale unternehmungsübergreifende Abstimmung von Plänen ab (vgl. Kumar 2001, S. 60). In Abhängigkeit vom Planungsfokus lassen sich die folgenden Formen des Collaborative Planning unterscheiden (vgl. Kilger/Reuter/Stadtler 2015, S. 260 ff.):

- **Nachfrageprognose/Absatzplanung**: Um die Prognosequalität zu verbessern, integriert der Zulieferer seine Abnehmer in den Prognoseprozess. Hierdurch ist es möglich, präzisere Informationen über deren mittelfristige Materialbedarfe und geplante Marketingaktivitäten zu eruieren und in der eigenen Prognose zu berücksichtigen. Nach einem Abgleich der Prognose mit den kapazitativen Gegebenheiten kann der Zulieferer den Abnehmern ein Feedback über das Ausmaß der Erfüllung der Materialbedarfe geben, so dass diese bei ihrer Programmplanung ebenfalls über präzisere Informationen verfügen können (vgl. Abbildung 4.3).

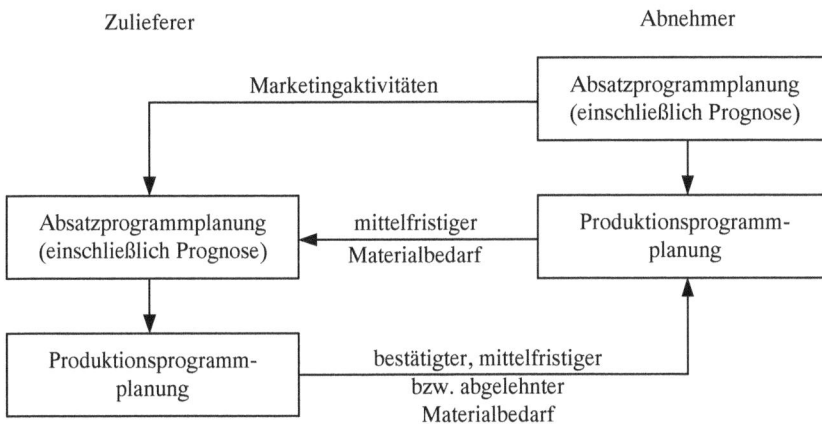

Abbildung 4.3: Abstimmung der Absatzplanung (vgl. Kilger/Reuter/Stadtler 2015, S. 263)

- **Lagerbestandsplanung**: Auf der Grundlage von Bedarfs- und Lagerbestandsinformationen des Abnehmers wird die Wiederauffüllung der Lagerbestände durch den Zulieferer gemäß der vereinbarten Service Level Agreements geplant und ausgeführt (Vendor Managed Inventory). Während der Abnehmer hierdurch von administrativen Aufgaben entlastet wird, ergibt sich für den Zulieferer die Möglichkeit, die Wiederauffüllungsprozesse mit seinen Produktionsprozessen zu koordinieren. Ein Informationsaustausch auf der Grundlage des Electronic Data Interchange, die Abwicklung von Belieferungs- und Auffüllungsprozessen mit Hilfe von Workflow-Managementsystemen sowie die Parametrisierung von Lagerhaltungspolitiken mit Hilfe von ERP-Systemen stellen relevante Möglichkeiten des Einsatzes von IuK-Technologien dar.

- **Kapazitätsplanung**: Eine Zusammenarbeit im Kapazitätsbereich erfolgt häufig zwischen Auftragnehmern und Unterauftragnehmern, indem der Auftragnehmer bei seinen Unterauftragnehmern mittelfristig Kapazität für den Fall reserviert, dass der durch die Nachfrage generierte Kapazitätsbedarf sein -angebot übersteigt. Es wird somit das Ziel verfolgt, die Unsicherheit der Nachfrage durch den Aufbau von Flexibilität (= verfügbare Kapazität) zu handhaben. Neben dem prognostizierten Kapazitätsbedarf werden häufig eine minimale Kapazitätsinanspruchnahme und eine maximale Kapazitätsverfügbarkeit verhandelt, um dem Unterauftragnehmer eine Mindestauslastung zu garantieren bzw. dem Auftragnehmer Planungssicherheit zu geben. Die kurzfristigen Kapazitätsabrufe können dann innerhalb dieses Korridors dimensioniert werden. Technische Unterstützung erfährt dieser Abstimmungsprozess durch Workflow-Managementsysteme mit Instrumenten zur Engpassanalyse und -beseitigung.

Als eine konkrete Umsetzung des Collaborative Planning im Absatzbereich ist die **Collaborative Planning, Forecasting, and Replenishment (CPFR)-Initiative** zu nennen, deren Ursprung in einem Pilotprojekt des Handelskonzerns Walmart liegt, der Ende 1995 mit Warner-Lambert (im Jahre 2000 von Pfizer übernommen) für ein ausgewähltes Produkt neue Wege für die Zusammenarbeit zwischen Industrie und Handel im Rahmen der Erstellung von Verkaufsprognosen suchte (vgl. Hellingrath 1999, S. 83). Seit 1997 arbeiten „… neben Wal-Mart und Warner-Lambert bekannte Handels- und Konsumgüterunternehmen … sowie das Uniform Code Council [seit 2005 als „GS1 US" bezeichnet; d.V.] an der Entwicklung von standardisierten Geschäftsprozessen für die kooperative Planung und Prognose zwischen Hersteller und Handel sowie deren technologische Unterstützung." (Hellingrath 1999, S. 84 f.).

Abbildung 4.4 gibt die Grundstruktur der CPFR-Initiative wieder. Ausgangspunkt des Prozessmodells bildet eine Übereinkunft der Partner hinsichtlich der Zielsetzungen der Zusammenarbeit, der Fixierung der von beiden Seiten einzusetzenden Ressourcen und der Zusicherung der vertraulichen Behandlung von Informationen. Bei der Entwicklung eines gemeinsamen Geschäftsplanes sind gemeinsame Kennzahlen festzulegen, die sich an der Performance der gesamten Kette orientieren. Liegen die Rahmenbedingungen fest, erfolgt die Erstellung von Prognosen. Werden auf der Grundlage von Point-of-Sales-Daten (POS-Daten) und Produktionsplänen Ausnahmen identifiziert, dann werden die betroffenen Mitarbeiter sowohl beim Händler als auch beim Produzenten informiert, und es erfolgt eine persönliche Zusammenarbeit zur Problemlösung. Für die Datenflüsse zwischen den beteiligten Unternehmungen wird für den reinen Datentransfer auf den EDI-Standard verwiesen, während für die kooperative Zusammenarbeit das Internet zum Einsatz gelangen kann.

Erfolgt beim Collaborative Planning die Disposition der Lager- oder Filialbestände einer Unternehmung durch den Lieferanten, dann wird von **Vendor Managed Inventory** gesprochen (vgl. Simacek 1999, S. 130 ff.), ein Konzept, das in der Praxis eher zurückhaltend Anwendung erfährt und wenn, dann in aller Regel nur bilateral zum Einsatz gelangt. Abbildung 4.5 gibt die Idee des Vendor Managed Inventory für den Fall einer bilateralen Abstimmung wieder (vgl. Kilger/Reuter/Stadtler 2015, S. 265).

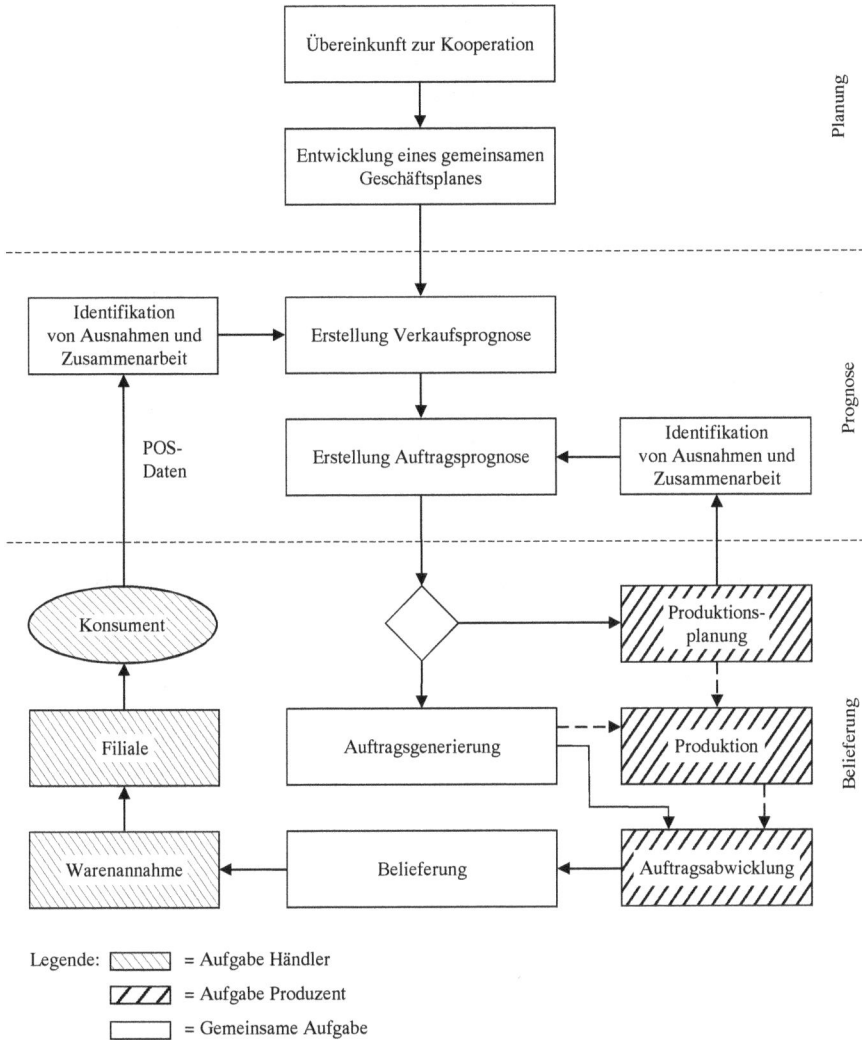

Abbildung 4.4: CPFR-Prozessmodell (vgl. Hellingrath 1999, S. 83)

Der Abnehmer stellt dem Zulieferer auf der Basis seiner Produktionsprogrammplanung Daten zur Verfügung, die dieser in seine Absatzplanung einfließen lässt. Darauf aufbauend leitet der Zulieferer hieraus sein Produktionsprogramm ab, wobei zusätzlich aus der Sekundärbedarfsplanung (Materialbedarfsplanung) des Abnehmers Lagerbestandsdaten berücksichtigt werden. Diese bilden gleichzeitig Signale für eine entsprechende Bestandsauffüllung. Die Abstimmung zwischen Auftragsabwicklung des Zulieferers und der Auftragsfreigabe des Abnehmers dient dem Feinabruf. Ein Konzept, das in diesem Zusammenhang häufiger anzutreffen ist, stellt das **Co-Managed-Inventory** (vgl. Gleißner 2000, S. 195 ff.) als eine Mischform der bestandsseitigen Zusammenarbeit dar. Hierbei bleibt das Recht, Bestellungen auszulösen, bei den Händlern, jedoch werden die Hersteller im Voraus und präziser über die vom Handel geplanten Aktionen und die Lagerbestände informiert. So kann der Lieferant Daten über Lagerbewegungen des Handels abrufen und verfolgen, so dass die Informationsintensität zwischen Handel und Hersteller zunimmt. Diese Überlegungen knüpfen unmittelbar an der **Just-in-Time-Philosophie** an, die auch eine integrative Betrachtung über mehrere Wertschöpfungsstufen vorsieht.

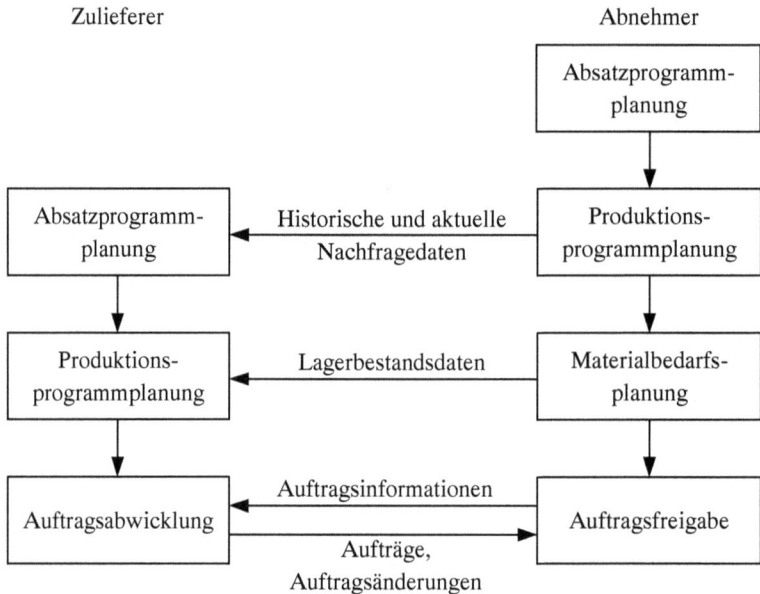

Abbildung 4.5: Vendor Managed Inventory

Abbildung 4.6 gibt die Struktur des Collaborative Planning wieder, an dem die Intel Corporation und ihre Supply-Chain-Partner beteiligt sind (vgl. Shirodkar/Kempf 2006, S. 428). Durch dieses Collaboration-System werden die Nachfrage-, die Lagerbestands- und die Kapazitätsplanung unterstützt.

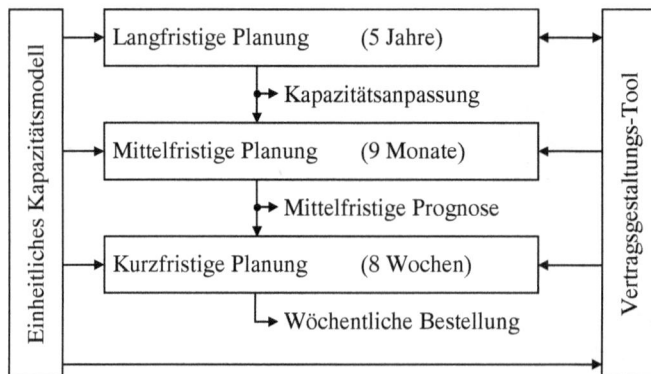

Abbildung 4.6: Collaboration-System der Intel Corporation

Informatorische Grundlage bildet ein **einheitliches Kapazitätsmodell**, das von den Beteiligten gemeinsam entwickelt wurde. Mit Hilfe dieses Modells werden die verfügbaren Ressourcen mit ihren planungsrelevanten Eigenschaften auf unterschiedlichen Aggregationsniveaus erfasst. Das in einer zentralen Datenbank gespeicherte Modell wird von den Beteiligten aktualisiert und kontinuierlich verbessert. Im Rahmen der **langfristigen Planung** erfolgt eine quartalsweise Ermittlung der Kapazitätsbedarfe für einen Planungshorizont von fünf Jahren. Hierzu wird ein gemischt-ganzzahliges Modell gelöst, das Informationen zum langfristigen Bedarf, zu den Vertragsparametern, zur verfügbaren Kapazität und zu den Kosten des Kapazitätsaufbaus umfasst. Mit der **mittelfristigen Planung** wird den Supply-Chain-Partnern für die einzelnen Produkte eine 9-Monats-Bedarfsvorschau zur Verfügung gestellt. Die monatsweise Planung basiert auf einem aggregierten LP-Modell. Von den Supply-Chain-Partnern wird geprüft, ob der prognostizierte Bedarf erfüllt werden kann. Treten Engpässe auf, dann wird ein gemeinsamer Lösungsprozess initiiert, um zu prüfen, welche Lieferanten unter welchen Bedingungen den überschüssigen Bedarf decken können. Die **kurzfristige Planung** ermittelt wochenbezogen für einen Zeithorizont von 8 Wochen einen kapazitätsorientierten Bestellmengenplan für mehrere Produkte, mehrere Zulieferer und mehrere Abnehmer. Das detaillierte LP-Modell wurde gemeinsam mit den Supply-Chain-Partnern getestet. Des Weiteren ist die Implementierung eines Vertragsgestaltungs-Tools vorgesehen, mit dessen Hilfe die Parameter der Verträge mit den Supply-Chain-Partnern (z. B. Anteil am Beschaffungsvolumen, Produktmix, Stückpreis und Mengen) optimiert werden können (vgl. Shirodkar/Kempf 2006, S. 423 ff.).

4.1.4.2 Supply Chain Event Management

Auch wenn mit den dargestellten APS die Planungsqualität in der Supply Chain gesteigert werden kann, vermögen es diese Systeme nicht, den Auftragsfortschritt umfassend zu überwachen und zu steuern und auftretenden Abweichungen entgegenzuwirken. An dieser operativen Lücke setzt das Supply Chain Event Management (SCEM) mit dem Anspruch an, eine vorausschauende Supply-Chain-Steuerung zu ermöglichen, d. h. proaktiv zu sein (vgl. Heusler/Stölzle/Bachmann 2006, S. 19). Von zentraler Bedeutung ist dabei die **Visibilität logistischer Prozesse**, um auf dieser Grundlage Störungen frühzeitig zu identifizieren und darauf aufbauend entsprechende Maßnahmen zu veranlassen, damit die Erfüllung der Pläne nicht gefährdet wird. Während operative Maßnahmen darauf ausgerichtet sind, negative (positive) Konsequenzen einer festgestellten Abweichung zu minimieren (maximieren), liegt der Fokus taktischer Maßnahmen auf der Veränderung von Prozessen, bei denen häufiger Abweichungen auftreten, um bei negativen (positiven) Konsequenzen die Eintrittswahrscheinlichkeit zu reduzieren (zu erhöhen) und ggf. die Planvorgaben zu korrigieren. Ein **Handlungsbedarf** entsteht aber erst dann, wenn die aus den Störungen resultierenden Abweichungen einen definierten Toleranzbereich über- oder unterschreiten, d. h., erst dann liegt ein sogenanntes Event vor. Unter einem **Event** lassen sich dann die Informationen fassen, die aus der Sicht des jeweiligen Empfängers als wesentlich eingestuft werden. Basis einer solchen Meldung ist dabei ein Vergleich von Soll- und Ist-Zuständen, d. h., Events sind nichttolerierbare Abweichungen von geplanten Ist-Zuständen bei der Auftragserfüllung: „Genau genommen sind Events erkannte Handlungszwänge" (Bretzke/Klett 2004, S. 151), d. h., sie sind Handlungsimpulse. Dabei werden nicht nur die negativen, sondern ebenfalls die positiven Abweichungen in die Betrachtung aufgenommen, wie es beim **Management by Exception** üblich ist und in diesem Zusammenhang auch ausführlich thematisiert wurde. Während bei einem negativ bewerteten Event eine Fehlleistung in der Prozesskette gegeben ist, wird bei einem positiven Event die erwartete Leistung in der Prozesskette übertroffen. Bei der Analyse der (negativen und positiven) Events ist darauf zu achten, dass zwischen diesen auch Interdependenzen bestehen können und etwa ein negatives mit einem positiven Event im Zusammenhang steht. Abbildung 4.7 gibt den beschriebenen Sachverhalt zusammenfassend wieder (vgl. Heusler/Stölzle/Bachmann 2006, S. 21). Die Abbildung verdeutlicht ferner die zeitliche Dimension, indem sie die Reaktionsgeschwindigkeit erfasst, d. h., vom Erkennen eines Events bis zur Durchführung einer Maßnahme und ihrem Wirksamwerden vergeht Zeit (Entscheidungs-, Aktions- und Wirkzeit).

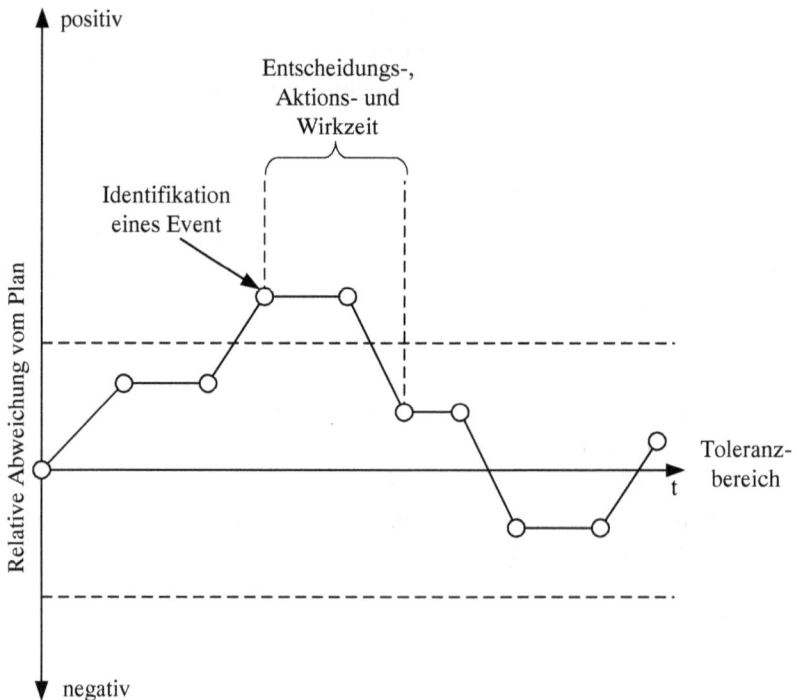

Abbildung 4.7: Supply Chain Event Management

Wird als Kriterium der **Grad der Vorbereitung** auf ein Event herangezogen, dann kann zwischen geplanten und ungeplanten Events unterschieden werden. Ein **geplantes Event** liegt dann vor, wenn sein Eintritt ex ante in die Überlegungen aufgenommen wird und im Eintrittsfall auf ein vorgefertigtes Reaktionsmuster, eine sogenannte Business Rule, zurückgegriffen werden kann. Demgegenüber tritt ein **ungeplantes Event** überraschend ein, und es müssen situativ Maßnahmen abgeleitet und eingeleitet werden.

Aus konzeptioneller Sicht hat ein SCEM die folgenden Kern- oder Grundfunktionen zu erfüllen (vgl. Bittner 2000; Knickle 2001):

- **Überwachen** (Monitor): Alle relevanten Prozesse (z. B. Status von Beständen, Aufträgen) werden beobachtet.
- **Melden** (Notify): Wird im Rahmen der Überwachung eine als kritisch eingestufte Abweichung festgestellt, dann ist der Entscheidungsträger automatisch zu benachrichtigen. Hierdurch soll das Risiko des Auftretens größerer Störungen reduziert werden (proaktiv; vgl. z. B. Nissen 2002, S. 479).
- **Simulieren** (Simulate): Tritt ein Event ein, dann sind alternative Handlungsmöglichkeiten zu beurteilen.
- **Steuern** (Control): Auswahl und Umsetzung der erfolgversprechendsten Handlungsalternative zur Beseitigung der Abweichung.
- **Messen** (Measure): Festlegung und Auswertung von Leistungsindikatoren zur prozessbegleitenden Überwachung der Prozesse.

Liegt eine Prozesshierarchie vor, wie etwa im SCOR-Modell, dann sind diese Kern- oder Grundfunktionen auf jeder Ebene wahrzunehmen. Kann auf einer Ebene eine Abweichung nicht behoben werden, dann ist eine Meldung an die hierarchisch übergeordnete Ebene weiterzuleiten (Kaskadenprinzip). Abbildung 4.8 gibt diesen Sachverhalt wieder (vgl. Heusler/Stölzle/Bachmann 2006, S. 22).

Die Abbildung zeigt, dass die Ist-Informationen auf der Basis eines Tracking-and-Tracing-Systems (T&T) erfasst werden. Während mit „Tracking" eine **zeitpunktbezogene** Feststellung eines Objektstatus erfolgt, ist „Tracing" **zeitraumorientiert**, d. h., es werden Aktivitäts- und Prozessfolgen erfasst, die ein Objekt bis zum Erreichen eines bestimmten Status durchlaufen hat. Diese T&T-Systeme, die ursprünglich passiv ausgerichtet waren, d. h., der Entscheidungsträger musste die Informationen aus Datenbanken abfragen (Abfragesysteme), wurden zu aktiven Systemen weiterentwickelt, die eigenständig Statusmeldungen an den Entscheidungsträger senden. Damit decken T&T-Systeme insbesondere die Kernfunktionen „Überwachen" und „Melden" ab. Gleichzeitig wird deutlich, dass beim T&T-System der Informationssammlungs- und Kommunikationsprozess im Zentrum des Interesses steht (vgl. Bodendorf/Butscher/Zimmermann 2001, S. 15). Für die weiteren Kernfunktionen sind dann Workflow-Managementsysteme und Elemente eines logistischen Wissensmanagement notwendig, in dessen Mittelpunkt die Wissensgenerierung steht (vgl. Steven/Krüger 2004, S. 185 ff.). Dabei ist es vor allem wichtig, sogenanntes implizites

Wissen, das personenbezogen ist, in explizites Wissen umzuwandeln, das dann der Gesamtorganisation unabhängig von einzelnen Mitarbeitern zur Verfügung steht.

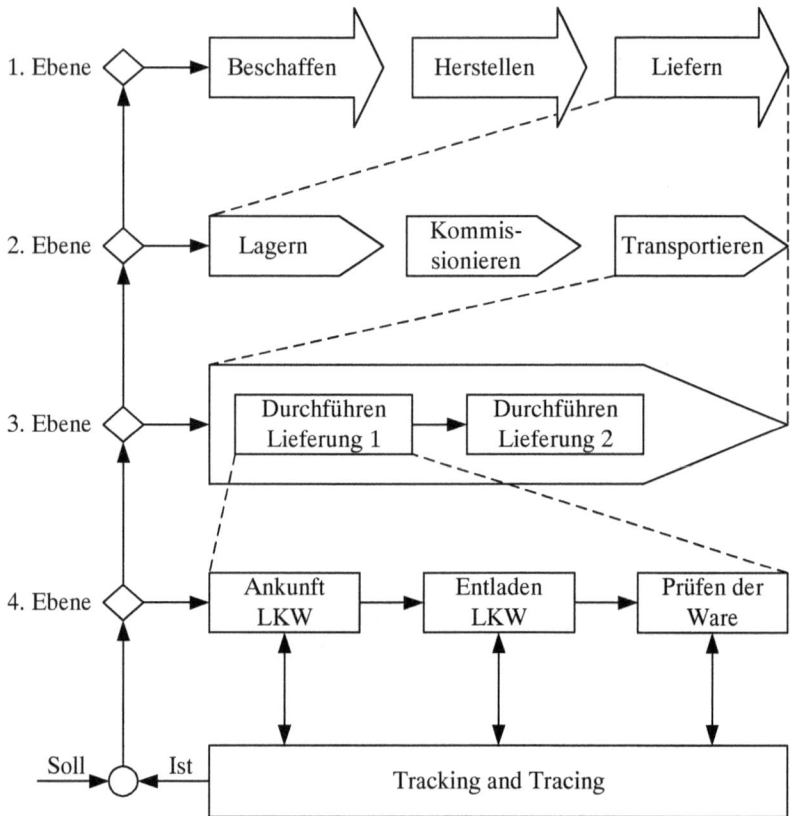

Abbildung 4.8: SCEM in einer Prozesshierarchie

4.2 Generische Konzepte

Die Vielfalt der möglichen unternehmensbezogenen und -übergreifenden Organisationsformen macht die Beherrschung des Produktions- und Logistiksystems als Ganzes durch eine zentrale Steuerungsinstanz in der Regel unmöglich. Vielmehr ist ein vernetztes System von Planungs- und Steuerungskomponenten erforderlich, die auf die Lösung der spezifischen Aufgaben innerhalb der einzelnen Produktionsbereiche spezialisiert sind. Die Konzepte zur Termin- und Kapazitätsplanung, zur Auftragsfreigabe sowie zur Feinplanung des Auftragsdurchlaufs und des Materialflusses, die unter den Bedingungen unterschiedlich strukturierter Produktionsbereiche dazu geeignet sind, produktionswirtschaftliche Zielsetzungen zu unterstützen, werden auch als **generische Konzepte** bezeichnet. Da sie nicht das gesamte PPS-Aufgabenfeld abzudecken vermögen, wird teilweise auch von **fokussierenden PPS-Konzepten** gesprochen (vgl. Zelewski/Hohmann/Hügens 2008, S. 214 ff.).

4.2.1 Bestandsorientierte Konzepte

4.2.1.1 Base Stock

Das als Base Stock bezeichnete Auftragssteuerungsverfahren wurde von Clark und Scarf (1960) sowie Kimball (1988) entwickelt, um die Nachteile der stufenbezogenen Anwendung traditioneller Lagerhaltungspolitiken zu überwinden (vgl. Inderfurth 1998; Silver/Pyke/Peterson 1998, S. 480 ff.). Das Verfahren eignet sich insbesondere für ein variantenarmes Produktspektrum, das in einem Reihenproduktionssystem bzw. in ungetakteter Fließproduktion oder in einem Gruppenproduktionssystem hergestellt wird (vgl. Rücker 2006, S. 17).

In einem Base-Stock-System wird für einen Produktionsbereich eine Lagerbestandssollgröße für jedes der vor und in diesem Bereich hergestellten Produkte (Einzelteile, Komponenten, Baugruppen, Enderzeugnisse) festgelegt. Dieser Sollbestand wird für den zu steuernden Produktionsbereich insgesamt definiert als Summe der Bestände der betreffenden Produkte in allen Bearbeitungszuständen über sämtliche Zwischenlager im Produktionsbereich hinweg bis hin zum letzten kundenseitigen Auslieferungslager. Da die einzelnen Komponenten in den kundennäheren Produktionsstellen bereits in weiteren Baugruppen Verwendung finden können, also Bestandteil des **Work in Process** (WIP) sind, werden auch sie in die Bestimmung des gesamten Bestandes eingerechnet. Die Entscheidung über die Auftragsfreigabe an eine Produktionsstelle hat also immer die Einhaltung bzw. Erreichung des Sollbestandes im gesamten Produktionssystem zum Ziel. Für die einzelnen Produktionsstellen und ihre Zwischenlager ergeben sich damit Teilmengen des festgelegten Gesamtbestandes, der sogenannte **systemweite Lagerbestand** (Staffelbestand, Echelon stock; vgl. Abbildung 4.9).

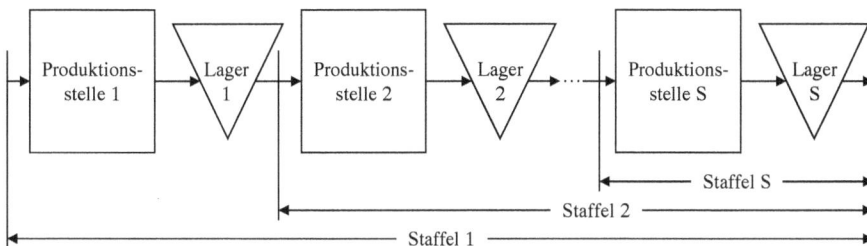

Abbildung 4.9: Systemweite Lagerbestände der Produktionsstellen

Die Regel zur Freigabe von Produktionsaufträgen an das Base-Stock-System wird meist als eine bestandsorientierte Lagerhaltungspolitik definiert. Dabei liegt die Annahme zugrunde, dass jede Produktionsstelle Informationen darüber erhält, wann Kundenaufträge eingehen. Weiterhin wird angenommen, dass jede Produktionsstelle über Auslieferungen an Kunden und den gesamten Lagerbestand zwischen dem eigenen und dem kundenseitigen Lager sowie über eventuelle Lieferrückstände im kundenseitigen Auslieferungslager informiert ist. Ein Produktionssystem, das aus S in Reihe angeordneten Produktionsstellen besteht, umfasst S Staffeln, wobei sich die Staffel s ($s = 1, 2, ..., S$) auf die Bestände der Produktionsstellen $s, s+1, ..., S$ bezieht. Für jede Staffel s wird ein Bestellniveau (Echelon target stock) x_s^{Ne} mit dem Parameter $x_{s'}^N$ definiert:

$$x_s^{Ne} = \sum_{s'=s}^{S} x_{s'}^N$$

Die zweckmäßige Höhe des Bestellniveaus ist aus der Wechselbeziehung zwischen Durchlaufzeit (Wiederbeschaffungszeit) und Bedarfsrate nach dem Gesetz von Little (1961, S. 383 ff.) zu ermitteln. Bei Eingang eines Kundenauftrages im Produktionssystem wird eine Bedarfsinformation x^{AF} generiert und unverzüglich an alle Lager $s = 0, ..., S$ des Produktionssystems übermittelt. Weist das Lager $s-1$ einen positiven Bestand x_{s-1}^L auf, wird das angeforderte Produkt (Enderzeugnis, Baugruppe, Komponente oder Einzelteil) unverzüglich an den Kunden bzw. an die nachgeordnete Produktionsstelle s ausgeliefert. Andernfalls „wartet" die Bedarfsinformation, bis die dem Lager zugehörige Produktionsstelle $s-1$ das angeforderte Produkt hergestellt und an das Lager ausgeliefert hat.

Zum Zeitpunkt t wird die erforderliche Freigabemenge $\overline{x}_{s-1}^R(t)$ an die Produktionsstelle s aus der Höhe des **systemweiten Istbestandes** bestimmt:

$$x_s^{Le}(t) = \sum_{s'=s}^{S} \left(x_{s'}^{La}(t) + x_{s'}^{WIP}(t) \right)$$

Die **angestrebte Freigabemenge** ist gegeben durch:

$$\overline{x}_{s-1}^R(t) = \max\left\{ x_s^{Ne} + x_s^F(t) - x_s^{Le}(t); 0 \right\}$$

Dabei ist $x_s^F(t) \geq 0$ der Lieferrückstand im kundenseitigen Lager zum Zeitpunkt t. Die **tatsächliche Freigabemenge** $x_s^R(\overline{t})$ für Arbeitssystem s zum Zeitpunkt $\overline{t}$ beträgt nach Ermittlung des Rückstandes $x_{s-1}^F(t)$ und des Lagerbestandes $x_{s-1}^L(t)$:

$$x_s^R(\overline{t}) = \min\left\{ x_{s-1}^F(t); x_{s-1}^L(t) \right\}$$

Sofern Losgrößenvorgaben, wie z. B. eine minimale Losgröße, einzuhalten sind, kann die freizugebende Menge jedoch von $\overline{x}_{s-1}^R(t)$ abweichen.

In einem aus einer einzigen Produktionsstelle bestehenden Produktionssystem gibt es folglich keine Unterschiede zwischen einem Base-Stock-System und einer Bestellniveau-Lagerhaltungspolitik. Die Unterschiede zwischen diesen beiden Politiken werden deutlich, wenn ein Produktionssystem mit zwei Produktionsstellen betrachtet wird, in dem das Werkstück zuerst in Stelle 1 und anschließend in Stelle 2 bearbeitet wird (vgl. Abbildung 4.10).

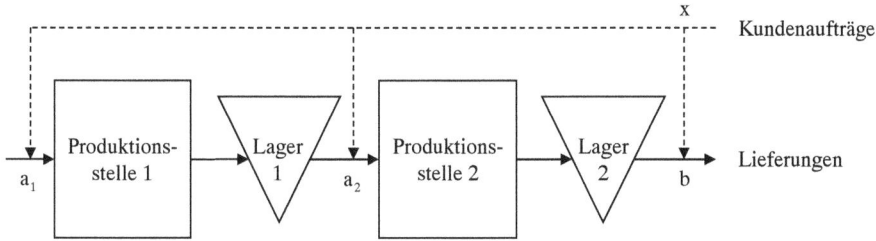

Abbildung 4.10: Base-Stock-System mit zwei Produktionsstellen in Reihe

Kundenaufträge werden aus dem der Produktionsstelle 2 zugehörigen Lager bedient. Aufträge werden in Losen der Größen x_1^P und x_2^P an die Produktionsstellen 1 und 2 freigegeben, und es wird kein Transport von Erzeugnissen aus Lager 1 zur Produktionsstelle 2 ausgelöst, bevor nicht Aufträge im Umfang von x_2^P in Lager 2 warten. Wird angenommen, dass Lager 1 nicht über die Kundenaufträge informiert ist, bevor Lager 2 die Erzeugnisse x_2^P anfordert, dann läge eine der stufenbezogenen Bestellniveau-Lagerhaltungspolitik äquivalente Situation vor. Der Ansatz des Base-Stock-Systems sieht dagegen vor, dass Lager 2 jeden eingehenden Auftrag an Lager 1 meldet. Die Losbildung für die Produktionsstelle 2 findet dann gemäß Abbildung 4.10 an Punkt a_2 anstatt an Punkt x statt.

Der grundlegende **Vorteil** eines Base-Stock-Systems liegt folglich in der unverzüglichen Weitergabe der Information über eingehende Aufträge an alle Lager und damit in der Verkürzung der Durchlaufzeit durch die Produktion. Allerdings wird dieser Vorteil mit produkt- bzw. variantenspezifischen Pufferbeständen erkauft. Zudem erfolgt im Rahmen von Base Stock keine explizite Kapazitätsplanung, die folglich auf einer übergeordneten Stufe des eingesetzten PPS-Systems durchzuführen ist. Der Grundgedanke des Base-Stock-Verfahrens eignet sich auch für eine **unternehmungsübergreifende Anwendung**, da die Nachfrageinformationen an alle Unternehmungen einer Supply Chain gleichzeitig übermittelt werden (vgl. Lödding 2005, S. 285), sowie für Distributionsketten, in denen ein Verteilzentrum einen Großhändler und dieser den Einzelhändler beliefert.

4.2.1.2 Kanban

Das Kanban-System wurde in den 1950er Jahren bei der Toyota Motor Corporation zur Materialflussplanung und -steuerung entwickelt (vgl. Monden 1983; 1994). **Ziel** des Kanban-Systems ist die **Produktion auf Abruf**, um so die Lagerbestände niedrig zu halten und folglich die Kapitalbindungskosten durch niedrige Umlaufvermögensbestände zu reduzieren und die Einhaltung der Fertigstellungstermine zu gewährleisten.

Grundidee des Kanban-Systems ist es, dass eine Materialart erst dann produziert wird, wenn der Bestand durch Verbrauch auf ein bestimmtes Niveau gesunken ist, d. h., der Materialbedarf wird durch den tatsächlichen Verbrauch determiniert. Dabei erhält eine Produktionsstelle immer dann einen Produktionsauftrag, wenn die im Produktionsablauf nachgelagerte Stelle einen Bedarf signalisiert. Somit liegt eine **Pull-Steuerung** vor. Zwischen zwei aufeinanderfolgenden Produktionsstellen bestehen vermaschte, selbststeuernde **Regelkreise**, die eine Senke (verbrauchende Produktionsstelle), eine Quelle (Material bereitstellende Produktionsstelle) und ein zwischen Quelle und Senke angeordnetes Pufferlager umfassen. Abbildung 4.11 gibt diesen Sachverhalt wieder.

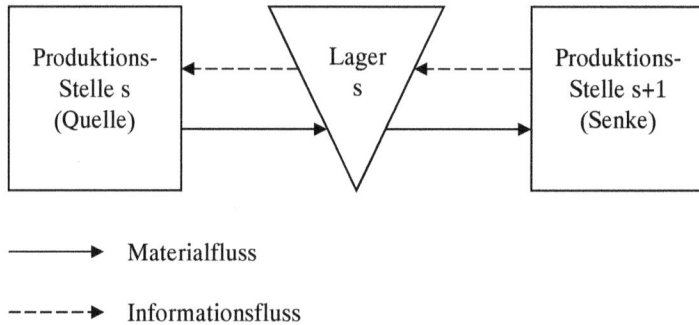

Abbildung 4.11: Grundprinzip des Kanban-Systems

Informationsträger für die Steuerungsimpulse sind die sogenannten **Kanbans** (Schild, Karte), die der Teile- und Materialidentifikation in den standardisierten Transportbehältern sowie der Auftragserteilung dienen. Dabei ist zwischen Transport-Kanban und Produktions-Kanban zu unterscheiden. Abbildung 4.12 gibt ein solches Kanban-System wieder (vgl. Lackes 1995, S. 10; Monden 1994, S. 21 ff.).

Die Funktionsweise dieses Zweikartensystems lässt sich dann wie folgt beschreiben:

- Entnimmt die Produktionsstelle s + 1 die Teile aus den Behältern, dann wird der Transport-Kanban (TK) abgelöst und in der Transport-Kanban-Sammelbox abgelegt. Der leere Behälter wird an den Transportpunkt s + 1 weitergegeben.
- Im Pufferlager s erfolgt der Austausch von Produktions-Kanban (PK), der in die Produktions-Kanban-Sammelbox gelegt wird, mit einem TK aus der Transport-Kanban-Sammelbox.
- Der leere Behälter wird von Transportpunkt s + 1 zum Punkt s weitergeleitet.
- Der leere Behälter und der Produktions-Kanban aus der Produktions-Kanban-Sammelbox werden dann an die produzierende Stelle s geleitet und die Produktion der Behälterfüllmenge wird initiiert.
- Der gefüllte Behälter wird dann wiederum an das Pufferlager weitergeleitet.

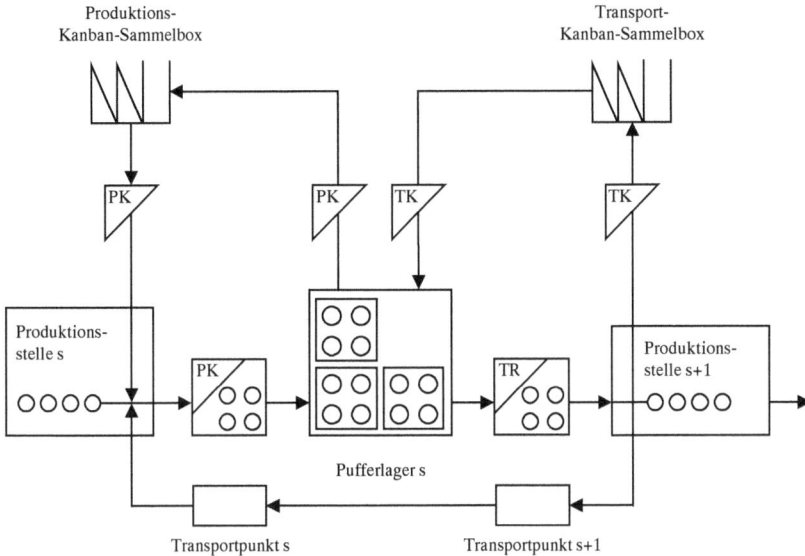

Abbildung 4.12: Kanban-System

Der Bestand in den Pufferlagern wird durch die Anzahl der im Umlauf befindlichen Kanbans und die festgelegte Füllmenge der Behälter bestimmt und entspricht dem geplanten Verbrauch in der Wiederbeschaffungsdauer plus einem entsprechenden Sicherheitsbestand, um geringfügige Störungen absorbieren zu können. Durch Veränderung der Kanban-Anzahl lässt sich damit die Bestandshöhe regeln. Die Anzahl der Kanbans (sie entspricht der Anzahl der Standardbehälter) ist dann von

- der durchschnittlichen Ankunftsrate der Aufträge (λ),
- der Durchlaufzeit eines Behälters durch den Regelkreis (d^W),
- der Anzahl der Teile pro Standardbehälter (x^P) und
- dem prozentualen Sicherheitszuschlag (x^S)

abhängig. Die **Anzahl der Kanbans** K kann mit Hilfe der folgenden Beziehung abgeschätzt werden:

$$K = \lambda \cdot d^W \cdot \frac{1+x^S}{x^P}$$

Die Funktionsfähigkeit des Kanban-Systems ist an die folgenden **Bedingungen** geknüpft (vgl. z. B. Zäpfel/Piekarz 1996, S. 48 ff.):

- Die Produktionsstellen sind material- bzw. produktionsflussorientiert anzuordnen. Weitergegeben werden dürfen ausschließlich gute Teile, um einen regelmäßigen und störungsfreien Produktionsablauf sicherzustellen.

- Die zum Einsatz gelangenden Betriebsmittel sind auf die erwartete (durchschnittliche) Nachfrage abzustimmen und in ihrer Kapazität zu harmonisieren, um eine gleichmäßige Produktion zu ermöglichen.

- Es müssen flexibel einsetzbare und hoch qualifizierte Mitarbeiter zum Einsatz gelangen, die unterschiedliche Aufgaben ausführen können.

- Es muss sich um weitgehend standardisierte Produkte mit einem geringen Variantenspektrum handeln und der Bedarf soll keinen größeren Schwankungen unterliegen.

- Es sind möglichst kleine Lose in konstanter Höhe zu produzieren, um eine hohe Umschlaghäufigkeit und hohe Reaktionsfähigkeit auf Bedarfsschwankungen zu gewährleisten.

Dies bedeutet, dass ein Kanban-System insbesondere dann zur Steuerung der Produktion geeignet erscheint, wenn eine hohe Wiederholhäufigkeit der zu erstellenden Produkte bei hoher Verbrauchsstetigkeit vorliegt.

4.2.1.3 Just in Time / Just in Sequence

Ein Ansatz zur Koordination des Güterflusses, der die **Lieferanten** in die Überlegungen einbezieht, ist das **Just-in-Time-Konzept** (JiT). Intention ist es, Bestände und Durchlaufzeiten durch eine Belieferung der Bedarfsstellen zu reduzieren, bei der die Güter möglichst genau zum Bedarfszeitpunkt verfügbar sind. Hierbei bildet ein zwischen dem Beschaffer und dem Lieferanten geschlossener **Rahmenvertrag** eine zentrale Grundlage, in dem eine Vereinbarung zur Lieferung einer bestimmten Menge in einem längeren Zeitraum (z. B. einem Jahr) getroffen wird. Die kurzfristige Materialversorgung wird durch ein flexibles Lieferabrufsystem an der Schnittstelle zwischen Abnehmer und Zulieferer initiiert, über das der Abnehmer im Rahmen der Gesamtliefermenge verbrauchsgesteuerte Abrufe von Teilmengen vornimmt. Es ist damit ein **Lieferabrufsystem** an der Schnittstelle zwischen Materialabnehmer und -zulieferer notwendig. Der Rahmenvertrag bildet für den Lieferanten darüber hinaus eine Basis für die Planung seiner Kapazitätsbereitstellung. Für die Integration der Lieferanten lassen sich dann die in Abbildung 4.13 dargestellten Erscheinungsformen unterscheiden (vgl. z. B. Schulte 2017, S. 448 f.).

Im „**klassischen Fall**" werden die erwarteten Bedarfsmengen produziert, geprüft und beim Lieferanten gelagert. Aufgrund von Bestellungen des Abnehmers, die mit seiner Produktion nur partiell synchronisiert sind, werden die gewünschten Mengen durch einen Spediteur ausgeliefert, beim Abnehmer einer Wareneingangsprüfung unterzogen und dann bis zum Bedarfszeitpunkt gelagert. Beim **Direktabruf** erfolgt seitens des Abnehmers dann eine spezifische Materialanforderung beim Lieferanten, wenn konkrete Kundenaufträge vorliegen, aus denen Produktionsaufträge abgeleitet wurden (produktionssynchron). Diese wird unverzüglich aus dem Lager des Lieferanten bedient und ohne weitere Prüfung der Produktion des Abnehmers zugeführt. Es ist folglich ein schneller und fehlerfreier Informationsaustausch auf der Grundlage standardisierter Datensätze notwendig. Der Direktabruf setzt darüber hinaus kompatible Produktionskapazitäten zwischen Lieferant und Abnehmer voraus. Beim **Spediteurmodell** erfolgt eine losweise Produktion durch den Lieferanten auf Lager. Die JiT-Anlieferung wird dann aus diesem zwischengeschalteten Speditionslager vorgenommen. Bedingt durch die kürzere Auslieferungsentfernung ist das Synchronisationserfordernis zwischen den Produktionen von Abnehmer und Lieferant geringer als beim Direktabruf. Der Lieferant liefert folglich ausnahmslos in ein Speditionslager auf der Basis der durch den Abnehmer getätigten Abrufe, die dieser unmittelbar dem Lieferanten mitteilt. Der Abnehmer ruft die benötigten Materialien aus dem Speditionslager ab, wobei dem Spediteur die Aufgabe zufällt, die angeforderten Materialien zu kommissionieren und Just in Time anzuliefern. Der Spediteur übernimmt die Funktionen der Materialannahme, Lagerhaltung und -bestandsführung, Kommissionierung und Anlieferung nach Abruf sowie Auskunftserteilung. Als dritte Möglichkeit bietet sich die **Lieferantenansiedlung** in unmittelbarer Nähe des Abnehmers an, wie dies im vielzitierten Fall von Daimler-Benz und Keiper Recaro praktiziert wird (montagesynchrone Anlieferung von Fahrzeugsitzen).

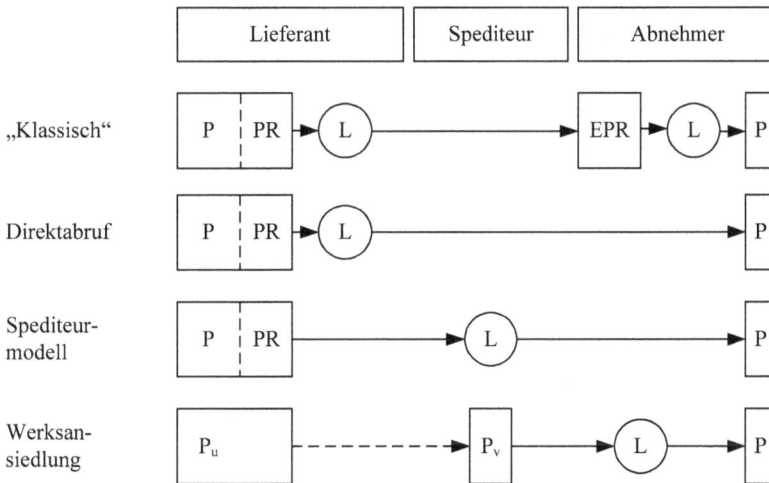

mit:

P = Produktion EPR = Eingangsprüfung
PR = Prüfung P_u = Produktionsstandort ursprünglich
L = Lager P_v = Produktionsstandort, der in die Nähe des Abnehmers verlagert wurde

Abbildung 4.13: Ausprägungen des Just-in-Time-Konzeptes

Eine Erweiterung des Just-in-Time-Konzeptes ist das sogenannte **Just-in-Sequence-Konzept,** bei dem eine Just-in-Time-Belieferung der Bedarfsstellen einer Varianten-Fließproduktion mit einem variantenreichen Materialtyp realisiert wird, wobei die einzelnen Variantenteile in der Reihenfolge so sortiert sind, wie sie von den Montageprozessen benötigt werden (vgl. Thun/Drüke/Camargos 2007, S. 20 ff.). Auf das erwähnte Beispiel von Fahrzeugsitzen angewendet, bedeutet dies, dass die fertigen Sitzgarnituren exakt in der benötigten Reihenfolge ausgeliefert werden. Ein solches Konzept ist an die folgenden **Voraussetzungen** geknüpft:

- Identifikation der Bauteile und Zulieferer auf der Grundlage der Kriterien „wert-mäßiger Anteil" (ABC-Analyse) und „regelmäßiger Verbrauch" (RSU-Analyse). Geeignet sind letztlich nur AR-Teile mit einer hohen Variantenzahl.

- Die enge Verzahnung der Produktionssysteme von Zulieferer und Abnehmer so-wie der damit einhergehende Wegfall von Sicherheitsbeständen bedingen eine hohe Produktqualität (kontinuierlich hohe Qualität der gelieferten Teile, z. B. durch Zertifizierung), hohe Prozessfähigkeit und hohe Termintreue (zuverlässiges Produktionssystem).

- Technische und organisatorische Anforderungen:

  -- Synchronisation der Produktionssysteme von Zulieferer und Abnehmer, die ei-ne informationstechnische Integration der Produktionsplanung und -steuerung bedingt (unternehmungsübergreifender elektronischer Datenaustausch mit standardisierten Formaten).

  -- Eine entsprechende Etikettierung gewährleistet, dass die vom Zulieferer gelie-ferten Teile in der richtigen Reihenfolge an das richtige Produkt montiert wer-den. An den zu montierenden Teilen sind Informationen zur Identifikation, Zu-ordnung und Verwendung anzubringen.

Das Just-in-Sequence-Konzept ist durch den in Abbildung 4.14. dargestellten **gene-rellen Ablauf** gekennzeichnet:

- Der Zulieferer erhält vom Abnehmer wöchentlich oder täglich einen Lieferplan, der die Bedarfe je Stücknummer für die nächsten Monate ausweist. Der Aggrega-tionsgrad der Bedarfe nimmt zu, je weiter sich die zu planenden Perioden in der Zukunft befinden. Er enthält z. B. für die folgende Woche **Tagesmengen** und für die darauffolgende Zeit **Wochen-** und **Monatsmengen**. Diese Informationen be-nötigt der Zulieferer für seine Produktionsplanungen, um dann, auf dieser Basis auf Lager zu produzieren und den Abnehmer unmittelbar aus dem Lagerbestand zu bedienen.

- Neben diesen Lieferplänen erhält der Zulieferer zum Teil mehrfach täglich den **Sequenzabruf**, in dem die genaue Reihenfolge der Teile angegeben ist, wie sie der Abnehmer benötigt. Diese Informationen sind für den Zulieferer notwendig, um die geforderten Teile zu produzieren, zu montieren oder direkt aus dem Lager in der vom Abnehmer angegebenen Sequenz zu verladen.

- Der Zulieferer oder der Spediteur liefern direkt an den **Point of Use** des Abneh-mers. Dieser lädt das Material in der gegebenen Sequenz ab, führt eventuell eine Identprüfung durch, d. h. eine Sichtprüfung auf Menge und Mängel, bucht die Wareneingänge und führt das Material den Bedarfsstellen der Fließproduktion in der erforderlichen Sequenz zu.

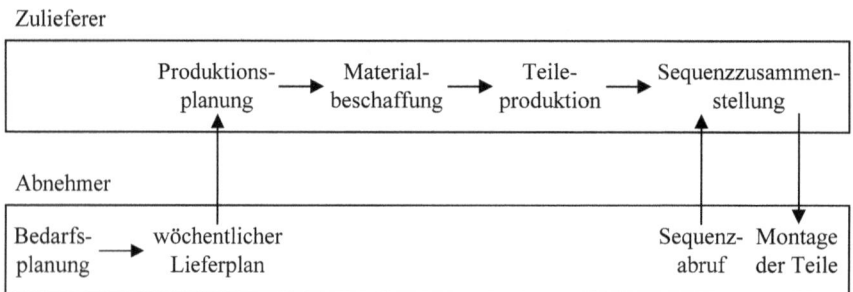

Zulieferer

Produktions-planung → Material-beschaffung → Teile-produktion → Sequenzzusammen-stellung

Abnehmer

Bedarfs-planung → wöchentlicher Lieferplan   Sequenz-abruf   Montage der Teile

Abbildung 4.14: Prinzipieller Ablauf im Just-in-Sequence-Konzept

4.2.2 Belastungsorientierte Konzepte

Bei den belastungsorientierten Konzepten stellt der **Auftragsbestand** die **zentrale Steuergröße** dar. Den Ausgangspunkt bildet dabei das Erfahrungswissen, dass zwischen dem Auftragsbestand, der Auftragsdurchlaufzeit und der Leistung (Abgänge in Arbeitsstunden) eines Produktionssystems ein enger Zusammenhang besteht:

- Je geringer der Auftragsbestand eines Produktionssystems ist, desto kürzer ist die Durchlaufzeit der einzelnen Aufträge.
- Die Leistung eines Produktionssystems nimmt mit zunehmendem Auftragsbestand zu, wobei zwischen Bestand und Leistung keine lineare Beziehung besteht, sondern eine degressive. Die Leistungssteigerung resultiert dabei aus der Reduzierung der Leerzeiten und wird durch die maximal mögliche Leistung begrenzt.

Dieser Sachverhalt lässt sich mit Hilfe des **Gesetzes von Little** (1961, S. 383 ff.) erklären, das durch die folgende Beziehung beschrieben wird:

$$L = \lambda \cdot W$$

Während mit W die mittlere Durchlaufzeit eines Auftrages erfasst wird, steht λ für die Ankunftsrate und L für den mittleren Auftragsbestand. Abbildung 4.15 gibt diesen Sachverhalt unter der Voraussetzung einer konstanten Produktionsrate wieder.

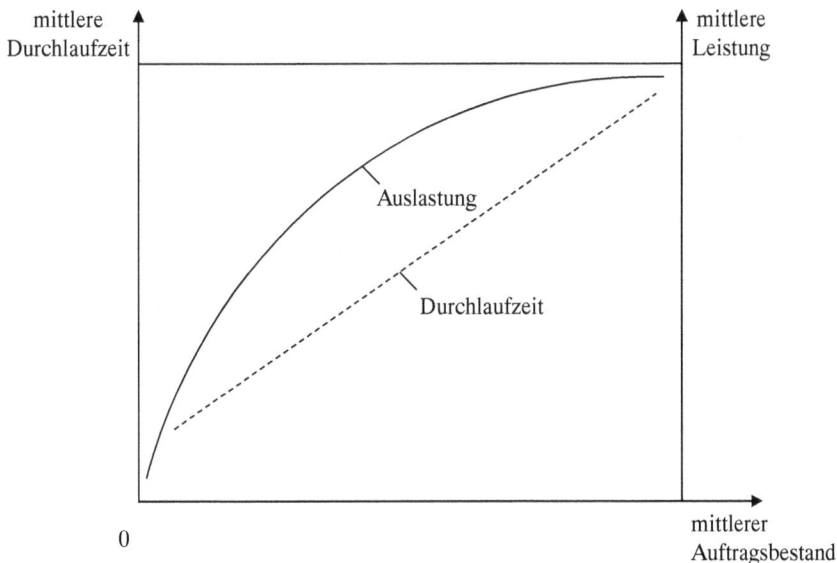

Abbildung 4.15: Zusammenhang zwischen Bestand, Leistung und Durchlaufzeit

Aus der Abbildung geht hervor, dass sich die Auslastung mit zunehmendem Auftragsbestand einer Obergrenze nähert und sich die Erhöhung der Auslastung (Leistung) ab einer bestimmten Bestandshöhe nur noch marginal verändert. Eine über diesen Punkt hinausgehende Bestandserhöhung hat dann im Wesentlichen nur noch eine

Verlängerung der Auftragsdurchlaufzeit zur Folge. Durch die Anwendung eines belastungsorientierten Konzeptes wird demzufolge ein angemessener Auftragsbestand angestrebt, der die mengenmäßigen und zeitlichen Ziele der Produktion in ausbalancierter Weise erfüllt.

4.2.2.1 Input-Output Control

Input-Output Control wurde in der Literatur (vgl. Belt 1976; Wight 1970) zunächst als ein Verfahren zur Ermittlung der Konsequenzen von Auftragsfreigabe und Kapazitätsanpassung für den in einem Produktionssystem befindlichen Arbeitsinhalt, die Kapazitätsauslastung und die Durchlaufzeit der Aufträge vorgestellt. Auf der Grundlage dieser Informationen ist es möglich, Maßnahmen zum Kapazitätsabgleich zu veranlassen, um die Durchlaufzeit der Aufträge zu stabilisieren und die Terminplanung zu verbessern (vgl. Kistner/Steven 2001, S. 285).

Für die Produktionsstellen eines Produktionssystems werden jeweils ein **Sollbestand** des Arbeitsinhaltes $\bar{\bar{c}}$ (Work in Process = Summe der Bearbeitungszeiten von Aufträgen, die vor der Produktionsstelle auf Bearbeitung warten oder von dieser gerade bearbeitet werden) oder eine **Soll-Durchlaufzeit** $\bar{\bar{d}}^{DL}$ sowie entsprechende Ober- und Untergrenzen ($c^{max}, c^{min}, d^{DL.max}, d^{DL.min}$) festgelegt. Eine Über- bzw. Unterschreitung der Grenzen signalisiert, dass Korrekturmaßnahmen erforderlich sind. Des Weiteren liegen aus der übergeordneten Produktionsplanung Informationen über die in den einzelnen Perioden an den jeweiligen Produktionsstellen zu erfüllenden Aufträge vor, aus denen der **geplante Input** des Arbeitsinhaltes $\hat{c}_t^{ZU}$ berechnet wird. Die planmäßig verfügbare Kapazität einer Produktionsstelle in den einzelnen Perioden bildet den **geplanten Output** des Arbeitsinhaltes ($\hat{c}_t^{AB} = \hat{C}$). Der **geplante Bestand** des Arbeitsinhaltes $\hat{c}_t$ in einer Periode ergibt sich dann aus dem geplanten Bestand der Vorperiode zuzüglich des geplanten Input der Periode und abzüglich des geplanten Output der Periode. Da Leerkapazität nicht gespeichert werden kann, sind für den geplanten Bestand negative Werte unzulässig. Somit gilt (vgl. Zäpfel 2000a, S. 221):

$$\hat{c}_t = \max(\hat{c}_{t-1} + \hat{c}_t^{ZU} - \hat{c}_t^{AB}; 0)$$

Die **geplante Durchlaufzeit** (gemessen in Perioden) beträgt damit:

$$\hat{d}_t^{DL} = \frac{\hat{c}_t}{\hat{C}}$$

Durch Vergleich dieser Plangrößen mit den entsprechenden Sollgrenzwerten ist es möglich, Anpassungsbedarfe zu identifizieren, die sich aus Inkonsistenzen bei der Festlegung von geplantem Input und Output ergeben. Sollen im Rahmen der Steuerung Anpassungsbedarfe angezeigt werden, die sich aus Abweichungen zwischen Plan und Ausführung ergeben, dann ist es erforderlich, zusätzlich zu den geplanten Inputs und Outputs die realisierten Werte c_t^{ZU}, c_t^{AB}, c_t zu erfassen. Um die Abweichungen von den Sollgrößen differenzierter analysieren zu können, werden die kumulierten Abweichungen zwischen geplanten und realisierten Inputs bzw. Outputs ermittelt (vgl. Fogarty/Blackstone/Hoffmann 1991, S. 466 ff.):

$$\Delta c_t^{ZU} = \Delta c_{t-1}^{ZU} - \hat{c}_t^{ZU} + c_t^{ZU}$$
$$\Delta c_t^{AB} = \Delta c_{t-1}^{AB} - \hat{c}_t^{AB} + c_t^{AB}$$

Tabelle 4.2 gibt einen erweiterten Input-Output-Plan einer Produktionsstelle wieder. Wären im Beispiel ein Sollbestand von $\bar{\bar{c}} = 50$ und die Grenzen $c^{min} = 30$, $c^{max} = 70$ vorgegeben, würden in den Perioden 4 und 5 aufgrund von zu niedrig ($\hat{c}_4 = 0, \hat{c}_5 = 20$) und in der Periode 7 aufgrund von zu hoch geplantem Bestand ($\hat{c}_7 = 80$) **Planinkonsistenzen** signalisiert. **Realisationsprobleme** werden in der Periode 2 aufgrund von zu hohem ($c_2 = 71$ vs. $\hat{c}_2 = 60$) und in den Perioden 5, 6 und 7 aufgrund von zu niedrigem realisierten Bestand ($c_5 = 17, c_6 = 22, c_7 = 25$ vs. $\hat{c}_5 = 20, \hat{c}_6 = 50, \hat{c}_7 = 80$) angezeigt. Die kumulierten Abweichungen der Inputs und Outputs verdeutlichen dabei, dass der zu hohe realisierte Bestand in Periode 2 durch die Freigabe zu vieler Aufträge ($c_2^{ZU} = 134$ vs. $\hat{c}_2^{ZU} = 110$) verursacht wurde, das Ausmaß des Planungsfehlers in den Perioden 4 und 5 durch die Realisation eines niedrigeren Output ($c_4^{AB} = 131$ vs. $\hat{c}_4^{AB} = 150$) bzw. eines höheren Input ($c_5^{ZU} = 129$ vs. $\hat{c}_5^{ZU} = 120$) reduziert werden konnte und die zu niedrigen realisierten Bestände in den Perioden 6 und 7 auf die Freigabe zu weniger Aufträge ($c_6^{ZU} = 111, c_7^{ZU} = 115$, vs. $\hat{c}_6^{ZU} = 130, \hat{c}_7^{ZU} = 130$) zurückzuführen sind.

t	Startwerte 0	zu berechnende zukünftige Werte						
		1	2	3	4	5	6	7
$\hat{c}_t^{ZU}$	-	90	110	120	80	120	130	130
c_t^{ZU}	-	77	134	137	55	129	111	115
Δc_t^{ZU}	0	-13	11	28	3	12	-7	-22
$\hat{c}_t^{AB}$	-	100	100	150	150	100	100	100
c_t^{AB}	-	106	94	140	131	112	106	112
Δc_t^{AB}	0	6	0	-10	-29	-17	-11	1
$\hat{c}_t$	60	50	60	30	0	20	50	80
c_t	60	31	71	68	0	17	22	25
$\hat{d}_t^{DL}$	-	0,5	0,6	0,2	0	0,2	0,5	0,8
d_t^{DL}	-	0,3	0,8	0,5	0	0,2	0,2	0,2

Tabelle 4.2: Erweiterter Input-Output-Plan für eine Produktionsstelle (Beispiel)

In der beschriebenen Form stellt Input-Output Control ein Instrument zur Visualisierung von Konsequenzen der Auftragsfreigabe und Kapazitätsanpassung dar, das für mehrstufige Produktionssysteme mit Fließ- oder Werkstattproduktion zur Anwendung gelangen kann. Die Zuverlässigkeit des Signalisierens kritischer Inkonsistenzen und Abweichungen ist von der Festlegung der Parameter $\overline{\overline{c}}, c^{max}, c^{min}$ bzw. $\overline{\overline{d}}^{DL}, d^{DL.max}, d^{DL.min}$ abhängig. Die Empfehlung von Fogarty/Blackstone/Hoffmann (1991, S. 467), für die Sollgröße das 3- bis 4-fache der in der Vergangenheit beobachteten Standardabweichung der realisierten Größe und für die Bemessung des Akzeptanzbereiches ungefähr das Doppelte der Standardabweichung zugrunde zu legen, kann zwar als eine grobe Orientierung angesehen werden, entbehrt jedoch einer ökonomischen Begründung. Zu bemängeln ist weiterhin, dass Input-Output Control über die Informationsfunktion hinaus keine Planungsunterstützung zu bieten vermag, weil sie keine Regeln zur Auftragsfreigabe, Reihenfolgeplanung der Aufträge und Auswahl von Anpassungsmaßnahmen enthält (vgl. Kistner/Steven 2001, S. 288).

Mit **Weiterentwicklungen der Input-Output Control** wird versucht, die Planungsunterstützung so zu erweitern, dass durch das Verfahren Entscheidungen zur Auftragsfreigabe und Kapazitätsanpassung getroffen werden, die die entscheidungsrelevanten Kosten minimieren (vgl. Karni 1981a, S. 597 ff.; Karni 1981b, S. 334 ff.; Zäpfel/Missbauer 1987, S. 41 ff.). Die Planung bezieht sich auf die Perioden t ($t = 1,...,T$) und eine Produktionsstelle mit der Normalkapazität C. Für jede Periode sind der Input $\hat{c}_t^{ZU} \in \mathbb{R}_0^+$ und der Output $\hat{c}_t^{AB} \in \mathbb{R}_0^+$ des Arbeitsinhaltes sowie die Kapazitätserweiterungsmaßnahmen i ($i = 1,...,I$) hinsichtlich ihrer Durchführung $\omega_{it} \in \{0;1\}$ und ihres Ausmaßes $\Delta C_{it} \in \mathbb{R}_0^+$ festzulegen. Die zu erfüllenden Arbeitsinhalte werden von der übergeordneten Planungsebene in grobterminierter Form mit Angabe von frühester $\hat{c}_{\tilde{i}}^{RE}$ und spätester Startperiode $\hat{c}_{\bar{i}}^{RE}$ vorgegeben. Des Weiteren sind die maximalen Umfänge ΔC_i^{max} der Kapazitätserweiterungsmaßnahmen, die Ober- und Untergrenzen c^{max}, c^{min} des Sollbestandes und der initial geplante Bestand des Arbeitsinhaltes $\hat{c}_0$ bekannt. Entscheidungsrelevant sind die direkten/indirekten Kosten der Kapazitätserweiterung und die Kapitalbindungskosten. Die direkten Kosten der Kapazitätserweiterung durch eine Maßnahme i betragen k_i^{AN} Geldeinheiten pro Kapazitätseinheit. Indirekt gehen Kapazitätserweiterungsmaßnahmen mit einer Erhöhung der Produktionskosten Δk_i^P pro Einheit des erfüllten Arbeitsinhaltes $\hat{c}_t^{AB}$ einher. Aufgrund des in den Werkstücken gebundenen Kapitals und der zur Werkstückaufbewahrung zu nutzenden Lagereinrichtungen werden Kapitalbindungskosten k^{WIP} pro Einheit des Arbeitsbestandes $\hat{c}_t$ induziert. Die Entscheidungen zur Auftragsfreigabe und Kapazitätserweiterung sollen so getroffen werden, dass die Summe der entscheidungsrelevanten Kosten im Planungszeitraum minimal ist.

In Anlehnung an Karni (1981c, S. 334) lässt sich ein gemischt-ganzzahliges lineares **Entscheidungsmodell** zur kostenorientierten Input-Output Control formulieren:

- Zielfunktion:

$$\min K = \sum_t \left(\sum_i (k_i^{AN} \cdot \Delta C_{it}) + \Delta k_t^{PR} \cdot \hat{c}_t^{AB} + k^{WIP} \cdot \hat{c}_t \right)$$

- Nebenbedingungen:

  -- Der geplante Bestand des Arbeitsinhaltes wird über die Teilperioden fortgeschrieben:

  $$\hat{c}_t = \hat{c}_{t-1} + \hat{c}_t^{ZU} - c_t^{AB} \qquad \forall t$$

  -- Der geplante Bestand des Arbeitsinhaltes darf die Bestandsgrenzen nicht über- bzw. unterschreiten:

  $$\hat{c}_t \leq c^{max} \qquad \forall t$$
  $$\hat{c}_t \geq c^{min} \qquad \forall t$$

  -- Die verfügbare Kapazität darf in keiner Periode überschritten werden:

  $$\hat{c}_t^{AB} \leq C + \sum_i \Delta C_{it} \qquad \forall t$$

  -- Der Umfang der Kapazitätserweiterung durch eine Anpassungsmaßnahme ist beschränkt:

  $$\Delta C_{it} \leq \omega_{it} \cdot \Delta C_i^{max} \qquad \forall i, t$$

  -- Die Produktionskosten pro Einheit des Arbeitsinhaltes sind von der ergriffenen Anpassungsmaßnahme abhängig:

  $$\Delta k_t^{PR} \geq \sum_i \Delta k_i^{PR} \cdot \omega_{it} \qquad \forall t$$

  -- Die grobterminierten Arbeitsinhalte werden in dem durch ihren frühestmöglichen und spätestmöglichen Starttermin bestimmten Zeitraum eingeplant:

  $$\sum_{t'=1}^t \hat{c}_{t'}^{ZU} = \sum_{t'=1}^t \hat{c}_{t'}^{RE} \qquad \forall t$$
  $$\sum_{t'=1}^t \hat{c}_{t'}^{ZU} \leq \sum_{t'=1}^t \hat{c}_{t'}^{RE} \qquad \forall t$$

  -- Für die Entscheidungsvariablen gelten die Wertebereiche:

  $$\hat{c}_t^{ZU}, \hat{c}_t^{AB} \geq 0 \qquad \forall t$$
  $$\Delta C_{it} \geq 0 \qquad \forall i, t$$
  $$\omega_{it} \in \{0; 1\} \qquad \forall i, t$$

Zur exakten Lösung des modellierten Problems der kostenorientierten Input-Output Control kann das Branch-and-Bound-Verfahren zur Anwendung gelangen. Akzeptable Lösungszeiten werden dann erreicht, wenn die Anzahl der möglichen Kapazitätserweiterungsmaßnahmen und die Anzahl der Perioden nicht allzu hoch sind.

4.2.2.2 Belastungsorientierte Auftragsfreigabe

Grundlegend für die belastungsorientierte Auftragsfreigabe (BOA) bei Werkstattproduktion sind die Arbeiten von Irastorza/Deane (1974), Belt (1976) und Wight (1970; 1974). Diese Arbeiten bildeten den Ausgangspunkt für einige praktische Arbeiten von Jendralski (1978) und deren Spezifikation durch Bechte (1980) sowie die Verfeinerungen durch Ritter (1982) und Buchmann (1983).

Zielgrößen der belastungsorientierten Auftragsfreigabe sind die Durchlaufzeit, der Bestand, die Auslastung und die Terminabweichung (Termintreue). Eine wesentliche in Abbildung 4.16 dargestellte Grundidee ist es, die Produktionsstelle als **Trichter**

(vgl. Orlicky 1975) aufzufassen, dessen Zugang aus freigegebenen Arbeitsinhalten (Auftragszugänge) und dessen Abgang aus erfüllten Arbeitsinhalten (abgefertigte Aufträge) besteht. Als Analogon für die Kapazität der Produktionsstelle dient der Durchmesser des Stutzens (Hals), der die Stärke des Abgangsstroms bestimmt. Der Füllstand des Behälters entspricht dem an der Produktionsstelle befindlichen Bestand an Arbeitsinhalten (Auftragsbestand). Sein Niveau wird durch die Stärken des Zugangs- und/oder Abgangsstroms bestimmt. Um langfristig einen Gleichgewichtszustand zu erreichen, sollten die mittleren Stärken des Zugangs- und Abgangsstroms gleichgroß sein. Kurzfristig auftretende Differenzen zwischen den Stärken dieser Ströme gehen mit einer Erhöhung (Zugang > Abgang) oder Reduktion (Zugang < Abgang) des Bestandes einher. Mit zunehmendem Bestand verlängert sich die mittlere Durchlaufzeit der darin enthaltenen Aufträge. Bei einer Betrachtung im Zeitablauf sind somit die Zugangs- und Abgangskurve i. d. R. nicht deckungsgleich und der Anfangs- und Endbestand i. d. R. nicht identisch.

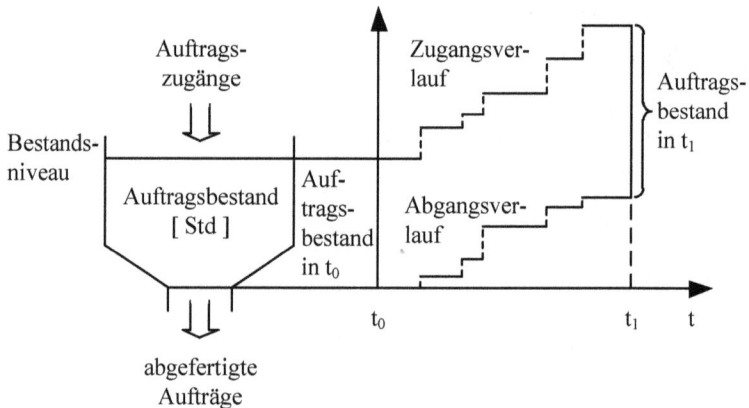

Abbildung 4.16: Trichtermodell

Aufbauend auf dem **Gesetz von Little** (1961, S. 383 ff.) und unter der Annahme eines langfristigen Gleichgewichtszustandes formulieren die Vertreter der BOA dann die Beziehung zwischen mittlerer Leistung $\hat{c}^{AB}$ (Abgang in Arbeitsstunden pro Periode), mittlerem Auftragsbestand $\hat{c}$ (zur Auftragserfüllung erforderliche Arbeitsstunden) und mittlerer Durchlaufzeit $\hat{d}^{DL}$ (Anzahl der Perioden) als $\hat{c}^{AB} = \hat{c} / \hat{d}^{DL}$ (vgl. Abbildung 4.17). Da von einer gegebenen Kapazität ausgegangen wird, soll die Freigabe von Aufträgen so erfolgen, dass die Kapazität der Produktionsstelle möglichst gut ausgelastet ist und die Durchlaufzeit eine vertretbare Größenordnung aufweist.

Die zum Einsatz gelangende Planungsheuristik geht in **drei Schritten** vor:

1. Ermittlung dinglicher Aufträge;
2. Abschätzung der Belastung durch dringliche Aufträge;
3. Bestimmung einzulastender Aufträge.

Arbeits-
inhalt

$\widehat{c}^{ZU}$

$\widehat{c}$

α $\widehat{c}^{AB} = \tan \alpha$ $\widehat{c}^{AB}$

$\widehat{d}^{DL}$

t

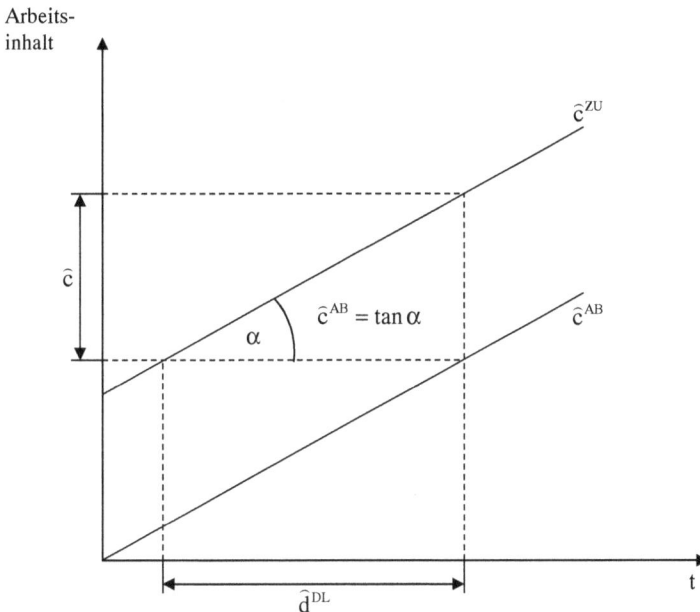

Abbildung 4.17: Mengenmäßige und zeitliche Zusammenhänge an einer im langfristigen Gleichgewicht befindlichen Produktionsstelle

Grundlage für die **Ermittlung dringlicher Aufträge** sind die aus der Durchlaufterminierung bekannten Auftragsstarttermine. Steuerungsparameter sind dabei die Terminschranke bzw. der Vorgriffshorizont. Während die **Terminschranke** eine Grenze
für den spätesten Startzeitpunkt der Aufträge setzt, erfasst der **Vorgriffshorizont** das
Zeitintervall zwischen dem Planungszeitpunkt und der Terminschranke. Als dringlich werden dann die Aufträge bezeichnet, deren Sollstarttermine innerhalb des Vor-
griffshorizonts liegen. Alle anderen Aufträge sind als nicht dringlich einzustufen und
verbleiben in der Auftragswarteschlange. Damit ist die Festlegung der Terminschranke ein zentrales Problem der BOA. Wird diese zu niedrig angesetzt, dann vermag die Menge der dringlichen Aufträge das Produktionssystem nicht auszulasten.
Eine zu groß dimensionierte Terminschranke ist hingegen aufgrund des zweiten
Steuerungsparameters (Belastungsschranke) wirkungslos. Die übliche Empfehlung
von zwei bis drei Planperioden kann nicht als allgemeingültig angesehen werden.

Grundlage für die **Abschätzung der Belastung durch dringliche Aufträge** sind die
zu deren Ausführung an der betrachteten Produktionsstelle erforderlichen Arbeitsstunden. Die Belastung setzt sich aus einer direkten und einer indirekten Komponente zusammen. Während die **direkte Belastung** durch Aufträge induziert wird, die aktuell an der Produktionsstelle auszuführen sind, resultiert die **indirekte Belastung**
aus Aufträgen, die sich aktuell an einer anderen Produktionsstelle befinden und in
der Planungsperiode die betrachtete Produktionsstelle mit einer bestimmten Wahrscheinlichkeit erreichen. Die direkte Belastung der Produktionsstelle durch einen

Auftrag entspricht den zu dessen Ausführung erforderlichen Arbeitsstunden. Zur Bestimmung der indirekten Belastung durch einen Auftrag, der sich noch an einer anderen Produktionsstelle befindet, werden dessen an der betrachteten Produktionsstelle erforderlich werdenden Arbeitsstunden mit einem Gewichtungsfaktor „abgewertet", der die Wahrscheinlichkeit wiedergeben soll, mit der der Auftrag die entsprechende Produktionsstelle in der Planungsperiode erreichen wird. Der **Gewichtungsfaktor** β_{is} zur Bestimmung der indirekten Belastung einer Produktionsstelle s, die der Auftrag i erreichen wird, nachdem er die Produktionsstellen $j = s', ..., s-1$ durchlaufen hat, wird mit Hilfe des Einlastungsprozentsatzes l_j abgeschätzt:

$$\beta_{is} = \prod_{j=s'}^{s-1} \frac{100}{l_j}$$

Der **Einlastungsprozentsatz** l_j ist ein weiterer BOA-Steuerungsparameter, der die höchstmögliche Belastung der Produktionsstelle j im Planungszeitraum der Länge τ angibt:

$$l_j = \left(1 + \frac{\hat{c}_j}{\hat{c}_j^{AB} \cdot \tau}\right) \cdot 100 = \left(1 + \frac{\hat{d}^{DL}}{\tau}\right) \cdot 100$$

Im Unterschied zur dieser relativen Angabe kann die höchstmögliche Belastung einer Produktionsstelle auch durch die absolute Angabe der **Belastungsschranke** L_j spezifiziert werden:

$$L_j = \hat{c}_j^{AB} \cdot \tau + \hat{c}_j = \hat{c}^{AB} \cdot (\tau + \hat{d}^{DL})$$

Entspricht die mittlere Durchlaufzeit der Länge des Planungszeitraumes und ist die Streuung der Durchlaufzeit gering, dann sollte ein Einlastungsprozentsatz von $l_j = 200\%$ gewählt werden. Mit zunehmender Streuung der Durchlaufzeit sollte der Einlastungsprozentsatz etwas höher angesetzt werden, um im Fall kürzerer Durchlaufzeiten einen Leerlauf der Produktionsstelle zu vermeiden. Die exakte Berechnung des optimalen Einlastungsprozentsatzes kann auf der Grundlage der Warteschlangentheorie vorgenommen werden (vgl. Buzacott u. a. 2013, S. 222 ff.), wenn eine einfache Struktur des Produktionssystems vorliegt. Für komplexere Strukturen bieten sich heuristische Verfahren auf der Grundlage von Simulationen an. Bei einem Einlastungsprozentsatz von $l_{s-1} = 200\%$ ist die Produktionsstelle $s-1$ ausgelastet und zusätzlich wartet vor ihr ein Auftragsbestand, dessen mittleres Arbeitsvolumen ihrer Kapazität c_{s-1}^{AB} entspricht. Im Durchschnitt muss also jeder zweite Auftrag warten, so dass die Wahrscheinlichkeit, dass ein Auftrag im Planungszeitraum die Produktionsstelle s erreicht, 50 % beträgt.

Im letzten Schritt erfolgt die **Bestimmung der einzulastenden dringlichen Aufträge**. Beginnend mit dem dringlichsten Auftrag (mit dem frühesten der spätesten Starttermine) werden Aufträge, die die Kapazität gesperrter Produktionsstellen nicht benötigen, sukzessive eingelastet. Wird dabei die Belastungsschranke einer Produktionsstelle erreicht oder erstmalig überschritten, dann wird diese für die Einlastung weiterer Aufträge gesperrt. Der Einlastungsprozess wird so lange fortgesetzt, bis entweder alle dringlichen Aufträge eingelastet oder alle zur Einlastung der verbleibenden dringlichen Aufträge benötigten Produktionsstellen gesperrt sind. Im zuletzt genannten Fall werden die noch nicht eingelasteten dringlichen Aufträge wieder der Auftragswarteschlange zugeführt, um an einem späteren Freigabetermin berücksichtigt zu werden.

Ein Beispiel soll die BOA verdeutlichen. Es sind fünf Aufträge an den Produktionsstellen A, B, C, und D zu bearbeiten. Tabelle 4.3 gibt die spätesten Starttermine der Aufträge, deren Kapazitätsnachfrage an den jeweiligen Produktionsstellen sowie die Reihenfolgen, in denen die Aufträge die Produktionsstellen passieren, wieder.

Auftrag	Spätester Starttermin	Kapazitätsnachfrage				Bearbeitungs-reihenfolge
		A	B	C	D	
01	17	10	20	12	5	A-B-C-D
02	20	5	10	8	10	B-C-A-D
03	14	10	10	5	10	C-D-B-A
04	19	20	10	10	0	B-A-C
05	22	10	15	0	0	A-B
Kapazität		15	17	5	3	

Tabelle 4.3: Beispieldaten zur belastungsorientierten Auftragsfreigabe

Wird unterstellt, dass alle Produktionsstellen den gleichen Einlastungsprozentsatz von 200 % haben, dann können die Belastungsschranken der Produktionsstellen berechnet und die erwartete Belastung abgeschätzt werden (vgl. Tabelle 4.4). Darüber hinaus wird aus den spätesten Startterminen der Aufträge auf deren Dringlichkeiten geschlossen (niedrige Prioritätszahl = hohe Dringlichkeit). Mit diesen Werten kann dann die sukzessive Einlastung der Aufträge vorgenommen werden (vgl. Tabelle 4.5).

Auf-trag	Gewichtungsfaktoren				Erwartete Belastung				Dring-lichkeit
	β_A	β_B	β_C	β_D	A	B	C	D	
01	1	0,5	0,25	0,125	10	10	3	0,625	2
02	0,25	0,1	0,5	0,125	1,25	10	4	1,25	4
03	0,125	0,25	1	0,5	1,25	2,5	5	5	1
04	0,5	0,1	0,25	0	10	10	2,5	0	3
05	1	0,5	0	0	10	7,5	0	0	5
L_j					30	34	10	6	

Tabelle 4.4: Erwartete Belastungen und Belastungsschranken der Produktionsstellen sowie Dringlichkeiten der Aufträge

Auf-trag	Kumulierte Belastung				Gesperrte Pro-duktionsstelle	Freigabe
	A	B	C	D		
03	1,25 (+)	2,50 (+)	5,00 (+)	5,00 (+)	-	Ja
01	11,25 (+)	12,50 (+)	8,00 (+)	5,625 (+)	-	Ja
04	21,25 (+)	22,50 (+)	10,50 (1)	5,625 (+)	C	Ja
02	21,25 (+)	22,50 (+)	10,50	5,625 (+)	C	Nein
05	31,25 (1)	30,00 (+)	10,50	5,625 (+)	C,A	Ja
L_j	30	34	10	6		
(+) = Kapazität nach Freigabe noch nicht überschritten (1) = erstmaliges Erreichen oder Überschreiten der Belastungsschranke						

Tabelle 4.5: Einlastung der Aufträge

Die in Tabelle 4.5 angegebenen Werte ergeben sich aus folgenden Entscheidungen:

- Die Aufträge 03 und 01 werden ohne Besonderheiten eingelastet.

- Durch die Einlastung des Auftrags 04 wird erstmalig die Belastungsschranke der Produktionsstelle C überschritten, so dass dieser eingelastet wird, aber im Folgenden nur noch Aufträge eingelastet werden können, die keinen Kapazitätsbedarf an dieser Produktionsstelle aufweisen. Damit erfolgt für den Auftrag 02 keine Freigabe und er reiht sich wieder in die Auftragswarteschlange ein.

- Durch die Einlastung des Auftrags 05 wird erstmalig die Belastungsschranke der Produktionsstelle A überschritten, so dass dieser eingelastet und die Produktionsstelle A für weitere Aufträge gesperrt wird.

Da keine weiteren dringlichen Aufträge vorliegen, wird der Einlastungsprozess für die aktuelle Periode beendet. Kurz vor Beginn der nächsten Planperiode startet der nächste Einlastungsprozess mit den dann dringlichen Aufträgen und verfügbaren Kapazitäten.

4.2.2.3 Constant-Work-in-Process-System

Auch beim Constant-Work-in-Process-System (CONWIP) erfolgt die Materialflusssteuerung in einem **mehrstufigen Produktionssystem** mit Hilfe eines **kartenbasierten Informationsflusses** (vgl. zu diesem System Spearman/Woodruff/Hopp 1990, S. 883 ff.). Die Produktionsstellen sind über Puffer miteinander verbunden. Die Anordnung der Produktionsstellen orientiert sich am **Prozessfolgeprinzip**, wobei kleinere Abweichungen von diesem Produktionsfluss, wie sie etwa im Rahmen der Variantenproduktion auftreten, zulässig sind. Die zu bearbeitenden Teile werden zwischen den Arbeitsstationen losweise in **Standardbehältern** weitergegeben. Die Lose zeichnen sich durch einen einheitlichen Arbeitsinhalt aus, der sich auf die Bearbeitungszeit an der Produktionsstelle bezieht, die den **Engpass** im Produktionssystem darstellt. Im Falle variantenabhängig **wechselnder Engpässe** werden die Losgrößen so gewählt, dass unabhängig von der Variante die Summe der Arbeitsinhalte aller Produktionsstellen gleich ist. Die Anzahl der zu bearbeitenden Teile, die sich in einem Standardbehälter befinden, kann sich also unterscheiden. Grundlage des Informationsflusses bilden die Überhangliste (Backlog) und die CONWIP-Karten (C-Karten).

In der **Überhangliste** werden die durch das Produktionssystem zu erfüllenden Aufträge in der Reihenfolge ihres Eintreffens registriert. Die Anzahl der **C-Karten** im System ist konstant. Sie können zu einem Zeitpunkt entweder den Status „frei" oder „zugeordnet" aufweisen und sind je nach Status mit unterschiedlichen Informationen versehen:

- Eine C-Karte mit dem Status „frei" signalisiert, dass im Produktionssystem Kapazität zur Ausführung eines in der Überhangliste geführten Auftrages verfügbar ist.
- Eine bei der Auftragsfreigabe einem Standardbehälter zugeordnete C-Karte (Status „zugeordnet") enthält Informationen über den auszuführenden Auftrag (z. B. Freigabezeitpunkt, Produktart) und produktionstechnische Einzelheiten der Bearbeitung (z. B. Materialbedarf, Bearbeitungsstand). Die C-Karten mit dem Status „zugeordnet" geben dann in der Summe den im Produktionssystem befindlichen Arbeitsinhalt (Work in Process) an.

Abbildung 4.18 gibt die Grundstruktur des CONWIP-Systems wieder.

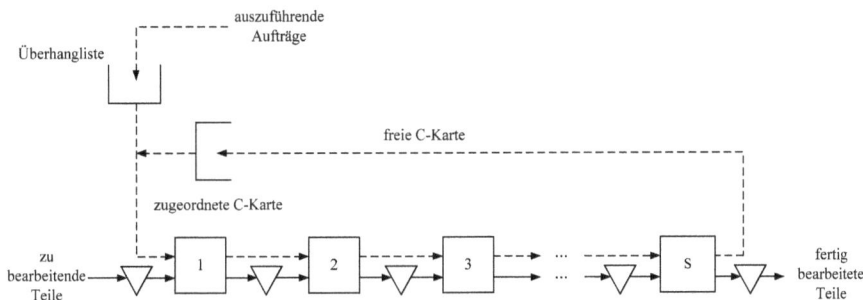

Abbildung 4.18: Grundstruktur eines CONWIP-Systems

Die Auftragsausführung erfolgt in den folgenden **Schritten**:

- Der Auftrag wird durch die Zuordnung einer freien C-Karte zu einem Standardbehälter mit zu bearbeitenden Werkstücken an der ersten Produktionsstelle freigegeben und deren Warteschlange zugeführt.
- Nach Abschluss der Teilebearbeitung an der aktuellen Produktionsstelle werden der Standardbehälter und die C-Karte der Warteschlange der nächsten Produktionsstelle zugeführt.
- Nach der Bearbeitung der Teile an der letzten Produktionsstelle wird die Zuordnung von C-Karte und Standardbehälter aufgehoben. Die fertig bearbeiteten Teile werden aus dem Produktionssystem entnommen, und die freie C-Karte wird an den Ausgangspunkt zurückgeführt.

Der **Kartenregelkreis** umfasst damit alle Produktionsstellen des Produktionssystems, wobei die Steuerung innerhalb des Regelkreises nach dem Push-Prinzip und der Zugang der Aufträge zur Überhangliste nach dem Push- und/oder Pull-Prinzip erfolgen kann.

Der **zentrale Steuerungsparameter** des Systems ist die **Anzahl der C-Karten**. Sie determiniert den maximalen und damit auch den mittleren Arbeitsinhalt im Produktionssystem sowie die mittlere Auslastung der Arbeitsstationen und die mittlere Durchlaufzeit der Aufträge. Mit steigender Kartenanzahl nimmt der mittlere Arbeitsinhalt proportional, die Auslastung der Arbeitsstationen unterproportional und die mittlere Durchlaufzeit der Aufträge überproportional zu. Da diese Größen einer Berechnung schwer zugänglich sind, werden in der Literatur für ihre Festlegung heuristische Vorgehensweisen empfohlen (vgl. Framinan/Gonzales/Ruiz-Usano 2003, S. 257 ff.):

- Abbildung des CONWIP-Systems in einem Warteschlangenmodell und analytische Bestimmung einer günstigen Kartenanzahl mit Hilfe geeigneter Approximationen der Kenngrößen.

- Vorgabe eines Intervalls zulässiger Werte der Kenngrößen und eine entsprechende Anpassung der Kartenanzahl, wenn die Kenngrößen außerhalb der Intervallgrenzen liegen.

- Simulationen mit systematischer Variation der Kartenanzahl und Festlegung der Anzahl, bei der die Kenngrößen die günstigste Wertekombination aufweisen.

- Start mit einer „relativ großen Kartenanzahl", um dann diese sukzessive zu reduzieren, bis für die Werte der Kenngrößen ein adäquates Niveau erreicht ist.

Als weitere Parameter sind zu nennen (vgl. Spearman/Woodruff/Hopp 1990, S. 884; Kistner/Steven 2001, S. 311 ff.):

- **Produktionsrate**: Zielvorgabe für die Anzahl der fertiggestellten Produkte pro Periode (Soll-Produktionsmenge).

- **Maximal erlaubte Vorausarbeit**: Gerade noch zulässige Überschreitung der Soll-Produktionsmenge. Hierdurch soll dem Aufbau zu großer Endproduktlager entgegengewirkt werden.

- **Maximal erlaubter Rückstand**: Gerade noch zulässige, hinter der Sollmenge zurückbleibende Produktionsmenge. Hiermit wird die Bereitstellung zusätzlicher Kapazität gesteuert.

Maximale Vorausarbeit und Rückstand bilden letztlich **Kontrollgrenzen**, die ebenfalls durch „Probieren" zu ermitteln sind.

Um das Ziel eines gleichmäßigen Materialflusses zu erreichen, wird die Auftragsfreigabe so gestaltet, dass der Arbeitsinhalt im Produktionssystem möglichst konstant ist. Der Steuerung liegen die folgenden **Regeln** zugrunde (vgl. Spearman/Woodruff/Hopp 1990, S. 883 ff.):

- Ein Auftrag ist dann als ausführbar zu bezeichnen, wenn die erforderlichen Materialien und Werkzeuge bereitgestellt sind. Sind die ausführbaren Aufträge im Hinblick auf die Bearbeitungszeit relativ homogen, dann erfolgt ihre Freigabe in der Reihenfolge ihres Eintreffens (First-come-first-served-Regel). Andernfalls wird die Anwendung der CENTRE-Regel empfohlen (vgl. Framinan/Ruiz-Usano/ Leisten 2001, S. 2743 ff.). Hierbei werden die Aufträge in aufsteigender Folge ihrer Bearbeitungszeiten sortiert, um dann die Aufträge mit den kürzeren Bearbeitungszeiten sukzessive abwechselnd an der nächsten freien Position am Anfang und am Ende der Einlastungssequenz zu positionieren. Somit befinden sich die Aufträge mit den längeren Bearbeitungszeiten in der Mitte der Sequenz.

- Die Freigabe des nächsten ausführbaren Auftrags erfolgt dann, wenn eine freie C-Karte vorliegt, die dem Standardbehälter zugeordnet wird.

- An den einzelnen Produktionsstellen werden die freigegebenen Aufträge in der Reihenfolge ihrer Freigabe ausgeführt.

- Liegt in einer Planperiode eine Überschreitung der maximal erlaubten Vorausarbeit vor, dann wird die Produktion angehalten und erst in der nächsten Periode fortgesetzt.

- Wird in einer Planperiode der maximal erlaubte Rückstand erreicht, dann werden Kapazitätsanpassungsmaßnahmen ergriffen (z. B. Überstunden), um den Rückstand aufzuholen.

4.2.3 Engpassorientierte Konzepte

In Produktionsbereichen, die Aufträge mit wechselnden Bearbeitungsfolgen und unterschiedlichen Arbeitsinhalten zu bedienen haben und die folglich i. d. R. nach dem Werkstattprinzip organisiert sind, bilden sich häufig Kapazitätsengpässe heraus, die bei annähernd konstantem Produktionssortiment über längere Zeiträume erhalten bleiben. Eine engpassorientierte Produktionssteuerung geht von der Beobachtung aus, dass sich vor den Engpass-Produktionsstellen längere Warteschlangen bilden, als vor den anderen Produktionsstellen und dass der maximale Output des Produktionssystems letztlich durch die Engpass-Produktionsstelle determiniert wird. Das Ziel der Produktionssteuerung wird in diesem Falle nicht eine möglichst gute Auslastung aller Produktionsstellen sein, die nur mit hohen Auftragsbeständen in der Produktion (WIP) und langen Durchlaufzeiten erreicht werden könnte. In solchen Bereichen ist der Fokus auf die (optimale) Auslastung der Engpass-Produktionsstellen zu richten, um auf diese Weise eine Harmonisierung und Verstetigung des Materialflusses im Produktionssystem zu erzielen. **Engpassorientierte Konzepte** knüpfen somit an das von Gutenberg (1983, S. 163 ff.) formulierte **Ausgleichsgesetz der Planung** an, das besagt, dass sich die kurzfristige Planung am Engpass zu orientieren habe (Dominanz des Minimumsektors).

4.2.3.1 Optimized Production Technology

Für die engpassorientierte Produktionssteuerung wurden verschiedene Ansätze entwickelt (vgl. Weidner 1992; Lödding 2005, S. 339 ff.). Der prominenteste Vertreter dürfte das **Optimized Production Technology** (OPT) genannte Verfahren sein, das auf der zu Beginn der 1980er Jahre entwickelten **Theory of Constraints** (TOC) von Goldratt beruht (vgl. Goldratt 1990; Goldratt/Cox 1984). Die der Produktionssteuerung durch OPT zugrundeliegende Philosophie der TOC wird durch **neun Regeln** zum Ausdruck gebracht (vgl. Greene u. a. 1997, S. 13.7):

- „Do not balance capacity - balance the flow": In einem Werkstattsystem mit wechselnder Bearbeitungsfolge und variablen Arbeitsinhalten ist eine gleichmäßige Kapazitätsauslastung aller Produktionsstellen zu allen Zeitpunkten eine unlösbare Aufgabe. Entscheidend für eine möglichst gute Erfüllung der Zielgrößen der Produktion ist jedoch ein stetiger Materialfluss.

- „The level of utilization of a non-bottleneck resource is determined not by its own potential but by some other constraints in the system": Die Auslastung einer Nicht-Engpass-Produktionsstelle wird determiniert durch die im System vorhandenen Engpass-Produktionsstellen sowie durch weitere Einflussfaktoren, wie Auftragsreihenfolgen, Auftragsgrößen, logistische Bedingungen etc.

- „Bottlenecks govern both throughput and inventory in the system": Im Zentrum des Verfahrens stehen die Engpass-Produktionsstellen. Sie bestimmen den Materialfluss durch das gesamte System. Produktionsstellen, die sich vor einem Engpass befinden, können zwar ihrer Kapazität entsprechend produzieren, verursachen dadurch jedoch u. U. ein Ansteigen der WIP-Bestände vor dem Engpass. Dies führt zu verlängerten Durchlaufzeiten der Aufträge sowie erhöhten Lager- und Kapitalbindungskosten (vgl. Goldratt 1988, S. 450 ff.). Alle nach dem Engpass angeordneten Produktionsstellen sind direkt von diesem abhängig, da sie nur Aufträge weiterbearbeiten können, die diese Produktionsstellen bereits durchlaufen haben. Der zum Endprodukt hin verlaufende Materialfluss wird also unmittelbar von der Engpass-Produktionsstelle bestimmt.

- „Activating a resource (making it work) is not synonymous with utilizing a resource": Die Aktivierung einer Produktionsstelle bringt keinen tatsächlichen Nutzen, wenn der erzeugte Output aufgrund eines nachfolgenden Engpasses nicht weiterbearbeitet werden kann und dadurch lediglich die Bestände im Produktionssystem erhöht werden. Mit **Utilizing** wird dagegen die Nutzung einer Produktionsstelle unter Beachtung der durch das gesamte Produktionssystem gesetzten Bedingungen bezeichnet. Nur Output, der in der Folge auch weiterbearbeitet werden kann, dient dem Erreichen der gesetzten unternehmerischen Ziele.

- „An hour lost at a bottleneck is an hour lost for the entire system": Nicht genutzte Kapazität an Engpass-Produktionsstellen und dadurch verlängerte Durchlaufzeit können durch das Gesamtsystem nicht kompensiert werden.

- „An hour saved at a nonbottleneck is a mirage": Alle auf Nicht-Engpass-Produktionsstellen gerichteten Anstrengungen wirken sich nicht auf eine Verbesserung der Effizienz des gesamten Produktionssystems aus, da diese durch die Engpässe bestimmt wird.

- „The transfer batch may not and many times should not be equal to the process batch": Transportlose müssen nicht mit Bearbeitungslosen übereinstimmen. Sie können sowohl kleiner sein, um eine nachfolgende Produktionsstelle früher ansteuern zu können, als auch größer, wenn dies durch die logistischen Bedingungen (z. B. Behältergrößen) erzwungen wird, da andernfalls zusätzliche Kosten entstehen würden.

- „The process batch should be variable both along its route and in time": Die Bestimmung der richtigen Bearbeitungslosgröße stellt ein zentrales Problem innerhalb von OPT dar. Um einen relativ gleichmäßigen Fluss durch das Produktionssystem zu gewährleisten, müssen sowohl Transportlose als auch Bearbeitungslose im Zeitablauf sowie in Abhängigkeit von den Produktionsstellen variabel sein. Für die Bestimmung der Bearbeitungslose sollte dabei nicht das zu bearbeitende Teil, sondern vielmehr die zu belastende Produktionsstelle den Ausschlag geben. Sofern auf Engpass-Produktionsstellen Rüstvorgänge einen größeren zeitlichen Umfang besitzen, sollten möglichst große Lose zur Vermeidung von Rüstzeiten produziert werden, da andernfalls die verfügbare produktive Zeit des Engpasses verringert würde. Für Nicht-Engpass-Produktionsstellen können dagegen kleinere Lose von Vorteil sein, da diese zu einer Glättung des Materialflusses im System führen (vgl. Goldratt 1988, S. 447 f.).

- „Priorities can be set only by simultaneously examining all the systems' constraints. Lead time is a derivative of the schedule": Auftragsprioritäten können nur unter Beachtung aller Systemengpässe gesetzt werden. Die Auftragsdurchlaufzeiten sind keine vorgegebenen Parameter, sondern ergeben sich aus den Belegungsterminen der Produktionsstellen. Für alle vor dem Engpass liegenden Produktionsstellen werden diese durch Rückwärtsterminierung, für alle nach dem Engpass liegenden Produktionsstellen durch Vorwärtsterminierung bestimmt.

Die Funktionalität von OPT umfasst in der Terminologie von PPS-Konzepten die Termin- und Kapazitätsplanung sowie die Auftragsfreigabe. Für alle sonstigen Funktionen, also insbesondere für die Primär- und Sekundärbedarfsplanung, muss auf andere Planungssysteme zurückgegriffen werden. Die im Kontext von OPT als **Drum-Buffer-Rope-Ansatz** bezeichnete Vorgehensweise der Termin- und Kapazitätsplanung umfasst fünf Schritte:

1. **Erstellung eines auftragsbezogenen Produktnetzwerkes**: Zur Generierung eines auftragsbezogenen Produktnetzwerkes, sind die in jeweils gesonderten Datenstrukturen und Dateien vorhandenen Strukturstücklisten und Arbeitspläne mit den Auftragsdaten der im Planungszeitraum zu disponierenden Aufträge zusammenzuführen. Es entstehen für jeden einzelnen Auftrag terminneutrale Produktnetzpläne (vgl. Abbildung 4.19).

2. **Ermittlung der Engpassbereiche durch Rückwärtsterminierung**: Zu jedem Planungslauf werden die auftragsbezogenen Produktnetzpläne ausgehend vom geplanten Fertigstellungstermin mit ihrem jeweiligen Kapazitätsbedarf in die vorhandenen Produktionsstellen unter Berücksichtigung der aktuellen Belastungssituation eingelastet. Dabei sind auch die Übergangszeiten zwischen den einzelnen Produktionsstellen, hervorgerufen durch Handhabungs- und Transportvorgänge, technologisch bedingte Wartezeiten etc. zu berücksichtigen. Gegebenenfalls kann in dieser Phase bereits geprüft werden, ob bei erkennbaren Engpässen alternative Belegungsmöglichkeiten bestehen, die zu einer gleichmäßigeren Auslastung führen (vgl. Weidner 1992, S. 73). Im Ergebnis der Rückwärtsterminierung ergibt sich das Kapazitätsbelastungsprofil jeder Produktionsstelle im vorgesehenen Zeitraster der operativen Produktionssteuerung.

3. **Detaillierte Belegungsplanung der Engpässe durch Simulation**: Werden mit der Einlastung der zu disponierenden Aufträge die Belastungsschranken einzelner Produktionsstellen überschritten, ist zunächst die Belastung der am höchsten belasteten Produktionsstelle auf die vorgegebene Belastungsschranke zu reduzieren. Hierzu werden von den die Produktionsstelle belastenden Aufträgen sukzessive diejenigen mit der niedrigsten Priorität aus der Menge der eingelasteten Aufträge entfernt. Aufgrund der unterschiedlichen Arbeitsgangfolgen der einzelnen Aufträge sind damit nicht notwendigerweise alle Kapazitätsengpässe beseitigt. Das Verfahren ist folglich solange zu wiederholen, bis keine Produktionsstelle über deren Belastungsschranke hinaus belastet ist. Für die an ihrer Kapazitätsgrenze belasteten Produktionsstellen (Engpässe) ist deren exakte Belegung nach Reihenfolge und Termin mit dem reduzierten Produktionsplan vorzunehmen und dabei auch die Losgrößenplanung einzubeziehen. Bezogen auf die nun gegebene Belastungssituation kann das Produktionssystem in einen kritischen und einen unkritischen Bereich gegliedert werden. Als kritischer Bereich werden die Teile des Produktionssystems bezeichnet, die von den Engpässen ausgehend in Richtung der Endprodukte liegen; als unkritischer Bereich gelten die von den Engpässen ausgehend in Richtung der Einzelteile gelegenen Produktionsstellen (vgl. Abbildung 4.19).

4. **Bestimmung der Fertigstellungstermine der Aufträge im kritischen Bereich**: Die frühesten Fertigstellungstermine der einzelnen Aufträge können anschließend

durch Vorwärtsterminierung von den Engpässen ausgehend in Richtung der Endprodukte bestimmt werden.

5. **Ermittlung der Starttermine im unkritischen Bereich**: Die spätesten Starttermine der Aufträge werden dagegen von den Engpässen ausgehend in Richtung der
Einzelteile durch Rückwärtsterminierung errechnet. Dabei empfiehlt es sich, vor
den Engpässen angemessene Puffer einzurichten, um die Engpässe jederzeit im
geplanten Umfang auszulasten (Starvation avoidance; vgl. Lödding 2005, S. 342
ff.). Dazu kann es auch erforderlich sein, von den für die Engpässe ermittelten
Losgrößen abzuweichen und für die Weitergabe der Aufträge zwischen vor den
Engpässen gelegenen Produktionsstellen kleinere Transportlose zu bilden.

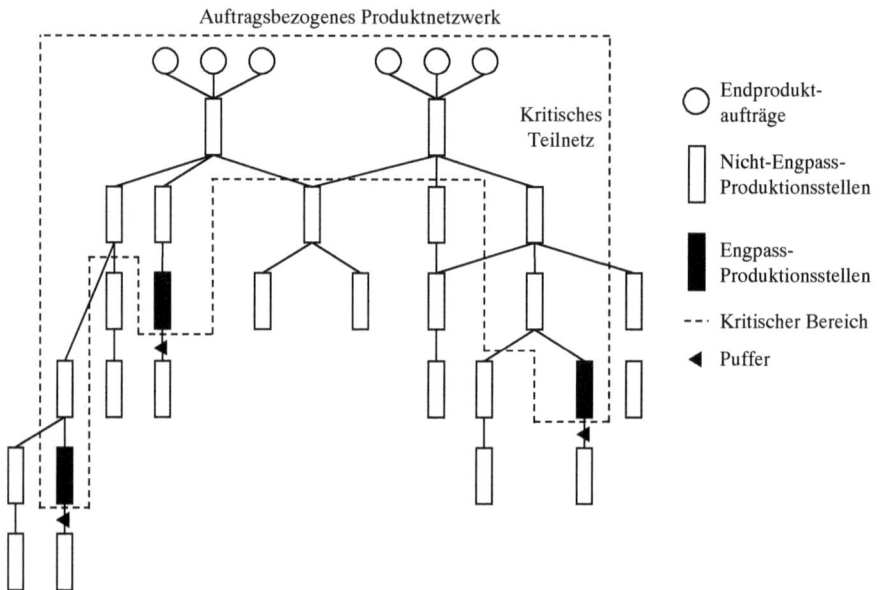

Abbildung 4.19: Ermittlung der Engpässe und des kritischen Bereichs im
auftragsbezogenen Produktionsnetzwerk

Im Ergebnis der Auftragseinlastung durch OPT (oder einem alternativen engpassorientierten Steuerungsverfahren) liegt für die Planperiode eine Belegungsplanung im
definierten Zeitraster mit Bearbeitungsreihenfolgen für alle Produktionsstellen vor.

4.2.3.2 Retrograde Terminierung

Bei der Retrograden Terminierung (RT) handelt es sich um ein heuristisches
Grobplanungskonzept zur Termin- und Kapazitätsplanung sowie der Auftragsfreigabe (vgl. Adam 1987; 1988) bei auftragsorientierter Produktion (Werkstattproduktion mit unterschiedlichen Bearbeitungsfolgen). Da bei Werkstattproduktion die
Durchlaufzeit der Aufträge starken Schwankungen unterliegt, geht die Terminierung
mit mittleren Durchlaufzeiten mit unzuverlässigen Plänen einher. Deshalb werden
bei der RT die **Durchlaufzeiten** der Aufträge nicht als Eingabedaten der Planung
verwendet, sondern sie sind das **Ergebnis der Planung**. Grundlage bilden reine Be-

arbeitungszeiten (inklusive fester Übergangszeiten) der Arbeitsgänge eines Auftrags. Hierdurch können die zeitlichen und kapazitätsbedingten Kopplungen zwischen den Aufträgen ex ante berücksichtigt werden. Der RT liegt ein hierarchisches Planungs-konzept zugrunde, das eine zentrale Grobplanung mit dezentralen Feinplanungen kombiniert. Bei der zentralen Grobplanung wird eine Aggregation der Daten in zeit-licher, kapazitätsmäßiger und inhaltlicher Sicht durchgeführt:

- **Zeitliche Aggregation**: Vergröbertes Zeitraster (z. B. Belegungsplanung auf der Basis von Zeitsegmenten zwischen ¼ Stunde bis zu einem Tag) und relativ kurzer Planungszeitraum (spätester Endtermin der vorliegenden Aufträge).

- **Kapazitative Aggregation**: Es werden sogenannte Steuereinheiten (SE) gebildet, d. h., es erfolgt eine Zusammenfassung gleichartiger Produktionsstellen, die in gleicher Reihenfolge durchlaufen werden.

- **Inhaltliche Aggregation**: Mehrere Arbeitsschritte, die innerhalb einer Steuerein-heit ausgeführt werden und keine Interdependenzen zu Materialflüssen in anderen Steuereinheiten aufweisen, werden zu Arbeitsgängen (AG) zusammengefasst, so dass sich Grobarbeitspläne ergeben.

Die Arbeitsteilung zwischen den beiden Planungsebenen weist folgende Charakteris-tiken auf (vgl. Abbildung 4.20):

- **Zentrale Grobplanung**: Planung innerhalb des Planungshorizonts (mehrere Planperioden) von **Auftragsdaten** (Freigabezeitpunkte, Ecktermine, vorgeschla-gene Bearbeitungsreihenfolge) und **Kapazitätsdaten** (Belegung der Steuereinhei-ten mit Aufträgen), so dass ein grobterminierter Rahmenplan vorliegt. Die erste Periode dieses Planes bildet die Vorgabe für die dezentrale Feinplanung.

- **Dezentrale Feinplanung**: Planung innerhalb einer Planperiode (im Vorgabezeit-raum von Steuereinheiten) der **Auftragsdaten** (Abweichungen von der Bearbei-tungsreihenfolge) und der **Kapazitätsdaten** (Verteilung der Personalkapazität auf die Aufträge), d. h., es erfolgt eine Konkretisierung des Rahmenplans.

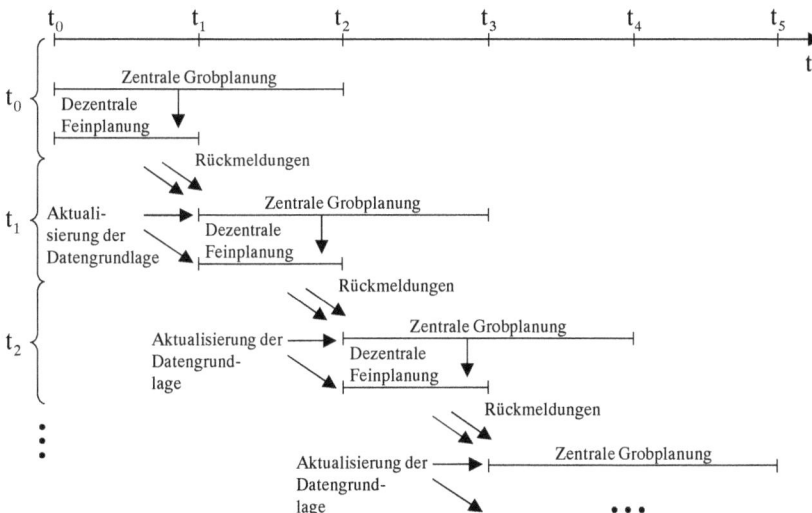

Abbildung 4.20: Grundstruktur der rollierenden Planung

Die **Rückkopplung** des Systems mit den Istdaten der Produktion erfolgt auf der Grundlage der **rollierenden Planung**: Verbindlich ist nur der Plan für die jeweils erste Periode des Planungshorizontes. Pläne für die darauffolgenden Perioden sind nur vorläufig. Am Periodenende werden aktuelle Informationen in den nächsten Planungslauf einbezogen, dessen Planungshorizont um eine Periode in die Zukunft verschoben ist. Durch Einbeziehung des Gegenstromprinzips wird eine wechselseitige Abstimmung zwischen den zentralen Grobplänen und den dezentralen Feinplänen ermöglicht.

Im Rahmen der zentralen Grobplanung erfolgt eine simultane Termin- und Kapazitätsplanung mit Hilfe einer **dreistufigen Heuristik**:

1. Isolierte Rückwärtsterminierung (Initialisierung) nach der Maßgabe „so spät wie möglich" (Wunschterminierung WT): Die Arbeitsgänge der Aufträge werden vom Liefertermin ausgehend unter Berücksichtigung der Arbeitsgangfolge und der Bearbeitungszeiten, ohne Beachtung von Kapazitätsrestriktionen eingeplant, um die spätesten Starttermine der Arbeitsgänge und Prioritätszahlen für deren Einplanung abzuleiten.

2. Vorwärtsterminierung, die zu einem zulässigen Belegungsplan führt: Die Arbeitsgänge aller noch nicht eingeplanten Aufträge werden unter Beachtung der Prioritätszahlen, Arbeitsgangfolgen, Bearbeitungszeiten und Kapazitäten so früh wie möglich eingeplant.

3. Partielle Rückwärtsterminierung, d. h. Verbesserung des Belegungsplanes durch Entzerrung: Verspätet eingeplante Aufträge werden aus dem Plan entfernt. Pünktlich oder verfrüht eingeplante Aufträge werden in umgekehrter Reihenfolge ihrer Beendigung unter Berücksichtigung der Arbeitsgangfolgen und Kapazitäten rückwärtsterminiert. Liegen Aufträge vor, die nicht mehr eingeplant sind und ist die maximale Anzahl der Wiederholungen noch nicht erreicht, dann wird mit Stufe 2 fortgesetzt.

Adam (1987; 1988) schlägt zwei bis drei Wiederholungen (Iterationen) der Stufen zwei und drei vor, um die Lücken im Belegungsplan, die nach der Entzerrung im dritten Schritt entstehen, an bislang verspätete Aufträge neu zu verteilen.

An einem Beispiel sei die Vorgehensweise der RT verdeutlicht. Tabelle 4.6 gibt die Ausgangssituation wieder, die besagt, dass die Aufträge A, B und C in den Steuereinheiten 1, 2 und 3 in unterschiedlichen Reihenfolgen zu bearbeiten sind, wobei der Auftragsindex die Bearbeitungsreihenfolge und die eingeklammerte Zahl die Arbeitsgangdauer wiedergibt.

Auftrag / Steuereinheit	A	B	C
SE_1	A_1 (4)	B_2 (5)	C_3 (4)
SE_2	A_3 (3)	B_1 (6)	C_2 (4)
SE_3	A_2 (4)	B_3 (5)	C_1 (4)
Liefertermin	LTA = 27	LTB = 22	LTC = 16

Tabelle 4.6: Auftragsdaten in der Ausgangssituation

Der erste Schritt in der Planungsheuristik ist die **isolierte Rückwärtsterminierung** für jeden Auftrag, und zwar vom Liefertermin ausgehend („so spät wie möglich") mit dem letzten Arbeitsgang beginnend, unter Berücksichtigung der Vorrangbeziehungen und Zeiten. Abbildung 4.21 gibt das Ergebnis der Rückwärtsterminierung wieder:

- Die spätesten Starttermine der Arbeitsgänge werden als Prioritätszahl für die zweite Stufe verwendet: Die Priorität nimmt in der Folge ($C_1, B_1, C_2, B_2, C_3, A_1, B_3, A_2, A_3$) ab.
- Der Belegungsplan ist unzulässig, weil durch die isolierte Betrachtung der einzelnen Aufträge ohne Berücksichtigung der Kapazitäten keine überschneidungsfreie Einplanung gegeben ist ($B_1, C_2; C_3, B_2; B_2, A_1; B_3, A_2$).

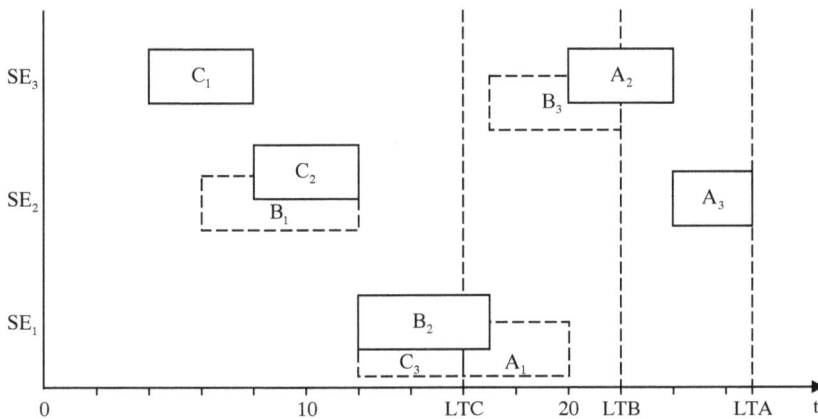

Abbildung 4.21: Ergebnis der isolierten Rückwärtsterminierung

Im zweiten Schritt wird eine **Vorwärtsterminierung** vorgenommen. Es erfolgt eine chronologische Einplanung der einzelnen Arbeitsgänge unter Beachtung der verfügbaren Kapazität („so früh wie möglich") und der Vorrangbeziehungen bei Anwendung der in der der ersten Stufe ermittelten Prioritäten. Aus Abbildung 4.22 geht hervor, dass alle Aufträge zu früh fertiggestellt sind, wodurch Zwischen- und Endlagerzeiten und die damit verbundenen Kapitalbindungskosten auftreten.

Im dritten Schritt der Planungsheuristik erfolgt nun eine **partielle Rückwärtsterminierung**, um eine Entzerrung des Belegungsplanes der zweiten Stufe zu erreichen. Da keine verspäteten Aufträge vorliegen, die zurückgebucht werden müssten, werden direkt die verfrühten (oder pünktlichen) Aufträge in umgekehrter zeitlicher Reihenfolge ihrer Beendigung rückwärtsterminiert, und zwar unter Beachtung der verfügbaren Kapazitäten, der Liefertermine und der Vorrangbeziehungen (vgl. Abbildung 4.23).

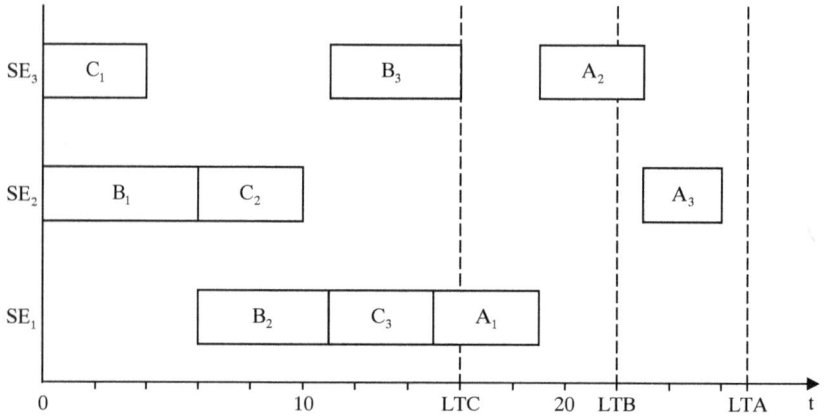

Abbildung 4.22: Vorwärtsterminierung (1. zulässiger Belegungsplan)

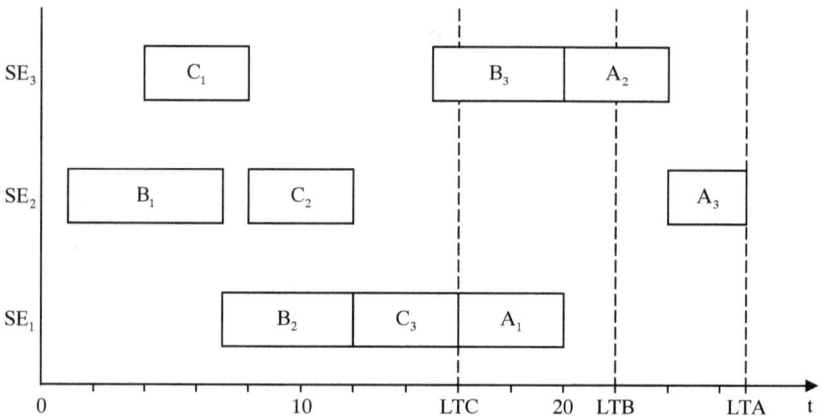

Abbildung 4.23: Partielle Rückwärtsterminierung

Damit liegt ein endgültiger Belegungsplan vor, der alle Liefertermine einhält, geringe Wartezeiten der Aufträge an den Steuereinheiten vorgibt und keine kapazitativen Überschneidungen aufweist.

Literaturverzeichnis

Adam, D.: Produktionsplanung bei Sortenfertigung. Ein Beitrag zur Theorie der Mehrproduktunternehmung, Diss. Hamburg 1965

Adam, D.: Koordinationsprobleme bei dezentralen Entscheidungen, in: Zeitschrift für Betriebswirtschaft, 39. Jg. (1969a), S. 615-632

Adam, D.: Produktionsplanung bei Sortenfertigung. Ein Beitrag zur Theorie der Mehrproduktunternehmung, Wiesbaden 1969b

Adam, D.: Ansätze zu einem integrativen Konzept der Fertigungssteuerung bei Werkstattfertigung, in: Neuere Entwicklungen in der Produktions- und Investitionspolitik, hrsg. v. D. Adam, Wiesbaden 1987, S. 17-52

Adam, D.: Retrograde Terminierung: Ein Verfahren zur Fertigungssteuerung bei diskontinuierlichem Materialfluß oder vernetzter Fertigung, in: Fertigungssteuerung II: Systeme zur Fertigungssteuerung, hrsg. v. D. Adam, Wiesbaden 1988, S. 89-106

Adam, D.: Planung und Entscheidung. Modelle - Ziele - Methoden. Mit Fallstudien und Lösungen, 4. Aufl., Wiesbaden 1996

Adam, D.: Produktions-Management, 8. Aufl., Wiesbaden 1997

Aikens, C.H.: Facility Location Models for Distribution Planning, in: European Journal of Operational Research, Vol. 22 (1985), S. 263-279

Alard, R.; Hartel, I.; Hieber, R.: Innovationstreiber im Supply Chain Management: Informations- und Netzwerktechnologie eröffnen neue Chancen für die europäische Industrielandschaft, in: io Management, 68. Jg. (1999), H. 5, S. 64-67

Albrecht, M.; Rohde, J.; Wagner, M.: Master Planning, in: Supply Chain Management and Advanced Planning. Concepts, Models, Software, and Case Studies, hrsg. v. H. Stadtler, C. Kilger und H. Meyr, 5. Aufl., Berlin/Heidelberg 2015, S. 155-175

Ang, M.; Lim, Y.F.; Sim, M.: Robust Storage Assignment in Unit-Load Warehouses, in: Management Science, Vol. 58 (2012), S. 2114-2130

Anjos, M.F.; Vieira M.V.C.: Mathematical Optimization Approach for Facility Layout Problems: The State-of-the-Art and Future Research Directions, in: European Journal of Operational Research, Vol. 261 (2017), S. 1-16

Armour, G.C.; Buffa, E.S.: A Heuristic Algorithm and Simulation Approach to Relative Location of Facilities, in: Management Science, Vol. 9 (1963), S. 294-309

Arnold, D.; Furmans, K.: Materialfluss in Logistiksystemen, 6. Aufl., Berlin/Heidelberg 2009

Arntzen, B.C. u. a.: Global Supply Chain Management at Digital Equipment Corporation, in: Interfaces, Vol. 25 (1995), H. 1, S. 69-93

Arrow, K.J.: Social Choice and Individual Values, 5. Nachdruck der 2. Aufl., New Haven/London 1972

Arrow, K.J.; Harris, T.; Marschak, J.: Optimal Inventory Policy, in: Econometrica, Vol. 19 (1951), S. 250-272

Austin, T.A.; Lee, H.L.; Kopczak, L.: Customer-Driven Demand Networks: Unlocking Hidden Value in the Personal Computer Supply Chain, project report, done with Andersen Consulting, San Francisco 1998

Axsäter, S.: Aggregation of Product Data for Hierarchical Production Planning, in: Operations Research, Vol. 29 (1981), S. 744-756

Axsäter, S.: Exact Analysis of Continuous Review (R, Q) Policies in Two-Echelon Inventory Systems with Compound Poisson Demand, in: Operations Research, Vol. 48 (2000), S. 686-696

Axsäter, S.: Approximate Optimization of a Two-Level Distribution Inventory System, in: International Journal of Production Economics, Vol. 81 (2002), S. 545-553

Bachmann, R.: Die Koordination und Steuerung interorganisationaler Netzwerkbeziehungen über Vertrauen und Macht, in: Steuerung von Netzwerken. Konzepte und Praktiken, hrsg. v. J. Sydow und A. Windeler, Opladen/Wiesbaden 2000, S. 107-125

Baecker, D.: Die Form des Unternehmens, Frankfurt a. M. 1993

Ball, M.O.; Chen, C.-Y.; Zhao, Z.-Y.: Available to Promise, in: Handbook of Quantitative Supply Chain Analysis: Modeling in the E-Business Era, hrsg. v. D. Simchi-Levi, S.D. Wu und Z.-J. Shen, Berlin et al. 2004, S. 447-483

Ballou, R.H.; Gilbert, S.M.; Mukherjee, A.: New Managerial Challenges from Supply Chain Opportunities, in: Industrial Marketing Management, Vol. 29 (2000), S. 7-18

Banerjee, A.: A Joint Economic-Lot-Size Model for Purchaser and Vendor, in: Decision Sciences, Vol. 17 (1986), S. 292-311

Bechte, W.: Steuerung der Durchlaufzeit durch belastungsorientierte Auftragsfreigabe bei Werkstattfertigung, Diss. Hannover 1980

Bechtel, C.; Jayaram, J.: Supply Chain Management: A Strategic Perspective, in: International Journal of Logistics Management, Vol. 8 (1997), S. 15-34

Beckmann, H.: Supply Chain Management Systeme - Aufbau und Funktionalität, in: Jahrbuch der Logistik, 13. Jg. (1999), S. 166-171

Behrens, S.: Produktionstheoretische Perspektiven der Virtuellen Unternehmung, in: Virtuelle Unternehmen, hrsg. v. H. Albach, D. Specht und H. Wildemann, ZfB-Ergänzungsheft 2, Wiesbaden 2000, S. 157-176

Belt, B.: Integrating Capacity Planning and Capacity Control, in: Production and Inventory Management, Vol. 17 (1976), S. 9-25

Berg, J.P. van den; Zijm, W.H.M.: Models for Warehouse Management: Classification and Examples, in: International Journal of Production Economics, Vol. 59 (1999), S. 519-528

Bergh, J. van den u. a.: Personnel Scheduling: A Literature Review, in: European Journal of Operational Research, Vol. 226 (2013), S. 367-385

Berry, D.; Naim, M.M.: Quantifying the Relative Improvements of Redesign Strategies in a P.C. Supply Chain, in: International Journal of Production Economics, Vol. 46/47 (1996), S. 181-196

Berthel, J.; Becker, F.G.: Personal-Management, 9. Aufl., Stuttgart 2010

Bittner, M.: E-Business requires Supply Chain Event Management, in: AMR Research Report, Boston 2000, verfügbar: http://www.amrresearch.com (Zugriff am 5.7.2007)

Bitz, M.: Die Strukturierung ökonomischer Entscheidungsmodelle, Wiesbaden 1977

Black, D.: Partial Justification of the Borda Count, in: Public Choice, Vol. 28 (1976), S. 1-15

Blackburn, J.D.; Millen, R.A.: Improved Heuristics for Multi-Stage Requirements Planning Systems, in: Management Science, Vol. 28 (1982), S. 44-56

Blum, A.: Integriertes Arbeitszeitmanagement. Ausgewählte personalwirtschaftliche Massnahmen zur Entwicklung und Umsetzung flexibler Arbeitszeitsysteme, Bern/Stuttgart/Wien 1999

Bodendorf, F.; Butscher, R.; Zimmermann, R.: Konzept zur agentengestützten Auftragsüberwachung in Supply Chains, in: Logistik Management, 3. Jg. (2001), H. 2/3, S. 13-24

Bössmann, E.: Unternehmungen, Märkte, Transaktionskosten: Die Koordination ökonomischer Aktivitäten, in: Wirtschaftswissenschaftliches Studium, 12. Jg. (1983), S. 105-111

Borda, [J.-C.] de: Sur les élections au scrutin, in: Mémoires de l'Académie Royale des Sciences, o.Jg. (1781), S. 657-665

Bouajaja, S.; Dridi, N.: A Survey on Human Resource Allocation Problem and its Applications, in: Operational Research - An International Journal, Vol. 17 (2017), S. 339-369

Boutellier, R.; Kobler, R.A.: Ganzheitliches Management der Wertschöpfungskette durch Total Supply Chain Management. Etablieren einer differenzierten Logistik-Kompetenz, in: Logistik im Unternehmen, 10. Jg. (1996), H. 9, S. 6-11

Bowersox, D.J.; Closs, D.J.: Logistical Management. The Integrated Supply Chain Process, New York et al. 1996

Boysen, N.; Briskorn, D.; Emde, S.: Parts-to-Picker Based Order Processing in a Rack-Moving Mobile Robots Environment, in: European Journal of Operational Research, Vol. 262 (2017), S. 550-562

Bozer, Y.A.; Kile, J.W.: Order Batching in Walk-and-Pick Order Picking Systems, in: International Journal of Production Research, Vol. 46 (2008), S. 1887-1909

Brams, S.J.; Fishburn, P.C.: Approval Voting, in: The American Political Science Review, Vol. 72 (1978), S. 831-847

Brecht, U.: Die Materialwirtschaft industrieller Unternehmungen: Kennzeichnung ihrer Aufgaben, Ziele und Rahmenbedingungen, Berlin 1993

Bretzke, W.-R.: Logistik, zwischenbetriebliche, in: Handwörterbuch der Produktionswirtschaft, hrsg. v. W. Kern, H.-H. Schröder und W. Weber, 2. Aufl., Stuttgart 1996, Sp. 1109-1118

Bretzke, W.-R.; Klett, M.: Supply Chain Event Management als Entwicklungspotenzial für Logistikdienstleister, in: Supply Chain Management. Strategien und Entwicklungstendenzen in Spitzenunternehmen, hrsg. v. H. Beckmann, Berlin/Heidelberg/New York 2004, S.145-160

Brockhoff, K.: Produktinnovation, in: Handbuch Produktmanagement. Strategieentwicklung - Produktplanung - Organisation - Kontrolle, hrsg. v. S. Albers und A. Herrmann, 2. Aufl., Wiesbaden 2002, S. 25-54

Brown, R.G.: Smoothing, Forecasting and Prediction of Discrete Time Series, Englewood Cliffs 1963

Brown, G.G.; Graves, G.W.; Honczarenko, M.D.: Design and Operation of a Multi-Commodity Production/Distribution System Using Primal Goal Decomposition, in: Management Science, Vol. 33 (1987), S. 1469-1480

Bruecker, P. de u. a.: Workforce Planning Incorporating Skills: State of the Art, in: European Journal of Operational Research, Vol. 243 (2015), S. 1-16

Brynzér, H.; Johansson, M.I.: Storage Location Assignment: Using the Product Structure to Reduce Order Picking Times, in: International Journal of Production Economics, Vol. 46/47 (1996), S. 595-603

Buchholz, W.: Inhaltliche und formale Gestaltungsaspekte der Prozeßorganisation, Arbeitspapier der Professur für Betriebswirtschaftslehre II: Organisation. Unternehmungsführung. Personalwirtschaft, Justus-Liebig-Universität Gießen, hrsg. v. W. Krüger, Gießen 1994

Buchmann, W.: Zeitlicher Abgleich von Belastungsschwankungen bei der belastungsorientierten Fertigungssteuerung, Düsseldorf 1983

Bucklin, L.P.: Postponement, Speculation and the Structure of Distribution Channels, in: Journal of Marketing Research, Vol. 2 (1965), H. 2, S. 26-31

Büschken, J.: Virtuelle Unternehmen - die Zukunft?, in: Die Betriebswirtschaft, 59. Jg. (1999), S. 778-791

Burkard, R.E.: Quadratic Assignment Problems, in: Handbook of Combinatorial Optimization, hrsg. v. P.M. Pardalos u. a., 2. Aufl., New York 2013, S. 2741-2814

Buscher, U.: Supply Chain Management, in: Zeitschrift für Planung, 10. Jg. (1999), S. 449-456

Buse, H.P.: Wandelbarkeit von Produktionsnetzen. Auswirkungen auf die Gestaltung des interorganisatorischen Logistiksystems, in: Vision Logistik - Logistik wandelbarer Produktionsnetze, hrsg. v. W. Dangelmaier, Paderborn 1997, S. 69-137

Buzacott, J.A. u. a.: Production Planning and Control. Basics and Concepts, München 2013

Cachon, G.P.: Exact Evaluation of Batch-Ordering Inventory Policies in Two-Echelon Supply Chains with Periodic Review, in: Operations Research, Vol. 49 (2001), S. 79-98

Cachon, G.P.; Fisher, M.: Supply Chain Inventory Management and the Value of Shared Information, in: Management Science, Vol. 46 (2000), S. 1032-1048

Campbell, H.G.; Dudek, R.A.; Smith, M.L.: A Heuristic Algorithm for the n-Job, m-Machine Sequencing Problem, in: Management Science, Vol. 16 (1970), S. B 630-B 637

Chai, J.; Liu, J.N.K.; Ngai, E.W.T.: Application of Decision-Making Techniques in Supplier Selection: A Systematic Review of Literature, in: Expert Systems with Applications, Vol. 40 (2013), S. 3872-3885

Chandra, C.; Grabis, J.: Supply Chain Configuration. Concepts, Solutions, and Applications, Berlin et al. 2007

Chang, Y.S.; Niland, P.: A Model for Measuring Stock Depletion Costs, in: Operations Research, Vol. 15 (1967), S. 427-447

Chen, F.: Echelon Reorder Points, Installation Reorder Points, and the Value of Centralized Demand Information, in: Management Science, Vol. 44 (1998), S. S221-S234

Chen, F.: Optimal Policies for Multi-Echelon Inventory Problems with Batch Ordering, in: Operations Research, Vol. 48 (2000), S. 376-389

Chen, F.; Zheng, Y.-S.: Evaluating Echelon Stock (R, nQ) Policies in Serial Production/Inventory Systems with Stochastic Demand, in: Management Science, Vol. 40 (1994), S. 1262-1275

Chmielewicz, K.: Grundlagen der industriellen Produktgestaltung, Berlin 1968

Christopher, M.: Logistics and Supply Chain Management. Strategies for Reducing Costs and Improving Services, London 1992

Christopher, M.: The Agile Supply Chain. Competing in Volatile Markets, in: Industrial Marketing Management, Vol. 29 (2000), S. 37-44

Clark, A.J.; Scarf, H.: Optimal Policies for a Multi-Echelon Inventory Problem, in: Management Science, Vol. 6 (1960), S. 475-490

Cohen, M.A.; Lee, H.L.: Resource Deployment Analysis of Global Manufacturing and Distribution Networks, in: Journal of Manufacturing and Operations Management, Vol. 2 (1989), S. 81-104

Cohen, M.A.; Moon, S.: Impact of Production Scale Economies, Manufacturing Complexity, and Transportation Costs on Supply Chain Facility Networks, in: Journal of Manufacturing and Operations Management, Vol. 3 (1990), S. 269-292

Cohen, M.A.; Moon, S.: An Integrated Plant Loading Model With Economies of Scale and Scope, in: European Journal of Operational Research, Vol. 50 (1991), S. 266-279

Cooper, J.; Ellram, L.M.: Characteristics of Supply Chain Management and the Implications for Purchasing and Logistics Strategy, in: The International Journal of Logistics Management, Vol. 4 (1993), H. 2, S. 13-24

Cooper, M.C.; Lambert, D.M.; Pagh, J.D.: Supply Chain Management: More Than a New Name for Logistics, in: The International Journal of Logistics Management, Vol. 8 (1997), H. 1, S. 1-14

Corsten, H.: Überlegungen zu einem Innovationsmanagement - Organisationale und personale Aspekte, in: Die Gestaltung von Innovationsprozessen. Hindernisse und Erfolgsfaktoren im Organisations-, Finanz- und Informationsbereich, hrsg. v. H. Corsten, Berlin 1989, S. 1-56

Corsten, H.: Geschäftsprozeßmanagement - Grundlagen, Elemente und Konzepte, in: Management von Geschäftsprozessen. Theoretische Ansätze - Praktische Beispiele, hrsg. v. H. Corsten, Stuttgart/Berlin/Köln 1997, S. 9-57

Corsten, H.; Corsten, H.; Gössinger, R.: Projektmanagement. Einführung, 2. Aufl., München 2008

Corsten, H.; Corsten, H.; Sartor, C.: Operations Research. Eine problemorientierte Einführung, München 2005

Corsten, H.; Corsten, M.: Einführung in das Strategische Management, Konstanz/München 2012

Corsten, H.; Friedl, B.: Konzeption und Ausgestaltung des Produktionscontrolling, in: Einführung in das Produktionscontrolling, hrsg. v. H. Corsten und B. Friedl, München 1999, S. 1-64

Corsten, H.; Gössinger, R.: Dienstleistungsmanagement, 6. Aufl., Berlin/Boston 2015

Corsten, H.; Gössinger, R.: Dezentrale Koordination der Produktionsplanung und -steuerung als unternehmungsinterne Dienstleistung, in: Wettbewerbsfaktor Dienstleistung. Produktion von Dienstleistungen - Produktion als Dienstleistung, hrsg. v. H. Corsten und H. Schneider, München 1999a, S. 255-282

Corsten, H.; Gössinger, R.: Ansatzpunkte zur Gestaltung der Produktionsplanung und -steuerung in virtuellen Produktionsnetzwerken unter der Voraussetzung dauerhafter Netzwerkstrukturen als Plattform, Nr. 31 der Schriften zum Produktionsmanagement, hrsg. v. H. Corsten, Kaiserslautern 1999b

Corsten, H.; Gössinger, R.: Produktionswirtschaft. Einführung in das industrielle Produktionsmanagement, 14. Aufl., Berlin/Boston 2016

Corsten, H.; Gössinger, R.; Schneiker, K.: Auftragsorientierte Produktionsprogrammplanung auf der Grundlage der opportunistischen Koordinierung, in: Zeitschrift für Planung, 12. Jg. (2001), S. 307-328

Croom, S.; Romano, P.; Giannakis, M.: Supply Chain Management: An Analytical Framework for Critical Literature Review, in: European Journal of Purchasing & Supply Management, Vol. 6 (2000), S. 67-83

Crowston, W.B.; Wagner, M.; Williams, J.F.: Economic Lot Size Determination in Multi-Stage Assembly Systems, in: Management Science, Vol. 19 (1973), S. 517-527

Czeranowsky, G.: Programmplanung bei Auftragsfertigung unter besonderer Berücksichtigung des Terminwesens, Wiesbaden 1974

Dallari, F.; Marchet, G.; Melacini, M.: Design of Order Picking System, in: International Journal of Advanced Manufacturing Technology, Vol. 42 (2009), S. 1-12

Dantzig, G.B.: A Comment on Edie's "Traffic Delays at Toll Booths", in: Journal of the Operations Research Society of America, Vol. 2 (1954), S. 339-341

Dantzig, G.B.: Lineare Programmierung und Erweiterungen, Berlin/Heidelberg/New York 1966

Dempster, M.A.H. u. a.: Analytical Evaluation of Hierarchical Planning Systems, in: Operations Research, Vol. 29 (1981), S. 707-716

Diks, E.B.; Kok, A.G. de; Lagodimos, A.G.: Multi-Echelon Systems. A Service Measure Perspective, in: European Journal of Operational Research, Vol. 95 (1996), S. 241-263

Dinges, M.: Supply Chain Management. Logistikrevolution oder alter Wein in neuen Schläuchen?, in: Information Management & Consulting, 13. Jg. (1998), H. 3, S. 22-27

Dogan, K.; Goetschalckx, M.: A Primal Decomposition Method for the Integrated Design of Multi-Period Production-Distribution Systems, in: IIE Transactions, Vol. 31 (1999), S. 1027-1036

Domschke, W.: Standortplanung, in: Handwörterbuch der Produktionswirtschaft, hrsg. v. W. Kern, H.-H. Schröder und J. Weber, 2. Aufl., Stuttgart 1996, Sp. 1912-1922

Domschke, W.; Drexl, A.: Logistik: Standorte, 4. Aufl., München 1996

Domschke, W.; Scholl, A.: Logistik: Rundreisen und Touren, 5. Aufl., München 2010

Domschke, W.; Scholl, A.; Voß, S.: Produktionsplanung. Ablauforganisatorische Aspekte, Berlin et al. 1993

Drumm, J.: Personalwirtschaft, 4. Aufl., Berlin et al. 2000

Edgeworth, F.Y.: The Mathematical Theory of Banking, in: Journal of the Royal Statistical Society, Vol. 51 (1888), S. 113-127

Edie, L.C.: Traffic Delays at Toll Booths, in: Journal of the Operations Research Society of America, Vol. 2 (1954), S. 107-138

Eiselt, H.A.; Marianov, V.: Employee Positioning and Workload Allocation, in: Computers & Operations Research, Vol. 35 (2008), S. 513-524

Eisenführ, F.; Weber, M.; Langer, T.: Rationales Entscheiden, 5. Aufl., Berlin/Heidelberg 2010

Elbert, R.; Müller, J.P.: Planung von Kommissioniersystemen: Von der manuellen Person-zur-Ware-Kommissionierung bis zu autonomen Transportsystemen im Rahmen von Industrie 4.0, in: Handbuch Produktions- und Logistikmanagement in Wertschöpfungsnetzwerken, hrsg. v. H. Corsten, R. Gössinger und T. Spengler, Berlin/Boston 2018, S. 343-357

Ellram, L.M.: Supply Chain Management. The Industrial Organisation Perspective, in: International Journal of Physical Distribution & Logistics Management, Vol. 21 (1991), H. 1, S. 13-22

Ellram, L.M.; Cooper, M.C.: Supply Chain Management, Partnerships, and the Shipper - Third Party Relationship, in: The International Journal of Logistics Management, Vol. 1 (1990), H. 2, S. 1-10

Endres, E.; Wehner, T.: Störungen zwischenbetrieblicher Kooperation - Eine Fallstudie zum Grenzstellenmanagement in der Automobilindustrie, in: Managementforschung 5. Empirische Studien, hrsg. v. G. Schreyögg und J. Sydow, Berlin/New York 1995, S. 1-45

Ewert, R.; Wagenhofer, A.: Interne Unternehmensrechnung, 4. Aufl., Berlin et al. 2000

Felser, W.; Kilger, C.; Ould-Hamady, M.: Strategische Auswahl von SCM-Systemen, in: PPS-Management, 4. Jg. (1999), H. 4, S. 10-16

Fergen, A.; Schulte-Meine, E.; Vetter, S.: Schichtarbeit, in: Handbuch Arbeitszeit. Manteltarifverträge im Betrieb, hrsg. v. H. Meine und H. Wagner, 2. Aufl., Frankfurt a. M. 2016, S. 171-228

Ferstl, O.K.; Mannmeusel, T.: Dezentrale Produktionslenkung, in: CIM Management, 11. Jg. (1995), H. 3, S. 26-32

Fieten, R.: Die Gestaltung der Koordination betrieblicher Entscheidungssysteme, Frankfurt a. M./Bern/Las Vegas 1977

Fischer, M.E.: „Available-to-Promise": Aufgaben und Verfahren im Rahmen des Supply Chain Management, Regensburg 2001

Fleischmann, B.: Operations-Research-Modelle und -Verfahren in der Produktionsplanung, in: Zeitschrift für Betriebswirtschaft, 58. Jg. (1988), S. 347-372

Fleischmann, B.; Koberstein, A.: Strategic Network Design, in: Supply Chain Management and Advanced Planning. Concepts, Models, Software, and Case Studies, hrsg. v. H. Stadtler, C. Kilger und H. Meyr, 5. Aufl., Berlin et al. 2015, S. 107-123

Fleischmann, B.; Kopfer, H.; Sürie, C.: Transport Planning for Procurement and Distribution, in: Supply Chain Management and Advanced Planning. Concepts, Models, Software, and Case Studies, hrsg. v. H. Stadtler, C. Kilger und H. Meyr, 5. Aufl., Berlin/Heidelberg 2015, S. 225-240

Fleischmann, B.; Meyr, H.: Planning Hierarchy, Modeling and Advanced Planning Systems, in: Supply Chain Management: Design, Coordination and Operation, hrsg. v. A.G. de Kok und S.C. Graves, Amsterdam et al. 2003, S. 457-523

Fleischmann, B.; Meyr, H.: Customer Orientation in Advanced Planning Systems, in: Supply Chain Management and Reverse Logistics, hrsg. v. H. Dyckhoff, R. Lackes und J. Reese, Berlin/Heidelberg/New York 2004, S. 297-321

Fleischmann, B.; Meyr, H.; Wagner, M.: Advanced Planning, in: Supply Chain Management and Advanced Planning. Concepts, Models, Software, and Case Studies, hrsg. v. H. Stadtler, C. Kilger und H. Meyr, 5. Aufl., Berlin/Heidelberg 2015, S. 71-95

Föhr, S.; Lenz, H.: Unternehmenskultur und ökonomische Theorie, in: Managementforschung 2, hrsg. v. W.H. Staehle und P. Conrad, Berlin/New York 1992, S. 111-162

Fogarty, D.W.; Blackstone, J.H.; Hoffmann, T.R.: Production & Inventory Management, 2. Aufl., Cincinnati 1991

Forrester, J.W.: Industrial Dynamics. A Major Breakthrough for Decision Makers, in: Harvard Business Review, Vol. 36 (1958), H. 4, S. 37-66

Forrester, J.W.: Industrial Dynamics, 10. Nachdruck der 1. Aufl., Cambridge 1980

Framinan, J.M.; Gonzalez, P.L.; Ruiz-Usano, R.: The CONWIP Production Control System: Review and Research Issues, in: Production Planning & Control, Vol. 14 (2003), S. 255-265

Framinan, J.M.; Ruiz-Usano, R.; Leisten, R.: Sequencing CONWIP Flow-Shops: Analysis and Heuristics, in: International Journal of Production Research, Vol. 39 (2001), S. 2735-2749

French, J.R.P. jr.; Raven, B.: The Bases of Social Power, in: Group Dynamics. Research and Theory, hrsg. v. D. Cartwright und A. Zander, 2. Aufl., Evanston 1960, S. 207-223

Frese, E.: Kontrolle und Unternehmungsführung. Entscheidungs- und organisationstheoretische Grundfragen, Wiesbaden 1968

Frese, E.: Koordinationskonzepte, in: Handwörterbuch der Planung, hrsg. v. N. Szyperski, Stuttgart 1989, Sp. 913-923

Frese, E.: Von der Planwirtschaft zur Marktwirtschaft - auch in der Unternehmung?, in: Neue Märkte, neue Medien, neue Methoden - Roadmap zur agilen Organisation, hrsg. v. A.-W. Scheer, Heidelberg 1998, S. 77-92

Frese, E.: Grundlagen der Organisation. Konzept - Prinzipien - Strukturen, 9. Aufl., Wiesbaden 2005

Friedl, B.: Grundlagen des Beschaffungscontrolling, Berlin 1990

Friedl, B.: Controlling, Stuttgart 2003

Friedman, L.: A Competitive-Bidding Strategy, in: Operations Research, Vol. 4 (1956), S. 104-112

Friese, M.: Kooperation als Wettbewerbsstrategie für Dienstleistungsunternehmen, Wiesbaden 1998

Gademann, A.J.R.M.; Berg, J.P. van den; Hoff, H.H. van der: An Order Batching Algorithm for Wave Picking in a Parallel-Aisle Warehouse, in: IIE Transactions, Vol. 33 (2001), S. 385-398

Gaitanides, M.: Prozeßorganisation. Entwicklung, Ansätze und Programme prozeßorientierter Organisationsgestaltung, München 1983 (aktuell 3. Aufl., München 2013)

Gaitanides, M.; Scholz, R.; Vrohlings, A.: Prozeßmanagement - Grundlagen und Zielsetzungen, in: Prozeßmanagement. Konzepte, Umsetzungen und Erfahrungen des Reengineering, hrsg. v. M. Gaitanides u. a., München/Wien 1994, S. 1-19

Gavirneni, S.; Kapuscinski, R.; Tayur, S.: Value of Information in Capacitated Supply Chains, in: Management Science, Vol. 45 (1999), S. 16-24

Geiger, M.J.: Optimale operative Personaleinsatzplanung - Modellarische Ansätze, Lösungsverfahren, Entscheidungsunterstützung, in: Business Excellence in Produktion und Logistik, hrsg. v. W. Wenger, M.J. Geiger und A. Kleine, Wiesbaden 2011, S. 51-64

Geng, N.; Jiang, Z.: A Review on Strategic Capacity Planning for the Semiconductor Manufacturing Industry, in: International Journal of Production Research, Vol. 47 (2009), S. 3639-3655

Geoffrion, A.M.; Graves, G.W.: Multicommodity Distribution System Design by Benders Decomposition, in: Management Science, Vol. 20 (1974), S. 822-844

Geoffrion, A.M.; Powers, R.F.: Twenty Years of Strategic Distribution System Design: An Evolutionary Perspective, in: Interfaces, Vol. 25 (1995), H. 5, S. 105-127

Gibbard, A.: Manipulation of Voting Schemes: A General Result, in: Econometrica, Vol. 41 (1973), S. 587-601

Gilbert, D.: Unternehmensführung - Vertrauen in virtuellen Unternehmen, in: io Management, 68. Jg. (1999), H. 12, S. 30-34

Gilmore, P.C.: Optimal and Suboptimal Algorithms for the Quadratic Assignment Problem, in: Journal of the Society for Industrial and Applied Mathematics, Vol. 10 (1962), S. 305-313

Gleißner, H.: Logistikkooperationen zwischen Industrie und Handel. Theoretische Konzepte und Stand der Realisierung, Göttingen 2000

Göpfert, I.: Logistik. Führungskonzeption und Management von Supply Chains, 3. Aufl., München 2013

Gössinger, R.: Produktion und Logistik, in: Betriebswirtschaftslehre. Band 1, hrsg. v. H. Corsten und M. Reiß, 4. Aufl., München 2008, S. 443-539

Gössinger, R.; Hillebrand, B.: Layoutplanung, in: Handbuch Produktions- und Logistikmanagement in Wertschöpfungsnetzwerken, hrsg. v. H. Corsten, R. Gössinger und T.S. Spengler, Berlin/Boston 2018, S. 553-591

Goetschalckx, M.; Ratliff, H.D.: Shared Storage Policies Based on the Duration Stay of Unit Loads, in: Management Science, Vol. 36 (1990), S. 1120-1132

Goldratt, E.M.: Computerized Shop Floor Scheduling, in: International Journal of Production Research, Vol. 26 (1988), S. 443-455

Goldratt, E.M.: Theory of Constraints, New York 1990

Goldratt, E.; Cox, J.: The Goal. A Process of Ongoing Improvement, Croton-on-Hudson 1984

Gomber, P.; Schmidt, C.; Weinhardt, C.: Synergie und Koordination in dezentral planenden Organisationen, in: Wirtschaftsinformatik, 38. Jg. (1996), S. 299-307

Gomber, P.; Schmidt, C.; Weinhardt, C.: Efficiency, Incentives, and Computational Tractability in MAS-Coordination, Discussion Paper Nr. 14/1998 des Lehrstuhls BWL/Wirtschaftsinformatik an der Justus-Liebig-Universität Gießen, Gießen 1998

Greene, T.J u. a.: Scheduling Techniques, in: Production and Inventory Control Handbook, hrsg. v. J.H. Greene u. a., 3. Aufl., New York et al. 1997, S.13.1-13.51

Grochla, E.: Grundlagen der Materialwirtschaft, 3. Aufl., Wiesbaden 1978

Groff, G.K.: A Lot Sizing Rule for Time-Phased Component Demand, in: Production and Inventory Management, Vol. 20 (1979), S. 47-53

Gu, J.; Goetschalckx, M.; McGinnis, L.F.: Research on Warehouse Operation: A Comprehensive Review, in: European Journal of Operational Research, Vol. 177 (2007), S. 1-21

Gu, J.; Goetschalckx, M.; McGinnis, L.F.: Research on Warehouse Design and Performance Evaluation: A Comprehensive Review, in: European Journal of Operational Research, Vol. 203 (2010), S. 539-549

Günther, H.: Trilemma oder Dilemma der Ablaufplanung, in: Zeitschrift für Betriebswirtschaft, 42. Jg. (1972), S. 297-300

Günther, H.-O.; Blömer, F.; Grunow, M.: Moderne Softwaretools für das Supply Chain Management, in: Zeitschrift für wirtschaftlichen Fabrikbetrieb, 93. Jg. (1998), S. 330-333

Günther, H.-O.; Tempelmeier, H.: Produktion und Logistik, 6. Aufl., Berlin et al. 2005

Günther, H.-O.; Tempelmeier, H.: Produktion und Logistik, 8. Aufl., Heidelberg 2009

Güth, W.: Markt- und Preistheorie, Berlin et al. 1994

Gussmann, B.: Innovationsfördernde Unternehmenskultur. Die Steigerung der Innovationsbereitschaft als Aufgabe der Organisationsentwicklung, Berlin 1988

Gutenberg, E.: Grundlagen der Betriebswirtschaftslehre, Bd. 1: Die Produktion, 2. Aufl., Berlin/Göttingen/Heidelberg 1955

Gutenberg, E.: Grundlagen der Betriebswirtschaftslehre, Bd. 1: Die Produktion, 24. Aufl., Berlin/Heidelberg/New York 1983

Hahn, C.: Flexible Arbeitszeit, 2. Aufl., München 2014

Hahn, D.: Ziele des Produktionsmanagement, in: Handbuch Produktionsmanagement, hrsg. v. H. Corsten, Wiesbaden 1994, S. 23-49

Hahn, D.: Thesen für die Zukunft des Beschaffungsmanagements in einem integrierten Supply Chain Management, in: Handbuch Industrielles Beschaffungsmanagement, hrsg. v. D. Hahn und L. Kaufmann, Wiesbaden 1999, S. 849-855

Hahn, D.: Problemfelder des Supply Chain Management, in: Supply Chain Management, hrsg. v. H. Wildemann, München 2000, S. 9-19

Hall, R.W.: Distance Approximations for Routing Manual Pickers in a Warehouse, in: IIE Transactions, Vol. 25 (1993), S. 77-87

Hamel, W.: Arbeits- und Leistungsbewertung, in: Handwörterbuch der Produktionswirtschaft, hrsg. v. W. Kern, H.-H. Schröder und J. Weber, 2. Aufl., Stuttgart 1996, Sp. 101-115

Hamm, I.: Arbeitszeitkonten, Frankfurt a. M. 2003

Handfield, R.B.; Nichols, E.L. Jr.: Introduction to Supply Chain Management, New Jersey 1999

Hanke, J.: Hybride Koordinationsstrukturen. Liefer- und Leistungsbeziehungen kleiner und mittlerer Unternehmen der Automobilzulieferindustrie aus transaktionskostentheoretischer Sicht, Bergisch Gladbach/Köln 1993

Hansmann, K.-W.: Industrielles Management, 8. Aufl., München/Wien 2006

Harris, F.W.: How Many Parts to Make at Once, in: Factory, The Magazine of Management, Vol. 10 (1913), H. 2, S. 135-136 und S. 152

Haupt, R.: Prioritätsregeln für die Reihenfolgeplanung, in: Handwörterbuch der Produktionswirtschaft, hrsg. v. W. Kern, H.-H. Schröder und J. Weber, 2. Aufl., Stuttgart 1996, Sp. 1418-1426

Hausmann, W.H.; Erkip, N.K.: Multi-Echelon vs. Single-Echelon Inventory Control Policies for Low-Demand Items, in: Management Science, Vol. 40 (1994), S. 597-602

Hax, A.C.; Meal, D.: Hierarchical Integration of Production Planning and Scheduling, in: Logistics, TIMS Studies in the Management Sciences, hrsg. v. M.A. Geisler, Amsterdam/Oxford/New York 1975, S. 53-69

Heinen, E.: Unternehmenskultur als Gegenstand der Betriebswirtschaftslehre, in: Unternehmenskultur. Perspektiven für Wissenschaft und Praxis, hrsg. v. E. Heinen und M. Frank, 2. Aufl., München/Wien 1997, S. 1-48

Heizer, J.; Render, B.; Munson, C.: Operations Management. Sustainability and Supply Chain Management, 13. Aufl., Harlow et al. 2020

Hellingrath, B.: Standards für die Supply Chain, in: Logistik Heute, 21. Jg. (1999), H. 7/8, S. 77-85

Hentschel, B.: Dienstleistungsqualität aus Kundensicht. Vom merkmals- zum ereignisorientierten Ansatz, Wiesbaden 1992

Heragu, S.S.; Kusiak, A.: Efficient Models for the Facility Layout Problem, in: European Journal of Operational Research, Vol. 53 (1991), S. 1-13

Hernandez, L.G. u. a.: Facility Layout Design Using a Multi-Objective Interactive Genetic Algorithm to Support the DM, in: Expert Systems, Vol. 32 (2015), S. 94-107

Herstatt, C.; Lüthje, C.; Lettl, C.: Fortschrittliche Kunden zu Break-Through-Innovationen stimulieren, in: Management der frühen Innovationsphasen. Grundlagen - Methoden - Neue Ansätze, hrsg. v. C. Herstatt und B. Verworn, Wiesbaden 2003, S. 57-71

Heskett, J.L.: Cube-per-Order Index - A Key to Warehouse Stock Location, in: Transportation and Distribution Management, Vol. 3 (1963), S. 27-31

Hess, T.: Anwendungsmöglichkeiten des Konzerncontrolling in Unternehmensnetzwerken, in: Steuerung von Netzwerken. Konzepte und Praktiken, hrsg. v. J. Sydow und A. Windeler, Opladen/Wiesbaden 2000, S. 156-177

Heusler, F.; Stölzle, W.; Bachmann, H.: Supply Chain Event Management. Grundlagen, Funktionen und potenzielle Akteure, in: Wirtschaftswissenschaftliches Studium, 35. Jg. (2006), S. 19-24

Ho, W.; Xu, X.; Dey, P.K.: Multi-Criteria Decision Making Approaches for Supplier Evaluation and Selection: A Literature Review, in: European Journal of Operational Research, Vol. 202 (2010), S. 16-24

Hochdörffer, J.; Hedler, M.; Lanza, G.: Staff Scheduling in Job Rotation Environments Considering Ergonomic Aspects and Preservation of Qualifications, in: Journal of Manufacturing Systems, Vol. 46 (2018), S. 103-114

Hodder, J.E.; Dincer, M.C.: A Multifactor Model for International Plant Location and Financing under Uncertainty, in: Computers & Operations Research, Vol. 13 (1986), S. 601-609

Hodder, J.E.; Jucker, J.V.: A Simple Plant-Location Model for Quantity-Setting Firms Subject to Price Uncertainty, in: European Journal of Operational Research, Vol. 21 (1985), S. 39-46

Hoek, R.I. van: The Rediscovery of Postponement. Preparing for the Next Millenium Mass Customized Supply Chain, Nr. 9936 der Publikationen des Rotterdam Institute for Business Economic Studies, Erasmus Universität Rotterdam, Rotterdam 1999

Hoff, A.: Vertrauensarbeitszeit: einfach flexibel arbeiten, Wiesbaden 2002

Hoffmann, F.: Führungsorganisation, Bd. I: Stand der Forschung und Konzeption, Tübingen 1980

Hoitsch, H.-J.: Produktionswirtschaft. Grundlagen einer industriellen Betriebswirtschaftslehre, 2. Aufl., München 1993

Holtbrügge, D.: Personalmanagement, 6. Aufl., Berlin/Heidelberg 2015

Holweg, M. u. a.: Supply Chain Collaboration: Making Sense of the Strategy Continuum, in: European Management Journal, Vol. 23 (2005), S. 170-181

Hoppe, W.D.: Supply Chain Management - Hausaufgaben für die Automobilindustrie, in: PPS-Management, 5. Jg. (2000), H. 3, S. 35-37

Houlihan, J.B.: International Supply Chain Management, in: International Journal of Physical Distribution and Materials Management, Vol. 15 (1985), H. 1, S. 22-38

Houtum, G.J. van; Inderfurth, K.; Zijm, W.H.M.: Materials Coordination in Stochastic Multi-Echelon Systems, in: European Journal of Operational Research, Vol. 95 (1996), S. 1-23

Huang, S.H.; Keskar, H.: Comprehensive and Configurable Metrics for Supplier Selection, in: International Journal of Production Economics, Vol. 105 (2007), S. 510-523

Hüttner, M.: Prognoseverfahren und ihre Anwendung, Berlin/New York 1986

Inderfurth, K.: Mehrstufige Sicherheitsbestandsplanung mit dynamischer Programmierung, in: OR-Spektrum, 14. Jg. (1992), S. 19-32

Inderfurth, K.: Zum Vergleich von Konzepten und Regeln zur Materialflußsteuerung in logistischen Ketten, in: Zeitschrift für Betriebswirtschaft, 68. Jg. (1998), S. 627-643

Inderfurth, K.; Minner, S.: Safety Stocks in Multi-Stage Inventory Systems under Different Service Measures, in: European Journal of Operational Research, Vol. 106 (1998), S. 57-73

Irastorza, J.C.; Deane, R.H.: A Loading and Balancing Methodology for Job Shop Control, in: AIIE Transactions, Vol. 6 (1974), S. 302-307

Isermann, H.: Stauraumplanung, in: Logistik. Gestaltung von Logistiksystemen, hrsg. v. H. Isermann, 2. Aufl., Landsberg a. L. 1998, S. 245-286

Jacob, H.: Produktionsplanung und Kostentheorie, in: Zur Theorie der Unternehmung. Festschrift zum 65. Geburtstag von Erich Gutenberg, hrsg. v. H. Koch, Wiesbaden 1962, S. 205-268

Jacob, H.: Zur optimalen Planung des Produktionsprogramms bei Einzelfertigung, in: Zeitschrift für Betriebswirtschaft, 41. Jg. (1971), S. 495-516

Jarillo, J.C.: On Strategic Networks, in: Strategic Management Journal, Vol. 9 (1988), S. 31-41

Jayaraman, V.; Srivastava, R.; Benton, W.C.: Supplier Selection and Order Quantity Allocation: A Comprehensive Model, in: The Journal of Supply Chain Management, Vol. 35 (1999), H. 2, S. 50-58

Jendralski, J.: Kapazitätsterminierung zur Bestandsregelung in der Werkstattfertigung, Diss. Hannover 1978

Jenner, T.: Hybride Wettbewerbsstrategien in der deutschen Industrie - Bedeutung, Determinanten und Konsequenzen für die Marktbearbeitung, in: Die Betriebswirtschaft, 60. Jg. (2000), S. 7-22

Jörges, K.; Süss, S.: Scheitert die Realisierung virtueller Unternehmen am realen Menschen, in: io Management, 68. Jg. (2000), H. 7/8, S. 78-84

Johnson, J.C. u. a.: Contemporary Logistics, 7. Aufl., London 1999

Johnson, S.M.: Optimal Two- and Three-Stage Production Schedules with Setup Times Included, in: Naval Research Logistics, Vol. 1 (1954), S. 61-68

Julka, N. u. a.: A Review of Multi-Factor Capacity Expansion Models for Manufacturing Plants: Searching for Holistic Decision Aid, in: International Journal of Production Economics, Vol. 106 (2007), S. 607-621

Kahn, K.B.; Maltz, E.N.; Mentzer, J.T.: Demand Collaboration: Effects on Knowledge Creation, Relationships, and Supply Chain Performance, in: Journal of Business Logistics, Vol. 27 (2006), S. 191-221

Kahneman, D.; Tversky, A.: Prospect Theory: An Analyses of Decision under Risk, in: Econometrica, Vol. 47 (1979), S. 263-292

Kalagnanam, J.; Parkes, D.C.: Auctions, Bidding and Exchange Design, in: Handbook of Quantitative Supply Chain Analysis: Modeling the E-Business Era, hrsg. v. D. Simchi-Levi, S.D. Wu und Z.-J. Shen, Berlin et al. 2004, S. 143-212

Kansky, D.; Weingarten, U.: Supply Chain. Fertigen, was der Kunde verlangt, in: Harvard Business Manager, 21. Jg. (1999), H. 4, S. 87-95

Kar, A.K.; Pani, A.K.: Exploring the Importance of Different Supplier Selection Criteria, in: Management Research Review, Vol. 37 (2014), S. 89-105

Karmarkar, N.: A New Polynomial-Time Algorithm for Linear Programming, in: Combinatorica, Vol. 4 (1984), S. 373-395

Karmarkar, U.S.; Schrage, L.: The Deterministic Dynamic Product Cycling Problem in: Operations Research, Vol. 33 (1985), S. 326-345

Karni, R.: Maximum Part-Period Gain (MPG). A Lot Sizing Procedure for Unconstrained and Constrained Requirements Planning Systems, in: Production and Inventory Management, Vol. 22 (1981a), H. 2, S. 91-98

Karni, R.: Capacity Requirements Planning - Optimal Workstation Capacities, in: International Journal of Production Research, Vol. 19 (1981b), S. 595-611

Karni, R.: Dynamic Algorithms for Input-Output Planning of Work-Station Loading, in: AIIE Transactions, Vol. 13 (1981c), S. 333-342

Kasirian, M.N.; Yusuff, R.M.: An Integration of a Hybrid Modified TOPSIS with a PGP Model for the Supplier Selection with Interdependent Criteria, in: International Journal of Production Research, Vol. 51 (2013), S. 1037-1054

Kern, W.: Die Messung industrieller Fertigungskapazitäten und ihrer Ausnutzung. Grundlagen und Verfahren, Köln/Opladen 1962

Kern, W.: Industriebetriebslehre, 2. Aufl., Stuttgart 1974

Kern, W.: Industrielle Produktionswirtschaft, 5. Aufl., Stuttgart 1992

Kieser, A.: Haltet die beiden Diebe, meine Messer stecken in ihren Rücken, http://www.dialog-erfolgsfaktorenforschung.de (2005) (Zugriff am 14.09.2007)

Kieser, A.; Kubicek, H.: Organisation, 3. Aufl., Berlin/New York 1992

Kilger, C.: Optimierung der Supply Chain durch Advanced Planning Systems, in: Information Management & Consulting, 13. Jg. (1998), H. 3, S. 49-55

Kilger, C.; Meyr, H.: Demand Fulfilment and ATP, in: Supply Chain Management and Advanced Planning. Concepts, Models, Software, and Case Studies, hrsg. v. H. Stadtler, C. Kilger und H. Meyr, 5. Aufl., Berlin/Heidelberg 2015, S. 177-194

Kilger, C.; Reuter, B.; Stadtler, H.: Collaborative Planning, in: Supply Chain Management and Advanced Planning. Concepts, Models, Software, and Case Studies, hrsg. v. H. Stadtler, C. Kilger und H. Meyr, 5. Aufl., Berlin/Heidelberg 2015, S. 257-277

Kilger, C.; Wagner, M.: Demand Planning, in: Supply Chain Management and Advanced Planning. Concepts, Models, Software, and Case Studies, hrsg. v. H. Stadtler, C. Kilger und H. Meyr, 5. Aufl., Berlin/Heidelberg 2015, S. 125-154

Kilger, W.: Optimale Produktions- und Absatzplanung. Entscheidungsmodelle für den Produktions- und Absatzbereich industrieller Betriebe, Opladen 1973

Kimball, G.E.: General Principles of Inventory Control, in: Journal of Manufacturing and Operations Management, Vol. 1 (1988), S. 119-130

Kirsch, W.: Die Koordination von Entscheidungen in Organisationen, in: Zeitschrift für betriebswirtschaftliche Forschung, 23. Jg. (1971), S. 61-82

Kistner, K.-P.: Koordinationsmechanismen in der hierarchischen Planung, in: Zeitschrift für Betriebswirtschaft, 62. Jg. (1992), S. 1125-1146

Kistner, K.-P.; Steven, M.: Produktionsplanung, 3. Aufl., Heidelberg 2001

Kistner, K.-P.; Switalski, M.: Hierarchische Produktionsplanung, in: Zeitschrift für Betriebswirtschaft, 59. Jg. (1989), S. 477-503

Klincewicz, J.G.: A Dual Algorithm for the Uncapacitated Hub Location Problem, in: Location Science, Vol. 4 (1996), S. 173-184

Knickle, K.: Supply Chain Event Management - The Next Best Thing to Supply Chain Perfection, in: AMR Research Report, Boston 2001, verfügbar: http://www.amrresearch.com (Zugriff am 5.7.2007)

Knolmayer, G.: Advanced Planning and Scheduling Systems. Optimierungsmethoden als Entscheidungskriterium für die Beschaffung von Software-Paketen?, in: Zum Erkenntnisstand der Betriebswirtschaftslehre am Beginn des 21. Jahrhunderts. Festschrift für Erich Loitlsberger zum 80. Geburtstag, hrsg. v. U. Wagner, Berlin 2001, S. 135-155

Knolmayer, G.; Mertens, P.; Zeier, A.: Supply Chain Management auf Basis von SAP-Systemen. Perspektiven der Auftragsabwicklung für Industriebetriebe, Berlin et al. 2000

Koch, H.: Die zentrale Grobplanung als Kernstück der integrierten Unternehmensplanung, in: Zeitschrift für betriebswirtschaftliche Forschung, 24. Jg. (1972), S. 222-252

Kok, T.G. de; Fransoo, J.C.: Planning Supply Chain Operations: Definition and Comparison of Planning Concepts, in: Supply Chain Management: Design, Coordination and Operation, hrsg. v. A.G. de Kok und S.C. Graves, Amsterdam et al. 2003, S. 597-675

Kolisch, R.; Brandenburg, M.; Krüger, C.: Numetrix/3 Production Scheduling, in: OR Spektrum, 22. Jg. (2000), S. 307-312

Koopmans, T.C.; Beckmann, M.: Assignment Problems and the Location of Economic Activities, in Econometrica, Vol. 25 (1957), S. 53-76

Koppelmann, U.: Beschaffungsmarketing, 4. Aufl., Berlin et al. 2004

Kortmann, J.; Lessing, H.: Marktstudie. Standardsoftware für Supply Chain Management, Paderborn 2000

Koster, M.B.M. de; Poort, E.S. van der; Wolters, M.: Efficient Orderbatching Methods in Warehouses, in: International Journal of Production Research, Vol. 37 (1999), S. 1479-1504

Koster, R. de; Le-Duc, T.; Roodbergen, K.J.: Design and Control of Warehouse Order Picking: A Literature Review, in: European Journal of Operational Research, Vol. 182 (2007), S. 481-501

Kotzab, H.: Zum Wesen von Supply Chain Management vor dem Hintergrund der betriebswirtschaftlichen Logistikkonzeption - erweiterte Überlegungen, in: Supply Chain Management, hrsg. v. H. Wildemann, München 2000, S. 21-47

Kräkel, M.: Organisation und Management, Tübingen 1999

Kroeber-Riel, W.; Weinberg, P.: Konsumentenverhalten, 8. Aufl., München 2003

Krüger, R.; Steven, M.: Supply Chain Management im Spannungsfeld von Logistik und Management, in: Wirtschaftswissenschaftliches Studium, 29. Jg. (2000), S. 501-507

Ku, W.-Y.; Beck, J.C.: Mixed Integer Programming Models for Job Shop Scheduling: A Computational Analysis, in: Computers & Operations Research, Vol. 73 (2016), S. 165-173

Küpper, H.-U.: Controlling. Konzeption, Aufgaben und Instrumente, 4. Aufl., Stuttgart 2005

Küsters, U.; Thyson, J.; Büchl, C.: Monitoring von Prognoseverfahren, in: Prognoserechnung, hrsg. v. P. Mertens und S. Rässler, 7. Aufl., Berlin/Heidelberg 2012, S. 383-422

Kuglin, F.A.: Customer-Centered Supply Chain Management. A Link-by-Link Guide, New York et al. 1998

Kuhn, H.W.: The Hungarian Method for the Assignment Problem, in: Naval Research Logistics, Vol. 2 (1955), S. 83-97

Kulow, B. u. a.: Marktstudie Supply Chain Management Software. Planungssysteme im Überblick, Stuttgart/Dortmund 1999

Kumar, K.: Technology For Supporting Supply Chain Management, in: Communications of the ACM, Vol. 44 (2001), H. 6, S. 58-61

Kutscher, J.; Weidinger, M.; Hoff, A.: Flexible Arbeitszeitgestaltung. Praxishandbuch zur Einführung innovativer Arbeitszeitmodelle, Wiesbaden 1996

Laan, E.A. van der u. a.: Inventory Control for Joint Manufacturing and Remanufacturing, in: Quantitative Models for Supply Chain Management, hrsg. v. S. Tayur, R. Ganeshan und M. Magazine, Boston/Dordrecht/London 1998, S. 807-837

Labbé, M.: Facility Location: Models, Methods and Applications, in: Operations Research and Decision Aid Methodologies in Traffic and Transportation Management, hrsg. v. M. Labbé u. a., Berlin et al. 1998, S. 264-285

Lackes, R.: Just-in-Time-Produktion. Systemarchitektur - Wissensbasierte Planungsunterstützung - Informationssysteme, Wiesbaden 1995

Landolt, P.: Nicht alles ist Gold was glänzt. Die Auswahl und Einführung von SCM-Systemen stellt nicht selten eine echte Herausforderung dar, in: Industrielle Informationstechnik, 37. Jg. (2000), H. 10/11, S. 52-54

Laßmann, A.: Organisatorische Koordination. Konzepte und Prinzipien zur Einordnung von Teilaufgaben, Wiesbaden 1992

Lattmann, C.: Das norwegische Modell der selbstgesteuerten Arbeitsgruppe, Bern 1972

Laux, H.: Der Einsatz von Entscheidungsgremien. Grundprobleme der Organisationslehre in entscheidungstheoretischer Sicht, Berlin/Heidelberg/New York 1979

Laux, H.; Liermann, F.: Grundformen der Koordination in der Unternehmung: Die Tendenz zur Hierarchie, in: Zeitschrift für betriebswirtschaftliche Forschung, 39. Jg. (1987), S. 807-828

Laux, H.; Liermann, F.: Grundlagen der Organisation. Die Steuerung von Entscheidungen als Grundproblem der Betriebswirtschaftslehre, 4. Aufl., Berlin et al. 1997

Lee, C.Y.: An Optimal Algorithm for the Multiproduct Capacitated Facility Location Problem With a Choice of Facility Type, in: Computers and Operations Research, Vol. 18 (1991), S. 167-182

Lee, C.Y.: A Cross Decomposition Algorithm for a Multiproduct-Multitype Facility Location Problem, in: Computers & Operations Research, Vol. 20 (1993), S. 527-540

Lee, H.L.; Padmanabhan, V.; Whang, S.: The Bullwhip Effect in Supply Chains, in: Sloan Management Review, Vol. 38 (1997a), H. 3, S. 93-102

Lee, H.L.; Padmanabhan, V.; Whang, S.: Der Peitscheneffekt in der Absatzkette, in: Harvard Business Manager, 19. Jg. (1997b), H. 4, S. 78-87

Lee, M.-K.: A Storage Assignment Policy in a Man-on-Board Automated Storage/Retrieval System, in: International Journal of Production Research, Vol. 30 (1992), S. 2281-2292

Leisten, R.: Iterative Aggregation und mehrstufige Entscheidungsmodelle. Einordnung in den planerischen Kontext, Analyse anhand der Modelle der Linearen Programmierung und Darstellung am Anwendungsbeispiel der Hierarchischen Produktionsplanung, Heidelberg 1995

Leitzinger, H.: Submission und Preisbildung. Mechanik und ökonomische Effekte der Preisbildung bei Bietverfahren, Köln et al. 1988

Liesegang, D.G.: Aggregierte Kostenfunktion der Lagerhaltung bei hierarchischen Produktionsplanungssystemen, in: Zeitaspekte in betriebswirtschaftlicher Theorie und Praxis, 50. Wissenschaftliche Jahrestagung des Verbandes der Hochschullehrer für Betriebswirtschaft e.V., Köln, 24.-28.05.1988, hrsg. v. H. Hax, W. Kern und H.-H. Schröder, Stuttgart 1989, S. 203-214

Liesegang, D.G.: Kapazität, in: Lexikon der Betriebswirtschaftslehre, hrsg. v. H. Corsten, 3. Aufl., München/Wien 1995, S. 424-429

Little, J.D.C.: A Proof of the Queuing Formula: $L = \lambda W$, in: Operations Research, Vol. 9 (1961), S. 383-387

Lödding, H.: Verfahren der Fertigungssteuerung. Grundlagen, Beschreibungen, Konfiguration, Berlin et al. 2005

Luhmann, N.: Vertrauen. Ein Mechanismus der Reduktion sozialer Komplexität, 3. Aufl., Stuttgart 1989

Luss, H.: Operations Research and Capacity Expansion Models: A Survey, in: Operations Research, Vol. 30 (1982), S. 907-947

MacKie-Mason, J.K.; Varian, H.R.: Generalized Vickrey Auctions, Working Paper des Department of Economics der University of Michigan, Ann Arbor 1994

Manne, A.S.: On the Job-Shop Scheduling Problem, in: Operations Research, Vol. 8 (1960), S. 219-223

Marr, R.: Arbeitszeitmodelle, betriebliche, in: Handwörterbuch des Personalwesens, hrsg. v. E. Gaugler, W.A. Oechsler und W. Weber, 3. Aufl., Stuttgart 2004, Sp. 444-454

Martínez-Costa, C. u. a.: A Review of Mathematical Programming Models for Strategic Capacity Planning in Manufacturing, in: International Journal of Production Economics, Vol. 153 (2014), S. 66-85

Massow, M.: Teilzeit-Atlas. Gut verdienen mit weniger Arbeit, München 1999

Matai, R.; Singh, S.P.; Mittal, M.L.: Traveling Salesman Problem: An Overview of Applications, Formulations, and Solution Approaches, in: Traveling Salesman Problem, Theory and Applications, hrsg. v. D. Davendra, Rijeka 2010, S. 1-24

McLaren, T.S.; Head, M.M.; Yuan, Y.: Costs and Benefits in Supply Chain Collaboration, in: Advances in Electronic Business, Volume I, hrsg. v. E.Y. Li und T.C. Du, Hershey et al. 2005, S. 258-284

Mesarovic, M.D.; Macko, D.; Takahara, Y.: Theory of Hierarchical, Multilevel Systems, New York/London 1970

Meyer, M.: Ökonomische Organisation der Industrie. Netzwerkarrangements zwischen Markt und Unternehmung, Wiesbaden 1995

Meyer, R.: Hierarchische Produktionsplanung für die marktorientierte Serienfertigung. Anwendung auf ein Unternehmen der elektrotechnischen Industrie, Heidelberg 1997

Meyr, H.; Wagner, M.; Rohde, J.: Structure of Advanced Planning Systems, in: Supply Chain Management and Advanced Planning. Concepts, Models, Software, and Case Studies, hrsg. v. H. Stadtler, C. Kilger und H. Meyr, 5. Aufl., Berlin/Heidelberg 2015, S. 99-106

Mieghem, J.A. van: Capacity Management, Investment and Hedging: Review and Recent developments, in: Manufacturing & Service Operations Management, Vol. 5 (2003), S. 269-302

Mildenberger, U.: Selbstorganisation von Produktionsnetzwerken. Erklärungsansatz auf Basis der neueren Systemtheorie, Wiesbaden 1998

Miller, T.: Hierarchical Operations and Supply Chain Planning, London/Berlin/Heidelberg 2001

Minner, S.: Strategic Safety Stocks in Supply Chains, Berlin et al. 2000

Minner, S.: Kapazitätsdimensionierung von Produktionssystemen, in: Handbuch Produktions- und Logistikmanagement in Wertschöpfungsnetzwerken, hrsg. v. H. Corsten, R. Gössinger und T.S. Spengler, Berlin/Boston 2018, S. 311-322

Mittag, H.-J.; Stemann, D.: Auswirkungen stochastischer Meßfehler auf die Eingriffskennlinie von Shewhart - Qualitätsregelkarten zur Überwachung der Fertigungssteuerung. Nr. 203 der Diskussionsbeiträge des Fachbereichs Wirtschaftswissenschaft der Fernuniversität Hagen, Hagen 1993

Monden, Y.: Toyota Production System. Practical Approach to Production Management, Norcross 1983

Monden, Y.: Toyota Production System. An Integrated Approach to Just-In-Time, 2. Aufl., London et al. 1994

Morabito, R.; Morales, S.: A Simple and Effective Recursive Procedure for the Manufacturer's Pallet Loading Problem, in: Journal of the Operational Research Society, Vol. 49 (1998), S. 819-828

Müller-Merbach, H.: Drei neue Methoden zur Lösung des Traveling-Salesman-Problems, in: Ablauf und Planungsforschung, 7. Jg. (1966), Teil 1, S. 32-46 und Teil 2, S. 78-81

Müller-Seitz, P.: Erfolgsfaktor Schichtarbeit. Optimale Gestaltung der Schichtarbeit, Wirtschaftlichkeitsanalyse, Auswirkungen auf Mensch und Betrieb, Köln 1991

Naddor, E.: Lagerhaltungssysteme, Frankfurt a. M./Zürich 1971

Nahmias, S.: Production and Operation Analysis, 6. Aufl., Boston et al. 2013

Nerdinger, F.W.: Motivation und Handeln in Organisationen. Eine Einführung, Stuttgart/Berlin/Köln 1995

Neumann, K.: Produktions- und Operations-Management, Berlin et al. 1996

Neumann, K.; Morlock, M.: Operations Research, 2. Aufl., München/Wien 2002

Nishiguchi, T.: Strategic Industrial Sourcing. The Japanese Advantage, New York/Oxford 1994

Nissen, V.: Supply Chain Event Management, in: Wirtschaftsinformatik, 44. Jg. (2002), S. 477-480

Oechsler, W.A.; Paul, C.: Personal und Arbeit. Einführung in das Personalmanagement, 10. Aufl., Berlin/München/Boston 2015

Ohl, K.: Dauer der Arbeitszeit, in: Handbuch Arbeitszeit. Manteltarifverträge im Betrieb, hrsg, v. H. Meine und H. Wagner, 2. Aufl., Frankfurt a. M. 2016, S. 38-62

O'Kelly, M.E.; Miller H.J.: The Hub Network Design Problem. A Review and Synthesis, in: Journal of Transport Geography, Vol. 2 (1994), S. 31-40

Orlicky, J.: Material Requirements Planning: The New Way of Life in Production and Inventory Management, New York et al. 1975

Osterloh, M.; Weibel, A.: Ressourcensteuerung in Netzwerken: Eine Tragödie der Allmende?, in: Steuerung von Netzwerken. Konzepte und Praktiken, hrsg. v. J. Sydow und A. Windeler, Opladen/Wiesbaden 2000, S. 88-106

Otto, A.; Kotzab, H.: Der Beitrag des Supply Chain Management zum Management von Supply Chains - Überlegungen zu einer unpopulären Frage, in: Zeitschrift für betriebswirtschaftliche Forschung, 53. Jg. (2001), S. 157-176

Peters, H.-R.: Grundzüge sektoraler Wirtschaftspolitik, Freiburg i. Br. 1971

Peters, M.L.: Vertrauen in Wertschöpfungspartnerschaften zum Transfer von retentivem Wissen, Wiesbaden 2008

Petersen, C.G.: An Evaluation of Order Picking Routeing Policies, in: International Journal of Operations and Production Management, Vol. 17 (1997), S. 1098-1111

Pfeiffer, W.; Dörrie, U.; Stoll, E.: Menschliche Arbeit in der industriellen Produktion, Göttingen 1977

Pfohl, H.-C.: Logistiksysteme. Betriebswirtschaftliche Grundlagen, 7. Aufl., Berlin et al. 2004

Pfohl, H.-C.; Pfohl, P.A.: Postponement in der Supply Chain, in: Jahrbuch der Logistik, 14. Jg. (2000), S. 40-45

Philippson, C.; Treutlein, P.; Hillebrand, V.: Produktionsplanung und -steuerung 1999. Aktuelles Marktangebot und Entwicklungstendenzen bei Standard-PPS-Systemen, in: FB/IE Zeitschrift für Unternehmensentwicklung und Industrial Engineering, 48. Jg. (1999), H. 2, S. 52-65

Philippson, C. u. a.: Funktionsbeschreibung von SCM-Software, in: Marktspiegel Supply Chain Management Software, hrsg. v. C. Philippson u. a., Aachen 1999, S. 17-25

Pibernik, R.: Ausgewählte Methoden und Verfahren zur Unterstützung des Advanced Available to Promise, in: Zeitschrift für Planung, 13. Jg. (2002), S. 345-372

Pieper, R.: Auswahl und Bewertung von Kommissionierungssystemen. Entwicklung von Entscheidungshilfen, Berlin/Köln 1982

Pirron, J. u. a.: Werkzeuge der Zukunft, in: Logistik Heute, 20. Jg. (1998), H. 11, S. 60-69

Poirier, C.C.; Reiter, S.E.: Die optimale Wertschöpfungskette. Wie Lieferanten, Produzenten und Handel bestens zusammenarbeiten, Frankfurt a. M./New York 1997

Pokorný, J.; Sokolowsky, P.: A Conceptual Modelling Perspective for Data Warehouses, in: Electronic Business Engineering, 4. Internationale Tagung Wirtschaftsinformatik 1999, hrsg. v. A.-W. Scheer und M. Nüttgens, Heidelberg 1999, S. 665-684

Pomper, C.L.: International Investment Planning. An Integrated Approach, Amsterdam/New York/Oxford 1976

Prescott, R.B.: Law of Growth in Forecasting Demand, in: Journal of the American Statistical Association, Vol. 18 (1922), S. 471-479

Pressmar, D.B.: Evolutorische und stationäre Modelle mit variablen Zeitintervallen zur simultanen Produktions- und Ablaufplanung, in: Proceedings in Operations Research 3, Vorträge der Jahrestagung 1973, hrsg. v. P. Gessner u. a., Würzburg 1974, S. 462-471

Prockl, G.G.: Supply Chain Software, in: Gabler-Lexikon Logistik: Management logistischer Netzwerke und Flüsse, hrsg. v. P. Klaus und W. Krieger, Wiesbaden 1998, S. 441-445

Ratliff, H.D.; Rosenthal, A.S.: Order-Picking in a Rectangular Warehouse: A Solvable Case of the Traveling Salesman Problem, in: Operations Research, Vol. 31 (1983), S. 507-521

Reese, J.: Management von Wertschöpfungsketten. Unternehmenskooperation ohne Märkte, München 2016

REFA (Hrsg.): REFA-Methodenlehre des Arbeitsstudiums, Teil 3: Kostenrechnung, Arbeitsgestaltung, 7. Aufl., München 1985

Reiß, M.: Die „Erosion" konventioneller Unternehmensstrukturen als Herausforderung an die Personal- und Organisationsarbeit, in: Der Neue Mittelstand. Start up-Unternehmer in agilen Netzwerken, hrsg. v. M. Reiß, Frankfurt a. M., 1998, S. 145-184

Reiß, M.: Führung, in: Betriebswirtschaftslehre, Bd. 2, hrsg. v. H. Corsten und M. Reiß, 4. Aufl., München/Wien 2008, S. 139-227

Reiß, M.; Koser, M.: Netzwerkstrukturen für das E-Business, in: Netzwerkorganisation in der Unternehmenspraxis, hrsg. v. M. Reiß, Bonn 2000, S. 113-142

Reuter, B.; Rohde, J.: Coordination and Integration, in: Supply Chain Management and Advanced Planning. Concepts, Models, Software, and Case Studies, hrsg. v. H. Stadtler, C. Kilger und H. Meyr, 5. Aufl., Berlin/Heidelberg 2015, S. 241-256

Riebel, P.: Industrielle Erzeugungsverfahren in betriebswirtschaftlicher Sicht, Wiesbaden 1963

Rieper, B.: Die Planung von Produktionsvorgaben - ein hierarchischer Planungsansatz, in: Zeitschrift für Betriebswirtschaft, 51. Jg. (1981), S. 1183-1203

Rieper, B.: Hierarchische Entscheidungsmodelle in der Produktionswirtschaft, in: Zeitschrift für Betriebswirtschaft, 55. Jg. (1985), S. 770-789

Ripperger, T.: Ökonomik des Vertrauens - Analyse eines Organisationsprinzips, Tübingen 1998

Ritter, K.-H.: Belastungsorientierte Auftragsfreigabe - Erfahrungen mit einem neuen Verfahren zur kontrollierten Bestands- und Durchlaufzeitsenkung in der Fertigung, in: VDI-Berichte Nr. 463, Düsseldorf 1982, S. 13-18

Ritter von Escherich, P.: Lehrbuch des allgemeinen und des Staats-Rechnungswesens. Erster Band, Wien 1851

Rößl, D.: Selbstverpflichtung als alternative Koordinationsform von komplexen Austauschbeziehungen, in: Zeitschrift für betriebswirtschaftliche Forschung, 48. Jg. (1996), S. 311-334

Rojas Reyes, J.J.; Solano-Charris, E.L.; Montoya-Torres, J.R.: The Storage Location Assignment Problem: A Literature Review, in: International Journal of Industrial Engineering Computations, Vol. 10 (2019), S. 199-224

Roll, Y.; Rosenblatt, M.J.: Shifting in Warehouses, in: Material Flow, Vol. 4 (1987), S. 147-157

Roodbergen, K.J.; Vis, I.F.A.: A Survey of Literature on Automated Storage and Retrieval Systems, in: European Journal of Operational Research, Vol. 194 (2009), S. 343-362

Rosenbaum, B.A.: Service Level Relationships in a Multi-Echelon Inventory System, in: Management Science, Vol. 27 (1981), S. 926-945

Rosenwein, M.B.: An Application of Cluster Analysis to the Problem of Locating Items Within a Warehouse, in: IIE Transactions, Vol. 26 (1994), S. 101-103

Ross, D.F.: Competing Through Supply Chain Management - Creating Market-Winning Strategies Through Supply Chain Partnerships, New York et al. 1997

Rouwenhorst, B. u. a.: Warehouse Design and Control: Framework and Literature Review, in: European Journal of Operational Research, Vol. 122 (2000), S. 515-533

Roy, T.J. van: Multi-Level Production and Distribution Planning with Transportation Fleet Optimization, in: Management Science, Vol. 35 (1989), S. 1443-1453

Rücker, T.: Optimale Materialflusssteuerung in heterogenen Produktionssystemen, Wiesbaden 2006

Sabel, C.F.; Kern, H.; Herrigel, G.: Kooperative Produktion. Neue Formen der Zusammenarbeit zwischen Endfertigern und Zulieferern in der Automobilindustrie und die Neuordnung der Firma, in: Zulieferer im Netz - Zwischen Abhängigkeit und Partnerschaft, hrsg. v. H.G. Mendius und H.G. Wendeling-Schröder, Köln 1991, S. 203-227

Sabel, H.: Ausgleichsgesetz der Planung, in: Handwörterbuch der Planung, hrsg. v. N. Szyperski, Stuttgart 1989, Sp. 61-68

Sabri, E.H.; Beamon, B.M.: A Multi-Objective Approach to Simultaneous Strategic and Operational Planning in Supply Chain Design, in: Omega, Vol. 28 (2000), S. 581-598

Sahling, F.: Mehrstufige Losgrößenplanung bei Kapazitätsrestriktionen, Wiesbaden 2010

Salewski, F.: Arbeitszeitmodelle. Charakteristika und Durchsetzbarkeit, in: Wirtschaftswissenschaftliches Studium, 28. Jg. (1999), S. 551-555

Satterthwaite, M.A.: Strategy-Proofness and Arrow's Conditions: Existence and Correspondence Theorems for Voting Procedures and Social Welfare Functions, in: Journal of Economic Theory, Vol. 10 (1975), S. 187-217

Schäfer, H.: Logistik - Eine Aufgabe der Unternehmungspolitik, in: Logistik - eine Aufgabe der Unternehmenspolitik. Ein Round Table-Gespräch, hrsg. v. J. Baetge, H. Rühle von Lilienstern und H. Schäfer, Berlin 1987, S. 11-21

Schauenberg, B.: Entscheidungsregeln, kollektive, in: Handwörterbuch der Organisation, hrsg. v. E. Frese, 3. Aufl., Stuttgart 1992, Sp. 566-575

Scheer, A.-W.; Borowsky, R.: Supply Chain Management: Die Antwort auf neue Logistikanforderungen, in: Logistik Management. Intelligente I+K Technologien, hrsg. v. H. Kopfer und C. Bierwirth, Berlin et al. 1999, S. 3-14

Schein, E.H.: Organizational Culture and Leadership, San Francisco/Washington/London 1985

Scherm, E.; Süß, S.: Personalführung in virtuellen Unternehmen: Eine Analyse diskutierter Instrumente und Substitute der Führung, in: Zeitschrift für Personalforschung, 14. Jg. (2000), S. 79-103

Scherm, E.; Süß, S.: Personalmanagement, 2. Aufl., München 2010

Schlittgen, R.; Streitberg, B.H.J.: Zeitreihenanalyse, 9. Aufl., München/Wien 2001

Schlüter, F.; Schneider, H.: Produktionsplanung und -steuerung, in: Produktionsmanagement in kleinen und mittleren Unternehmen, hrsg. v. H. Schneider, Stuttgart 2000, S. 225-286

Schmalenbach, E.: Über Verrechnungspreise, in: Zeitschrift für handelswissenschaftliche Forschung, 3. Jg. (1908/09), S. 165-185

Schmidt, C.: Marktliche Koordination in der dezentralen Produktionsplanung. Effizienz - Komplexität - Performance, Wiesbaden 1999

Schmitz, P.; Siegle, J.: Start-ups in Netzwerken: Telegance Consult GmbH im The Vision Web-Verbund, in: Netzwerkorganisation in der Unternehmenspraxis, hrsg. v. M. Reiß, Bonn 2000, S. 87-110

Schneeberger, H.: Punkt-, Intervallprognose und Test auf Strukturbruch mithilfe der Regressionsanalyse, in: Prognoserechnung, hrsg. v. P. Mertens und S. Rässler, 7. Aufl., Berlin/Heidelberg 2012, S. 135-151

Schneeweiß, C.: Planung, Bd. 2. Konzepte der Prozeß- und Modellgestaltung, Berlin et al. 1992

Schneider, D.: Allgemeine Betriebswirtschaftslehre, 2. Nachdruck der 3. Aufl., München/Wien 1994

Schneider, D.: Informations- und Entscheidungstheorie, München/Wien 1995

Schneider, H.: Servicegrade in Lagerhaltungsmodellen, Berlin 1979

Scholz, C.: Grundzüge des Personalmanagements, München 2011

Scholz, C: Personalmanagement. Informationsorientierte und verhaltenstheoretische Grundlagen, 6. Aufl., München 2014

Scholz, R.; Vrohlings, A.: Prozeß - Struktur - Transparenz, in: Prozeßmanagement. Konzepte, Umsetzungen und Erfahrungen des Reengineering, hrsg. v. M. Gaitanides u. a., München/Wien 1994, S. 37-56

Schönsleben, P.: Integrales Logistikmanagement. Operations und Supply Chain Management in umfassenden Wertschöpfungsnetzwerken, 5. Aufl., Berlin et al. 2007

Schönsleben, P.; Bärtschi, M.; Hieber, R.: Mehr Erfolg im Netzwerk, in: Manager Bilanz, 2. Jg. (2000), H. 1, S. 6-11

Schönsleben, P.; Hieber, R.: Supply-Chain-Management-Software. Welche Erwartungshaltung ist gegenüber der neuen Generation von Planungssoftware angebracht?, in: io Management, 69. Jg. (2000), H. 1/2, S. 18-24

Schreyögg, G.: Organisation. Grundlagen moderner Organisationsgestaltung, Wiesbaden 1996

Schreyögg, G.; Steinmann, H.: Strategische Kontrolle, in: Zeitschrift für betriebswirtschaftliche Forschung, 37. Jg. (1985), S. 391-410

Schröder, M.: Einführung in die kurzfristige Zeitreihenprognose und Vergleich der einzelnen Verfahren, in: Prognoserechnung, hrsg. v. P. Mertens und S. Rässler, 7. Aufl., Berlin/Heidelberg 2012, S. 11-45

Schubert, K.: Netzwerke und Netzwerkansätze: Leistungen und Grenzen eines sozialwissenschaftlichen Konzeptes, in: Netzwerkansätze im Business-to-Business-Marketing. Beschaffung, Absatz und Implementierung Neuer Technologien, hrsg. v. M. Kleinaltenkamp und K. Schubert, Wiesbaden 1994, S. 8-49

Schütte, R.; Siedentopf, J.; Zelewski, S.: Koordinationsprobleme in Produktionsplanungs- und -steuerungskonzepten, in: Einführung in das Produktionscontrolling, hrsg. v. H. Corsten und B. Friedl, München 1999, S. 141-187

Schulte, C.: Logistik. Wege der Optimierung der Supply Chain, 7. Aufl., München 2017

Schulteis, G.: Informations- und Kommunikationstechnologie für vertikale Unternehmungskooperationen. Gestaltungspotentiale unternehmungsübergreifender Geschäftsprozesse, Wiesbaden 2000

Schwarz, H.: Grundlagen der Abstimmung von Materialbeschaffung, Fertigung und Vertrieb, Freiburg i. Br. 1959

Schwindt, C.: Termin- und Kapazitätsplanung, in: Handbuch Produktions- und Logistikmanagement in Wertschöpfungsnetzwerken, hrsg. v. H. Corsten, R. Gössinger und T.S. Spengler, Berlin/Boston 2018, S. 624-645

Seidl, K.: Supply Chain Management Software. Einsatzmöglichkeiten und Nutzenerwartungen, in: Supply Chain Management: Logistik plus? Logistikkette - Marketingkette - Finanzkette, hrsg. v. H.-C. Pfohl, Berlin 2000, S. 161-183

Seuring, S.; Schneidewind, U.: Kostenmanagement in der Wertschöpfungskette, in: Supply Chain Management, hrsg. v. H. Wildemann, München 2000, S. 227-250

Shewhart, W.A.: Economic Control of Quality of Manufactured Product, New York et al. 1931

Shewhart, W.A.: Statistical Method from the Viewpoint of Quality Control, Washington 1939

Shirodkar, S.; Kempf, K.: Supply Chain Collaboration Through Shared Capacity Models, in: Interfaces, Vol. 36 (2006), S. 420-432

Sieber, P.: Virtuelle Unternehmen in der IT-Branche. Die Wechselwirkung zwischen Internet-Nutzung, Strategie und Organisation, Bern/Stuttgart/Wien 1998

Siebert, H.: Ökonomische Analyse von Unternehmensnetzwerken, in: Managementforschung 1, hrsg. v. W.H. Staehle und J. Sydow, Berlin/New York 1991, S. 291-311

Siemieniuch, C.E.; Waddell, F.N.; Sinclair, M.A.: The Role of ‚Partnership‘ In Supply Chain Management for Fast-Moving Consumer Goods: A Case Study, in: International Journal of Logistics, Vol. 2 (1999), H. 1, S. 87-101

Silva, E.; Oliveira, J.F.; Wäscher, G.: The Pallet Loading Problem: A Review of Solution Methods and Computational Experiments, in: International Transactions in Operational Research, Vol. 23 (2016), S. 147-172

Silver, E.A.; Meal, H.C.: A Heuristic for Selecting Lot Size Quantities for the Case of a Deterministic Varying Demand Rate and Discrete Opportunities, in: Production and Inventory Management, Vol. 14 (1973), S. 64-74

Silver, E.A.; Pyke, D.F.; Peterson, R.: Inventory Management and Production Planning and Scheduling, 3. Aufl., New York et al. 1998

Simacek, K.: Vendor Managed Inventory (VMI) - Oder wer in Zukunft disponieren sollte, in: Handbuch Efficient Consumer Response. Konzepte, Erfahrungen, Herausforderungen, hrsg. v. A.v.d. Heydt, München 1999, S. 129-140

Simatupang, T. M.; Sridharan, R.: The Architecture of Supply Chain Collaboration, in: International Journal of Value Chain Management, Vol. 1 (2007), S. 304-323

Simpson, K.F.: In-Process Inventories, in: Operations Research, Vol. 6 (1958), S. 863-873

Sjurts, I.: Kollektive Unternehmensstrategie. Grundfragen einer Theorie kollektiven strategischen Handelns, Wiesbaden 2000

Smith, A.; Cani, P. de: An Algorithm to Optimize the Layout of Boxes in Pallets, in: Journal of the Operational Research Society, Vol. 31 (1980), S. 573-578

Spearman, M.L.; Woodruff, D.L.; Hopp, W.J.: CONWIP. A Pull Alternative to Kanban, in: International Journal of Production Research, Vol. 28 (1990), S. 879-894

Specht, D.; Hellmich, K.: Management der Zulieferbeziehungen in dynamischen Produktionsnetzen, in: Supply Chain Management, hrsg. v. H. Wildemann, München 2000, S. 89-115

Spengler, T.; Metzger, O.; Volkmer, T.: Moderne Personalplanung. Modelle, Methoden und Fallbeispiele, Wiesbaden 2019

Stadtler, H.: Hierarchische Produktionsplanung bei losweiser Fertigung, Heidelberg 1988

Stadtler, H.: Gestaltung von Lagersystemen, in: Logistik. Gestaltung von Logistiksystemen, hrsg. v. H. Isermann, 2. Aufl., Landsberg a. L. 1998, S. 223-235

Stadtler, H.: Supply Chain Management und Supply Chain Planning, in: OR News, o.Jg. (1999), H. 5, S. 35-37

Stadtler, H.: Hierarchische Systeme der Produktionsplanung und -steuerung, Nr. 1/00 der Schriften zur Quantitativen Betriebswirtschaftslehre der TU Darmstadt, hrsg. v. W. Domschke u. a., Darmstadt 2000

Stadtler, H.: Supply Chain Management - An Overview, in: Supply Chain Management and Advanced Planning. Concepts, Models, Software and Case Studies, hrsg. v. H. Stadtler und C. Kilger, 3. Aufl., Berlin et al. 2005, S. 9-35

Stadtler, H.: Production Planning and Scheduling, in: Supply Chain Management and Advanced Planning. Concepts, Models, Software, and Case Studies, hrsg. v. H. Stadtler, C. Kilger und H. Meyr, 5. Aufl., Berlin/Heidelberg 2015, S. 195-211

Staehle, W.: Management. Eine verhaltenswissenschaftliche Perspektive, 8. Aufl., München 1999

Stafford, E.F.; Tseng, F.T.; Gupta, J.N.D.: Comparative Evaluation of MILP Flowshop Models, in: Journal of the Operational Research Society, Vol. 56 (2005), S. 88-101

Stammen-Hegener, C.: Simultane Losgrößen- und Reihenfolgeplanung bei ein- und mehrstufiger Fertigung, Wiesbaden 2002

Steffen, R.: Die Bestimmung von Kapazitäten und ihrer Nutzung in der industriellen Fertigung, in: Zeitschrift für betriebswirtschaftliche Forschung, 32. Jg. (1980), S. 173-190

Steinle, C.: Führungsstil, in: Handwörterbuch des Personalwesens, hrsg. v. E. Gaugler und W. Weber, 2. Aufl., Stuttgart 1992, Sp. 966-980

Stemann, D; Tewes, B.: Auswirkungen von autokorrelierten Daten auf die Eingriffskennlinie von Mittelwertkarten des Shewhart-Typs. Nr. 198 der Diskussionsbeiträge des Fachbereichs Wirtschaftswissenschaft der Fernuniversität Hagen, Hagen 1993

Stengel, R. von: Gestaltung von Wertschöpfungsnetzwerken, Wiesbaden 1999

Sterman, J.D.: Modeling Managerial Behaviour: Misperceptions of Feedback in a Dynamic Decision Making Experiment, in: Management Science, Vol. 35 (1989), S. 321-339

Steven, M.; Krüger, R.: Supply Chain Event Management für globale Logistikprozesse: Charakteristika, konzeptionelle Bestandteile und deren Umsetzung in Informationssysteme, in: Logistik Management. Prozesse, Systeme, Ausbildung, hrsg. v. T. Spengler, S. Voß und H. Kopfer, Heidelberg 2004, S. 179-195

Stewart, G.: Supply-Chain Operations Reference Model (SCOR): The First Cross-Industry Framework for Integrated Supply-Chain Management, in: Logistics Information Management, Vol. 10 (1997), H. 2, S. 62-67

Stölzle, W.: Industrial Relationships, München/Wien 1999

Sürie, C.; Reuter, B.: Supply Chain Analysis, in: Supply Chain Management and Advanced Planning, hrsg. v. H. Stadtler, C. Kilger und H. Meyr, 5. Aufl., Berlin/Heidelberg 2015, S. 29-54

Supply-Chain Council (Hrsg.): SCOR Primer. Overview of Model Structure Revision 3.0, European Conference, Brussels, 25.-27.10.1998, Brussels 1998

Supply-Chain Council (Hrsg.): Supply-Chain Operations Reference-model. Overview of SCOR Version 8.0, Pittsburgh 2007

Switalski, M.: Hierarchische Produktionsplanung. Konzeption und Einsatzbereich, Heidelberg 1989

Sydow, J.: Konstitutionsbedingungen von Vertrauen in Unternehmensnetzwerken - Theoretische und empirische Einsichten, in: Die Dimensionierung des Unternehmens, hrsg. v. R. Bühner, K.D. Haase und J. Wilhelm, Stuttgart 1995, S. 177-200

Sydow, J.; Möllering, G.: Produktion in Netzwerken. Make, Buy & Cooperate, 3. Aufl., München 2015

Sydow, J.; Winand, U.: Unternehmungsvernetzung und -virtualisierung: Die Zukunft unternehmerischer Partnerschaften, in: Unternehmungsnetzwerke und virtuelle Organisationen, hrsg. v. U. Winand und K. Nathusius, Stuttgart 1998, S. 11-31

Sydow, J.; Windeler, A.: Über Netzwerke, virtuelle Integration und Interorganisationsbeziehungen, in: Management interorganisationaler Beziehungen. Vertrauen, Kontrolle und Informationstechnik, hrsg. v. J. Sydow und A. Windeler, 1. Nachdruck der 1. Aufl., Opladen 1997, S. 1-21

Sydow, J.; Windeler, A.: Steuerung von und in Netzwerken - Perspektiven, Konzepte, vor allem aber offene Fragen, in: Steuerung von Netzwerken. Konzepte und Praktiken, hrsg. v. J. Sydow und A. Windeler, Opladen/Wiesbaden 2000, S. 1-24

Tan, K.C.; Kannan, V.R.; Handfield, R.B.: Supply Chain Management: Supplier Performance and Firm Performance, in: International Journal of Purchasing & Materials Management, Vol. 34 (1998), H. 3, S. 2-9

Tannenbaum, R.; Schmidt, W.H.: Die Wahl eines Führungsstils, in: Management, hrsg. v. E. Grochla, Düsseldorf/Wien 1974, S. 55-68

Tempelmeier, H.: Safety Stock Allocation in a Two Echelon Distribution System, in: European Journal of Operational Research, Vol. 63 (1993), S. 96-117

Tempelmeier, H.: Material-Logistik. Modelle und Algorithmen für die Produktionsplanung und -steuerung und das Supply Chain Management, 5. Aufl., Berlin/Heidelberg 2003

Tempelmeier, H.: Bestandsmanagement in Supply Chains, 2. Aufl., Norderstedt 2006a

Tempelmeier, H.: Material-Logistik. Modelle und Algorithmen für die Produktionsplanung und -steuerung in Advanced-Planning-Systems, 6. Aufl., Berlin/Heidelberg 2006b

Tempelmeier, H.: Material-Logistik. Modelle und Algorithmen für die Produktionsplanung und -steuerung in Advanced-Planning-Systemen, 7. Aufl., Berlin et al. 2008

Thun, J.-H.; Drüke, M.; Camargos, V.S.: Just in Sequence - Eine Erweiterung des Just in Time durch Sequenzzulieferung, in: logistik management, 9. Jg. (2007), S. 19-31

Tiemeyer, E.: Supply Chain Management - ein neues Managementinstrument zur Unterstützung von Planungs- und Entscheidungsaufgaben, in: FB-IE. Zeitschrift für Unternehmensentwicklung und industrial engineering, 48. Jg. (1999), H. 3, S. 100-107

Töpfer, A.: Planungs- und Kontrollsysteme industrieller Unternehmungen. Eine theoretische, technologische und empirische Analyse, Berlin 1976

Tompkins J.A. u. a.: Facilities Planning, 4. Aufl., Hoboken 2010

Trampedach, K.: Theorie und Organisation der Angebotsplanung als Mensch-Maschine-Entscheidungssystem, Diss. Karlsruhe 1973

Troßmann, E.: Beschaffung und Logistik, in: Allgemeine Betriebswirtschaftslehre, Bd. 3: Leistungsprozess, hrsg. v. F.X. Bea, E. Dichtl und M. Schweitzer, 9. Aufl., Stuttgart 2006, S. 113-181

Vahrenkamp, R.: Supply Chain Management, in: Handbuch Logistik. Management von Material- und Warenflußprozessen, hrsg. v. J. Weber und H. Baumgarten, Stuttgart 1999, S. 308-321

Vahrenkamp, R.: Quantitative Logistik für das Supply Chain Management, München/Wien 2003

Vahrenkamp, R.: Logistik. Management und Strategien, 5. Aufl., München/Wien 2005

Vahrenkamp, R.; Mattfeld, D.C.: Logistiknetzwerke. Modelle für Standortwahl und Tourenplanung, Wiesbaden 2007

Varian, H.R.: Economic Mechanism Design for Computerized Agents, in: Proceedings of the First USENIX Workshop on Electronic Commerce, New York, 11.-12.07.1995, hrsg. v. USENIX Association, Berkeley 1995, S. 13-21

Verter, V.; Dincer, C.: An Integrated Evaluation of Facility Location, Capacity Acquisition, and Technology Selection for Designing Global Manufacturing Strategies, in: European Journal of Operational Research, Vol. 60 (1992), S. 1-18

Vickrey, W.: Counterspeculation, Auctions and Competitive Sealed Tenders, in: Journal of Finance, Vol. 16 (1961), S. 8-37

Vidal, C.J.: A Global Supply Chain Model with Transfer Pricing and Transportation Cost Allocation, Ph.D.-Thesis, Georgia Institute of Technology, Atlanta 1998

Vidal, C.J.; Goetschalckx, M.: Strategic Production-Distribution Models: A Critical Review with Emphasis on Global Supply Chain Models, in: European Journal of Operational Research, Vol. 98 (1997), S. 1-18

Vogelsang, H.: Vergütungsschutz bei flexibler variabler Arbeitszeit, Baden-Baden 2014

Vollmann, T.E.; Cordon, C.: Building Successful Customer-Supplier Alliances, in: Long Range Planning, Vol. 31 (1998), S. 684-694

Voudouris, V.T.: Mathematical Programming Techniques to Debottleneck the Supply Chain of Fine Chemical Industries, in: Computers and Chemical Engineering, Vol. 20 (1996), S. S1269-S1274

Vries, S. de; Vohra, R.V.: Design of Combinatorial Auctions, in: Handbook of Quantitative Supply Chain Analysis: Modeling the E-Business Era, hrsg. v. D. Simchi-Levi, S.D. Wu und Z.-J. Shen, Berlin et al. 2004, S. 247-292

Wäscher, G.: Innerbetriebliche Standortplanung bei einfacher und mehrfacher Zielsetzung, Wiesbaden 1982

Wäscher, G.: Palettenbeladung in der Praxis - Wie gut sind die realisierten Lösungen?, in: Produktions- und Logistikmanagement, hrsg. v. H. Corsten und H. Missbauer, München 2007, S. 459-477

Wäscher, G.: Paletten- und Containerbeladung, in: Handbuch Logistik, hrsg. v. D. Arnold u. a., 3. Aufl., Berlin/Heidelberg 2008, S. 167-180

Wäscher, G.; Haußner, H.; Schumann, H.: An Improved Typology for Cutting and Packing Problems, in: European Journal of Operational Research, Vol. 183 (2007), S. 1109-1130

Wagner, H.; Wick, G.: Flexibilisierung der Arbeitszeit und Arbeitszeitkonten, in: Handbuch Arbeitszeit. Manteltarifverträge im Betrieb, hrsg. v. H. Meine und H. Wagner, 2. Aufl., Frankfurt a. M. 2016, S. 124-170

Wagner, H.M.; Whitin, T.M.: Dynamic Version of the Economic Lot Size Model, in: Management Science, Vol. 5 (1958), S. 89-96

Wagner, M.; Meyr, H.: Food and Beverages, in: Supply Chain Management and Advanced Planning. Concepts, Models, Software and Case Studies, hrsg. v. H. Stadtler und C. Kilger, 3. Aufl., Berlin et al. 2005, S. 371-388

Wall, F.: Planung in virtuellen Unternehmen, in: Zeitschrift für Planung, 11. Jg. (2000a), S. 117-139

Wall, F.: Temporalität virtueller Unternehmen und Planung, in: Zeitschrift für Planung, 11. Jg. (2000b), S. 463-467

Weber, A.: Über den Standort der Industrie. Teil 1: Reine Theorie des Standortes, Tübingen 1909

Weidner, D.: Engpaßorientierte Fertigungssteuerung. Eine Untersuchung über die in Optimized Production Technology implementierten Konzepte der Produktionsplanung und -steuerung, Frankfurt a. M. et al. 1992

Wight, O.W.: Input/Output Control. A Real Handle on Lead Time, in: Production and Inventory Management, Vol. 11 (1970), H. 3, S. 9-31

Wild, J.: Grundlagen der Unternehmungsplanung, Reinbek bei Hamburg 1974

Wildemann, H.: Arbeitszeitmanagement. Einführung und Bewertung flexibler Arbeits- und Betriebszeiten, 2. Aufl., München 1995

Wildemann, H.: Die modulare Fabrik: Kundennahe Produktion durch Fertigungssegmentierung, 5. Aufl., München 1998

Williamson, O.E.: Die ökonomischen Institutionen des Kapitalismus. Unternehmen, Märkte, Kooperationen, Tübingen 1990

Wu, S.D.; Erkoc, M.; Karabuk, S.: Managing Capacity in the High-Tech Industry: A Review of Literature, in: The Engineering Economist, Vol. 50 (2005), S. 125-158

Wunderer, R.: Führung und Zusammenarbeit. Eine unternehmerische Führungslehre, 7. Auflage, Köln 2007

Xiao, J.; Zheng, L.: A Correlated Storage Location Assignment Problem in a Single-Block-Multi-Aisles Warehouse Considering BOM Information, in: International Journal of Production Research, Vol. 48 (2010), S. 1321-1338

Zäpfel, G.: Produktionswirtschaft. Operatives Produktions-Management, Berlin/New York 1982

Zäpfel, G.: Grundlagen und Möglichkeiten der Gestaltung dezentraler PPS-Systeme, in: Dezentrale Produktionsplanungs- und -steuerungs-Systeme. Eine Einführung in zehn Lektionen, hrsg. v. H. Corsten und R. Gössinger, Stuttgart/Berlin/Köln 1998, S. 11-53

Zäpfel, G.: Strategisches Produktions-Management, 2. Aufl., München/Wien 2000a

Zäpfel, G.: Supply Chain Management, in: Logistik-Management. Strategien - Konzepte - Praxisbeispiele, hrsg. v. H. Baumgarten, H.-P. Wiendahl und J. Zentes, Berlin/Heidelberg/New York 2000b, 7/02/03/01, S. 1-31 (getrennte Zählung)

Zäpfel, G.: Taktisches Produktionsmanagement, 2. Aufl., München/Wien 2000c

Zäpfel, G.: Grundzüge des Produktions- und Logistikmanagement, 2. Aufl., München/Wien 2001

Zäpfel, G.; Braune, R.: Moderne Heuristiken der Produktionsplanung, München 2005

Zäpfel, G.; Missbauer, H.: Bestandskontrollierte Produktionsplanung und -steuerung, in: Fertigungssteuerung. Grundlagen und Systeme, hrsg. v. D. Adam, Wiesbaden 1987, S. 27-52

Zäpfel, G.; Piekarz, B.: Supply Chain Controlling. Interaktive und dynamische Regelung der Material- und Warenflüsse, Wien 1996

Zäpfel, G.; Wasner, M.: Der Peitschenschlageffekt in der Logistikkette und Möglichkeiten der Überwindung chaotischen Verhaltens, in: Logistik Management, 1. Jg. (1999), S. 297-309

Zäpfel, G.; Wasner, M.: Modellierung von Logistikketten und Möglichkeiten der Optimierung, gezeigt an einem Praxisfall der Stahllogistik, in: Zeitschrift für Betriebswirtschaft, 70. Jg. (2000), S. 267-288

Zäpfel, G.; Wasner, M.: Planung und Optimierung von Hub-and-Spoke-Transportnetzwerken im Sammelgutverkehr, in: Handbuch Produktions- und Logistikmanagement in Wertschöpfungsnetzwerken, hrsg. v. H. Corsten, R. Gössinger und T.S. Spengler, Berlin/Boston 2018, S. 369-386

Zangemeister, C.: Nutzwertanalyse in der Systemtechnik: eine Methodik zur multidimensionalen Bewertung und Auswahl von Projektalternativen, München 1970

Zelewski, S.: Competitive Bidding aus der Sicht des Ausschreibers - ein spieltheoretischer Ansatz, in: Zeitschrift für betriebswirtschaftliche Forschung, 40. Jg. (1988), S. 407-421

Zelewski, S.: Elektronische Märkte zur Prozeßkoordinierung in Produktionsnetzwerken, in: Wirtschaftsinformatik, 39. Jg. (1997), S. 231-243

Zelewski, S.: Faire Verteilung von Effizienzgewinnen in Supply Webs - Ein spieltheoretischer Ansatz auf der Basis des τ-Werts, in: Produktions- und Logistikmanagement. Festschrift zum 65. Geburtstag von Günther Zäpfel, hrsg. v. H. Corsten und H. Missbauer, München 2007, S. 551-572

Zelewski, S.: Grundlagen, in: Betriebswirtschaftslehre, Bd. 1, hrsg. v. H. Corsten und M. Reiß, 4. Aufl., München/Wien 2008, S. 1-97

Zelewski, S.; Hohmann, S.; Hügens, T.: Produktionsplanungs- und -steuerungssysteme. Konzepte und exemplarische Implementierungen mithilfe von SAP® R/3®, München 2008

Zijm, W.H.M.: Towards Intelligent Manufacturing Planning and Control Systems, in: OR Spectrum, Vol. 22 (2000), S. 313-345

Zundel, P.: Management von Produktions-Netzwerken. Eine Konzeption auf Basis des Netzwerk-Prinzips, Wiesbaden 1999

Stichwortverzeichnis